ରାତି ପାହିଲେ ସକାଳ

ରାତି ପାହିଲେ ସକାଳ

ଭାସ୍କର ପରିଚ୍ଛା

ବ୍ଲାକ୍ ଈଗଲ୍ ବୁକ୍ସ
ଭୁବନେଶ୍ୱର, ଓଡ଼ିଶା

BLACK EAGLE BOOKS
Dublin, USA

ରାତି ପାହିଲେ ସକାଳ / ଭାସ୍କର ପରିଛା

ବ୍ଲାକ୍ ଈଗଲ୍ ବୁକ୍ସ : ଭୁବନେଶ୍ୱର, ଓଡ଼ିଶା • ଡବ୍‌ଲିନ୍, ଯୁକ୍ତରାଷ୍ଟ୍ର ଆମେରିକା

BLACK EAGLE BOOKS

USA address:
7464 Wisdom Lane
Dublin, OH 43016

India address:
E/312, Trident Galaxy, Kalinga Nagar,
Bhubaneswar-751003, Odisha, India

E-mail: info@blackeaglebooks.org
Website: www.blackeaglebooks.org

First International Edition Published by
BLACK EAGLE BOOKS, 2023

RATI PAHILE SAKAL
by **Bhaskar Parichha**

Cover & Interior Design: Ezy's Publication

ISBN- 978-1-64560-349-8 (Paperback)

Printed in the United States of America

ଦୁଇ ପଦ

ଅନାଗତ ଭବିଷ୍ୟତର ଏନ୍ତୁଡ଼ିଶାଳ

ଛାପାଖାନାର ଉଦ୍ଭାବନ ଓ ସାକ୍ଷରତାର ପ୍ରସାରରୁ ଖବରକାଗଜର ଜନ୍ମ। ଗୋଟିଏ ଦିନରେ ଘଟିଯାଇଥିବା ଘଟଣାଗୁଡ଼ିକୁ ଲୋକଲୋଚନକୁ ଆଣିବା ଖବରକାଗଜମାନଙ୍କର ମୁଖ୍ୟ କର୍ତ୍ତବ୍ୟ ବୋଲି ଧରାଯାଏ। ଏଥିପାଇଁ ଜର୍ଣ୍ଣାଲିଜମ ବା ସାମ୍ବାଦିକତା ଫରାସୀ ଶବ୍ଦ 'ଜୁର୍ନେ' ବା 'ଗୋଟିଏ ଦିନ'ରୁ ଉଦ୍ଭୂତ। କିନ୍ତୁ ଧୀରେ ଧୀରେ ଖବରକାଗଜର ଲୋକପ୍ରିୟତା ବଢ଼ିବା ସଙ୍ଗେ ସଙ୍ଗେ ଏହାର ଚରିତ୍ର, ଶକ୍ତି ଓ ସ୍ୱରୂପ ବଦଳିବାକୁ ଆରମ୍ଭ ହେଲା। କେବଳ ଦିନେ ପରେ ବାସି ହୋଇଯାଇଥିବା ତଥ୍ୟ ବା ସୂଚନା ପରିବେଷଣ ଖବରକାଗଜଗୁଡ଼ିକର ଲକ୍ଷ୍ୟ ନୁହେଁ ବୋଲି ବିଚାର କରାଗଲା।

ସଂପାଦକୀୟ, ଆଲୋଚନା ଓ ସ୍ତମ୍ଭ ମାଧ୍ୟମରେ ପାଠକମାନଙ୍କୁ ସମାଜ, ରାଜନୀତି ଓ ସଂସ୍କୃତି ସମ୍ପର୍କରେ ମତକୁ ପ୍ରଭାବିତ କରିବା ଖବରକାଗଜର ଗୋଟିଏ ମୁଖ୍ୟ କାମ ବୋଲି ଧରାଗଲା। ଖାଲି ସେତିକି ନୁହେଁ, ଖବରକାଗଜଗୁଡ଼ିକ ରାଷ୍ଟ୍ରକୁ କଳ୍ପନା କରିବାର ଉପାୟ ଲୋକମାନଙ୍କୁ ଯୋଗାଇ ଦିଅନ୍ତି ବୋଲି ବେନେଡିକ୍ଟ ଆଣ୍ଡରସନ୍ ଦାବୀ କରନ୍ତି।

ସ୍ତମ୍ଭକାରମାନେ ଖବରକାଗଜଗୁଡ଼ିକୁ ଅନ୍ତରଙ୍ଗତାର ସ୍ପର୍ଶ ଦେଇଥାନ୍ତି। ଘଟିଯାଉଥିବା ଘଟଣାଗୁଡ଼ିକୁ ଜଣେ ଚିନ୍ତାଶୀଳ ବ୍ୟକ୍ତିର ଦୃଷ୍ଟିକୋଣରୁ ବିଚାର କରି, ତାହାର ବିଶ୍ଳେଷଣ କରି ସେମାନେ ପାଠକର ଦିଗନ୍ତ ପ୍ରସାରିତ କରିଥାନ୍ତି। ଆପାତତଃ ଗୁରୁତ୍ୱହୀନ ଲାଗୁଥିବା ଘଟଣାଗୁଡ଼ିକରେ ଯେ ସମାଜରେ, ସଂସ୍କୃତି ଓ ରାଜନୀତି କ୍ଷେତ୍ରରେ ପରିବର୍ତ୍ତନର ଆଭାସ ମିଳିପାରିବ ସେ ବିଷୟରେ ସ୍ତମ୍ଭକାରମାନେ ହିଁ ଆମକୁ ସଚେତନ କରାଇଥାନ୍ତି।ଅନେକ ଦିନ ତଳେ ଲେଖାଯାଇଥିବା ସ୍ତମ୍ଭଗୁଡ଼ିକୁ ଏକାଠି ପଢ଼ିଲେ ଅତୀତ

ଓ ବର୍ତ୍ତମାନ ମଧ୍ୟରେ ଥିବା ଗଭୀର କିନ୍ତୁ ଅଦୃଶ୍ୟ ସମ୍ପର୍କ ଆଖିରେ ପଡ଼େ ଓ ଇତିହାସକୁ ଭଲ ଭାବେ ବୁଝିବା ପାଇଁ ସୁଯୋଗ ଦିଏ ।

ସ୍ତମ୍ଭକାରମାନେ ଆଉ ଗୋଟିଏ ଉଲ୍ଲେଖନୀୟ କାର୍ଯ୍ୟ ସମ୍ପାଦିତ କରିଥାଆନ୍ତି । ସେମାନେ ବର୍ତ୍ତମାନ ମୁହୂର୍ତ୍ତର ଇତିହାସ ଲେଖିଥାନ୍ତି । ଇତିହାସ କହିଲେ ଆମେ ଦୂର ଅତୀତର ଆଖ୍ୟାନ କଥା ଭାବିଥାଉ । ଆମ ଚାରିପଟେ ଘଟିଯାଉଥିବା ଘଟଣାଗୁଡ଼ିକୁ ଐତିହାସିକ ଦୃଷ୍ଟିକୋଣରୁ ଦେଖିବାର ପ୍ରଚେଷ୍ଟା ସ୍ତମ୍ଭକାରମାନେ ହିଁ କରିଥାଆନ୍ତି । ବର୍ତ୍ତମାନ ମୁହୂର୍ତ୍ତରେ ଘଟୁଥିବା ଘଟଣାଗୁଡ଼ିକର ଯୋଗସୂତ୍ର ସେମାନେ ଖୋଜି ଦେଖାଇଥାଆନ୍ତି । ସେହି ଘଟଣାଗୁଡ଼ିକ ଆକସ୍ମିକ ନୁହଁନ୍ତି ଓ ଅତୀତ ଦ୍ୱାରା କେତେକାଂଶରେ ନିୟନ୍ତ୍ରିତ ଓ ଅନାଗତ ଭବିଷ୍ୟତର ଏକ୍ତୁଡ଼ିଶାଳ ବୋଲି ଆମକୁ ବୁଝାଇଦିଅନ୍ତି ।

'ରାତି ପାହିଲେ ସକାଳ' ପୁସ୍ତକରେ ସନ୍ନିବିଷ୍ଟ ଲେଖାଗୁଡ଼ିକରେ ଆମେ ବର୍ତ୍ତମାନ ମୁହୂର୍ତ୍ତର ଜଣେ ସଫଳ ଐତିହାସିକଙ୍କୁ ଆବିଷ୍କାର କରୁ । ଅଭିଜ୍ଞ ଓ ବରିଷ୍ଠ ସାମ୍ବାଦିକ ଶ୍ରୀ ଭାସ୍କର ପରିଚ୍ଛାଙ୍କ ଏହି ଲେଖାଗୁଡ଼ିକରେ ସାହିତ୍ୟ, ଇତିହାସ ଓ ସାମ୍ବାଦିକତାର ଏକ ସୁନ୍ଦର ସମନ୍ୱୟ ଆମେ ଦେଖିପାରୁ । ଯାହା ଗୋଟିଏ ସମୟରେ ଘଟିଯାଇଛି ଓ ତା ସହ ସଂପୃକ୍ତ ବ୍ୟକ୍ତିବିଶେଷମାନଙ୍କୁ ସେ ତୀକ୍ଷ୍ଣ ଦୃଷ୍ଟିରେ ନିରୀକ୍ଷଣ କରିଛନ୍ତି ଏବଂ ଗୋଟିଏ କାଳଖଣ୍ଡର ବିଜ୍ଞ ଓ ନିର୍ଭରଯୋଗ୍ୟ ସାକ୍ଷୀ ଭାବରେ ନିଜର ପରିଚୟ ସୃଷ୍ଟି କରିପାରିଛନ୍ତି । ସେଥିପାଇଁ ସେ ପାଠକମାନଙ୍କ ଧନ୍ୟବାଦାର୍ହ ।

ଯତୀନ୍ଦ୍ର କୁମାର ନାୟକ

ଭୁବନେଶ୍ୱର

ଅବସରପ୍ରାପ୍ତ ଇଂରାଜୀ ପ୍ରଫେସର

ଉତ୍କଳ ବିଶ୍ୱବିଦ୍ୟାଳୟ

ଭୂମିକା

ହରଫନ ମୌଲା, ହରଫନ ଅଧୁରା

ସାହିତ୍ୟ ଓ ସାମ୍ବାଦିକତା ଭିତରେ ଥିବା ପାର୍ଥକ୍ୟକୁ ନେଇ ବିଶିଷ୍ଟ ଲେଖକ ଅସ୍କାର ୱାଇଲ୍ଡ କହିଥିଲେ, 'ସାମ୍ବାଦିକତାର ଲେଖା ପଢ଼ିବା ଯୋଗ୍ୟ ନୁହେଁ, ଆଉ ସାହିତ୍ୟ କେହି ପଢ଼ନ୍ତି ନାହିଁ।' ଏହି ପୁସ୍ତକର ଭାଗ୍ୟ ସେହି ଦୁଇ ଦ୍ୱନ୍ଦ୍ୱ ମଝିରେ।

ଖବରକାଗଜରେ ପ୍ରକାଶିତ ସ୍ତମ୍ଭ ଓ ଅନ୍ୟ ଲେଖାକୁ ସାଧାରଣତଃ ବର୍ଜ୍ୟବସ୍ତୁ ବୋଲି ବିବେଚନା କରାଯାଏ। ହେଲେ ସେଗୁଡ଼ିକୁ ଏତେ ଦୟନୀୟ ଭାବେ ଆବର୍ଜନା ଭିତରକୁ ଠେଲିଦେବା ଠିକ୍ ହେବ ନାହିଁ। ଖବରକାଗଜରେ ସ୍ତମ୍ଭ ଲେଖିବା ଜଣେ ଲେଖକ ପାଇଁ ଆଦୌ ଶେଷ ପାହାଚ ନୁହେଁ। ବରଂ ତାହା ଅନ୍ୟ ଏକ ପାହାଚର ଆରମ୍ଭ । ସେହି ପାହାଚଟି ହେଉଛି ଲେଖାଗୁଡିକୁ ପୁସ୍ତକର ରୂପ ଦେବା।

ଏହି ଗ୍ରନ୍ଥରେ ସ୍ଥାନିତ ଲେଖାଗୁଡ଼ିକ ଏକ ନିୟମିତ ସ୍ତମ୍ଭର ଅଂଶ ବିଶେଷ। ବର୍ଷ ୨୦୦୪ରେ ଏହି ଲେଖକର ସମ୍ପାଦନାରେ ଯେତେବେଳେ 'ଓଡ଼ିଶା ଭାସ୍କର' ଦୈନିକ ଖବକାଗଜ ପ୍ରକାଶ ପାଇଲା ତାର ପରବର୍ତ୍ତୀ ଆଠ ବର୍ଷ ପର୍ଯ୍ୟନ୍ତ ନୂଆ ନୂଆ ସ୍ତମ୍ଭ ଲେଖିବା ପାଇଁ ଲେଖକମାନଙ୍କୁ ଉତ୍ସାହିତ କରାଯାଇଥିଲା। ସେହି କ୍ରମରେ ବିଶିଷ୍ଟ ଗାନ୍ଧୀବାଦୀ ଗୌରାଙ୍ଗ ଚରଣ ପରିଡ଼ା ଓ ଜଣାଶୁଣା ସମାଜକର୍ମୀ ଅଚ୍ୟୁତ ଦାସ ସ୍ତମ୍ଭ ଲେଖୁଥିଲେ ଓ ସେସବୁ ଲେଖା ବିପୁଳ ପାଠକୀୟ ଆଦୃତି ଲାଭ କରିଥିଲା।

ନିଜର ବି କିଛି ସ୍ତମ୍ଭ-ଲେଖା ସେହି ସମୟରେ ପ୍ରକାଶ ପାଇଥିଲା। 'ସପ୍ତାହ ଶେଷରେ' ଥିଲା ଏକ ସ୍ତମ୍ଭର ନାମ ଏବଂ ପ୍ରତି ଶନିବାର ଏହା ପ୍ରକାଶ ପାଉଥିଲା। ବର୍ଷ ୨୦୦୬ ରୁ ୨୦୦୮ ମଧ୍ୟରେ ଏହିସବୁ ଲେଖା ସମ୍ପାଦକୀୟ ପୃଷ୍ଠାରେ ପ୍ରକାଶିତ ହୋଇଥିଲା ।ସେହି ଲେଖାକୁ ଏକତ୍ର କରି ପୁସ୍ତକ ଆକାରରେ ସୁଧୀ ପାଠକଙ୍କ ନିକଟରେ

ପହଞ୍ଚାଇବାର ଏହା ଏକ ବିନୀତ ଉଦ୍ୟମ । ଦୀର୍ଘ ବର୍ଷର ବ୍ୟବଧାନ ପରେ ପ୍ରକାଶିତ ଲେଖାଗୁଡ଼ିକ ସଙ୍କଳିତ ହୋଇଥିଲେ ମଧ୍ୟ ସେସବୁ ପ୍ରାସଙ୍ଗିକତା ହରାଇ ନାହାଁନ୍ତି କି ତାର ମିଆଦ ସରିଯାଇନାହିଁ ।

ଖବର କାଗଜରେ ଯେଉଁମାନେ ଲେଖନ୍ତି ସେମାନଙ୍କୁ ତତ୍କାଳ ଲେଖିବାକୁ ପଡ଼ିଥାଏ । ଯାହା ସେହି ଦିନ କିମ୍ବା ସେହି ସପ୍ତାହରେ ଘଟିଲା ତାର ଟିପ୍ପଣୀ, ଆଲୋଚନା ଅଥବା ମନ୍ତବ୍ୟକୁ ପାଠକମାନେ ଅପେକ୍ଷା କରି ରହିଥାନ୍ତି । ସେମାନେ ଘଟଣା ଓ ପ୍ରସଙ୍ଗ ସମ୍ପର୍କରେ ଆଉ କିଛି ଅଧିକ କଥା, ଅଧିକ ବିଶ୍ଲେଷଣ ପାଇଁ ଇଚ୍ଛୁକ ଥାଆନ୍ତି ଏବଂ ସ୍ତମ୍ଭକାରମାନେ ସେହି ଆବଶ୍ୟକତାକୁ ପୂରଣ କରିଥାନ୍ତି ।

ସୀମିତ ଶବ୍ଦ ମଧ୍ୟରେ ଏକ ନିର୍ଦ୍ଦିଷ୍ଟ ବିଷୟ ବା ପ୍ରସଙ୍ଗର ଲିଖନ ପାଠକମାନଙ୍କ ଜ୍ଞାନ ରାଜ୍ୟକୁ କେବଳ ସମ୍ପ୍ରସାରିତ କରିଥାଏ ତାହା ନୁହେଁ, ସେହି ଲେଖା ଉପରେ ମତ ସାବ୍ୟସ୍ତ କରିବା ପାଇଁ ମଧ୍ୟ ସେମାନଙ୍କୁ ସୁଯୋଗ ମିଳିଥାଏ ।ଏହି ପ୍ରକ୍ରିୟାରେ ନିୟମିତ ଭାବେ ସ୍ତମ୍ଭ ଲେଖୁଥିବା ଲେଖକଙ୍କ ସହ ପାଠକମାନଙ୍କର ଏକ ବ୍ୟକ୍ତିଗତ ଓ ଭାବଗତ ସମ୍ପର୍କ ସ୍ଥାପନ ହୋଇଥାଏ ।

ଏହି ପୁସ୍ତକରେ ସ୍ଥାନିତ ଲେଖାଗୁଡ଼ିକ ବିଭିନ୍ନ ପ୍ରକାରର ଓ ବିଭିନ୍ନ ପ୍ରସଙ୍ଗକୁ ନେଇ । ଯେଉଁମାନେ ଖବରକାଗଜର ସମ୍ପାଦନା ବିଭାଗରେ କାର୍ଯ୍ୟକରନ୍ତି ଚତୁର୍ଦ୍ଦିଗରେ ଘଟୁଥିବା ଘଟଣା ପ୍ରତି ସେମାନଙ୍କୁ ଧ୍ୟାନ ଦେବାକୁ ହୋଇଥାଏ ।ଏଣୁ ସବୁ ଘଟଣା ଓ ପ୍ରସଙ୍ଗ ସମ୍ପର୍କରେ ସମ୍ପାଦକମାନଙ୍କ ଧାରଣା ରହିବାକୁ ଏକରକମ ବାଧ୍ୟ । ଅବଶ୍ୟ ଏହା ବି ଠିକ୍ ଯେ ଏହି ଜ୍ଞାନ ଓ ଧାରଣା ଅଧିକାଂଶ ସମୟରେ ଅଗଭୀର ସମୁଦ୍ରରେ ପହଁରିବା ଭଳି ଲାଗେ । ଏଇଥିପାଇଁ, ସାମ୍ବାଦିକ-ଲେଖକମାନଙ୍କୁ କୁହାଯାଏ 'ହରଫନ ମୌଲା, ହରଫନ ଅଧୂରା' - ସବୁ ଜାଣନ୍ତି, କିଛି ଜାଣନ୍ତି ନାହିଁ ।

ଏହି ସଙ୍କଳନରେ ସାମ୍ବାଦିକତା ସମ୍ପର୍କିତ ଲେଖା ଅଛି । ସାହିତ୍ୟ ଅଛି । ଶ୍ରଦ୍ଧାଞ୍ଜଳି ଅଛି । ଶିଳ୍ପ, ବ୍ୟବସାୟ, ବୈଷୟିକ ବିଜ୍ଞାନ, ତାତ୍କାଳିକ ଘଟଣା, ଶିକ୍ଷା, ସ୍ୱାସ୍ଥ୍ୟ, ଆନ୍ତର୍ଜାତିକ ସ୍ଥିତି, ରାଜନୀତି, ପ୍ରଶାସନ ଓ ଗଣତନ୍ତ୍ର ଏସବୁ ବିଷୟ ଉପରେ ପ୍ରକାଶିତ ଆଲୋଚନା ମଧ୍ୟ ରହିଛି । ମୁକ୍ତ ଓ ଇଚ୍ଛାଧୀନ ପଠନ ପାଇଁ ବିଷୟ ଗୁଡ଼ିକର ବିଭାଗୀକରଣ କରାଯାଇ ନାହିଁ, ବରଂ ଇତଃସ୍ତତଃ ଭାବରେ ସେଗୁଡିକୁ ସଜ୍ଜିତ କରାଯାଇଛି ।

ଲେଖକ ଛୋଟ ହେଉ କି ବଡ଼ ହେଉ, ପୁସ୍ତକଟିଏ ପ୍ରକାଶନ ପଛରେ ତାର ଏକ ଉତ୍ସାହ ଥାଏ, ଏକ ଉଦ୍ଦୀପନା ଥାଏ । ଲେଖାଗୁଡ଼ିକ ପୂର୍ବ - ପ୍ରକାଶିତ ହୋଇଥିଲେ ମଧ୍ୟ ପୁସ୍ତକ ରଚନାର ସମଗ୍ର ପ୍ରକ୍ରିୟା ଭିତରଦେଇ ଲେଖକକୁ ଯିବାକୁ ପଡ଼ିଥାଏ । ଯେହେତୁ ନିଜ ସୃଷ୍ଟିକୁ ପୁସ୍ତକ ଆକାରରେ ଦେଖିବାର ମୋହ କିଛିଟା ନିଆରା, ସେହି

କାରଣରୁ ପୁସ୍ତକଟିକୁ ପାଠକଙ୍କ ପାଖରେ ପହଞ୍ଚାଇବା ପାଇଁ ଲେଖକକୁ ଯେତେବାଟ ଯିବାକୁ ପଡ଼ିଥାଏ ସେ ଯାଏ।

ଆମେରିକାର ଜଣେ ଗାଳ୍ପିକ ଲୁଇ ଏଲ୍ ଏମୋର୍ କହିଥିଲେ: 'ବିଷୟ ଯାହା ବି ହେଉଥାଉ ନା କାହିଁକି, ତାହା ଲେଖାଯିବା ଦରକାର। କଳ ନ ଖୋଲିଲେ ପାଣି କେବେ ବି ଆସିବ ନାହିଁ।'

ଆଶା, ଏହି ସଙ୍କଳନର ଲେଖାଗୁଡ଼ିକ ପାଠକଙ୍କୁ ଭଲ ଲାଗିବ। ସେହି ଭଲ ଲାଗିବାରେ ହିଁ ଶ୍ରମର ସାର୍ଥକତା।

ଭୁବନେଶ୍ୱର **ଭାସ୍କର ପରିଚ୍ଛା**

୧ ଜାନୁଆରୀ ୨୦୨୩

ଅନୁକ୍ରମ

ବିଚରା ସାମ୍ବାଦିକ	୧୩
ଅଣୁଚୁକ୍ତି ଏବଂ ଓଡ଼ିଶା	୧୭
ସେ ଥିଲେ ଜଣେ ଲୋକପ୍ରିୟ ନେତା	୨୦
ଶିଳ୍ପାୟନର ଅଭିଶାପ	୨୪
ଇତିହାସରେ ଓ୍ୱିଣ୍ଡୋ ୯୮	୨୭
କାହ୍ନୁଚରଣ :ଶତାବ୍ଦୀ ସ୍ମରଣ	୩୦
ଓଡ଼ିଶା ଓ ତେଲେଙ୍ଗାନା	୩୪
ହସ ପାଇଁ ଏଲିଜି	୩୮
ରାୟବାହାଦୁର ନନ୍ଦକିଶୋର	୪୨
ସୁରଙ୍କ ଇଜି ଆପ୍ରୋଚ ସିରିଜ୍	୪୬
ଭଲ ରାଜ୍ୟ, ଖରାପ ରାଜ୍ୟ	୫୦
ମହିଳା ଓ ସାମ୍ବାଦିକତା	୫୪
ଇମେଜ ଟ୍ରାପ୍	୫୮
ଚାରି ବର୍ଷରେ ମେଣ୍ଟ ସରକାର	୬୨
ମିଃ ସ୍ପିକର ସାର୍	୬୬
ବାମପନ୍ଥୀଙ୍କ ପାଇଁ ଚିନ୍ତା	୭୦
କୁଛ ଭି ହୋ ସକତା ହୈ	୭୪
କଳା ଦୁର୍ଗତି	୭୭
ସ୍ୱାଧୀନତା ଓ ଧର୍ମ ପରିବର୍ତ୍ତନ	୮୦
ଅବସର ଚିନ୍ତା	୮୪
ଓବିସି ଅଳିଆ	୮୮
ରାଇସିନାର ରୋମାଞ୍ଚ	୯୨
ମନ୍ତ୍ରୀ ଓ ପ୍ରଶାସକ	୯୬
କର୍ମେ ଜୀଏଁ ନାରୀ	୧୦୦
ଲରେନ୍ସ ଓ ଯୌନ ସ୍ୱାଧୀନତା	୧୦୩
ଲରି ବେକର	୧୦୭
ଆଇଏଏସ୍ ମ୍ୟାନେଜର	୧୧୦
ସଂଘ ଯାଞ୍ଚ ଏଜେନ୍ସି	୧୧୪

ରାଜନୀତି ଓ ଆତଙ୍କବାଦ ୧୧୬

ଜେହାଦୀଙ୍କ ସହ କାରବାର ୧୨୧

ଭବିଷ୍ୟତ ଭଲ ୧୨୫

ସିଡନୀ ଶେଲ୍ଡନ ୧୨୮

ଦଲିତ ଓ ଅତ୍ୟାଚାରିତ ୧୩୧

ଆଇଏଏସ-ଆଇପିଏସ ବଦଳି ୧୩୪

କାର୍ତିନ ମୁଣ୍ଡାଙ୍କ କାହାଣୀ ୧୩୮

ଶ': ଶତାବ୍ଦୀ ସ୍ମରଣ ୧୪୨

ମହାଜନୋ ଯେନ ଗତଃ ସ ପନ୍ଥା ! ୧୪୬

ଏକ ଆନ୍ଦୋଳନର କାହାଣୀ ୧୫୦

ମିଲକଙ୍କ ପୃଥ୍ବୀ ୧୫୪

କୋରିଆ: ଇତିହାସ ଓ ଭୂଗୋଳ ୧୫୮

ସ୍ୱର୍ଗରେ ଇନ୍ଦ୍ର, ମର୍ଭ୍ୟରେ ନରେନ୍ଦ୍ର ୧୬୧

କ୍ଷମା ରାଜନୀତି ୧୬୫

୭୦+ ୧୬୮

ଲେନିନ ଓ ନିସାନ୍ ପ୍ରସଙ୍ଗ ୧୬୨

ଭାରତ ଭାବନା ୧୬୬

ରାତି ପାହିଲେ ସକାଳ ୧୮୦

ଅଷ୍ଟମ ଶ୍ରେଣୀ ପାସ୍ ୧୮୩

ଗୋଲମାଲ ରିଟର୍ଣ୍ସ ୧୮୬

ଦାୟୀ କିଏ ? ୧୯୦

ଲକ୍ଷ୍ମୀନାରାୟଣ ପଟ୍ଟନାୟକ, ଏମବିଇ ୧୯୩

ଦଶରୁ ପାଞ୍ଚ ଚାକିରୀ ୧୯୬

ପାକିସ୍ତାନ ନାମକ ଅଡୁଆ ଗର୍ଣ୍ଠି ୨୦୦

ଦୁଷ୍ଟ ଲୋକଙ୍କ ଜରାନିବାସ ୨୦୩

କାଠଗଡାରେ ରାଜନେତା ୨୦୬

ଭାରତୀୟ ଗଣତନ୍ତ୍ର ଧମନୀ ୨୧୧

ପରିଣୀତା ଦେଖିବା ପରେ ୨୧୫

ପଞ୍ଚାୟତ କେବଳ ଆଳଙ୍କାରିକ ଶବ୍ଦ ? ୨୧୮

ତେଲୁଗୁ ରାଜ୍ୟରେ ଓଡ଼ିଆ ଭାଷା ୨୨୨

ବସନ୍ତ ଭାବନା ୨୨୫

ବିଚରା ସାମ୍ବାଦିକ !

"ଆମେରିକାର ରାଷ୍ଟ୍ରପତି ଚାରି ବର୍ଷ ପାଇଁ ଶାସନ କରନ୍ତି, କିନ୍ତୁ ସାମ୍ବାଦିକତା ସବୁଦିନ ପାଇଁ ଶାସନ କରେ।"-ଅସ୍କାର ୱାଇଲଡ୍

ସାମ୍ବାଦିକତା ଅନ୍ୟ ଯେକୌଣସି ସାଧାରଣ ବୃତ୍ତି ଭଳି ବୃତ୍ତିଟିଏ ନୁହେଁ। ଗୋଟିଏ ଦୃଷ୍ଟିରେ ଦେଖିବାକୁ ଗଲେ, ଏହା ଏକ ଅଭିଯାନ ବା ମିଶନ୍। ଯଦି ଜଣକ ଭିତରେ ସତକୁ ଜାଣିବାର ଅଦମ୍ୟ ଉତ୍ସାହ ନଥିବ ଓ ଏହାକୁ ନିର୍ଭୟରେ ପାଠକମାନଙ୍କ ସମ୍ମୁଖରେ ଉପସ୍ଥାପିତ କରିବାର ସାହସ ନଥିବ ସେ କେବେହେଲେ ଜଣେ ଭଲ ସାମ୍ବାଦିକ ହୋଇ ପାରିବ ନାହିଁ। ଜଣେ ତୀକ୍ଷ୍ଣ ଦୃଷ୍ଟିସମ୍ପନ୍ନ ସାମ୍ବାଦିକ ଜନମତକୁ ପ୍ରଭାବିତ କରିପାରିବ ଓ ନିଜର ନିରପେକ୍ଷ ଲେଖା ଓ ପକ୍ଷପାତିତା ବିହୀନ ଦୃଷ୍ଟିକୋଣ ଦ୍ୱାରା ସମାଜକୁ ବଦଳାଇ ପାରିବ। ସାମ୍ବାଦିକର ଜୀବନ ହେଉଛି ସେବାର ଜୀବନ ଓ ତା'ର ମନୋବୃତ୍ତି ମଧ୍ୟ ସେବାମୂଳକ ହେବା ଦରକାର। ସାମ୍ବାଦିକତାର ଏହି ସବୁ ଲକ୍ଷଣ ଆପଣ ଶେଷଥର ପାଇଁ କେବେ ଶୁଣିଥିଲେ ?

ଥୋମାସ୍ କାର୍ଲାଇଲ୍ ସାମ୍ବାଦିକତାକୁ କହୁଥିଲେ ଚତୁର୍ଥ ସ୍ତମ୍ଭ। ସାମ୍ବାଦିକମାନେ ଚାହିଁଲେ ସରକାରଙ୍କୁ ପଲଟେଇ ଦେଇପାରିବେ, କ୍ଷମତାଶାଳୀଙ୍କୁ ମୋଡି ଦେଇ ପାରିବେ ଓ ସାମ୍ରାଜ୍ୟକୁ ଟଳେଇ ଦେଇପାରିବେ। କେବେ ସିନା ସାମ୍ବାଦିକମାନେ ଏସବୁ କରୁଥିଲେ ! ଆଜି କ'ଣ ସେସବୁ କରୁଛନ୍ତି ? ଅସୀଠାରୁ ମସୀ ଶକ୍ତିଶାଳୀ- ଏହି କୋଟେସନ୍ କ'ଣ ଆଜି କାମ ଦେଉଛି ?

ନିଃସନ୍ଦେହରେ ସାମ୍ବାଦିକତା ବୃତ୍ତିଟି ଆଜି ଘୋର ସଙ୍କଟ ଦେଇ ଗତି କରୁଛି। ଯଦି ଗଣତନ୍ତ୍ରର ବାକି ୩ଟି ସ୍ତମ୍ଭ ସଙ୍କଟ ଭିତରେ ପଡିଛି, ଚତୁର୍ଥ ସ୍ତମ୍ଭଟି କାହିଁକି ସେହିଭଳି ନହେବ ଓ ଏଥିରେ ଅବା ଆଶ୍ଚର୍ଯ୍ୟ ହେବାର କ'ଣ ଅଛି ? ସମୟ ଥିଲା,

ସାମ୍ବାଦିକର ଜୀବନ ପ୍ରତି ବିପଦ ରହିଥିଲା। ଅନୁସନ୍ଧାନମୂଳକ ସାମ୍ବାଦିକତା ଯେଉଁମାନେ କରୁଥିଲେ ସେମାନେ ନିରନ୍ତର ରିସ୍କ ଭିତରେ ରହୁଥିଲେ। ସେମାନେ ଯେହେତୁ ପ୍ରଭାବଶାଳୀ ଲୋକଙ୍କୁ ପଦାରେ ପକାଇ ଦେଉଥିଲେ ସ୍ୱାଭାବିକ ଭାବେ ବିପଦ ସେମାନଙ୍କୁ ସବୁବେଳେ ଅପେକ୍ଷା କରୁଥିଲା। ଏବେ କ'ଣ ସାମ୍ବାଦିକତା ଆଉ ସେଇୟା ଅଛି ?

ସାମ୍ବାଦିକତା ଆଜି ଅନ୍ୟ ଯେକୌଣସି ବୃତ୍ତିଟି ଭଳି ଏକ ବୃତ୍ତି ଓ ଯେକୌଣସି ଚାକିରୀ ଭଳି ଏକ ଚାକିରୀ। ଏଥିରେ ଆଜି ମିଶନ୍ ମନୋବୃତ୍ତି କମ୍, କ-ମିଶନ୍ ମନୋବୃତ୍ତି ବେଶୀ। ସତକୁ ଜାଣିବା ପାଇଁ ତା'ଠାରେ ଉତ୍ସାହ ନଥାଏ କି ତା'ର କୌଣସି ଆବଶ୍ୟକତା ନଥାଏ। ଆଜି ଜଣେ ସାମ୍ବାଦିକକୁ ଯେ ତୀକ୍ଷ୍ଣ ଦୃଷ୍ଟିସମ୍ପନ୍ନ ହେବାକୁ ପଡିବ, ସେଭଳି କିଛି ନାହିଁ। ଜନମତକୁ ପ୍ରଭାବିତ କରିବାର କ୍ଷମତା ତା'ଠାରେ ଆଜି ଆଉ ନାହିଁ। ସାମ୍ବାଦିକତାରେ ଆଜି ସମାଜର ସେବା କରିବା ଦରକାର ପଡୁନାହିଁ କାରଣ ସେବକ ଓ ସେବିତର ସ୍ଥାନଟି ଆଜି ଓଲଟି ଯାଇଛି।

ବିଶ୍ୱ ତମାମ ସାମ୍ବାଦିକତାର ବୃତ୍ତିଟି ସଙ୍କଟ ଦେଇ ଗତି କରୁଛି। ଏହା କେବଳ ଭାରତରେ କିମ୍ବା ଓଡ଼ିଶାରେ ସୀମିତ ନୁହେଁ। ଇଂରେଜୀ ଖବରକାଗଜ ହେଉ କି ଓଡ଼ିଆ ଖବରକାଗଜ ହେଉ ସାମ୍ବାଦିକମାନଙ୍କୁ କିଣିବା ପାଇଁ ପ୍ରବଳ ପ୍ରତିଯୋଗିତା ଚାଲିଛି। ସାମ୍ବାଦିକମାନେ ଯେହେତୁ ମଣିଷ ଓ ସେମାନେ ଯେହେତୁ ଅନ୍ୟ ବୃତ୍ତିଧାରୀମାନଙ୍କଠାରୁ କମ୍ ଦରମା ପାଆନ୍ତି, ସ୍ୱାଭାବିକ ଭାବେ ସେମାନେ ପ୍ରଲୋଭନର ଶିକାର ହୁଅନ୍ତି।

ଦୁର୍ନୀତିର ପର୍ଦ୍ଦାଫାଶ୍ କରିବା ହେଉଛି ସାମ୍ବାଦିକଙ୍କ କାମ। କିନ୍ତୁ ସାମ୍ବାଦିକ ଯେତେବେଳେ ଦୁର୍ନୀତିରେ ଲିପ୍ତ ହୁଅନ୍ତି ତାହାର ପର୍ଦ୍ଦାଫାଶ୍ କିଏ କରିବ? ଏହା ଆଜି ଏକ ବଡ ପ୍ରଶ୍ନ ହୋଇ ଠିଆ ହୋଇଛି !

ଆମେ ଯେତେବେଳେ ଆମ ରାଜ୍ୟର ସାମ୍ବାଦିକତା କଥା ପ୍ରସଙ୍ଗ ଭିତରକୁ ଆଣୁ ଏହାର କିଛି ନିର୍ଦ୍ଦିଷ୍ଟ ଚରିତ୍ର ସାମ୍ନାକୁ ଆସେ। ପ୍ରଥମତଃ, ଏହା ଅବିକଶିତ ଅବସ୍ଥାରେ ଅଛି। ଏଠି ସାମ୍ବାଦିକତାରେ ପେଷାଦାର ବ୍ୟକ୍ତି କମ୍ ଓ ଅଣକୁଶଳୀ ବେଶି। ଏଠାକାର ସାମ୍ବାଦିକତାରେ ମାର୍କେଟ୍ ଫୋର୍ସ କାମ କରେନା ଓ ପେଷାଗତ ଆତ୍ମନିୟନ୍ତ୍ରଣ ପାଇଁ କେହି ଆଗ୍ରହୀ ନୁହଁନ୍ତି। ଖୁବ୍ କମ୍ ସାମ୍ବାଦିକ ଅଛନ୍ତି ଯେଉଁମାନଙ୍କର ବୃତ୍ତି ପ୍ରତି ଅଙ୍ଗୀକାରବଦ୍ଧତା ରହିଛି। ସାମ୍ବାଦିକତା ଏଠି ଟାଇମ୍ ପାସ୍। କିଛି କରି ନପାରିଲେ ସାମ୍ବାଦିକ ହେବାର ପ୍ରବଣତା ଏଠି ଜୋରଦାର। ଓଡ଼ିଶାର ସାମ୍ବାଦିକତାରେ ଉପର ଠାଉରିଆଭାବ ବେଶି ଓ ଗଭୀର ପାଣି ଭିତରକୁ ଯିବା କମ୍। ଯେଉଁମାନେ ଆଜିକାଲି

ସାମ୍ବାଦିକତାରେ ଡିଗ୍ରୀ ଲାଭ କରୁଛନ୍ତି ସେମାନେ ଜଣେ ଜଣେ 'ଏଲାଇସ୍ ଇନ୍ ଓ୍ୱାଣ୍ଡରଲ୍ୟାଣ୍ଡ୍' ଭଳି।

ବ୍ରିଟେନ୍‌ର ଜଣେ ଆଗ ଧାଡ଼ିର ସାମ୍ବାଦିକ ଇଆନ୍ ହରଗ୍ରୀଭ୍‌ସ ସାମ୍ବାଦିକତା ଉପରେ ପୁସ୍ତକଟିଏ ଲେଖିଛନ୍ତି। ସେଥିରେ ସେ ଏହି ବୃତ୍ତିର ଯେଉଁ ବାସ୍ତବ ଚିତ୍ରଟି ଆଙ୍କିଛନ୍ତି ତାହା ଅନୁଶୀଳନଯୋଗ୍ୟ।

ଇଆନ୍ କହନ୍ତି: "ମତାମତ ସଂଗ୍ରହ ଅଭିଯାନରୁ ଆମେ ଜାଣୁଛୁ ଯେ ସାମ୍ବାଦିକମାନଙ୍କୁ ଆଜିକାଲି କମ୍ ବିଶ୍ୱାସ କରାଯାଉଛି ଓ ସେମାନଙ୍କୁ କମ୍ ସମ୍ମାନ ଦିଆଯାଉଛି। ଆଗରୁ ଏହା ଏଭଳି ନଥିଲା। ବିଶ୍ୱସନୀୟତା ପ୍ରସଙ୍ଗ ନେଇ ସାମ୍ବାଦିକମାନେ ଆଜି ରାଜନେତାଙ୍କ ସହ ସମାନ ସ୍ତରରେ ରହିଛନ୍ତି; ଯେଉଁମାନଙ୍କୁ ସେମାନେ ନିଜ ଲେଖା ମାଧ୍ୟମରେ ଦିନେ ତଳେ ପକାଇବାକୁ ପଛାଉ ନଥିଲେ। ପେଷାଦାରୀ ସାମ୍ବାଦିକମାନଙ୍କ ଦୁଇ ଚାରୋଟି ର୍‌ୟାଙ୍କ୍ ଉପରେ ଅଛନ୍ତି ବିଜନେସ୍ ଏକ୍‌ଜିକ୍ୟୁଟିଭ୍ ଓ ତାଙ୍କ ଉପରେ ସିଭିଲ୍ ସର୍ଭେଣ୍ଟ୍। ବୃତ୍ତି ହିସାବରେ ଦେଖିବାକୁ ଗଲେ ଡାକ୍ତର, ଶିକ୍ଷକ ଓ ବୈଜ୍ଞାନିକମାନଙ୍କଠାରୁ ତ ସାମ୍ବାଦିକମାନେ ବହୁ ପଛରେ।"

ଏଥିରେ ଆପଣ କ'ଣ ଭାବୁଛନ୍ତି ଯେ ସାମ୍ବାଦିକତା ବିପଦ ସଙ୍କୁଳ ଅବସ୍ଥାକୁ ଆସି ନାହିଁ? କିନ୍ତୁ ଏଥି ସହିତ ସମାଜର ଚଳଣିକୁ ବି ଆଲୋଚନା ଭିତରକୁ ଅଣାଯିବା ଦରକାର। ବଜାରର ପ୍ରଭାବରେ ଖବରକାଗଜ ଓ ସାମ୍ବାଦିକତା ଆଜି ଡିଟରଜେଣ୍ଟ ଓ ସାବୁନ୍ ଭଳି ସାମଗ୍ରୀରେ ପରିଣତ ହୋଇଛି। ଏହି ସାମଗ୍ରୀକରଣ ବା କମୋଡ଼ିଫିକେସନ୍‌ର ପରିମାଣ କେତେ ହେବା ଦରକାର ତାହାର ଏକ ସିଲିଂବି ରହିବା ଉଚିତ। ୨୪ x ୭ର ଯୁଗରେ କେତେ ଶୀଘ୍ର, କେତେ କମ୍ ଓ କେତେ ଆଖିଦୃଶିଆ ଢଙ୍ଗରେ ଖବରକାଗଜମାନେ ଖବର ପରିବେଷଣ କରିପାରୁଛନ୍ତି ତାହା ହିଁ ଆଜିର ମାପକାଠି।

ଖବରକାଗଜରେ ପ୍ରକାଶିତ ଘଟଣାର ପ୍ରଭାବ କେଉଁଠି ନା କେଉଁଠି ପଡିଥାଏ ଓ ଏହାର ପ୍ରତିଧ୍ୱନି କେଉଁଠି ନା କେଉଁଠି ଶୁଣାଯାଏ। ଏଣୁ ଖବରକାଗଜମାନେ ଯାହା ଲେଖୁଛନ୍ତି ତାହାର ବ୍ୟାଖ୍ୟା ଓ ସମୀକ୍ଷା ହେବା ସୁନିଶ୍ଚିତ। ବର୍ତ୍ତମାନ ଦେଶରେ ଖବରକାଗଜର ଦୁଇଟି ପରିବର୍ତ୍ତିତ ଚିତ୍ର ଦେଖିବାକୁ ମିଳେ- ଗୋଟିଏ ସମ୍ବାଦପତ୍ର ଶିଳ୍ପରେ ଓ ଅନ୍ୟଟି ଖବରକାଗଜ ପାଠକଙ୍କ ରୁଚିରେ। ଏ ଦୁଇଟି ମିଶି ଖବରକାଗଜର ଦୃଶ୍ୟପଟ୍ଟକୁ ପୂରାପୂରି ବଦଳାଇ ଦେଇଛନ୍ତି।

ମିଡିଆରେ ଯେଉଁ ପ୍ରତିଯୋଗିତା ଚାଲିଛି ତା'ର ପ୍ରଥମ ଶିକାର ହେଉଛି ଖବରର ସଠିକତା। ପୂର୍ବରୁ ଖବରର ସତ୍ୟାସତ୍ୟ ବିଷୟରେ ନିଶ୍ଚିତ ନହେବା ଯାଏଁ ଖବର

ପ୍ରକାଶ କରିବା ସମ୍ଭବ ହେଉନଥିଲା। ଏବେ କିନ୍ତୁ ଯାହା କିଛି ସମ୍ଭବ ତାହା ପ୍ରକାଶ ପାଉଛି। ଆଜି ଖବରକାଗଜ ଜରିଆରେ ପାଠକମାନେ ସୂଚନା ପାଇବା ପରିବର୍ତ୍ତେ ଅଧିକ ଦ୍ୱନ୍ଦ୍ୱରେ ପଡୁଛନ୍ତି। ଖବରକାଗଜ ଓ ସାମ୍ବାଦିକତା ପାଇଁ ଆଗାମୀ ଦିନ ଗୁଡିକ ଅଧିକ ଆହ୍ୱାନମୂଳକ। ମତ ଓ ଧାରଣା ଯେତେ ଶୀଘ୍ର ଜନ୍ମ ନେଉଛି ତାହାଠାରୁ ଶୀଘ୍ର ସେ ଗୁଡିକର ବିଳୟ ଘଟୁଛି। ସାମ୍ବାଦିକତାରେ ପୂର୍ବରୁ ଯେଉଁ ଉଦ୍ଦୀପନା ଥିଲା ତାହା ଆଜି ଆଉ ନାହିଁ। ଏଥିପାଇଁ ଦାୟୀ ଟେକ୍‌ନୋଲୋଜି।

■

(ଶନିବାର ୧୧ ମାର୍ଚ୍ଚ, ୨୦୦୬)

ଅଣୁଚୁକ୍ତି ଏବଂ ଓଡ଼ିଶା

ଭାରତ ଓ ଆମେରିକା ମଧ୍ୟରେ ବେସାମରିକ ପରମାଣୁ ଚୁକ୍ତି ସ୍ୱାକ୍ଷରିତ ହେବା ପରେ ଏ ନେଇ ଦୀର୍ଘ ଅଢ଼େଇବର୍ଷ ଧରି ଯେଉଁ ଆଲୋଚନା, ବିତର୍କ ଓ ବିବାଦ ଚାଲି ଆସିଥିଲା ତାହାର ପରିସମାପ୍ତି ଘଟିଛି ଏବଂ ଭାରତ ଆମେରିକା ଅଣୁଚୁକ୍ତି ଏବେ ଏକ ବାସ୍ତବତାରେ ପରିଣତ ହୋଇଛି। ଏହି ଚୁକ୍ତିକୁ ନେଇ ଏବେ ବି ବିରୋଧାଭାଷ ରହିଛି ଏବଂ ଏହା ଆଗାମୀ ନିର୍ବାଚନରେ ଏକ ପ୍ରସଙ୍ଗ ହେବ। ଏସବୁ ସତ୍ତ୍ୱେ ଭାରତ ଆମେରିକା ଅଣୁଚୁକ୍ତିର ଗୋଟିଏ ବଡ଼ ଫାଇଦା ହେବ ଯେ ଶକ୍ତି କ୍ଷେତ୍ରରେ ଭାରତ ତାର ଆବଶ୍ୟକତାକୁ ମେଣ୍ଟାଇ ପାରିବ। ଏହି ଚୁକ୍ତି ଫଳରେ ଭାରତର ଅଣୁ ଶକ୍ତି ଉତ୍ପାଦନ ବହୁ ଗୁଣିତ ହେବ ବୋଲି ଯେଉଁ ଆକଳନ କରାଯାଇଛି ସେଥିରେ ଓଡ଼ିଶା ବି ଲାଭବାନ୍ ହେବାର ସମ୍ଭାବନା ରହିଛି। କଣ ଏସବୁ ସମ୍ଭାବନା ?

ବିଗତ କିଛିଦିନ ଧରି ଭାରତ ସରକାରଙ୍କ ଅଣୁଶକ୍ତି ବିଭାଗ ଓଡ଼ିଶାକୁ ଏକ ପ୍ରମୁଖ ସ୍ଥାନ ରୂପେ ବିବେଚନା କରି ଆସିଛି। ଏହି ବିଭାଗର ମୁଖ୍ୟ ଲକ୍ଷ୍ୟ ହେଉଛି ଦେଶର ପରମାଣୁ ଶକ୍ତି କ୍ଷମତା ଓ ଉତ୍ପାଦନକୁ ବୃଦ୍ଧି କରିବା। ୨୦୪୦ ମସିହା ସୁଦ୍ଧା ଦେଶର ଆଣବିକ ଶକ୍ତି କ୍ଷମତାକୁ ୪୦, ୦୦୦ ମେଗାୱାଟ ବଢ଼ାଇବା ପାଇଁ ବିଭାଗର ଲକ୍ଷ୍ୟ ରହିଛି। ଏଣୁ ଭାରତ- ଆମେରିକା ଅଣୁଚୁକ୍ତି ସେହି ଲକ୍ଷ୍ୟ ହାସଲ ଦିଗରେ ସହାୟକ ହେବ ବୋଲି ଆଶା କରାଯାଉଛି। ସେହି ଅଭିପ୍ରାୟ ନେଇ ଦେଶର ଚାରୋଟି ଉପକୂଳବର୍ତ୍ତୀ ରାଜ୍ୟ ଗୁଜୁରାଟ, ଆନ୍ଧ୍ରପ୍ରଦେଶ, ପଶ୍ଚିମବଙ୍ଗ ଏବଂ ଓଡ଼ିଶାରେ ଆଣବିକଶକ୍ତି କାର୍ଯ୍ୟକ୍ରମକୁ ପୂର୍ଣ୍ଣ ମାତ୍ରାରେ ଆଗେଇ ନେବା ପାଇଁ ବିଭାଗ ପକ୍ଷରୁ ଏକ ବ୍ୟାପକ ଯୋଜନା ପ୍ରସ୍ତୁତ କରାଯାଇଛି।

କୌତୁହଳ ଲାଗିପାରେ, କିନ୍ତୁ ଏହା ସତ ଯେ ଆଣବିକ ଶକ୍ତି ଉତ୍ପାଦନ କ୍ଷେତ୍ରରେ ଓଡ଼ିଶାକୁ କେନ୍ଦ୍ର ପକ୍ଷରୁ ପୂର୍ବରୁ କେବେ ବି ଏତେ ପ୍ରାଧାନ୍ୟ ଦିଆଯାଇନଥିଲା। ଅଣୁଶକ୍ତି

ପାଇଁ ରାଜ୍ୟକୁ ହିସାବକୁ ନିଆ ନଯିବା ପଛରେ ଗୋଟିଏ ବଡ଼ କାରଣ ଥିଲା ଏହାର ତାପଜ ଶକ୍ତି କ୍ଷମତା। ଗୋଟିଏ ପଟେ ପ୍ରଚୁର କୋଇଲା ଗଚ୍ଛିତ ଥିବାରୁ ତାପଜ ବିଦ୍ୟୁତ୍‌ଶକ୍ତି ପାଇଁ ହିଁ ଓଡ଼ିଶା ଉପଯୁକ୍ତ ସ୍ଥାନ ବୋଲି ବିବେଚନା କରାଯାଉଥିଲା। ତାହାଛଡା ୟୁରାନିୟମ ଏବଂ ଅନ୍ୟାନ୍ୟ କଞ୍ଚାମାଲର ଅଭାବ ମଧ୍ୟ ଏ କ୍ଷେତ୍ରରେ ଏକ ବଡ଼ ପ୍ରତିବନ୍ଧକ ଥିଲା। ବର୍ତ୍ତମାନ କିନ୍ତୁ ଏ ପରିସ୍ଥିତି ବଦଳିବାକୁ ଯାଉଛି କାରଣ ଅଷ୍ଟ୍ରେଲିଆ ଏବଂ ୪୫ ସଦସ୍ୟ ବିଶିଷ୍ଟ ଆଣବିକ ସହଯୋଗକାରୀ ରାଷ୍ଟ୍ରମାନଙ୍କରୁ ଗୁଣାତ୍ମକମାନର ୟୁରାନିୟମ ଆମଦାନୀ ହେବାର ସମ୍ଭାବନା ଦେଖା ଦେଇଛି। ସେହି ଦୃଷ୍ଟିରୁ ଓଡ଼ିଶାରେ ପରମାଣୁ ଶକ୍ତି ଉତ୍ପାଦନର ଏକ ଉଜ୍ଜ୍ୱଳ ଭବିଷ୍ୟତ ଆଶା କରାଯାଇ ପାରେ।

ଖୁସିର ବିଷୟ ଯେ, ନିକଟରେ ଆଣବିକ ଶକ୍ତି ନିର୍ଦ୍ଦେଶାଳୟ ପକ୍ଷରୁ ଏକ ସର୍ଭେ କରାଯାଇଥିଲା। ଏହି ସର୍ଭେର ଫଳାଫଳ ଅନୁସାରେ ଓଡ଼ିଶାରେ ବିଭିନ୍ନ ଅଞ୍ଚଳରେ ୟୁରାନିୟମ ଗଚ୍ଛିତ ରହିଛି। ଏଥି ଭିତରୁ ସୁନ୍ଦରଗଡ଼ରେ ୧୯ଟି, ସମ୍ବଲପୁରରେ ୧୨ଟି, ବରଗଡରେ ୪ଟି, ଝାରସୁଗୁଡାରେ ୨ଟି ଏବଂ ଦେବଗଡ଼, କଳାହାଣ୍ଡି, ମୟୂରଭଞ୍ଜ ତଥା ଯାଜପୁର ଜିଲ୍ଲାରେ ଗୋଟିଏ ଗୋଟିଏ ୟୁରାନିୟମ ଖଣିର ସନ୍ଧାନ ମିଳିଛି। ଏହି ସର୍ଭେ ପରେ ବିଶେଷ କରି ଦୁଇଟି ଜିଲ୍ଲାରେ ଆଣବିକ ଶକ୍ତିର ବାଣିଜ୍ୟିକ କାରବାର ପାଇଁ ପଥ ପରିଷ୍କାର ହେବ। ସେହି ଦୁଇଟି ଜିଲ୍ଲା ହେଉଛି ସୁନ୍ଦରଗଡ ଓ ସମ୍ବଲପୁର।

ବିନା ପ୍ରଦୂଷଣରେ ଶକ୍ତି ଉତ୍ପାଦନ ପାଇଁ ଆଣବିକ ଶକ୍ତିକୁ ଏକ ବିକଳ୍ପ ଭାବରେ ଚିନ୍ତା କରାଯାଉଛି ଏବଂ ସେହି କାରଣରୁ ଅଗାମୀ ଦିନରେ ଭାରତୀୟ ଆଣବିକଶକ୍ତି କର୍ପୋରେସନ ଦେଶରେ ଦୁଇଟି ବଡ଼ ବଡ଼ ଶକ୍ତିକେନ୍ଦ୍ର ପ୍ରତିଷ୍ଠା କରିବାକୁ ଯାଉଛି। ଏହି ଶକ୍ତି କେନ୍ଦ୍ରର ବାର୍ଷିକ କ୍ଷମତା ପ୍ରାୟ ୬ ହଜାର ମେଗାୱାଟ୍ ହେବ।

ଓଡ଼ିଶାର ଶକ୍ତି ଉତ୍ପାଦନ ଉପରେ ଯଦି ମୋଟାମୋଟି ଦୃଷ୍ଟି ପକାଯାଏ ଦୁଇଟି କଥା ସାମ୍ନାକୁ ଆସିବ। ପ୍ରଥମ, ତାପଜ ବିଦ୍ୟୁତଶକ୍ତି ଉତ୍ପାଦନ କ୍ଷେତ୍ରରେ ଓଡ଼ିଶାର ସ୍ଥିତି ବେଶ୍ ଭଲ। ତା'ଛଡା ଜଳ ବିଦ୍ୟୁତ୍ କ୍ଷେତ୍ରରେ ମଧ୍ୟ ଆମେ ସନ୍ତୋଷଜନକ ସ୍ଥିତିରେ ରହିଛୁ। ଉଭୟ କ୍ଷେତ୍ରରେ ବାର୍ଷିକ ସଂସ୍ଥାପନ କ୍ଷମତା ପ୍ରାୟ ୨ହଜାର ମେଗାୱାଟ୍। ଗୋଟିଏ ହିସାବ ଅନୁଯାୟୀ ୨୦୧୨ ସୁଦ୍ଧା ରାଜ୍ୟର ବିଦ୍ୟୁତ୍‌ଶକ୍ତି ଚାହିଦା ୨୨ ହଜାର ମେଗାୱାଟକୁ ବୃଦ୍ଧି ପାଇବ। ଏହି ବୃଦ୍ଧିକୁ ଆଖି ଆଗରେ ରଖି ତାପଜ ବିଦ୍ୟୁତ୍ ଉତ୍ପାଦନ ଉପରେ ସରକାର ଗୁରୁତ୍ୱ ଆରୋପ କରୁଥିଲେ ହେଁ ଏହା ପ୍ରଦୂଷଣ ଜନିତ ସମସ୍ୟା ସୃଷ୍ଟି କରୁଥିବାରୁ ବିକଳ୍ପ ଶକ୍ତି କଥା ଚିନ୍ତା କରାଯିବା ସ୍ୱାଭାବିକ।

ଅବଶ୍ୟ ତାପଜ ବିଦ୍ୟୁତ୍ ଶକ୍ତିର ଉତ୍ପାଦନ ଖର୍ଚ୍ଚ ତୁଳନାରେ ଆଣବିକ ଶକ୍ତି

ଉତ୍ପାଦନ ଖର୍ଚ୍ଚ ଢେର ଅଧିକ। ଏକ ଆନ୍ତର୍ଜାତିକ ଅନୁଧାନ ଅନୁଯାୟୀ, ପ୍ରତିଷ୍ଠାଠାରୁ ଆରମ୍ଭ କରି ଉତ୍ପାଦନ ପର୍ଯ୍ୟନ୍ତ ଆଣବିକ ଶକ୍ତି କେନ୍ଦ୍ର ପାଇଁ ଅଧିକ ପୁଞ୍ଜି ନିବେଶ କରିବାକୁ ହେବ। ଅପର ପକ୍ଷରେ, ଆଣବିକ ଶକ୍ତିକେନ୍ଦ୍ର ପାଇଁ ଯେଉଁ ଜଳର ଆବଶ୍ୟକତା ପଡିବ ତାହା ତାପଜ ଶକ୍ତିର ଆବଶ୍ୟକତାଠାରୁ ଖୁବ୍ ବେଶୀ। ସୁତରାଂ, ଜଳ ଉପରେ ଆଗାମୀ ଦିନରେ ଅଧିକରୁ ଅଧିକ ଚାପ ପଡିବ। ଏହି ପରିସ୍ଥିତିରେ ତାପଜ ବିଦ୍ୟୁତ୍ ଶକ୍ତି ଏବଂ ଆଣବିକ ଶକ୍ତି ଭିତରେ ଏକ ସନ୍ତୁଳନ ରକ୍ଷା କରି ରାଜ୍ୟର ଶକ୍ତି ଚାହିଦାକୁ ବୃଦ୍ଧି କରିବା ସକାଶେ ଉଦ୍ୟମ କରିବାକୁ ହେବ। ଆଣବିକ ଶକ୍ତି କ୍ଷେତ୍ରରେ ଓଡ଼ିଶାରେ ନୂଆ କିଛି ହେବାକୁ ଯାଉଥିବାରୁ ଏ ସମ୍ପର୍କରେ ବ୍ୟାପକ ଆଲୋଚନା/ବିତର୍କ ବି ହେବା ଆବଶ୍ୟକ। ବିଶେଷ କରି ସୁରକ୍ଷା ଓ ନିରାପତ୍ତା ପ୍ରଶ୍ନଟି ସମ୍ମୁଖକୁ ଆସିବା ଦରକାର।

(୧୧ ଅକ୍ଟୋବର ୨୦୦୮)

ସେ ଥିଲେ ଜଣେ ଲୋକପ୍ରିୟ ନେତା

ଜଣେ ସମାଜସେବୀ ଓ ଧର୍ମନିରପେକ୍ଷତାବାଦୀ ଭାବରେ ଚନ୍ଦ୍ରଶେଖର ନିଜ ପାଇଁ ଓ ଭାରତର ରାଜନୀତି ପାଇଁ ଅନବଦ୍ୟ ଖ୍ୟାତି ଆଣିଥିଲେ । ଜଣେ ତରୁଣ ତୁର୍ଙ୍ଗ ନେତା ଭାବେ ଷାଠିଏ ଦଶନ୍ଧିର ଶେଷ ଆଡକୁ ଯେତେବେଳେ କଂଗ୍ରେସ ରାଜନୀତିରେ ସେ ମୁଣ୍ଡ ଟେକିଲେ ତାହା ଥିଲା ଅଭୂତପୂର୍ବ । ସେ ହିଁ ପ୍ରଥମେ ଇନ୍ଦିରା ଗାନ୍ଧୀଙ୍କୁ ବିରୋଧ କରୁଥିଲେ । ପରେ ଜୟପ୍ରକାଶ ଆନ୍ଦୋଳନ ବେଳେ ଇନ୍ଦିରା ଗାନ୍ଧୀ ତାଙ୍କ ବିରୁଦ୍ଧରେ ଯେଉଁ କାର୍ଯ୍ୟାନୁଷ୍ଠାନ କରିଥିଲେ ତାହା ଜଣାଶୁଣା ।

ଚନ୍ଦ୍ରଶେଖରଙ୍କ ରାଜନୈତିକ ପ୍ରଭାବ ଥିଲା ଅସାଧାରଣ । ଦେଶର ରାଜନୈତିକ କାନ୍‌ଭାସ୍ ଉପରେ ସେ ବିଭିନ୍ନ ରଙ୍ଗର ଛିଟା ମାରିପାରୁଥିଲେ । ବେଳେ ବେଳେ ଏହି ରାଜନୈତିକ ଗତିଶୀଳତା ଯୋଗୁଁ ଅନେକ କ୍ଷେତ୍ରରେ ତାଙ୍କୁ ସାଲିସ୍ କରିବାକୁ ପଡୁଥିଲା ଓ ରାଜନୈତିକ ମୂଲ୍ୟବୋଧ ପ୍ରତି ଆଖି ବୁଜି ଦେବାକୁ ପଡୁଥିଲା । ତା' ସତ୍ତ୍ୱେ ଗୋଟିଏ କଥା ପ୍ରାୟ ଦେଖାଯାଇଥିଲା ଯେ ନିଜର ପ୍ରତିଷ୍ଠା ଓ ଭାବମୂର୍ତ୍ତିକୁ ସେ ବଜାୟ ରଖି ପାରିଥିଲେ ।

ଚନ୍ଦ୍ରଶେଖରଙ୍କ ରାଜନୀତିକୁ ଅନେକେ ବୁଝି ପାରନ୍ତି ନାହିଁ । କିଛି ଲୋକ ତାଙ୍କର ରାଜନୀତିରେ ପାରସ୍ପରିକ ବିରୋଧାଭାସ ଦେଖୁଥିବା ବେଳେ ଆଉ କିଛି କହୁଥିଲେ ଜଣେ ବିଶିଷ୍ଟ ନେତାଙ୍କର ଏହା ହେଉଛି ନିଜସ୍ୱ ଢଙ୍ଗ ଓ ଅଧିକାର । ଯେତେବେଳେ ଯାହା ଇଚ୍ଛା ତାହା କରି ଦେଖାଇବାର ସାମର୍ଥ୍ୟ ତାଙ୍କ ପାଖରେ ଥିଲା ।

ତାଙ୍କର ନିର୍ବାଚନ ମଣ୍ଡଳୀ ବାଲିଆ, ରାଏବରେଲି କିମ୍ବା ଆମେଥି ଭଳି ବିଖ୍ୟାତ ନଥିଲେ ମଧ୍ୟ, ଉନ୍ନତିର ମାନଚିତ୍ରରେ ଉତ୍ତରପ୍ରଦେଶର ଏହି ପାର୍ଲାମେଣ୍ଟ ନିର୍ବାଚନ ମଣ୍ଡଳୀଟି ନଥିଲେ ହେଁ ଚନ୍ଦ୍ରଶେଖର ବାଲିଆରୁ ପାର୍ଲାମେଣ୍ଟକୁ ବାରମ୍ବାର

ନିର୍ବାଚିତ ହୋଇ ଆସୁଥିଲେ। ଏଥିପାଇଁ କେତେବେଳେ ସେ ବିଜେପିର ସମର୍ଥନ ଲୋଡୁଥିଲେ ତ କେତେବେଳେ ସମାଜବାଦୀ ପାର୍ଟି ତାଙ୍କୁ ସମର୍ଥନ କରୁଥିଲା। ଚନ୍ଦ୍ରଶେଖର ଥରେ ମାତ୍ର ବାଲିଆରୁ ହାରି ଯାଇଥିଲେ (୧୯୮୪ ପାର୍ଲାମେଣ୍ଟ ନିର୍ବାଚନରେ) ଯେତେବେଳେ କି ଇନ୍ଦିରା ଗାନ୍ଧୀଙ୍କ ନିଧନ ପରେ କଂଗ୍ରେସ ସପକ୍ଷରେ ଦେଶରେ ଅନୁକମ୍ପାର ହାୱା ବୋହିଥିଲା।

ଚନ୍ଦ୍ରଶେଖର ଜୀବନ ତମାମ ରାଜନୈତିକ ମୂଲ୍ୟବୋଧ କଥା କହି ଆସୁଥିଲେ। ଚନ୍ଦ୍ରଶେଖର ଯଦି ତାଙ୍କ ସମୟର ରାଜନୀତିରେ ଗୋଟିଏ ବଡ଼ ସଫଳତା ହାସଲ କରିଥିଲେ ତାହା ହେଉଛି ଗାନ୍ଧୀ ପରିବାର ବିରୁଦ୍ଧରେ ଲଢ଼ିବା। ବଂଶଗତ ରାଜନୀତିକୁ ସେ ବରାବର ବିରୋଧ କରି ଆସୁଥିଲେ।

ସଦା ତରୁଣ ଏହି ତରୁଣ ତୁର୍କ ନେତା ଛାତ୍ର ଜୀବନରୁ ହିଁ ରାଜନୀତିରେ ପଶିଥିଲେ। ଦେଶର ଘଡିସନ୍ଧି ମୁହୂର୍ତ୍ତରେ ତାଙ୍କର ରାଜନୈତିକ ଭୂମିକାକୁ ଆଜି ପର୍ଯ୍ୟନ୍ତ ଲୋକେ ମନେ ରଖିଛନ୍ତି। ଚନ୍ଦ୍ରଶେଖରଙ୍କୁ କେହି କେହି ଭିନ୍ନ ଭିନ୍ନ ଭାବରେ ଦେଖିଥାନ୍ତି। କେତେବେଳେ ଅତି ସାଦାସିଧା ତ ଆଉ କେତେବେଳେ ଅସାଧାରଣ ବ୍ୟକ୍ତି ସତ୍ତା କିନ୍ତୁ ଦୃଢ଼ ନୀତିରେ ବିଶ୍ୱାସ ରଖୁଥିବା ଜଣେ ପ୍ରଗତିଶୀଳ (ପ୍ରାଗମାଟିଷ୍ଟ) ରାଜନେତା ଥିଲେ ଚନ୍ଦ୍ରଶେଖର।

ଯେତେବେଳେ ଜନତା ଦଳର ବିଭାଜନ ହେଲା, ଲୋକେ ତାଙ୍କ ଉପରେ ଅଭିଯୋଗ ଢାଳି ଦେଇଥିଲେ ଯେ ସେ ଜଣେ ସୁବିଧାବାଦୀ। ମଣ୍ଡଳ-ମନ୍ଦିର ବିବାଦ ଯେତେବେଳେ ଦେଶର ରାଜନୀତିକୁ ଉଠାପକା କରୁଥିଲା ସେତିକି ବେଳେ ଭିପି ସିଂହଙ୍କ ସରକାରରୁ ପ୍ରଥମେ ବିଜେପି ସମର୍ଥନ ପ୍ରତ୍ୟାହାର କରିନେଇଥିଲା। ଚନ୍ଦ୍ରଶେଖର ମଧ୍ୟ ଏହି ସମୟରେ ଜୀବନର ଏକ ବଡ଼ ରାଜନୈତିକ ଖେଳ ଖେଳିଥିଲେ ଯେତେବେଳେ ୫୦ ଜଣ ଏମ୍‌ପିଙ୍କୁ ନେଇ କେନ୍ଦ୍ରରେ ସରକାର ଗଢ଼ିଥିଲେ। ମାତ୍ର ୫୦ଜଣ ସଂସଦଙ୍କୁ ନେଇ ଗଢିଥିବା ସରକାରରେ ସେ କେବଳ ରାଜୀବ ଗାନ୍ଧୀଙ୍କ କଂଗେସର ସମର୍ଥନ ଲାଭ କରିଥିଲେ ତାହା ନୁହେଁ, ବୋଫର୍ସ ଦୁର୍ନୀତି ପରିପ୍ରେକ୍ଷୀରେ କଂଗ୍ରେସ ଦଳକୁ ପାର୍ଲାମେଣ୍ଟରେ ଧୂଳେଇ କରିବାକୁ ମଧ୍ୟ ସେ ପଶ୍ଚାତ୍‌ପଦ ହେଉନଥିଲେ।

ବୋର୍ଫସ ଯଦି କଂଗ୍ରେସ ରାଜନୀତିରେ ଏକ ବଡ଼ ଘୋଟାଲା ଥିଲା ଓ ଦେଶରେ ଅଣକଂଗ୍ରେସ ରାଜନୀତିକୁ ମଝିରେ ମଝିରେ ମୁଣ୍ଡ ଟେକିବାରେ ସାହାଯ୍ୟ କରୁଥିଲା, ଚନ୍ଦ୍ରଶେଖର ମଧ୍ୟ ଦରକାର ପଡ଼ିଲେ କଂଗ୍ରେସ-ବିରୋଧୀ ରାଜନୀତିରେ ଘୃତ ଢାଳୁଥିଲେ। ଥରେ ଅଧେ ବୋଫର୍ସ ମାମଲାରେ ତାଙ୍କ ସରକାର ଢିଲା ମାରୁଛନ୍ତି

ବୋଲି ଯେତେବେଳେ ଅଭିଯୋଗମାନ ଆସୁଥିଲା ଚନ୍ଦ୍ରଶେଖର ସେହି ଅଭିଯୋଗକୁ ଜଣେ 'ଇନସ୍‌ପେକ୍ଟରର କାମ' କହି ବାଏଁ ବାଏଁ ଉଡାଇ ଦେଇଥିଲେ। ତାଙ୍କର ଏହି ଉତ୍ତରଟି ଅଭିଯୋଗକାରୀ ମାନଙ୍କୁ କ୍ଲିନ୍‌ବୋଲ୍ଡ କରିଦେଉଥିଲା।

ଅନେକ କହନ୍ତି ଯେ ଚନ୍ଦ୍ରଶେଖର ଦେଶର ପ୍ରଧାନମନ୍ତ୍ରୀ ହେବା ପାଇଁ ତାଙ୍କର ସୁପ୍ତ ଇଚ୍ଛାକୁ ପ୍ରମାଣ କରିବା ପାଇଁ ଭିପି ସିଂହ ସରକାରଙ୍କୁ ପଲଟେଇ ଦେଇଥିଲେ। ବାସ୍ତବରେ, ଭିପି ସିଂହ ଦେବୀ ଲାଲଙ୍କ ସହ ମିଶି ପ୍ରଧାନମନ୍ତ୍ରୀ ହେବା ଘଟଣା ଚନ୍ଦ୍ରଶେଖରଙ୍କୁ ଭଲ ଲାଗିନଥିଲା। ଚନ୍ଦ୍ରଶେଖରଙ୍କ ରାଜନୈତିକ ପରାକାଷ୍ଠା ଏଭଳି ଥିଲା ଯେ ସେ ଯେତେବେଳେ ଯାହା ଚାହୁଁଥିଲେ ତାହା କରିପାରୁଥିଲେ ଓ ସତୀର୍ଥମାନେ ତାଙ୍କୁ ଏଥିରେ ସାହାଯ୍ୟ ଓ ସମର୍ଥନ ମଧ୍ୟ କରୁଥିଲେ।

ଯଦିଓ ତାଙ୍କ ସରକାର ଖୁବ୍ କମ୍ ସମୟ ପାଇଁ କେନ୍ଦ୍ରରେ କ୍ଷମତାସୀନ ହୋଇଥିଲା, ତା'ସତ୍ତ୍ୱେ ବହୁ ଚର୍ଚ୍ଚିତ ଅଯୋଧ୍ୟା ବିବାଦ ସମାଧାନ ପାଇଁ ତାଙ୍କ ସରକାର ଯାବତୀୟ ଉଦ୍ୟମ କରିଥିଲା। ଏହି ସମସ୍ୟାର ସମାଧାନ ସକାଶେ ସେତେବେଳେ ଶରଦ ପାୱାର ଏବଂ ଭୈଅରୋଁ ସିଂ ଶେଖାୱତଙ୍କ ଭଳି ନେତା ମଧ୍ୟ ସାହାଯ୍ୟର ହାତ ବଢ଼ାଇଥିଲେ। କିନ୍ତୁ ଠିକ୍ ଏତିକି ବେଳେ ଚନ୍ଦ୍ରଶେଖର ସରକାର ପତନ ହୋଇଥିଲା। କାରଣ ରାଜୀବ ଗାନ୍ଧୀଙ୍କୁ ହରିଆଣାର ଦୁଇଜଣ କନେଷ୍ଟବଲ୍ ଗୁଇନ୍ଦା ଗିରି କରୁଥିବାର ଅଭିଯୋଗ ଆସିଥିଲା।

ରାଜନୀତିରେ ପ୍ରବେଶ କରିବା ସମୟରୁ ହିଁ ଚନ୍ଦ୍ରଶେଖର ଜଣେ ବିଦ୍ରୋହୀ ରୂପେ ଜଣାଶୁଣା ଥିଲେ। ୪୦ ବର୍ଷ ବୟସ ପୂର୍ବରୁ ସେ କଂଗ୍ରେସ ଦଳ ଭିତରେ ମୋହନ ଧରିଆ ଓ ରାମଧନଙ୍କ ସମେତ ଏକ ପ୍ରେସର ଗ୍ରୁପର ସଦସ୍ୟ ଥିଲେ। ଏହି ପ୍ରେସର ଗ୍ରୁପର କାର୍ଯ୍ୟ ଥିଲା ତତ୍କାଳୀନ କଂଗ୍ରେସର ନୀତି ଭିତରେ ସମାଜବାଦୀ ଚିନ୍ତାଧାରାକୁ ପ୍ରବେଶ କରାଇବା। କିନ୍ତୁ ଚନ୍ଦ୍ରଶେଖରଙ୍କର ରାଜନୈତିକ ଜୀବନରେ ପଟ୍ଟ ପରିବର୍ତ୍ତନ ହେଲା ଯେତେବେଳ କଂଗ୍ରେସର ମୁଖ୍ୟ ଇନ୍ଦିରା ଗାନ୍ଧୀ ତାଙ୍କୁ ଜରୁରୀ ପରିସ୍ଥିତିକୁ ସମାଲୋଚନା କରିବାରୁ ଜେଲ ପଠାଇ ଦେଇଥିଲେ। ମାତ୍ର ୫୦ ବର୍ଷ ବୟସରେ ଚନ୍ଦ୍ରଶେଖର କଂଗ୍ରେସ ବିରୁଦ୍ଧରେ ଏକ ଶକ୍ତିଶାଳୀ ଗୋଷ୍ଠୀର ନେତୃତ୍ୱ ନେଇଥିଲେ।

ଜଣେ ବାସ୍ତବବାଦୀ ନେତା ହେବା ବ୍ୟତିରକେ ଚନ୍ଦ୍ରଶେଖର ଆବଶ୍ୟକତା ଅନୁଯାୟୀ ନିଜର ନୀତି-ଗୁଡିକୁ ବଦଳାଉଥିଲେ। ପ୍ରଧାନମନ୍ତ୍ରୀ ଥିବା ସମୟରେ ଯେତେବେଳେ ତାମିଲନାଡୁରେ ଏଲଟିଟିଇ ସକ୍ରିୟ ଥିବା ଅଭିଯୋଗ ଉଠିଥିଲା ସେ ଡିଏମ୍‌କେ ସରକାରଙ୍କୁ ବରଖାସ୍ତ କରିଥିଲେ, ଯଦିଓ ଏଥିରେ କିଞ୍ଚିତ୍ ଅନିୟମିତତା

ଥିଲା । କିନ୍ତୁ ସେହି ନୀତି ଅନୁସାରେ ସେ ହରିୟାଣାରେ ଓପି ଚୌତାଲା ସରକାରଙ୍କୁ ବରଖାସ୍ତ କରିଥିଲେ ।

ରବିବାର ଦିନ ଦିଲ୍ଲୀରେ ତାଙ୍କ ପ୍ରତି ଶ୍ରଦ୍ଧାସୁମନ ଜଣାଇବା ପାଇଁ ଦେଶର କୋଣ ଅନୁକୋଣରୁ ଦଳମତ ନିର୍ବିଶେଷରେ ରାଜନେତାମାନେ ଆସିଥିଲେ । ସେମାନେ ଯେଉଁ ଶ୍ରଦ୍ଧାଞ୍ଜଳି ଓ ସ୍ମୃତିଚାରଣ କରିଥିଲେ ତାହା ପାରମ୍ପରିକ ଶ୍ରଦ୍ଧାଞ୍ଜଳି ନଥିଲା ବରଂ ଏଥିରେ କିଛି ରାଜନୈତିକ ନିଷ୍ଠା ଓ ବ୍ୟକ୍ତିଗତ ଶୋକ ରହିଥିଲା ।

ଦୀର୍ଘ ୪୫ ବର୍ଷ ଧରି ଭାରତର ରାଜନୀତିକୁ ପ୍ରଭାବିତ କରି ଆସିଥିବା ଚନ୍ଦ୍ରଶେଖର ନିଃସନ୍ଦେହରେ ଥିଲେ ଜଣେ ଲୋକପ୍ରିୟ ନେତା ।

■

(ଶନିବାର, ୧୪ ଜୁଲାଇ, ୨୦୦୭)

ଶିଳ୍ପାୟନର ଅଭିଶାପ

ଛି, ଛି ! ସଂସାରଟାରେ କ'ଣ କେବଳ ସବଳ ଦୁର୍ବଳକୁ ଅଧୀନ ରଖି ଆତ୍ମସାତ୍ କରି ଉଦରସାତ୍ କରି ଜୀବନଧାରଣ କରିବାକୁ ଜାତ ହୋଇଛି ? ଜଣେ ବଞ୍ଚିବ ବୋଲି ଆଉ ଜଣକର ମୃତ୍ୟୁ ଏକାନ୍ତ ଆବଶ୍ୟକ ?

-କାଳିନ୍ଦୀଚରଣ ପାଣିଗ୍ରାହୀ (ମାଂସର ବିଳାପ)

ଅଷ୍ଟାଦଶ ଶତାବ୍ଦୀରେ ବିଶ୍ୱରେ ଯେଉଁ ଶିଳ୍ପ ବିପ୍ଳବ ଦେଖାଦେଲା ତାହାର ଗୋଟିଏ ସିଧାସଳଖ ପରିଣାମ ଥିଲା ଯେ ଯୁଗ ଯୁଗ ଧରି ଉତ୍ପାଦନ-ଅଭ୍ୟସ୍ତ ମଣିଷର ହାତ ହଠାତ୍ ଅକାମୀ ହେବାକୁ ଆରମ୍ଭ କଲା । ପୂର୍ବରୁ କୁଟୀର ଶିଳ୍ପ ମାଧ୍ୟମରେ ବୃତ୍ତିଧାରୀମାନେ ଯାହା କରୁଥିଲେ ତାହା ଅକସ୍ମାତ୍ ଉଭେଇ ଗଲା ଓ ଯନ୍ତ୍ରପାତି ତା'ର ସ୍ଥାନ ଅଧିକାର କରିନେଲା । ଯନ୍ତ୍ର ସଭ୍ୟତାର ଆରମ୍ଭ ସହିତ ସାମାଜିକ ଚଳଣି ଓ ଅର୍ଥନୈତିକ ଜୀବନରେ ବ୍ୟାପକ ପରିବର୍ତ୍ତନ ସଙ୍ଘଟିତ ହେଲା । ସେହି ସମୟଠାରୁ ଯନ୍ତ୍ର ଏକ ବ୍ୟୟସାଧ୍ୟ ବ୍ୟାପାର ହୋଇ ଆସିଛି । ଯନ୍ତ୍ରର ଆଶ୍ରୟଦାତା ହେଲେ ପୁଞ୍ଜିପତି । ଟଙ୍କା ଖଟେଇ ସେମାନେ କାରଖାନା ବସାଇଲେ । ଏହା ଫଳରେ ଗାଁ ଗହଳିରେ ଯେଉଁ କୁଟୀର ଶିଳ୍ପ ଥିଲା ଓ ଯେଉଁମାନେ ଏକ ସୀମିତ ଉତ୍ପାଦନ ପ୍ରକ୍ରିୟା ସହିତ ବାନ୍ଧି ହୋଇ ରହିଥିଲେ ସେମାନେ ଶାଳ ଛାଡି ଶ୍ରମିକ ହେଲେ । କି କୃଷକ, କି ବ୍ୟବସାୟୀ ସମସ୍ତେ ଧାଇଁଲେ ସହରକୁ । ଲକ୍ଷ ଲକ୍ଷ କାରଖାନା ଶ୍ରମିକ ହେଲେ ମାଟି-ସମ୍ପର୍କହୀନ ଏବଂ ଭୂମିହୀନ ଶ୍ରମିକ । ଏମାନଙ୍କୁ କୁହାଗଲା ଗୋଟିଏ ଗୋଟିଏ ଚେରହୀନ ମନୁଷ୍ୟ ଗୋଷ୍ଠୀ । ଉଦ୍‌ବାସ୍ତୁମାନଙ୍କର କାହାଣୀ ଏହିଠାରୁ ହିଁ ଆରମ୍ଭ ।

ଇତିହାସବିତ୍ ଟୟନବୀ ଏହାକୁ ନାମକରଣ କଲେ ଶିଳ୍ପ ବିପ୍ଳବ- 'ଇଣ୍ଡଷ୍ଟ୍ରିଆଲ୍ ରେଭୋଲ୍ୟୁସନ' । ଶିଳ୍ପ ବିପ୍ଳବର ସାମାଜିକ-ଅର୍ଥନୈତିକ ଓ ରାଜନୈତିକ ପ୍ରଭାବ

ଥିଲା ଅତି ବ୍ୟାପକ ଓ ଗଭୀର। ଶିଳ୍ପ ବିପ୍ଳବ ପରେ ପୃଥିବୀର ବିଭିନ୍ନ ଦେଶରେ ଦେଖା ଦେଲେ ଭୂମିହୀନ ଓ ମଜଦୂର ଗୋଷ୍ଠୀ। ପୁଞ୍ଜିପତି ଅର୍ଥ ବିନିଯୋଗ କରି ସେମାନଙ୍କୁ ପରିଶ୍ରମକୁ ସମ୍ପୂର୍ଣ୍ଣ ରୂପେ ଉପଭୋଗ କରୁଛି ବୋଲି ଯେତେବେଳେ ସେମାନେ ଅନୁଭବ କଲେ, ନିଜର ଦାବି ଉପସ୍ଥାପିତ କରି ମାଲିକଠାରୁ ନ୍ୟାର୍ଯ୍ୟ ଦାବି ଅସୁଲ କରିବା ପାଇଁ ପଛାଇଲେ ନାହିଁ। ଊନ୍ନବିଂଶ ଓ ବିଂଶ ଶତାବ୍ଦୀରେ ପୁଞ୍ଜିବାଦ ଓ ସାମ୍ରାଜ୍ୟବାଦ ବିରୁଦ୍ଧରେ ଯେତେବେଳେ ଲଢ଼େଇ ହେଲା ଶ୍ରମିକମାନଙ୍କଠାରୁ ହିଁ ତାହା ଆରମ୍ଭ ହୋଇଥିଲା। ଶିଳ୍ପ ବିପ୍ଳବ ବିଶ୍ୱରେ ଅକଳ୍ପନୀୟ ପରିବର୍ତ୍ତନ ଆଣିବା ସହିତ ମାନବିକ ଚିନ୍ତା ରାଜ୍ୟରେ ମଧ୍ୟ ବ୍ୟାପକ ପରିବର୍ତ୍ତନ ଆଣି ପାରିଥିଲା। ଶିଳ୍ପ ବିପ୍ଳବ ପରେ ଆସିଲା ଜଗତୀକରଣ, ଉଦାରୀକରଣ ଇତ୍ୟାଦି ଘଟଣା। ଦେଶ ଓ ଆଦର୍ଶ ନିର୍ବିଶେଷରେ ଜଗତୀକରଣ ଆଜି ଏକ ଅନିର୍ବାର୍ଯ୍ୟ ଆବଶ୍ୟକତା ହୋଇ ପଡ଼ିଛି। ଶିଳ୍ପ ବିପ୍ଳବ ପରେ ଯେଉଁ ସାମାଜିକ ଅସମାନତା ଦେଖାଦେଲା ଜଗତୀକରଣ ମଧ୍ୟ ସେହିଭଳି କିଛି ସାମାଜିକ ଅସଙ୍ଗତିକୁ ସାମ୍ନାକୁ ଆଣିଛି।

ଶିଳ୍ପାୟନ ବା ଇଣ୍ଡଷ୍ଟ୍ରିଆଲାଇଜେସନ ସବୁ ସମୟରେ ନିର୍ଭର କରି ଆସିଛି ଜମି ଉପରେ। ଏହି ଜମିକୁ ପାଇବାକୁ ହେଲେ ଯେଉଁମାନେ ଏହାକୁ ଉପଭୋଗ କରୁଛନ୍ତି ସେମାନେ ହଟିବାକୁ ବାଧ୍ୟ। ଅବଶ୍ୟ ବିଗତ ୫୦ ବର୍ଷ ମଧ୍ୟରେ ଭାରତରେ ଯେଉଁଠି ଶିଳ୍ପ କାରଖାନା ପାଇଁ ଜମି ଯାଇଛି ସେଠି ଜମି ହରାଇଥିବା ଲୋକଙ୍କୁ କ୍ଷତିପୂରଣ ଦିଆ ହୋଇଛି। ଏହି କ୍ଷତିପୂରଣର ଦୁଇଟି ଦିଗ ରହିଛି। ଗୋଟିଏ ନଗଦ ଟଙ୍କା ଆକାରରେ ଓ ଅନ୍ୟଟି ପ୍ରସ୍ତାବିତ କାରଖାନାରେ ଜମି ହରାଇଥିବା ଲୋକଙ୍କୁ ଚାକିରୀ ଯୋଗାଇଦେବା ମାଧ୍ୟମରେ। ତେବେ, ଦ୍ୱିତୀୟ ବ୍ୟବସ୍ଥାଟିକୁ ନିୟମିତ ଭାବରେ ଉଲ୍ଲଙ୍ଘନ କରାଯାଏ ଓ ପ୍ରଥମ ବ୍ୟବସ୍ଥାଟି ଉଦ୍‌ବାସ୍ତୁଙ୍କ ପାଇଁ କଦାପି ଯଥେଷ୍ଟ ନଥାଏ। ଯାଜପୁର-କଳିଙ୍ଗ ନଗରରେ ଯେଉଁ ଗଣ୍ଡଗୋଳ ଓ ହିଂସାକାଣ୍ଡ ଘଟିଲା ତା'ର ମୂଳରେ ଏହି ମୌଳିକ କାରଣଟି ହିଁ ନିହିତ। ସେଠାରେ ରହୁଥିବା ଆଦିବାସୀମାନେ ଟାଟାର ଶିଳ୍ପ କାରଖାନା ପ୍ରତିଷ୍ଠାକୁ ବିରୋଧ କଲେ କାରଣ ସେମାନଙ୍କ ଜମି ଉପରେ କାରଖାନା ହେଉଛି ଅଥଚ ସେମାନେ ପର୍ଯ୍ୟାପ୍ତ ପରିମାଣରେ କ୍ଷତିପୂରଣ ପାଉନାହାନ୍ତି।

ହିଂସା ପ୍ରଥମେ କିଏ ଆରମ୍ଭ କଲା ତାହାର ଆଲୋଚନା ଅନାବଶ୍ୟକ ଓ ତାତ୍ପର୍ଯ୍ୟବିହୀନ କାରଣ ଏଭଳି ଘଟଣା ସହିତ ଯେଉଁ କେତେକ ମୌଳିକ ପ୍ରସଙ୍ଗ ରହିଛି ଯାହାର ଉତ୍ତର କଦାପି କେହି ଖୋଜି ବାହାର କରନ୍ତି ନାହିଁ।

ରାଜ୍ୟରେ ଜମିର 'ପ୍ରକୃତ ଓ ମୂଳ' ମାଲିକ ହେଉଛନ୍ତି ଆଦିବାସୀ। ମୂଳ ଓ ପ୍ରକୃତ ଶବ୍ଦଟି ଉପରେ ଗୁରୁତ୍ୱ ଏଇଥିପାଇଁ ଦିଆଯାଉଛି ଯେ ପୁରୁଷ ପୁରୁଷ ଧରି

ସେମାନେ ଏହି ଜମିକୁ ଉପଭୋଗ କରି ଆସୁଛନ୍ତି। ଏହାକୁ ଏକ ଆଦିମ ବ୍ୟବସ୍ଥା କହିଲେ ମଧ୍ୟ ଅତ୍ୟୁକ୍ତି ହେବ ନାହିଁ। ତେବେ ଆଦିବାସୀମାନଙ୍କୁ ହଟାଇ ଯେଉଁ କ୍ଷତିପୂରଣ ଓ ଥଇଥାନ ସୁବିଧା ଦିଆଯାଏ ତାହା ସେମାନଙ୍କର ଜୀବନଧାରାକୁ ନଷ୍ଟ କରି ଦେଇଥାଏ ଓ ପ୍ରକୃତିଠାରୁ ସେମାନେ ଦୂରେଇ ଯାଆନ୍ତି। ଓଡ଼ିଶାରେ ଓ ପଡୋଶୀ ରାଜ୍ୟରେ ଘରୋଇ କୋଇଲା କମ୍ପାନୀମାନେ ଲିଜ୍ ପାଇବା ପରଠାରୁ ଆଦିବାସୀମାନେ ଜମି ହରାଇ ବିପର୍ଯ୍ୟସ୍ତ ହୋଇ ପଡିଛନ୍ତି। ଏଣୁ ଏହି ବିଷୟଟିକୁ ଗମ୍ଭୀର ଭାବେ ଦେଖାଯିବା ଦରକାର। କିଛି କ୍ଷତିପୂରଣ, କିଛି ସୁବିଧା ପ୍ରଦାନ ଓ କିଛି ଅର୍ଥଦାନ ଦୃଷ୍ଟିରୁ କେବଳ ଏହାକୁ ବିଚାର କରାଯାଇ ନପାରେ।

ଓଡ଼ଶାରେ ଯେଉଁ ଖଣିଜ ପଦାର୍ଥ ରହିଛି ତାହାକୁ ଖୋଳି କାମରେ ଲଗାଇବାର ଅର୍ଥ ଆଦିବାସୀମାନେ ଉପଭୋଗ କରି ଆସୁଥିବା ଜମିକୁ ଅଧିକାର କରିବା। ତେବେ ଏକଥା ଆମକୁ ସ୍ୱୀକାର କରିବାକୁ ହେବ ଯେ ଖଣି ତଳେ ଯେଉଁ ଖଣିଜ ପଦାର୍ଥ ଆଜି ପର୍ଯ୍ୟନ୍ତ ସୁରକ୍ଷିତ ହୋଇ ରହିଛି ତାହା କେବଳ ଆଦିବାସୀଙ୍କ ଯୋଗୁଁ। କାରଣ ଏହି ଖଣିଜ ପଥର ତା'ର କୌଣସି କାମରେ ଆସେ ନାହିଁ। ଅନ୍ୟ ଅର୍ଥରେ, ଆଦିବାସୀମାନେ ହିଁ ପ୍ରାକୃତିକ ସମ୍ପଦକୁ ସଂରକ୍ଷିତ ଓ ସୁରକ୍ଷିତ କରି ଆସିଛନ୍ତି। ତେଣୁ, ଏହି ଖଣିଜ ପଦାର୍ଥକୁ ଉତ୍ତୋଳନ କରିବା ପରେ ହେଉଥିବା ଆୟରେ ଆଦିବାସୀମାନଙ୍କର ମଧ୍ୟ ଭାଗ ରହିବା ଦରକାର।

ଜମିର ପ୍ରଥମ ଉପଭୋକ୍ତା ଓ ପ୍ରାକୃତିକ ସମ୍ବଳର ରକ୍ଷାକର୍ତ୍ତା ହିସାବରେ ଆଦିବାସୀମାନେ ଘରୋଇ କମ୍ପାନୀମାନଙ୍କଠାରୁ ଖଣିଜ ପଥର ବାବଦକୁ ସରକାର ଯେଉଁ ରୟାଲ୍‌ଟି ପାଉଛନ୍ତି ସେଥିରୁ କିଛି ପାଇବା ଉଚିତ୍। ଏହା ହିଁ ବିବେକର ଡାକରା। ଆଦିବାସୀମାନେ ଏବେ ଏହି କଥା ହିଁ ଅଧିକରୁ ଅଧିକ ଦାବି କରୁଛନ୍ତି। ଏହା ଏକ ସ୍ୱାଭାବିକ ପ୍ରକ୍ରିୟା ଯେ ଶିଳ୍ପାୟନ ହେଲେ ଆଦିବାସୀ ଜୀବନ କ୍ଷତିଗ୍ରସ୍ତ ହେବ ଓ ଶିଳ୍ପ ଗୋଷ୍ଠୀ ତଥା ଆଦିବାସୀମାନଙ୍କ ଭିତରେ ବିବାଦ ଦେଖାଦେବ। ଆଦିବାସୀ ଜୀବନର ସୂର୍ଯ୍ୟ ଯେତେବେଳେ ଅସ୍ତ ହେବ ତାହାକୁ କଦାପି ଅର୍ଥ ଜରିଆରେ କ୍ଷତିପୂରଣ କରାଯାଇପାରିବ ନାହିଁ। ଆମକୁ ଏକଥା ମଧ୍ୟ ସ୍ୱୀକାର କରିବାକୁ ହେବ ଯେ ଜାତୀୟ ସମ୍ପତ୍ତିର ସଂରଚନା ଓ ସମୃଦ୍ଧିରେ ଆଦିବାସୀମାନେ ମଧ୍ୟ ଅଂଶୀଦାର।

ଜଣେ ବଞ୍ଚିଲେ ଯେ ଅନ୍ୟ ଜଣକୁ ମୃତ୍ୟୁବରଣ କରିବାକୁ ପଡିବ ଏଭଳି କୌଣସି ଯୁକ୍ତି ନାହିଁ।

■

(ଶନିବାର, ୭ ଜାନୁଆରୀ, ୨୦୦୬)

ଇତିହାସରେ ୱିଣ୍ଡୋ '୯୮'

ମାଇକ୍ରୋସଫ୍ଟ କର୍ପୋରେସନ୍ ବିଶ୍ୱର କମ୍ପ୍ୟୁଟର ସଂଗୋଷ୍ଠୀରେ ଏକ ବହୁଚର୍ଚ୍ଚିତ ନାମ। ବିଲ୍ ଗେଟ୍ସ ଏବଂ ତାଙ୍କର ଦୁଇଜଣ ସହଯୋଗୀଙ୍କ ଦ୍ୱାରା ଗଠିତ ଏହି କମ୍ପାନୀ ସର୍ଭର ଓ ଆନୁଷଙ୍ଗିକ ଟୁଲ୍, ମୋବାଇଲ୍ ବ୍ୟବସାୟ, ମନୋରଞ୍ଜନ ତଥା ଅନ୍ୟାନ୍ୟ ସେବା କ୍ଷେତ୍ରରେ ବିଶ୍ୱତମାମ ତା'ର ବ୍ୟବସାୟିକ ଜୟଯାତ୍ରାକୁ ବଜାୟ ରଖି ପାରିଛି। ନିକଟରେ ହିଁ ଗେଟ୍ସ ମାଇକ୍ରୋସଫ୍ଟର ମୁଖ୍ୟ କାର୍ଯ୍ୟନିର୍ବାହୀ ପଦରୁ ଅବ୍ୟାହତି ନେଇ ଜନସେବା କ୍ଷେତ୍ରରେ ନିଜକୁ ନିୟୋଜିତ କରିବେ ବୋଲି ଘୋଷଣା କରିଥିଲେ। ସେ ଓ ତାଙ୍କର ପତ୍ନୀ ମିଶି ଏଡ୍ସ ନିରାକରଣ କ୍ଷେତ୍ରରେ କାର୍ଯ୍ୟ କରିବା ପାଇଁ ନିଷ୍ପତ୍ତି ନେଇଛନ୍ତି।

ମାଇକ୍ରୋସଫ୍ଟ କର୍ପୋରେସନ୍‌ର ବହୁଚର୍ଚ୍ଚିତ ତଥା ବହୁଳ ଭାବେ ବ୍ୟବହୃତ ୱିଣ୍ଡୋ ୯୮କୁ ନେଇ ଏଇ ପ୍ରସଙ୍ଗ। ଏକ ଚମତ୍କାର ଅପରେଟିଂ ସିଷ୍ଟମ୍ ଯାହାକୁ କମ୍ପ୍ୟୁଟର ବ୍ୟବହାର କରୁଥିବା ଆବାଳ ବୃଦ୍ଧବନିତା ଜାଣନ୍ତି) ତାହା ଏବେ ଇତିହାସ। ନିର୍ଦ୍ଦିଷ୍ଟ ଭାବେ କମ୍ପ୍ୟୁଟର ବର୍ଜ୍ୟବସ୍ତୁ ଭିତରେ ଏହି ଅପରେଟିଂ ସିଷ୍ଟମ୍‌କୁ ନିଆ ନଗଲେ ହେଁ ଏହା ଯେ ଆଉ ବ୍ୟବହାରରେ ଆସିବ ନାହିଁ ଏକଥା ମାଇକ୍ରୋସଫ୍ଟ ଘୋଷଣା କରିଛି। ମାଇକ୍ରୋସଫ୍ଟ ୱିଣ୍ଡୋ-୯୮କୁ ରପ୍ତାନି କରିବା ବନ୍ଦ କରିବା ସହିତ ଏହା ବଦଳରେ ଉନ୍ନତ ୱିଣ୍ଡୋ ସିଷ୍ଟମ୍‌କୁ ବ୍ୟବହାର କରିବା ପାଇଁ ତା'ର ଗ୍ରାହକମାନଙ୍କୁ ପରାମର୍ଶ ଦେଇଛି। ମୂଳ ବ୍ୟବସ୍ଥା ଅନୁଯାୟୀ ୨୦୦୩ ମସିହା ପର୍ଯ୍ୟନ୍ତ ମାଇକ୍ରୋସଫ୍ଟ କର୍ପୋରେସନ୍ ଏହି ୱିଣ୍ଡୋର ପ୍ରସାରଣ ପାଇଁ ତା'ର ଗ୍ରାହକମାନଙ୍କ ସହିତ ଚୁକ୍ତିବଦ୍ଧ ହୋଇଥିଲା। କିନ୍ତୁ ହଠାତ୍ ଏହାକୁ ବନ୍ଦ କରିବା ପାଇଁ ନିଷ୍ପତ୍ତି ନେବାରେ ଗ୍ରାହକମାନେ ଏହାର କଡ଼ା ବିରୋଧ କରିଥିଲେ। ସୁତରାଂ ୱିଣ୍ଡୋ-୯୮ର ପ୍ରସାରଣ ଓ ବ୍ୟବହାରକୁ ଆଉ କିଛିଦିନ ପର୍ଯ୍ୟନ୍ତ ବୃଦ୍ଧି କରାଯାଇଥିଲା। ତେବେ ଗତ ଜୁଲାଇ ୧୧ ଥିଲା ୱିଣ୍ଡୋ-୯୮ ପାଇଁ ଅନ୍ତିମ ଦିନ।

ଅପରେଟିଂ ସିଷ୍ଟମ୍ ସମ୍ବନ୍ଧରେ ଗବେଷଣା କରୁଥିବା ଏକ ସଂସ୍ଥା ଆକଳନ କରିଛି ଯେ ମାଇକ୍ରୋସଫ୍ଟର ଏହି ପଦକ୍ଷେପ ଯୋଗୁଁ ଦେଶ ବିଦେଶର ୭କୋଟି ଗ୍ରାହକ କ୍ଷତିଗ୍ରସ୍ତ ହେବେ। ଏହି ଗ୍ରାହକମାନେ ବର୍ତ୍ତମାନ ବାଧ୍ୟ ହୋଇ ୱିଣ୍ଡୋ-୯୮କୁ ଘରେ ହିଁ ବ୍ୟବହାର କରିବେ କାରଣ ବିଶ୍ୱତମାମ ଅଫିସ୍‌ମାନଙ୍କରେ ୱିଣ୍ଡୋ-୯୮ ସଫ୍ଟୱେୟାରରେ ଚାଲୁଥିବା କମ୍ପ୍ୟୁଟର ଗୁଡିକୁ ଅଳିଆଗଦାକୁ ଫିଙ୍ଗିଦିଆ ଗଲାଣି। ଏପରିକି ଗ୍ରାହକମାନେ ମଧ୍ୟ ନିଜ ଆଡୁ କମ୍ପ୍ୟୁଟରର ସୁରକ୍ଷା ଓ ଅଧିକ ସ୍ପିଡ୍ ପାଇଁ ନିଜ ନିଜ ସିଷ୍ଟମ୍‌କୁ ଅପ୍‌ଡେଟ୍ କରି ସାରିଲେଣି। ମାଇକ୍ରୋସଫ୍ଟ ୨୦୦୩ରେ ଏହି ସିଷ୍ଟମ୍ ପାଇଁ ମାଗଣା ସେବା ଯୋଗାଇବା ବନ୍ଦ କରି ଦେଇଥିଲା, କିନ୍ତୁ ଉପଭୋକ୍ତାମାନଙ୍କୁ ନିରାପତ୍ତା ଯୋଗାଇ ଚାଲିଥିଲା (ମୂଲ୍ୟ ବିନିମୟରେ)। ବର୍ତ୍ତମାନ ଏହା ବି ବନ୍ଦ ହୋଇ ଯିବାକୁ ବସିଛି। ମାଇକ୍ରୋସଫ୍ଟ ତା'ର ଗ୍ରାହକମାନଙ୍କୁ କହିଛି ଯେ ଏବେ ସେମାନଙ୍କୁ ୱିଣ୍ଡୋ ଏକ୍ସପିକୁ ଯିବାକୁ ପଡିବ। ଏହାର ଅର୍ଥ ୮ବର୍ଷ ତଳେ ୱିଣ୍ଡୋ-୯୮ ଲାଗିଥିବା ପର୍ସନାଲ୍ କମ୍ପ୍ୟୁଟର ଯେଉଁମାନେ କିଣିଥିଲେ ସେଇଟିକୁ ସେମାନେ ଏବେ ପିଲାଙ୍କ ଖେଳଣା କରିବାକୁ ବାଧ୍ୟ। କମ୍ପ୍ୟୁଟର /ଇଣ୍ଟରନେଟ୍ କ୍ଷେତ୍ରରେ ଏହି ଦ୍ରୁତ ପରିବର୍ତ୍ତନ ସହିତ ତାଳ ଦେଇ ଚାଲିବା ଅସମ୍ଭବ ମନେ ହୁଏ।

ମାଇକ୍ରୋସଫ୍ଟ, କର୍ପୋରେସନ୍, ୱିଣ୍ଡୋ-୯୮ ଅପରେଟିଂ ସିଷ୍ଟମ୍‌କୁ ବନ୍ଦ କରିବା ପଛରେ ମୁଖ୍ୟ କାରଣ କ'ଣ ଜାଣନ୍ତି ? ପାଇରେସି। ଚୋରାରେ ଅଧିକାଂଶ ଲୋକ ୱିଣ୍ଡୋ-୯୮କୁ ବ୍ୟବହାର କରୁଥିବାରୁ ମାଇକ୍ରୋସଫ୍ଟ ପ୍ରଚୁର କ୍ଷତି ସହି ଆସୁଥିଲା ଏବଂ ପକ୍କା ବେପାରୀ ମନୋବୃତ୍ତି ନେଇ ମାଇକ୍ରୋସଫ୍ଟ ଏହାକୁ ପରିହାର କରିଛି।

ୱିଣ୍ଡୋ-୯୮ର ଇତିହାସ ଅତି ପୁରୁଣା ନୁହେଁ। ଯଦିଓ ୱିଣ୍ଡୋ-୯୫ରୁ ଏହା ଏକ ପାଦ ଉପରକୁ ଉଠିଥିଲା, ଏହା ମୂଳତଃ ଥିଲା ୧୧/ ୩୨ ବିଟ୍ ଏକ ସାମଗ୍ରୀ। ଅଧିକ ଏଜିପି ସପୋର୍ଟ, ୟୁଏସବି ଡ୍ରାଇଭ, ଏକାଧିକ ମନିଟର ଓ ୱେବ୍ ଟିଭି ଭଳି ବହୁ ସୁବିଧା ଏଥିରେ ଥିଲା। ଏଥି ସହିତ ୩୨ ଫାଇଲ୍ ସିଷ୍ଟମ ଏବଂ ଇଣ୍ଟରନେଟ୍ ଏକ୍ସପ୍ଲୋରର୍ ମଧ୍ୟ ଏଥିରେ ଯୋଡା ହୋଇଥିଲା। ମାଇକ୍ରୋସଫ୍ଟ ଓ୍ୱିଣ୍ଡୋ-୯୮କୁ ଯଦିଓ ପ୍ରଚୁର ଖ୍ୟାତି ମିଳିଥିଲା, କିନ୍ତୁ ୱିଣ୍ଡୋ-୯୫ ଅପେକ୍ଷା ୱିଣ୍ଡୋ-୯୮ ମନ୍ଥର ଥିଲା। ଅବଶ୍ୟ ପ୍ରଥମେ ପ୍ରଥମେ ୱିଣ୍ଡୋ-୯୮ ଯେତେବେଳେ ବଜାରକୁ ଆସିଲା ଏହା ବେଶ୍ ଭଲ କାମ ଦେଇଥିଲା।

ୱିଣ୍ଡୋ-୯୮କୁ ନେଇ କିଛି କୌତୁହଳପୂର୍ଣ୍ଣ କଥା ମଧ୍ୟ ରହିଛି। ଏହାକୁ ବଜାରକୁ ଛାଡିବା ପୂର୍ବରୁ ମାଇକ୍ରୋସଫ୍ଟର ସିଇଓ ବିଲ୍ ଗେଟ୍‌ସ ଏହି ଅପରେଟିଂ ସିଷ୍ଟମ୍‌ର ଗୁଣବତ୍ତା ତଥା ଏକ ନିର୍ଦ୍ଦିଷ୍ଟ ସୁବିଧା ୟୁନିଭରସାଲ୍ ପ୍ଲଗ୍ ଆଣ୍ଡ ପ୍ଲେ (ୟୁପିଏନ୍‌ପି) ଭଳି

କାର୍ଯ୍ୟ ବିଷୟରେ ସାମ୍ବାଦିକମାନଙ୍କ ଆଗରେ ପ୍ରଶଂସା କରୁଥିଲେ। ଏହି ସମୟରେ ତାଙ୍କର ଜଣେ ସହକାରୀ ଯେତେବେଳେ ଏହାକୁ ଗୋଟିଏ ସ୍କାନରରେ ଲଗାଇଲେ ୱିଣ୍ଡୋ-୯୮ଟି ହଠାତ୍ କ୍ରାସ୍ କରିଯାଇଥିଲା। ଏଥିରେ ବିଚଳିତ ଓ ଅପମାନିତ ବିଲ୍ ଗେଟ୍ସ ମନ୍ତବ୍ୟ ଦେଇଥିଲେ, 'ବୋଧହୁଏ ଏଥିପାଇଁ ଆମେ ଏହାକୁ ଆମେ ଆଜି ପର୍ଯ୍ୟନ୍ତ ରପ୍ତାନି କରି ନାହୁଁ।' ବିଲ୍ ଗେଟ୍ସରଙ୍କର ଏହି ମନ୍ତବ୍ୟର ଭିଡିଓ ଚିତ୍ର ଗୋଟିଏ ସମୟରେ ଇଣ୍ଟରନେଟ୍‌ରେ ପ୍ରବଳ ଭାବେ ଚାଲିଥିଲା।

ମାଇକ୍ରୋସଫ୍ଟ ୱିଣ୍ଡୋ-୯୮ ପରେ ୱିଣ୍ଡୋଜ୍ ଏମ୍ଇ ଏବଂ ପରେ ୱିଣ୍ଡୋଜ୍ ଏକ୍ସପି ହୋମ୍ ଏଡିସନ୍ ଆସିଥିଲା। ଗୋଟିଏ ସମୟରେ ୱିଣ୍ଡୋ-୯୮ର ଲୋକପ୍ରିୟତା ଏତେ ଥିଲା ଯେ ଯେତେବେଳେ ମାଇକ୍ରୋସଫ୍ଟ ଏହାକୁ ଆଉ ଅଧିକ ଦିନ ବଜାରରେ ନ ରଖିବା ପାଇଁ ନିଷ୍ପତ୍ତି ନେଲା ସେତେବେଳେ ଗ୍ରାହକମାନେ ଏହାକୁ ମାଇକ୍ରୋସଫ୍ଟର ଏକଚାଟିଆ ବ୍ୟବସାୟ ବୋଲି ଅଭିଯୋଗ କଲେ। ଏକ ଆକଳନ ଅନୁଯାୟୀ ଗୁଗୁଲର ୨୭ ପ୍ରତିଶତ ବ୍ୟବହାରକାରୀ ୱିଣ୍ଡୋ-୯୮ ଜରିଆରେ ନେଟ୍ ବ୍ରାଉଜ୍ କରିଥାନ୍ତି।

ମାଇକ୍ରୋସଫ୍ଟର ସିଇଓ ବିଲ୍ ଗେଟ୍ସ ଏବଂ ତାଙ୍କ ସହଯୋଗୀ ଷ୍ଟିଭ୍ ବାଲ୍‌ମେର୍‌ଙ୍କ ବ୍ୟାବସାୟିକ ଦକ୍ଷତା ଏବଂ ଲାଭ କରିବାର ମନୋବୃତ୍ତି ଏତେ ପ୍ରବଳ ଯେ ସେମାନେ କୌଣସି ବିରୋଧକୁ କେବେ ଖାତିର କରନ୍ତି ନାହିଁ। ମାଇକ୍ରୋସଫ୍ଟ ଇତିହାସର ଗୋଟିଏ ବଡ଼ ଦିଗ ହେଉଛି ଯେ ଅନ୍ୟ ସମସାମୟିକ କମ୍ପାନୀର ବ୍ୟାବସାୟିକ ସଫଳତା ସତ୍ତ୍ୱେ ମାଇକ୍ରୋସଫ୍ଟ ତା'ର ବ୍ୟବସାୟକୁ ବଜାୟ ରଖି ପାରିଛି। ୨୦୦୫ ମସିହାରେ ମାଇକ୍ରୋସଫ୍ଟ ୱିଣ୍ଡୋ ବ୍ୟବସାୟ ପାଖାପାଖି ୨୫ ପ୍ରତିଶତ ବଢ଼ିଥିଲା ଏବଂ କମ୍ପାନୀ ଅଧିକରୁ ଅଧିକ ରୋଜଗାର ପାଇଁ ମଧ୍ୟ ପ୍ରସ୍ତୁତ ହେଉଥିବା କଥା ଗେଟ୍ସ ଦାବି କରିଥିଲେ। ମାଇକ୍ରୋସଫ୍ଟକୁ ବିଭିନ୍ନ ଦିଗରୁ ବ୍ୟବସାୟିକ ପ୍ରତିଦ୍ୱନ୍ଦ୍ୱିତାର ସାମ୍ନା କରିବାକୁ ପଡିଛି, ଯଥା ଲିନକ୍ସ, ଫାୟାରଫକ୍ସ ଏବଂ ଅନ୍ୟାନ୍ୟ ଅପରେଟିଂ ସିଷ୍ଟମ୍। କିଛିଦିନ ତଳେ ଲିନକ୍ସର ଉତ୍ପାଦନକାରୀମାନେ ଖୁବ୍ ଆଗ୍ରହର ସହିତ ଏହି ୱିଣ୍ଡୋକୁ ବଜାରକୁ ଛାଡିବା ପାଇଁ ଲାଗି ପଡିଥିଲେ ସତ, କିନ୍ତୁ ଲିନକ୍ସମାଇକ୍ରୋସଫ୍ଟ ୱିଣ୍ଡୋର ସମକକ୍ଷ ହେବା ସମ୍ଭବ ହୋଇନଥିଲା। ମାଇକ୍ରୋସଫ୍ଟ, ବିଲ ଗେଟସ୍, ୱିଣ୍ଡୋ-୯୮ ଅପରେଟିଂ ସିଷ୍ଟମ, କମ୍ପ୍ୟୁଟର ବ୍ୟବହାର, ଇଣ୍ଟରନେଟ୍‌ର ପ୍ରସାର ଇତ୍ୟାଦି ଏକ ରୋମାଞ୍ଚକର ଇତିହାସ। ଯେଉଁମାନେ କମ୍ପ୍ୟୁଟରର ପରିବର୍ତ୍ତିତ ଚେହେରା ସହିତ ଜଡିତ ଅଛନ୍ତି, ସେମାନଙ୍କ ପାଇଁ ଏହା ଅଧିକ ରୋମାଞ୍ଚକର।

■

(ଶନିବାର, ୧୫ ଜୁଲାଇ, ୨୦୦୬)

କାହ୍ନୁଚରଣ:ଶତାବ୍ଦୀ ସ୍ମରଣ

'ଏହି ବିଧବାର ଜୀବନ। ସମାଜର ଇଚ୍ଛା ବିଧବାମାନେ କାଲ ହୋଇ, ଅନ୍ଧ ହୋଇ, ବୋକା ହୋଇ ରହିଥିବେ। ଘରର ସବୁ କାମ ତୁଲାଇବେ, ବଜାର ହାଟ କରିବେ, ଅଟଳ ବ୍ରହ୍ମଚର୍ଯ୍ୟ ପାଳନ କରିବେ, ମାଳା କୋଥଳି ଧରି କୃଷ୍ଣ ନାମ ଜପି ନିଷ୍ପାପ ହୋଇ ସମୟ କଟାଇବେ। ନାରୀ ବେଳକୁ ଏ କଠୋର ନିୟମ। ପୁରୁଷ ପାଇଁ ନିୟମ ନାହିଁ। ସେ ସ୍ୱାଧୀନ, ସେ ପବିତ୍ର। ସେ ଚିରଦିନ ଶୁଦ୍ଧ ଓ ନିର୍ମଳ। ବ୍ୟଭିଚାର ପୁରୁଷ ପକ୍ଷରେ ଅସୁନ୍ଦର ନୁହେଁ।'-ନିଷ୍ପତ୍ତି (୧୯୩୦)

କାହ୍ନୁଚରଣ ମହାନ୍ତିଙ୍କୁ କେହି ମନେ ରଖିଛନ୍ତି ? କାହ୍ନୁଚରଣ ମହାନ୍ତି ବା ସରଳ ଭାବେ କହିଲେ କାହ୍ନୁଚରଣଙ୍କୁ ଓଡ଼ିଆ ଉପନ୍ୟାସ ସାହିତ୍ୟର ଜଣେ ଅନନ୍ୟ ସ୍ରଷ୍ଟା କୁହାଯାଏ। ଦୁର୍ଭାଗ୍ୟ ଯେ ଏତେ ବଡ଼ ଜଣେ ବହୁପ୍ରସୂ ଲେଖକଙ୍କ ସାହିତ୍ୟ ସୃଷ୍ଟିର ଉପଯୁକ୍ତ ମୂଲ୍ୟାୟନ ହୋଇ ନାହିଁ। ସମୟ ଥିଲା ଓଡ଼ିଶାର ଘରେ ଘରେ କାହ୍ନୁଚରଣଙ୍କ ଉପନ୍ୟାସମାନ ପଢ଼ା ହେଉଥିଲା ଓ ଆଦୃତ ହେଉଥିଲା। କାହ୍ନୁଚରଣଙ୍କ ସୃଜନ କ୍ଷମତା ପ୍ରତି ଦୃଷ୍ଟି ଦେଲେ ଆଚମ୍ବିତ ହେବାକୁ ହୁଏ। କୌତୂହଳବଶତଃ କାହ୍ନୁଚରଣଙ୍କ ସାମଗ୍ରିକ କୃତିର ଏକ ଗାଣିତିକ ହିସାବନିକାଶ ଯେତେବେଳେ କରାଗଲା ଫଳ ଏଭଳି କିଛି ବାହାରି ଥିଲା: ୫୯। ଷାଠିଏ ବର୍ଷ ଭିତରେ ଷାଠିଏଟି ଉପନ୍ୟାସ ଲେଖିଥିବା କାହ୍ନୁଚରଣ ଯଦି ବଙ୍ଗଳା ଭାଷାରେ ଲେଖାଲେଖି କରିଥାନ୍ତେ ତେବେ ତାଙ୍କୁ ଜଣେ 'ଡେମି-ଗଡ୍' ରୂପେ ପୂଜା କରାଯାଉଥାନ୍ତା।

କାହ୍ନୁଚରଣଙ୍କ ଜନ୍ମ ୧୯୦୬ ମସିହାରେ। ଅବିଭକ୍ତ କଟକ ଜିଲ୍ଲାର ନାଗବାଲିରେ ସେ ଜନ୍ମ ଗ୍ରହଣ କରିଥିଲେ। କାହ୍ନୁଚରଣଙ୍କୁ ଯେତେବେଳେ ୧୭/

୧୮ ବର୍ଷ, ସେତେବେଳରୁ ହିଁ ତାଙ୍କର ଲେଖାଲେଖି ଆରମ୍ଭ ହୋଇଥିଲା। କାହ୍ନୁଚରଣଙ୍କ ପ୍ରଥମ ଉପନ୍ୟାସ ଥିଲା 'ଉତ୍ସବେ ବ୍ୟସନେ।' ଏହି ଉପନ୍ୟାସର ପାଣ୍ଡୁଲିପିଟି ହଜିଯିବାରୁ ତାହା କେବେ ବି ସୂର୍ଯ୍ୟାଲୋକ ଦେଖି ପାରିଲା ନାହିଁ। କାହ୍ନୁଚରଣଙ୍କ ଦ୍ୱିତୀୟ ଓ ତୃତୀୟ ଉପନ୍ୟାସ ଥିଲା ଯଥାକ୍ରମେ- 'ତଥାସ୍ତୁ' ଓ 'ବାଲିରାଜା'। ତାଙ୍କର ପ୍ରଥମ 'ପ୍ରକାଶିତ' ଉପନ୍ୟାସ କିନ୍ତୁ ଥିଲା 'ପଳାତକ'। ୧୯୨୩ରୁ ୧୯୮୫ ଏହି ୬୨ ବର୍ଷ ଭିରେ ହାରାହାରି ବର୍ଷକୁ ଗୋଟିଏ ଉପନ୍ୟାସ ଲେଖିବା ଭିତରେ କାହ୍ନୁଚରଣ ଲୋକପ୍ରିୟ ହୋଇପାରିଥିଲେ। ଜଣେ ଅଜସ୍ରସ୍ରାବୀ ଔପନ୍ୟାସିକ ଭାବେ କାହ୍ନୁଚରଣ ଥିଲେ ତତ୍କାଳୀନ ଓଡ଼ିଆ ସମାଜର ଦର୍ପଣ। ତାଙ୍କର ଉପନ୍ୟାସରେ ପ୍ରତିଫଳିତ ହେଉଥିଲା ସେଇ ସମୟର ପରମ୍ପରା, ଚଳଣି, ବିଶ୍ୱାସ ଏବଂ ସାମାଜିକ ଆହାଭାବ।

କାହ୍ନୁଚରଣ ଔପନ୍ୟାସିକ ଭାବେ ଓଡ଼ିଆ ସାହିତ୍ୟର ଦିଗ୍‌ବଳୟରେ ଉଇଁବା ବେଳେ ଅବଶ୍ୟ ଓଡ଼ିଆ କଥା ସାହିତ୍ୟର ଜନକ ଫକୀର ମୋହନ ଅସ୍ତାଚଳଗାମୀ ହୋଇ ସାରିଥିଲେ। ଏଣୁ, ୧୯୫୦ ମସିହା ବେଳକୁ କାହ୍ନୁଚରଣଙ୍କ ପ୍ରଭାବ ଓ ପ୍ରତିଷ୍ଠା ଚାରିଆଡ଼େ ବ୍ୟାପି ଯାଇଥିଲା।

କାହ୍ନୁଚରଣଙ୍କ ସମସାମୟିକ ଥିଲେ ଗୋପୀନାଥ ମହାନ୍ତି। ଏହା କାହାକୁ ଅଜଣା ନୁହେଁ ଯେ କାହ୍ନୁଚରଣ ଓ ଗୋପୀନାଥ ହେଉଛନ୍ତି ଦୁଇଭାଇ। କାହ୍ନୁଚରଣ ବଡ଼, ଗୋପୀନାଥ ତାଙ୍କ ଠାରୁ ୮ବର୍ଷ ସାନ। ଗୋପୀନାଥ ମହାନ୍ତିଙ୍କ ଉପନ୍ୟାସମାନ ଓଡ଼ିଆ ସାହିତ୍ୟକୁ ବିଶ୍ୱ ଦରବାରରେ ପରିଚିତ କରାଇଛି ସତ, ହେଲେ କାହ୍ନୁଚରଣ ଥିଲେ ଜଣେ ତୃଣମୂଳ ଔପନ୍ୟାସିକ। ସାଧାରଣ ପାଠକର ମନସ୍ତତ୍ତ୍ୱ, ସାଧାରଣ ଜୀବନର ଘନଘଟା, ସାଧାରଣ ଚରିତ୍ର ଓ ସାଧାରଣ ଶୀର୍ଷକକୁ ନେଇ ରଚିତ ତାଙ୍କର ଉପନ୍ୟାସମାନ ଆଜି ବି ସେମାନଙ୍କର ପ୍ରାସଙ୍ଗିକତା ହରାଇ ନାହାନ୍ତି।

କାହ୍ନୁଚରଣଙ୍କର କିଛି ଲୋକପ୍ରିୟ ଉପନ୍ୟାସ ଯାହାକୁ କି ପଚାଶ ଷାଠିଏ ଦଶକର ଶିକ୍ଷିତ ଲୋକ ନିଶ୍ଚିତ ଭାବରେ ପଢ଼ିଥିବେ। ତା' ଭିତରେ ରହିଛି ବାଳିରାଜା (୧୯୩୧), ହା ଅନ୍ନ(୧୯୩୩), ତୁଣ୍ଡ ବାଇଦ (୧୯୪୨), ଶାସ୍ତି (୧୯୪୫), ଅଭିନେତ୍ରୀ(୧୯୪୬), ଭୁଲିହୁଏନା (୧୯୪୭), କା (୧୯୫୬), କ୍ଷଣ କ୍ଷଣକେ ଆନ (୧୯୭୪) ପ୍ରଭୃତି। କାହ୍ନୁଚରଣଙ୍କ ଶ୍ରେଷ୍ଠ ଉପନ୍ୟାସର ନାମ ଯକ୍ଷ (୧୯୮୫)। ତେବେ 'ବାଲିରାଜା' ହିଁ ତାଙ୍କ ପାଇଁ ଆଣିଥିଲା ଅଜସ୍ର ଖ୍ୟାତି। ଉତ୍କଳର ଅତୀତ ନୌବାଣିଜ୍ୟର ପୃଷ୍ଠଭୂମିରେ ଲିଖିତ ଏହି ଉପନ୍ୟାସ ଘରେ ଘରେ ଆଜି ବି ପାଠକମାନେ ମନେ ରଖିଥିବେ। କାହ୍ନୁଚରଣଙ୍କ 'ହା ଅନ୍ନ' ଉପନ୍ୟାସରେ ନ'ଅଙ୍କ ଦୁର୍ଭିକ୍ଷର ପ୍ରଲମ୍ବିତ

ପରିଣାମ, ବୁଭୁକ୍ଷା, ଗ୍ରାମ୍ୟ ଜୀବନର ଅସ୍ଥିରତା ଓ ଭାଙ୍ଗିଯାଇଥିବା ସମାଜର ଏକ ଚମତ୍କାର ଚିତ୍ରଣ ଘଟିଛି। 'ହା ଅନ୍ନ' ଉପନ୍ୟାସର ମୋତିଆ ମା' ମୁହଁରେ କାହ୍ନୁଚରଣ ଶୁଣାଉଛନ୍ତି ଏକ ହତଭାଗ୍ୟ ଜାତିର ମନ କଥା।

ଉପନ୍ୟାସକାରମାନେ ସମାଜରୁ ଚରିତ୍ର ସନ୍ଧାନ କରିଥାନ୍ତି ସତ, ହେଲେ ନିଜର ଲେଖନୀ ମାଧ୍ୟମରେ ସମାଜକୁ ସୁଧାରିଥାନ୍ତି । ଅନ୍ଧବିଶ୍ୱାସ, ମୃତ୍ୟୁ, ସାମାଜିକ ବନ୍ଧନ, ବୈଧବ୍ୟଜନିତ ଯନ୍ତ୍ରଣା ଏସବୁକୁ ଉପଜୀବ୍ୟ କରି କାହ୍ନୁଚରଣ ଲେଖିଛନ୍ତି ଉପନ୍ୟାସ- 'ପଳାତକ' ଓ 'ଦୁନିଆର ଦାଉ' ଇତ୍ୟାଦି। 'ଶାସ୍ତି' ଉପନ୍ୟାସର ସନିଆ ଚରିତ୍ର ତ ଆଜି ଘରେ ଘରେ ପରିଚିତ, ଯେଉଁଭଳି 'ଝଞ୍ଜା' ଉପନ୍ୟାସର କ୍ଷଣପ୍ରଭା ଚରିତ୍ର। କାହ୍ନୁଚରଣ ତତ୍କାଳୀନ ସମାଜରୁ ହିଁ ଚରିତ୍ର ସନ୍ଧାନ କରୁଥିଲେ ଏବଂ ତାଙ୍କର ଇତିହାସ ଚେତନା ପ୍ରବଳ ଥିଲା। ପାଠକମାନଙ୍କୁ ଅତୀତର ଗୌରବଗାଥାକୁ ସ୍ମରଣ କରାଇବା ବ୍ୟତୀତ ନିଜ ଜାତିର ପୁରୁଣା ଇତିହାସ ପଢ଼ିଲେ କାଳେ ଲୋକଙ୍କ ଭିତରେ ନୂଆ ପ୍ରାଣସ୍ପନ୍ଦନ ସୃଷ୍ଟି ହେବ ଏହିଭଳି ଉଦ୍ୟମ ମଧ୍ୟ ସେ କରିଛନ୍ତି ତାଙ୍କ ଉପନ୍ୟାସମାନଙ୍କରେ।

ନାରୀମାନଙ୍କୁ ନେଇ ଓଡ଼ିଆ ଔପନ୍ୟାସିକମାନେ ଉପନ୍ୟାସ ଲେଖିଛନ୍ତି ସତ, ହେଲେ ଏସବୁରେ କେମିତିକା ଏକ ଅନୁକମ୍ପା ଓ ଦୟାର ସ୍ୱର ଦେଖିବାକୁ ମିଳେ। ନାରୀମାନଙ୍କର ସାମାଜିକ ସ୍ଥିତିକୁ ସମସାମୟିକ ଓଡ଼ିଆ ଔପନ୍ୟାସିକମାନେ ଯେଉଁଭଳି ସଫଳତାର ସହିତ ଉପସ୍ଥାପନ କରିଛନ୍ତି, କାହ୍ନୁଚରଣ ମଧ୍ୟ ତାହା କରିଛନ୍ତି। 'ତୁଣ୍ଡ ବାଇଦ' ଉପନ୍ୟାସର ତୁଳସୀ କୁହନ୍ତୁ କି 'ଅଭିନେତ୍ରୀ' ଉପନ୍ୟାସର ପ୍ରୀତିଦେବୀ କୁହନ୍ତୁ, ସେମାନେ ଅକଳ୍ପନୀୟ ସାମାଜିକ ଦ୍ୱନ୍ଦ୍ୱର ସମ୍ମୁଖୀନ ହୋଇଛନ୍ତି। ଗୋଟିଏ ପଟେ ବଞ୍ଚିବାର ଆଗ୍ରହ ଓ ଅପରପଟେ ଏ କ୍ଷେତ୍ରରେ ଆସୁଥିବା ପ୍ରତିବନ୍ଧକ। ତେବେ, କାହ୍ନୁଚରଣଙ୍କ ଉପନ୍ୟାସର ନାରୀ ଚରିତ୍ରମାନେ ଯେ ସବୁକଥା ମଥାପାତି ସହି ନେଇଛନ୍ତି କିମ୍ବା ସେମାନଙ୍କଠାରେ ପ୍ରତିବାଦର ସ୍ୱର ଶୁଣାଯାଇ ନାହିଁ ସେ କଥା ବି ନୁହେଁ। ସାମାଜିକ ନୀତି ନିୟମ ଓ ପ୍ରଥା ବିରୁଦ୍ଧରେ ସେମାନେ ଠିଆ ହୋଇଛନ୍ତି ଯଥା 'ଚକ୍ରବାହୁ' ଉପନ୍ୟାସର ଅନିମା ଚରିତ୍ର।

କାହ୍ନୁଚରଣଙ୍କ ଉପନ୍ୟାସରେ ନାରୀ ଚରିତ୍ରର ପ୍ରାବଲ୍ୟ ଦେଖିବାକୁ ମିଳେ ଏବଂ ମନେହୁଏ ଏହି କାରଣରୁ ତାଙ୍କର ଉପନ୍ୟାସଗୁଡିକ ଓଡ଼ିଆ ଘରର ନାରୀମାନେ ଏକଦା ଅଧିକ ସଂଖ୍ୟାରେ ପଢୁଥିଲେ। ଓଡ଼ିଆ ଉପନ୍ୟାସରେ କାହ୍ନୁଚରଣଙ୍କ ନାରୀ ଚରିତ୍ରର ସ୍ଥିତି ହିଁ କିଛି ନିଆରା। ନାରୀ ସମାଜ ପ୍ରତି କାହ୍ନୁଚରଣଙ୍କ ଦରଦ ଯୋଗୁଁ କେହି କେହି ତାଙ୍କୁ ବଙ୍ଗଳାର ବିଖ୍ୟାତ ଉପନ୍ୟାସକାର ଶରତଚନ୍ଦ୍ରଙ୍କ ସହିତ ତୁଳନା କରିଥାନ୍ତି।

କାହ୍ନୁଚରଣଙ୍କ ଉପନ୍ୟାସର ଲୋକପ୍ରିୟତାର ଅନ୍ୟ ଏକ ଉଦାହରଣ ତାଙ୍କର ଅନ୍ତତଃ ୬ଟି ଉପନ୍ୟାସକୁ ନେଇ ଓଡ଼ିଆ ଚଳଚିତ୍ର ନିର୍ମିତ ହୋଇଛି। ୧୯୯୩ରେ ଏହି ମହାନ ଔପନ୍ୟାସିକଙ୍କର ମୃତ୍ୟୁ ହୋଇଥିଲା।

■

(ଶନିବାର, ୧ ଜୁଲାଇ, ୨୦୦୬)

ଓଡ଼ିଶା ଓ ତେଲେଙ୍ଗାନା

'ବିଶ୍ୱାସଘାତକତା'-କଂଗ୍ରେସ ଦଳକୁ ଏହି ଶବ୍ଦଟି ହୁଏତ ଭଲ ଲାଗି ନପାରେ, କିନ୍ତୁ ୟୁପିଏରୁ ଓହରିଯାଇଥିବା ତେଲେଙ୍ଗାନା ରାଷ୍ଟ୍ର ସମିତି (ଟିଆର୍‌ଏସ୍) ମତରେ କଂଗ୍ରେସ ତା' ପ୍ରତି ଏହା ହିଁ କରିଛି। ପୃଥକ୍ ତେଲେଙ୍ଗାନା ରାଜ୍ୟ ଦାବିରେ ଟିଆର୍‌ଏସ୍ କଂଗ୍ରେସ ଦଳ ନେତୃତ୍ୱରେ ଚାଲିଥିବା ମେଣ୍ଟରୁ ନିଜକୁ ଅଲଗା କରିବା ଏବଂ ଏହାର ଦୁଇ ଜଣ ମନ୍ତ୍ରୀ କେନ୍ଦ୍ର ମନ୍ତ୍ରିମଣ୍ଡଳରୁ ଇସ୍ତଫା ଦେବା ପରେ ୟୁପିଏ ରାଜନୀତି ଏବେ ସରଗରମ ହୋଇଛି।

ମନେ ପକାଇ ଦିଆଯିବା କଥା ଯେ, ଆନ୍ଧ୍ରପ୍ରଦେଶରୁ ତେଲେଙ୍ଗାନା ଅଞ୍ଚଳକୁ ଅଲଗା କରି ଏକ ସ୍ୱତନ୍ତ୍ର ରାଜ୍ୟ ଗଠନର ପ୍ରତିଶ୍ରୁତିରେ ହିଁ ତେଲେଙ୍ଗାନା ରାଷ୍ଟ୍ର ସମିତି ମନମୋହନ ସିଂହଙ୍କ ସରକାରରେ ଯୋଗଦେଇ ଥିଲା। କିନ୍ତୁ ସ୍ୱତନ୍ତ୍ର ରାଜ୍ୟ ଏବେ ସମ୍ଭବ ନୁହେଁ ବୋଲି କେନ୍ଦ୍ର ସରକାର ସ୍ପଷ୍ଟ କରିଦେବା ପରେ ଟିଆର୍‌ଏସ୍ ଅଗତ୍ୟା ମେଣ୍ଟରୁ ଓହରି ଯାଇଛି। ଖାଲି ଓହରି ଯାଇଛି ତାହା ନୁହେଁ ସ୍ୱତନ୍ତ୍ର ତେଲେଙ୍ଗାନା ରାଜ୍ୟ ଦାବିକୁ ବିଜେପି ମଧ୍ୟ ସମର୍ଥନ କରିବା ଆରମ୍ଭ କରିଛି। ବିଜେପି ବ୍ୟତୀତ ପ୍ରାକ୍ତନ ପ୍ରଧାନମନ୍ତ୍ରୀ ଭି.ପି.ସିଂହ ଏହି ପ୍ରସଙ୍ଗକୁ ସମର୍ଥନ କରିବା ଫଳରେ ଟିଆର୍‌ଏସ୍ ଉତ୍ସାହିତ ହୋଇ ପଡିବା ସ୍ୱାଭାବିକ।

ରାଜନୀତିର ଗୋଳିଆ ପାଣିରୁ ସବୁ ଦଳ ସବୁବେଳେ ଫାଇଦା ନେବାକୁ ଚାହାଁନ୍ତି। ଏଣୁ କଂଗ୍ରେସ ଟିଆର୍‌ଏସ୍ ମତଭେଦର ଫାଇଦା ଉଠାଇବାକୁ ଯାଇ ଭାରତୀୟ ଜନତା ପାର୍ଟି ମଧ୍ୟ କହିବାକୁ ଆରମ୍ଭ କରିଛି ଯେ କଂଗ୍ରେସର ରେକର୍ଡ଼ ହେଉଛି ବିଶ୍ୱାସଘାତକତା ଓ ପଛରୁ ଛୁରୀକାଘାତ। ତେବେ ତେଲେଙ୍ଗାନା ରାଜ୍ୟ ଅନୁମୋଦନ ପାଇଁ କଂଗେସ ଦଳ ଆଗେଇ ଆସିଥାନ୍ତା କି ନା ତାହା ଭିନ୍ନ କଥା କିନ୍ତୁ ଏହିଭଳି ଏକ ବିଭାଜନକୁ ସିପିଏମ୍ ବିରୋଧ କରିବା ଫଳରେ ପ୍ରସଙ୍ଗଟିରେ ପୂର୍ଣ୍ଣଚ୍ଛେଦ ପଡିଲା ଏବଂ ଏଥିରେ ନିରାଶ ହୋଇ ଟିଆର୍‌ଏସ୍ ୟୁପିଏ ଛାଡିଲା।

ପ୍ରସଙ୍ଗତଃ, ଆନ୍ଧ୍ରରେ କଂଗ୍ରେସ ସରକାର କ୍ଷମତାକୁ ଆସିବା ପରେ ତେଲେଙ୍ଗାନାର ପଛୁଆପଣକୁ ଦୂର କରିବା ସକାଶେ କୌଣସି ପଦକ୍ଷେପ ନେଇ ନଥିବାରୁ ଟିଆର୍‌ଏସ୍ କ୍ଷୁବ୍ଧ ହେବା ସ୍ୱାଭାବିକ। କାରଣ ୨୦୦୪ ନିର୍ବାଚନରେ ସ୍ୱତନ୍ତ୍ର ତେଲେଙ୍ଗାନା ରାଜ୍ୟ ଗଠନ ଏକ ନିର୍ବାଚନ ପ୍ରସଙ୍ଗ ଥିଲା।

ସ୍ୱତନ୍ତ୍ର ତେଲେଙ୍ଗାନା ପ୍ରଦେଶ ଗଠନର ଇତିହାସ ଏକ ବିଡମ୍ବିତ ଇତିହାସ। ତେଲେଙ୍ଗାନା ଅଞ୍ଚଳର ଲୋକଙ୍କୁ କଂଗ୍ରେସ ଯେ ପ୍ରଥମ ଥର ପାଇଁ ଠକିଛି ତାହା ନୁହେଁ, ଅତୀତରେ ମଧ୍ୟ ଏକଥା ହୋଇଛି। ୧୯୬୯ରେ ଥରେ ତେଲେଙ୍ଗାନା ରାଜ୍ୟ ଦାବିରେ ଆନ୍ଦୋଳନ ହୋଇଥିଲା, ପୁଣି ଥରେ ୧୯୭୨ରେ। ସବୁଥର କିନ୍ତୁ କଂଗ୍ରେସ ଦଳ ଏହି ଅନ୍ଦୋଳନକୁ ପ୍ରଥମେ ସମର୍ଥନ କରିଛି କିନ୍ତୁ ଠିକ୍ ସମୟ ବେଳକୁ ପଛଘୁଞ୍ଚା ଦେଇଛି ଅଥବା ଆନ୍ଦୋଳନକୁ ଦମନ କରିବା ପାଇଁ ଉଦ୍ୟମ କରିଛି। ସାଢ଼େ ତିନି କୋଟି ଜନସଂଖ୍ୟା ବିଶିଷ୍ଟ ତେଲେଙ୍ଗାନା ରାଜ୍ୟ ଗଠନ ପରିପ୍ରେକ୍ଷୀରେ ବହୁ ଅସମାହିତ ପ୍ରଶ୍ନ ଏବେ ବି ଉତ୍ତର ଖୋଜୁଛି।

ମେଣ୍ଟ ରାଜନୀତିରେ ମାୟାଜାଲ ଛିଣ୍ଡି ବୁଦ୍ଧି ଉଦୟ ହେବା ବେଳକୁ ବହୁତ କିଛି ଘଟି ସାରିଥାଏ। ଟିଆର୍‌ଏସ୍ କ୍ଷେତ୍ରରେ ମଧ୍ୟ ତାହା ହିଁ ହୋଇଛି। ପ୍ରଥମେ ରାଜଶେଖର ରେଡ୍ଡି ସରକାରରୁ ଓହରି ଯିବା ଓ ପରେ କେନ୍ଦ୍ରରୁ ଓହରିବା ଭିତରେ ଟିଆର୍‌ଏସ୍‌ର ରାଜନୈତିକ କୌଶଳଟି ଫସଲର ଫାଟିଯାଇଛି ବୋଲି ବୁଝିବାକୁ ହେବ। ଟିଆର୍‌ଏସ୍ ଅବଶ୍ୟ ବହୁ ବିଳମ୍ବରେ ବୁଝିଲା ଯେ କଂଗ୍ରେସ ଦଳ ତା' ନିଜ ସ୍ୱାର୍ଥରକ୍ଷାରେ କଦାପି ଅବହେଳା କରେ ନାହିଁ। ଆଶ୍ଚର୍ଯ୍ୟକଥା ତେଲେଙ୍ଗାନା ରାଜ୍ୟ ଗଠନ ପ୍ରସଙ୍ଗରେ କଂଗ୍ରେସ ଦଳ ଏପର୍ଯ୍ୟନ୍ତ ଶେଷ କଥାଟି କହି ନାହିଁ ଏବଂ କେନ୍ଦ୍ର ପ୍ରତିରକ୍ଷା ମନ୍ତ୍ରୀ ପ୍ରଣବ ମୁଖାର୍ଜୀଙ୍କ କହିବା ଅନୁସାରେ ଏ ସମ୍ପର୍କରେ କଥାବାର୍ତ୍ତା ତଥାପି ଚାଲୁ ରହିବ।

ବର୍ତ୍ତମାନ ସବୁଠାରୁ ଜଟିଳ କଥାଟି ହେଉଛି ଦ୍ୱିତୀୟ ରାଜ୍ୟ ପୁନର୍ଗଠନ କମିଶନ୍ ଗଠିତ ହେବ କି ନା। ଏହି ପ୍ରସଙ୍ଗରେ କଂଗ୍ରେସ ଦଳର ସ୍ପଷ୍ଟ ଚିନ୍ତା ନାହିଁ, ସିପିଏମ୍ କିନ୍ତୁ ଏହାର ବିରୋଧ କରିଛି।

ରାଜ୍ୟମାନଙ୍କର ଅନଗ୍ରସରତାର ସମାଧାନ ସକାଶେ ସେଗୁଡିକୁ ଭାଗ ଭାଗ କରି ଛୋଟ ରାଜ୍ୟ ଗଠନ ବହୁ ଦିନରୁ ଏକ ବିବାଦୀୟ ବିଷୟ ହୋଇ ଆସିଛି। ବିଭିନ୍ନ ରାଜନୈତିକ ଦଳର ଏ ସମ୍ପର୍କରେ ଭିନ୍ନ ଭିନ୍ନ ମତ। ବିହାର, ମଧ୍ୟ ପ୍ରଦେଶ ଓ ଉତ୍ତର ପ୍ରଦେଶ ଭଳି ରାଜ୍ୟ ଯେତେବେଳେ ବିଭାଜିତ ହେଲା ତାହା ଯେ ରାତାରାତି ହୋଇଥିଲା ସେ କଥା ନୁହେଁ। ବହୁ ବିବାଦ, ଅନେକ ଆନ୍ଦୋଳନ ପରେ ଏହା

ସମ୍ଭବ ହୋଇ ପାରିଥିଲା । ଏଣୁ ରାଜ୍ୟ ବିଭାଜନ ଭଳି ସମ୍ବେଦନଶୀଳ ବିଷୟକୁ ରାଜନୈତିକ ଦଳମାନେ ସ୍ପର୍ଶ ନକରିବା ସ୍ୱାଭାବିକ ।

କଂଗ୍ରେସ ଦଳର ଅବହେଳା ଓ ଉପେକ୍ଷା ପ୍ରସଙ୍ଗରେ ତେଲେଙ୍ଗାନା ଏବଂ ଓଡ଼ିଶା ଭିତରେ କିଛି ସାମଞ୍ଜସ୍ୟ ରହିଛି । ଯଦିଓ ଟିଆର୍‌ଏସ୍ ଭଳି ବିଜେଡ଼ି ପ୍ରତି ୟୁପିଏ 'ବିଶ୍ୱାସଘାତକତା' କରି ନାହିଁ ତଥାପି କେନ୍ଦ୍ର ସରକାରଙ୍କ ବିରୁଦ୍ଧରେ ରାଜ୍ୟର ମେଣ୍ଟ ସରକାର ବରାବର ତା'ର ଅସ୍ତ୍ରକୁ ତୀକ୍ଷ୍ଣ କରିବାରେ ଲାଗିଛି ।

୨୦୦୪ ସାଧାରଣ ନିର୍ବାଚନରେ ନୂଆଦିଲ୍ଲୀରେ ୟୁପିଏ କ୍ଷମତାକୁ ଆସିବା ଓ ଭୁବନେଶ୍ୱରରେ ବିଜେଡି-ବିଜେପି ମେଣ୍ଟ କ୍ଷମତାସୀନ ହେବା ପରେ କେନ୍ଦ୍ର-ରାଜ୍ୟ ଭିତରେ ସମ୍ପର୍କରେ ଯେ ଏକ କାନ୍ଥ ଠିଆ ହୋଇଛି ଏହା ଏକ ଅତିରଞ୍ଜିତ କଥା ନୁହେଁ । ରାଜ୍ୟର ମେଣ୍ଟ ସରକାର କ୍ରମାଗତ ଭାବେ ୟୁପିଏ ସରକାର ବିରୁଦ୍ଧରେ ସ୍ୱର ଉତ୍ତୋଳନ କରିବା ପରେ ବିଗତ କିଛିଦିନ ଧରି ଏହା ଆହୁରି ଜୋର୍ ଧରିଛି । ୟୁପିଏ ସରକାର ରାଜ୍ୟ ପ୍ରତି ଅବହେଳା ପ୍ରଦର୍ଶନ କରୁଛି ବୋଲି ବିଜେଡିର ଅଭିଯୋଗ ଯେ ଭିତ୍ତିହୀନ ତାହା ବି ନୁହେଁ ।

ଇତିହାସକୁ ଯଦି ଆମେ ଯିବା, ଲକ୍ଷ୍ୟ କରିବା ଯେ କେନ୍ଦ୍ରରେ ଯେତେବେଳେ ବି କଂଗ୍ରେସ କ୍ଷମତାକୁ ଆସିଛି ରାଜ୍ୟ ସରକାର ଉପରେ ତା'ର ଭଲ ଦୃଷ୍ଟି ରହିନାହିଁ । ଯେତିକିବେଳେ ଉନ୍ନୟନ ଓ ବିକାଶ କ୍ଷେତ୍ରରେ ଓଡ଼ିଶାର ଯେତିକି ପାଇବା କଥା ତାହା ପାଇ ନାହିଁ । ବିଭିନ୍ନ ସମୟରେ ଓଡ଼ିଶା ଓ କେନ୍ଦ୍ର ଭିତରେ ବିବାଦ ଏକ ଜଣାଶୁଣା କଥା ।

ଏକ ପଛୁଆ ରାଜ୍ୟ ହେବା ସତ୍ତ୍ୱେ କେନ୍ଦ୍ର ଓଡ଼ିଶା ପ୍ରତି ବୈମାତୃକ ଭାବ ପୋଷଣ କରି ଆସିଥିବା ଅଭିଯୋଗର ଏକ ଲମ୍ବା ଇତିହାସ ରହିଛି । ବୈମାତୃକ ଭାବ- ଏହି ଅଭିଯୋଗଟି ୧୯୬୦ ବେଳରୁ ହୋଇ ଆସିଛି । ଏପରିକି କେନ୍ଦ୍ରରେ ପଣ୍ଡିତ ନେହେରୁ ପ୍ରଧାନମନ୍ତ୍ରୀ ଓ ରାଜ୍ୟରେ ବିଜୁ ପଟ୍ଟନାୟକ ମୁଖ୍ୟମନ୍ତ୍ରୀ ଥିବାବେଳେ ମଧ୍ୟ ଏକଥା ହୋଇଛି । ରାଜ୍ୟରେ ଗଚ୍ଛିତ ଥିବା ପ୍ରଚୁର ଖଣିଜ ସମ୍ପଦର ସଦୁପଯୋଗ ଓ ରପ୍ତାନି ପାଇଁ ପାରାଦୀପରେ ଏକ ବନ୍ଦରର ଆବଶ୍ୟକତାକୁ ନେହେରୁ ଗୋଟିଏ ସମୟରେ ସମ୍ପୂର୍ଣ୍ଣ ପ୍ରତ୍ୟାଖ୍ୟାନ କରି ଦେଇଥିଲେ । ବିଜୁ ପଟ୍ଟନାୟକ ସେତେବେଳେ କଂଗ୍ରେସର ଜଣେ ପ୍ରଭାବଶାଳୀ ନେତା ଥିବା ସତ୍ତ୍ୱେ ନିଜ ଉଦ୍ୟମରେ ବିଫଳ ହୋଇଥିଲେ ଓ ପାରାଦୀପରେ ବନ୍ଦର ପ୍ରତିଷ୍ଠା ପାଇଁ ତାଙ୍କୁ କେନ୍ଦ୍ର ସରକାରଙ୍କ ବିରୁଦ୍ଧରେ ଏକରକମ ବିଦ୍ରୋହ କରିବାକୁ ପଡିଥିଲା । କେନ୍ଦ୍ରର ମଞ୍ଜୁରି ନଥିବା ସତ୍ତ୍ୱେ ବନ୍ଦର ପାଇଁ ଦୈତାରୀ ଓ ପାରାଦୀପ ଭିତରେ ସଂଯୋଗ ସ୍ଥାପନ ସକାଶେ ଏକ୍ସପ୍ରେସ୍ ହାଇୱେର ନିର୍ମାଣ ପାଇଁ ସେ ପଦକ୍ଷେପ ଦେଇଥିଲେ ।

ଏହିଭଳି ଅନେକ ଉଦାହରଣ ରହିଛି ଯେଉଁଥିରେ କେନ୍ଦ୍ର ଓଡ଼ିଶା ପ୍ରତି ଉପେକ୍ଷା, ଅବହେଳା ଓ ପକ୍ଷପାତିତାପୂର୍ଣ୍ଣ ଆଚରଣ କରିଛି। ଏପରିକି କେତେକ କ୍ଷେତ୍ରରେ କେନ୍ଦ୍ର ସରକାର ଅପମାନଜନକ ନିଷ୍ପତ୍ତି ମଧ୍ୟ ନେଇଛନ୍ତି ଯେପରିକି ନିକଟ ଅତୀତରେ ନ୍ୟାସନାଲ୍ ଇନ୍‌ଷ୍ଟିଚ୍ୟୁଟ୍ ଅଫ୍ ସାଇନ୍ସର ଏକ ଶାଖା ପ୍ରତିଷ୍ଠାକୁ ବାତିଲ କରିବା। ବାମପନ୍ଥୀମାନଙ୍କୁ ଖୁସି କରିବା ପାଇଁ ମାନବ ସମ୍ବଳ ଉନ୍ନୟନ ମନ୍ତ୍ରୀ ଅର୍ଜୁନ ସିଂହ କୋଲକାତାକୁ ଏନ୍‌ଆଇଏସ୍‌ର ଶାଖା ଉଠାଇ ନେବାର ବିବାଦଟି ଏବେ ପର୍ଯ୍ୟନ୍ତ ଜୀବିତ ଅଛି। ଏଥି ସାଙ୍ଗକୁ କେନ୍ଦ୍ରର କେବିକେ ଯୋଜନା ପାଇଁ ଅର୍ଥ ଅପସାରଣ ମଧ୍ୟ ଏକ ବଡ଼ ପ୍ରସଙ୍ଗ।

ୟୁପିଏ ସରକାରର ତେଲେଙ୍ଗାନାବାସୀଙ୍କ ପ୍ରତି ବିଶ୍ୱାସଘାତକତା ଏବଂ ଓଡ଼ିଶାର ଲୋକଙ୍କ ପ୍ରତି ଉପେକ୍ଷା ଭିତରେ ପାର୍ଥକ୍ୟଟି କେତେ ?

■

(ଶନିବାର, ୨୬ ଅଗଷ୍ଟ, ୨୦୦୬)

ହସ ପାଇଁ ଏଲିଜି

ମଣିଷ ଜୀବନରେ ହସର ଏକ ଅତି ଗୁରୁତ୍ୱପୂର୍ଣ୍ଣ ଭୂମିକା ରହିଛି। ହସ ଏକ ମାନସିକ ଅବସ୍ଥାର ପ୍ରତିଫଳନ। ମନ ଭିତରେ ଅନୁକୂଳ ଉପାଦାନ ନଥିଲେ ହସ କେବେ ଫୁଟି ପଦାକୁ ବାହାରି ପାରିବ ନାହିଁ। ହସ ମଣିଷକୁ ସୁସ୍ଥ ରଖେ, ଏଣୁ କୁହାଯାଏ ଲାଫଟର ଇଜ୍ ଦ ବେଷ୍ଟ ମେଡିସିନ୍। ସର୍ବଦା ଖୁସି ରହିଲେ ମଣିଷ ଦୀର୍ଘଜୀବୀ ହୁଏ; ଏହା କେବଳ ଯେ ଆମ ପୂର୍ବପୁରୁଷମାନେ କହିଯାଇଛନ୍ତି ତାହା ନୁହେଁ ସମସାମୟିକ ଅନୁଧ୍ୟାନ ପରୀକ୍ଷା ଓ ସର୍ବେକ୍ଷଣ ମଧ୍ୟ ଏହି କଥାକୁ ପ୍ରମାଣିତ କରିଛି। ଏଣୁ ଆଜି ଚାରିଆଡ଼େ ଆପଣ ଦେଖିବେ ହସ କ୍ଲବ୍ ବା ଲାଫଟର କ୍ଲବ୍‌ମାନ ପ୍ରତିଷ୍ଠା ହେଉଛି। ଅବସର ନେଇଥିବା ଏବଂ ବାର୍ଦ୍ଧକ୍ୟରେ ପହଞ୍ଚିଥିବା ସ୍ତ୍ରୀ-ପୁରୁଷମାନଙ୍କୁ ନେଇ ହିଁ ଏହିଭଳି କ୍ଲବ୍ ଗଠନ ହେଉଥିବା ଦେଖାଯାଏ। ସବୁ କ୍ଲବ୍ ଭଳି ଲାଫଂଟର କ୍ଲବ୍‌ର କେତେ ଗୁଡିଏ ନୀତି ଅଛି। ଗୋଟିଏ ନୀତି ହେଉଛି ଯେ ହସ ମାଡୁ କି ନା ଆପଣଙ୍କୁ ସମସ୍ତଙ୍କ ସହିତ ପାଟି ମିଳାଇ ହସିବାକୁ ପଡିବ।

କୁହାଯାଏ, ହସିଲେ ବା ହସି ପଦେ କଥା କହିଲେ ଆପଣଙ୍କୁ କିଛି ମୂଲ୍ୟ ଦେବାକୁ ପଡେନା। ବରଂ ଏଥିପାଇଁ ଆପଣ ମୂଲ୍ୟ ପାଆନ୍ତି- ସ୍ୱୀକାରୋକ୍ତି, ଧନ୍ୟବାଦ ଓ ପ୍ରଶଂସା। ହସର ପ୍ରକାର ଭେଦ ମଧ୍ୟ ରହିଛି-ସାଧାରଣ ହସ, ମୁରୁକି ହସ, ମୁଚୁକୁନ୍ଦିଆ ହସ, ଅଟ୍ଟହାସ୍ୟ ବା ଉଚ୍ଚସ୍ୱରବିଶିଷ୍ଟ ହସ, କୁଣ୍ଠିତ ହସ। ହସିବା ବେଳର ମାନସିକ ଅବସ୍ଥା ଉପରେ ନିର୍ଭର କରେ ଆପଣ କେତେ ମାତ୍ରାରେ ପାଟିକୁ ପ୍ରସାରିତ କରିପାରୁଛନ୍ତି।

ହସ ମନକୁ ପ୍ରଫୁଲ୍ଲ ରଖେ, ବିଷାଦକୁ ଦୂରେଇ ଦିଏ ଏବଂ ଜୀବନରେ ନୂଆ ନୂଆ ସମ୍ଭାବନାର ଅନୁସନ୍ଧାନ କରେ। ଯାହାର ମୁହଁରେ ସ୍ୱଭାବତଃ ସରସତା ବା ହସହସ ଭାବ ଭରି ରହିଥାଏ ତାକୁ ଜଣେ ପରମସୁଖୀ ବ୍ୟକ୍ତି ବୋଲି ଧରାଯାଏ।

ଏହାର ଠିକ୍ ବିପରୀତ ହେଉଛି କାଉନ୍ଦା ମୁହଁ। ପ୍ରତି କଥାରେ ବିହ୍ଵଳିତ ହେବା ଏକ କ୍ଵଚିତ ଲକ୍ଷଣ ଯଦିଓ ହର୍ଷୋତ୍‌ଫୁଲ୍ଲତା ଅନେକ ସମୟରେ ଜଣେ ନାରୀକୁ ଅସୁବିଧାରେ ପକାଏ। ତେବେ କୁହାଯାଏ ସଦାହର୍ଷିତା ସ୍ତ୍ରୀ ପୁରୁଷର ସମ୍ପତ୍ତି। ପରିବାର ଭିତରେ ଯେଉଁଠି ସ୍ଵାମୀ ଓ ସ୍ତ୍ରୀ ଉଭୟେ ବିମର୍ଷ ମୁହାଁ, ଜୀବନ ପ୍ରବାହ ଅତି କଷ୍ଟକର- ଯାହା କୁହାଯାଏ ଜୀବନ ନୁହେଁ ତ ସେ ଜୀବନ୍ତ ମରଣ। ହର୍ଷିତ ବା ତୋଷିତ କିମ୍ବା ଆନନ୍ଦିତ ରହିବାକୁ ହେଲେ ପାରିବାରିକ/ସାମାଜିକ ଅବସ୍ଥା ମଧ୍ୟ ଅନୁକୂଳ ହେବା ଦରକାର।

ପେଟ ଚିନ୍ତା ଓ ହସ ପରସ୍ପରର ବିପରୀତ- ଆଣ୍ଟିଥେଟିକାଲ୍।

ହସ ବା ରସିକତା ଦ୍ଵାରା ଆମେ ମୁଦ୍ରାର ଦୁଇଟି ନୁହେଁ ବରଂ ଏକାଧିକ ପାର୍ଶ୍ଵ ଦେଖି ଥାଉ। ହସ (ବ୍ୟଙ୍ଗ) ଏକ ନିର୍ଦ୍ଦିଷ୍ଟ ଯୁକ୍ତିକୁ ବଳିଷ୍ଠ କରେ, ପରିବେଶକୁ ହାଲ୍‌କା କରେ, ବିଷାଦ/ନୈରାଶ୍ୟକୁ ହଟାଇଦିଏ, ଅହଂକାରକୁ ତାସଲ୍ୟ କରେ, ହୃଦୟକୁ ଉତ୍‌ଫୁଲ୍ଲିତ ରଖେ ଏବଂ ସର୍ବୋପରି କୁତୁକୁତୁ କରେ (ଟିକ୍‌ଲିଂ ଦ ଫନି ବୋନ୍)।

ହସକୁ ମପାଯାଇପାରେ ? ହଁ, ନିକଟରେ ହିଁ ହସକୁ ଆନ୍ତର୍ଜାତିକ ସ୍ତରରେ ମପାଯାଇଥିଲା ଓ ତା'ର ଫଳ ଏବେ ବାହାରିଛି। ଏହି ଫଳ ଅନୁଯାୟୀ ଭାରତ ଆଦୌ ହସକୁରାଙ୍କ ଦେଶ ନୁହେଁ। ଏ କ୍ଷେତ୍ରରେ ଅନ୍ୟ ଦେଶ ତୁଳନାରେ ଆମେ ବହୁତ ପଛୁଆ। ଏପରିକି ଆମର ତତ୍‌କ୍ଷଣାତ୍ ପଡୋଶୀମାନଙ୍କଠାରୁ ମଧ୍ୟ ଆମେ ପଛରେ। ବିଶ୍ଵସ୍ତରରେ ହସ ବା ଆନନ୍ଦର ତିନୋଟି ମାପକାଠି ରହିଛି- ସ୍ଵାସ୍ଥ୍ୟ, ସମ୍ପତ୍ତି ଓ ଶିକ୍ଷା। ଭାରତ ଏହି ତିନୋଟି ନିର୍ଣ୍ଣାୟକରେ ଖୁବ୍ କମ୍ ନମ୍ବର ପାଇଛି। ଅବଶ୍ୟ ପଡୋଶୀ ପାକିସ୍ତାନ ଆମଠାରୁ ତଳେ ଅଛି !

'ୱାରଲଡ ମ୍ୟାପ୍ ଅଫ୍ ହ୍ୟାପିନେସ' ଅନୁଯାୟୀ ବିଶ୍ଵରେ ହର୍ଷିତ ଦେଶ ହିସାବରେ ଭାରତର ସ୍ଥାନ ୧୨୫। ପାକିସ୍ତାନର ସ୍ଥାନ ୧୬୬। କିନ୍ତୁ ଅନ୍ୟ ଦେଶ ଆମଠାରୁ ଢେର୍ ଆଗରେ-ଚୀନ୍ (୮୨), ଶ୍ରୀଲଙ୍କା (୯୩), ବଙ୍ଗଳା ଦେଶ (୧୦୪) ଓ ନେପାଳ (୧୧୯)।

ବ୍ରିଟେନ୍‌ର ବିଶ୍ଳେଷଣାତ୍ମକ ସମାଜ ମନସ୍ତତ୍ତ୍ଵବିତ୍ ଏଡ୍ରିଆନ୍ ହ୍ଵାଇଟ୍ ଯେଉଁ ମ୍ୟାପ୍‌ଟି ପ୍ରସ୍ତୁତ କରିଛନ୍ତି ସେଥିମରେ ଆଲବାନିଆଠାରୁ ଜାମ୍ବିଆ ପର୍ଯ୍ୟନ୍ତ ୧୭୮ଟି ଦେଶକୁ ନିଆଯାଇଥିଲା। ଏହି ଅନୁଧ୍ୟାନଟି କରାଯାଇଥିଲା ପ୍ରତିଟି ଦେଶର ଜନସଂଖ୍ୟାର ମୋଟାମୋଟି ଭଲ ଅବସ୍ଥାକୁ ନେଇ। ଏଭଳି ଏକ ହସ ମାନଚିତ୍ର ବିଶ୍ଵରେ ପ୍ରଥମ ବୋଲି କୁହାଯାଉଛି। ଆନ୍ତର୍ଜାତିକ ସ୍ତରରେ ବିଭିନ୍ନ ଦେଶକୁ ହସର ପରିମାପକ ଭାବେ ନେଇ ଏକ ନିର୍ଦ୍ଦିଷ୍ଟ ସ୍ଥାନରେ ଥୋଇବା ନିଶ୍ଚିତରେ ଏକ କଷ୍ଟସାଧ

କାର୍ଯ୍ୟ। ଏହି ମ୍ୟାପ୍‌ରେ ଆମେରିକାର ସ୍ଥାନ ୨୩, ବ୍ରିଟେନ୍‌ର ୪୧ ଓ ଫ୍ରାନ୍ସର ୬୨। ଏକ ନମ୍ବରରେ ଡେନ୍‌ମାର୍କ। ଡେନ୍‌ମାର୍କ ତଳକୁ ରହିଛି ସୁଇଜରଲ୍ୟାଣ୍ଡ। ସୁଇଜରଲ୍ୟାଣ୍ଡ ତଳକୁ ଅଷ୍ଟ୍ରିଆ, ଆଇସ୍‌ଲ୍ୟାଣ୍ଡ, ବାହାମାସ୍। ବୁରୁଣ୍ଡି ହେଉଛି ସବୁଠାରୁ ଅସୁଖୀ ବା କାଉନ୍ଦା ଦେଶ।

ହସ ଓ ଆନନ୍ଦର ଏକ ଆନୁଷଙ୍ଗିକ ମାନଦଣ୍ଡ ରହିଛି- ସାଟିସ୍‌ଫେକ୍ସନ୍ ୱିଥ୍ ଲାଇଫ୍ ଇଣ୍ଡେକ୍ସ ବା ଜୀବନ ସନ୍ତୁଷ୍ଟ ସୂଚକାଙ୍କ। ଭାରତ ଏହି ସୂଚକାଙ୍କରେ ୧୮୦।

ଏହି ଆନ୍ତର୍ଜାତିକ ସର୍ବେକ୍ଷଣରୁ ଗୋଟିଏ କଥା ସ୍ପଷ୍ଟ ହୋଇଛି ଯେ ପାଶ୍ଚାତ୍ୟର ଗଣତନ୍ତ୍ର ରାଷ୍ଟ୍ରମାନେ ଅନ୍ୟମାନଙ୍କ ଅପେକ୍ଷା ଅଧିକ ଖୁସି। କିନ୍ତୁ ଏସିଆ ଭଳି ଚମତ୍କାର ସଂସ୍କୃତି, ମୂଲ୍ୟବୋଧ, ପ୍ରଚଣ୍ଡ ପାରିବାରିକ ଆତ୍ମୀୟତା ଏବଂ ସମୂହ ପରିଚୟ ଥିବା ମହାଦେଶରେ ହସ ଏକ ମୂଲ୍ୟବାନ ବସ୍ତୁ ହୋଇ ପାରିନାହିଁ।

ଯେ ତ ଗଲା ଦେଶ-ବିଦେଶ କଥା। ଆମ ରାଜ୍ୟ ଖବର କ'ଣ ? ହସ ତାଲିକାରେ ଆମ ସ୍ଥାନ କେଉଁଠି ? ବିଭିନ୍ନ ମାନଦଣ୍ଡକୁ ଭିତ୍ତି କରି ଭାରତର ଏକ ମ୍ୟାପ୍ ଅଫ୍ ହ୍ୟାପିନେସ୍ ଯଦି କେହି କେବେ ପ୍ରସ୍ତୁତ କରନ୍ତି, ତେବେଯାଇ ଜଣାପଡିବ ଓଡ଼ିଶାର ସ୍ଥାନ କେଉଁଠି ? କିନ୍ତୁ ଏକଥା ଅକୁଣ୍ଠ ଚିତ୍ତରେ କୁହାଯାଇପାରେ ଯେ ଓଡ଼ିଆମାନେ ହର୍ଷିତ ନୁହଁନ୍ତି। ଆମ ପାଖରେ କୌତୁକ ନାହିଁ। ଆମେ ରଙ୍ଗପ୍ରିୟ ନୋହୁଁ କି ସରସତା ଆମ ମୁହଁରେ ଦେଖାଯାଏ ନାହିଁ। ଜଣେ କେହି ଗୋପାଳ ଭାଣ୍ଡ ଥିଲେ ଯିଏ କି ଆମ ଭିତରେ ହାସ୍ୟରସ ଭରିଦେବା ପାଇଁ ଉଦ୍ୟମ କରିଥିଲେ, ଯେମିତିକି ଯଦୁମଣି। ସେମାନେ ହୁଏତ ଦେଖିଥିଲେ ଯେ ଓଡ଼ିଆମାନେ ନିରସ, ଗମ୍ଭୀର ଏବଂ ଉଦାସୀନ। ଏଣୁ କିଛି ପହେଳି ଓ କିଛି ଢଗ ମାଧ୍ୟମରେ ଆମ ମୁହଁରେ ହସ ଫୁଟାଇବା ପାଇଁ ସେମାନେ ଚେଷ୍ଟା କରିଥିଲେ। ତା' ପରଠାରୁ, ଆଉ କେହି ଏହି ହସ ବ୍ୟବସାୟରେ ଆଉ ଲିପ୍ତ ରହି ନାହାନ୍ତି। ଜୟୀ କେବଳ ରୂପେଲି ପରଦାରେ ଦର୍ଶକମାନଙ୍କୁ କିଛି କ୍ଷଣ ପାଇଁ ହସାନ୍ତି, ତା' ପୁଣି ପାରିଶ୍ରମିକ ନେଇ।

ହସ ଗୋଟିଏ ଜାତିର ପ୍ରାରବ୍ଧ। ଜବରଦସ୍ତ କଲେ କୌଣସି ଜାତି କଦାପି ହସି ପାରେନା। ମନେହୁଏ, ଯେଉଁମାନେ ଓଡ଼ିଆ ମଧ୍ୟବର୍ଗର ସାନି ଇତିହାସ ଲେଖୁଛନ୍ତି ସେମାନେ ମଧ୍ୟ ଓଡ଼ିଆଙ୍କ ଏହି ଅ-ହସର କାରଣ ଖୋଜନ୍ତୁ। ଏହାର କାରଣକୁ ଅନୁସନ୍ଧାନ କରନ୍ତୁ। ଓଡ଼ିଶାର ସାମଗ୍ରିକ ନିରାନନ୍ଦର କିଛି କ୍ଲୁ ବା କାରଣ ଦିଆଯାଇପାରେ। ଦାରିଦ୍ର୍ୟ ? ଅପୁଷ୍ଟି ? ନିରକ୍ଷରତା ? ଗୋଲାମୀ ? ସହନଶୀଳତା ?

କବି ସଚ୍ଚି ରାଉତରାୟ କିନ୍ତୁ ଯନ୍ତ୍ରଣା, ମୋହଭଙ୍ଗ ଓ ଏକାକୀବୋଧ ଆଦି ଜୀବନର ନିଛକ ବାସ୍ତବତା ଭିତରେ ପ୍ରତିମା ନାୟକ ଓଠରେ ହସ ଦେଖିଥିଲେ:

ପ୍ରତିମା ନାୟକ ହସେ ଓଠେ ତା'ର ସ୍ୱପ୍ନର ଆଭାସ
ମୁହଁରେ ଖାକୀର ହସ, ଆଖିରେ ତା' ରାତିର ଇଶାରା
ଦୁଇ ପାଖେ ଦ୍ରୁତବନ, ଗତିବାନ କ୍ଷେତ୍ରର ଧାରା
ଆହା ! ହସୁ ହସୁ ପ୍ରତିମା ନାୟକ ।
ଅଞ୍ଚଳ ତା' ନାହିଁ ଦେହେ, ଦେଖିଅଛି ଖାକୀର ପୋଷାକ ।

■

(ଶନିବାର, ୫ ଅଗଷ୍ଟ, ୨୦୦୬)

ରାୟବାହାଦୂର ନନ୍ଦକିଶୋର

'ହେ ନନ୍ଦକିଶୋର ସର୍ବଗୁଣରେ ନିପୁଣ
ଗାଇବାକୁ ତୁମ୍ଭ ଯଶ ନାହିଁ ମୋର ଗୁଣ,
ଗଡ଼ଜାତ ରଜାଙ୍କର ରଖିବାକୁ ମାନ
କରିବି ମୁଁ କାହା ସଙ୍ଗେ ତୁମ୍ଭକୁ ସମାନ।
ସାପ ନ ମରିବ କିମ୍ବା ବାଡି ନ ଭାଙ୍ଗିବ
ଏ କୌଶଳ ତୁମ୍ଭ ଛଡା କେ ଅବା ଜାଣିବ
ସିଭିଲ୍ ସର୍ଭେଣ୍ଟ ଏଣ୍ଡ୍ ପଲିଟି ଏଜେଣ୍ଟ୍
ଜୟ ଜୟ ଜୟ ଓଡ଼ିଶାର ମନୁମେଣ୍ଟ।'

ବ୍ୟାସକବି ଫକୀର ମୋହନଙ୍କର ଏହା ଥିଲା ଓଡ଼ିଶାର ଜଣେ ଦକ୍ଷ ଓ ସାହସୀ ପ୍ରଶାସକ ନନ୍ଦକିଶୋରଙ୍କ ଉଦ୍ଦେଶ୍ୟରେ। ଆଜି ଯେତେବେଳେ ରାଜ୍ୟରେ ଦକ୍ଷ ପ୍ରଶାସକମାନଙ୍କର ଅଭାବ ରହିଛି ଏବଂ ପ୍ରଶାସନତନ୍ତ୍ରଠାରୁ ଅନେକ କିଛି ଆଶା କରିବା ପାଇଁ ଅଛି, ନନ୍ଦକିଶୋର ଦାସଙ୍କ ଭଳି ବ୍ୟକ୍ତିଙ୍କୁ ଅନୁକରଣ କରାଯିବାର ସମସ୍ତ ଯୁକ୍ତି ରହିଛି।

ନନ୍ଦକିଶୋର ଦାସ ବା ରାୟବାହାଦୂର ନନ୍ଦକିଶୋର ଦାସ ସେତେବେଳେ କେବଳ ଜଣେ ଓଡ଼ିଆ ଶାସକ ନଥିଲେ, ବରଂ ତାଙ୍କର ଦକ୍ଷତା ଓ ଜାତୀୟବାଦୀତା ଭିତରେ ଥିଲା ଜଣେ ପ୍ରଚଣ୍ଡ ବ୍ୟକ୍ତିତ୍ୱ। ରାୟବାହାଦୂର ନନ୍ଦକିଶୋର ଜନ୍ମ ଗ୍ରହଣ କରିଥିଲେ ଅବିଭକ୍ତ କଟକ ଜିଲ୍ଲାର କୁମୁଡା ଜୟପୁର ଗାଁରେ। ତାଙ୍କର ବାପାଙ୍କ ନାମ ଥିଲା ନୃସିଂହ ଚରଣ ଦାସ। ନୃସିଂହ ଚରଣ ଦାସ ନିଜେ ବି ଥିଲେ ଜଣେ ଦକ୍ଷ ରାଜସ୍ୱ ଅଧିକାରୀ ବା ସେତେବେଳର ଡିପୋଟି। ଏହି ସମୟକୁ ଓଡ଼ିଶାରେ ଇଂରାଜୀ ଶାସନର ପ୍ରାଥମିକ ଅବସ୍ଥା। ଯେହେତୁ ଶାସନ ସେତେବେଳେ ପାର୍ସୀ ଭାଷାରେ ହେଉଥିଲା

ନୃସିଂହ ଚରଣ ଏହି ଭାଷାଟିକୁ ଅକ୍ତିଆର କରିପାରିଥିବାରୁ ଇଂରାଜମାନେ ତାଙ୍କୁ ଚାକିରୀଟିଏ ଦେଇଥିଲେ। ଖାଲି ଚାକିରୀ ନୁହେଁ, ଭଲ ଚାକିରୀ।

ନନ୍ଦକିଶୋର ଦାସ ଆଜକୁ ୧୨୦ ବର୍ଷ ତଳେ (ନିର୍ଦ୍ଦିଷ୍ଟ ଭାବେ ୧୮୪୫) ଜନ୍ମଗ୍ରହଣ କରିଥିଲେ। ୧୮୬୦ରେ ସେ ଏଣ୍ଟ୍ରାନ୍‌ସ ପାସ୍ କରିବା ପରେ ଶିକ୍ଷା ବିଭାଗରେ ଜିଲ୍ଲା ଇନ୍ସପେକ୍ଟର ଚାକିରୀଟିଏ ପାଇଥିଲେ। ପରବର୍ତ୍ତୀ ସମୟରେ ସେ ଜଏଣ୍ଟ ଇନ୍ସପେକ୍ଟର ପଦବୀକୁ ଉନ୍ନିତ ହୋଇଥିଲେ। ଆହୁରି ପରେ ଶିକ୍ଷା ବିଭାଗର ଚାକିରୀ ଛାଡି ନନ୍ଦକିଶୋର ପ୍ରଥମେ ଡେପୁଟି ମାଜିଷ୍ଟ୍ରେଟ୍ ଓ ପର୍ଯ୍ୟାୟ କ୍ରମେ ଡେପୁଟି କଲେକ୍ଟର ହେଲେ।

ନନ୍ଦକିଶୋର ଦାସଙ୍କଠାରେ ଯେଉଁସବୁ ଉତ୍ତମ ଗୁଣାବଳୀ ଥିଲା ସେହି କାରଣରୁ ସେ କ୍ରମାଗତ ଭାବରେ ବ୍ରିଟିଶ୍ ଚାକିରୀର ସିଡିରେ ଉଠି ପାରିଥିଲେ। ବ୍ରିଟିଶ୍ ସମୟରେ ଚାକିରୀ କରିବାକୁ ହେଲେ ଆନୁଗତ୍ୟ ଥିଲା ଏକ ବଡ଼ ଯୋଗ୍ୟତା ଏବଂ ନନ୍ଦକିଶୋର ଦାସଙ୍କଠାରେ ଏହାର ଅଭାବ ନଥିଲା। ତାଙ୍କର ଅସାଧାରଣ ପ୍ରତିଭା ମଧ୍ୟ ଥିଲା। ନନ୍ଦକିଶୋର କେବଳ ବିଚକ୍ଷଣ ନଥିଲେ, ଜଣେ ଅଧ୍ୟବସାୟୀ ଓ କର୍ମତତ୍ପର ବ୍ୟକ୍ତି ହିସାବରେ ତାଙ୍କର ସୁନାମ ଥିଲା। ବୋଧହୁଏ ଏହି କାରଣରୁ ବ୍ରିଟିଶ୍ ଅଫିସରମାନଙ୍କର ସ୍ନେହଭାଜନ ହେବା ସହିତ ସମଗ୍ର ଗଡ଼ଜାତରେ ସେ ଆସିଷ୍ଟାଣ୍ଟ କମିଶନର ପଦବୀରେ ଅବସ୍ଥାପିତ ହୋଇଥିଲେ।

ନନ୍ଦକିଶୋର ଦାସ ଶାସନରେ ନିଜର ଦକ୍ଷତା ପ୍ରଦର୍ଶନ କରିବା ବେଳକୁ ଘଟଣାକ୍ରମେ ଓଡ଼ିଶାରେ ନଅଙ୍କ ଦୁର୍ଭିକ୍ଷ ପଡିଥିଲା। ୧୮୬୬ ସାଲରେ ଅନୁଗୁଳ ଓ ତା'ର ଆଖପାଖକୁ ଲାଗି ରହିଥିବା ଗଡ଼ଜାତ ମାହାଲମାନେ ମଧ୍ୟ ଏହି ଭୀଷଣ ଦୁର୍ଭିକ୍ଷରୁ ବାଦ୍ ପଡିନଥିଲେ। ଦୁର୍ଭିକ୍ଷଜନିତ ପରିସ୍ଥିତିର ମୁକାବିଲା ପାଇଁ ନନ୍ଦକିଶୋର ଦାସଙ୍କୁ ଯେତେବେଳେ କ୍ଷମତା ଦିଆଗଲା ଅତି ସଫଳତାର ସହିତ ସେ ତାହାକୁ ତୁଲାଇଥିଲେ। ତାଙ୍କର ଏହି ସମୟୋପଯୋଗୀ ଏବଂ ଅପୂର୍ବ କାର୍ଯ୍ୟଦକ୍ଷତା ଯୋଗୁ ହିଁ 'ରାୟବାହାଦୂର' ସମ୍ମାନରେ ତାଙ୍କୁ ଆଭୂଷିତ କରାଯାଇଥିଲା।

୧୮୯୧ର କେନ୍ଦୁଝରର ଭୂୟାଁ ମେଳିର ଏକ ରୋମାଞ୍ଚକର ଇତିହାସ ରହିଛି। କେଉଁଝରର ତତ୍କାଳୀନ ରାଜା ଧନୁର୍ଜୟ ଭଞ୍ଜଙ୍କ ବିରୁଦ୍ଧରେ ଧରଣୀଧର ଭୂୟାଁଙ୍କ ନେତୃତ୍ୱରେ ଯେଉଁ ବିଦ୍ରୋହ ହୋଇଥିଲା ଫକୀରମୋହନଙ୍କ 'ଆତ୍ମଜୀବନ ଚରିତରେ' ଏହାର ପୁଙ୍ଖାନୁପୁଙ୍ଖ ବିବରଣୀ ଲିପିବଦ୍ଧ ରହିଛି। କେନ୍ଦୁଝର ମହାରାଜାଙ୍କ ବିରୁଦ୍ଧରେ ଭୂୟାଁମାନେ ବିଦ୍ରୋହ ଆଚରଣ କରିବା ପରେ ସେ ରାଜ୍ୟ ଛାଡି ପଳାଇ ଯିବାରୁ ସେଠାରେ ଯେଉଁ ଶାସନ-ଶୂନ୍ୟତା ଦେଖାଦେଲା ତାହାକୁ ସମ୍ଭାଳିବା ପାଇଁ ବେଙ୍ଗଲର

ଲେଫ୍‌ଟନାଣ୍ଟ ଗଭର୍ଣ୍ଣର ନନ୍ଦକିଶୋରଙ୍କୁ ପଲିଟିକାଲ୍ ଏଜେଣ୍ଟ ରୂପେ ନିଯୁକ୍ତି ଦେଇଥିଲେ। ଭୂୟାଁ ମେଳିକୁ ଦମନ କରିବାରେ ଅବଶ୍ୟ ନନ୍ଦିକିଶୋରଙ୍କର କୌଣସି ଭୂମିକା ନଥିଲା। ଏହି କାର୍ଯ୍ୟଟି ଅନେକତଃ ଫକୀରମୋହନ ସେନାପତିଙ୍କ ଦ୍ୱାରା ସାଧିତ ହୋଇଥିଲା ଯେତେବେଳେ ସେ କେଉଁଝରର ଇଷ୍ଟେଟ୍‌ର ଦେୱାନ୍ ଥିଲେ। ବ୍ରିଟିଶ୍ ଓ ଓଡ଼ିଆ ପ୍ରଶାସକମାନେ ମିଶି ଭୂୟାଁ ମେଳିକୁ ଛିନ୍‌ଛତ୍ର କରିବା ପରେ କେନ୍ଦୁଝର ରାଜା ପୁନର୍ବାର ଗାଦିରେ ବସିଲେ ସତ, ହେଲେ ଆଦିବାସୀ ଭୂୟାଁମାନେ ଯେଉଁ ଷଡ଼ଯନ୍ତ୍ରର ଶିକାର ହୋଇଥିଲେ ତାହା କେଉଁଝରର ଇତିହାସରେ ଏକ ସ୍ମରଣୀୟ ଘଟଣା। ଭୂୟାଁ ମେଳିକୁ ଦମନ କରିବାରେ ନନ୍ଦକିଶୋର ଦାସଙ୍କ ଭୂମିକା ଥିଲା ଅତ୍ୟନ୍ତ ଗୁରୁତ୍ୱପୂର୍ଣ୍ଣ। ପଲିଟିକାଲ୍ ଏଜେଣ୍ଟ ଭାବେ ନନ୍ଦକିଶୋର କେଉଁଝରରେ କିଛି ଦିନ ରହିବା ପରେ କଟକ ଚାଲିଆସିଥିଲେ।

ଏହି ସମୟକୁ ବ୍ରିଟିଶ୍‌ମାନେ ଷ୍ଟାଟ୍ୟୁଟରି ସିଭିଲ୍ ସର୍ଭିସ୍ ନାମକ ଏକ ଚାକିରିର ପ୍ରବର୍ତ୍ତନ କଲେ। ଯେହେତୁ ନନ୍ଦକିଶୋରଙ୍କର ଏ ଦିଗରେ ଅଭିଜ୍ଞତା ଓ ଦକ୍ଷତା ଥିଲା ତାଙ୍କ ପାଇଁ ଏଥିରେ ଭର୍ତ୍ତି ହେବା କଷ୍ଟକର ନଥିଲା। ବସ୍ତୁତଃ ଏହି ପରୀକ୍ଷାରେ ଭାରତରୁ ଯେଉଁ ତିନି ଜଣ ପରୀକ୍ଷାର୍ଥୀ ସଫଳ ହୋଇଥିଲେ ସେମାନଙ୍କ ଭିତରେ ନନ୍ଦକିଶୋର ଥିଲେ ଜଣେ। ନୂଆ ଚାକିରିରେ ନିଯୁକ୍ତି ପାଇବା ପରେ ନନ୍ଦକିଶୋରଙ୍କୁ ଡେପୁଟି କମିଶନର୍ ଭାବେ ଅନୁଗୁଳଠାରେ ଅବସ୍ଥାପିତ କରାଗଲା। କିଛି ବର୍ଷ ଦକ୍ଷତାର ସହ ନନ୍ଦକିଶୋର ଅନୁଗୁଳରେ ଏହି ଦାୟିତ୍ୱ ତୁଲାଇଲେ। ପରବର୍ତ୍ତୀ ସମୟରେ ତାଙ୍କୁ ପୁରୀ ଜିଲ୍ଲାକୁ ବଦଳି କରାଗଲା। କିନ୍ତୁ ସେ ପୁରୀ ଆସି ନୂତନ ଦାୟିତ୍ୱରେ ଯୋଗଦେଇପାରିଲେ ନାହିଁ କାରଣ ତାଙ୍କର ଅନୁଗୁଳଠାରେ ଅଚାନକ ମୃତ୍ୟୁ ହୋଇଯାଇଥିଲା। ଏହା ୧୮୯୪ର କଥା। ମାତ୍ର ୪୯ ବର୍ଷ ବୟସରେ ନନ୍ଦକିଶୋରଙ୍କ ମୃତ୍ୟୁ ସେତେବେଳେ ଓଡ଼ିଆମାନଙ୍କ ପାଇଁ ଏକ ପ୍ରଭୂତ କ୍ଷତି ଥିଲା।

ନନ୍ଦକିଶୋର ଦାସଙ୍କର ୩ଟି ପୁତ୍ର ଓ ୨ଟି କନ୍ୟା ଥିଲେ। ଜ୍ୟେଷ୍ଠପୁତ୍ର ରାଜକିଶୋର ବାପାଙ୍କର ମୃତ୍ୟୁବେଳକୁ ଡେପୁଟି ହୋଇ ସାରିଥିଲେ। ତାଙ୍କର ଅନ୍ୟ ସନ୍ତାନ/ସନ୍ତତିମାନେ ଥିଲେ ନନ୍ଦକିଶୋର ଓ ବୀରକିଶୋର ତଥା ବସନ୍ତ କୁମାରୀ ଓ ହେମନ୍ତ କୁମାରୀ। ବସନ୍ତ କୁମାରୀ ଗୋପାଳ ବଲ୍ଲଭ ଦାସଙ୍କୁ ବିବାହ କରିଥିବା ବେଳେ ହେମନ୍ତ କୁମାରୀ ବିବାହ କରିଥିଲେ ବାଳମୁକୁନ୍ଦ କାନୁନ୍‌ଗୋଙ୍କୁ।

ନନ୍ଦକିଶୋରଙ୍କ ଅମାୟିକ ଗୁଣ ଯୋଗୁଁ ସେ ସମସ୍ତଙ୍କର ପ୍ରିୟଭାଜନ ହୋଇପାରିଥିଲେ। ସେ ଥିଲେ କର୍ମଠ ଓ ବନ୍ଧୁପରାୟଣ। ଜାତି ଧର୍ମ ନିର୍ବିଶେଷରେ ସେଇ ସମୟର ପରମ୍ପରା ଅନୁଯାୟୀ ଅନେକ ମେଧାବୀ ଛାତ୍ରଙ୍କ ପଢ଼ାଶୁଣା ଖର୍ଚ୍ଚ ସେ

ବହନ କରୁଥିଲେ। ଖାଲି ସେତିକି ନୁହେଁ ସେମାନଙ୍କର କର୍ମସଂସ୍ଥାନ ଦାୟିତ୍ୱ ମଧ୍ୟ ସେ ନେଇଥିଲେ। ନନ୍ଦକିଶୋର ଦାସ ଓ ଉତ୍କଳ ଗୌରବ ମଧୁସୂଦନ ଦାସ ଘନିଷ୍ଠ ବନ୍ଧୁ ଥିଲେ। ମଧୁବାବୁ କଲିକତାରେ ଓକିଲାତି କରିବା ପାଇଁ ଓଡ଼ିଶା ଛାଡି ଚାଲିଯିବା ପରେ ନନ୍ଦକିଶୋର ମଧୁବାବୁଙ୍କୁ ଓକିଲାତିରେ ପ୍ରଚୁର ଆୟର ସମ୍ଭାବନା ସମ୍ପର୍କରେ ଆଶା ଦିଆଇଥିଲେ। ନନ୍ଦକିଶୋରଙ୍କ ଦ୍ୱାରା ଅନୁପ୍ରାଣିତ ହୋଇ ମଧୁବାବୁ କଟକ ଫେରିଆସି ଓକିଲାତି ଆରମ୍ଭ କଲେ। ନନ୍ଦକିଶୋରଙ୍କ ଶାସନ ନୀତି ଓ ଧୂରୀଣତାରେ ଉଦାହରଣ ହେଉଛି ବହୁକାଳ ଧରି ଚାଲିଥିବା 'ପଚିଶ ସୱାଲ'. (୨୫ଟି ପ୍ରଶ୍ନ)ବା ଅନୁକୂଳ ନିୟମ। ନନ୍ଦକିଶୋର କନ୍ଧ ଭାଷାକୁ ଆୟତ୍ତ କରି ଏହାର ଓଡ଼ିଆ ତଥା ଇଂରାଜୀ ଅନୁବାଦ ମଧ୍ୟ କରିଥିଲେ।

■

(ଶନିବାର ୨୪ ଜୁନ୍, ୨୦୦୬)

ସୁରଙ୍କ 'ଇଜି ଆପ୍ରୋଚ ସିରିଜ୍'

ରାଜ୍ୟ କୃଷି ମନ୍ତ୍ରୀ ସୁରେନ୍ଦ୍ର ନାଥ ନାୟକ ଜଣେ ସ୍ପଷ୍ଟବାଦୀ। ମୂଳତଃ ଜଣେ ସୋସିଆଲିଷ୍ଟ ହୋଇଥିବା କାରଣରୁ ସେ ଯାହା ଯେତେବେଳେ କହିବାକୁ ଚାହାଁନ୍ତି ସିଧାସଳଖ କୁହନ୍ତି। ପେଟରେ ଗୋଟିଏ କଥା ମୁହଁରେ ଗୋଟିଏ କଥା କହିବାକୁ ସେ ପସନ୍ଦ କରନ୍ତି ନାହିଁ। ଏଥିପାଇଁ ସେ ବେଳେବେଳେ ଅସୁବିଧାରେ ମଧ୍ୟ ପଡିଥାନ୍ତି। ସ୍ପଷ୍ଟବାଦୀତାର ଏକ ସଦ୍ୟ ପରିପ୍ରକାଶ ଘଟିଛି କୃଷି ମନ୍ତ୍ରୀଙ୍କ ତଥାକଥିତ କୃଷି ସମ୍ପର୍କିତ ଦଳୀୟ ଅଭିଭାଷଣ। ନିକଟରେ ଅନୁଷ୍ଠିତ ବିଜେଡ଼ିର ଏକ ସମାବେଶରେ ମନ୍ତ୍ରୀ ସୁର ନାୟକ କହିଥିଲେ, 'ରାଜ୍ୟରେ କୃଷି କ୍ରମାଗତ ଭାବେ ଅବହେଳିତ ହେବା ଦ୍ୱାରା କୃଷି ଯେ କୃଷକର ଜୀବିକା ହୋଇ ରହିପାରିବ ସେ ବିଶ୍ୱାସ ଆଜି ତା'ର ନାହିଁ। ଉପଯୁକ୍ତ ମୃତ୍ତିକା ଓ ଜଳ ଥିବା ସତ୍ତ୍ୱେ କୃଷି କ୍ଷେତ୍ରରେ ରାଜ୍ୟ ପଛରେ ପଡିଛି। କୃଷିର ଉନ୍ନତି ପାଇଁ ମୋତେ ଯଦି ଉପଯୁକ୍ତ ଭାବେ ବ୍ୟବହାର କରାନଯାଉଛି ତେବେ ମୋତେ ବିଦା (ମନ୍ତ୍ରିମଣ୍ଡଳରୁ) କରିଦେବା ଉଚିତ।' ଦଳୀୟ ସମ୍ମିଳନୀରେ ଯେହେତୁ କୃଷି ମନ୍ତ୍ରୀ ଏହିଭଳି ଭାଷଣ ଦେଇଥିଲେ ସେଥିରେ କିଛି ଭାବପ୍ରବଣତା ରହିବା ସ୍ୱାଭାବିକ। କିନ୍ତୁ ମନ୍ତ୍ରୀମାନଙ୍କଠାରେ ଭାବପ୍ରବଣତା ଶୋଭା ପାଏ ନାହିଁ। ସେମାନଙ୍କ ଦାୟିତ୍ୱ ହେଲା ଲୋକପ୍ରତିନିଧି ହିସାବରେ ଲୋକଙ୍କ କଥାକୁ ସରକାରୀ ନୀତି ଓ କାର୍ଯ୍ୟକ୍ରମରେ ପ୍ରତିଫଳିତ କରାଇବା। ଏହା କିପରି କରାଇବେ ତାହା ନିର୍ଭର କରିବ ମନ୍ତ୍ରୀମାନଙ୍କର ବ୍ୟକ୍ତିଗତ ସାମର୍ଥ୍ୟ ଓ ଦକ୍ଷତା ଉପରେ।

ଓଡ଼ିଶା ରାଜ୍ୟ କୃଷିରେ ପଛରେ ପଡିଛି ଏକଥା ସତ। ହେଲେ କୃଷି ମନ୍ତ୍ରୀ ଚାହିଁଲେ ଯେ କୃଷିର ରୂପକୁ ରାତାରାତି ବଦଳାଇ ପାରିବେ ସେଭଳି କିଛି 'ମ୍ୟାଜିକ୍' ତାଙ୍କ ହାତରେ ନାହିଁ। ରାଜ୍ୟରେ କୃଷିର ବିକାଶ ନ ହୋଇପାରିବା ପଛରେ ଏକାଧିକ

କାରଣ ରହିଛି। କୃଷିମନ୍ତ୍ରୀ ସେଥି ଭିତରୁ କିଛି ଉଲ୍ଲେଖ କରିଛନ୍ତି। କିନ୍ତୁ ସବୁଠାରୁ ବଡ଼ କଥା ହେଉଛି କୃଷି ପ୍ରତି କୃଷକଙ୍କ ଅନାଗ୍ରହ। ଚାଷୀ ନିଜେ ନ ଚାହିଁଲେ ଚାଷର ବିକାଶ ହୋଇ ପାରିବ ନାହିଁ କି ଏହାର ପରିବର୍ତ୍ତନ ମଧ୍ୟ ସାଧିତ ହେବା ସମ୍ଭବ ନୁହେଁ। କୃଷି କ୍ଷେତ୍ରରେ ଉନ୍ନତି ପାଇଁ ଦରକାର ହେଉଛି ମାନସିକ, ଭିତ୍ତିଭୂମି ଓ ଆର୍ଥିକ ପରିବର୍ତ୍ତନ। ସଂକ୍ଷେପରେ କୃଷିର ଆଧୁନିକୀକରଣ ନିତାନ୍ତ ଆବଶ୍ୟକ।

ବିଗତ ୫୦ ବର୍ଷ ଧରି ରାଜ୍ୟରେ କୃଷି ପାରମ୍ପରିକ ପଦ୍ଧତିରେ ହିଁ ଚାଲିଆସିଛି। ଏହି କାରଣରୁ ଚାଷ କାର୍ଯ୍ୟରେ ଆଶାନୁରୂପ ଲାଭ ମିଳୁନାହିଁ। ସମାନ ଖର୍ଚ୍ଚକୁ ସମାନ ଫସଲ କିମ୍ବା ସ୍ଥଳ ବିଶେଷରେ କମ୍ ଅମଳ ଯୋଗୁଁ ଚାଷୀ କହୁଛି ସେ ଚାଷ କାହିଁକି କରିବ ? ଅନ୍ୟ ରାଜ୍ୟରେ କୃଷକମାନେ ପାରମ୍ପରିକ ଫସଲକୁ ଛାଡି ଅର୍ଥକାରୀ ଫସଲ ଉପରେ ଗୁରୁତ୍ୱ ଦେଉଛନ୍ତି। ଅଥଚ ଓଡିଶାରେ ଏହି ପରିବର୍ତ୍ତନ ଆଖିରେ ପଡୁନି। ମନ୍ତ୍ରୀ ସୁରେନ୍ଦ୍ର ନାୟକ କୃଷିର ବିକାଶ କ୍ଷେତ୍ରରେ ଆଉ କେତୋଟି କଥା ମଧ୍ୟ ଉଠାଇଥିଲେ ଯଥା ତାଙ୍କର ବିଭାଗୀୟ କାର୍ଯ୍ୟରେ କିଛି ଲୋକ (ସମ୍ଭବତଃ ତାଙ୍କ ସହଯୋଗୀ ମନ୍ତ୍ରୀ) ଶୀତଳ ଜଳ ଢାଳୁଛନ୍ତି ଏବଂ ତାଙ୍କର ପ୍ରଧାନ କାମ ଗୁଡିକରେ ବ୍ୟାଘାତ ସୃଷ୍ଟି କରାଯାଉଛି। ଦଳ ଭିତରେ ଏବେ ଗୋଡ଼ଟଣା ଲୋକ ପ୍ରବଳ ଅଛନ୍ତି ଏବଂ ଏମାନଙ୍କ ପାଇଁ ସରକାରଙ୍କର ବଡ଼ ବଡ଼ କାର୍ଯ୍ୟକ୍ରମ ତଳ ସ୍ତରରେ ଠିକ୍ ଭାବରେ କାର୍ଯ୍ୟକାରୀ ହେଉନାହିଁ ଇତ୍ୟାଦି ଇତ୍ୟାଦି। ମନ୍ତ୍ରୀ ଶ୍ରୀନାୟକ ଏକଥା କହିବା ପରେ ପ୍ରତିବନ୍ଧକ ସୃଷ୍ଟି କରୁଥିବା ସେହିସବୁ ଶକ୍ତିମାନଙ୍କୁ ପରାଜିତ କରିବା ପାଇଁ ମୁଖ୍ୟମନ୍ତ୍ରୀଙ୍କୁ ନିବେଦନ କରିଥିଲେ।

କୃଷି ମନ୍ତ୍ରୀଙ୍କ ଏହି ଅଭିଯୋଗ ତାଙ୍କର ଏକା ନୁହେଁ କିମ୍ବା ଏବର ନୁହେଁ। ବିଜେଡ଼ି-ବିଜେପି ସରକାରରେ ଏହା ଏକ ବଡ଼ ସମସ୍ୟା ଭାବେ ସାମ୍ନାକୁ ଆସିଛି। ମନ୍ତ୍ରୀ-ମନ୍ତ୍ରୀଙ୍କ ଭିତରେ ସମନ୍ୱୟ, ବିଭାଗ-ବିଭାଗ ଭିତରେ ସମନ୍ୱୟ, ରାଜନେତା-ଅମଲାତନ୍ତ୍ର ଭିତରେ ସମନ୍ୱୟ, ଅମଲାତନ୍ତ୍ରର ବିଭିନ୍ନ ସ୍ତର ଭିତରେ ସମନ୍ୱୟର ଅଭାବ ବର୍ତ୍ତମାନ ସରକାରଙ୍କ ପାଇଁ ଏକ ପ୍ରମୁଖ ଚିନ୍ତାର କାରଣ ହୋଇଛି। ଯେଉଁମାନେ ନବୀନ ସରକାରର କାର୍ଯ୍ୟଦକ୍ଷତା ଉପରେ ତୀକ୍ଷ୍ଣ ନଜର ରଖିଛନ୍ତି ସେମାନଙ୍କର ମଧ୍ୟ ସମାନ ଅନୁଭବ ହେଉଥିବ।

ଏହି ସମନ୍ୱୟର ଅଭାବ କଥା ମନ୍ତ୍ରୀ ସୁର ନାୟକଙ୍କ ଆଉ କିଛି କଥାରୁ ଜଣାପଡିବ। ସେ କହିଥିଲେ, ପାଣି ପଞ୍ଚାୟତ ଓ କୃଷକ ବିକାଶ ଯୋଜନା ଭଳି ବଡ଼ ବଡ଼ କାର୍ଯ୍ୟକ୍ରମ ଆରମ୍ଭ କରାଯାଉଥିଲେ ମଧ୍ୟ ସମନ୍ୱୟ ଅଭାବରୁ ଏହା ଆଶାଜନକ ଫଳ ଦେଇପାରି ନାହିଁ। ପାଣି ପଞ୍ଚାୟତମାନଙ୍କରେ କୃଷକମାନଙ୍କୁ ସଂଶ୍ଳିଷ୍ଟ କରାଯାଇ

ନାହିଁ। ଉଠା ଜଳସେଚନ ପଏଣ୍ଟ୍ ଗୁଡିକ ପାଇଁ ବିଦ୍ୟୁତ୍ ଶକ୍ତି ଯୋଗାଇ ଦିଆଯାଉ ନାହିଁ ଏବଂ ବାସ୍ତବ ଯୋଜନା ଅଭାବରୁ କେନାଲ୍‌ର ଶେଷ ଭାଗ ପର୍ଯ୍ୟନ୍ତ ପାଣି ପହଞ୍ଚିପାରୁ ନାହିଁ।

କୃଷି ମନ୍ତ୍ରୀ ସୁରେନ୍ଦ୍ର ନାଥ ନାୟକଙ୍କର ଅଭିଯୋଗର ଆଉ କିଛି ଦୃଷ୍ଟାନ୍ତ: ଯଦି ରାଜ୍ୟର ଅର୍ଥନୀତିକୁ ବିକଶିତ କରିବା ପାଇଁ ସରକାର ଚାହୁଁଛନ୍ତି ତେବେ କଦାପି କୃଷିକୁ ଅବହେଳା କରିପାରିବେ ନାହିଁ। କୃଷି ସମ୍ବନ୍ଧୀୟ ବୈଷୟିକ ଜ୍ଞାନ ପରୀକ୍ଷାଗାରରୁ କ୍ଷେତକୁ ସ୍ଥାନାନ୍ତରୀତ ହେବା ଦରକାର। କୃଷି ସମ୍ବନ୍ଧୀୟ ସବୁ କାର୍ଯ୍ୟକ୍ରମ ଅମଲାତନ୍ତ୍ର ହାତରେ ଛାଡି ଦିଆଯିବା ଉଚିତ୍ ନୁହେଁ। ଚାଷୀମାନଙ୍କୁ ଋଣ ଦେବା ପାଇଁ ବ୍ୟାଙ୍କମାନଙ୍କ ଉପରେ ଚାପ ପ୍ରୟୋଗ କରାଯିବା ଦରକାର ଓ ପଞ୍ଚାୟତକୁ ବ୍ୟାଙ୍କମାନେ ଏକ ୟୁନିଟ୍ ବୋଲି ଗ୍ରହଣ କରିବା ଆବଶ୍ୟକ।

ଓଡ଼ିଶାର କୃଷି ସମ୍ବନ୍ଧରେ ମନ୍ତ୍ରୀଙ୍କ ଏହି 'ଇଜି ଆପ୍ରୋଚ୍ ସିରିଜ୍'କୁ ପ୍ରଶଂସା କରିବା ବେଳେ ରାଜ୍ୟରେ କୃଷିର ଉନ୍ନତି ବା ପଛୁଆପଣ ସମ୍ପର୍କରେ ଆଉ କିଛି କଥା ଯୋଡାଯିବା ଦରକାର। ଜବାହରଲାଲ ନେହରୁ ବିଶ୍ୱବିଦ୍ୟାଳୟର ଦୁଇ ଜଣ ଗବେଷକ ମନୋରଞ୍ଜନ ପଟ୍ଟନାୟକ ଓ ବିଭୁ ପ୍ରସାଦ ନାୟକ ସେମାନଙ୍କର ଗବେଷଣା ସନ୍ଦର୍ଭରେ କୃଷି ମନ୍ତ୍ରୀଙ୍କ ଉଦ୍‌ବୋଧନକୁ ଏବେ ଦୋହରାଇଛନ୍ତି। 'ପର୍‌ଫର୍ମାନ୍ସ ଅଫ୍ ଏଗ୍ରିକଲ୍‌ଚର ଇନ୍ ଦ ଚେଞ୍ଜିଙ୍ଗ୍ ଷ୍ଟ୍ରକ୍‌ଚର ଅଫ୍ ଓଡିଶା ଇକନୋମି: ଇସ୍ୟୁଜ୍ ରିଭିଜିଟେଡ୍'ରେ ସେମାନେ ଯୁକ୍ତି କରିଛନ୍ତି ଯେ ଆର୍ଥିକ ସଂସ୍କାରର ପରବର୍ତ୍ତୀ ସମୟରେ ଓଡ଼ିଶାର ମୋଟ ଘରୋଇ ଉତ୍ପାଦନ (ଜିଏସ୍‌ଡିପି)କୁ କୃଷି କ୍ଷେତ୍ରର ଅବଦାନ ହ୍ରାସ ପାଇଥିଲେ ହେଁ କର୍ମ ନିଯୋଜନ ଓ ରୋଜଗାରର ନିର୍ଭରଶୀଳତା ପୂର୍ବଭଳି ୭୩%ରେ ରହିଛି। ଅର୍ଥାତ୍, କୃଷିର ଉତ୍ପାଦନ କମିଛି ଅଥଚ କୃଷି କ୍ଷେତ୍ରରୁ ରୋଜଗାର କରୁଥିବା ଲୋକେ ସେଠାରୁ ହଟିବାକୁ ଚାହୁଁ ନାହାନ୍ତି।

ଗବେଷକ ଓ ମନ୍ତ୍ରୀଙ୍କ ଅନୁଧ୍ୟାନରୁ ଏକଥା ମଧ୍ୟ ଜଣାପଡ଼େ ଯେ ଯଦିଓ କୃଷି ଉତ୍ପାଦନ ବୃଦ୍ଧିରେ ଜଳସେଚନ ସୁବିଧାର ସକାରାତ୍ମକ ଅବଦାନ ଥାଏ କିନ୍ତୁ ଓଡ଼ିଶାରେ ଏହା ବିଶେଷ କିଛି ପରିବର୍ତ୍ତନ ଆଣିପାରିନାହିଁ। ଏହାର କାରଣ, ରାଜ୍ୟର ବିପର୍ଯ୍ୟସ୍ତ ଜଳସେଚନ ବ୍ୟବସ୍ଥା। ଜଳସେଚନ ଅପର୍ଯ୍ୟାପ୍ତ ହୋଇଥିବାରୁ ଓ ଠିକ୍ ଭାବେ ହୋଇ ପାରୁନଥିବାରୁ ଜଳ ସମ୍ପଦ ଭର୍ତ୍ତି ହୋଇ ହୋଇଥିବା ସତ୍ତ୍ୱେ ଚାଷୀମାନେ ବର୍ଷାର ଲୁଚକାଳି ଖେଳ ଉପରେ ନିର୍ଭର କରିବାକୁ ବାଧ୍ୟ ହୋଇଥାନ୍ତି। କୌତୂହଳର ବିଷୟ ଏହି ଯେ, ଜଳସମ୍ପଦର ବିକାଶ ପାଇଁ ଯେତେସବୁ ପଦକ୍ଷେପ ଓ ପ୍ରକଳ୍ପ ଚିନ୍ତା କରାଯାଉଛି ତାହାର ବିନିଯୋଗ ଓ ହିତ ସାଧନ (କଷ୍ଟ ବେନିଫଟ୍ ଆନାଲିସିସ୍)

ସମ୍ପର୍କରେ ଏକ ନିରପେକ୍ଷ ଅଧ୍ୟୟନ ସମ୍ଭବ ହୋଇପାରିନାହିଁ। ଜଳସମ୍ପଦର ବିକାଶ ପରିବର୍ତ୍ତେ ବିଭାଗୀୟ ଦୁର୍ନୀତି ଓ ଟେଣ୍ଡର ଫିକ୍‌ସିଂ ଭଳି ପ୍ରସଙ୍ଗ ମୁଖ୍ୟ ଭୂମିକା ଗ୍ରହଣ କରିଛି।

ଯଦି କୃଷିମନ୍ତ୍ରୀ ସୁରେନ୍ଦ୍ର ନାୟକ ରାଜ୍ୟରେ କୃଷିର ଅବନତି ପାଇଁ କ୍ଷୋଭ ପ୍ରକାଶ କରିଛନ୍ତି, ତାଙ୍କର କ୍ଷୋଭ ଅତ୍ୟନ୍ତ ଯଥାର୍ଥ।

■

(ଶନିବାର ୪ ଫେବୃଆରୀ, ୨୦୦୬)

ଭଲ ରାଜ୍ୟ, ଖରାପ ରାଜ୍ୟ

ଇଣ୍ଡିଆ ଟୁଡେ ପତ୍ରିକା ସବୁବର୍ଷ ଭଳି ଏବର୍ଷ ମଧ୍ୟ ତା'ର 'ଷ୍ଟେଟ୍ ଅଫ୍ ଦ ଷ୍ଟେଟ୍ସ' ବା ରାଜ୍ୟମାନଙ୍କର ସ୍ଥିତି, ପ୍ରଗତି ଓ ଅଧୋଗତି ସମ୍ବନ୍ଧରେ ଏକ ତାଜା ଅନୁଧ୍ୟାନ କରିଛି। ପତ୍ରିକାର ସମ୍ପାଦକ ଅରୁଣ ପୁରୀ ତାଙ୍କର ସମ୍ପାଦକୀୟରେ ଲେଖିଛନ୍ତି, 'ମୁଁ ଏକଥା ନିରାପଦରେ କହିପାରେ ଯେ ଯେଉଁସବୁ ମାନଦଣ୍ଡକୁ ନେଇ ଆମ ରିପୋର୍ଟ, ସର୍ବେକ୍ଷଣ ଓ ଅନୁଧ୍ୟାନଟି ତିଆରି ହୋଇଛି ତାହା ଭ୍ରମଶୂନ୍ୟ 'ବିଶ୍ୱସନୀୟ ଏବଂ ଅତୁଳନୀୟ।' ଇଣ୍ଡିଆ ଟୁଡ଼େ କେଉଁଟି ଭଲ ରାଜ୍ୟ, କେଉଁଟି ଖରାପ ରାଜ୍ୟ, କେଉଁଟି ଭଲ କରୁଛି, କେଉଁଟି ପଛରେ ପଡିଛି ଏଭଳି ଏକ ମୋଟାମୋଟି ଆକଳନ କରିବା ବ୍ୟତୀତ ଆହୁରି ଭିତରକୁ ଯାଇ ରାଜ୍ୟମାନଙ୍କ ବିଷୟରେ ଟିକିନିକି ବିବରଣୀ ଉପସ୍ଥାପିତ କରିଛି ଯାହାକି ଏହି ମୂଲ୍ୟାୟନକୁ ସୁଦୃଢ଼ କରିବା ସ୍ୱାଭାବିକ।

ଇଣ୍ଡିଆ ଟୁଡ଼େର ଷ୍ଟେଟ୍ ଅଫ୍ ଦି ଷ୍ଟେଟ୍ସ ଅନୁଧ୍ୟାନରେ ଓଡ଼ିଶାକୁ ଯେଉଁ ର୍ୟାଙ୍କ ବା ସ୍ଥାନ ମିଳିଛି ତାହା ହେଉଛି ୧୮। ଅର୍ଥାତ୍ ୨୦ଟି ବଡ଼ ବଡ଼ ରାଜ୍ୟ ଭିତରେ ଓଡ଼ିଶାର ସ୍ଥାନ୧୮। ଉଲ୍ଲେଖଯୋଗ୍ୟ ବିଷୟ ଏହି ଯେ, ଏହି ର୍ୟାଙ୍କିଂ ବିଗତ ୪ବର୍ଷ ଧରି ଉଣା ଅଧିକେ ସେୟା ହିଁ ଅଛି। ଗୋଟିଏ ବର୍ଷ ତୁଳନାରେ ଅନ୍ୟ ବର୍ଷର ସ୍ଥିତିରେ ଯାହା ସାମାନ୍ୟ ପରିବର୍ତ୍ତନ ହୋଇଛି-୦.୦୯ପ୍ରତିଶତ। ୨୦ଟି ରାଜ୍ୟ ଭିତରେ ଯେଉଁ ମାପଦଣ୍ଡ ବା ପାରାମିଟର୍‌ରେ ଓଡ଼ିଶାକୁ ମପା ଯାଇଛି ତାହା ଏହିଭଳି: ଆଇନ୍ ଶୃଙ୍ଖଳାରେ ଏହାର ସ୍ଥାନ ୧୨, କୃଷିରେ ୧୭, ପ୍ରାଥମିକ ଶିକ୍ଷାରେ ୧୪, ପ୍ରାଥମିକ ସ୍ୱାସ୍ଥ୍ୟରେ ୧୭, ଭିତ୍ତିଭୂମିରେ ୧୬, ଖାଉଟି ବଜାରରେ ୧୯, ପୁଞ୍ଜି ବିନିଯୋଗରେ ୧୯, ବଜେଟ୍ ଓ ଅଭିବୃଦ୍ଧିରେ ୧୮ ଇତ୍ୟାଦି।

ଇଣ୍ଡିଆ ଟୁଡ଼େ ଏଥର ଏକ ନୂଆ ମାପକାଠି ବାହାର କରିଛି। ତାହା ହେଉଛି

ମୋଟାମୋଟି ର୍‍ୟାଙ୍କିଂରେ ଗୋଟିଏ ରାଜ୍ୟ ତଳୁଆ ସ୍ଥାନ ଅଧିକାର କରିଥିଲେ ହେଁ ବିଭିନ୍ନ ପ୍ରକାର ଉଦ୍ୟମ ଜରିଆରେ ଏହା ଉପରେ ସ୍ଥାନରେ ଥିବା ରାଜ୍ୟ ଗୁଡିକ ପାଖାପାଖି ହେବାରେ କେତେ ସଫଳତା ଲାଭ କରିଛି। ଏହାକୁ କୁହାଯାଉଛି 'ଫାଷ୍ଟ ମୁଭର୍ସ' ବା କ୍ଷୀପ୍ର ଗତିରେ ଚାଲିଥିବା ରାଜ୍ୟ। ଇଣ୍ଡିଆ ଟୁଡ଼େ ମତରେ ଓଡ଼ିଶା ଏହି ଶ୍ରେଣୀର ଏକ ରାଜ୍ୟ। ଓଡ଼ିଶା ସହିତ ମଧ୍ୟପ୍ରଦେଶ, କର୍ଣ୍ଣାଟକ, ଉତ୍ତର ପ୍ରଦେଶ ଓ ହିମାଚଳ ପ୍ରଦେଶ ମଧ୍ୟ ଅଛନ୍ତି।

'ଫାଷ୍ଟ ମୁଭର୍ସ' ରାଜ୍ୟମାନେ ଆମେ କ'ଣ ବୁଝିବା ? ଯେଉଁସବୁ ରାଜ୍ୟରେ ଆଗକୁ ଯିବା ପାଇଁ ଉଦ୍ୟମ ଜାରି ରହିଛି ସେହି ରାଜ୍ୟ ଆଗୁଆ ରାଜ୍ୟଙ୍କ ସହିତ ତୁଳନାରେ କିଛି କମ୍ ନୁହଁନ୍ତି-ଚମ୍ପିଆନ୍ ଓ ରନର୍ସ ଅପ୍ ଭଳି କଥା। ଅନ୍ୟ ଭାବେ କହିବାକୁ ଗଲେ, ଏହିସବୁ ରାଜ୍ୟ ଆଗାମୀ ଦିନରେ ସେମାନଙ୍କର ପ୍ରଗତିର ଧାରାକୁ ବଜାୟ ରଖିବେ ଓ ଜନସାଧାରଣଙ୍କ ଜୀବନ ମାନରେ ଉନ୍ନତି ମଧ୍ୟ ଅଣାଯାଇପାରିବ।

ଇଣ୍ଡିଆ ଟୁଡ଼େର ଏହି ରାଜ୍ୟମାନଙ୍କର ସ୍ଥିତି ଅନୁଧ୍ୟାନରୁ ଗୋଟିଏ କଥା କିନ୍ତୁ ସ୍ପଷ୍ଟ ହୋଇଛି ଯେ ଓଡ଼ିଶାରେ ପରିବର୍ତ୍ତନର ଧାରା ଅତି ମନ୍ଥର। କ୍ରମାଗତ ଭାବେ ୪ ବର୍ଷ ଧରି ୨୦ଟି ରାଜ୍ୟ ତାଲିକାରେ ତଳ ଭାଗରେ ରହିବା ପଛରେ କ'ଣ ସବୁ କାରଣ ରହିଛି ତାହାର ଉଲ୍ଲେଖ ପୁରୁଣା ପାଠର ଆଲୋଚନା ଭଳି ଲାଗିପାରେ। କିନ୍ତୁ ଏହି 'ତଳୁ ତୃତୀୟ' ଆମ ପାଇଁ ଏକ ଚିନ୍ତାର ପ୍ରଶ୍ନ ଓ ଆତ୍ମସମୀକ୍ଷାର କଥା। ଅବଶ୍ୟ ଏକଥା କେହି କହୁନାହିଁ ଯେ ପଞ୍ଜାବ, କେରଳ, ହରିୟାଣା, ଗୁଜୁରାଟ ଏବଂ ଆନ୍ଧ୍ରପ୍ରଦେଶ ଭଳି ଓଡ଼ିଶା ରାତାରାତି ଲମ୍ଫ ପ୍ରଦାନ କରି ଉପରକୁ ଉଠିଯିବ। କିନ୍ତୁ ଏ ଦିଗରେ ଉଦ୍ୟମ ତ ଚାଲୁ ରହିବା ଦରକାର !

କେବଳ ଇଣ୍ଡିଆ ଟୁଡ଼େ ନୁହେଁ, ଅନ୍ୟମାନେ ଯେଉଁମାନେ ବି ଏଭଳି ସର୍ବେକ୍ଷଣ କରନ୍ତି ସେମାନେ ଏହି କେତୋଟି ମୂଳ ମାନଦଣ୍ଡକୁ ନେଇ ରାଜ୍ୟର ବାସ୍ତବ ସ୍ଥିତି ଓ ପ୍ରଗତିକୁ ମାପିଥାନ୍ତି। ତାହାରି ଭିତରେ ମୁଖ୍ୟ ହେଉଛି କୃଷି, ଭିତ୍ତିଭୂମିର ବିକାଶ, ଖାଉଟି ଦ୍ରବ୍ୟର କାରବାର ଓ ପୁଞ୍ଜି ବିନିଯୋଗର ପରିବେଶ। ଏହି ୪ଟି ପରିମାପରେ କିନ୍ତୁ ଓଡ଼ିଶା ଦୟନୀୟ ଭାବେ ପଛରେ ପଡିଛି।

ପ୍ରଥମେ କୃଷିକ୍ଷେତ୍ରକୁ ବିଚାରକୁ ନିଆଯାଉ। ରାଜ୍ୟର କେତେ ଜମିରେ ଅର୍ଥକରୀ ଫସଲ ହେଉଛି, ମୋଟ କୃଷି ଆୟ କେତେ, ଚାଷୀମାନେ କେତେ ବିଜୁଳି ବ୍ୟବହାର କରୁଛନ୍ତି, କୃଷି ଋଣ କେତେ ମିଳୁଛି, ଜଳସେଚିତ ଜମି ତୁଳନାରେ ଖାଦ୍ୟଶସ୍ୟ ଉତ୍ପାଦନର ହାର କ'ଣ ଏହିସବୁକୁ ଯଦି ଆମେ ବିଚାରକୁ ନେବା ନିଶ୍ଚିତରେ ଓଡ଼ିଶା ଅନ୍ୟ ରାଜ୍ୟମାନଙ୍କ ତୁଳନାରେ ପଛୁଆ। ଇଣ୍ଡିଆ ଟୁଡ଼େର ବିଶ୍ଲେଷଣ ଅନୁସାରେ

ଆମ ପଛକୁ ଅଛନ୍ତି କେବଳ ୩ଟି ରାଜ୍ୟ-ଛତିଶଗଡ଼, ଝାଡଖଣ୍ଡ ଓ ଆସାମ।

ଦ୍ୱିତୀୟରେ ଭିତ୍ତିଭୂମି। ଭିତ୍ତିଭୂମି କହିଲେ, କେତେ ପ୍ରତିଶତ ଲୋକ ରନ୍ଧନ ଗ୍ୟାସ୍ ଓ ବିଦ୍ୟୁତ୍ ବ୍ୟବହାର କରୁଛନ୍ତି, କେତେ ଗାଁରେ ପକ୍କା ରାସ୍ତା ଅଛି, ମୁଣ୍ଡପିଛା ରାସ୍ତାର ଲମ୍ବା କେତେ, ମୁଣ୍ଡ ପିଛା ବ୍ୟାଙ୍କ ଶାଖା କେତୋଟି, ଟେଲିଫୋନ୍‌ର ଘନତ୍ୱ କେତେ ଇତ୍ୟାଦି ଇତ୍ୟାଦି। ଏହିସବୁ କ୍ଷେତ୍ରରେ ଅବଶ୍ୟ ଓଡ଼ିଶା ଟିକିଏ ଭଲ ଅବସ୍ଥାରେ। ଆମ ତଳକୁ ଅଛନ୍ତି ଆସାମ, ଉତ୍ତର ପ୍ରଦେଶ, ଝାଡ଼ଖଣ୍ଡ ଓ ବିହାର। ଖାଉଟି ଦ୍ରବ୍ୟ ବା କଞ୍ଜୁମର୍ ପ୍ରୋଡକ୍ଟସ ଯଦି ପ୍ରଗତିର ଲକ୍ଷଣ ବୋଲି ଧରାଯାଏ ତେବେ ଓଡ଼ିଶା ଏଥିରେ ଅନେକ ପଛରେ। ଏପରିକି ଆଦିବାସୀ ବହୁଳ ରାଜ୍ୟ ଝାଡଖଣ୍ଡ ଆମ ଆଗରେ। ଖାଉଟି ଦ୍ରବ୍ୟ ବ୍ୟବହାର କହିଲେ ବୁଝାଯାଉଛି କେତେ ପ୍ରତିଶତ ଘରେ ଟିଭି ଅଛି, ସହର /ଗ୍ରାମାଞ୍ଚଳର ଲୋକେ ମାସିକ କେତେ ଖର୍ଚ୍ଚ କରୁଛନ୍ତି, ମୁଣ୍ଡ ପିଛା ବ୍ୟାଙ୍କ ଜମା କେତେ ଏବଂ କେତେ ପ୍ରତିଶତ ଲୋକ ଦୁଇଚକିଆ ଯାନ ରଖିଛନ୍ତି।

ଭୌଗୋଳିକ ଦୃଷ୍ଟିକୋଣରୁ ଓଡ଼ିଶା ହେଉଛି ଦେଶର ପୂର୍ବୋତ୍ତର ୧ ୨ଟି ରାଜ୍ୟ ଭିତରୁ ଗୋଟିଏ। ଇଣ୍ଡିଆ ଟୁଡ଼େ ମତରେ ଏହି ୧ ୨ଟି ରାଜ୍ୟର ପରିଚୟ ହେଉଛି 'ଦ ଡଜିଂ ଡଜନ୍' ବା ଶୋଇ ରହିଥିବା ଡଜନେ ରାଜ୍ୟ। ଏହିସବୁ ରାଜ୍ୟର ପଛୁଆପଣ ପାଇଁ କିଛି ଐତିହାସିକ ଏବଂ କିଛି ଭୌଗୋଳିକ କାରଣ ରହିଛି। ଏଥି ଭିତରୁ ଉତ୍ତର ପୂର୍ବର ୯ଟି ରାଜ୍ୟକୁ ଯଦି ଛାଡିଦିଆଯାଏ ତେବେ ଓଡ଼ିଶା, ପଶ୍ଚିମବଙ୍ଗ ଓ ଝାଡଖଣ୍ଡ ହିଁ ତିନୋଟି ରାଜ୍ୟ ଯେଉଁଠି ଆଗାମୀ ଦିନରେ ବହୁ କିଛି କାର୍ଯ୍ୟକଳାପ ଆଖିରେ ପଡ଼ିବ। ଅନ୍ୟ ଭାବେ କହିବାକୁ ଗଲେ, ପଶ୍ଚିମବଙ୍ଗ ଓ ଝାଡଖଣ୍ଡ ହିଁ ଆମ ପାଇଁ ତୁଳନୀୟ ରାଜ୍ୟ ହୋଇ ରହିବ। ଶିଳ୍ପପତି ଓ ପୁଞ୍ଜି ବିନିଯୋଗକାରୀଙ୍କ ଆଖି ମଧ୍ୟ ଆଜି ଏହି ୩ଟି ରାଜ୍ୟ ଉପରେ।

ପୁଞ୍ଜି ନିବେଶ ବ୍ୟତୀତ ମାନବିକ ସମ୍ବଳ କ୍ଷେତ୍ରରେ ମଧ୍ୟ ଓଡ଼ିଶା ଅନ୍ୟ ରାଜ୍ୟମାନଙ୍କ ତୁଳନାରେ ପଛରେ ପଡି ରହିଛି। ଏଣୁ ଏକ ସାମଗ୍ରିକ ବିକାଶ ଓ ଉନ୍ନତିର ପଥ ଆମକୁ ଧରିବାକୁ ହେବ। ଏକଥା କହିଲା ବେଳେ କିନ୍ତୁ କେତୋଟି ବୁନିଆଦି କଥା ମନକୁ ବିଚଳିତ କରୁଛି।

ଓଡ଼ିଶା ଭଳି ଏକ ପଛୁଆ ରାଜ୍ୟର ବିକାଶ ପାଇଁ ବାସ୍ତବରେ କ'ଣ କରିବାକୁ ହେବ ? ଆମେ ଶିଳ୍ପକୁ ଧରିବା ନା କୃଷିକୁ ଧରିବା ? ଟାଟା-ବେଦାନ୍ତ-ମିତ୍ତଲ-ପସ୍କୋମାନଙ୍କୁ ସ୍ୱାଗତ କରିବା ବା ସେମାନଙ୍କୁ ଦୁଆର ଦେଖାଇବା ? ଲୁହାପଥର, ବକ୍ସାଇଟ୍ ଏବଂ ଖଣିଜ ପଦାର୍ଥଗୁଡିକୁ ଭୂମିତଳେ ସେମିତି ସାଇତି ରଖିଥିବା ନା ସେଗୁଡିକରେ ମୂଲ୍ୟ ସଂଯୋଗ କରିବା ? ଶିଳ୍ପ ପାଇଁ ଆଦିବାସୀମାନଙ୍କୁ ସେମାନଙ୍କ ଭିଟାମାଟିରୁ ଉଚ୍ଛେଦ

କରିବା ନା ସେମାନେ ଯେମିତି ବନବାସୀ ହୋଇ ରହିଥିଲେ ସେମିତି ରହିବାକୁ ଦେବା ? କେଉଁ ଆର୍ଥିକ ପ୍ରତିରୂପକୁ ଆମେ ଗ୍ରହଣ କରିବା ? ଜଳସେଚନର କ୍ଷମତା ବୃଦ୍ଧି ସକାଶେ ବଡ଼ ବଡ଼ ଜଳସେଚନ ପ୍ରକଳ୍ପ ପାଇଁ ଯିବା ନା ପାରମ୍ପରିକ ଜଳସେଚନରେ ମୁଣ୍ଡମାଡି ପଡ଼ିଥିବା ? ଆମ ଚାଷୀମାନେ ଖାଲି ଧାନ ଉତ୍ପାଦନ କରିବେ ନା ଆଉ କିଛି ଅଧିକ ରୋଜଗାର ହୋଇପାରିବା ଭଳି ଫସଲ କରିବେ ? ଏସବୁ ପ୍ରଶ୍ନ ସହିତ ରହିଛି ଗଭର୍ଣ୍ଣାନ୍ସ ବା ଶାସନର ପ୍ରଶ୍ନ। ଇଣ୍ଡିଆ ଟୁଡ଼େ ସର୍ଭେରେ ଗଭର୍ଣ୍ଣାନ୍ସ ର୍ୟାଙ୍କିଂରେ ଓଡ଼ିଶାର ସ୍ଥାନ ଅପେକ୍ଷାକୃତ ଭଲ: ୨୦ ଭିତରେ ୧୭।

ଉତ୍ତମ ଶାସିତ ରାଜ୍ୟ ହେଉଛି ସେହି ରାଜ୍ୟ ଯେଉଁଠି ଅର୍ଥନୈତିକ କାର୍ଯ୍ୟକଳାପରେ ବିନା ହସ୍ତକ୍ଷେପ ପୂର୍ବକ ନାଗରିକଙ୍କୁ ସୁରକ୍ଷା ମିଳୁଥିବ, ଆଇନ୍-କାନୁନ୍ ଠିକ୍ ଥିବ, ନ୍ୟାୟ ମିଳିବାରେ କୌଣସି ରକମର ଢିଲା ହେଉନଥିବ, ଯେଉଁଠି ଶତ ପ୍ରତିଶତ ବିଦ୍ୟୁତ୍ ମିଳିପାରୁଥିବ, ଲିଙ୍ଗଭେଦ ଯଥେଷ୍ଟ କମ୍ ଥିବ, ସାକ୍ଷରତା ହାରରେ କିଛି କମ୍ ନଥିବ, ଶିକ୍ଷା ବ୍ୟବସ୍ଥାରେ ଅଭିଭାବକ /ନାଗରିକମାନଙ୍କ ଅଧିକ ଭାଗିଦାରୀ ଥିବ, ଅମଲାତନ୍ତ୍ର ଅଧିକ ଚଳଚଞ୍ଚଳ, ନିଷ୍ଠାପର ତଥା ଦାୟିତ୍ୱବାନ ହୋଇଥିବ।

ଏସବୁ କ'ଣ ଓଡ଼ିଶାରେ ଅଛି ?

■

(ଶନିବାର, ୯ ସେପ୍ଟେମ୍ବର, ୨୦୦୬)

ମହିଳା ସାମ୍ବାଦିକତା

ଭାରତରେ ସାମ୍ବାଦିକତା କ୍ଷେତ୍ରରେ ମହିଳାମାନଙ୍କ ଯୋଗଦାନ ଆଦୌ ଉତ୍ସାହଜନକ ନୁହେଁ। ସମୟ ଥିଲା ଏହି ବୃତ୍ତି ପ୍ରତି ନା ମହିଳାମାନଙ୍କର ଆଗ୍ରହ ଥିଲା ନା ସୁଯୋଗ। ଏପରିକି ଆଜି ପର୍ଯ୍ୟନ୍ତ ଭାରତୀୟ ସାମ୍ବାଦିକତା ପୁରୁଷକୈନ୍ଦ୍ରିକ ହୋଇ ରହିଆସିଛି ଏବଂ ପୁରୁଷମାନେ ହିଁ ସାମ୍ବାଦିକତାରେ ସଫଳତା ଲାଭ କରିବା ସହ ଶୀର୍ଷସ୍ଥାନରେ ପହଞ୍ଚି ପାରିଛନ୍ତି। ଆନ୍ତର୍ଜାତିକ ସ୍ତରରେ ମଧ୍ୟ ଯଦି ଦେଖାଯାଏ, ମହିଳାମାନଙ୍କର ଯୋଗଦାନ ବିଶେଷ ଉଲ୍ଲେଖଯୋଗ୍ୟ ନୁହେଁ। ବୃତ୍ତିର ଚାପ କୁହନ୍ତୁ କି ମହିଳାମାନଙ୍କର ଶାରୀରିକ ଗଠନ କୁହନ୍ତୁ, ସାମ୍ବାଦିକତା ଏକରକମ ମହିଳାମାନଙ୍କ ପାଇଁ 'ନାହିଁ ନାହିଁ'ର ଅଞ୍ଚଳ ହୋଇ ଆସିଛି।

ଭାରତର ପ୍ରିଣ୍ଟ୍ ସାମ୍ବାଦିକତାରେ ମହିଳାମାନଙ୍କ ଯୋଗଦାନ ଉଲ୍ଲେଖନୀୟ ନହେଲେ ବି ଇଲେକ୍‌ଟ୍ରୋନିକ୍ ଗଣମାଧ୍ୟମରେ ସେମାନେ ନିଜର ସ୍ଥାନ ବଜାୟ ରଖିବା ଆରମ୍ଭ କରିଛନ୍ତି। ଏ କ୍ଷେତ୍ରରେ ପୁରୁଷମାନେ ମହିଳାମାନଙ୍କ ପଛରେ ଅଛନ୍ତି ଏକଥା ନିଃସନ୍ଦେହ। ଅବଶ୍ୟ ଏହା ଏକ ନିକଟ ଅତୀତର ଘଟଣା। ସଂଖ୍ୟାଧିକ ଟିଭି ଚ୍ୟାନେଲ୍ ଖୋଲିବା ପରେ ରିପୋର୍ଟିଙ୍ଗ ଏବଂ ଆଙ୍କରିଂ କ୍ଷେତ୍ରରେ ମହିଳାଙ୍କ ଭାଗିଦାରୀ ବଢ଼ିଛି ଏବଂ ସେମାନେ ହିଁ ଏସବୁ କାର୍ଯ୍ୟରେ ଅଧିକ ସଫଳତା ଲାଭ କରିଛନ୍ତି, ସେଥିରେ କାରଣ ଯାହା ବି ହେଉ ନା କାହିଁକି।

ଅବଶ୍ୟ ଏକଥା ମଧ୍ୟ ସତ ଯେ ଭାରତରେ ଇଲେକ୍‌ଟ୍ରୋନିକ୍ ସାମ୍ବାଦିକତାର ପ୍ରସାର ସହିତ ଏ କ୍ଷେତ୍ରରେ କିଛି ଉତ୍‌ଥାନ ପତନ ବି ଲାଗି ରହିଛି। ଦୁଇ ବର୍ଷ ତଳେ ଅବସ୍ଥା ଏଭଳି ଥିଲା ଯେ ରାତାରାତି ନ୍ୟୁଜ୍ ଚ୍ୟାନେଲ୍‌ର ସାମ୍ବାଦିକ (ଉଭୟ ମହିଳା ଓ ପୁରୁଷ)ଙ୍କୁ ଛଟେଇ କରାଯାଉଥିଲା ଏବଂ ମାସ ମାସ ଧରି ସେମାନେ ବିନା ରୋଜଗାରରେ ଚଳୁଥିଲେ। ବର୍ତ୍ତମାନ ଅବସ୍ଥା କିଞ୍ଚିତ ବଦଳିଛି ଏବଂ

ଖବରକାଗଜମାନେ ନ୍ୟୁଜ୍ ଚ୍ୟାନେଲ୍ ଖୋଲିବା ପରେ ଏହି ବୃତ୍ତିରେ କିଛି ମାତ୍ରାରେ ସ୍ଥିରତା ଆସିଛି। ସ୍ଥିରତା ସାଙ୍ଗକୁ ମୋଟା ଦରମା ମଧ୍ୟ ମିଳୁଛି।

ମହିଳାମାନଙ୍କର ସାମ୍ବାଦିକତାରେ ଯୋଗଦାନ ଓ ସଫଳତା କଥା ଯେତେବେଳେ ଉଠେ, ତଭଲିନ୍ ସିଂହଙ୍କ କଥା ମନକୁ ଆସେ। ବୋଧହୁଏ ସେ ଭାରତର ପ୍ରଥମ ମହିଳା ସାମ୍ବାଦିକ ଯିଏକି ତାଙ୍କ ସମୟରେ ଜଣେ ଅଗ୍ରଣୀ ରିପୋର୍ଟର ଥିଲେ। ତାଙ୍କର ଏକ ପୁସ୍ତକ 'ଇଲିପପ୍ ଷ୍ଟ୍ରୀଟ୍' ହାଓ ଇଣ୍ଡିଆ ୱିଲ୍ ସର୍ଭାଇଭ ଇଟ୍ସ ପଲିଟିସିଆନ୍ସ' ଅତି ଚମତ୍କାର। ଏଥିରେ ସେ ତାଙ୍କର ରାଜନୈତିକ ସାମ୍ବାଦିକତା ବେଳର ଘଟଣାବଳୀ ଏବଂ ରାଜନେତାମାନଙ୍କ ବିଷୟରେ ପୁଙ୍ଖାନୁପୁଙ୍ଖ ଆଲୋଚନା କରିଛନ୍ତି। ବିଗତ ୩୦ ବର୍ଷ ଭିତରେ ଭାରତୀୟ ରାଜନେତାମାନଙ୍କର ବଦଳିଥିବା ଚିତ୍ର ଓ ଚରିତ୍ରକୁ ସେ ଏତେ ନିଖୁଣ ଭାବରେ ପରିବେଷଣ କରିଛନ୍ତି ଯେ ରାଜନେତାମାନଙ୍କ ବିଷୟରେ ଯାହା ସାଧାରଣ ପାଠକ ଜାଣିନଥିଲେ ସେ ତାହା ଜଣାଇବା ପାଇଁ ଉଦ୍ୟମ କରିଛନ୍ତି।

ତଭଲିନ୍ ସିଂହଙ୍କର ସାମ୍ବାଦିକତା ଜୀବନ ଅନ୍ୟମାନଙ୍କ ପାଇଁ ପ୍ରେରଣାର ଉତ୍ସ ହୋଇପାରେ। ତାଙ୍କ ମତରେ ୭୦ ଦଶକରେ ରାଜନୈତିକ ସାମ୍ବାଦିକତା ବା ପଲିଟିକାଲ୍ ଜର୍ଣ୍ଣାଲିଜିମ୍‌ରେ ଗୋଡ ଥୋଇବା ଜଣେ ମହିଳାଙ୍କ ପକ୍ଷରେ ଅତ୍ୟନ୍ତ କଷ୍ଟକର ବ୍ୟାପାର ଥିଲା। କାରଣ? ପଲିଟିକାଲ୍ ରିପୋର୍ଟିଂ ପାଇଁ ଅଧିକରୁ ଅଧିକ ପୁରୁଷମାନଙ୍କୁ ହିଁ ସୁଯୋଗ ଦିଆଯାଉଥିଲା। ୧୯୭୫ ମସିହା ଜୁନ୍ ୨୬ରେ ଇନ୍ଦିରା ଗାନ୍ଧୀ ଯେତେବେଳେ ଦେଶରେ ଜରୁରୀକାଳୀନ ପରିସ୍ଥିତି ଜାରି କଲେ ସେହି ସମୟରେ ତଭଲିନ୍ ପ୍ରଥମ ଥର ପାଇଁ ପଲିଟିକାଲ୍ ରିପୋର୍ଟିଂ ପାଇଁ ସୁଯୋଗ ପାଇଥିଲେ। ତାଙ୍କ କହିବା ଅନୁଯାୟୀ ୧୯୭୫ ମସିହା ପର୍ଯ୍ୟନ୍ତ ଦେଶର ମୁଖ୍ୟ ଧାରାର ସାମ୍ବାଦିକତାରେ ମହିଳାମାନଙ୍କୁ ଆଙ୍ଗୁଠିରେ ଗଣି ହୋଇଯାଉଥିଲା। ଯେଉଁମାନେ ବି ସାମ୍ବାଦିକତାରେ ଯୋଗ ଦେଇଥିଲେ ସେମାନଙ୍କୁ ପଲିଟିକାଲ୍ କିମ୍ବା ହାର୍ଡ୍‌କୋର୍ ରିପୋର୍ଟିଂ ପାଇଁ ପଠାଯାଉନଥିଲା। ସିନେମା ରିଭ୍ୟୁ କିମ୍ବା କୌଣସି ସେଲିବ୍ରିଟିଙ୍କୁ ସାକ୍ଷାତ କରିବା ଆଦି ସାଦା କାମରେ ସେମାନଙ୍କ ସାମ୍ବାଦିକତା ବୃତ୍ତିଟି ସୀମିତ ରହୁଥିଲା।

ତଭଲିନ୍ ତାଙ୍କର ଆତ୍ମଜୀବନୀରେ ଲେଖିଛନ୍ତି ଯେ ସେ ବି ଜନାନା (ମହିଳା) ବିଟ୍‌ରେ ରହିଯାଇଥାନ୍ତେ ଯଦି ଜରୁରୀ ପରିସ୍ଥିତି ତାଙ୍କ ପାଇଁ ସୁଯୋଗ ଆଣି ନଥାନ୍ତା। ସେତେବେଳକୁ ସେ 'ଷ୍ଟେଟ୍ସମ୍ୟାନ୍'ରେ କାର୍ଯ୍ୟ କରୁଥିଲେ ଯାହାକୁ ପୁରୁଷ ସାମ୍ବାଦିକଙ୍କ ଦୁର୍ଗ ବୋଲି କୁହାଯାଉଥିଲା। ଷ୍ଟେଟ୍ସମ୍ୟାନ୍‌ରେ କାମ କଲାବେଳେ ବରିଷ୍ଠ ସାମ୍ବାଦିକମାନେ କଫି କିମ୍ବା ସିଗାରେଟ୍ ପିଇ ପ୍ରଚଳିତ ରାଜନୈତିକ ପରିସ୍ଥିତି

ସମ୍ପର୍କରେ ଘମାଘୋଟ ଆଲୋଚନା କରୁଥିଲା ବେଳେ ତାଙ୍କୁ ଏହିସବୁ ଆଲୋଚନାରେ ଭାଗ ନେବା ପାଇଁ ସୁଯୋଗ ମିଳୁ ନଥିଲା।

ଜରୁରୀକାଳୀନ ପରିସ୍ଥିତି ଜାରି ହେବା ପୂର୍ବରୁ ଆଲାହାବାଦ ହାଇକୋର୍ଟର ରାୟ ବାହାରିବା ପରେ ତଭଲିନ୍ ଯାଇଥିଲେ ସଞ୍ଜୟ ଗାନ୍ଧିଙ୍କୁ ସାକ୍ଷାତ କରିବା ପାଇଁ। ସେ ଆଶା କରିଥିଲେ ଯେ ସେହି ସାକ୍ଷାତକାରଟି ଷ୍ଟେଟ୍‌ସମ୍ୟାନ୍‌ର ପ୍ରଥମ ପୃଷ୍ଠାରେ ପ୍ରକାଶିତ ହେବ (କାରଣ ସଞ୍ଜୟ ଗାନ୍ଧି ସେତେବେଳକୁ ବିବାଦୀୟ ହୋଇ ପଡିଥିଲେ)। କିନ୍ତୁ ତଭଲିନ୍‌ଙ୍କ ସାକ୍ଷାତକାର ଭିତ୍ତିକ ରିପୋର୍ଟଟିକୁ ତୃତୀୟ ପୃଷ୍ଠାକୁ ଠେଲି ଦିଆଯାଇଥିଲା। ସେହିଭଳି ଜରୁରୀ ପରିସ୍ଥିତି ହଟିବା ପରେ ମୋରାର୍‌ଜୀ ଦେଶାଇଙ୍କ ପ୍ରଧାନମନ୍ତ୍ରିତ୍ୱରେ ଜନତା ପାର୍ଟି ସରକାର କ୍ଷମତାକୁ ଆସିଲା ଏବଂ ଜର୍ଜ ଫର୍ଣ୍ଣାଣ୍ଡେଜ୍ କୋକାକୋଲାକୁ ଭାରତରୁ ହଟାଇବା ପାଇଁ ଅଭିଯାନ ଆରମ୍ଭ କଲେ। ସେହି ଆନ୍ଦୋଳନର ଏକ ପୂର୍ଣ୍ଣ ବିବରଣୀ ସମ୍ବଳିତ ରିପୋର୍ଟ ତଭଲିନ୍ ପ୍ରସ୍ତୁତ କରିଥିଲେ। କିନ୍ତୁ ତାହାକୁ ବି ପୁରୁଷପ୍ରାଧାନ୍ୟ ଷ୍ଟେଟ୍‌ସମ୍ୟାନ ଭିତର ପୃଷ୍ଠାରେ ସ୍ଥାନିତ କରିଥିଲା।

ତଭଲିନ୍‌ଙ୍କ ଏହିସବୁ ଆତ୍ମଜୀବନୀମୂଳକ ବିବରଣୀ ଭାରତର ସାମ୍ବାଦିକତା ଇତିହାସର ଏକ ଏକ ସ୍ମରଣୀୟ ପୃଷ୍ଠା ହୋଇ ରହିବା ବେଳେ ବର୍ତ୍ତମାନ ଯେଉଁ ମହିଳାମାନେ ଏହି କ୍ଷେତ୍ରକୁ ଆସୁଛନ୍ତି ସେମାନଙ୍କ ପାଇଁ ଏହା ଆଖି ଖୋଲି ଦେବ। ତଭଲିନ୍‌ଙ୍କ ସମୟଠାରୁ ବର୍ତ୍ତମାନର ସମୟ କିନ୍ତୁ ପୂରାପୂରି ଅଲଗା। ସାମ୍ପ୍ରତିକ ସମୟରେ ଯେଉଁ ମହିଳାମାନେ ସାମ୍ବାଦିକତାକୁ ଏକ ବୃତ୍ତି ଭାବେ ଗ୍ରହଣ କରିଛନ୍ତି ଏବଂ ଯେଉଁମାନେ ଏ ଦିଗରେ ଅଭୂତପୂର୍ବ ସଫଳତା ହାସଲ କରିଛନ୍ତି ସେମାନଙ୍କ ମଧ୍ୟରୁ କେଇଜଣ ହେଲେ ନିରଜା ଚୌଧୁରୀ ଓ କୁମି କାପୁର (ଇଣ୍ଡିଆନ୍ ଏକ୍ସପ୍ରେସ୍), ଆଶା କୃଷ୍ଣାକୁମାର (ଦ ହିନ୍ଦୁ) ଓ ବରଖା ଦତ୍ତ (ଏନ୍‌ଡି ଟିଭି) ଯେଉଁମାନେକି ନିଜର ପ୍ରତିଭା, ସାହସ ଏବଂ ଦକ୍ଷତାକୁ ପ୍ରମାଣିତ କରିଛନ୍ତି।

ଓଡ଼ିଶାରେ ମହିଳା ସାମ୍ବାଦିକମାନଙ୍କର ଭିତରେ ପଦ୍ମାଳୟା ମହାପାତ୍ରଙ୍କ କଥା ପ୍ରଥମେ ସ୍ମରଣକୁ ଆସେ। ସାମାଜିକ, ଅର୍ଥନୈତିକ ପ୍ରସଙ୍ଗରେ ମଣିପଦ୍ମା ଜେନା ଏକ ଜଣାଶୁଣା ନାଁ। ଏହିଭଳି କିଛି ହାତଗଣତି ମହିଳା ସାମ୍ବାଦିକଙ୍କୁ ଛାଡିଦେଲେ ଓଡ଼ିଶାରେ ମହିଳାମାନେ ସାମ୍ବାଦିକତା କ୍ଷେତ୍ରରେ ଆଗକୁ ନ ଆସି ପାରିବା ପଛରେ କାରଣ କ'ଣ ? ମନେହୁଏ, ସେମାନଙ୍କଠାରେ ସାମାଜିକ ଅନାବରଣର ଅଭାବ। ଓଡ଼ିଆ ସମାଜର ରକ୍ଷଣଶୀଳତା ଏହି କ୍ଷେତ୍ରରେ ଅନ୍ୟ ଏକ ପ୍ରତିବନ୍ଧକ।

ଆଲୋଚନାର ଶେଷ କଥା: ସାମ୍ବାଦିକତା ବୃତ୍ତିଟି ଏକ ବିରାଟ ସଙ୍କଟ ଦେଇ ଗତି କରୁଛି। ଏହା କେବଳ ଭାରତରେ ସୀମିତ ନୁହେଁ, ଆନ୍ତର୍ଜାତିକ ସ୍ତରରେ ମଧ୍

ଏହି ବୃତ୍ତିଟି ପ୍ରତି ସାଧାରଣ ଦୃଷ୍ଟିଭଙ୍ଗୀ ନକାରାତ୍ମକ। ବ୍ରିଟେନ୍‌ର ଜଣେ ଅଗ୍ରଣୀ ସାମ୍ବାଦିକ ଇଆନ୍ ହରଗ୍ରୀଭ୍‌ସଙ୍କ ସାମ୍ବାଦିକତା ସମ୍ବନ୍ଧୀୟ ଏକ ପୁସ୍ତକରେ ଯେ ଲେଖିଛନ୍ତି, 'ବିଭିନ୍ନ ମତାମତ ସର୍ଭେରୁ ଆମେ ଜାଣୁ ଯେ ପୂର୍ବ ଅପେକ୍ଷା ଆଜିର ସାମ୍ବାଦିକମାନଙ୍କୁ ଲୋକେ କମ୍ ବିଶ୍ୱାସକୁ ନେଉଛନ୍ତି ଓ ବିଶ୍ୱସନୀୟତା କ୍ଷେତ୍ରରେ ସାମ୍ବାଦିକ ଓ ରାଜନେତା ପ୍ରାୟ ପାଖାପାଖି ଅଛନ୍ତି। ବିଜିନେସ୍ ଏକଜିକ୍ୟୁଟିଭ୍, ସିଭିଲ୍ ସର୍ଭେଣ୍ଟ, ଡାକ୍ତର, ବୈଜ୍ଞାନିକ ଏବଂ ଏପରିକି ଶିକ୍ଷକଙ୍କ ଠାରୁ ମଧ୍ୟ ସାମ୍ବାଦିକତା ଆଜି ପଛରେ। ଯେଉଁ ବୃତ୍ତି ସମାଜକୁ ରାସ୍ତା ଦେଖାଏ ସେଇ ବୃତ୍ତିଟି ଯଦି ଆଜି ଘୃଣାର କାରଣ ହୋଇଛି ଏହାର କାରଣ ଖୋଜାଯିବା ଆବଶ୍ୟକ- ପୁରୁଷ କି ମହିଳା ତା' ପର କଥା।'

■

(ଶନିବାର ୩ ଜୁନ୍, ୨୦୦୬)

ଇମେଜ୍ ଟ୍ରାପ୍

ବିଶିଷ୍ଟ ଇଂରାଜୀ ନାଟ୍ୟକାର ଆଗାଥା କ୍ରିଷ୍ଟିଙ୍କର ପାଖାପାଖି ଏଇ ଶୀର୍ଷକକୁ ନେଇ ଏକ ନାଟକ ଅଛି- ମାଉସ୍ ଟ୍ରାପ୍। ଏହି ନାଟକଟି ଲଣ୍ଡନର ପ୍ରେକ୍ଷାଳୟମାନଙ୍କରେ ପ୍ରାୟ ୫୦ ବର୍ଷ ଧରି ନିରବଚ୍ଛିନ୍ନ ଭାବେ ମଞ୍ଚସ୍ଥ ହେବାର ସୌଭାଗ୍ୟ ଲାଭ କରିଥିଲା। ନାଟକର ସାର ସଂକ୍ଷେପ ହେଉଛି: ଅପରାଧୀ କିଏ ବା ହୁଡ଼ନିଟ୍?

ଆମ ସମୟରେ ଗୋଟିଏ ବଡ଼ ଟ୍ରାପ୍ ବା ଯନ୍ତା ହେଉଛି ଟେଲିଭିଜନ୍। ଟେଲିଭିଜନ୍ ପରଦାରେ ଯାହାସବୁ ଦେଖିବାକୁ ମିଳୁଛି ତାକୁ ନେଇ ବିଚାର/ ଆଲୋଚନା, ତର୍କ ବିତର୍କର ଅଭାବ ନାହିଁ। ଟିଭିକୁ ଏକ ଇଡିଅଟ୍ ବକ୍ସ ବୋଲି ନାମିତ କରିବାଠାରୁ ଯାବତୀୟ ବିଶେଷଣ ଲଗାଯାଇ ଟେଲିଭିଜନ୍‌ରେ ପ୍ରଦର୍ଶିତ କାର୍ଯ୍ୟକ୍ରମ ଗୁଡିକୁ ମୂଲ୍ୟାୟନ କରାଯାଉଛି। ସେହି ମୂଲ୍ୟାୟନ ସପକ୍ଷରେ ହେଉ କି ବିପକ୍ଷରେ ହେଉ!

ବିଗତ କିଛିବର୍ଷ ଭିତରେ କିନ୍ତୁ ଭାରତୀୟ ସାମ୍ବାଦିକତାର ଅର୍ଥ, ଚେହେରା ଓ ପହଞ୍ଚକୁ ଟିଭି ଏତେ ମାତ୍ରାରେ ବଦଳାଇ ଦେଇଛି ଯେ ଟିଭି ନ ଦେଖିଲେ ଖବରକାଗଜମାନଙ୍କର କପି ପ୍ରସ୍ତୁତ ହୋଇ ପାରୁନାହିଁ। କେହି କେହି କହନ୍ତି ଯେ ଟିଭି-ସାମ୍ବାଦିକତାର ଏହି ଅନୁପ୍ରବେଶରେ କିଛି ଭଲ ଦିଗ ରହିଛି ଓ ମନ୍ଦ ଦିଗ ମଧ୍ୟ। ଭଲ ଦିଗଟି ହେଉଛି ଯେ ଟିଭି ଚ୍ୟାନେଲ୍‌ମାନେ ଦୈନିକ ୨୪ ଘଣ୍ଟା ଓ ସାପ୍ତାହିକ ୭ ଦିନ ଖବର ପରିବେଷଣରେ ଲାଗିଛନ୍ତି। ଏହିକ୍ଷଣି ଖବର ପୂର୍ବାପେକ୍ଷା ଆମ ବେଡ୍ ରୁମ୍‌ରେ ଶୀଘ୍ର ପହଞ୍ଚିପାରୁଛି- ତାହା ପୁଣି ସଚିତ୍ର ଓ ସିଧା ଘଟଣାସ୍ଥଳରୁ।

ଯାହା ଆମେ ପୂର୍ବରୁ ଖବରକାଗଜରେ ପଢ଼ି ଅନୁମାନ କରୁଥିଲୁ, ତାହାକୁ ଏବେ ପରଦାରେ ଦେଖି ପାରୁଛୁ- ଟିକିନିଖି ଭାବେ ଓ ଊର୍ଦ୍ଧ୍ୱ, ନିମ୍ନ ସମ୍ମୁଖ ଓ ପଶ୍ଚାତ୍

ଏହିଭଳି ୪ଦିଗରୁ। ବଢୁଥିବା ଦର୍ଶକଙ୍କ ପ୍ରିୟଭାଜନ ହେବା ପାଇଁ ଟିଭି ଖବର ଚ୍ୟାନେଲମାନେ ନିଜ ନିଜ ଭିତରେ କିଭଳି ପ୍ରତିଦ୍ୱନ୍ଦ୍ୱିତା କରୁଛନ୍ତି ତାହା ଉପରକୁ ଜଣା ପଡିନପାରେ। କିନ୍ତୁ ଏହି ପ୍ରତିଯୋଗିତା ଯେ ଅନେକ ସମୟରେ ଅମାନୁଷିକ ରୂପ ଧାରଣ କରୁଛି ଏବଂ ପ୍ରସାରିତ ସମ୍ବାଦଗୁଡିକ ସବୁବେଳେ ନ ହେଲେ ହେଁ ଅନେକ ସମୟରେ ଘଟଣା ଅପେକ୍ଷା କଳ୍ପନାର ରୂପ ନେଉଛି ତା'ର ବହୁ ଉଦାହରଣ ରହିଛି। ତଥ୍ୟ ଅନୁଯାୟୀ, ଦେଶରେ ଏବେ ୧୦ଟି ପ୍ରମୁଖ ଟିଭି ନ୍ୟୁଜ୍ ଚ୍ୟାନେଲ୍ ରହିଛି (ମୁଖ୍ୟତଃ ହିନ୍ଦୀ ଓ ଇଂରାଜୀରେ)। ପ୍ରତ୍ୟେକ ଆଞ୍ଚଳିକ ଭାଷାରେ ମଧ୍ୟ ସମ୍ବାଦ ଚ୍ୟାନେଲ୍‌ମାନ ରହିଛି। କିଛି ଚ୍ୟାନେଲ୍‌ର ଏକାଧିକ ରାଜ୍ୟରେ ପ୍ରବେଶ ଥିବା ମଧ୍ୟ ଦେଖାଯାଏ। ସୁତରାଂ ଟିଭି ଖବର ଚ୍ୟାନେଲ୍ ବ୍ୟବସାୟ ଆଜି ଏକ ବଡ଼ ବ୍ୟବସାୟରେ ପରିଣତ ହୋଇଛି। ଯେ କେହି ସମ୍ବାଦ ଚ୍ୟାନେଲ୍‌ଟିଏ ଆରମ୍ଭ କରିବେ ଏହା ଚାହୁଁଛନ୍ତି। ଏହାକୁ ଗଣତନ୍ତ୍ରର ପୁଷ୍ଟି ସାଧନ କହିବେ କି ଗଣମାଧ୍ୟମର ପ୍ରଭାବ ?

ଏଇଠି କିନ୍ତୁ ଏଭଳି ଏକ ଘଟଣାର ଅବତାରଣା କରାଯାଉଛି ଯାହାକୁ ପଢ଼ିଲେ ଯେ କୌଣସି ବିବେକସମ୍ପନ୍ନ ବ୍ୟକ୍ତି ସ୍ତମ୍ଭୀଭୂତ ହେବେ। ଖବରଟି ପ୍ରକାଶ ପାଇଥିଲା 'ଦ ନ୍ୟୁ ଇଣ୍ଡିଆନ୍ ଏକ୍ସପ୍ରେସ୍' ର ଅଗଷ୍ଟ ୧୭ ସଂସ୍କରଣରେ। ପାଟନା ଡେଟ୍‌ଲାଇନ୍‌ରେ ସେଠାକାର ଏକ୍ସପ୍ରେସ୍ ପ୍ରତିନିଧି ଜେ.ପି. ଯାଦବ ଖବରଟିକୁ ପଠାଇଥିଲେ। ଖବରଟି ହେଉଛି, ଖବରର ସିଧାପ୍ରସାରଣ ପାଇଁ ଆବଶ୍ୟକ କିଛି ଚିତ୍ର ସକାଶେ ଟିଭି ଚ୍ୟାନେଲ୍‌ର କ୍ୟାମେରା ଓ ସାମ୍ବାଦିକମାନେ ଜଣେ ବ୍ୟକ୍ତିଙ୍କୁ ଆତ୍ମାହୁତି ଦେବା ପାଇଁ ଉସୁକାଇଥିଲେ।

ସେଦିନ ଥିଲା ସ୍ୱାଧୀନତା ଦିବସ। ଗୟା ସହରର 'ସୁଧା ଡାଇରୀ'ର ଜଣେ ଠିକାଦାର ନିଜ ଦେହରେ ନିଆଁ ଲଗାଇ ଆତ୍ମାହୁତି ଦେଲେ ଆଉ ଏହି କାର୍ଯ୍ୟରେ ତାଙ୍କୁ ପ୍ରୋତ୍ସାହନ ଦେଇଥିଲେ କିଛି ଟିଭି ସାମ୍ବାଦିକ। ସୁଧା ଡାଇରୀରୁ କିଛି ବିଲ୍ ପାଇବାର ଥିଲା ଠିକାଦାର ମନୋଜ ମିଶ୍ରଙ୍କର। ଏହା ହିଁ ହେଉଛି ଆତ୍ମାହୁତିର କାରଣ। ଏହି କାର୍ଯ୍ୟର ଅସଲ କର୍ତ୍ତାମାନେ ଥିଲେ କିଛି ଟିଭି ସାମ୍ବାଦିକ। ମିଡିଆର ପ୍ରରୋଚନାରେ ମନୋଜ ମିଶ୍ର ନିଜ ଦେହରେ ପେଟ୍ରୋଲ୍ ଢାଳି ନିଆଁ ଲଗାଇଥିଲେ। ଏଥିରେ ତାଙ୍କ ଶରୀର ୯୦ ଭାଗ ପୋଡିଯାଇଥିଲା ଓ ହସ୍‌ପିଟାଲ୍ ନେବା ବେଳକୁ କାମ ଖତମ୍।

ଗୟାର ଏସ୍‌ପିଙ୍କ କହିବା ଅନୁଯାୟୀ କିଛି ଗଣମାଧ୍ୟମ ପ୍ରତିନିଧିଙ୍କ ବିରୁଦ୍ଧରେ ଆବେଟ୍‌ମେଣ୍ଟ (ଅପରାଧରେ ସହାୟତା) ସଂକ୍ରାନ୍ତୀୟ କେସ୍ ରୁଜୁ ହୋଇଛି। ଗୟା ଏସ୍‌ପିଙ୍କ କହିବା ଅନୁସାରେ ଟେଲିଭିଜନ୍ ଟିମ୍‌ର ସାମ୍ବାଦିକମାନେ ମନୋଜ ମିଶ୍ରଙ୍କୁ ପ୍ରବର୍ତ୍ତାଇଥିଲେ ଆତ୍ମାହୁତି ଦେବା ସକାଶେ। ଖାଲି ସେତିକି ନୁହେଁ ଜଣେ କ୍ୟାମେରାମ୍ୟାନ୍ ସେହି ଭଦ୍ରବ୍ୟକ୍ତିଙ୍କର ତଉଲିଆକୁ ନେଇ ନିଜେ ଡିଜେଲ୍‌ରେ

ବୁଡାଇଥିଲେ ଓ ସେଥିରେ ଅଗ୍ନି ସଂଯୋଗ ପାଇଁ ମନୋଜଙ୍କୁ କହିଥିଲେ। ମନୋଜ ମିଶ୍ରଙ୍କୁ ପ୍ରତିଶ୍ରୁତି ଦିଆଯାଇଥିଲା ଯେ କ୍ୟାମେରାରେ ଚିତ୍ର ଉତ୍ତୋଳିତ ହେବା ପରେ ପରେ ନିଆଁକୁ ଲିଭାଇ ଦିଆଯିବ। କିନ୍ତୁ ଟିଭି କ୍ୟାମେରାମ୍ୟାନ୍‌ମାନେ 'ଏକ୍ସକ୍ଲୁସିଭ୍ ଷ୍ଟୋରୀ' ପାଇଁ ଏକ୍ସକ୍ଲୁସିଭ୍ ଫୁଟେଜ୍' ନେବା ଭିତରେ ବିଚରା ଠିକାଦାର ଜଣକ ପାଉଁଶ ହୋଇଯାଇଥିଲେ। ଘଟଣାସ୍ଥଳରେ ଉପସ୍ଥିତ ତାଙ୍କର ୧୪ ବର୍ଷର ପୁଅ ପ୍ରଭାକରଙ୍କ ମୁହଁରୁ ଶୁଣାଯାଉଥିଲା: 'ମିଡିଆ ଲୋକମାନେ ମୋ ବାପାଙ୍କୁ ନିଆଁରୁ ବଞ୍ଚାଇବା ପାଇଁ ଆଦୌ ଉଦ୍ୟମ କରିନଥିଲେ।'

ଘଟଣାର ଆଉ କିଛି ଦିଗ ମଧ୍ୟ ରହିଛି। ଘଟଣା ଘଟିଥିଲା ସୁଧା ଡାଇରୀ ଅଫିସ୍ ଆଗରେ ଯେଉଁଦିନ କି ସ୍ୱାଧୀନତା ଦିବସ ପାଇଁ ଅଫିସ୍ ଛୁଟି ଥିଲା। ଅଫିସ୍‌ର ସିକ୍ୟୁରିଟି ଗାର୍ଡ଼ ଆସି ଘଟଣାସ୍ଥଳରେ ପହଞ୍ଚିବା ବେଳକୁ ଟିଭି କ୍ୟାମେରାମ୍ୟାନ୍‌ମାନେ ନିଜ ନିଜ କାମ ସାରି ସେଠାରୁ ଚାଲିଯାଇଥିଲେ ଓ ଠିକାଦାରଙ୍କ ଭସ୍ମୀଭୂତ ଶରୀରଟିର ଚିହ୍ନବର୍ଣ୍ଣ ବି ନଥିଲା।

ମନୋଜ ମିଶ୍ର ସୁଧା ଡାଇରୀରୁ ତାଙ୍କ ବକେୟା ଟଙ୍କା ପାଉନଥିଲେ, ଏଣୁ ସେ ଚରମ ମାନସିକ ଦୁର୍ଦ୍ଦଶା ଦେଇ ଗତି କରୁଥିଲେ ଏହା ସତ। କିନ୍ତୁ ଆତ୍ମାହୁତିର ଧମକ ସେ କେବେ ବି ଦେଇନଥିଲେ ବୋଲି ତାଙ୍କ ବିଧବା ପତ୍ନୀ ପୋଲିସ୍‌କୁ କହିଥିଲେ। ଯଦି ସେ ଆତ୍ମାହୁତି ଦେଇଥାନ୍ତି ତେବେ ତାହା କେବଳ ମିଡିଆବାଲାଙ୍କ ପ୍ରରୋଚନାରେ ଓ ପ୍ରତିଶ୍ରୁତି ଯୋଗୁଁ। ଚିତ୍ରଟିକୁ ଟିଭିରେ ଦେଖାଇଲେ କାଳେ ତାଙ୍କର ପ୍ରାପ୍ୟ ସେ ପାଇପାରିବେ! ମନୋଜ ମିଶ୍ର କିନ୍ତୁ ଟିଭିବାଲାଙ୍କ ଏହି ଟ୍ରାପ୍ ବା ଫାନ୍ଦର ଲାଇନ୍ ଲେନ୍‌ଥ ପାଇନଥିଲେ, ଯାହାର ଫଳ ତାଙ୍କର ମୃତ୍ୟୁ ହୋଇଥିଲା।

ମିଡ଼ିଆର ପ୍ରରୋଚନାରେ ଗୟାର ଏହି ଠିକାଦାର ଜଣକ ଆତ୍ମାହୁତି ଦେବା ଘଟଣା ପରିପ୍ରେକ୍ଷୀରେ କେତୋଟି ବ୍ୟଥିତ ଓ ବିଚଳିତ ପ୍ରଶ୍ନ ମନରେ ଉଠୁଛି। ଏହା ଏକ ଜଣାଶୁଣା କଥା ଯେ ଟେଲିଭିଜନ୍ ଚ୍ୟାନେଲ୍‌ମାନେ ନିଜ ସ୍ୱାର୍ଥ ପାଇଁ ଓ ସତୀର୍ଥମାନଙ୍କୁ ପଛରେ ପକାଇବା ପାଇଁ କିଛିଟା ଉତ୍ତେଜନାପ୍ରବଣ ଓ ବିଶେଷ ଚିତ୍ର ପାଇଁ ସର୍ବଦା ବ୍ୟାକୁଳ ଥାନ୍ତି ଏବଂ ଏଥିପାଇଁ କର୍ମଚାରୀମାନେ ଉତ୍ସାହୀ ଭୂମିକା ମଧ୍ୟ ଗ୍ରହଣ କରିନିଅନ୍ତି ଯାହାକି ଏକ ସାଙ୍ଘାତିକ ପରମ୍ପରା। ଏହାର ଏକ ଆନୁଷଙ୍ଗିକ ଧାରା ହେଉଛି 'ଷ୍ଟିଙ୍ଗ୍ ଅପରେସନ୍' ବା ଗୁପ୍ତ କ୍ୟାମେରାରେ ଚିତ୍ର ଉତ୍ତୋଳନ।

ଟେଲିଭିଜନ ନ୍ୟୁଜ୍ ଚ୍ୟାନେଲ୍‌ମାନଙ୍କର ଅଭିବୃଦ୍ଧି ଓ ସମ୍ପ୍ରସାରଣକୁ ସୂଚନାର ବିସ୍ଫୋରଣ କୁହାଯିବା ଠିକ୍। ୨୪ ଘଣ୍ଟିଆ ନ୍ୟୁଜ୍ ଚ୍ୟାନେଲ୍‌ର ଯୁଗରେ ଦର୍ଶକଟିଏ ଦେଶ ବିଦେଶରେ ଘଟୁଥିବା ଛୋଟ ବଡ଼ କୌଣସି ଘଟଣାକୁ ମିସ୍ କରିବ ନାହିଁ ସତ।

କିନ୍ତୁ ନିରନ୍ତର ଖବର ପରିବେଷଣ ନାଁରେ ଖବର ସଂଗ୍ରହ ଓ ଖବର ପରିବେଷଣକୁ ମାମୁଲି କରିବାର ଉଦ୍ୟମ ହେଉ ନାହିଁ କି ?

ଟିଭି ନ୍ୟୁଜ୍ ଚ୍ୟାନେଲ୍‌ମାନଙ୍କ କ୍ଷେତ୍ରରେ ଏବେ ଆଉ ଗୋଟିଏ କଥା ଲକ୍ଷ୍ୟ କରାଯାଉଛି- 'ବ୍ରେକିଂ ନ୍ୟୁଜ୍' ଅର୍ଥାତ୍ ଏକ ଗୁରୁତ୍ୱପୂର୍ଣ୍ଣ ଖବର ବା ଘଟଣାର ପର୍ଦ୍ଦାଫାସ୍ କରିବା। ଏହିଭଳି ଏକ ବ୍ରେକିଂ ନ୍ୟୁଜ୍ ସେହି ଅଗଷ୍ଟ ୧୫ ଦିନ ହୋଇଥିଲା।

ପ୍ରଧାନମନ୍ତ୍ରୀଙ୍କ ବାସଭବନର ସୁରକ୍ଷା ଦାୟିତ୍ୱରେ ଥିବା ନିରାପତ୍ତା କର୍ମଚାରୀଙ୍କ ଭିତରୁ ୩ଜଣ ଆତଙ୍କବାଦୀ ଅଛନ୍ତି ବୋଲି ଦିଲ୍ଲୀର ଏକ ହିନ୍ଦୀ ନ୍ୟୁଜ୍ ଚ୍ୟାନେଲ୍ ବରାବର ଖବରଟିଏ ପରିବେଷଣ କରିଥିଲା। ଏପରିକି ଏ ସଂକ୍ରାନ୍ତରେ ଦର୍ଶକମାନଙ୍କଠାରୁ ଇ-ମେଲ୍ ଜରିଆରେ ଆସିଥିବା ମତ ଓ ମନ୍ତବ୍ୟକୁ ମଧ୍ୟ ପରଦା ଉପରେ ଦେଖାଇ ଦିଆଯାଇଥିଲା। ଏହି ଖବରଟି ଅସତ୍ୟ ଓ ଭିତ୍ତିହୀନ ବୋଲି କହିବା ସହ ସେହି ଟିଭି ଚ୍ୟାନେଲ୍ ବିରୁଦ୍ଧରେ ଆଇନ୍‌ଗତ କାର୍ଯ୍ୟାନୁଷ୍ଠାନ ଗ୍ରହଣ କରାଯିବ ବୋଲି କ୍ଷୁବ୍ଧ ସିଆର୍‌ପିଏଫ ମହାନିର୍ଦ୍ଦେଶକ ସାମ୍ବାଦିକମାନଙ୍କୁ କହିଥିଲେ। ଏହିଭଳି ଦେଖିବାକୁ ଗଲେ, ଟିଭି ସମ୍ବାଦ ଚ୍ୟାନେଲମାନେ ଅହରହ ଖବର ପରିବେଷଣ କରୁଥିଲେ ହେଁ ଜଣେ ବ୍ୟକ୍ତି ଯଦି ଗୋଟିଏ ମାସ ପାଇଁ ନିଜକୁ ଟିଭି ନ୍ୟୁଜ୍‌ଠାରୁ ଦୂରେଇ ରଖନ୍ତି ତଥାପି ତାଙ୍କର ବୁଦ୍ଧିବୃତ୍ତି ଯେ ହଜିଯିବ ଏଭଳି କିଛି କଥା ନାହିଁ।

କିନ୍ତୁ ସବୁଠାରୁ ଉଦ୍‌ବେଗର ବିଷୟ ହେଲା: ଟିଭି ସାମ୍ବାଦିକ ଓ କ୍ୟାମେରାମ୍ୟାନ୍‌ମାନେ ଯେତେବେଳେ କାହାକୁ କହିବେ 'ତୁମେ ନିଆଁକୁ ଡିଅଁ, ଆମେ ତୁମର ଚିତ୍ର ଉଠାଇ ନ୍ୟୁଜ୍‌ବ୍ରେକ୍ କରିବୁ'।

■

(ଶନିବାର ୧୯ ଅଗଷ୍ଟ, ୨୦୦୬)

ଚାରିବର୍ଷରେ ମେଣ୍ଟ ସରକାର

ବୁଧବାର ଦିନ ଓଡ଼ିଶାରେ ବିଜେଡ଼ି-ବିଜେପି ସରକାରକୁ ତିନିବର୍ଷ ପୁରିବ। ପାଞ୍ଚ ବର୍ଷ ଶାସନ କରିବା ପାଇଁ ଏହି ମେଣ୍ଟକୁ ରାଜ୍ୟ ଜନସାଧାରଣ ଯେଉଁ ରାୟ ଦେଇଥିଲେ ତାହାର ଅଧାରୁ ଅଧିକ ସମୟ ବିତିଯାଇଥିବାରୁ ସ୍ୱାଭାବିକ ଭାବେ ସରକାରର ସଫଳତା ଓ ବିଫଳତାର ଏକ ହିସାବ ନିକାଶ କରାଯିବା ଦରକାର।

ଦ୍ୱିତୀୟ ଥର ପାଇଁ ୨୦୦୪ ମସିହାରେ ଯେତେବେଳେ ନବୀନ ପଟ୍ଟନାୟକ ମୁଖ୍ୟମନ୍ତ୍ରୀ ହେଲେ ତାଙ୍କ ସପକ୍ଷରେ ଗୋଟିଏ ବଡ଼ କଥା ଥିଲା ଭାବମୂର୍ତ୍ତି। ସେହି ସମୟରେ ଅନ୍ୟ ରାଜ୍ୟମାନଙ୍କରେ ରାଜନୈତିକ ପଟ୍ଟ ପରିବର୍ତ୍ତନ ହୋଇଥିବା ବେଳେ ନବୀନ ପଟ୍ଟନାୟକ ହିଁ ଏକମାତ୍ର ମୁଖ୍ୟମନ୍ତ୍ରୀ ଯିଏ ପୁଣି ଥରେ କ୍ଷମତାସୀନ ହୋଇଥିଲେ।

ଏଥିପୂର୍ବରୁ ୨୦୦୦ ବିଧାନସଭା ନିର୍ବାଚନରେ ପ୍ରଥମ ଥର ପାଇଁ ବିଜେଡ଼ି-ବିଜେପି ମେଣ୍ଟ ସରକାରର ଯେତେବେଳେ ସଫଳତା ପାଇଥିଲା ସେଇ ସମୟରେ କଂଗ୍ରେସ ଶାସନ ପ୍ରତି ଲୋକଙ୍କର ବିମୁଖ ଭାବ ଥିଲା ଏକ ବଡ଼ କାରଣ।

କ୍ଷମତାର ପ୍ରଥମ ୪ବର୍ଷ ଭିତରେ ନବୀନ ପଟ୍ଟନାୟକଙ୍କୁ ନିଜ ଦଳ ଭିତରେ ଲାଗି ରହିଥିବା ଅସନ୍ତୋଷ ଓ ନେତାମାନଙ୍କ କାରସାଦିକୁ କାବୁ କରିବା ସବୁଠାରୁ ବଡ଼ କାମ ଥିଲା। ପ୍ରଥମ ଥର ସରକାରର ୪ବର୍ଷ ଭିତରେ ବିଜେଡ଼ି-ବିଜେପି ସରକାର ରାଜ୍ୟର ଉନ୍ନତି ପାଇଁ ବିଶେଷ କିଛି କରିପାରିନଥିଲେ। ଏହାର କାରଣ ନବୀନ ପଟ୍ଟନାୟକ ରାଜନୀତି ଭିତରେ ବିଶେଷ ପଶି ପାରିନଥିଲେ। କିନ୍ତୁ ୨୦୦୪ ନିର୍ବାଚନ ବେଳକୁ ତାଙ୍କର ରାଜନୈତିକ ପରିପକ୍ୱତାକୁ କେହି ପ୍ରଶ୍ନ କରୁନଥିଲେ।

ନବୀନ ପଟ୍ଟନାୟକ ଭଲ ଭାବେ ଜାଣିଥିଲେ ଯେ ଜନାଦେଶ ସହିତ ଭାବମୂର୍ତ୍ତିର ନିବିଡ଼ ସମ୍ପର୍କ ଥାଏ ଏବଂ ଏହା ହିଁ ନିର୍ଦ୍ଧାରଣ କରେ କିଏ କ୍ଷମତାରେ ରହିବ କିଏ ଯିବ। ସୁତରାଂ, ନବୀନ ପଟ୍ଟନାୟକଙ୍କ ପ୍ରଥମେ ନିଜକୁ ଓ ନିଜ ଦଳକୁ ପୂର୍ବବର୍ତ୍ତୀ

କଂଗ୍ରେସ ସରକାରର ନୀତି ଗୁଡିକଠାରୁ ସମ୍ପୂର୍ଣ୍ଣ ଭାବେ ଦୂରେଇ ରଖିଥିଲେ। ଶାସନରେ ସ୍ୱଚ୍ଛତା ଆଣିବା ବ୍ୟତୀତ ପ୍ରଶାସନକୁ ପରିଷ୍କାର କରିବା ପାଇଁ ଉଦ୍ୟମ ଜାରିରଖିବା ପ୍ରଥମ ଚାରି ବର୍ଷର ମୁଖ୍ୟ କାମ ଥିଲା। ଦୁର୍ନୀତି ବିରୋଧରେ ପଦକ୍ଷେପମାନ ନେବାକୁ ଯାଇ ସେ ଦଳର କିଛି ମନ୍ତ୍ରୀଙ୍କୁ ହଟାଇଲେ ଓ କିଛି ଲୋକଙ୍କୁ ଦଳରୁ ବାହାର କରି ଦେଇଥିଲେ। ଏହି ସବୁ ବିତାଡିତ ନେତାମାନଙ୍କୁ କଂଗ୍ରେସ ଦଳ କୋଳେଇ ନେଇଥିଲା ସତ କିନ୍ତୁ ଏହା ଦଳର କୌଣସି କାମରେ ଆସିନଥିଲା।

ପ୍ରଥମ ଥର ମୁଖ୍ୟମନ୍ତ୍ରୀ ହେବା ପରେ ନବୀନ ପଟ୍ଟନାୟକଙ୍କ ଆଉ ଏକ ଗୁରୁତ୍ୱପୂର୍ଣ୍ଣ କାର୍ଯ୍ୟ ଥିଲା ନିଜର ବ୍ୟକ୍ତିଗତ ଭାବମୂର୍ତ୍ତିକୁ ଅଣଦୁର୍ନୀତିର ଚେହେରା ଦେବା। ଇସ୍ପାତ ଦୁର୍ନୀତି ଭଳି କେତେକ ଅଭିଯୋଗ ବିଜେଡ଼ି-ବିଜେପି ସରକାର ବିରୁଦ୍ଧରେ ଆସିଥିଲା ସତ, ହେଲେ ରାସ୍ତାରେ ଯାଇଥିବା ସାଧାରଣ ଲୋକଟି ବିଶ୍ୱାସ କରୁଥିଲା ଯେ ଯେହେତୁ ନବୀନ ପଟ୍ଟନାୟକଙ୍କର କୌଣସି ପାରିବାରିକ ବାଧ୍ୟବାଧକତା ନାହିଁ ସେ ଦୁର୍ନୀତିରେ ଲିପ୍ତ ହେବାର ସମ୍ଭାବନା ନାହିଁ।

ନବୀନ ପଟ୍ଟନାୟକଙ୍କ ଦୁର୍ନୀତି ବିରୋଧୀ କୌଶଳ ଓ ଚିନ୍ତାଧାରା ଯେ ତାଙ୍କୁ ଲାଭ ଦେଇ ଆସିଛି ଏହା ନିଃସନ୍ଦେହ। ଦୁର୍ନୀତି ଉନ୍ନତିର ଏକ ବଡ଼ ଶତ୍ରୁ ବୋଲି ମଧ୍ୟ ନବୀନ ପଟ୍ଟନାୟକ ଯୁକ୍ତି ବାଢ଼ି ଆସିଛନ୍ତି।

କୌଣସି ନିର୍ଦ୍ଦିଷ୍ଟ ଦଳର ସରକାର ପାଇଁ ଲଗାତାର ସାତ ବର୍ଷ କ୍ଷମତାରେ ରହିବା କିଛି କମ୍ କଥା ନୁହେଁ କି କୌଣସି ରାଜ୍ୟର ଦୂରାବସ୍ଥାକୁ ସଜାଡିବା ସକାଶେ କିଛି କମ୍ ସମୟ ବି ନୁହେଁ। କିନ୍ତୁ ଏହି ୭ବର୍ଷ ଭିତରେ ସୁଖାନୁଭବର ଏକ ବ୍ୟାପକ ଚିତ୍ର ଯେ ଆମେ ପାଇବା ସେକଥା ବି ନୁହେଁ।

ପ୍ରଥମ ଚାରି ବର୍ଷ ବିଜେଡି-ବିଜେପି ମେଣ୍ଟ ସରକାର କ୍ଷମତାରେ ରହିବା ଭିତରେ ଯଦି ଗୋଟିଏ ବଡ଼ ସଫଳତା ଆଖିରେ ପଡେ ତାହା ହେଉଛି ଜାତୀୟ ରାଜପଥର (ଏନ୍ଏଚ୍-୫)ର ୫୨୦ କିମି ଦୀର୍ଘ ବିଶିଷ୍ଟ ନୂଆ ରାସ୍ତା, ଯାହାକି ବାଜପେୟୀଙ୍କ ସ୍ୱର୍ଣ୍ଣ ଚତୁର୍ଭୂଜର ଅଂଶ ବିଶେଷ ଥିଲା। ପ୍ରଥମ ୪ ବର୍ଷର ଶାସନ କାଳ ଭିତରେ ଯଦି ରାଜ୍ୟରେ ଦାରିଦ୍ର୍ୟ ହାର ୪୭.୩%ରେ ସ୍ଥିର ରହିଥିଲା, ତୁହାକୁ ତୁହା ପ୍ରାକୃତିକ ବିପର୍ଯ୍ୟୟ ଯୋଗୁ ମଧ୍ୟ ଅର୍ଥନୈତିକ ଅଭିବୃଦ୍ଧି ବ୍ୟାଘାତ ହୋଇଥିଲା।

ରାଜ୍ୟରେ ବେରୋଜଗାରୀ ୨୦୦୦ ମସିହାରେ ଅତି ସାଙ୍ଘାତିକ ଅବସ୍ଥାରେ ପହଞ୍ଚିଥିଲା। ସେହିବର୍ଷ ବିଧାନସଭା ନିର୍ବାଚନ ବେଳେ ବିଜେଡ଼ି-ବିଜେପି ସରକାର ପ୍ରତିଶ୍ରୁତି ଦେଇଥିଲେ ଯେ ପୁଞ୍ଜି ବିନିଯୋଗ କ୍ଷେତ୍ରରେ ଓଡ଼ିଶାକୁ ଶୀର୍ଷସ୍ଥାନରେ ପହଞ୍ଚାଇ ଦିଆଯିବ।

ଚାରିବର୍ଷ ପରେ ୨୦୦୪ ମସିହାରେ ଦ୍ୱିତୀୟ ଇନିଂସ୍ ଆରମ୍ଭ କରିବା ବେଳକୁ ବିଜେଡ଼ି-ବିଜେପି ସରକାର ପାଖରେ ଏକ ଲମ୍ବା କାର୍ଯ୍ୟସୂଚୀ ଥିଲା। ଏଥି ଭିତରେ ସବୁଠାରୁ ଗୁରୁତ୍ୱପୂର୍ଣ୍ଣ ଥିଲା ରାଜ୍ୟକୁ ଦାରିଦ୍ର୍ୟର ଶୃଙ୍ଖଳରୁ ମୁକୁଳାଇବା। ଦ୍ୱିତୀୟ ଗୁରୁତ୍ୱପୂର୍ଣ୍ଣ କଥାଟି ଥିଲା ବିଜେଡ଼ି ଭିତରେ କ୍ରମବର୍ଦ୍ଧିଷ୍ଣୁ ଅସନ୍ତୋଷ ଓ ବିରୋଧ। ଦଳର କ୍ୟାଡ଼ର ନଥିବା ଏବଂ ତୃଣମୂଳସ୍ତରରେ ଦଳୀୟ ସଂଗଠନର ଏକ ନିର୍ଦ୍ଦିଷ୍ଟ ରୂପରେଖ ନଥିବାର ଅଭିଯୋଗ ମଧ୍ୟ ହୋଇ ଆସୁଥିଲା।

ମଇ ୨୦୦୪ରେ ଦାୟିତ୍ୱ ନେବା ପରେ ମୁଖ୍ୟମନ୍ତ୍ରୀ ନବୀନ ପଟ୍ଟନାୟକ ଏକ ପଞ୍ଚବ୍ୟାଧି ଚିକିତ୍ସାର ଆରମ୍ଭ କରିଥିଲେ। ଗରିବ ଲୋକଙ୍କ ପାଇଁ ପ୍ରଥମ ଥର ଶାସନ ବେଳରେ ଆରମ୍ଭ ହୋଇଥିବା କାର୍ଯ୍ୟକ୍ରମଗୁଡ଼ିକୁ ଚାଲୁ ରଖିବା, ଦୁର୍ନୀତିମୁକ୍ତ ଓ ସ୍ୱଚ୍ଛ ପ୍ରଶାସନ ବଜାୟ ରଖିବା, ନିଯୁକ୍ତି ଓ ରୋଜଗାର ଉପରେ ବିଶେଷ ଧ୍ୟାନ ଦେବା, ଜଳସେଚନ ଜରିଆରେ କୃଷିର ଅଭିବୃଦ୍ଧି କରାଇବା ଇତ୍ୟାଦି। ଓଡ଼ିଶା ଭଳି ଏକ ଗରୀବ ରାଜ୍ୟର ଉଜ୍ଜ୍ୱଳ ଭବିଷ୍ୟତ ପାଇଁ ଏହି ସବୁ ପଦକ୍ଷେପ ଯେ ନିତାନ୍ତ ଦରକାର ତାହା ଅନସ୍ୱୀକାର୍ଯ୍ୟ। ହେଲେ ଏହି ତିନିବର୍ଷ ଭିତରେ ହୋଇଛି କଣ?

ସଂଯୋଗବଶତଃ, ୨୦୦୭ ମସିହାରେ ନବୀନ ପଟ୍ଟନାୟକଙ୍କ ରାଜନୀତିକୁ ଆସିବାର ଦଶବର୍ଷ ପୂରଣ ହେଲା। ଏହି ସମୟ ମଧ୍ୟରେ ତାଙ୍କଠାରେ ରାଜନୈତିକ ଅପରିପକ୍ୱତାର ଯେଉଁ ଦାଗ ଲାଗି ଆସିଥିଲା ତାହା ଅନେକ ପରିମାଣରେ ଦୂର ହୋଇଛି। ଦ୍ୱିତୀୟ ଥର ପାଇଁ ବିଧାନସଭା ନିର୍ବାଚନ ଜିତିବା ବ୍ୟତୀତ ପଞ୍ଚାୟତ ଭଳି ଅନ୍ୟାନ୍ୟ ନିର୍ବାଚନରେ ସଫଳତା ଲାଭ କରିବା ଭିତରେ ସେ ନିଜର ଓ ଦଳର ନେତୃତ୍ୱକୁ ସୁଦୃଢ଼ କରିପାରିଛନ୍ତି। ଏକଦା ଜଣେ କୁଣ୍ଠିତ ରାଜନେତା ଏବେ ଚାରିକୋଟି ଲୋକଙ୍କର ମଙ୍ଗୁଆଳ। ଅବଶ୍ୟ ବିଜୁ ପଟ୍ଟନାୟକଙ୍କ କରିସ୍ମା ଓ ରାଜନୈତିକ ଉତ୍ତରାଧିକାରକୁ ପାଥେୟ କରି ହିଁ ମେଣ୍ଟ ସରକାର ଚାଲିଛି ଏହା କହିବା ବାହୁଲ୍ୟ।

ସରକାରଙ୍କ ସଫଳତା ସବୁ କ'ଣ ବୋଲି ଯଦି ପଚରା ଯାଏ, ତେବେ ଏକ ଲମ୍ବା ତାଲିକା ସରକାରଙ୍କଠାରୁ ମିଳିବ। ଆଦିବାସୀଙ୍କ ସଶକ୍ତିକରଣ ପାଇଁ ସରକାର କେତୋଟି ପଦକ୍ଷେପ ନେଇଥିବାବେଳେ ଜଳସେଚନ କ୍ଷେତ୍ରରେ ଭାଗିଦାରିତା ଉପରେ ଗୁରୁତ୍ୱ ଦିଆଯାଇଛି। ମିଶନ ଶକ୍ତି, ଜଳବିଭାଜିକା କାର୍ଯ୍ୟକ୍ରମ ଜରିଆରେ ଓ କୃଷିର ଉନ୍ନତି ପାଇଁ କାର୍ଯ୍ୟକ୍ରମ ପ୍ରସ୍ତୁତ କରାଯାଇଛି। ରାଜ୍ୟରେ ଶିଶୁ ମାତୃହାର ହ୍ରାସ ପାଇଛି ଏବଂ ପୋଲିସ୍ ପ୍ରଶାସନରେ ହସ୍ତକ୍ଷେପ ନାହିଁ।

ଦାରିଦ୍ର୍ୟ ଦୂରୀକରଣ ତଥା ନିଯୁକ୍ତି ସୃଷ୍ଟି ପାଇଁ ବିଭିନ୍ନ ପଦକ୍ଷେପ ନିଆଯାଇଛି। କୃଷି, ଶିଳ୍ପ, ପର୍ଯ୍ୟଟନ, ଭିତ୍ତିଭୂମିର ବିକାଶ, ହସ୍ତତନ୍ତ ଓ ହସ୍ତଶିଳ୍ପର ବିକାଶ ପାଇଁ

ବ୍ୟାପକ କାର୍ଯ୍ୟକ୍ରମ ମାନ ପ୍ରସ୍ତୁତ କରାଯାଇଛି। ଶିକ୍ଷା ଓ ସ୍ୱାସ୍ଥ୍ୟ ଭଳି ସାମାଜିକ ପ୍ରକ୍ଷେତ୍ର ଉପରେ ଦୃଷ୍ଟି ଦିଆଯାଇଛି। କେନ୍ଦ୍ର ସରକାର କ୍ଷୁଧାର ଦାରିଦ୍ର୍ୟ ପୀଡ଼ିତ କୋରାପୁଟ-କଳାହାଣ୍ଡି- ବଲାଙ୍ଗିରକୁ ସ୍ୱତନ୍ତ୍ର ଅନୁଦାନ ବନ୍ଦ କରିଦେବାରୁ ନିଜ ଉଦ୍ୟମରେ ସରକାରଙ୍କ ପକ୍ଷରୁ ବିଜୁ କେବିକେ ଯୋଜନା ଆରମ୍ଭ କରାଯାଇଛି। ଓଡ଼ିଶାର ଗ୍ରାମାଞ୍ଚଳରେ ବିକାଶ ପାଇଁ ଗୋପବନ୍ଧୁ ଗ୍ରାମୀଣ ଯୋଜନାର ଆରମ୍ଭ କରିବା ବ୍ୟତୀତ ରାଜ୍ୟର ଆର୍ଥିକ ଅବସ୍ଥା ସୁଧୁରିଛି ଏବଂ କେନ୍ଦ୍ର ସରକାରଙ୍କ ଦ୍ୱାରା ଏଥିପାଇଁ ଉତ୍ତମ ପ୍ରମାଣପତ୍ର ମିଳିଛି।

ଶିଶୁ ବିକାଶ କ୍ଷେତ୍ରରେ ନିଆଯାଇଥିବା ପଦକ୍ଷେପମାନଙ୍କ ଭିତରେ ଖଣି ପାଇଁ ପର୍ଯ୍ୟାପ୍ତ ପୁଞ୍ଜି ବିନିଯୋଗ ହୋଇ ପାରିଛି। ଖଣି ବ୍ୟତୀତ ଅନ୍ୟ କ୍ଷେତ୍ରରେ ମଧ୍ୟ ପୁଞ୍ଜି ଆସିପାରିଛି। ଭୁବନେଶ୍ୱର ଆଇଟିର ଏକ ପ୍ରମୁଖ ସହର ହୋଇଛି। ସ୍ୱାସ୍ଥ୍ୟ ଓ ଶିକ୍ଷା କ୍ଷେତ୍ରରେ ବଡ଼ ବଡ଼ ପୁଞ୍ଜି ନିବେଶକାରୀମାନେ ପୁଞ୍ଜି ଖଟାଇବା ଆରମ୍ଭ କରିଛନ୍ତି ଓ ଭୁବନେଶ୍ୱର ସହିତ ଦେଶର ଅନ୍ୟାନ୍ୟ ଅଞ୍ଚଳକୁ ସଂଯୋଗ କରିବା ପାଇଁ ବିମାନ ସେବା ବଢ଼ିଛି। ଆଜି ହୋଟେଲ ଗୁଡିକ ବାହାରର ଲୋକଙ୍କ ଦ୍ୱାରା ଭର୍ତ୍ତି। ପର୍ଯ୍ୟଟନ ଦ୍ରୁତ ପଥରେ ଆଗେଇଛି। ଏହା ଫଳରେ ସ୍ୱତନ୍ତ୍ର ଓ ହସ୍ତତନ୍ତ ଶିଳ୍ପର ଉନ୍ନତି ହୋଇଛି।

ବିଗତ କିଛି ବର୍ଷ ଭିତରେ ଶିଳ୍ପ କ୍ଷେତ୍ରରେ ମଧ୍ୟମ ଧରଣର କାରଖାନାଗୁଡିକ ପ୍ରତିଷ୍ଠା ହୋଇଛି। କଳିଙ୍ଗନଗର ଘଟଣା ପରେ ବାସଚ୍ୟୁତ ହେବାକୁ ଥିବା ଲୋକଙ୍କ ପାଇଁ ଏକ ଉତ୍ତମ ଥଇଥାନ ଓ ପୁନର୍ବାସ ନୀତି ତିଆରି ହୋଇଛି। ଜିନ୍ଦଲ ଓ ଭୂଷଣ ଆଦି କମ୍ପାନୀମାନେ ଆସିଛନ୍ତି। ବେଦାନ୍ତ ଗୋଷ୍ଠୀ ତାର ସମ୍ପ୍ରସାରଣ ଯୋଜନା ଚଳାଇଛି। ଅନ୍ୟ ପକ୍ଷରେ ଓଡ଼ିଶାର ବିକାଶ ପାଇଁ ଦ୍ରୁତ ଶିଳ୍ପାୟନକୁ ଏକ ବିକଳ୍ପହୀନ ରାସ୍ତା ବୋଲି ଧରାଯାଇଛି। ଖଣି କ୍ଷେତ୍ରରେ ମୂଲ୍ୟ ସଂଯୋଗ ପାଇଁ ପୁଞ୍ଜି ଅଣାଯାଇଛି।

ହେଲେ ଏସବୁ ସତ୍ତ୍ୱେ ରାଜ୍ୟରେ ଦାରିଦ୍ର୍ୟ ହାରରେ ବିଶେଷ ପରିବର୍ତ୍ତନ ହୋଇ ନାହିଁ ବୋଲି ଭାରତ ସରକାରଙ୍କ ପରିସଂଖ୍ୟାନ କହୁଛି। ଏପରିକି, ଏକଦା ଆମ ପଛରେ ଥିବା ବିହାର ଓ ଝାଡ଼ଖଣ୍ଡ ଭଳି ରାଜ୍ୟ ଆମକୁ ଟପି ଦାରିଦ୍ର୍ୟ ହଟାଇବାରେ ସକ୍ଷମ ହୋଇଛନ୍ତି। ଓଡ଼ିଶାର ୪୭% ଲୋକଙ୍କ ଦୈନନ୍ଦିନ ହାରାହାରି ଖର୍ଚ୍ଚ ଏବେ ବି ଯଦି ମାତ୍ର ୧୨ ଟଙ୍କା, ନିଶ୍ଚିତ ଭାବରେ ସରକାରଙ୍କ ଯୋଜନା ଓ କାର୍ଯ୍ୟାନ୍ୱୟନରେ ଏକ ବିରାଟ ଫାଙ୍କ ରହୁଛି।

■

(ଶନିବାର ୧୩, ମେ ୨୦୦୭)

ମିଃ ସ୍ପିକର ସାର୍

ବାଚସ୍ପତି ମହେଶ୍ୱର ମହାନ୍ତିଙ୍କୁ ତାଙ୍କ ପଦବୀରୁ ବହିଷ୍କାର କରିବା ପାଇଁ ବିରୋଧି କଂଗ୍ରେସ ଦଳ ଦେଇଥିବା ନୋଟିସ୍ ଏବଂ ବିଧାନସଭାର ବଜେଟ୍ ଅଧିବେଶନ ଆରମ୍ଭରେ ବିଚାର ଶେଷ ନହେବା ଯାଏଁ ସେ ଗୃହରେ ଅଧ୍ୟକ୍ଷତା କରିବେ ନାହିଁ ବୋଲି ବାଚସ୍ପତି କରିଥିବା ଘୋଷଣାକୁ ଏକ ବଡ଼ ସାମ୍ବିଧାନିକ ସଙ୍କଟ କୁହା ନଗଲେ ବି ଏହା ସାମ୍ପ୍ରତିକ ସମୟରେ ବିତର୍କର ଅବକାଶ ସୃଷ୍ଟି କରିଛି । ବିରୋଧି ଦଳ ନିଜେ ଆଗତ କରିଥିବା ଅନାସ୍ଥା ପ୍ରସ୍ତାବର ଫଳାଫଳ ସମ୍ପର୍କରେ ଆକଳନ କରୁ କରୁ ବା ଏହାର କୌଣସି ସୁଯୋଗ ନେବା ପୂର୍ବରୁ ଘଟଣାଟିକୁ ବାଚସ୍ପତି ନିଜେ ଆତ୍ମସାତ୍ କରିନେବା ଏକ ଚମତ୍କାର ନିଷ୍ପତ୍ତି । ବିରୋଧି କଂଗ୍ରେସ ବାଚସ୍ପତିଙ୍କ ନିଷ୍ପତ୍ତିକୁ ସ୍ୱାଗତ କରିବା ଏକ ପାଣିଚିଆ ପଦକ୍ଷେପ ଭଳି ଲାଗେ ।

'କଂଗ୍ରେସ ଦ୍ୱାରା ଆଗତ ବହିଷ୍କାର ପ୍ରସ୍ତାବକୁ ଚପାଇବାର କୌଣସି ଉଦ୍ଦେଶ୍ୟ ମୋର ନାହିଁ ଏବଂ ଗୃହରେ ପ୍ରସ୍ତାବଟି ଆଗତ କରାଯିବ କି ନାହିଁ ସେ ନେଇ ବିଧାୟକମାନେ ନିଜ ବିବେକାନୁମୋଦିତ ଭାବେ କାର୍ଯ୍ୟ କରନ୍ତୁ' ବୋଲି ବାଚସ୍ପତି ମହେଶ୍ୱର ମହାନ୍ତି କହିଥିଲେ । ଯେତେଦିନ ଯାଏଁ ପ୍ରସ୍ତାବଟିର ବିଚାର ନ ହୋଇଛି ବା ପ୍ରସ୍ତାବଟି କାଟ୍ ନ ଖାଇଛି ଗୃହର ଅଧ୍ୟକ୍ଷତା ଉପବାଚସ୍ପତି କରିବେ ବୋଲି ତାଙ୍କ ଘୋଷଣା ଏକ ଅସ୍ୱାଭାବିକ ସାମ୍ବିଧାନିକ ପ୍ରକ୍ରିୟାକୁ ଜନ୍ମ ଦେଇଛି ।

ବାଚସ୍ପତିଙ୍କ ବିରୁଦ୍ଧରେ ଆସିଥିବା ଅଭିଯୋଗର ବିଚାର ଗୃହ ହିଁ କରିବା କଥା । ଏବଂ ପ୍ରସ୍ତାବଟି ଆଲୋଚନା ହେବା ବେଳେ ଅନେକ କଥା ସାମନାକୁ ଆସିବ । ସୁତରାଂ ଏଠି ପ୍ରଶ୍ନ ହେଉଛି ବାଚସ୍ପତି ଭଳି ଏକ ମର୍ଯ୍ୟାଦାଜନକ ପଦବୀକୁ ନେଇ ଏଭଳି ଛି ଛାକରା କରିବା ଠିକ୍ କି ?

ଭାରତର ସଂସଦୀୟ ଗଣତନ୍ତ୍ରରେ ବାଚସ୍ପତି ପଦ ଏକ ଗୁରୁତ୍ୱପୂର୍ଣ୍ଣ ପଦବୀ ।

ଯେତେବେଳେ କୌଣସି ସଭା ବା ବୈଠକକୁ ଶୃଙ୍ଖଳିତ ଭାବେ ଚଳାଇବାକୁ ହୁଏ ଏଥିପାଇଁ ଜଣେ ଦକ୍ଷ ବ୍ୟକ୍ତି ନିତାନ୍ତ ରହିବା ଦରକାର। ଭାରତୀୟ ସମ୍ବିଧାନ ଲୋକସଭା ପାଇଁ ବାଚସ୍ପତି, ଉପବାଚସ୍ପତି ଏବଂ ରାଜ୍ୟସଭା ପାଇଁ ଅଧ୍ୟକ୍ଷ ଓ ଉପାଧ୍ୟକ୍ଷ ଏହିଭଳି ୪ଟି ପଦବୀ ସୃଷ୍ଟି କରିଛି। ବିଧାନସଭା ଓ ବିଧାନ ପରିଷଦମାନେ ମଧ୍ୟ ଏହି ଢାଞ୍ଚାରେ ହିଁ ଚାଲନ୍ତି।

ବାଚସ୍ପତି ପଦଟି ବ୍ରିଟିଶ୍ ସାମ୍ବିଧାନିକ ଇତିହାସର ଏକ ଉତ୍ପାଦ ଏବଂ ବହୁ ବାଦ୍-ବିସମ୍ବାଦ ଦେଇ ଏହି ପଦବୀଟି ଗତି କରିଛି। ବ୍ରିଟିଶ୍ ହାଉସ୍ ଅଫ୍ କମନ୍ସ ଗୋଟିଏ ସମୟରେ କେବଳ ପିଟିସନ୍ ଶୁଣୁଥିଲା କିନ୍ତୁ କୌଣସି ନୀତି ପ୍ରଣୟନ କରୁନଥିଲା। ସେହି ସମୟରେ ବାଚସ୍ପତି ଉଭୟ ଗୃହର ମତକୁ ବ୍ରିଟିଶ୍ କ୍ରାଉନ୍ ଆଗରେ ଉପସ୍ଥାପନ କରୁଥିଲେ।

ରାଣୀଙ୍କ ସମ୍ମୁଖରେ କମନ୍ସଙ୍କର ସେ ଥିଲେ ମୁଖପାତ୍ର ବା ବାଚସ୍ପତି। କୌତୂହଳର ବିଷୟ ଯେ ବାଚସ୍ପତିମାନେ ଆଜିକାଲି କ୍ୱଚିତ ମୁହଁ ଖୋଲୁଛନ୍ତି। ଯଦି ବି ସେ କେବେ କିଛି କହୁଛନ୍ତି ଗୃହ ପାଇଁ କହୁଛନ୍ତି, ଗୃହକୁ ନୁହେଁ। ସେ ଗୃହର ଆଲୋଚନାରେ ଭାଗ ନିଅନ୍ତି ନାହିଁ; ସେ କେବଳ ଗୃହର ଅଧ୍ୟକ୍ଷତା କରନ୍ତି।

ଭାରତର ପାର୍ଲାମେଣ୍ଟ ଓ ବିଧାନସଭାର ସ୍ପିକରମାନେ ହାଉସ୍ ଅଫ୍ କମନ୍ସର ସ୍ପିକରଙ୍କ ଅନୁରୂପ। ତାଙ୍କ ଦପ୍ତରଟି ଏକ ସ୍ୱତନ୍ତ୍ର ଗୌରବ ବହନ କରେ। ଏଥିରେ ଅଥରିଟି ଅଛି ଏବଂ ମର୍ଯ୍ୟାଦା ବି ଭର୍ତ୍ତି ହୋଇ ରହିଛି। ସେ ହେଉଛନ୍ତି ବିଧାନସଭାର ମୁଖ୍ୟ। ଗୃହରେ ଶୃଙ୍ଖଳିତ ଭାବେ କାର୍ଯ୍ୟ ଚଳାଇବା ହେଉଛି ତାଙ୍କର ଦାୟିତ୍ୱ। ବିଧାନସଭା ଗୃହ ଭିତରେ ଓ ଗୃହ ସମ୍ବନ୍ଧିତ ସମଗ୍ର ପ୍ରଶ୍ନରେ ତାଙ୍କ କଥା ହିଁ ଚୂଡାନ୍ତ।

ସ୍ୱାଧୀନ ଓ ନିରପେକ୍ଷ ରହିବା ବାଚସ୍ପତି ପଦର ଦୁଇଟି ମୁଖ୍ୟ କଥା। ପଦବିଟିର ସୁରକ୍ଷା ପାଇଁ ଅନେକ ଉପାୟ ମଧ୍ୟ ରହିଛି। ପ୍ରିସିଡେନ୍ସ ବା ପ୍ରୋଟୋକଲ୍‌ରେ ବାଚସ୍ପତିଙ୍କୁ ଉପଯୁକ୍ତ ସ୍ଥାନ ଦିଆଯାଇଛି। ରାଜ୍ୟପାଳ ଓ ମୁଖ୍ୟମନ୍ତ୍ରୀଙ୍କ ପରେ ସେ ହେଉଛନ୍ତି ତୃତୀୟ ସର୍ବୋଚ୍ଚ ପଦବୀଧାରୀ। ସେ ସମସ୍ତ କ୍ୟାବିନେଟ୍ ମନ୍ତ୍ରୀଙ୍କ ଊର୍ଦ୍ଧ୍ୱରେ, କେବଳ ମୁଖ୍ୟମନ୍ତ୍ରୀଙ୍କୁ ଛାଡି। ତାଙ୍କ ଦରମା ଭତ୍ତା ଇତ୍ୟାଦିରେ ଭୋଟ ହୁଏ ନାହିଁ। ନିର୍ଦ୍ଦିଷ୍ଟ ଅଭିଯୋଗ ପ୍ରସ୍ତାବ ଆଣିବା ବିନା ତାଙ୍କର ଆଚରଣ ଆଉ କୌଣସି ବାଟରେ ଆଲୋଚିତ ହୋଇପାରିବ ନାହିଁ, ଯାହାକି କଂଗ୍ରେସ ଏବେ କରିଛି।

ପ୍ରଚଳିତ ପାର୍ଲାମେଣ୍ଟାରୀ ବ୍ୟବସ୍ଥା ଅନୁଯାୟୀ ବାଚସ୍ପତି ରାଜନୀତିରେ ଜଣେ ନ୍ୟୁଟ୍ରାଲ୍ ବା ନିରକ୍ଷର ବ୍ୟକ୍ତି ବିଶେଷ। ବାଚସ୍ପତି ନିର୍ବାଚିତ ହେବା ପରେ ସେ ନିଜ ଦଳର କାର୍ଯ୍ୟକଳାପଠାରୁ ଦୂରେଇ ରହନ୍ତି। ଯଦିଓ ସେ ଦଳରେ ରହିପାରିବେ ସେ

କିନ୍ତୁ ସକ୍ରିୟ ରାଜନୀତିରେ ଅଂଶଗ୍ରହଣ କରିପାରିବେ ନାହିଁ। ସେ ନିଜ ଦଳର କୌଣସି ପଦ ପଦବୀ ଗ୍ରହଣ କରିପାରିବେ ନାହିଁ କିମ୍ବା ଦଳର କୌଣସି ସଭା ବା ଉତ୍ସବରେ ଯୋଗ ଦେଇପାରିବେ ନାହିଁ। ରାଜନୈତିକ ବିବାଦ ଓ ଦଳର ପ୍ରଚାର ଅଭିଯାନଠାରୁ ସେ ନିଜକୁ ଦୂରେଇ ରଖିବେ।

ବିଧାନସଭା କାର୍ଯ୍ୟକୁ ବିନା ଅସୁବିଧାରେ ଏବଂ ଶୃଙ୍ଖଳିତ ଢଙ୍ଗରେ ଚଳାଇବାର ଦାୟିତ୍ୱ ବାଚସ୍ପତିଙ୍କର। ଗୃହରେ ତାଙ୍କ ଆଖିରେ ନ ପଡିବା ଯାଏଁ କୌଣସି ସଦସ୍ୟ କିଛି କହିପାରିବେ ନାହିଁ। ଅନ୍ୟ ଅର୍ଥରେ, ଚେୟାର ଅନୁମତି ନ ଦେବା ପର୍ଯ୍ୟନ୍ତ ସଦସ୍ୟମାନେ ଗୃହରେ ବକ୍ତବ୍ୟ ରଖି ପାରିବେ ନାହିଁ। ବାଚସ୍ପତି ଏକଥା ମଧ୍ୟ ନିଷ୍ପତ୍ତି କରିବେ କେଉଁ ସଦସ୍ୟ ପ୍ରଥମେ କହିବେ ଓ କେତେ ସମୟ ପାଇଁ କହିବେ। ସେ ଜଣେ ସଦସ୍ୟଙ୍କୁ ବକ୍ତବ୍ୟ ବନ୍ଦ ରଖିବା ପାଇଁ ନିର୍ଦ୍ଦେଶ ଦେଇପାରିବେ ଏବଂ କୌଣସି ସଦସ୍ୟ ଯଦି କିଛି ଆଶାଳୀନ ପଦ ବା ଭାଷା ଗୃହରେ ବ୍ୟବହାର କରିଥାନ୍ତି ତାକୁ ସେ ଫେରେଇ ନେବା ପାଇଁ ନିର୍ଦ୍ଦେଶ ଦେଇପାରିବେ। ସେ ଆହୁରି ମଧ୍ୟ ନିର୍ଦ୍ଦେଶ ଦେଇପାରିବେ ଯେ ତାଙ୍କ ଅନୁମତି ବିନା କୌଣସି ସଦସ୍ୟଙ୍କ ବିବୃତି ବିଧାନସଭା ରେକର୍ଡ଼ରେ ଲିପିବଦ୍ଧ ହୋଇପାରିବ ନାହିଁ।

ବିଶୃଙ୍ଖଳିତ ବ୍ୟବହାର ସକାଶେ ବାଚସ୍ପତି ଜଣେ ସଦସ୍ୟଙ୍କୁ ଦିନକ ପାଇଁ ବିଧାନସଭା ଗୃହ ବାହାରେ ରହିବା ପାଇଁ ନିର୍ଦ୍ଦେଶ ଦେଇପାରିବେ। ଏପରିକି ଜଣେ ସଦସ୍ୟଙ୍କୁ ଉଚ୍ଛୃଙ୍ଖଳତା ପାଇଁ ଗୃହରୁ ନିଲମ୍ବନ ମଧ୍ୟ କରିଦେଇପାରନ୍ତି। ବିଧାନସଭା ଗୃହର ସମସ୍ତ ସଦସ୍ୟ ତାଙ୍କ ଶୃଙ୍ଖଳାକୁ ମାନିବାକୁ ବାଧ୍ୟ। ତାଙ୍କୁ ସମ୍ମାନ ଦେଖାଇବା ଓ ତାଙ୍କ ସହିତ ସଂଭ୍ରମତାର ସହ ଆଚରଣ ପ୍ରଦର୍ଶନ କରିବା ପାଇଁ ବିଧାୟକମାନେ ବାଧ୍ୟ। ଅବଶ୍ୟ ଏକଥା ମଧ୍ୟ ସତ ସେ ବାଚସ୍ପତିଙ୍କ କ୍ଷମତାର ଉତ୍ସ ବିଧାନସଭା ଗୃହ। ତାଙ୍କର ସମସ୍ତ କ୍ଷମତା ସେ ଗୃହରୁ ହିଁ ପାଇଥାନ୍ତି। ଅନ୍ୟ ଅର୍ଥରେ ସେ ଗୃହର ଭାବଧାରାକୁ କଦାପି ପଦାବନତ କରିପାରିବେ ନାହିଁ। ସେ ଗୃହର ସେବକ, ମାଲିକ ନୁହଁନ୍ତି।

ବର୍ତ୍ତମାନର ବାଚସ୍ପତି ଏସବୁ ଦାୟିତ୍ୱ ଓ କର୍ତ୍ତବ୍ୟକୁ କେତେଦୂର ସମ୍ପନ୍ନ କରିଆସିଛନ୍ତି ତାହାର ପର୍ଯ୍ୟାଲୋଚନା କରାଯିବା ବେଳେ ଏକଥା କହିବାରେ କୁଣ୍ଠାବୋଧ ନାହିଁ ଯେ ପ୍ରଥମ ଥର ପାଇଁ ବାଚସ୍ପତି ପଦ ଅଳଙ୍କୃତ କରିଥିଲେ ହେଁ ବିଧାନସଭାର କାର୍ଯ୍ୟକୁ ସେ ନିଜର ପାରୁପର୍ଯ୍ୟନ୍ତ ଉତ୍ତମ ଢଙ୍ଗରେ ଚଳାଇ ଆସିଛନ୍ତି। ବାଚସ୍ପତିଙ୍କ ବିରୁଦ୍ଧରେ ଯେଉଁସବୁ ଅଭିଯୋଗ କଂଗ୍ରେସ ଦଳ ଆଣିଛି ତାହା ରାଜନୈତିକ ଅଭିସନ୍ଧିପୂର୍ଣ୍ଣ କି ନା ତାହା ଜଣାପଡିବ ପ୍ରସ୍ତାବର ଆଲୋଚନା ବେଳେ। କିନ୍ତୁ ଏହି ପଦର ମର୍ଯ୍ୟାଦା ଦୃଷ୍ଟିରୁ ବାଚସ୍ପତିଙ୍କ ବିରୁଦ୍ଧରେ ଛୋଟ ଛୋଟ କଥାକୁ

ନେଇ ଅନାସ୍ଥା ପ୍ରସ୍ତାବ ଆଣିବା ସାମ୍ବିଧାନିକ ରାଜନୈତିକ ପରମ୍ପରାର ଏକ ବ୍ୟତିକ୍ରମ।

ତାଙ୍କ ପୂର୍ବାସୂରୀଙ୍କ ଭଳି କୌଣସି ଦୁର୍ନୀତିରେ ସେ ଲିପ୍ତ ହୋଇ ନାହାନ୍ତି କିମ୍ବା ବିହାର ବିଧାନସଭାର ବାଚସ୍ପତିଙ୍କ ଭଳି ଭାଇ ବନ୍ଧୁ କୁଟୁମ୍ବଙ୍କୁ ୨୮୫ଟି ବେନିୟମ ଚାକିରୀ ଦେଇନାହାନ୍ତି। ଅତୀତରେ ବିଭିନ୍ନ ରାଜ୍ୟରେ ଏଭଳି ବ୍ୟକ୍ତି ବାଚସ୍ପତି ରହି ଆସିଛନ୍ତି ଯିଏ ନିଜର କ୍ଷମତାର ଅପବ୍ୟବହାର କରିଛନ୍ତି, ଗୃହର ଆଲୋଚନାକୁ ଜାଣିଶୁଣି ପକ୍ଷପାତିତାପୂର୍ଣ୍ଣ କରିଛନ୍ତି, ସଦସ୍ୟମାନଙ୍କ ଦଳବଦଳ ନିୟମର ଭୁଲ ତର୍ଜମା କରି ଅଯୋଗ୍ୟ ଘୋଷଣା କରିଛନ୍ତି ଏବଂ ଏପରିକି କିଛି ବାଚସ୍ପତି ବିଧାନସଭା କର୍ମଚାରୀମାନଙ୍କ ପାଇଁ କିଛି ବେନିୟମ ନିଷ୍ପତ୍ତି ମଧ୍ୟ ନେଇଛନ୍ତି। ବାଚସ୍ପତି ମହେଶ୍ୱର ମହାନ୍ତିଙ୍କ ବିରୁଦ୍ଧରେ ଆସିଥିବା ବହିଷ୍କାର ପ୍ରସ୍ତାବରେ ଏହିଭଳି କ'ଣ ସବୁ ଗୁରୁତର ଅଭିଯୋଗ ରହିଛି ତାହା ଦେଖାଯିବା ଦରକାର।

■

(ଶନିବାର ୨୪ ମାର୍ଚ୍ଚ, ୨୦୦୭)

ବାମପନ୍ଥୀଙ୍କ ପାଇଁ ଚିନ୍ତା

ମାର୍କସବାଦୀ କମ୍ୟୁନିଷ୍ଟ ପାର୍ଟିର ମହାସଚିବ ପ୍ରକାଶ କରତ ନିକଟରେ କହିଥିଲେ ଯେ ୟୁପିଏ ଡଙ୍ଗାକୁ ବୁଡ଼ାଇବାର କୌଣସି ଘୋଷଣା ଯୋଜନା ବାମପନ୍ଥୀଙ୍କର ନାହିଁ। ମନମୋହନ ସିଂହଙ୍କ ସରକାର ପାଇଁ ଏହା ଭଲ ଖବରଟିଏ ନିଶ୍ଚିତ। କେବଳ ରାଜନୀତି ଦୃଷ୍ଟିରୁ ନୁହେଁ ପ୍ରାୟ ସବୁ ସାମାଜିକ, ଅର୍ଥନୈତିକ ପ୍ରସଙ୍ଗରେ ବାମପନ୍ଥୀଙ୍କର କିଛି ନା କିଛି କହିବାର ଥାଏ, ଯଦିଚ ନିକଟ ଅତୀତର କେତୋଟି ଘଟଣାବଳୀରୁ ବାମପନ୍ଥୀଙ୍କର ପୂର୍ବର ସେହି ହୁଙ୍କାର ଆଉ ନାହିଁ ଏହା ସ୍ପଷ୍ଟ।

ବର୍ତ୍ତମାନର ବାମପନ୍ଥୀମାନଙ୍କ ସ୍ଥିତିର ଏକ ପର୍ଯ୍ୟାଲୋଚନା ଯଦି କରାଯାଏ, ଏଥିରେ ଅନେକ ବିରୋଧାଭାସ ସାମନାକୁ ଆସିବ। ଆପଣ ଯଦି ଜଣେ ଅଣ-କମ୍ୟୁନିଷ୍ଟ ହୋଇଥିବେ ବାମପନ୍ଥୀଙ୍କ ସମ୍ବନ୍ଧରେ କୌଣସି ଏକ କଳନା କରିବା କଷ୍ଟକର ହେବ। କିନ୍ତୁ ଉଦ୍ୟମ କରାଗଲେ କିଛି କ୍ଷତି ନାହିଁ।

ପ୍ରଥମେ ବାମପନ୍ଥୀଙ୍କ ଶକ୍ତି କଥା ଦେଖାଯାଉ। ଲୋକସଭାରେ ସେମାନଙ୍କର ୧୧ ପ୍ରତିଶତ ପ୍ରତିନିଧିତ୍ୱ ସତ୍ତ୍ୱେ କେନ୍ଦ୍ରରେ ଏକ ସଂଖ୍ୟାଲଘୁ ସରକାରଙ୍କୁ ସେମାନେ ସମର୍ଥନ ଦେଇ ଚାଲିଛନ୍ତି। ଯଦି ଶାସକ କଂଗ୍ରେସ ଦଳର ସଂଖ୍ୟା ଗରିଷ୍ଠତା ଥାଆନ୍ତା ଏହି ୧୧% ପ୍ରତିନିଧିତ୍ୱ କୌଣସି କାର୍ଯ୍ୟରେ ଆସି ନଥାନ୍ତା। ସୁତରାଂ ବାମପନ୍ଥୀମାନେ ଯଦି କ୍ଷମତାର ଦଣ୍ଡ ଧରିଛନ୍ତି ତାହା ସମ୍ପୂର୍ଣ୍ଣଭାବେ ଏକ ଦୈବାତ ଘଟଣା। କେନ୍ଦ୍ରରେ ଏବର ବାମପନ୍ଥୀ ସମର୍ଥନକୁ ଇନ୍ଦିରା ଗାନ୍ଧୀଙ୍କ ପ୍ରଧାନମନ୍ତ୍ରୀତ୍ୱ ବେଳର ସମର୍ଥନ ସହିତ ତୁଳନା କରାଯାଇପାରେ, ଯେତେବେଳେ କି (୧୯୭୧) ସିପିଆଇର ସମର୍ଥନରେ କେନ୍ଦ୍ରରେ କଂଗ୍ରେସର ସରକାର ଚାଲିଥିଲା।

ବାମପନ୍ଥୀଙ୍କର ଆଉ ଏକ ଶକ୍ତି ହେଉଛି ଦୁଇଟି ରାଜ୍ୟରେ କ୍ଷମତା ଅକ୍ତିଆର। ଏହା ପ୍ରମାଣିତ କରୁଛି ଦୁଇ ରାଜ୍ୟରେ ବାମପନ୍ଥୀଙ୍କ ଭିତ୍ତି ବଜାୟ ରହିଛି। ଏମାନଙ୍କ

ଆଉ ଏକ ବଳ ହେଉଛି ଦଳରେ ଯେଉଁ କ୍ୟାଡ଼ର ଅଛନ୍ତି । ତା'ଛଡା କଳ କାରଖାନାରେ ଯେଉଁ କାର୍ଯ୍ୟରତ ଶ୍ରମିକ/କର୍ମଚାରୀ ଅଛନ୍ତି ସେମାନେ ମଧ୍ୟ ବାମପନ୍ଥୀମାନଙ୍କ ପାଇଁ ଏକ ପ୍ରଚଣ୍ଡ ଶକ୍ତି । ସମଗ୍ର ଦେଶରେ ସିପିଏମ୍‌ର ଶ୍ରମିକ ସଙ୍ଗଠନ ସିଟୁର ସଭ୍ୟ ସଂଖ୍ୟା ଏହାକୁ ପ୍ରମାଣ କରେ । ବାମପନ୍ଥୀଙ୍କ ସପକ୍ଷରେ ଅନ୍ୟ ଏକ ଭଲ କଥା ହେଉଛି ଯେ ନେତାମାନଙ୍କର ବ୍ୟକ୍ତିଗତ ସାଧୁତା ଓ ନିଷ୍ଠା ରହିଛି । କେହି କେବେ ବି ଶୁଣିନଥିବେ କୌଣସି ଭ୍ରଷ୍ଟାଚାର ତାଲିକାରେ ବାମପନ୍ଥୀମାନଙ୍କ ନାମ ରହିଛି ।

ଏଇଟି ହେଲା ଶକ୍ତି । ଦୁର୍ବଳତା ସବୁ କ'ଣ ? ଦୁର୍ବଳତା ତାଲିକାରେ ଆସିବ ବାମପନ୍ଥୀ ଦଳଙ୍କ ରାଜନୈତିକ ସମ୍ପ୍ରସାରଣ । ଦଶବର୍ଷ ତଳେ 'ଲାଲ ସଲାମ'ର ଦଳଗୁଡ଼ିକ ଯେଉଁ ତିନୋଟି ରାଜ୍ୟରେ (ପଶ୍ଚିମବଙ୍ଗ, ତ୍ରିପୁରା, କେରଳ) କ୍ଷମତାରେ ଥିଲେ ଏବେ ବି ସେଇୟା । ଆଉ ଅଧିକ ରାସ୍ତା ସେମାନେ ଯାଇପାରି ନାହାନ୍ତି । ଗୋଟିଏ ସମୟ ଥିଲା ଯେତେବେଳେ ବାମପନ୍ଥୀଙ୍କ ଧର୍ମଘଟ ଡାକରାରେ ଭାରତରେ ଅନେକ ରାଜ୍ୟ ଓ ବଡ଼ ବଡ଼ ସହରରେ ସାଧାରଣ ଜୀବନ ବ୍ୟାହତ ହୋଇଯାଇ ପାରୁଥିଲା ଓ ସବୁ ଠପ୍ ହୋଇଯାଉଥିଲା । କିନ୍ତୁ ସାଧାରଣ ଧର୍ମଘଟକୁ ଆଜିକାଲି ଆଉ କେହି ପସନ୍ଦ କରୁ ନାହାନ୍ତି । କୋର୍ଟଗୁଡ଼ିକ ତ ଧର୍ମଘଟ ଉପରେ ଯାବତୀୟ କଟକଣା ପ୍ରୟୋଗ କରି ଆସିଛନ୍ତି ।

ବାମପନ୍ଥୀମାନଙ୍କର ସବୁଠାରୁ ବଡ଼ ଦୁର୍ବଳତା ହେଉଛି ଯେ ସାମ୍ପ୍ରତିକ ସମୟର ରାଜନୀତି ବାମପନ୍ଥୀ ଚିନ୍ତାଧାରାକୁ ପସନ୍ଦ କରୁ ନାହିଁ । ଏପରିକି ରାଜନୈତିକ ମୁଖ୍ୟ ସ୍ରୋତରେ ଥିବା ଗଣତାନ୍ତ୍ରିକ ଦଳମାନଙ୍କର ବାମପନ୍ଥୀ ଦୃଷ୍ଟିକୋଣ ପ୍ରତି ସହାନୁଭୂତି ନାହିଁ । ୧୯୬୯-୭୧ ଏବଂ ୨୦୦୬-୦୭ଭିତରେ ଏଇଟି ହିଁ ହେଉଛି ଫରକ । ସତୁରୀ ଦଶକରେ ବାମପନ୍ଥୀଙ୍କ କଥା ଶୁଣିବାକୁ ଲୋକେ ଆଗେଇ ଆସୁଥିଲେ । ଆଜି କିନ୍ତୁ ଭାରତ ପୁଞ୍ଜିବାଦ ରାସ୍ତାରେ ଏବଂ ସେହି ରାସ୍ତାରୁ ଫେରିବାର କୌଣସି ସମ୍ଭାବନା ନାହିଁ ।

ଆଗକୁ ବାମପନ୍ଥୀମାନଙ୍କ ପାଇଁ ଆଶଙ୍କା ଯେ ନାହିଁ ତାହା ନୁହେଁ । ସବୁଠାରୁ ବଡ଼ ଆଶଙ୍କା ହେଉଛି ଯେ ବର୍ତ୍ତମାନ ଲୋକସଭାରେ ବାମପନ୍ଥୀଙ୍କ ଯେଉଁ ଉପସ୍ଥିତି ରହିଛି ତାହା ୨୦୦୯ ନିର୍ବାଚନ ପରେ ହୁଏତ ନଥିବ । ୨୦୦୯ରେ ଯଦି ୟୁପିଏ କ୍ଷମତାଚ୍ୟୁତ ହୁଏ, ତେବେ ସ୍ୱାଭାବିକ ଭାବେ ବାପପନ୍ଥୀଙ୍କ ପତିଆରା ହ୍ରାସ ପାଇବ । ବାମପନ୍ଥୀମାନଙ୍କ ପାଇଁ ଆଉ ଏକ ଭୟ ହେଉଛି ମାଓବାଦୀ- ଯଦିଓ ଅନେକ ଏହାକୁ ଏକ ଭୟ ବୋଲି ମନେ କରୁ ନାହାନ୍ତି ।

ନକ୍ସଲବାଦୀ ହିଂସା ଦେଶର ୬୦୦ରୁ ୧୬୦ଟି ଜିଲ୍ଲାରେ ବ୍ୟାପିଛି ବୋଲି

କୁହାଯାଉଥିବା ବେଳେ ପ୍ରକୃତରେ ଦେଶର ୧୨ ହଜାର ପୋଲିସ୍ ଷ୍ଟେସନ ଭିତରୁ ମାତ୍ର ୪% ପୋଲିସ ଷ୍ଟେସନରେ ମାଓବାଦୀଙ୍କ ପକ୍ଷରୁ ଭୟ ରହିଛି।

ବାମପନ୍ଥୀଙ୍କ ପାଇଁ ଅନ୍ୟ ଏକ ଭୟ ହେଉଛି ଯେ ବିଶ୍ୱ ତମାମ ଯଦି ବାମପନ୍ଥୀ ଆଦର୍ଶର ଅବକ୍ଷୟ ଘଟିବ ଭାରତୀୟ କମ୍ୟୁନିଷ୍ଟମାନଙ୍କୁ ମଧ୍ୟ ସେଥିରେ ପ୍ରଭାବିତ ହେବାକୁ ପଡିବ। ଯଦି ଭାରତର ବଜାର ଅର୍ଥନୀତିକ ବିକଶିତ ଏବଂ ଅଧିକ ଦୃଢ଼ ହେଲା ଏବଂ ବର୍ତ୍ତମାନ ଭଳି ଆଗେଇ ଚାଲିଲା ତେବେ ବାମପନ୍ଥୀଙ୍କ ପ୍ରଭାବ ନିଷ୍ପ୍ରଭ ହେବା ବ୍ୟତୀତ ଅନ୍ୟବାଟ ନାହିଁ।

ବାମପନ୍ଥୀ ଆଦର୍ଶ ଓ ରାଜନୀତି କଥା କହିବା ବେଳେ ଯେ କେବଳ ଦୁର୍ବଳତା ଓ ଆଶଙ୍କା ଆଖିରେ ପଡୁଛି ତାହା ନୁହେଁ ଏମାନଙ୍କ ପାଇଁ କିଛି ସୁଯୋଗ ମଧ୍ୟ ରହିଛି। ଏହି ସୁଯୋଗଟି ହେଉଛି ଯେ ଜାତୀୟ ପ୍ରସଙ୍ଗରେ ବାମପନ୍ଥୀ ମାନେ ଅଧିକ ଓଜନଦାର ଭୂମିକା ଗ୍ରହଣ କରିପାରିବେ। ୟୁପିଏ ସରକାରର ଅବଶିଷ୍ଟ ଆୟୁଷ ଭିତରେ ବାମପନ୍ଥୀମାନେ କେତୋଟି ନିର୍ଦ୍ଦିଷ୍ଟ ଜାତୀୟ ପ୍ରସଙ୍ଗ ବା ନୀତିକୁ ଆଗେଇନେବା ଦରକାର, ଯାହାକି ୧୯୬୯-୭୧ ପୁନରାବୃତ୍ତି ଭଳି ହେବ।

ୟୁପିଏ ସରକାର ଗଠିତ ହେବା ପୂର୍ବରୁ ବାମପନ୍ଥୀମାନେ ହିଁ ଏକ ନ୍ୟୁନତମ ସାଧାରଣ କାର୍ଯ୍ୟକ୍ରମ ବା କମନ ମିନିମମ ପୋଗ୍ରାମର କଥା କହିଥିଲେ ଏବଂ ବିଗତ ତିନି ବର୍ଷ ଧରି ଏହାରି ଭିତ୍ତିରେ ହିଁ ୟୁପିଏ ସରକାର ଚାଲି ଆସିଛି।

ପୁଞ୍ଜିବାଦୀ ଅର୍ଥନୀତିର କବଳରେ ଭାରତର ଗାଁ ଗହଳରେ ଚାଷୀ ଓ ଗରିବ ଖଟିଖିଆଙ୍କ ଜୀବନ ଦୁର୍ବିସହ ହୋଇ ପଡୁଥିବା ବେଳେ କମ୍ୟୁନିଷ୍ଟମାନେ ଚାହିଁଲେ ଏଥିରେ ନିଜର ପ୍ରଭାବ ସୃଷ୍ଟି କରିପାରିବେ। ସମ୍ଭବତଃ ବାମପନ୍ଥୀମାନେ କୃଷିଭିତ୍ତିକ କାର୍ଯ୍ୟସୂଚୀକୁ ଆଗେଇ ନେବା ସହିତ ଆଉ ଗୋଟିଏ ଦୁଇଟି ରାଜ୍ୟରେ କ୍ଷମତା ଅକ୍ତିଆର ମଧ୍ୟ କରିପାରନ୍ତି। ଯଦି ଅନ୍ୟ ରାଜ୍ୟ ଶାସନ ନିଜ ଦଖଲକୁ ନଆସିପାରିଲା ତେବେ ଲୋକସଭାରେ ଆଉ କିଛି ଅଧିକ ଆସନ ପାଇଁ ମଧ୍ୟ ଉଦ୍ୟମ ହୋଇପାରେ।

ରାଜନୈତିକ ସମ୍ପ୍ରସାରଣ ପାଇଁ କ'ଣ କରାଯିବା ଉଚିତ୍- ଏହି ପ୍ରଶ୍ନଟି ଯଦି କୌଣସି ବାମପନ୍ଥୀ ନେତାଙ୍କୁ ପଚରାଯିବ ସେ ନିଶ୍ଚିତରେ କହିବେ ଯେ ଏଥିପାଇଁ ଏକ ସର୍ବ ଭାରତୀୟ ରାଜନୈତିକ କାର୍ଯ୍ୟସୂଚୀ ଦରକାର ଯେଉଁଠି ସେମାନେ ସାମାଜିକ- ଗଣତାନ୍ତ୍ରିକ ମଞ୍ଚଟିଏ ଗଢ଼ି ପାରିବେ। ଶ୍ରମିକ, ନିଷ୍ପେଷିତ ଶ୍ରେଣୀ ଭିତରୁ ନୂଆ ନୂଆ ନେତା ସୃଷ୍ଟି ହେବା ମଧ୍ୟ ଜରୁରୀ।

କ୍ୟାଡ଼ର ଭିତ୍ତିକ ଦଳ ହିସାବରେ ବାମପନ୍ଥୀଙ୍କ ପାଖରେ ଯେଉଁ ସୁବିଧାଟି ରହିଛି ତାହାର ସମ୍ପୂର୍ଣ୍ଣ ଲାଭ ଉଠାଯାଇପାରିବ। ବାମପନ୍ଥୀମାନଙ୍କ ପାଇଁ ଆଉ ଗୋଟିଏ ସୁଯୋଗ

ରହିଛି ଯେ ବର୍ତ୍ତମାନର କେନ୍ଦ୍ର ରାଜନୀତିରେ ସେମାନେ ହିଁ ବିକଳ୍ପ ବାଟଟି ଦେଖାଇପାରିବେ। କଂଗ୍ରେସ ଦଳ ଓ ବିଜେପି ଭିତରେ ବାମପନ୍ଥୀମାନେ ହିଁ ଦେଶ ପାଇଁ ଏକ ନୂଆ ରାଜନୈତିକ କାର୍ଯ୍ୟକ୍ରମ ତିଆରି କରିପାରିବେ। ଯଦି ଏକ ମୁଖ୍ୟଧାରାର ଅର୍ଥନୈତିକ ଦୃଷ୍ଟିକୋଣ ସହିତ ସେମାନେ ନିଜକୁ ପରିଚିତ କରିପାରିବେ; ଏହି ସୁଯୋଗ ଓ ସମ୍ଭାବନା ଯେ ବାସ୍ତବ ହୋଇପାରିବ ଏହା କହିବାରେ କୁଣ୍ଠାବୋଧ ନାହିଁ। ବାମପନ୍ଥୀମାନଙ୍କ ପାଇଁ ଏବେ ଯେଉଁ ଫାଇଦା ସୃଷ୍ଟି ହୋଇଛି ସେମାନେ ଏହି ଫାଇଦାକୁ ୧୯୭୧ ପରଠାରୁ ଅପେକ୍ଷା କରି ଆସିଥିଲେ।

■

(ଶନିବାର ମେ ୬, ୨୦୦୭)

କୁଛ୍ ଭି ହୋ ସକତା ହୈ

ରାଷ୍ଟ୍ରପତି ପଦ ପାଇଁ ଗୁରୁବାର ଦିନର ଭୋଟ୍‌ଦାନକୁ କେହି କେହି 'ରଙ୍ଗୋଲି' ସହିତ ତୁଳନା କରୁଛନ୍ତି- ବିଭିନ୍ନ ରଙ୍ଗ, ବିଭିନ୍ନ ମତ ଓ ବିଭିନ୍ନ ଆଚରଣ। କିନ୍ତୁ ଏହି ନିର୍ବାଚନରେ ଦଳମତ ନିର୍ବିଶେଷରେ ସମସ୍ତଙ୍କ ଉତ୍ସାହ ନିଶ୍ଚିତରେ ଦେଖିବା ବିଷୟ ଥିଲା। ଗଣତାନ୍ତ୍ରିକ ଓ ସାମ୍ବିଧାନିକ ପ୍ରକ୍ରିୟାର ଏକ ଗୁରୁତ୍ୱପୂର୍ଣ୍ଣ ଦିଗ-ରାଷ୍ଟ୍ରପତି ନିର୍ବାଚନରେ ଏବେ ସରିଲା ଓ ଫଳ ମଧ୍ୟ ଉଣା-ଅଧିକେ ସମସ୍ତେ ଜାଣନ୍ତି।

ଜୁଲାଇ ୧୯ ନିର୍ବାଚନରେ କିନ୍ତୁ ଗୋଟିଏ କଥା ସ୍ପଷ୍ଟ ହୋଇଥିଲା ଯେ, ଆମର ରାଜନୈତିକ ଦଳ ଓ ରାଜନେତାମାନଙ୍କୁ ଏବେ ବି ଅନେକ କଥା ଶିଖିବାର ଅଛି। ରାଷ୍ଟ୍ରପତି ନିର୍ବାଚନରେ ଅନୁପସ୍ଥିତ ରହିବା, ବିବେକ ଅନୁଯାୟୀ ଭୋଟଦାନ, ହୁଇପ୍, କ୍ରସ୍ ଭୋଟିଂ ଆଦି ଯେତେକଥା ଶୁଣାଯାଉଥିଲା, ସେ ସବୁରୁ କିଛି କିଛି ବାସ୍ତବରେ ମଧ୍ୟ ଘଟିଲା। ଶନିବାର ଦିନ ଆନୁଷ୍ଠାନିକ ଫଳାଫଳ ପ୍ରକାଶ ପାଇବା ପରେ ଏକ ବହୁ ଚର୍ଚ୍ଚିତ ନିର୍ବାଚନ ପ୍ରକ୍ରିୟାର ଶେଷ ହେବ। କିନ୍ତୁ ଏହା ଆଉ କିଛି ରାଜନୈତିକ ଝଡଝଞ୍ଜାକୁ ଜନ୍ମ ଦେବାର ସମ୍ଭାବନା ମଧ୍ୟ ରହିଛି।

ରାଷ୍ଟ୍ରପତି ନିର୍ବାଚନରେ ମେଣ୍ଟ ଦଳମାନଙ୍କ ଆଚରଣ କିନ୍ତୁ ସବୁଠାରୁ କୌତୂହଳଜନକ ଥିଲା। ଏହି ନିର୍ବାଚନର କୁପରିଣାମ ସବୁଠାରୁ ବେଶି ଏନଡିଏ ମେଣ୍ଟ ତଥା ୟୁଏନପିଏ ମେଣ୍ଟ ଉପରେ ପଡିଛି ବୋଲି ବୁଝିବାକୁ ହେବ। ରାଷ୍ଟ୍ରପତି ନିର୍ବାଚନର ମାତ୍ର କେଇଦିନ ପୂର୍ବରୁ ତୃତୀୟ ସାମ୍ମୁଖ୍ୟର ନେତାମାନେ ଘୋଷଣା କରିଥିଲେ ଯେ ସେମାନେ ଉଭୟ ୟୁପିଏ ସମର୍ଥିତ ପ୍ରାର୍ଥୀ ପ୍ରତିଭା ପାଟିଲ ଏବଂ ଏନଡ଼ିଏ ସମର୍ଥିତ ପ୍ରାର୍ଥୀ ଭୈରୋଁ ସିଂହ ଶେଖାୱତଙ୍କଠାରୁ ସମଦୂରତ୍ୱ ବଜାୟ ରଖିବେ। କିନ୍ତୁ ଭୋଟଦାନ ବେଳେ ଦେଖାଗଲା ଏ.ଆଇ.ଡି.ଏମ୍.କେ.ର ବିଧାୟକ ଓ ସଂସଦମାନେ ଶେଖାୱତଙ୍କୁ ଭୋଟ୍ ଦେଇଥିଲେ। ୟୁଏନପିଏର ଆବାହକ ଜୟଲଳିତା ଅବଶ୍ୟ ଏ ବିଷୟରେ କିଛି

ଜାଣିନାହାନ୍ତି ବୋଲି କହିବା ସହିତ ତାଙ୍କ ଦଳର ବିଧାୟକ ଏବଂ ସାଂସଦମାନେ ନିଜ ଇଚ୍ଛାରେ ଭୋଟ୍ ଦେଇପାରି ଥାଆନ୍ତି ବୋଲି କହିଛନ୍ତି। କିନ୍ତୁ ଏହା ତୃତୀୟ ସାମ୍ମୁଖ୍ୟର ଭବିଷ୍ୟତକୁ ନେଇ ଯେ ଅନିଶ୍ଚିତତା ସୃଷ୍ଟି କରିଛି ଏହା ନିଶ୍ଚିତ।

ଠିକ୍ ସେହିଭଳି ବିଜେପି-ଶିବସେନା ମେଣ୍ଟ। ପ୍ରତିଭା ପାଟିଲଙ୍କୁ ସମର୍ଥନ କରିଥିବାରୁ ବିଜେପି ଓ ସେନା ଭିତରେ ରାଜନୈତିକ ସମ୍ପର୍କ ତୁଟିଯିବା ଅବସ୍ଥାକୁ ଆସି ଯାଇଛି ଓ ବିଜେପି ନେତୃତ୍ୱ ସେନାଠାରୁ ଅଲଗା ହେବା ପାଇଁ କ୍ଷେତ୍ର ପ୍ରସ୍ତୁତ କରିବା ଆରମ୍ଭ କରିଦେଇଛି।

ମହାରାଷ୍ଟ୍ରରେ ଶିବସେନା ସହିତ ବିଜେପିର ୨୦ ବର୍ଷର ସମ୍ପର୍କ ଏବେ ସନ୍ଦେହ ଘେରରେ। ଗତ ରବିବାର ଦିନ ମହାରାଷ୍ଟ୍ର ବିଧାନସଭା ଶେଷ ହେବା ପୂର୍ବରୁ ଶିବସେନା ଯେଉଁ ଭୋଜିଭାତର ଆୟୋଜନ କରିଥିଲା ବିଜେପି ନେତାମାନେ ସେଥିରେ ଯୋଗ ଦେଇ ନଥିଲେ। ଇତି ମଧ୍ୟରେ ବିଜେପିର ୭୫ ଜଣ ବରିଷ୍ଠ ନେତାଙ୍କୁ ରାଜ୍ୟର ପ୍ରତିଟି ଜିଲ୍ଲା ଗସ୍ତ କରି ପରିସ୍ଥିତିର ସମୀକ୍ଷା କରିବାକୁ ଦଳ କହିଛି। ଯଦି ସେନା ସହିତ ସମ୍ପର୍କ ଛିନ୍ନ କରାଯାଏ, ଦଳର ଶକ୍ତି କେତେ କ'ଣ ରହିବ! ତା'ଛଡା ଏହି ନେତାମାନେ ବିଜେପିର ଦଳୀୟ କର୍ମୀଙ୍କ ମନୋଭାବର ମଧ୍ୟ ପରଖିବେ। ଆହୁରି ମଧ୍ୟ କଂଗ୍ରେସ ଏନସିପିର ସ୍ଥିତି କ'ଣ ତାହା ବିଜେପିର ନେତାମାନେ ଅନୁଧ୍ୟାନ କରିବେ ଏବଂ ସେନା-ବିଜେପି ମେଣ୍ଟ ଭାଙ୍ଗିଲେ ମହାରାଷ୍ଟ୍ରର ମହଜୁଦ୍ ସରକାରର କ'ଣ ଫାଇଦା ହେବ?

ଅବଶ୍ୟ ବିଜେପି ଶିବସେନା ସହିତ ସମ୍ପର୍କ ଛିନ୍ନ କରିବାରେ କିଛି ଅସୁବିଧା ଦେଖୁନାହିଁ। କାରଣ ୨୦୦୯ ମଧ୍ୟଭାଗ ପର୍ଯ୍ୟନ୍ତ ମହାରାଷ୍ଟ୍ରରେ କୌଣସି ନିର୍ବାଚନ ହେବାର ନାହିଁ। ସ୍ମରଣଯୋଗ୍ୟ, ପ୍ରତିଭା ପାଟିଲ ଜଣେ ମରାଠୀ ହୋଇଥିବା କାରଣରୁ ଆଞ୍ଚଳିକତାବାଦକୁ ଭିତ୍ତିକରି ଶିବସେନା ତାଙ୍କୁ ଭୋଟ୍ ଦେବା ସକାଶେ ନିଷ୍ପତ୍ତି ନେଇଥିଲା ଯାହାକି ବିଜେପିକୁ କ୍ଷୁବ୍ଧ କରିଥିଲା।

ରାଷ୍ଟ୍ରପତି ନିର୍ବାଚନ ପରେ ଏବେ ସମସ୍ତଙ୍କର ନଜର ଉପରାଷ୍ଟ୍ରପତିପଦ ଉପରେ। ସାମ୍ବିଧାନିକ ମର୍ଯ୍ୟାଦା ଦୃଷ୍ଟିରୁ ଏଇ ପଦବୀଟି ମଧ୍ୟ ରାଷ୍ଟ୍ରପତି ପଦଠାରୁ କିଛି କମ୍ ଗୁରୁତ୍ୱ ନୁହେଁ। କିନ୍ତୁ ଉପରାଷ୍ଟ୍ରପତି ପଦ ପାଇଁ ୟୁପିଏ ମେଣ୍ଟ ଭିତରେ ଓ କଂଗ୍ରେସ-ବାମପନ୍ଥୀ ସମ୍ପର୍କରେ କିଛି ଆଞ୍ଚ ଆଣିବା ସ୍ପଷ୍ଟ ଦେଖାଯାଉଛି।

ୟୁପିଏ ତଥା ଏହାର ଅଂଶୀଦାର ଦଳଙ୍କ ପାଇଁ ଉପରାଷ୍ଟ୍ରପତି ପଦ ପ୍ରାର୍ଥୀ ବାଛିବା ଏବେଠାରୁ ଏକ କଷ୍ଟକର ବ୍ୟାପାର ହୋଇ ପଡିଛି। ବାମପନ୍ଥୀମାନେ ଚାହୁଁଛନ୍ତି ଯେ, ଜଣେ ଅଣରାଜନେତା ଦେଶର ପରବର୍ତ୍ତୀ ଉପରାଷ୍ଟ୍ରପତି ହୁଅନ୍ତୁ। କଂଗ୍ରେସ ଦଳ କିନ୍ତୁ କେନ୍ଦ୍ର ସରକାରରେ ମନ୍ତ୍ରୀ ଥିବା ଜୟପାଲ ରେଡ୍ଡିଙ୍କୁ ପ୍ରାର୍ଥୀ କରିବା ଚାହୁଁଛି।

ଶୁକ୍ରବାର ଦିନ ବାମପନ୍ଥୀ ଦଳମାନେ ଅଣ-ଆନୁଷ୍ଠାନିକ ଭାବେ ଉପରାଷ୍ଟ୍ରପତି ପ୍ରାର୍ଥୀ ସମ୍ପର୍କରେ ଆଲୋଚାନ କରିବା ସକାଶେ ନୂଆଦିଲ୍ଲୀରେ ବସିଥିଲେ। କିନ୍ତୁ ଗତଥର ଭଳି ଏଥର ମଧ୍ୟ ଜଣେ 'ବୁଦ୍ଧିଜୀବୀ'ଙ୍କୁ ହିଁ ଉପରାଷ୍ଟ୍ରପତି କରାଯିବା ସପକ୍ଷରେ ମତ ପ୍ରକାଶ ପାଇଥିଲା।

ବାମପନ୍ଥୀମାନେ ଉପରାଷ୍ଟ୍ରପତି ପାଇଁ ଏଥର ଯେଉଁ ଯୋଗ୍ୟତା ସ୍ଥିର କରିଛନ୍ତି ତାହା ହେଉଛି ଯେ ସେ କୌଣସି ରାଜନୈତିକ ଦଳର ହେବା ନିତାନ୍ତ ଆବଶ୍ୟକ ନୁହେଁ। କିନ୍ତୁ ରାଜ୍ୟସଭା ଚଳାଇବା ପାଇଁ ତାଙ୍କର ପ୍ରଚୁର ରାଜନୈତିକ ଜ୍ଞାନ ଦରକାର।

କିଛି ସୂତ୍ର କହୁଛି ଯେ ବାମପନ୍ଥୀମାନେ ଇତିହାସବିତ୍ ଇରଫାନ୍ ହବିବ୍ ଓ ଶିକ୍ଷାବିତ୍ ମୁସିରୁଲ୍ ହୁସେନଙ୍କ ଭଳି ବ୍ୟକ୍ତିଙ୍କୁ ଉପରାଷ୍ଟ୍ରପତି କରିବା ଚାହାଁନ୍ତି। କଂଗ୍ରେସ କିନ୍ତୁ ବାମପନ୍ଥୀମାନଙ୍କର ଏହି 'ବୁଦ୍ଧିଜୀବୀ ପ୍ରେମ'କୁ ପସନ୍ଦ କରୁନାହିଁ। କଂଗ୍ରେସ ପ୍ରତିଭା ପାଟିଲଙ୍କ ଭଳି ନିଜ ପସନ୍ଦର ପ୍ରାର୍ଥୀଙ୍କୁ ହିଁ ଜିତାଇବା ପାଇଁ ଚାହୁଁଛି।

ଜୟପାଲ ରେଡ୍ଡୀଙ୍କ ନାମ ଉଠିବା ପଛରେ କଂଗ୍ରେସର ଯୁକ୍ତି ହେଉଛି ଯେ ତାଙ୍କର ସମାଜବାଦୀ ପୃଷ୍ଠଭୂମି ଯୋଗୁଁ ବାମପନ୍ଥୀମାନଙ୍କୁ ମନେଇବାରେ ସହାୟକ ହୋଇପାରେ। ବାମପନ୍ଥୀମାନେ ରାଜ୍ୟସଭାରେ ଅଧ୍ୟକ୍ଷ ଭାବରେ ଜଣେ ଅଣରାଜନୈତିକ ବ୍ୟକ୍ତି ଅବସ୍ଥାପିତ ହେବା ଏଥିପାଇଁ ଚାହାନ୍ତି ଯେ ଉଭୟ ଲୋକସଭା ଓ ରାଜ୍ୟସଭାର ଅଧ୍ୟକ୍ଷ ପଦବୀ ବାମପନ୍ଥୀ ଦଳର ହେବ- ଏହା କଦାପି ସମ୍ଭବ ନୁହେଁ।

ଉପରାଷ୍ଟ୍ରପତି ନିର୍ବାଚନ ପାଇଁ ତାରିଖ ଯେତିକି ନିକଟ ହୋଇଯାଉଛି କଂଗ୍ରେସ ଓ ବାମପନ୍ଥୀଙ୍କ ଭିତରେ ମୁହାଁମୁହିଁ ସେତେ ଜୋରଦାର ହୋଇଛି। କଂଗ୍ରେସ ଦଳର ଯୁକ୍ତି ହେଉଛି ଯେ ରାଜ୍ୟସଭାର ଅଧ୍ୟକ୍ଷ ବା ଉପରାଷ୍ଟ୍ରପତି ମୂଳତଃ ଜଣେ ରାଜନୈତିକ ପୃଷ୍ଠଭୂମିର ବ୍ୟକ୍ତିହେବା ଦରକାର। କାରଣ ତାଙ୍କୁ ରାଜ୍ୟସଭାର ଦୈନନ୍ଦିନ କାର୍ଯ୍ୟ ତୁଲାଇବାକୁ ହେବ। ତା'ଛଡା ଭାରତର ଅଧିକାଂଶ ଉପରାଷ୍ଟ୍ରପତି ପରବର୍ତ୍ତୀ ସମୟରେ ରାଷ୍ଟ୍ରପତି ହୋଇଛନ୍ତି। ଏଣୁ ଅଣରାଜନେତାଙ୍କୁ ଉପରାଷ୍ଟ୍ରପତି କରାଯିବାର ବାମପନ୍ଥୀ ଯୁକ୍ତିକୁ କଂଗ୍ରେସ ଗ୍ରହଣ କରୁନାହିଁ।ଜୁଲାଇ ୨୩ ତାରିଖ ହେଉଛି ଉପରାଷ୍ଟ୍ରପତି ପଦ ପାଇଁ ପ୍ରାର୍ଥିପତ୍ର ଦାଖଲ ଶେଷ ତାରିଖ। ଅଗଷ୍ଟ ୧୦ରେ ଭୋଟଗ୍ରହଣ କରାଯିବ ଓ ସେହିଦିନ ହିଁ ଫଳ ବାହାରିବ। ଏଣୁ କଂଗ୍ରେସ- ବାମପନ୍ଥୀଙ୍କ ପାଇଁ ହାତରେ ସମୟ କମ୍। ଉପରାଷ୍ଟ୍ରପତି ପ୍ରାର୍ଥୀଙ୍କୁ ନେଇ ଆଗାମୀ ୪୮ ଘଣ୍ଟା ଭିତରେ ଯାହା କୁହାଯାଏ 'କୁଛ୍ ଭି ହୋ ସକ୍‌ତା ହୈ'।

■

(ଶନିବାର, ୨୧ ଜୁଲାଇ, ୨୦୦୭)

କଳା ଦୁର୍ଗତି

ବିଗତ କିଛିଦିନ ଧରି ଗଣମାଧ୍ୟମରେ ବରୋଦାର ଏମ.ଏସ.ବିଶ୍ୱବିଦ୍ୟାଳୟରେ ଘଟିଥିବା ଘଟଣା ଉପରେ ଘମାଘୋଟ ଚର୍ଚ୍ଚା ଲାଗି ରହିଛି। ଏଥି ପୂର୍ବରୁ ଚିତ୍ରଶିଳ୍ପୀ ଏମ୍.ଏଫ୍.ହୁସେନଙ୍କ ସମ୍ପତ୍ତି ବାଜ୍ୟାପ୍ତିକୁ ନେଇ ବହୁ ତର୍ଜମା ହୋଇଛି। ଏହି ଦୁଇଟି ଅନୁରୂପ ଘଟଣାର ମୂଳବିନ୍ଦୁ ହେଉଛି ଆମର ଅସହିଷ୍ଣୁତା। ଦେଶରେ ନାଗରିକମାନଙ୍କର ମୌଳିକ ଅଧିକାର କିଭଳି ବିଭାଜିତ, ବିଖଣ୍ଡିତ ଓ ବିପର୍ଯ୍ୟସ୍ତ ତାହାର ବହୁ ଉଦାହରଣ ରହିଛି। ଏହାର ଅନ୍ୟ ଏକ ଦିଗ ହେଉଛି ଯେ ଶିକ୍ଷାନୁଷ୍ଠାନ ଏବଂ ଅନ୍ୟ ଅନୁଷ୍ଠାନ ଗୁଡିକରେ ଏକ ରକମର ସାଲିସ ମନୋବୃତ୍ତି ରାଜୁତି କରୁଛି। ଏମ୍.ଏସ୍.ବିଶ୍ୱବିଦ୍ୟାଳୟର ଆନ୍ତର୍ଜାତୀୟ ସ୍ତରରେ ସୁନାମ ରହିଛି।

ଘଟଣାଟିର ସୂତ୍ରପାତ ହେଲା ଯେବେ ଜଣେ ବଜରଙ୍ଗ ଦଳର କର୍ମୀ ବିଶ୍ୱବିଦ୍ୟାଳୟର ଚାରୁକଳା ବିଭାଗ ଭିତରେ ପ୍ରବେଶ କରି ସେଠି ଚାଲୁଥିବା ଏକ ପ୍ରଦର୍ଶନୀକୁ ଭଙ୍ଗାରୁଜା କରିପକାଇଥିଲେ। ଏହାର କାରଣ କ'ଣ ? ଯେଉଁ ଛାତ୍ରଜଣକ ଚିତ୍ର ପ୍ରଦର୍ଶନୀଟିଏ ଆୟୋଜନ କରିଥିଲେ ସେଥିରେ ସ୍ଥାନ ପାଇଥିବା ଚିତ୍ରଗୁଡିକ କିଛି ଗୋଷ୍ଠୀର ଧାର୍ମିକ ଭାବନାକୁ ଅପମାନିତ କରୁଥିଲା। ପରେ ଛାତ୍ରଟିକୁ ଗିରଫ କରାଗଲା ଏବଂ ସେହି ପ୍ରଦର୍ଶନୀଟିକୁ ବନ୍ଦ କରି ଦିଆଗଲା। ସେହି ବିଭାଗର ମୁଖ୍ୟ ଅଧ୍ୟାପକଙ୍କୁ ଚାକିରିରୁ ନିଲମ୍ବିତ କରାଗଲା। ନିଲମ୍ବନର କାରଣ ହେଲା ସେ ପ୍ରଦର୍ଶନୀକୁ ବନ୍ଦ କରିବା ପାଇଁ ମନା କରିଦେଇଥିଲେ। ଶେଷରେ ଛାତ୍ରଜଣକ ୫ଦିନ ହାଜତରେ ରହିବା ପରେ ଖଲାସ ହେଲେ।

ବିଶ୍ୱବିଦ୍ୟାଳୟର କୁଳପତି ଏ ସମଗ୍ର ଘଟଣାକ୍ରମକୁ ସମର୍ଥନ କରିବା ସହିତ ତାଙ୍କ କାର୍ଯ୍ୟାଳୟ ଯେଉଁ ପଦକ୍ଷେପ ନେଇଥିଲା ତାହା ଠିକ୍ ବୋଲି ବର୍ଣ୍ଣନା କରିଥିଲେ। ଛାତ୍ରଜଣକ ଯେଉଁସବୁ ଛବି ପ୍ରଦର୍ଶନୀକୁ ଆଣିଥିଲେ ତାହା କିଛି ଲୋକଙ୍କର ଧାର୍ମିକ ଭାବନା ଉପରେ କ୍ଷତି ପହଞ୍ଚାଇବା କଥା ନିଜେ କୁଳପତି ଯୁକ୍ତି ବାଢ଼ିଥିଲେ।

ଏମ.ଏସ. ବିଶ୍ୱବିଦ୍ୟାଳୟର ଏହି ଘଟଣାଟି ଦେଶର ଅସହିଷ୍ଣୁ ଭାବକୁ ପଦାରେ ପକାଇଛି। ନାଗରିକମାନଙ୍କ ମୌଳିକ ଅଧିକାର ଓ ଜୀବନ କିଭଳି ବିପଦଗ୍ରସ୍ତ ଏବଂ ଶିକ୍ଷାନୁଷ୍ଠାନ ଗୁଡିକ କିଭଳି ଆଉ ସୁରକ୍ଷିତ ନୁହେଁ ତାହାର ଉଦାହରଣ ଦେବାର ଆବଶ୍ୟକତା ନାହିଁ। ଯେଉଁ ଅନୁଷ୍ଠାନରେ ପଢୁଥିବା ଛାତ୍ରଛାତ୍ରୀ ନିଜର ଅଭିବ୍ୟକ୍ତିକୁ ବିନା ପ୍ରତିବନ୍ଧକରେ ପ୍ରକାଶ କରିବା କଥା ତାହା ଆଉ ସମ୍ଭବ ହେଉନାହିଁ। ଚାରିଆଡ଼େ ଦେଖି ଚାହିଁ ସବୁକିଛି କରିବାକୁ ପଡୁଛି। ଏହିଭଳି ସହନଶୀଳତାର ଅଭାବ କିନ୍ତୁ ଶୂନ୍ୟରୁ ହୁଏ ନାହିଁ। ଯଦି ଆଜି ଶିକ୍ଷାନୁଷ୍ଠାନଗୁଡିକରେ କଦର୍ଯ୍ୟ ପରିସ୍ଥିତି ଏବଂ ଅଚିନ୍ତନୀୟ ପରିବେଶ ଆମେ ଦେଖୁଛେ ତା'ର କାରଣ ସେଠି ସେହିଭଳି ବ୍ୟକ୍ତିଙ୍କୁ ଅବସ୍ଥାପିତ କରାଯାଉଛି। ଅଧିକନ୍ତୁ, ବ୍ୟକ୍ତିଗତ ରୋଷର ଶିକାର ହେଉଥିବା ବ୍ୟକ୍ତିମାନେ ଆଇନର ଦାୟିତ୍ୱରେ ଥିବା ଲୋକଙ୍କଠାରୁ ସୁରକ୍ଷା ପାଉନାହାନ୍ତି । ଅନ୍ୟ ଅର୍ଥରେ, ଗୁଣ୍ଡାଗିରି କରୁଥିବା ଲୋକଙ୍କୁ ଯାବତୀୟ ସୁରକ୍ଷା ମିଳୁଛି।

ଗୁଜରାଟ ଏମ.ଏସ୍. ୟୁନିଭର୍ସିଟି ଘଟଣା ପାଇଁ ମୁଖ୍ୟମନ୍ତ୍ରୀ ନରେନ୍ଦ୍ର ମୋଦିଙ୍କୁ ଦୋଷୀ ସାବ୍ୟସ୍ତ କରାଯିବା ସ୍ୱାଭାବିବ, ଯାହାକି ଅନେକେ କରିଥାନ୍ତି। ତାଙ୍କ ରାଜ୍ୟରେ ଏଭଳି ଅସହିଷ୍ଣୁ ପରିବେଶ ପାଇଁ ମୋଦିଙ୍କ ପ୍ରତି ଅଙ୍ଗୁଳି ନିର୍ଦ୍ଦେଶ କରିବା ମଧ୍ୟ ସହଜ। କିନ୍ତୁ ସମସ୍ୟାଟି ଆହୁରି ବଡ଼ ଓ ଗୁରୁତର। ଦୀପା ମେହେଟ୍ଟାଙ୍କୁ ମଧ୍ୟ ଏହିଭଳି ଏକ ବିଷୟ ଉପରେ ଚିତ୍ର ନିର୍ମାଣ କରିବା ପାଇଁ ବାରଣ କରାଯାଇଥିଲା। ଶେଷରେ 'ୱାଟର' ଚିତ୍ରଟି ଶ୍ରୀଲଙ୍କାରେ ସୁଟିଂ ହୋଇଥିଲା। କୌତୂହଳର ବିଷୟ ହେଉଛି ଯେଉଁଠି ବି ଏହି ଚିତ୍ରଟି ପ୍ରଦର୍ଶିତ ହୋଇଛି ପ୍ରଶଂସା ଲାଭ କରିଛି। ଅତୀତରେ ଏମ୍.ଏଫ୍. ହୁସେନ ହିନ୍ଦୁ ଦେବାଦେବୀଙ୍କୁ ଅପମାନିତ କରିଥିବାରୁ ତାଙ୍କ ନାମରେ ମକଦ୍ଦମା ଚାଲିଛି। ସୁତରାଂ ଯେଉଁମାନେ ଚିତ୍ରକଳା ମାଧ୍ୟମରେ ନିଜର ଅଭିବ୍ୟକ୍ତିକୁ ପରିପ୍ରକାଶ କରିବାକୁ ଚାହୁଁଛନ୍ତି ଏବଂ ସେମାନଙ୍କ ଉପରେ ଯେଉଁ ଆକ୍ରମଣ ହେଉଛି ତାହାର ଏକ ଲମ୍ବା ତାଲିକା ତିଆରି କରାଯାଇପାରେ।

ନିକଟରେ ଛତିଶଗଡ଼ରେ ରାଜ୍ୟର ସିଭିଲ ଲିବର୍ଟି ବା ନାଗରିକ ଅଧିକାର ପାଇଁ କାର୍ଯ୍ୟ କରୁଥିବା ସଂସ୍ଥାର ମୁଖ୍ୟଙ୍କୁ ଜେଲକୁ ପଠାଇ ଦିଆଯାଇଛି। କାରଣ ତାଙ୍କର ନକ୍ସଲଙ୍କ ସହ କୁଆଡ଼େ ସମ୍ପର୍କ ଥିଲା ! ଅସଲ କାରଣଟି ହେଉଛି ଯେ ନାଗରିକ ଅଧିକାର ସମ୍ପର୍କରେ ସେ ଯେଉଁ ସବୁ କାର୍ଯ୍ୟ କରୁଥିଲେ ତାହା ପ୍ରଶାସନକୁ ସୁହାଇଲା ନାହିଁ।

ମଧ୍ୟପ୍ରଦେଶରେ କିଛିଦିନ ତଳେ ଜଣେ ପ୍ରଫେସରଙ୍କର ମୃତ୍ୟୁ ହୋଇଗଲା ଯେତେବେଳେ ସଂଘ ପରବାରର କିଛି କର୍ମୀ ତାଙ୍କ ଉପରେ ଆକ୍ରମଣ କରିଥିଲେ। ପରବର୍ତ୍ତୀ ସମୟରେ ଆକ୍ରମଣକାରୀଙ୍କୁ ଛାଡି ଦିଆଯାଇଥିଲା।

ଚଳଚ୍ଚିତ୍ର, ପୁସ୍ତକ ଇତ୍ୟାଦିକୁ କଥା କଥାକେ ନିଷିଦ୍ଧ ଘୋଷଣା କରିବା ଏକ ସାଧାରଣ କଥା ହୋଇ ପଡିଛି। ଦେଶରେ ଭାଲେଣ୍ଟାଇନ ଡେ'ରେ ପୋଲିସମାନେ ପଇଁତରା ମାରିବା ଏବଂ ଆବଶ୍ୟକ ପଡିଲେ ଗଣ୍ଡଗୋଳ ଭିଆଇବା ମଧ୍ୟ ଏକ ଦେହସୁହା କଥା ହୋଇପଡିଛି। ଠିକ୍ ସେହିଭଳି ମଦୁରାଇ ନିକଟରେ ଏକ ଖବରକାଗଜ ଅଫିସ ଉପରେ ମଧ୍ୟ ଆକ୍ରମଣ କରାଗଲା। କାରଣ ଜଣେ ସ୍ଥାନୀୟ ରାଜନେତା ତାଙ୍କ ସମ୍ପର୍କରେ ପ୍ରକାଶ ପାଇଥିବା ମତାମତ ସଂଗ୍ରହର ଫଳାଫଳକୁ ସହଜରେ ନେଇ ନଥିଲେ। ଖବରକାଗଜର ତିନିଜଣ କର୍ମଚାରୀଙ୍କର ଏଥିରେ ପ୍ରାଣଗଲା। କିନ୍ତୁ ପୋଲିସ କୌଣସି କାର୍ଯ୍ୟାନୁଷ୍ଠାନ କରି ନଥିଲା।

ବରୋଦା ଏମ.ଏସ.ବିଶ୍ୱବିଦ୍ୟାଳୟ ଘଟଣା ଏକ ପ୍ରଶସ୍ତ ସାମାଜିକ ବିଡମ୍ବନାର ପରିପ୍ରକାଶ ମାତ୍ର। ଅବଶ୍ୟ ସାଂସ୍କୃତିକ-ଧାର୍ମିକ ଘଟଣାରେ ସଙ୍ଘ ପରିବାରର ସଦସ୍ୟମାନଙ୍କୁ ହିଁ ଦୋଷ ଦିଆଯାଇଥାଏ। ଆଉ କୁହାଯାଇଥାଏ ଯେ ସରକାର ସେମାନଙ୍କ ପଛରେ ରହିଛି। କିନ୍ତୁ ଅନ୍ୟମାନେ ବି ଏଭଳି ଘଟଣାର ପୃଷ୍ଟପୋଷକ। ମଦୁରାଇରେ ଯେଉଁମାନେ ଖବରକାଗଜ ଉପରେ ଆକ୍ରମଣ କରିଥିଲେ ସେମାନେ ଡିଏମ୍‌କେର କର୍ମୀଥିଲେ

ଏଭଳି ମଧ୍ୟ ହୋଇଛି ଯେ ମୁସଲିମ ଓ କମ୍ୟୁନିଷ୍ଟମାନେ ବି ଅନ୍ୟମାନଙ୍କ ପ୍ରତି ଅସହିଷ୍ଣୁ ହୋଇ ଉଠିଛନ୍ତି କାରଣ ସରକାରମାନେ ତାଙ୍କ ପଛରେ ଅଛନ୍ତି। ଏସବୁ ଘଟଣାରେ କିନ୍ତୁ ଗୋଟିଏ କଥା ଆମର ହାତଛଡା ହୋଇ ଯାଉଛି- ଉଦାର ଆଦର୍ଶ ଏବଂ ଉଦାର ମନୋଭାବ। ଏକ ମୁକ୍ତ ଗଣତନ୍ତ୍ରରେ ଏହା ଅନୁଚିତ, କାରଣ ନାଗରିକର ଅଧିକାରଟି ଏଥିରେ ବିପନ୍ନ ହୋଇଥାଏ।

ସତ କହିବାକୁ ଗଲେ, ଏହିଭଳି ଆକ୍ରମଣ ଏବଂ ବିଦ୍ୱେଷଭାବକୁ ଦୂର କରାଯାଇପାରିବ ଯଦି ସମସ୍ତେ ସମସ୍ତଙ୍କ ପ୍ରତି ସହିଷ୍ଣୁ ମନୋଭାବ ପ୍ରଦର୍ଶିତ କରିବେ। ଯଦି ଚତୁର୍ଦ୍ଦିଗରେ ଏକ ଉତ୍ତମ ବୌଦ୍ଧିକ ପରିବେଶ ବଜାୟ ରହିବ, ତେବେ ଦୋଷୀମାନେ ଦଣ୍ଡ ପାଇବେ ଓ ଏମ୍.ଏସ ବିଶ୍ୱବିଦ୍ୟାଳୟ ଭଳି ଘଟଣା ଆଉ ଘଟିବ ନାହିଁ।

■

(ଶନିବାର ୨ ଜୁନ, ୨୦୦୬)

ସ୍ୱାଧୀନତା ଓ ଧର୍ମ ପରିବର୍ତ୍ତନ

କାର୍ଲ ମାର୍କ୍ସ କହିଥିଲେ ଧର୍ମ ହେଉଛି ମଣିଷ ପାଇଁ ଅଫିମ ଭଳି । ଧର୍ମର ଉତ୍ପାଦ ହିଂସାକୁ ନେଇ ଆମେରିକାର ଜଣେ ଔପନ୍ୟାସିକ ମ୍ୟାରି ମ୍ୟାକର୍ଥିଙ୍କ ସଂଜ୍ଞା ହେଉଛି: ହିଂସା ବେଳେ ଆମେ ଭୁଲିଯାଇଥାଉ ଆମେ କିଏ ?

କନ୍ଧମାଳରେ ଏବେ ଯାହା ଚାଲିଛି ତାହା ଧର୍ମ ଓ ହିଂସାର ଏକ ପ୍ରତିଫଳନ ମାତ୍ର । ଏଥି ସହିତ ଯଦି ପେଟପାଟଣାକୁ ଯୋଡାଯାଏ, ତେବେ ଏସବୁ ମିଶି ଏକ ଚମତ୍କାର କକ୍‌ଟେଲ ହୋଇ ପାରିବ ଓ ହୋଇଛି ମଧ୍ୟ । ଦେଢ଼ ମାସ ଧରି କନ୍ଧମାଳରେ ଯେଉଁ ହିଂସା ଲାଗି ରହିଛି ତାର କାରଣ ଖୋଜିବା ପାଇଁ ଆପଣଙ୍କୁ ଜଣେ ବିଶେଷଜ୍ଞ ହେବାକୁ ପଡିବ ନାହିଁ ।

କନ୍ଧମାଳ ଜିଲ୍ଲାରେ ହିନ୍ଦୁ ସପକ୍ଷବାଦୀମାନେ ଖ୍ରୀଷ୍ଟିୟାନ୍‌ମାନଙ୍କ ପ୍ରତି ଯଦି ଅଧିକରୁ ଅଧିକ ଅସହିଷ୍ଣୁ ହୋଇପଡୁଛନ୍ତି ତାର କାରଣ ସେମାନେ ମନେ କରୁଛନ୍ତି ଯେ ଜିଲ୍ଲାରେ ହିନ୍ଦୁଙ୍କ ସଂଖ୍ୟା କ୍ରମଶଃ ତଳମୁହାଁ ହେବାରେ ଲାଗିଛି । ଯଦି ବେଆଇନ ଧର୍ମାନ୍ତରୀକରଣ ବନ୍ଦ ନହୁଏ ତେବେ ଖୁବ୍ ଅଳ୍ପ ଦିନ ଭିତରେ ଜିଲ୍ଲାରେ ହିନ୍ଦୁ ଧର୍ମାବଲମ୍ବୀମାନେ ସଂଖ୍ୟାଲଘୁ ସମ୍ପ୍ରଦାୟରେ ପରିଣତ ହୋଇଯିବେ ବୋଲି ସଙ୍ଘ ପରିବାର ଯୁକ୍ତି କରୁଛି । ସେମାନଙ୍କର ଏହି ଆଶଙ୍କାକୁ ସମର୍ଥନ କରୁଛି ଜନଗଣନା । ୧୯୫୧ରେ ଜିଲ୍ଲାରେ ମାତ୍ର ୧୨ ହଜାର ଖ୍ରୀଷ୍ଟିୟାନ୍ ଥିବାବେଳେ ୨୦୦୧ ଜନଗଣନାରେ ଏହା ପାଖାପାଖି ୧, ୧୮, ୦୦୦ରେ ପହଞ୍ଚିଥିଲା । ପ୍ରତିଶତ ହିସାବରେ କନ୍ଧମାଳରେ ୫୦ ବର୍ଷ ତଳେ ୪ ପ୍ରତିଶତ ଖ୍ରୀଷ୍ଟିୟାନ୍ ଥିବାବେଳେ ନୂତନ ସହସ୍ରାବ୍ଦ ଆରମ୍ଭରେ ଏହା ୧୮ ପ୍ରତିଶତରେ ପହଞ୍ଚିଥିଲା । ସେହି ହିସାବରେ ହିନ୍ଦୁଙ୍କ ସଂଖ୍ୟା ୯୬ ପ୍ରତିଶତ ଥିବାବେଳେ ଗତ ଅର୍ଦ୍ଧଶତାବ୍ଦୀ ଭିତରେ ଏହା ୮୦ ପ୍ରତିଶତକୁ ଖସି ଆସିଛି ।

ହିନ୍ଦୁବାଦୀମାନଙ୍କ କହିବା କଥା ହେଉଛି ଯେ କନ୍ଧମାଳରେ ଖ୍ରୀଷ୍ଟିୟାନ୍‌ଙ୍କ ସଂଖ୍ୟା

ପ୍ରକୃତରେ ଅଧିକ ହେବ- ୨୫ରୁ ୩୦ ପ୍ରତିଶତ। କାରଣ ଜାତି ସଂରକ୍ଷଣ ତଥା ଅନ୍ୟ ସୁବିଧା ହରାଇବାର ଆଶଙ୍କା ଥିବାରୁ ଅନେକ ଖୋଲା ଖୋଲି କହୁ ନାହାନ୍ତି ଯେ ସେମାନେ ଖ୍ରୀଷ୍ଟଧର୍ମ ଗ୍ରହଣ କରିଛନ୍ତି। କନ୍ଧମାଳରେ ଏହା ହେଉଛି ଜନସଂଖ୍ୟାର ମୋଟାମୋଟି ଚିତ୍ର। ଏହାକୁ ଯିଏ ଯେମିତି ଗ୍ରହଣ କରିପାରିଲା।

କନ୍ଧମାଳରେ ଧର୍ମ ପରିବର୍ତ୍ତନ ଅବଶ୍ୟ କିଛି ନୂଆ କଥା ନୁହେଁ। ବେଶ୍ ସମୟ ଧରି ଏହା ଚାଲିଛି ତାହାପୁଣି ଜିଲ୍ଲା ପ୍ରଶାସନର ଜାଣତରେ। କିନ୍ତୁ ପ୍ରଶାସନ ଏଥିପ୍ରତି ଆଦୌ ଦୃଷ୍ଟି ଦେଇନାହାଁନ୍ତି। ଦୀର୍ଘ ୪୦ ବର୍ଷ ତଳେ ରାଜ୍ୟ ସରକାର ଏକ ଆଇନ ଆଣିଥିଲେ- ଓଡ଼ିଶା ଧର୍ମୀୟ ସ୍ୱାଧୀନତା ଆଇନ୍, ୧୯୬୭ ବା ଓଫ୍ରା। ଏହି ଆଇନରେ ସ୍ପଷ୍ଟ ଭାବେ ଉଲ୍ଲେଖ କରାଯାଇଛି ଯେ, ଯଦି କେହି ଧର୍ମ ପରିବର୍ତ୍ତନ କରିବାକୁ ଚାହାନ୍ତି ତା ପୂର୍ବରୁ ସେ ଜିଲ୍ଲା ପ୍ରଶାସନକୁ ଏ ସମ୍ପର୍କରେ ଲିଖିତ ଭାବେ ଜଣାଇବେ। କୌତୂହଳର ବିଷୟ ଏହି ଯେ ଜିଲ୍ଲା ପ୍ରଶାସନ କିମ୍ବା ସରକାରଙ୍କ ପାଖରେ ଏ ସମ୍ପର୍କରେ କୌଣସି ତଥ୍ୟ ବା ସଂଖ୍ୟା ନାହିଁ, ଯଦିଓ ଜନଗଣନା ତଥ୍ୟ ସ୍ପଷ୍ଟ କହୁଛି ଯେ ଜିଲ୍ଲାରେ ହିନ୍ଦୁ ଓ ଖ୍ରୀଷ୍ଟିୟାନ ଜନସଂଖ୍ୟା ଭିତରେ ଅଦଳ ବଦଳ ଚାଲିଛି।

କନ୍ଧମାଳ ହିଂସା ଗୁରୁତର ରୂପ ଧାରଣ କରିବା ପରେ ଏବଂ ଏହାକୁ ରୋକିବାରେ ବିଫଳ ହୋଇଥିବା ରାଜ୍ୟ ସରକାର କିଛିଦିନ ତଳେ ଜିଲ୍ଲାପାଳ ଓ ଏସ୍‌ପିମାନଙ୍କୁ ନିର୍ଦ୍ଦେଶ ଦେଇ କରିଥିଲେ ଯେ ୧୯୬୭ ଓଫ୍ରା ଆଇନର କଡ଼ାକଡ଼ି ପାଳନ ହେବା ଦରକାର। ସରକାରଙ୍କର ଏହି ନିର୍ଦ୍ଦେଶରେ ଅବଶ୍ୟ ବହୁତ କିଛି କଥା କୁହାଯାଇ ନାହିଁ। କେବଳ ବଳବତ୍ତର ଥିବା ଆଇନକୁ ଲାଗୁ କରିବା ପାଇଁ କୁହାଯାଇଛି। ସମସ୍ତ ୩୦ଟି ଜିଲ୍ଲାକୁ ପଠା ଯାଇଥିବା ଏହି ଚିଠିରେ କୁହାଯାଇଛି ଯେ ଏହି ଆଇନ୍‌ର ଯେଭଳି ଉଲ୍ଲଂଘନ ନହେବ ଏବଂ ଯିଏ ଏହାର ଉଲ୍ଲଙ୍ଘନ କରୁଛି ତା ବିରୁଦ୍ଧରେ ଆଇନଗତ କାର୍ଯ୍ୟାନୁଷ୍ଠାନ ହେବ ତାହା ଦେଖିବା ପ୍ରଶାସନର କାମ। ଏଥି ସହିତ ଆଇନ୍‌ଶୃଙ୍ଖଳା ପରିସ୍ଥିତି ବଜାୟ ରଖିବା, ହିଂସାର ଶିକାର ହୋଇଥିବା ଲୋକଙ୍କୁ ସମସ୍ତ ପ୍ରକାର ସୁରକ୍ଷା ଦେବା ଏବଂ ଯେଉଁମାନେ ହିଂସାକାଣ୍ଡ ଭିଆଉଛନ୍ତି ସେମାନଙ୍କୁ ଦଣ୍ଡବିଧାନ କରିବା ପାଇଁ ଏଥିରେ କୁହାଯାଇଛି। ସରକାରଙ୍କର ଏହି ଚିଠି ପଛରେ ପ୍ରକୃତ ଉଦ୍ଦେଶ୍ୟ କଣ ଥିଲା ତାହା ବୁଝିବା କଷ୍ଟ। କିନ୍ତୁ ଚିଠିର ଯଦି ଅର୍ଥ କରାଯାଏ ତେବେ ସରକାର ପରୋକ୍ଷ ଭାବେ ସ୍ୱୀକାର କରୁଛନ୍ତି ଯେ କନ୍ଧମାଳରେ ସାମ୍ପ୍ରଦାୟିକ ହିଂସା ଘଟଣା ପଛରେ ଧର୍ମ ପରିବର୍ତ୍ତନ ହିଁ ମୁଖ୍ୟ କାରଣ।

ଗୋଟିଏ ପଟେ ରାଜ୍ୟ ସରକାର ସିଧାସଳଖ ସ୍ୱୀକାର କରିପାରିବେ ନାହିଁ ଯେ ରାଜ୍ୟରେ ଧର୍ମ ସ୍ୱାଧୀନତା ଆଇନ୍‌ଟି ଠିକ୍ କାର୍ଯ୍ୟକାରୀ ହେଉ ନାହିଁ। ଠିକ୍

ସେହିଭଳି ସରକାର ଖୋଲାଖୋଲି କହିପାରିବେ ନାହିଁ ଯେ କନ୍ଧମାଳ ସମେତ ଅନ୍ୟାନ୍ୟ ଜିଲ୍ଲାରେ ଯେଉଁ ସାମ୍ପ୍ରଦାୟିକ ଦଙ୍ଗା ଦେଖା ଦେଇଛି ତା ମୂଳରେ ଧର୍ମାନ୍ତରୀକରଣ ହିଁ ମୂଳ କାରଣ। ଏଣୁ ଏଠି ସରକାରଙ୍କର ଅସହାୟତା ପ୍ରାଞ୍ଜଳ ଭାବେ ସାମ୍ନାକୁ ଆସୁଛି।

ଦେଶରେ ସବୁ ଭଲ ଭଲ ଆଇନ୍‌କୁ ଲାଗୁ କରିବା କ୍ଷେତ୍ରରେ ଓଡିଶା ଅନେକ ସମୟରେ ପ୍ରଥମ ହୋଇ ଆସିଛି। କିନ୍ତୁ ତାର କାର୍ଯ୍ୟକାରୀତା କଥା ଉଠିବା ବେଳକୁ ଏସବୁ ଆଇନର ଦାନ୍ତ ଗଳି ପଡିଥିବା ଲକ୍ଷ୍ୟ କରାଯାଉଛି। ବେଆଇନ ଏବଂ ପ୍ରତାରଣାମୂଳକ ଭାବରେ ଧର୍ମାନ୍ତରୀକରଣକୁ ୧୯୬୭ ଓଫ୍ରା ଆଇନ୍‌ରେ ନିଷେଧ କରାଯାଇଛି ସତ, ହେଲେ ହିନ୍ଦୁ ସଙ୍ଗଠନମାନେ ଅଭିଯୋଗ କରୁଛନ୍ତି ଯେ କନ୍ଧମାଳ ସମେତ ଅନ୍ୟ ଜିଲ୍ଲାରେ ଶଠତା, ପ୍ରଲୋଭନ ଓ ଜୋରଜବରଦସ୍ତ କରି ଲୋକମାନଙ୍କୁ ହିନ୍ଦୁ ଧର୍ମରୁ ଛଡାଇ ନିଆଯାଇଛି।

ମଜା କଥା ହେଉଛି ଯେ ରାଜ୍ୟର ଖ୍ରୀଷ୍ଟିୟାନ୍ ସଂଗଠନମାନେ ମଧ୍ୟ ଓଫ୍ରା ଆଇନର ଉପଯୁକ୍ତ କାର୍ଯ୍ୟକାରୀତା ଉପରେ ଜୋର ଦେଇ ଆସୁଛନ୍ତି। କିନ୍ତୁ ଏ କ୍ଷେତ୍ରରେ ସମ୍ପୂର୍ଣ୍ଣ ଅସଫଳ ହୋଇଛନ୍ତି ଜିଲ୍ଲା ପ୍ରଶାସନ ଓ ସରକାର। ଓଫ୍ରା ଆଇନ୍‌କୁ ଖୋଲାଖୋଲି ଉଲ୍ଲଂଘନ କରାଯାଉଥିଲା ବେଳେ ଏହାର ପରିଣାମ ପ୍ରତି କାହାର ଭୟ ନାହିଁ ଏଇଟି ହିଁ ସବୁଠାରୁ ଉଦ୍‌ବେଗଜନକ ବିଷୟ।

ଯେଉଁମାନେ ଅନ୍ୟ ଧର୍ମ ଗ୍ରହଣ କରୁଛନ୍ତି ଓ ଯେଉଁ ବ୍ୟକ୍ତି ବିଶେଷ ଓ ସଙ୍ଗଠନ ଏହାକୁ କରାଇଛନ୍ତି ସମସ୍ତେ ଲୁଚାଛପା ଭାବରେ ହିଁ ତାହା କରୁଛନ୍ତି। ଗୋପନୀୟ ଭାବେ ସମ୍ପାଦିତ କାର୍ଯ୍ୟର ଫଳ ଏବେ ଭୋଗୁଛନ୍ତି କନ୍ଧମାଳବାସୀ। ଯଦି ଓଫ୍ରା ଆଇନଟିକୁ କଡ଼ା କଡ଼ି ପାଳନ କରାଯାଇଥାନ୍ତା ତେବେ ଧର୍ମାନ୍ତରୀକରଣ ରାଜ୍ୟରେ ଏତେ ବଡ଼ ସମସ୍ୟା ରୂପେ ଦେଖାଯାଉନଥାନ୍ତା।

କନ୍ଧମାଳ ଜିଲ୍ଲାରେ ଦେଖା ଦେଇଥିବା ସାମ୍ପ୍ରଦାୟିକ ହିଂସାର କର୍ତ୍ତା, କାର୍ଯ୍ୟ ଓ କାରଣ ଖୋଜାଯିବା ବେଳେ ଏକଥା ଭୁଲିଯିବା ହୁଏତ ଠିକ୍ ହେବ ନାହିଁ ଯେ ଏହି କ୍ଷତ ଶୁଖିବା ପାଇଁ ଢେର ସମୟ ଲାଗିବ ଏବଂ ସେତେବେଳକୁ ପୁଣି ଗୋଟିଏ ଦୁଇଟି ହିଂସାକାଣ୍ଡ ହୋଇ ସାରିଥିବ।

ଅବଶ୍ୟ ବିଗତ କିଛି ସପ୍ତାହ ଧରି କନ୍ଧମାଳରେ ଯେଉଁ ହିଂସା ଘଟଣା ସାମ୍ନାକୁ ଆସିଛି ସେଥିରେ ଧର୍ମ ଓ ଆଦର୍ଶର ଭୂମିକା କମ୍ ଓ ସଂରକ୍ଷଣ ଭୟଟି ଅଧିକ। ଉଭୟ ହିନ୍ଦୁ- ଆଦିବାସୀ ଓ ପାଣ ଖ୍ରୀଷ୍ଟିୟାନ୍ ପରସ୍ପରକୁ ସନ୍ଦେହ ଚକ୍ଷୁରେ ଦେଖିବା ପଛରେ ଏହି ସାମାଜିକ କାରଣଟି ଜଳଜଳ ଦେଖାଯାଉଛି। ଦଳିତ ଖ୍ରୀଷ୍ଟିୟାନ୍‌ମାନେ ଆଦିବାସୀ

ବା ଏସ୍‌ଟି ମାନ୍ୟତା ପାଇବା ପାଇଁ ଯେଉଁ ଦାବି କରୁଛନ୍ତି ତାହା ଅନେକତଃ ହିନ୍ଦୁ ଆଦିବାସୀମାନଙ୍କୁ କ୍ଷୁବ୍ଧ କରିଛି ।

ତୁହାକୁ ତୁହା ହିଂସା ଘଟଣା ଚାଲିଥିବାବେଳେ ଏହାକୁ ରୋକି ନପାରିବା ପଛରେ ଉଭୟ ସଜାଗ ପୋଲିସର ଅଜାଗ୍ରତା ଏବଂ ପରିପକ୍ୱ ନେତୃତ୍ୱର ଅପରିପକ୍ୱତା ପୂରାପୂରି ସାମ୍ନାକୁ ଆସିଛି । ସୁତରାଂ ସରକାର ଯେତେ ଶୀଘ୍ର ହିଂସାକୁ ବନ୍ଦ କରିବେ ଉଭୟ କନ୍ଧମାଳର ଜନସାଧାରଣ ଏବଂ ସରକାରଙ୍କ ପାଇଁ ସେତେ ମଙ୍ଗଳ । ଏଥି ସହିତ ଦଳିତ ଖ୍ରୀଷ୍ଟିୟାନ୍‌ମାନଙ୍କୁ ଆଦିବାସୀ ମାନ୍ୟତା କଦାପି ମିଳିବ ନାହିଁ ବୋଲି ସରକାର ସ୍ପଷ୍ଟ ଶବ୍ଦରେ ଘୋଷଣା ମଧ୍ୟ କରିଦେବା ଦରକାର ।

■

(ଶନିବାର ଅକ୍ଟୋବର ୪, ୨୦୦୮)

ଅବସର ଚିନ୍ତା

ସଜ୍ଜନମଣ୍ଡଳୀ,

ବିଷୁବ ସଂକ୍ରାନ୍ତି ବା ମହାବିଷୁବ ସଂକ୍ରାନ୍ତି । ବସନ୍ତର ପ୍ରସ୍ଥାନ ପରେ ନିଦାଘର ଆଗମନ । ଫିକା ପଡି ଆସିଲାଣି ରଙ୍ଗ । ଉତ୍ତପ୍ତ ହୋଇ ଉଠିଲାଣି ଚଇତି । ଖରାର ତେଜରେ ସକାଳୁ ସକାଳୁ ହିଁ ଉତ୍ତପ୍ତ ପରିବେଶ । ତା' ସତ୍ତ୍ୱେ ଆଦ୍ୟ ବୈଶାଖର ଏହି ଶୁଭ ମୁହୂର୍ତ୍ତ ଆଜି ସମସ୍ତଙ୍କ ପାଇଁ ଆଣିଦେଇଛି ଅଫୁରନ୍ତ ଆନନ୍ଦ, ଅସରନ୍ତି ଭାବନା ।

ମୁଁ ଆଜି ଯେଉଁ ଭୂଖଣ୍ଡରେ ଠିଆ ହୋଇଛି ତାହାର ଇତିହାସ ଅତ୍ୟନ୍ତ ଗାରିମାମୟ । ଏକ ସ୍ୱତନ୍ତ୍ର ରାଜ୍ୟ ହିସାବରେ ଓଡ଼ିଶାର ଇତିହାସରେ କୋଶଳର ଯଥେଷ୍ଟ ଅବଦାନ ରହିଛି । ମହାକାବ୍ୟ ଏବଂ ପୁରାଣମାନଙ୍କରେ କୋଶଳ ରାଜ୍ୟର ପ୍ରଚୁର ଉଲ୍ଲେଖ ମିଳେ ।

ମହାଭାରତରେ ବର୍ଣ୍ଣନା କରାଯାଇଛି ଯେ ମହାରାଜା ନଳ ଯେତେବେଳେ ବିନ୍ଧ୍ୟାଞ୍ଚଳରେ ପରିଭ୍ରମଣ କରୁଥିଲେ ସେ ବିନ୍ଧ୍ୟ ଓ କୋଶଳକୁ ରାସ୍ତା ଥିବାର ଦେଖିଥିଲେ । ସମୁଦ୍ରଗୁପ୍ତଙ୍କ ଆଲାହାବାଦ ସ୍ତମ୍ଭଲେଖରେ ମଧ୍ୟ କୋଶଳ ସମ୍ପର୍କରେ ଉଲ୍ଲେଖ ମିଳେ । ସୋମବଂଶୀ ରାଜାମାନଙ୍କର ତମ୍ବାପଟା ଅନୁଧ୍ୟାନ କରି ଇତିହାସବିତ୍ ହୀରାଲାଲ୍ ପ୍ରତିପାଦନ କରିଛନ୍ତି ଯେ ପାଟଣା, ବାମଣ୍ଡା, ସୋନପୁର, ସୁନ୍ଦରଗଡ, ସମ୍ବଲପୁର ଆଦି ପୂର୍ବତନ ଗଡ଼ଜାତ ଅଞ୍ଚଳଗୁଡିକ କୋଶଳ ସାମ୍ରାଜ୍ୟର ଅନ୍ତର୍ଭୁକ୍ତ ଥିଲା ।

କୋଶଳ କେବଳ ଯେ ଏକ ସମୃଦ୍ଧ ଅଞ୍ଚଳ ଥିଲା ତାହା ନୁହେଁ ଏହାର ଭାଷା ମଧ୍ୟ ଥିଲା ଉନ୍ନତ । ସମ୍ବଲପୁରୀ ବା କୋଶଳୀ ଏକ କମନୀୟ ଭାଷା ଓ ଏହା ଓଡ଼ିଆ ଭାଷାର ଗୌରବ । କୌଣସି ଭାଷାର ପ୍ରତିଷ୍ଠା ବା ମାନ୍ୟତା ବଡ଼ କଥା ନୁହେଁ, ଭାଷା ପ୍ରତି ଅନୁରାଗ ହିଁ ବଡ଼ କଥା । ତା'ଛଡା ଭାଷା ପ୍ରସଙ୍ଗରେ କିଏ କାହାକୁ ମାନ୍ୟତା ଦେବ ସେଇଟି ମଧ୍ୟ ଏକ ପ୍ରଶ୍ନ । ଭାଷା ଓ ସଂସ୍କୃତିଗତ ସମସ୍ୟା ସେତେବେଳେ ସୃଷ୍ଟି

ହୁଏ ଯେତେବେଳେ ଗୋଟିଏ ଅଞ୍ଚଳ କ୍ରମାଗତ ଭାବେ ଅବହେଳିତ ଅବସ୍ଥାରେ ରହେ, ଯାହା ଆଜି ଆମେ ପଶ୍ଚିମାଞ୍ଚଳରେ ଦେଖୁଛୁ।

ସଜ୍ଜନମଣ୍ଡଳୀ,

ବଲାଙ୍ଗୀର ହେଉଛି ଓଡ଼ିଆ ସାହିତ୍ୟ ଏବଂ ସଂସ୍କୃତିର ଅନ୍ୟ ଏକ କେନ୍ଦ୍ରସ୍ଥଳ ତଥା ପ୍ରାଚୀନ ପୀଠ। ଏହାର ପୂର୍ବରେ ମହାନଦୀ, ପଶ୍ଚିମରେ ପୁରାଣପ୍ରସିଦ୍ଧ ଗନ୍ଧମାର୍ଦ୍ଦନ ପର୍ବତମାଳା। ଏହା ମଧ୍ୟ ଏକ ପ୍ରଧାନ ବୌଦ୍ଧପୀଠ। ନାଗାର୍ଜୁନଙ୍କ ମଧ୍ୟମାର୍ଗ ଓ ଶୂନ୍ୟବାଦ ଏହିଠାରୁ ହିଁ ଜନ୍ମ ନେଇଥିଲା। ଚୀନ୍ ପରିବ୍ରାଜକ ହୁଏନ୍‌ସାଂ ଏଠାକୁ ଆସି ବୌଦ୍ଧ ଦର୍ଶନଶାସ୍ତ୍ର ଅଧ୍ୟୟନ କରିଥିବା ବିଶ୍ୱାସ କରାଯାଏ। ହିନ୍ଦୁ ଧର୍ମର ତିନୋଟି ସମ୍ପ୍ରଦାୟ ଶୈବ, ଶାକ୍ତ ଓ ବୈଷ୍ଣବର ବିକାଶ ବଲାଙ୍ଗୀରରେ ଘଟିଥିଲା। ଅନ୍ୟ ବହୁ ତଥ୍ୟ, ପ୍ରମାଣ, ପରଂମ୍ପରା, ଦର୍ଶନ, କିମ୍ବଦନ୍ତୀ ପ୍ରମାଣିତ କରେ ଯେ ଓଡିଶାର ଧାର୍ମିକ ଦର୍ଶନ ଓ ସଂସ୍କୃତିର ଏକ ମୂଳପୀଠ ଥିଲା ବଲାଙ୍ଗୀର।

କେବଳ ଧର୍ମ ଓ ସଂସ୍କୃତି ନୁହେଁ ଓଡ଼ିଶାର ରାଜନୀତି କ୍ଷେତ୍ରରେ ମଧ୍ୟ ବଲାଙ୍ଗୀର ଅବଦାନ କିଛି କମ୍ ନୁହେଁ। ରାଜେନ୍ଦ୍ର ନାରାୟଣ ସିଂହଦେଓ ଥିଲେ ଓଡ଼ିଶାର ଜଣେ ଲୋକପ୍ରିୟ ମୁଖ୍ୟମନ୍ତ୍ରୀ। ସମଗ୍ର ଓଡ଼ିଶାର ବିକାଶ ଥିଲା ତାଙ୍କ ପାଇଁ ଧ୍ୟେୟ ବସ୍ତୁ। ସେ ଥିଲେ ଜଣେ ସଚ୍ଚୋଟ ଗଣତନ୍ତ୍ରୀ। ରାଜେନ୍ଦ୍ର ନାରାୟଣ ଥିଲେ ପଶ୍ଚିମ ଓଡ଼ିଶାର ପ୍ରଥମ ମୁଖ୍ୟମନ୍ତ୍ରୀ। ରାଜନୈତିକ ଇଚ୍ଛାଶକ୍ତିର ଅଭାବ ହେଉ କି ଅନ୍ୟ କାରଣରୁ ହେଉ ତାଙ୍କ ପରେ ପଶ୍ଚିମ ଓଡ଼ିଶା ବିଗତ ୩୫ ବର୍ଷ ଭିତରେ ଆଉ ଜଣଙ୍କୁ ମୁଖ୍ୟମନ୍ତ୍ରୀ କରି ପଠାଇପାରି ନାହିଁ।

ଦକ୍ଷିଣ କୋଶଳର ଏକ ଅଞ୍ଚଳ ହେଉଛି ପାଟଣାଗଡ଼। ଏକଦା ଏହାଥିଲା ଏକ ରାଜଧାନୀ। ନବମ ଶତାବ୍ଦୀରେ 'କୁଆଁରି ପାଟଣା' ନାମରେ ପରିଚିତ ପାଟଣାଗଡ ପୌରାଣିକ-ଅତୀତ ଓ ଆଧୁନିକ-ବର୍ତ୍ତମାନର ସଂଯୋଗସ୍ଥଳୀ। ଦ୍ୱାଦଶ ଶତାବ୍ଦୀର ଚାରୁକଳା, ସ୍ଥାପତ୍ୟ ଆଜି ବି ଏଠି ଦେଖିବାକୁ ମିଳେ। ଏହାର ମୂଳସାକ୍ଷୀ ପାଟଣାଗଡ଼ର ପାଟଣେଶ୍ୱରୀ ମନ୍ଦିର। ପଶ୍ଚିମ ଓଡ଼ିଶାରେ ଚୌହାନ୍ ରାଜବଂଶର ରାଜୁତି ମଧ୍ୟ ପାଟଣାଗଡ଼ରୁ ହିଁ ଆରମ୍ଭ ହୋଇଥିଲା। ପାଟଣାଗଡ଼ର ସାହିତ୍ୟିକ ଓ ସାଂସ୍କୃତିକ ଚେତନା ଅତୀବ ସମୃଦ୍ଧ।

ସଜ୍ଜନମଣ୍ଡଳୀ! ଆଜି ଆମେ ଯେଉଁ ସାହିତ୍ୟ ସଭାରେ ଏକତ୍ରିତ ହୋଇଛୁ ତାହା ଏକ ଅନବଦ୍ୟ ପରମ୍ପରା। ବିଷୁବ ସଂକ୍ରାନ୍ତି ଅବସରରେ ସାହିତ୍ୟ ଉତ୍ସବ ଅନୁଷ୍ଠିତ କରାଇବାର ସମୃଦ୍ଧ ପରମ୍ପରା ଓଡ଼ିଶାରେ ଆରମ୍ଭ ହୋଇଥିଲା ଡଃ. ହରେକୃଷ୍ଣ ମହତାବଙ୍କଠାରୁ। ପ୍ରଜାତନ୍ତ୍ରର ବିଷୁବ ମିଳନ ହିଁ ସମସ୍ତ ବିଷୁବ ସାହିତ୍ୟ ଆସରର

ଜନ୍ମଦାତା। ବିଶ୍ୱର ସାହିତ୍ୟ ଓ ସାଂସ୍କୃତିକ ସମ୍ମେଳନ କ୍ଷେତ୍ରରେ ଏଇଟି ଏକ ଅଦ୍ୱିତୀୟ ଅବଦାନ।

ସାହିତ୍ୟ ଓ ସଙ୍ଗୀତ ଜୀବନର ଏକ ଅବିଚ୍ଛେଦ୍ୟ ଅଙ୍ଗ। ଏଗୁଡିକ ବିନା ମଣିଷ ପଶୁ ସଦୃଶ। କୁହାଯାଏ ସାହିତ୍ୟର ଗତି ସ୍ୱଚ୍ଛନ୍ଦ। ଏହା ହୃଦୟ କନ୍ଦରରୁ ବାହାରିଥାଏ। ତେବେ ନିୟନ୍ତ୍ରଣହୀନ ଜଳରାଶି ଯେଭଳି ବନ୍ୟାର କାରଣ ହୋଇଥାଏ ସେହିଭଳି ସୃଷ୍ଟିକୁ ନିୟନ୍ତ୍ରଣ କରି ମଣିଷର କଲ୍ୟାଣରେ ସାହିତ୍ୟ ନିୟୋଜିତ ହୋଇ ପାରିଲେ ହିଁ ତାହା ଅର୍ଥପୂର୍ଣ୍ଣ ହୋଇ ପାରିବ ଓ ସୃଜନାତ୍ମକ ପ୍ରଚେଷ୍ଟାର ମୂଲ୍ୟ ରହିପାରିବ।

ଶିକ୍ଷାବିତ୍ ଓ ପ୍ରାବନ୍ଧିକ ଗିରିଜା ଶଙ୍କର ରାୟଙ୍କ ମତରେ, 'ସାହିତ୍ୟ ଗୋଟିଏ ସୃଷ୍ଟି, ଏହା ଚିନ୍ତାଧାରାର ଆନନ୍ଦମୟ ପ୍ରକାଶ। ଏହି ସୃଷ୍ଟିର ନାନା ଉଦ୍ଦେଶ୍ୟ ବା ଧର୍ମ ବା ଉତ୍ସ ଥାଇପାରେ। କିନ୍ତୁ ଏହି ସୃଷ୍ଟି ଫଳରେ ସାହିତ୍ୟ ବା ଆତ୍ମୀୟତା ବୃଦ୍ଧି ପାଏ। ଅନ୍ୟର ହୃଦୟ ମଧ୍ୟରେ ପ୍ରବେଶ କରିବା ସହଜ ହୁଏ ଓ ଆନନ୍ଦର ବିକୀରଣ ଦ୍ୱାରା ମନୁଷ୍ୟ, ପ୍ରକୃତି ଓ ପରମେଶ୍ୱରଙ୍କ ମଧ୍ୟରେ ନିବିଡ଼ ସମ୍ପର୍କ ସ୍ଥାପନ ହୋଇପାରେ। କିନ୍ତୁ ଅନ୍ୟ ସହିତ ସମ୍ପର୍କ ସ୍ଥାପନ କରିବାକୁ ହେଲେ ତାହାର ସମ୍ପୂର୍ଣ୍ଣ ପରିଚୟ ପାଇବାକୁ ହେବ, ତାହାକୁ ଯଥାଯଥ ଭାବେ ବିଶ୍ଳେଷିତ କରି ଦେଖିବାକୁ ହେବ। ଏହା ଅନୁଶୀଳନ ଦ୍ୱାରା ହିଁ ସମ୍ଭବ।'

ସାହିତ୍ୟ ହେଉଛି ଗୋଟିଏ ଜାତିର ସାମୂହିକ ପ୍ରାଣ। ଆଶା-ଆକାଂକ୍ଷା, ସୁଖ-ଦୁଃଖ, ସ୍ୱପ୍ନ-ସାଫଲ୍ୟ, ଗର୍ବ ଓ ଗୌରବର ପ୍ରତିଲିପି ସାହିତ୍ୟ। ସାହିତ୍ୟ ବିନା କୌଣସି ଜାତି ଅଗ୍ରଗତି କରିପାରିବ ନାହିଁ। ସାହିତ୍ୟ ନଥିଲେ ସଭ୍ୟତା ନାହିଁ କି ଭାଷା ନାହିଁ। ଭାଷା ନଥିଲେ ସାହିତ୍ୟ ନାହିଁ କି ସଭ୍ୟତା ବି ନାହିଁ। ଏ ସମସ୍ତେ ପରସ୍ପର ସହିତ ଅଙ୍ଗାଙ୍ଗୀଭାବେ ଜଡିତ। ସଭ୍ୟତାର ଅନୁପସ୍ଥିତିରେ ଗୋଟିଏ ଜାତିର ବଞ୍ଚିବା ମଧ୍ୟ ନିରର୍ଥକ।

ସାହିତ୍ୟ ପୁଣି ସମାଜଧର୍ମୀ ହେବା ଦରକାର। ସମାଜର ଦରିଦ୍ରତମ ବ୍ୟକ୍ତିର ଆଶା ଓ ଆକାଂକ୍ଷା ଯଦି ସାହିତ୍ୟିକର କଲମ ମୁନରେ ପ୍ରତିଧ୍ୱନିତ ନ ହେଲା ତେବେ ତାହା କଦାପି ଉଚ୍ଚାଙ୍ଗ ସାହିତ୍ୟ ହୋଇପାରିବ ନାହିଁ।

ସାହିତ୍ୟ ଓ ଜୀବନ ପରସ୍ପର ସହ ସଂଶ୍ଳିଷ୍ଟ। ଗୋଟିକର ଅଭାବରେ ଅନ୍ୟଟି ନିର୍ଜୀବ। ପଣ୍ଡିତ ବିଶ୍ୱନାଥ କରଙ୍କ ମତରେ 'ଜୀବନରୁ ସାହିତ୍ୟର ଉତ୍ପତ୍ତି ଏବଂ ଜୀବନ ହିଁ ସାହିତ୍ୟୋନ୍ନତିର ମୂଳ। ଯେଉଁଠାରେ ଜୀବନ ସେହିଠାରେ ଜୀବନ ସାହିତ୍ୟ।'

ବନ୍ଧୁଗଣ,

ବକ୍ତା ଚାହେଁ ଶ୍ରୋତା ଏବଂ ସାହିତ୍ୟ ଚାହେଁ ସମ୍ମିଳନୀ। ଓଡ଼ିଶାର ଜଣେ

ବିଦ୍ୱାନ ଜାନକୀ ବଲ୍ଲଭ ପଟ୍ଟନାୟକ ଥରେ କହିଥିଲେ, ଯଦି ସାହିତ୍ୟ ସଭାରେ ୧୫-୨୦ ହଜାର ଶ୍ରୋତା ରହନ୍ତି ତେବେ ଯାଇ ସେହି ସଭା ବା ସମ୍ମିଳନୀଟି ସଫଳ ହୋଇଛି ବୋଲି ଧରିବାକୁ ହେବ। ତେବେ ଏକଥା ବି କହିବା ଠିକ୍ ହେବ ଯେ ସମ୍ମିଳନୀରୁ ସାହିତ୍ୟ ସୃଷ୍ଟି ହୁଏ ନାହିଁ। ସାହିତ୍ୟ ସର୍ବଦା ନିଜସ୍ୱ ଓ ଐକାନ୍ତିକ। ସମ୍ମିଳନୀ କେବଳ ସାହିତ୍ୟର ବାତାବରଣ ସୃଷ୍ଟି କରିପାରେ, ଯେଉଁ ବାତାବରଣରୁ ନୂଆ ନୂଆ ଲେଖକ ଓ କବି ବାହାରନ୍ତି। ଏଣୁ ଆଜିର ଏହି ଆସର ଭଳି ସାହିତ୍ୟ ଆସର ନିତାନ୍ତ ଅନୁଷ୍ଠିତ ହେବା ଦରକାର।

ସଜ୍ଜନମଣ୍ଡଳୀ,

ଆଜି ଆମେ ଓଡ଼ିଆ ଭାଷା ଓ ସାହିତ୍ୟର ସଙ୍କଟ ସମ୍ପର୍କରେ ବିଭିନ୍ନ ମଞ୍ଚରେ ଘମାଘୋଟ ଆଲୋଚାନା କରୁଛୁ। ଏହି ବିଷୟଟିରେ ମନୋନିବେଶ କରିବାକୁ ଯାଇ ଏକ ଭିନ୍ନ ପୃଷ୍ଠଭୂମିରେ ଫକୀର ମୋହନ ସେନାପତି ୭୫ ବର୍ଷ ତଳେ ଆହ୍ୱାନ ଦେଇ ଥରେ କହିଥିଲେ, 'ହେ ଉତ୍କଳବାସୀ ମହାଶୟଗଣ! ଆପଣମାନେ ମନେ ରଖନ୍ତୁ ମାତୃଭାଷାର ଉନ୍ନତି ବିନା ଦେଶୋନ୍ନତିର ଅନ୍ୟ ଉପାୟ ନାହିଁ। ଯଦି ହେଳାରେ ରହି ଆଳସ୍ୟ ବା ତାଚ୍ଛଲ୍ୟରେ ମାତୃଭାଷା ପ୍ରତି ଆମେ ଅନାଦର କରି ଚାଲିବା ଚିରକାଳ ଅନ୍ୟ ଜାତିଠାରେ ଅନାଦୃତ ଓ ଅବଜ୍ଞାତ ହୋଇ ରହିବା।'

ସାହିତ୍ୟ ହେଉ କି ଭାଷା, କର୍ମ ହେଉ କି ଚିନ୍ତା, ସବୁଥିରେ ବ୍ୟକ୍ତି ସ୍ୱାଧୀନତା ଗୁରୁତ୍ୱପୂର୍ଣ୍ଣ। ଆଉ ବ୍ୟକ୍ତି ସ୍ୱାଧୀନତା କଦାପି ଗୋଷ୍ଠୀର ଅହିତରେ ଯିବା ଅନୁଚିତ। ଉତ୍କଳ ଗୌରବ ମଧୁସୂଦନ ଦାସ କହିଥିଲେ 'ମାନବ ଉନ୍ନତିର ସର୍ବନିମ୍ନ ସୋପାନ ହେଉଛି ସ୍ୱାର୍ଥପରତା, ତତ୍‌ପରେ ପାରିବାରିକ ଜୀବନ, ତତ୍‌ପରେ ଜାତୀୟ ଜୀବନ। ଜାତୀୟ ଜୀବନ ଓ ବ୍ୟକ୍ତିଗତ ଜୀବନ ଭିତରେ ଥିବା ପ୍ରଭେଦକୁ ମନେ ରଖି ପ୍ରତ୍ୟେକ ବ୍ୟକ୍ତି ନିଜ ନିଜ ହୃଦୟରେ ଜାତୀୟ ଜୀବନର ପ୍ରବାହ ବର୍ଦ୍ଧନ କରି କାର୍ଯ୍ୟରେ ତାହାର ଫଳ ଦେଖାଇବା ପାଇଁ ଚେଷ୍ଟା କରିବେ।'

ବନ୍ଧୁଗଣ,

ଶେଷରେ ଆପଣମାନଙ୍କୁ ବିଷୁବର ଅଭିନନ୍ଦନ ଜଣାଇ ମୁଁ ମୋର ବକ୍ତବ୍ୟ ଶେଷ କରୁଛି ଏବଂ ଆପଣମାନଙ୍କର ମହାନୁଭବତା ପ୍ରତି କୃତଜ୍ଞତା ଜ୍ଞାପନ କରୁଛି।

■

(ପାଟଣାଗଡ଼ଠାରେ ସାଂସ୍କୃତିକ ପରିଷଦ ପକ୍ଷରୁ ଅନୁଷ୍ଠିତ ବିଷୁବ ଉତ୍ସବରେ ରଖିଥିବା ବକ୍ତବ୍ୟ)

(ସୋମବାର ୧୬ ଏପ୍ରିଲ, ୨୦୦୭)

ଓବିସି ଅଳିଆ

ଓବିସି ପ୍ରସଙ୍ଗରେ ଯଦି କବିବର ରାଧାନାଥ ରାୟଙ୍କ ପଂକ୍ତିକୁ କିଞ୍ଚିତ ବ୍ୟବହାର କରାଯାଏ ତା' ହେବ 'ଯେତେ ଲେଖୁଥିଲେ ସରୁନଥାଇ..।' ଉଚ୍ଚଶିକ୍ଷା କ୍ଷେତ୍ରରେ ବା ବୃତ୍ତିଗତ ଶିକ୍ଷାନୁଷ୍ଠାନମାନଙ୍କରେ ଓବିସି ସଂରକ୍ଷଣକୁ ନେଇ ଯେଉଁ ବିବାଦୀୟ ଅବସ୍ଥା ଜାରି ରହିଛି ତାହାର ଫଳ ଯାହା ହେଉନା କାହିଁକି ଏ ବିଷୟରେ କେତୋଟି ସତ କଥା କୁହାଯିବା ଆବଶ୍ୟକ।

ସୁପ୍ରିମ୍‌କୋର୍ଟ ତାଙ୍କର ମାର୍ଚ୍ଚ ୨୯ ତାରିଖର ରାୟରେ ଓବିସି ସଂରକ୍ଷଣ ମାମଲାରେ ଯେଉଁସବୁ ପ୍ରଶ୍ନ ପଚାରିଛନ୍ତି ସେ ଗୁଡିକୁ କେବଳ ପ୍ରଶ୍ନ ବୋଲି ହିଁ ବିବେଚନା କରାଯିବା ଦରକାର, ତା'ଠାରୁ ଅଧିକ କିଛି ନୁହେଁ। ସୁପ୍ରିମ୍‌କୋର୍ଟର ରହିତାବେଶ ଏବଂ ଯେଉଁସବୁ ପ୍ରଶ୍ନ ବିଚାରପତିମାନେ ଉତ୍‌ଥାପନ କରିଛନ୍ତି ସେ ଗୁଡିକ ପଛୁଆବର୍ଗଙ୍କର ଉନ୍ନତି ପାଇଁ ରାଷ୍ଟ୍ର ପକ୍ଷରୁ ଦିଆଯାଉଥିବା ସକାରାତ୍ମକ ପଦକ୍ଷେପର ବିରୁଦ୍ଧାଚରଣ କରୁନାହିଁ କି ସଂରକ୍ଷଣ ନୀତିକୁ ପ୍ରଶ୍ନ କରୁନାହିଁ। ସରକାରଙ୍କ ସମ୍ମତିସୂଚକ ନୀତି (ଆଫର୍ମେଟିଭ୍ ଆକ୍ସନ୍)କୁ ଅଧିକ ମସୃଣ କରିବା ପାଇଁ କେତୋଟି ମୌଳିକ କଥା କେବଳ ଏଥିରେ ପଚରାଯାଇଛି।

କୌତୂହଳର ବିଷୟ ଯେ କେନ୍ଦ୍ର ସରକାର ଏହି ପ୍ରଶ୍ନର ସିଧାସଳଖ ଉତ୍ତର ଦେବା ପରିବର୍ତ୍ତେ ପାର୍ଲାମେଣ୍ଟରେ ଗୃହୀତ ସଂରକ୍ଷଣ ଆଇନ୍‌ର ଆଶ୍ରୟ ନେଉଛନ୍ତି। ସୁପ୍ରିମ୍‌କୋର୍ଟ ଯାହା ପଚାରିଛନ୍ତି ତାହାକୁ ଏକ ସୁଯୋଗ ଭଳି ବିଚାର କରି ସଂରକ୍ଷଣ ନୀତିକୁ ଅଧିକ ଜନସ୍ୱାର୍ଥମୂଳକ କରିବା ପାଇଁ ସରକାର ଉଦ୍ୟମ କରିବା ଦରକାର। ଏ କ୍ଷେତ୍ରରେ ତରବରିଆ ବା ପ୍ରତିକ୍ରିୟାଶୀଳ ପଦକ୍ଷେପ ସମସ୍ୟାର ସମାଧାନ କରିବା ପରିବର୍ତ୍ତେ ଏହାକୁ ଅଧିକ ଜଟିଳତା ଭିତରକୁ ଠେଲି ଦେବାର ସମ୍ଭାବନା ରହିଛି।

ଆହୁରି ମଧ୍ୟ ଯେଉଁମାନେ ସାମାଜିକ ନ୍ୟାୟ ପାଇଁ ଲଢୁଛନ୍ତି ସେମାନଙ୍କର

ସୁପ୍ରିମ୍‌କୋର୍ଟର ରାୟ ସମ୍ବନ୍ଧରେ ନକାରାତ୍ମକ ପ୍ରତିକ୍ରିୟା ସଂରକ୍ଷଣର ହିତାଧିକାରୀଙ୍କ ଭଲ କରିବା ପରିବର୍ତ୍ତେ ଖରାପ ହିଁ କରିବ।

ସୁପ୍ରିମୋକୋର୍ଟର ପ୍ରଥମ ପ୍ରଶ୍ନ ହେଉଛି, ଦେଶରେ ଓବିସିଙ୍କ ସଂଖ୍ୟା କେତେ? କେନ୍ଦ୍ର ସରକାର କହୁଛନ୍ତି ୫୨ ପ୍ରତିଶତ ଏବଂ ଏହା ୧୯୩୧ ଜନଗଣନା ଭିତ୍ତିରେ ସ୍ଥିର ହୋଇଛି। ଏହା କିନ୍ତୁ ପ୍ରଶ୍ନର ସଠିକ୍ ଉତ୍ତର ନୁହେଁ। ମଣ୍ଡଳ କମିଶନ୍ କୁଆଡୁ କେମିତି ପାଇଲେ କେଜାଣି କହିଲେ ଯେ ମୋଟ ଜନସଂଖ୍ୟାର ୫୨ ପ୍ରତିଶତ ହେଉଛନ୍ତି ଓବିସି ବା ଅନ୍ୟ ପଛୁଆବର୍ଗ। ମଣ୍ଡଳ କମିଶନ୍ କିନ୍ତୁ ଏହି ଆକଳନରେ ଉଚ୍ଚବର୍ଗର ଅଣଦ୍ୱିଜମାନଙ୍କୁ ହିସାବକୁ ନେଇ ନଥିଲା। ବିଶେଷ କରି ସେଇସବୁ ଜାତି ବା ସମ୍ପ୍ରଦାୟ ଯଥା-ଜାଠ, ମରାଠା, ପଟେଲ, ରେଡ୍ଡି, ନାୟାର ଓ ଖଣ୍ଡାୟତ ଆଦି। ଯଦି ଏମାନଙ୍କୁ ବାଦ୍ ଦିଆଯାଏ ତେବେ ଓବିସିଙ୍କ ସଂଖ୍ୟା ୪୦-୪୫ ପ୍ରତିଶତ ହିଁ ହେବ, ତା'ଠାରୁ ବେଶି ଆଦୌ ନୁହେଁ।

ତେବେ ଜାତୀୟ ନମୁନା ସର୍ବେକ୍ଷଣ ସଂସ୍ଥା (ଯାହା ସରକାରଙ୍କ ନିଜର) ତାହାର ପରିସଂଖ୍ୟାନ କହୁଛି ଯେ ଓବିସିଙ୍କ ସଂଖ୍ୟା ୪୧ ପ୍ରତିଶତ। ନ୍ୟାସନାଲ୍ ସାମ୍ପୁଲ୍ ସର୍ଭେ ସଂସ୍ଥାର ଆକଳନ (ଏକଷଠିତମ ରାଉଣ୍ଡ) ଏହି ଦୃଷ୍ଟିରୁ ଯଥାର୍ଥ ମନେହୁଏ ଏବଂ ଏହାକୁ ଗ୍ରହଣ କରିବାରେ ଅସୁବିଧା ବି କିଛି ନାହିଁ।

ଅବଶ୍ୟ ସାମ୍ପୂଲ୍ ସର୍ଭେ ଓ ବାସ୍ତବ ଜନଗଣନା ସୁମାରି ଭିତରେ ତଫାତ୍ ଥାଏ। କିନ୍ତୁ ବିଶେଷଜ୍ଞମାନଙ୍କ ମତରେ ଏହି ତାରତମ୍ୟ ୨-୪ ପ୍ରତିଶତରୁ ବେଶି ହେବ ନାହିଁ। ସୁତରାଂ ଏଠି ପ୍ରଶ୍ନଟି ହେଉଛି ଯଦି ଓବିସିଙ୍କ ସଂଖ୍ୟା ୪୧-୪୨ ପ୍ରତିଶତ, ସଂରକ୍ଷଣ କେବଳ ୨୭ ପ୍ରତିଶତଙ୍କୁ କାହିଁକି ମିଳିବ?

ଦ୍ୱିତୀୟ ପ୍ରଶ୍ନ ଯାହାକି ସୁପ୍ରିମ୍‌କୋର୍ଟ ପଚାରିଛନ୍ତି ସେଇଟି ହେଉଛି, ଉଚ୍ଚଶିକ୍ଷା କ୍ଷେତ୍ରରେ ଓବିସିମାନଙ୍କର ଯଥେଷ୍ଟ ପ୍ରତିନିଧିତ୍ୱ ନଥିବାର ଠୋସ୍ ପ୍ରମାଣ କ'ଣ ରହିଛି? ସରକାର କହୁଛନ୍ତି ଯେ ହଜାର ହଜାର ବର୍ଷ ଧରି ଏମାନଙ୍କୁ ଅବହେଳିତ ଓ ନିଷ୍ପେଷିତ କରାଯାଉଛି ଏବଂ ସେମାନଙ୍କୁ ଉପରକୁ ଉଠାଯିବା ଦରକାର। ଏହା କିନ୍ତୁ ପ୍ରଶ୍ନର ସିଧାସଳଖ ଉତ୍ତର ନୁହେଁ।

କାରଣ ଆମକୁ ଅନ୍ୟ ପଛୁଆ ବର୍ଗଙ୍କୁ ଏବଂ ଅନୁସୂଚିତ ଜାତିର ଲୋକଙ୍କ କଥାକୁ ଅଲଗା ଅଲଗା ଦୃଷ୍ଟିରେ ଦେଖିବାକୁ ହେବ। ପଛୁଆବର୍ଗ ବା ଦଳିତମାନେ ଅବଶ୍ୟ ଶହ ଶହ ବର୍ଷ ଧରି ଅବହେଳିତ ଓ ନିଷ୍ପେଷିତ ହୋଇ ଆସିଛନ୍ତି, କିନ୍ତୁ ସବୁ ଓବିସିଙ୍କ କ୍ଷେତ୍ରରେ ଏହା ସତ ନୁହେଁ। ଦଳିତଙ୍କ ଅବହେଳା ପଛରେ ଆବଶ୍ୟକୀୟ ପରିସଂଖ୍ୟାନ ଉପସ୍ଥାପିତ ହେବା ଦରକାର।

ଅଧିକନ୍ତୁ ଆଇଆଇଟି ଓ ଆଇଆଇଏମ୍ ଭଳି ଉଚ୍ଚ ଶିକ୍ଷାନୁଷ୍ଠାନମାନଙ୍କରେ କେଉଁ ଜାତିର ପିଲା ପଢୁଛନ୍ତି ତା'ର ତଥ୍ୟ ଆମ ପାଖରେ ନାହିଁ କି ଏ ରକମର ଗଣନା ବି କେହି କେବେ କରି ନାହାନ୍ତି। ଅବଶ୍ୟ ଏକଥା ଆମ ଆଖିରେ ପଡୁଛି ଯେ ଉଚ୍ଚବର୍ଗର ଲୋକଙ୍କ ତୁଳନାରେ ଦଳିତ ଗୋଷ୍ଠୀ ଓ ଜାତିର ପିଲାମାନେ କମ୍ ସଂଖ୍ୟାରେ ଏହିସବୁ ଶିକ୍ଷାନୁଷ୍ଠାନମାନଙ୍କୁ ପଢ଼ିବା ପାଇଁ ଯାଆନ୍ତି।

ବହୁ ବେସରକାରୀ ଓ ଅର୍ଦ୍ଧସରକାରୀ ସଂସ୍ଥା ମଧ୍ୟ ବିଶ୍ଳେଷଣ କରି ଦେଖିଛନ୍ତି ଯେ ଅନ୍ୟ ପଛୁଆବର୍ଗର ପିଲାମାନେ ଏହିସବୁ ଅନୁଷ୍ଠାନରୁ ଶିକ୍ଷା ଲାଭ କରିବାରେ ବାସ୍ତବରେ ବଞ୍ଚିତ ହୋଇ ଆସିଛନ୍ତି।ଏଣୁ ଦେଶରେ କେତେ ଓବିସି ଅଛନ୍ତି ତା'ର ସଠିକ୍ ପ୍ରମାଣ ଦିଅ ବୋଲି ସୁପ୍ରିମ୍‌କୋର୍ଟର ବିଚାରପତିମାନେ ଯଦି ନିର୍ଦ୍ଦେଶ ଦେଇଛନ୍ତି ଏଥିରେ କିଛି ଅସଙ୍ଗତି ବା ଅସୁବିଧା ନାହିଁ।

ପରବର୍ତ୍ତୀ ପ୍ରଶ୍ନଟି ସୃଷ୍ଟି ହେଉଛି ପୂର୍ବୋକ୍ତ ପ୍ରଶ୍ନରୁ। ଯଦି ଓବିସିଙ୍କ ସପକ୍ଷରେ ପ୍ରମାଣଯୋଗ୍ୟ ତଥ୍ୟ ନାହିଁ ତେବେ ସରକାର ଯେଉଁ ୨୭ ପ୍ରତିଶତ ଆସନ ସଂରକ୍ଷଣ ପାଇଁ ଲଢୁଛନ୍ତି ତାହାର ଫାଇଦା କାହାକୁ ଯିବ ଏବଂ ଏହା କିପରି ଦଳିତ-ପଛୁଆବର୍ଗଙ୍କ କାମରେ ଲାଗିବ? ଏହାର ଉତ୍ତର ହେଉଛି ନା।

ଅନ୍ୟ ଅର୍ଥରେ, ଆଇଆଇଟି/ ଆଇଆଇଏମ୍‌ରେ ଯଦି ଓବିସିଙ୍କ ପାଇଁ ୨୭ ପ୍ରତିଶତ ସ୍ଥାନ ସଂରକ୍ଷଣ କରାଯାଏ ତେବେ ସଂରକ୍ଷଣ ଆବଶ୍ୟକ କରୁଥିବା ଓବିସିମାନେ ହିଁ ଏହା ପାଇବେ ତା'ର କୌଣସି ଗ୍ୟାରେଣ୍ଟି ନାହିଁ। ଏଣୁ କୌଣସି ନା କୌଣସି ପଦ୍ଧତି ଅନୁସରଣ କରି ଅନ୍ତତଃ ୨୦୦୭ ମସିହାରେ ଦେଶରେ କେତେ ଓବିସି ଅଛନ୍ତି ତା'ର ଗ୍ରହଣଯୋଗ୍ୟ ପରିସଂଖ୍ୟାନ ବାହାର କରାଯିବା ଦରକାର। ସୁପ୍ରିମ୍‌କୋର୍ଟ ଯାହା କହିଛନ୍ତି ଯେ କେବଳ ନିୟମ ତିଆରି ନକରି ଆମେ ମଇଦାନକୁ ଖେଳିବା ପାଇଁ କେମିତି ଯିବା ତାହା ଯଥାର୍ଥ ମନେ ହୁଏ।

ଶେଷ ପ୍ରଶ୍ନଟି ହେଉଛି କ୍ରିମିଲେୟର ବା ଦୁଧର ସର ଭଳି ଓବିସିଙ୍କ ଭିତରେ ଯେଉଁ ଉତ୍କୃଷ୍ଟ ବର୍ଗ ଅଛନ୍ତି ସେମାନଙ୍କ କଥା କ'ଣ ହେବ? ସୁପ୍ରିମ୍‌କୋର୍ଟର ସ୍ପଷ୍ଟ ନିର୍ଦ୍ଦେଶ ହେଉଛି ଯେ ଜଣେ ଓବିସି ହେଲା ବୋଲି ତାଙ୍କୁ ଆଖିବୁଜି ସଂରକ୍ଷଣ ସୁବିଧା ଦିଆଯିବ ତାହା କଦାପି ଚଳିବ ନାହିଁ।

ଅନ୍ୟ ଅର୍ଥରେ, ଓବିସି ସଂରକ୍ଷଣ ନୀତିରୁ ଏହି କ୍ରିମି ଲେୟାର ବା ଅଦ୍ୟାବଧି ସୁବିଧାରେ ଥିବା ବର୍ଗଙ୍କୁ ବାଦ୍ ଦେବାକୁ ପଡିବ ଏବଂ ସେମାନେ ଯେମିତି ନୂଆ ଆଇନ୍‌ର ଅଯଥା ଫାଇଦା ନ ଉଠାଇବେ ତାହା ଦେଖିବା ସରକାରଙ୍କ କାମ। ମନେହୁଏ ବିଚାରପତିମାନଙ୍କ ଏଇସବୁ ପ୍ରଶ୍ନ ଯଥାର୍ଥ ଓ ସରକାରଙ୍କ ଆବଶ୍ୟକୀୟ ଉତ୍ତରଣର ଅପେକ୍ଷା ରଖେ।

ଅବଶ୍ୟ ଓବିସିଙ୍କ ଭିତରକୁ କ୍ରିମି ଲେୟରଙ୍କୁ ବାହାର କରିବା ମଧ୍ୟ ଏତେ ସହଜ ନୁହେଁ। ଏହାର ଦୁଇଟି ବିକଳ୍ପ ଅଛି। ଗୋଟିଏ ବିକଳ୍ପ ହେଉଛି ଯେ ଜାତିଗୁଡିକୁ ବିଭାଜନ କରାଯାଇ ଉପଜାତି ବାହାର କରାଯାଉ ଯାହାକି ଶିକ୍ଷାର ପହଞ୍ଚ ଉପରେ ଆଧାରିତ ହେବ। ଉଚ୍ଚ ଶିକ୍ଷା ଦୃଷ୍ଟିରୁ ଯିଏ ଅଧିକ ପଛୁଆ ଓ ଅବହେଳିତ ତା'କଥା ହିଁ ସଂରକ୍ଷର ପାଇଁ ପ୍ରଥମେ ବିଚାରକୁ ନିଆଯାଉ ଓ ପରେ ଯେଉଁମାନେ କମ୍ ଅବହେଳିତ ସେମାନଙ୍କ କଥା ବିଚାରକୁ ଅଣାଯାଉ। ଅନ୍ୟ ବିକଳ୍ପଟି ହେଉଛି, ବାର୍ଷିକ ଆୟ ଭିତ୍ତିରେ ଯିଏ କ୍ରିମି ଲେୟର ଭିତରେ ପଡ଼ିଲା ତାହାକୁ ଓବିସି ସଂରକ୍ଷଣରୁ ସମ୍ପୂର୍ଣ୍ଣ ବାଦ୍ ଦିଆଯାଉ।

ଅନ୍ୟ ପଛୁଆବର୍ଗ ପାଇଁ ସଂରକ୍ଷଣ ଭାରତର ସଂରକ୍ଷଣ ଇତିହାସରେ ଶେଷ ଅଧ୍ୟାୟ ହେବ କାରଣ ଏହା ପରେ ଆଉ ସଂରକ୍ଷଣ କରିବା ପାଇଁ କିଛି ନଥିବ। ଏହି ବାସ୍ତବତାକୁ ଗ୍ରହଣ କଲାବେଳେ ସରକାର ଏହାକୁ ଅପମାନ ବା ଅହଂକାର ବୋଲି ନଧରି ସୁପ୍ରିମ୍‌କୋର୍ଟର ବିଚାରପତିମାନେ ଯେଉଁସବୁ କଥା ପଚାରିଛନ୍ତି ତାହାର ହୃଦ୍‌ବୋଧ ହେବା ଭଳି ଉତ୍ତର ଦେବା ଦରକାର। ସରକାରଙ୍କ ଆର୍ଥିକ ସାହାଯ୍ୟପ୍ରାପ୍ତ ଆଇ ଆଇ ଆଇଟି/ଆଇଆଇଏମ୍ ଗୁଡିକରେ ପାଠ ପଢ଼ିବାର ସ୍ୱପ୍ନ ଦଳିତ-ପଛୁଆବର୍ଗଙ୍କ ସ୍ୱପ୍ନରେ ହିଁ ରହିନଯାଉ।

ଓବିସିଙ୍କ ପାଇଁ ୨୭ ପ୍ରତିଶତ ସଂରକ୍ଷର ଉଚିତ, କିନ୍ତୁ ଏହା ଅପାତ୍ରରେ ଦାନ ଭଳି ନହେଉ। ସଂରକ୍ଷଣ ଜନସାଧାରଣଙ୍କ ହିତରେ ନଆସି ଯେତେବେଳ ରାଜନୀତିର ଶରବ୍ୟ ହୋଇଯାଏ ତା'ର ଅସଲ ଉଦ୍ଦେଶ୍ୟଟି ବିଫଳ ହୋଇପଡେ।

■

(ଶନିବାର ୨୮ ଏପ୍ରିଲ, ୨୦୦୭)

ରାଇସିନାର ରୋମାଞ୍ଚ

ଦିଲ୍ଲୀର ରାଇସିନା ହିଲସରେ ଥିବା ରାଷ୍ଟ୍ରପତି ଭବନରେ ଏବେ ଯେଉଁ ରୋମାଞ୍ଚକର ନାଟକ ଚାଲିଛି ତାହା ପୁଣିଥରେ ପ୍ରମାଣିତ କରୁଛି ଯେ ଭାରତରେ ରାଜନେତାମାନେ ରାଷ୍ଟ୍ରପତି ଭଳି ପଦବୀକୁ ମଧ୍ୟ ରାଜନୀତିର ପଙ୍କ ଭିତରୁ ଉଦ୍ଧାର କରିବାକୁ ଚାହୁଁ ନାହାନ୍ତି। ଆଉ ଏହି ରାଜନୈତିକ ନାଟକବାଜିର ଶିକାର ହୋଇଛନ୍ତି ଖୁବ୍ ଶୀଘ୍ର ଦାୟିତ୍ୱ ହସ୍ତାନ୍ତର କରିବାକୁ ଥିବା ଡଃ ଏପିଜେ ଅବଦୁଲ୍ କଲାମ।

ଦ୍ୱିତୀୟ ଥର ରାଷ୍ଟ୍ରପତି ପଦ ପାଇଁ ପ୍ରାର୍ଥୀ ହେବେ ନାହିଁ ବୋଲି ଡଃ କଲାମ ପ୍ରଥମେ ଯାହା କହିଥିଲେ ତାହା ହିଁ ଠିକ୍ ଥିଲା ଓ ଏହି ନିଷ୍ପତ୍ତିରେ ସେ ଅଟଳ ରହିବା ଆବଶ୍ୟକ ଥିଲା। ତୃତୀୟ ଫ୍ରଣ୍ଟର ପ୍ରଲୋଭନରେ ମହାମାନ୍ୟ ଡଃ କଲାମ ପୁଣି ଥରେ ରାଷ୍ଟ୍ରପତି ହେବା ପାଇଁ ନିଜର ଇଚ୍ଛା (ସୁପ୍ତ ହେଉକି ଜାଗ୍ରତ) ପ୍ରକଟ କରିବା ସହିତ ରାଷ୍ଟ୍ରପତି ନିର୍ବାଚନକୁ ନେଇ ଶସ୍ତା ରାଜନୀତିରେ ସେ ନିଜେ ଟାଣି ହୋଇ ଗଲେ। ତାହା ନ ହୋଇଥିଲେ ୟୁପିଏ ନେତାମାନେ ତାଙ୍କୁ କହିନଥାନ୍ତେ ଯେ ମ୍ୟାଚ୍ ସରିଛି ଓ କଲାମ ସମ୍ମାନର ସହିତ ବିଦାୟ ନିଅନ୍ତୁ।

ଜୁଲାଇ ୧୬ରେ ହେବାକୁ ଥିବା ରାଷ୍ଟ୍ରପତି ନିର୍ବାଚନରେ ଆଉ ଥରେ ପ୍ରତିଦ୍ୱନ୍ଦ୍ୱିତା କରିବା ସକାଶେ ନବଗଠିତ ତୃତୀୟ ସାମ୍ମୁଖ୍ୟ ଯେତେବେଳେ ବାଜପେୟୀଙ୍କ ସହମତିରେ କଲାମଙ୍କ ନାମ ପ୍ରସ୍ତାବ କରିବା ପାଇଁ ଉଦ୍ୟମ ଆରମ୍ଭ କଲେ ସେମାନେ ଯେ କିଛି ଭୁଲ୍ କରୁଥିଲେ ସେ କଥା ନୁହେଁ। କାରଣ ଆଜି ବି ଦେଶର ଜନତା ଚାହାଁନ୍ତି କଲାମ ଦ୍ୱିତୀୟ ଥର ରାଷ୍ଟ୍ରପତି ପଦ ଅଳଙ୍କୃତ କରନ୍ତୁ।

ବିଗତ ୫ବର୍ଷ ଧରି ସେ ଯେଉଁଭଳି ଭାରତର ଜନସାଧାରଣଙ୍କର ସ୍ନେହଭାଜନ ହୋଇପାରିଥିଲେ ତାହା ପୂର୍ବରୁ ଅନ୍ୟ କୌଣସି ରାଷ୍ଟ୍ରପତିଙ୍କ ଭାଗ୍ୟରେ ଜୁଟିନଥିଲା। ତେବେ ଭାରତ ଆମେରିକା ନୁହେଁ ଯେ ଲୋକେ ଯାହାକୁ ଚାହିଁବେ ରାଷ୍ଟ୍ରପତି

କରିପାରିବେ। ପାର୍ଲାମେଣ୍ଟାରୀ ଗଣତନ୍ତ୍ରରେ କ୍ଷମତାସୀନ ଦଳ ଯାହା ଚାହିଁବ ତାହା ହିଁ ହେବ ଏବଂ ଏଥିରେ ଲୋକମତକୁ ସମ୍ମାନ ଦେବାର କୌଣସି ବ୍ୟବସ୍ଥା ନାହିଁ।

ଭାରତରେ ରାଷ୍ଟ୍ରପତି ପଦଟି ସବୁବେଳେ ନହେଲେ ହେଁ ଅନେକ ସମୟରେ ରାଜନୀତିର ପଶାପାଲିରେ ବଳି ପଡିଛି। ଅଯୋଗ୍ୟ ବ୍ୟକ୍ତି ରାଷ୍ଟ୍ରପତି ହୋଇପାରିଥିବା ବେଳେ ଯୋଗ୍ୟ ବ୍ୟକ୍ତିମାନେ ଏକ ନମ୍ବର ନାଗରିକ ହେବାର ସୌଭାଗ୍ୟ ଅର୍ଜନ କରିପାରି ନାହାନ୍ତି। ଇନ୍ଦିରା ଗାନ୍ଧୀଙ୍କ ସମୟରୁ ହିଁ ରାଷ୍ଟ୍ରପତି ପଦକୁ ନେଇ ଶସ୍ତା ରାଜନୀତି ଆରମ୍ଭ ହୋଇଥିଲା। ଏବେ ପୁଣି ଥରେ ସେହି ରାଜନୀତି–ଯାହାକୁ କୁହାଯାଏ ଇତିହାସର ପୁନରାବୃତ୍ତି।

ତେବେ ରାଷ୍ଟ୍ରପତି ଭଳି ନିର୍ବାଚନରେ ଯେ କିଛି ସମ୍ମାନବୋଧ ରହିବା ଦରକାର ଏଥିରେ ଯେ କେହି ଏକମତ ହେବେ। ଦେଶର ରାଜନେତାମାନେ ଅନେକ ସମୟରେ ସମ୍ମାନବୋଧକୁ ଭୁଲି ଯାଆନ୍ତି: ନିଜ ସମ୍ମାନବୋଧ, ଦେଶର ସମ୍ମାନବୋଧ, ଲୋକଙ୍କ ସମ୍ମାନବୋଧ ଓ ପଦବୀର ସମ୍ମାନବୋଧ। ସେମାନେ ଜାଣି ପାରନ୍ତି ନାହିଁ ଯେ ମୂଲ୍ୟହୀନ କଥାବାର୍ତ୍ତା, ହୀନ କୌଶଳ ଏବଂ ନାଗରିକ–ଅନୁପଯୋଗୀ କଥାବାର୍ତ୍ତା ଓ ମନ୍ତବ୍ୟ ଆମ ସମସ୍ତଙ୍କୁ ବିଶ୍ୱ ଦରବାରରେ ଲଜ୍ଜିତ କରୁଛି। ନିଜ ଦେଶରେ ରାଜନେତାଙ୍କ ହୀନ କାରବାର ତ ଆମର ଦେହସୁହା କଥା ହୋଇପଡିଛି।

କେବଳ ରାଷ୍ଟ୍ରପତି ନିର୍ବାଚନରେ ନୁହେଁ ଏଭଳି ଅନେକ କାର୍ଯ୍ୟ ଓ ବ୍ୟବହାର ଆମ ଆଖିରେ ପଡେ ଯେଉଁଥିରେ ନେତାମାନେ ଅତି ତଳକୁ ଖସି ଆସନ୍ତି। ଦୁଃଖର କଥା ଯେ, ରାଷ୍ଟ୍ର ଶାସନର ମୁଖ୍ୟଙ୍କ ନିର୍ବାଚନକୁ ନେଇ ଦଳ ଓ ନେତାମାନଙ୍କ ମଧ୍ୟରେ ଅଶାଳୀନ ଟିପ୍ପଣୀ ଦେବା ପର୍ଯ୍ୟନ୍ତ କଥା ଯାଉଛି। ସତ କହିବାକୁ ଗଲେ ଏଥର ରାଷ୍ଟ୍ରପତି ନିର୍ବାଚନ ମ୍ୟୁନିସପାଲଟି ନିର୍ବାଚନଠାରୁ ମଧ୍ୟ ସେ ସ୍ତରକୁ ଆସି ଯାଇଛି।

ବିବେକ କହୁଛି ଯେ ରାଷ୍ଟ୍ରପତି ପ୍ରାର୍ଥୀଚୟନ ଅତି ସଂଭ୍ରମତାର ସହ ପରିଚାଳିତ ହେବା ଦରକାର ଥିଲା। ଏହି ପଦବୀର ଗୁରୁତ୍ୱ ଦୃଷ୍ଟିରୁ ପ୍ରାର୍ଥୀ ଚୟନ ଓ ନିର୍ବାଚନର ପୂରା କାର୍ଯ୍ୟଟି ଖୁବ୍ ସତର୍କତାର ସହ ଅନୁଷ୍ଠିତ ହେବା ଉଚିତ।

ଯେଉଁ ପଦବୀଟି ପାଇଁ ଏତେ ହୀନ ରାଜନୀତି ଚାଲିଛି ତାହା ସାମ୍ବିଧାନିକ ମୁଖ୍ୟଙ୍କ ପଦବୀ ଯାହାକି ଦଳୀୟ ରାଜନୀତିଠାରୁ ଊର୍ଦ୍ଧ୍ୱରେ ରହିବା ଦରକାର। କିନ୍ତୁ ଏସବୁ ବିଚାରବୋଧ ଓ ସମ୍ମାନ ଯମୁନା ନଦୀକୁ ଫିଙ୍ଗି ଦିଆଯାଇଛି। ଟିକିଏ ପଛକୁ ଚାହିଁଲେ, ପ୍ରଥମେ ତ ରାଷ୍ଟ୍ରପତି ପଦ ପାଇଁ ବହୁ ସମ୍ଭାବ୍ୟ ପ୍ରାର୍ଥୀଙ୍କ ନାମ ଉଠିଥିଲା ଓ ଗୋଟିଏ ପରେ ଗୋଟିଏ ନାଁକୁ ବାଦ୍ ଦିଆଯାଇଥିଲା। ଏହା ନିଶ୍ଚିତ ଭାବରେ କ୍ଷମତାରେ

ଥିବା କିଛି ବଡ ହସ୍ତୀଙ୍କ ପାଇଁ ବ୍ୟକ୍ତିଗତ ଅସୁବିଧା ଓ ଅଶ୍ୱସ୍ତିର କାରଣ ହୋଇଥିଲା। ୟୁପିଏ ଜଣେ ପ୍ରାର୍ଥୀକୁ ଚୟନ କରିବା ସକାଶେ ୧୩ ଜଣଙ୍କ ନାମ ଉଠାଇଥିଲା ଏବଂ ମ୍ୟୁଜିକାଲ୍ ଚେୟାର ଭଳି ଜଣେ ଜଣେ ବାଦ୍ ପଡିଥିଲେ।

ସେତିକିରେ କଥା ସରିଥିଲେ ଭଲ ହୁଅନ୍ତା। କିନ୍ତୁ ବର୍ତ୍ତମାନ ପଦବୀରେ ଥିବା ରାଷ୍ଟ୍ରପତିଙ୍କ ନାମକୁ ଅଯଥା ବିବାଦ ଭିତରକୁ ଟଣା ହେଲା। ରାଷ୍ଟ୍ରପତି କଲାମ ଦ୍ୱିତୀୟ ଥର ପ୍ରାର୍ଥୀ ହେବେ ଓ ୟୁପିଏ ତାଙ୍କୁ ସମର୍ଥନ କରିବ ଏହି ଅସମ୍ଭବ କଥାଟି ସମସ୍ତେ ଆଗରୁ ହିଁ ଜାଣିଥିଲେ। ସେହିଭଳି ଏନ୍‌ଡିଏ ପକ୍ଷରୁ ଉପରାଷ୍ଟ୍ରପତି ଭୈରୋ ସିଂ ଶେଖାଓ୍ୱତଙ୍କୁ ରାଷ୍ଟ୍ରପତି ପଦବୀ ପାଇଁ ପ୍ରାର୍ଥୀ କରାଯିବାର ନିଷ୍ପତ୍ତି ନିଆଯାଇଥିଲା ଯଦିଓ ସମସ୍ତେ ଅବଗତ ଥିଲେ ଯେ ସଂଖ୍ୟା ଦୃଷ୍ଟିରୁ ୟୁପିଏ ସମର୍ଥିତ ପ୍ରାର୍ଥୀ ହିଁ ପରବର୍ତ୍ତୀ ରାଷ୍ଟ୍ରପତି ହେବେ। ଏହି ସବୁ ଟଣାଓଟରା ଓ ଅବାଂଛିତ ପ୍ରକ୍ରିୟାକୁ ନେଇ ଜଣେ କେହି ମତ ଦେଇଥିଲେ ଯେ ରୋଷେଇଆଟିକୁ ଠିଆ କଲେ ମଧ୍ୟ ସେ ରାଷ୍ଟ୍ରପତି ହୋଇ ଯାଇ ପାରିବେ।

ରାଷ୍ଟ୍ରପତି ନିର୍ବାଚନରେ ଗୋଟିଏ ବଡ଼ ଅସୁବିଧା ହେଉଛି ଯେଉଁ ଇଲେକ୍ଟୋରାଲ କଲେଜ ତାଙ୍କୁ ନିର୍ବାଚିତ କରେ। ଏଥିରେ ସାଂସଦ ଓ ଏମ୍ଏଲ୍ଏ ହେଉଛନ୍ତି ଭୋଟର। ଦଳର ନିଷ୍ପତ୍ତି ଅନୁସାରେ ଏମାନେ ଦଳର ପ୍ରାର୍ଥୀଙ୍କୁ ଭୋଟ ଦେବାକୁ ବାଧ୍ୟ-ପ୍ରାର୍ଥୀ ପସନ୍ଦର ହୋଇଥାନ୍ତୁ କି ନା!

ଏଥରର ରାଷ୍ଟ୍ରପତି ନିର୍ବାଚନରେ କିନ୍ତୁ ଗୋଟିଏ ରହସ୍ୟ ରହିଛି। ରହସ୍ୟଟି ହେଉଛି ଯେ ୨୦୦୯ ସାଧାରଣ ନିର୍ବାଚନରେ ଏକ ଝୁଲା ପାର୍ଲାମେଣ୍ଟ ସାମନାକୁ ଆସିବାର ସମ୍ଭାବନା ରହିଛି ଏବଂ ଦଳ-ଦଳ ଭିତରେ କ୍ଷମତା ଅକ୍ତିଆର ପାଇଁ ବଳ କଷାକଷି ନିଶ୍ଚିତ ଚାଲିବ। ଏଣୁ ଏବେଠାରୁ ହିଁ ରାଜନୈତିକ ଦଳମାନେ ପ୍ରସ୍ତୁତ ହେଉଛନ୍ତି ଯେ ବିଖଣ୍ଡିତ ରାୟ ପରେ କେଉଁ ଦଳକୁ ସରକାର ଗଢ଼ିବା ପାଇଁ ରାଷ୍ଟ୍ରପତି ଡାକିବେ ତାହା ତାଙ୍କ ଉପରେ ନିର୍ଭର କରିବ ଏବଂ ନିଜ ସମର୍ଥନର ପ୍ରାର୍ଥୀ ଯଦି ରାଷ୍ଟ୍ରପତି ଭାବରେ ଅଧିଷ୍ଠିତ ହୋଇଯାଆନ୍ତି ତେବେ ପରିସ୍ଥିତିଟି ଅନୁକୂଳ ହେବ। ରାଷ୍ଟ୍ରପତି ପଦ ସହିତ ସରକାର ଗଠନର ସମ୍ପର୍କ ରହିଥିବା କାରଣରୁ ବର୍ତ୍ତମାନ ଯେଉଁ ଇଲେକ୍ଟୋରାଲ କଲେଜ ରହିଛି ତା ବଦଳରେ ଆଉ କିଛି କରାଯିବା ଦରକାର। ଗୋଟିଏ ହେଉଛି ଯେ ରାଷ୍ଟ୍ରପତି ନିର୍ବାଚନକୁ ଦଳୀୟ ରାଜନୀତିଠାରୁ ଅଲଗା କରିବା। କିନ୍ତୁ ତାହା ସମ୍ଭବ ନୁହେଁ ଯେ ପର୍ଯ୍ୟନ୍ତ ରାଷ୍ଟ୍ରପତି ଏଏମଏଲ/ଏମ୍‌ପିଙ୍କ ଦ୍ୱାରା ନିର୍ବାଚିତ ହୋଇ ଚାଲିଥିବେ। ଆଉ କେହି କେହି କହନ୍ତି ଯେ ରାଷ୍ଟ୍ରପତି ନିର୍ବାଚନ ପାଇଁ ଗେମ୍ ଥିଓରି ପ୍ରୟୋଗ କରାଯାଉ। ଗେମ ଥିଓରିର ଅର୍ଥ ହେଉଛି ସମବାୟ ଭିତ୍ତିରେ ଦଳମାନେ

ଜଣକୁ ରାଷ୍ଟ୍ରପତି ନିର୍ବାଚିତ କରିବେ। କିନ୍ତୁ ଯେତେବେଳେ କ୍ଷମତା ବଣ୍ଟାବଣ୍ଟି କଥା ଉଠିବ ଯାହାର ବେଶୀ ଭୋଟ ଥିବ ସେ କିଛି ଅଧିକ ଦାବି କରିବ।

ଏଥରର ଅଭିଜ୍ଞତାରୁ ରାଷ୍ଟ୍ରପତି ନିର୍ବାଚନକୁ ନିର୍ଦ୍ଦଳୀୟ, ନିର୍ବାଦୀୟ ଓ ନିରଙ୍କୁଶ କମିବାକୁ ହେଲେ କ'ଣ ପଦକ୍ଷେପ ନେବାକୁ ହେବ ନିର୍ବାଚନ କମିଶନ ତାରି ଉପରେ ଅନୁଧ୍ୟାନ କରିବା ଉଚିତ। ଏହା କହିବା ବେଳେ ଶେଷ କଥାଟି ହୋଇଛି ଯେ ୟୁପିଏ ସମର୍ଥିତ ପ୍ରାର୍ଥୀ ପ୍ରତିଭା ପାଟିଲ ହିଁ ପରବର୍ତ୍ତୀ ରାଷ୍ଟ୍ରପତି ହେବେ। ଏବେ ନଜର ଉପରାଷ୍ଟ୍ରପତି ପଦ ଉପରେ।

■

(ଶନିବାର ୨୩ ଜୁନ୍, ୨୦୦୭)

ମନ୍ତ୍ରୀ ଓ ପ୍ରଶାସକ

ଓଡ଼ିଶାରେ ରାଜନେତା ଓ ପ୍ରଶାସକଙ୍କ ଭିତରେ ଲାଗି ରହିଥିବା ଟଣାଓଟରାକୁ ନେଇ ଗତ ସପ୍ତାହର ଦୁଇଟି ଘଟଣାକୁ ତର୍ଜମା କଲେ ଅନେକ କିଛି ବୁନିଆଦି ପ୍ରଶ୍ନ ସାମ୍ନାକୁ ଆସିବ। ପ୍ରଶ୍ନ ସାଙ୍ଗକୁ କାହାର କ'ଣ ଭୂମିକା, କାହାର କ'ଣ ଦାୟିତ୍ୱ ଓ କିଏ କିଭଳି ନିଜର ଲକ୍ଷ୍ମଣରେଖା ଭିତରେ ରହିବା ଦରକାର ସେସବୁ ଆନୁସଙ୍ଗିକ ପ୍ରଶ୍ନ ମଧ୍ୟ ଉତ୍‌ଥାପିତ ହେବ। ଘଟଣା ଦୁଇଟି ହେଉଛି, ନବୀନ ପଟ୍ଟନାୟକଙ୍କ ମନ୍ତ୍ରିମଣ୍ଡଳର ଦୁଇ ଜଣ ମନ୍ତ୍ରୀଙ୍କୁ ନେଇ। ପଞ୍ଚାୟତିରାଜ ମନ୍ତ୍ରୀ ଡା.ଦାମୋଦର ରାଉତ ମଙ୍ଗଳବାର ଦିନ ରାଜଧାନୀରେ ଏକ ଆଲୋଚନାଚକ୍ରରେ ତାଙ୍କ ବକ୍ତବ୍ୟ ରଖିବାକୁ ଯାଇ କହିଲେ ଯେ ରାଜ୍ୟରେ ଯେଉଁଭଳି ଛତୁ ଫୁଟିଲା ଭଳି ମହିଳା ସ୍ୱୟଂ ସହାୟକ ଗୋଷ୍ଠୀ ମୁଣ୍ଡ ଟେକିଛନ୍ତି ସେଥିରେ ସେ ଆଦୌ ଖୁସି ନୁହଁନ୍ତି। ମନ୍ତ୍ରୀ ତାଙ୍କ ଯୁକ୍ତିକୁ ଆଗେଇ ନେବାକୁ ଯାଇ କହିଥିବା ପ୍ରକାଶ ଯେ, ମହିଳା ସ୍ୱୟଂ ସହାୟକ ଗୋଷ୍ଠୀଗୁଡିକ ଅନେକ ସମୟରେ ନିଜ ନିଜ ଭିତରେ ଝଗଡା କରୁଛନ୍ତି। ଏହି ଗୋଷ୍ଠୀମାନେ ସାଧାରଣ ଆବଣ୍ଟନ ପାଇଁ ଉଦ୍ଦିଷ୍ଟ ସ୍କିମ୍/କାର୍ଯ୍ୟକୁ ହାତେଇ ନେବା ପାଇଁ ତତ୍ପର। ଗାଁର ଉନ୍ନୟନ କାର୍ଯ୍ୟକୁ ଚଳାଇବା ପାଇଁ ମଧ୍ୟ ସେମାନଙ୍କର ଆଗ୍ରହ ରହୁଛି। ଏହା ଫଳରେ ଗାଁ ଗହଳିରେ ଆଇନ୍‌ଶୃଙ୍ଖଳା ପରିସ୍ଥିତି ସୃଷ୍ଟି ହେବା ସହିତ ପରିସ୍ଥିତିକୁ ସମ୍ଭାଳିବା ପାଇଁ ପୋଲିସ୍ ପକ୍ଷରେ କଷ୍ଟକର ହୋଇ ପଡୁଛି। ଏହିଭଳି ମନ୍ତବ୍ୟ ଦେଇଥିଲେ ମନ୍ତ୍ରୀ। ଖାଲି ସେତିକି ନୁହେଁ, ଏହିସବୁ ମହିଳା ସଙ୍ଗଠନ ଦ୍ୱାରା ବାସ୍ତବରେ କିଛି ଲାଭ ହେଉଛି କି ବୋଲି ସେ ସଂଶୟ ପ୍ରକଟ କରିଥିଲେ।

ଡାକ୍ତର ରାଉତ ସ୍ୱୟଂସହାୟକ ଗୋଷ୍ଠୀର ମୌଳିକ ତତ୍ତ୍ୱକୁ ବୁଝାଇବାକୁ ଯାଇ ଉକ୍ତ ଆଲୋଚନାଚକ୍ରରେ ଏକଥା ମଧ୍ୟ କହିଲେ ଯେ ଗ୍ରାମ୍ୟ ଅର୍ଥନୀତିକୁ ଆଗେଇ ନେବା ସହିତ ମହିଳାମାନଙ୍କୁ ସ୍ୱାବଲମ୍ବନଶୀଳ କରିବା ହେଉଛି ସେଲ୍‌ଫ-ହେଲ୍‌ପ

ଗ୍ରୁପ୍‌ର କାମ। କିନ୍ତୁ ଏହି ଗୋଷ୍ଠୀମାନେ ଭୌତିକବାଦୀ ହୋଇ ପଡିଛନ୍ତି ବୋଲି ମନ୍ତ୍ରୀ କଟାକ୍ଷ କରିବା ସହିତ କହିଥିଲେ ଯେ ସ୍ୱୟଂ ସହାୟକ ମହିଳା ଗୋଷ୍ଠୀମାନେ ଅଯଥା ସେମାନଙ୍କ ସଂଖ୍ୟା ବଢ଼ାଇ ଚାଲିଛନ୍ତି। ସରକାରଙ୍କ ଦ୍ୱାରା ମଞ୍ଜୁରୀପ୍ରାପ୍ତ ପ୍ରକଳ୍ପଗୁଡିକରେ ମହିଳା ସ୍ୱୟଂ ସହାୟକ ଗୋଷ୍ଠୀମାନେ ସାମିଲ ହୋଇ ଥିବାରୁ ପରସ୍ପର ଭିତରେ ପ୍ରତିଯୋଗିତା କରୁଛନ୍ତି। ଏକଥା କହିବା ସହ ମନ୍ତ୍ରୀ ଉଲ୍ଲେଖ କରିଥିଲେ ଯେ ଦୀର୍ଘସୂତ୍ରରେ ଦେଖିଲେ ଏହାଦ୍ୱାରା ମହିଳାମାନଙ୍କର କୌଣସି ଲାଭ ହେବ ନାହିଁ। ମହିଳା ସ୍ୱୟଂ ସହାୟକ ଗୋଷ୍ଠୀଗୁଡିକ ଅଧିକ କାର୍ଯ୍ୟଦକ୍ଷ ହୋଇ ପାରିବେ ଯଦି ସେମାନେ ପଞ୍ଚାୟତିରାଜ ଅନୁଷ୍ଠାନଗୁଡିକ ସହିତ ହାତ ମିଳାଇ କାମ କରିବେ।

ପଞ୍ଚାୟତିରାଜ ମନ୍ତ୍ରୀଙ୍କର ମହିଳା ସ୍ୱୟଂ ସହାୟକ ଗୋଷ୍ଠୀ ସମ୍ପର୍କରେ ଏହିସବୁ ମନ୍ତବ୍ୟର ବିଭିନ୍ନ ଦିଗ ରହିଛି। ପ୍ରଥମତଃ, ସ୍ୱୟଂ ସହାୟକ ଗୋଷ୍ଠୀମାନଙ୍କ କାର୍ଯ୍ୟକ୍ରମକୁ ସେ ପସନ୍ଦ କରୁ ନାହାନ୍ତି ଓ ଏହିସବୁ ଗୋଷ୍ଠୀର ବର୍ଦ୍ଧିତ ପ୍ରଭାବ ତାଙ୍କୁ ଭଲ ଲାଗୁ ନାହିଁ। ମନ୍ତ୍ରୀଙ୍କର ଗୋଟିଏ କଥାରେ କେବଳ ଯଥାର୍ଥତା ରହିଛି ଯେ ଏହି ଗୋଷ୍ଠୀ ଗୁଡିକ ଅଧିକ ଦକ୍ଷ ହୋଇ ପାରିବେ ଯଦି ପଞ୍ଚାୟତରାଜ ଅନୁଷ୍ଠାନ ସହିତ ହାତ ମିଳାଇ କାମ କରିବେ।

ଦ୍ୱିତୀୟ ଘଟଣାଟି ମହିଳା ଓ ଶିଶୁ କଲ୍ୟାଣ ମନ୍ତ୍ରୀ ପ୍ରମିଳା ମଲ୍ଲିକଙ୍କୁ ନେଇ। ବୁଦ୍ଧିଆ ସିଂର କୋଚ୍ ବିରଞ୍ଚି ଦାସଙ୍କ ବିରୁଦ୍ଧରେ ହାଇକୋର୍ଟରେ ସରକାରଙ୍କ ପକ୍ଷରୁ ପାଲଟା କେଶ୍ କରାଯିବ କି ବୋଲି ସାମ୍ବାଦିକମାନଙ୍କ ଏକ ପ୍ରଶ୍ନକୁ ନେଇ ମନ୍ତ୍ରୀ ଓ ବିଭାଗୀୟ ସଚିବ ମୋନା ଶର୍ମାଙ୍କ ଭିତରେ ରଗାରଗି ଓ ଅପମାନଜନକ କଥାବାର୍ତ୍ତାକୁ ସାମ୍ବାଦିକମାନେ ଦେଖିଥିଲେ। ସାମ୍ବାଦିକମାନଙ୍କ ପକ୍ଷରୁ ସଚିବଙ୍କୁ ପଚରାଯାଉଥିବା ପ୍ରଶ୍ନରେ ମନ୍ତ୍ରୀ କୁଆଡ଼େ ଉତ୍ତର ଦେଲେ ଯେ ମହିଳା ଓ ଶିଶୁ କଲ୍ୟାଣ ବିଭାଗ ଏକ ବିରାଟ ବିଭାଗ, ଏଣୁ ସଚିବ ଅଫିସ୍ ଯାଇ ନିଜ କାମ ଦେଖନ୍ତୁ। ସଚିବ ଏଥିରେ ଅପମାନିତ ହୋଇ ସାମ୍ବାଦିକ ସମ୍ମିଳନୀରୁ ଉଠି ଚାଲିଯାଇଥିଲେ। ସଂଯୋଗବଶତଃ, ଏହି ଦୁଇଟି ଯାକ ଘଟଣାରେ ଆଇଏଏସ୍ ଅଫିସର ମୋନା ଶର୍ମା ହିଁ ମନ୍ତ୍ରୀମାନଙ୍କର ସନ୍ତୋଷ ତଥା ରୋଷର ଶିକାର ହୋଇଥିଲେ।

ପ୍ରସଙ୍ଗକୁ ଫେରିଗଲେ, କେବଳ ଓଡ଼ିଶାରେ ନୁହେଁ ସମଗ୍ର ଦେଶରେ ମହିଳା ସ୍ୱୟଂ ସହାୟକ ଗୋଷ୍ଠୀଙ୍କ ପ୍ରଭାବ ଆଜି ସ୍ୱୀକୃତ। ବିଗତ ୧୦ ବର୍ଷ ଭିତରେ ଏମାନେ ଶକ୍ତିଶାଳୀ ହୋଇ ବାହାରିଛନ୍ତି ଏବଂ ଅନେକ ଅସମ୍ଭବ କାମକୁ ସେମାନେ ସମ୍ଭବ କରିପାରିଛନ୍ତି। ଘରକୋଣରୁ ବାହାରି ଆସି ବିଭିନ୍ନ ପ୍ରକାର ରୋଜଗାର ପନ୍ଥାକୁ ବାଛିନେବା, ଋଣ ଦେବା, ହିସାବ ରଖିବା, ବ୍ୟାଙ୍କ ସହିତ କାରବାର କରିବା ଏସବୁ

ଛୋଟ ଛୋଟ କାମଠାରୁ ବିଭିନ୍ନ ପ୍ରକଳ୍ପର କାର୍ଯ୍ୟକୁ ମଧ୍ୟ ଏମାନେ ସମ୍ଭାଳୁଛନ୍ତି। ଆନ୍ଧ୍ରରେ ତ ମହିଳା ସ୍ୱୟଂ ସହାୟକ ଗୋଷ୍ଠୀଙ୍କ ପ୍ରଭାବ ସୁଦୂରପ୍ରସାରୀ। ଏପରିକି ଓଡ଼ିଶା ସରକାର ମିଶନ୍ ଶକ୍ତି ଜରିଆରେ ବିଭିନ୍ନ ଜିଲ୍ଲାରେ ମହିଳା ସ୍ୱୟଂ ସହାୟକ ଗୋଷ୍ଠୀ ଗଠନ କରି ଏହାକୁ ଏକ ଆନ୍ଦୋଳନରେ ପରିଣତ କରିପାରିଛନ୍ତି। ସରକାରୀ ତଥ୍ୟ ଅନୁଯାୟୀ, ଓଡ଼ିଶାରେ ଏବେ ପ୍ରାୟ ୧, ୭୫, ୦୦୦ହଜାର ମହିଳା ସ୍ୱୟଂ ସହାୟକ ଗୋଷ୍ଠୀ ଅଛନ୍ତି ଓ ପ୍ରାୟ ୨୦ ଲକ୍ଷ ମହିଳା ଏଥିରେ ସାମିଲ ହୋଇଛନ୍ତି।

ନବୀନ ପଟ୍ଟନାୟକ ସରକାରର କ୍ୱଚିତ ସଫଳତା ଭିତରୁ ମିଶନ୍ ଶକ୍ତି ଗୋଟିଏ ବୋଲି କୁହାଯାଉଛି। ଏପରିକି ମହିଳା ଗୋଷ୍ଠୀର ସଫଳତାକୁ ନେଇ ସରକାର ଏକ ପ୍ରକାର ଅଭିଯାନ ପାଇଁ ମଧ୍ୟ ଚିନ୍ତା କରୁଥିବା ପ୍ରକାଶ। ଏହିଭଳି ପରିସ୍ଥିତିରେ, ଜଣେ ବରିଷ୍ଠ ମନ୍ତ୍ରୀଙ୍କର ମନ୍ତବ୍ୟ ନିଜ ସରକାରର ସଫଳତାକୁ ହିଁ ନିଷ୍ଫଳ କରୁଛି ତାହା ନୁହେଁ ଏହା ଅଲଗା ଧାରଣା ସୃଷ୍ଟି କରୁଛି। ସର୍ବସାଧାରଣରେ ରାଜ୍ୟର ମହିଳା ସ୍ୱୟଂ ସହାୟକ ଗୋଷ୍ଠୀଗୁଡିକର ସଫଳତାକୁ କିମ୍ବା ସେମାନଙ୍କର ଉପସ୍ଥିତିକୁ ପ୍ରଶ୍ନ କରିବାର ଅବକାଶ ନାହିଁ। ବରଂ ଏଗୁଡିକୁ କିଭଳି ଅଧିକ ସୁଦୃଢ଼ କରାଯାଇପାରିବ ଏବଂ କିଭଳି ମହିଳାମାନଙ୍କ ସଶକ୍ତିକରଣରେ ଏହା ଅଧିକ ସହାୟକ ହୋଇ ପାରିବ ସେ ସମ୍ପର୍କରେ ମନ୍ତ୍ରୀମାନେ ଅନୁକୂଳ ଓ ଗଠନମୂଳକ ମନ୍ତବ୍ୟ ଦେବା ଦରକାର। ଖୋଦ୍ ପଞ୍ଚାୟତିରାଜ ବିଭାଗ ଅଧୀନରେ ଥିବା 'ଓରମାସ୍' କେବିକେ ଜିଲ୍ଲାମାନଙ୍କରେ କିଭଳି ମହିଳା ସ୍ୱୟଂ ସହାୟକ ଗୋଷ୍ଠୀ ଗଠନ କରିବା ସହିତ ସେମାନଙ୍କୁ ଡାଲି, ଖଲିପତ୍ର, ଝାଡୁ ଆଦି ବ୍ୟବହାରିକ କାର୍ଯ୍ୟରେ ସାମିଲ କରି ପ୍ରଚୁର ସଫଳତା ଲାଭ କରିପାରିଛନ୍ତି ତାହାର ଚାକ୍ଷୁଷ ପ୍ରମାଣ ରହିଛି।

ଏଠି କହିବା କଥା ଯେ ମନ୍ତ୍ରୀମାନେ ଯେତେବେଳେ କୌଣସି ଆଲୋଚନାଚକ୍ରରେ କିମ୍ବା ସାମ୍ବାଦିକ ସମ୍ମିଳନୀରେ କିଛି କହିବାକୁ ଯାଉଛନ୍ତି ତାହା ଯୁକ୍ତି ସମ୍ମତ ହେବା ଦରକାର ଓ ଏହା ଭିତ୍ତିହୀନ ସମାଲୋଚନା ଭଳି ନଲାଗିବା ଦରକାର। ଯଦି ମନ୍ତ୍ରୀମାନଙ୍କର କୌଣସି ନିର୍ଦ୍ଦିଷ୍ଟ ସରକାରୀ କାର୍ଯ୍ୟକ୍ରମର ସଫଳତା ବିଷୟରେ ସଂଶୟ ରହୁଛି ତେବେ ସେ ପ୍ରସଙ୍ଗ ଉଠାଇବା ପାଇଁ ବିଭିନ୍ନ ମଞ୍ଚ ରହିଛି। ଅନୁରୂପ ଭାବେ ମନ୍ତ୍ରୀ ଓ ସଚିବଙ୍କ ଭିତରେ ସର୍ବସାଧାରଣରେ କଳି ତକରାଳ ଆଦୌ ଶୋଭନୀୟ ନୁହେଁ। ଗୋଟିଏ ବିଭାଗର ସଫଳତା ପାଇଁ ଉଭୟ ମନ୍ତ୍ରୀ ଓ ସଚିବଙ୍କ ଭିତରେ ସଦ୍‌ଭାବ ଓ ସଦିଚ୍ଛା ରହିବା ଆବଶ୍ୟକ। ଗଣତନ୍ତ୍ର ବ୍ୟବସ୍ଥାରେ ମନ୍ତ୍ରୀମାନେ ହେଉଛନ୍ତି ଜନସାଧାରଣଙ୍କ ଆଶା ଓ ଅଭିଳାଷର ବାହକ, ସଚିବମାନେ ସେହି ଆଶା ଓ ଆକାଂକ୍ଷା ପୂରଣ କରିବା ପାଇଁ କାର୍ଯ୍ୟ କରନ୍ତି।

ତେବେ ମୌଳିକ କଥାଟି ହେଉଛି, ମନ୍ତ୍ରୀମାନଙ୍କର ଆଚରଣ ଓ ମନ୍ତବ୍ୟରେ ଶାଳୀନତା ରହିବା ଦରକାର। ହୋଇପାରେ ଅତ୍ୟଧିକ ରାଜନୈତିକ ଚାପ ଯୋଗୁଁ ସେମାନେ ବେଳେବେଳେ ପାଟିରେ ଗୋଡ ଆଙ୍ଗୁଠି ପୂରାଇବା ଭଳି କଥା କହି ବସନ୍ତି, କିନ୍ତୁ ଶୀଳ ଓ ସଂଭ୍ରମ ମନ୍ତବ୍ୟପ୍ରଦାନ ଓ ଆଚରଣ ପ୍ରଦର୍ଶନଠାରୁ ଭଲ କଥା ଆଉ କିଛି ନାହିଁ। ନବୀନ ପଟ୍ଟନାୟକଙ୍କ ମନ୍ତ୍ରୀମାନେ ତାଙ୍କଠାରୁ ଅନ୍ୟ କିଛି ଶିଖନ୍ତୁ କି ନା, ଅନ୍ତତଃ ତାଙ୍କର ରୁଚିପୂର୍ଣ୍ଣ ମନ୍ତବ୍ୟ ପ୍ରଦାନ ଓ ଉଦ୍ରୋଚିତ ବ୍ୟବହାରକୁ ଆପଣେଇବା ଦରକାର। ରାଜ୍ୟର ମନ୍ତ୍ରୀମାନଙ୍କୁ ଅଧିକ ଶାଳୀନ ହେବାକୁ ପଡିବ କାରଣ ସେମାନେ ସରକାର, ଗାଁ ଟାଉଟର୍ ନୁହଁନ୍ତି।

■

(ଶନିବାର ୧୩ ମଇ, ୨୦୦୬)

କର୍ମେ ଜୀଏଁ ନାରୀ

'ସଂସାରରେ ମହିଳାମାନେ କୋଉ କାମକୁ ?' ପ୍ରଶ୍ନଟିକୁ ଯଦି ଟିକିଏ ବୁଲେଇ ବଙ୍କେଇ ପଚରାଯାଏ ତାହା ହେବ 'ମହିଳାମାନେ କୋଉ ନ କାମକୁ ?' ଏକବିଂଶ ଶତାବ୍ଦୀରେ ସମାଜରେ ମହିଳାମାନଙ୍କ ସ୍ଥିତି ଓ ସଂଜ୍ଞାର ବ୍ୟାପକ ପରିବର୍ତ୍ତନ ହେବାରେ ଲାଗିଛି-ଲଣ୍ଡନଠାରୁ ଲରମ୍ବା ଓ ନ୍ୟୁୟର୍କଠାରୁ ନ୍ୟୁଦିଲ୍ଲୀ ପର୍ଯ୍ୟନ୍ତ। ପରିବର୍ତ୍ତନ କେତେବେଳେ ଆଖିଦେଖା ତ କେତେବେଳେ ଅପ୍ରକାଶ୍ୟ। ଏବେ ଏହି ଛୋଟିଆ ସୂଚନାଟି କିନ୍ତୁ ନିଶ୍ଚିତରେ ପୁରୁଷମାନଙ୍କ ମନରେ ଆଶ୍ୱାସନା ଓ କୌତୂହଳ ଆଣିବ। ଏହା ସେମାନଙ୍କ ପାଇଁ ଏକ ଶ୍ରୁତିର ସୁନ୍ଦର ସଙ୍ଗୀତ ମଧ୍ୟ ହେବ। ଆଜି ପର୍ଯ୍ୟନ୍ତ ପୁରୁଷମାନେ ଯେଉଁ ମତବାଦର ସମର୍ଥକ ହୋଇ ଆସିଥିଲେ ତାହାକୁ ନିଜେ ମହିଳାମାନେ ସ୍ୱୀକାର କରିଛନ୍ତି। ମତବାଦଟି ହେଉଛି ମହିଳାମାନଙ୍କ ପ୍ରକୃତ ସ୍ଥାନ ଘରେ ବା ରୋଷେଇ ଶାଳରେ।

ଲଣ୍ଡନର 'ଦ ଇଣ୍ଡିପେଣ୍ଡେଣ୍ଟ'ରେ ପ୍ରକାଶିତ ଏକ ତଥ୍ୟ ଅନୁଯାୟୀ ବ୍ରିଟିଶ୍ ମହିଳାମାନେ ଘର କାମକୁ ଅତ୍ୟଧିକ ଭଲ ପାଆନ୍ତି ଓ ଏହା ସେମାନଙ୍କ ପାଇଁ ଏକ ପ୍ରକାର ମାନସିକ ଆରୋଗ୍ୟ ଆଣିଦିଏ। ଏଇଟି ହେଉଛି ଭଲ ଖବର। ତେବେ ଖରାପ ଖବରଟି ହେଉଛି ଯେ ଅନେକ ବ୍ରିଟିଶ୍ ମହିଳା ରତିକ୍ରିୟା ଅପେକ୍ଷା ଗୃହକ୍ରିୟାକୁ ଅଧିକ ପସନ୍ଦ କରନ୍ତି।

ଇଣ୍ଡିପେଣ୍ଡେଣ୍ଟ ଖବର କାଗଜର ଟିପ୍ପଣୀ ଅନୁଯାୟୀ, ଆଜିର ଯୁଗରେ ଯେଉଁଠି ମହିଳାମାନଙ୍କର ପ୍ରଚୁର ଆର୍ଥିକ ସ୍ୱଚ୍ଛଳତା ଆସିଛି ଏବଂ ବିଭିନ୍ନ କ୍ଷେତ୍ରରେ ଯେତେବେଳେ ସେମାନେ ପୁରୁଷଙ୍କୁ ମଧ୍ୟ ପଛରେ ପକାଇବାକୁ ବସିଲେଣି, ସେହି ପରିସ୍ଥିତିରେ ବି ମହିଳାମାନେ ନିଜକୁ ସଶକ୍ତ ମନେ କରନ୍ତି ଯେତେବେଳେ ଭ୍ୟାକୁମ୍ କ୍ଲିନରଟି ଧରି ନିଜ ଘର ଭିତରେ ଦୁଇ ଚାରିଥର ବୁଲି ଆସନ୍ତି। ସେମାନଙ୍କର ଆଉ ଟିକିଏ ଅଧିକ ସଶକ୍ତିକରଣ ହୁଏ ଯେତେବେଳେ ସେମାନେ ଘର କୋଣ, ଖଟ ତଳ କିମ୍ବା ସୋଫା ଚାରିପଟେ ନିଜେ ହାତ ମାରି ସଫା କରନିଅନ୍ତି।

'ଇଣ୍ଡିପେଣ୍ଡେଣ୍ଟ' ଖବରକାଗଜ କରିଥିବା ଏକ ଅନ୍‌ଲାଇନ୍ ସର୍ଭେରେ ଜଣାପଡିଥିଲା ଯେ ହାରାହାରି ଜଣେ ମହିଳା ୧୮ରୁ ୮୦ ବର୍ଷ ଜୀବନ ଭିତରେ କେବଳ ଘର ସଫା ଓ ଅନ୍ୟାନ୍ୟ ସଫା କାମରେ ୯ବର୍ଷ ୨ ମାସ ୨୫ ଦିନ ବିତାଇଥାଆନ୍ତି। ସର୍ବେକ୍ଷଣରେ ଭାଗ ନେଇଥିବା ୫୯% ମହିଳା କହିଥିଲେ ଯେ ଘର ସଫା କାମଠାରୁ ସେମାନେ ନିଜକୁ କଦାପି ଦୂରେଇ ରଖିପାରିବେ ନାହିଁ କାରଣ ଏହା ସେମାନଙ୍କୁ ନିଜ ଜୀବନ ଉପରେ ନିୟନ୍ତ୍ରଣ ରଖିପାରିବା ଭଳି ମାନସିକ ସନ୍ତୁଷ୍ଟି ଦେଇଥାଏ। ୬୦ ଭାଗ ମହିଳା କହନ୍ତି ଯେ ଘର କାମ ରୋଗର ଉପଶମ ଭଳି।

କୋଡିଏ ବର୍ଷ ତଳକୁ ଫେରିଯାଆନ୍ତୁ ଦେଖିବେ ପରିସ୍ଥିତି କ'ଣ ଥିଲା। ସେହି ସମୟରେ ଘରର ଯାବତୀୟ କାମକୁ ମହିଳାମାନେ ଦାସତ୍ୱର ରୂପ ଦେଉଥିଲେ ଓ କହୁଥିଲେ ଘରର ପୁରୁଷମାନଙ୍କ ଅଧୀନସ୍ଥ ଭଳି ସେମାନେ ରହୁଛନ୍ତି। ନାରୀବାଦୀ ଆନ୍ଦୋଳନ ପଛରେ ଏହି ଯୁକ୍ତିଟି ଥିଲା ଏକ ବଡ଼ ଅବଲମ୍ବନ। ଏବେ କିନ୍ତୁ ସ୍ରୋତଟି ପଛମୁହାଁ ହେବାରେ ଲାଗିଛି। ସର୍ଭେରେ ଅଂଶ ଗ୍ରହଣ କରିଥିବା ପ୍ରତି ୧୦ ଜଣ ମହିଳାଙ୍କ ଭିତରୁ ୬ ଜଣଙ୍କର ମତ ଥିଲା ଯେ ଯେତେବେଳେ ସେମାନେ ଦେଖନ୍ତି ଘର ଭିତରଟି ଅଡୁଆତଡୁଆ ହୋଇ ପଡିଥାଏ ସେମାନଙ୍କ ମନଟି ଦୁଶ୍ଚିନ୍ତାରେ ଭରିଯାଏ। ୧୦୦ରୁ ୫୯ ଭାଗ ମହିଳା କହିଲେ ଯେ ଘରଟି ଯେତେବେଳେ ଅପରିଷ୍କାର ହୋଇଥାଏ ଓ ଆସବାପତ୍ର ଏଣେତେଣେ ବିଛେଇ ହୋଇ ପଡିଥାଏ ସେମାନଙ୍କର ମାନସିକ ଚାପ ବଢ଼ିଯାଏ। ଏହି ସର୍ବେକ୍ଷଣରେ ମାତ୍ର ୪% ମହିଳା କହିଲେ ଯେ ଘର ସଫା ଆଦି କାମ ସମୟ ଓ ଶକ୍ତିର ଅପଚୟ ମାତ୍ର। ଦୁଇ ହଜାର ମହିଳାଙ୍କ ସାମ୍ପଲ୍ ସାଇଜ୍‌କୁ ନେଇ କରାଯାଇଥିବା ସର୍ବେକ୍ଷଣର ନିର୍ଯ୍ୟାସ ହେଲା: ମହିଳାମାନଙ୍କ ପାଇଁ ଦୈନନ୍ଦିନ ଜୀବନରେ ଘରକୁ ପରିଷ୍କାର ରଖିବା ଏପରିକି ସେକ୍ସଠାରୁ ମଧ୍ୟ ଗୁରୁତ୍ୱପୂର୍ଣ୍ଣ।

'ଦ ଇଣ୍ଡିପେଣ୍ଡେଣ୍ଟ'ର ଏହି ସର୍ଭେ ଲକ୍ଷ ଲକ୍ଷ ସଚେତନ ପୁରୁଷଙ୍କ ପାଇଁ ସୁଖବର ନିଶ୍ଚିତରେ, ବିଶେଷ କରି ଯେଉଁମାନେ କହି ଆସିଛନ୍ତି ଯେ ଘରର ଯାବତୀୟ କାମ ମହିଳାମାନଙ୍କ ଦାୟିତ୍ୱ କାରଣ, ସେମାନଙ୍କର ଶାରୀରିକ ଗଠନ ଯାହା ସେମାନେ ଏହିସବୁ କାର୍ଯ୍ୟ ହିଁ ଅଧିକ ଦକ୍ଷତାର ସହିତ କରିପାରିବେ।

ଆମ ଦେଶରେ ହୁଏତ ଏହିଭଳି ସର୍ଭେର କୌଣସି ପ୍ରାସଙ୍ଗିକତା ନାହିଁ କାରଣ ଭାରତୀୟ ମହିଳାମାନଙ୍କ ପାଇଁ କାମ ହିଁ ସବୁକିଛି (ବୋଧହୁଏ ଏଥିପାଇଁ ଭାରତକୁ କୁହାଯାଏ ମା'ମାନଙ୍କ ଦେଶ, ମା' ଅର୍ଥ ଯେଉଁମାନେ ଘରର ସବୁ କାମ କରନ୍ତି)। ତେବେ ବ୍ରିଟିଶ୍ ମହିଳାମାନେ ଆମ ଓଡ଼ିଶାର ମହିଳାମାନଙ୍କଠାରୁ ଘର ସଫା କ୍ଷେତ୍ରରେ କିଛି ଅଧିକ କଥା ଶିଖି ପାରିବେ। ଆମ ରାଜ୍ୟର ମହିଳାମାନେ ଭ୍ୟାକୁମ୍ କ୍ଲିନର୍ ଧରି

ଘର ସଫା କରୁନଥାଇ ପାରନ୍ତି। କିନ୍ତୁ ଘର ଧୂଆ, ଲିପାପୋଛା ଓ ଘରର ଚାରିପାଖ ପରିଷ୍କାର ରଖିବା କାର୍ଯ୍ୟଟି ସେମାନେ ଖୁବ୍ ଭଲ ଭାବେ ଜାଣନ୍ତି। ଆମର ଏଠି ବାର ମାସରେ ତେର ପର୍ବ ପଡୁଥିବାରୁ ଓ ପର୍ବ ସହିତ ଗୃହସଜା ଓ ଘରକୁ ପବିତ୍ର ରଖିବା କାର୍ଯ୍ୟ ଯୋଡା ହୋଇଥିବାରୁ ସେମାନେ ନିଶ୍ଚିତରେ ବ୍ରିଟିଶ୍ ମହିଳାଙ୍କ ଅପେକ୍ଷା ଅଧିକ ସମୟ ଦେଉଥିବେ। ସୁତରାଂ ଘରକୁ ଟିପ୍‌ଟପ୍ ରଖିବା ଦାୟିତ୍ୱଟି ଦୈନନ୍ଦିନ ଜୀବନଚର୍ଯ୍ୟା ପାଇଁ ଏକ ପ୍ରୋତ୍ସାହନ ଭଳି କାମ କରିବା ଅତ୍ୟନ୍ତ ଖୁସିର ବିଷୟ। ଏହି ସର୍ଭେ ପରେ ପୁରୁଷମାନେ ଏଣିକି ବିନ୍ଦାସ ମନରେ ରହି ପାରିବେ କାରଣ ଘରର ଯାବତୀୟ ସଫେଇ କାମ କେବଳ ମହିଳାମାନେ ହିଁ କରିବେ ବା କରିବା ଉଚିତ।

'ଘର ଓ ନାରୀ' ବା 'ଘର ସଫେଇ ଓ ନାରୀ ସମାଜ' ପରସ୍ପର ସମ୍ବନ୍ଧିତ ଏବଂ ଏହାକୁ ଅଲଗା କରି ଦେଖିବା ସମ୍ଭବ ନୁହେଁ। ଯେଉଁ ମହିଳା ଗୃହ କାର୍ଯ୍ୟରେ ଯେତିକି ଅଧିକ ସମୟ ବିତାଇବେ ସେତେ ଅଧିକ ନିଜକୁ ଶାରୀରିକ ଓ ମାନସିକ ଚାପଜନିତ ବ୍ୟାଧିରୁ ରକ୍ଷା କରିପାରିବେ। ଘର କାମ ଯେ ଏକ ଷ୍ଟିରିଓଟାଇପ୍ ନୁହେଁ, 'ଇଣ୍ଡିପେଣ୍ଡେଣ୍ଟ' ଖବରକାଗଜ ସର୍ଭେ ଏହାକୁ ପ୍ରମାଣ କରିଛି।

କିଛି ବର୍ଷ ତଳେ ଏକ ଅର୍ଥନୈତିକ ତତ୍ତ୍ୱ ଜୋର୍ ଧରିଥିଲା ଯେଉଁଥିରେ କୁହାଯାଇଥିଲା ଯେ ଘରେ ମହିଳାମାନେ ଯେଉଁସବୁ କାର୍ଯ୍ୟ କରୁଛନ୍ତି ତାହାର ମୂଲ୍ୟାୟନ ହେବା ଦରକାର ଏବଂ ପରିବାରର ମୋଟ ରୋଜଗାରରେ ସେମାନଙ୍କର ସେହି ଶ୍ରମକୁ ଯୋଡାଯିବା ଦରକାର। ଗୃହକର୍ମର ଆର୍ଥିକ ମୂଲ୍ୟ ବା ଇକୋନୋମିକ୍ କଷ୍ଟ ନିର୍ଦ୍ଧାରଣ ପାଇଁ ଏକ ଅର୍ଥନୈତିକ ସୂତ୍ର ମଧ୍ୟ ବାହାରିଛି। 'ଇଣ୍ଡିପେଣ୍ଡେଣ୍ଟ' ଖବରକାଗଜର ସର୍ବେକ୍ଷଣ ଗୋଟିଏ କଥାକୁ ପ୍ରମାଣିତ କରିଛି ଯେ ଗୃହକର୍ମରେ ମହିଳାମାନେ ଯେତିକି ସମୟ ବିତାଇଥାଆନ୍ତି ତାହା କେବଳ ଯଥାର୍ଥ ନୁହେଁ, ସ୍ୱାଭାବିକ ମଧ୍ୟ।

ମହିଳାମାନେ ଘର କାମରେ ଅଧିକ ସମୟ ବିତାଇବା କିନ୍ତୁ ଘଟଣାର ଗୋଟିଏ ଦିଗ। ପାରମ୍ପରିକ ଅର୍ଥରେ ମହିଳାମାନେ ଘରର ଯେଉଁସବୁ କାର୍ଯ୍ୟ କରି ଆସୁଥିଲେ ତାହା ଆଜି ଏକ ନୂଆ ଦିଗ ଖୋଜୁଛି। ତ୍ୟାଗ, ମନୋଭାବ ସବୁଥିରେ ନିଃସର୍ତ୍ତ ରାଜି, ସମ୍ପର୍କରେ ଅତୁଟ ବିଶ୍ୱାସ, ପୁରୁଷକୈନ୍ଦ୍ରିକ ମତବାଦ ଯଥା ଆନୁଗତ୍ୟ ଓ ଏକପତିବ୍ରତ ଆଦି ଆଜି ବି ମହିଳାମାନଙ୍କ ପାଇଁ ଏକ ଏକ ପ୍ରତିବନ୍ଧକ ହୋଇଛି। ଯଦି କେହି ମଡା ବାଟରୁ ବିଚ୍ୟୁତ ହୁଏ ତେବେ ତାହା ହୋଇଯାଏ ଅପରାଧ ପଦବାଚ୍ୟ ଓ ସମାଜର ଯାବତୀୟ ପ୍ରତିକ୍ରିୟା ପାଇଁ ତାକୁ ପ୍ରସ୍ତୁତ ହେବାକୁ ପଡିଥାଏ।

■

(ଶନିବାର ୨୯ ଏପ୍ରିଲ, ୨୦୦୬)

ଲରେନ୍ସ ଓ ଯୌନ ସ୍ୱାଧୀନତା

ଡି.ଏଚ୍.ଲରେନ୍ସଙ୍କୁ କିଏ ବା ନ ଜାଣେ ? ବ୍ରିଟିଶ୍ କବି, ଔପନ୍ୟାସିକ, ସମାଲୋଚକ ଓ ପ୍ରାବନ୍ଧିକ-ଏଭଳି ଏକ ବହୁମୁଖୀ ପ୍ରତିଭାର ସେ ଅଧିକାରୀ। ଲରେନ୍ସ ଇଂରାଜୀ ସାହିତ୍ୟର ଛାତ୍ରଛାତ୍ରୀଙ୍କ ପାଇଁ ଏକ ଜଣାଶୁଣା ନାମ। ଏପରିକି ସେ ଜଣେ ଚିତ୍ରକର ମଧ୍ୟ ଥିଲେ। ବିଂଶ ଶତାବ୍ଦୀର ଇଂରାଜୀ ସାହିତ୍ୟରେ ଏକ ପ୍ରମୁଖ ବ୍ୟକ୍ତି ଥିଲେ ଲରେନ୍ସ। ଯେଉଁ କେତେଜଣ ବ୍ୟକ୍ତି ନୂତନ ଚିନ୍ତାଧାରା ଦ୍ୱାରା ସାହିତ୍ୟ କ୍ଷେତ୍ରରେ ଆନ୍ଦୋଳନ ସୃଷ୍ଟି କରିଯାଇଛନ୍ତି, ସେମାନଙ୍କ ମଧ୍ୟରେ ଔପନ୍ୟାସିକ ଲରେନ୍ସ ଅତି ବିଶିଷ୍ଟ ସ୍ଥାନ ଅଧିକାର କରିଛନ୍ତି।

ନର୍ଟିଂହାମ୍‌ଶାୟାରରେ ଜଣେ କୋଇଲା ଖଣିର ସାମାନ୍ୟ ଜଣେ ମଜଦୂରର ୪ର୍ଥ ପୁତ୍ର ଭାବରେ ସେ ପିତାଙ୍କ ଅପେକ୍ଷା ମାତାଙ୍କର ଅଧିକ ସ୍ନେହ, ଦୃଷ୍ଟି ଓ ବାତ୍ସଲ୍ୟପ୍ରେମର ଅଧିକାରୀ ହୋଇଥିଲେ। ଏହି 'ମାତୃମମତା' ହିଁ ତାଙ୍କର ସମସ୍ତ ସାହିତ୍ୟ ସୃଷ୍ଟିରେ ଅନ୍ତଃସଲୀଳା ଫଲ୍‌ଗୁ ପରି ପ୍ରବହମାନ ଥିଲା ଏକଥା ଦେଖିବାକୁ ମିଳେ।

ଲରେନ୍ସ ପିଲାଦିନୁ ଦୁର୍ବଳ ଓ ଭଗ୍ନସ୍ୱାସ୍ଥ୍ୟ ଥିଲେ। ତା' ଉପରେ ପୁଣି ସାମାଜିକ ଅଭାବ ଓ ଅନାଟନର ବୋଝ। ଏସବୁ ବାଧା ଓ ପ୍ରତିବନ୍ଧକ ସତ୍ତ୍ୱେ ନିଜର ତୀକ୍ଷ୍ଣ ବୁଦ୍ଧି ବଳରେ ସମସ୍ତ ବାଧାବିଘ୍ନକୁ ଅତିକ୍ରମ କରି ଲରେନ୍ସ ଯେ କେବଳ ଭଲ ଛାତ୍ର ଭାବରେ ବରାବର ବୃତ୍ତିଭୋଗୀ ହୋଇପାରିଥିଲେ ତାହା ନୁହେଁ ସେ ତାଙ୍କ ଯୁଗର ଜଣେ ଅସାଧାରଣ ସ୍ରଷ୍ଟା ବୋଲି ବିବେଚିତ ହୋଇଥିଲେ।

ଲରେନ୍ସ ସମଗ୍ର ଇଂଲଣ୍ଡରେ ପ୍ରଥମ ହୋଇ ପାସ୍ କରି ସେ ଶିକ୍ଷକ ଭାବରେ ଜୀବନ ଆରମ୍ଭ କଲେ। ସେହି ସମୟରେ ତାଙ୍କର ପ୍ରଥମ ଉପନ୍ୟାସ 'ଦି ହ୍ୱାଇଟ୍ ପିକକ୍' (୧୯୧୧) ପ୍ରକାଶିତ ହେଲା। ଏହି ଉପନ୍ୟାସ ହିଁ ତାଙ୍କୁ ମାତ୍ର ୨୫ ବର୍ଷ ବୟସରେ ଜଣେ ଲେଖକର ମର୍ଯ୍ୟାଦା ଦେଇଥିଲା।

ଏହି ପୁସ୍ତକଟି ଭଲ ବିକ୍ରି ହେବାରୁ ସେ ସାହିତ୍ୟକୁ ପେଷା ଭାବରେ ଗ୍ରହଣ କଲେ। ତାଙ୍କର ଦ୍ୱିତୀୟ ଉପନ୍ୟାସ 'ସନ୍ସ ଏଣ୍ଡ ଲଭର୍ସ' ପ୍ରକାଶ ପାଇବା ବେଳକୁ ସେ ବହୁ ସମାଲୋଚକ ଓ ସାହିତ୍ୟିକଙ୍କର ଦୃଷ୍ଟି ଆକର୍ଷଣ କରି ସାରିଥିଲେ। 'ସନ୍ସ ଏଣ୍ଡ ଲଭର୍ସ' ଉପନ୍ୟାସ ମୂଖତଃ ଲରେନ୍ସଙ୍କ ଶୈଶବକୁ ନେଇ ଲିଖିତ ଏବଂ ପ୍ରଥମେ ପ୍ରଥମେ ପ୍ରକାଶକମାନଙ୍କ ଦ୍ୱାରା ପ୍ରତ୍ୟାଖ୍ୟାତ ହୋଇଥିଲା। ବହୁ ଦୁଃଖ, ସାମାଜିକ ନିପୀଡନ ଓ ଦୂରାରୋଗ୍ୟ ବ୍ୟାଧି ବିରୁଦ୍ଧରେ ଲଢ଼ି ସୁଦ୍ଧା ତାଙ୍କର ପ୍ରତିଭା ମୃତ୍ୟୁ ପର୍ଯ୍ୟନ୍ତ ଉଜ୍ଜ୍ୱଳ ହୋଇ ରହିଥିଲା।

୧୯୧୪ ମସିହାରେ ସେ ବିବାହ କରିଥିଲେ ଫ୍ରିଡା ରିକ୍ଟୋପେଙ୍କୁ। ଫ୍ରିଡା ଥିଲେ ଜଣେ ପ୍ରଫେସରଙ୍କର ପତ୍ନୀ। କିନ୍ତୁ ଲରେନ୍ସଙ୍କ ସହିତ ପ୍ରେମରେ ପଡିଲା ପରେ ସେ ତାଙ୍କର ପ୍ରାକ୍ତନ ସ୍ୱାମୀ ଓ ତିନୋଟି ସନ୍ତାନଙ୍କୁ ଛାଡି ଦେଇଥିଲେ। ଫ୍ରିଡାଙ୍କ ସହିତ ଲରେନ୍ସ ଜୀବନର ଶେଷ ଦୁଇଦଶନ୍ଧିରେ ବିଶ୍ୱର ବିଭିନ୍ନ ଦେଶକୁ ପରିଭ୍ରମଣରେ ଯାଇଥିଲେ। ଏହି ଜର୍ମାନ ସ୍ତ୍ରୀଙ୍କର ପାଣିଗ୍ରହଣ କରିବା ହେତୁ ପ୍ରଥମ ମହାଯୁଦ୍ଧ ବେଳେ ତାଙ୍କୁ ନିଜ ଜନ୍ମଭୂମିକୁ ଚିରକାଳ ତ୍ୟାଗ କରିବାକୁ ହୋଇଥିଲା ଓ ୧୯୩୦ରେ ମାତ୍ର ୪୫ ବର୍ଷ ବୟସରେ ସେ ଯକ୍ଷ୍ମାରୋଗରେ ପ୍ରାଣତ୍ୟାଗ କଲେ।

ଡି.ଏଚ.ଲରେନ୍ସଙ୍କର ଅନ୍ୟାନ୍ୟ ପ୍ରଧାନ ଗ୍ରନ୍ଥ ହେଲା 'ଦ ରେଇନ୍‌ବୋ'-୧୯୧୫, 'ଉଇମେନ ଇନ ଲଭ', 'ଲେଡ଼ି ଚାଟର୍ଲିଜ ଲଭର', କ୍ଷୁଦ୍ରଗଳ୍ପ- 'ଇଂଲଣ୍ଡ, ମାଇଁ ଇଂଲଣ୍ଡ' 'ଦ ଓମାନ୍ ହୁ ରୋଡ୍ ଆୱେ'। ପ୍ରବନ୍ଧ ଓ ସମାଲୋଚନା ଗ୍ରନ୍ଥ ଭିତରେ ରହିଛି 'ଟ୍ୱାଇଲାଇଟ୍ ଇନ୍ ଇଟାଲୀ, 'ମରନିଙ୍ଗସ ଇନ୍ ମେକସିକୋ', 'ସାଇକୋଆନାଲିସିସ୍ ଅଫ ଦ' 'ଅନକନ୍‌ସସ' ଇତ୍ୟାଦି। ଏହାଛଡା ତାଙ୍କର ଅନେକ ସଂଗୃହୀତ କବିତା ଗୁଚ୍ଛ ମଧ ରହିଛି।

ତେବେ ତାଙ୍କର ପ୍ରସିଦ୍ଧ ଉପନ୍ୟାସ ଲେଡି ଚାର୍ଟଲିଜ୍ ଲଭର (ଶ୍ରୀମତୀ ଚାଟର୍ଲିଙ୍କ ପ୍ରେମିକ) ବିଶ୍ୱ ସାହିତ୍ୟରେ ଏକ ଚମକ ସୃଷ୍ଟି କରିଥିଲା। ଇଂଲଣ୍ଡରେ ଏହି ଉପନ୍ୟାସଟି ବହୁ ବର୍ଷ ପର୍ଯ୍ୟନ୍ତ ଅଶ୍ଳୀଳ ବୋଲି ବେଆଇନ ହେବା ପରେ ୧୯୬୦ ମସିହାରେ ପେଙ୍ଗୁଇନ୍-ପ୍ରକାଶ-ସଂଘ ତାକୁ ପ୍ରକାଶିତ କଲେ। ଏହି ପ୍ରକାଶନ ବିରୁଦ୍ଧରେ ଇଂଲଣ୍ଡର ଉଚ୍ଚତମ ବିଚାରାଳୟରେ ଅଭିଯୋଗ କରାଗଲା ଓ ବହୁ ଖ୍ରୀଷ୍ଟିଆନ୍ ପୁରୋହିତ ଓ ପ୍ରସିଦ୍ଧ ବୁଦ୍ଧିଜୀବୀମାନଙ୍କ ସାକ୍ଷ୍ୟ ବଳରେ କୋର୍ଟର ହସ୍ତକ୍ଷେପ ଯୋଗୁଁ ଏହି ପୁସ୍ତକଟି ଆତ୍ମପ୍ରକାଶ କରିବାର ସୌଭାଗ୍ୟ ଲାଭ କରିଥିଲା।

ବାହାର ଜଗତ ଭଳି ମନୁଷ୍ୟ ମଧ ଏକାନ୍ତ ଭାବରେ ଯାନ୍ତ୍ରିକ-ମନୋବୃତ୍ତି ସମ୍ପନ୍ନ ହୋଇଯାଉଥିବାରୁ ଅର୍ଥାତ୍ ମନୁଷ୍ୟ ତା'ର ପ୍ରାଣର ସକଳ କୋମଳତା, ଉତ୍ସାହ ଓ

ଉଦ୍ଦୀପନା ହରାଇ ଯନ୍ତ୍ରପରି ବଞ୍ଚୁଥିବାରୁ ଲରେନ୍ସ ତାଙ୍କ ପୁସ୍ତକମାନଙ୍କରେ ସେମାନେ କିପରି ଆଦିମ ମାନବର ସରସତାକୁ ଫେରିବେ ତାହା ହିଁ ପ୍ରଚାର କରିଯାଇଛନ୍ତି।

ଡି.ଏଚ.ଲରେନ୍ସଙ୍କର ଆତ୍ମନିବୃତ୍ତି ଓ ଯୌନତତ୍ତ୍ୱ ଭିତ୍ତିକ ବାସ୍ତବତା ବହୁମାତ୍ରାରେ ଚର୍ଚ୍ଚିତ ହୋଇ ଆସିଛି। ଶିଳ୍ପ ସଂସ୍କୃତିରେ ଯେଉଁ ଅମାନବୀୟତା ଯୋଡି ହୋଇ ରହିଛି ତାହା ଦୂର ହୋଇପାରିବ ଯଦି ଦୃଷ୍ଟିଭଙ୍ଗୀ ସେହିଭଳି ସ୍ୱଚ୍ଛ ରହେ-ଲରେନ୍ସ ଦୃଢ଼ ଭାବରେ ଏହି ଯୁକ୍ତିଟି ଉପସ୍ଥାପିତ କରି ଆସିଥିଲେ।

ଯୌନ ସ୍ୱାଧୀନତା ଲରେନ୍ସଙ୍କ ସାହିତ୍ୟରେ ଏକ ପ୍ରମୁଖ ସ୍ଥାନ ଗ୍ରହଣ କରିଥିଲା ଏବଂ ଏହି ତତ୍ତ୍ୱରୁ ହିଁ ତାଙ୍କର ସାହିତ୍ୟ ସୃଷ୍ଟିଗୁଡିକ ବିଚାରାଳୟ ପର୍ଯ୍ୟନ୍ତ ଯାଇଥିଲା। ସାହିତ୍ୟ, ସମାଜ ଓ ଯୌନଜୀବନ ଭିତରେ ଥିବା ସାମଞ୍ଜସ୍ୟଗୁଡିକୁ ସେ ତନ୍ନତନ୍ନ କରି ଖୋଜି ବାହାର କରିଥିଲେ।

୧୯୧୨ରେ ଡ଼ି.ଏଚ. ଲରେନ୍ସ ଲେଖିଥିଲେ, 'ରକ୍ତ ଯାହା ବିଶ୍ୱାସ କରେ ଓ ଅନୁଭବ କରେ ତାହା ହିଁ ସବୁବେଳେ ସତ'। ପ୍ରଥମ ବିଶ୍ୱଯୁଦ୍ଧ ପରେ ଲରେନ୍ସଙ୍କ ଜୀବନ ଥିଲା ବାରବୁଲାର ଜୀବନ। ଲରେନ୍ସ ପିଲାବେଳେ ପରିବାର ଭିତରେ ଦୈନନ୍ଦିନ ହିଂସା ଓ ନିର୍ଯ୍ୟାତନାର ଜଣେ ପ୍ରତ୍ୟେକ୍ଷଦର୍ଶୀ ଥିଲେ। ତାଙ୍କ ବାପା ଜଣେ ମଦ୍ୟପ ଥିବା ହେତୁ ମା'ଙ୍କ ସହିତ ତାଙ୍କର ରୀତିମତ କଳହ ଲାଗୁଥିଲା। ୧୯୧୦ରେ ଲରେନ୍ସ ସମସାମୟିକ କବି ରାଚେଲ୍ ଟେଲରଙ୍କ ପାଖକୁ ଲେଖିଥିଲେ: 'ତାଙ୍କର (ବାପା ମା'ଙ୍କର) ବୈବାହିକ ଜୀବନ ଥିଲା ଏକ ପୈଶାଚିକ ଜୀବନ। ମୋର ଜନ୍ମ ବାପାଙ୍କ ପ୍ରତି ଘୃଣାଭାବରୁ। ମୋର ଯାହା ସ୍ପଷ୍ଟ ମନେ ପଡେ ସେ ଯେତେବେଳେ ମତେ ସ୍ପର୍ଶ କରୁଥିଲେ ମୁଁ ଭୟରେ ଥରହର ହୋଇ ପଡୁଥିଲି।'

ସୁତରାଂ ଲରେନ୍ସ ତାଙ୍କ ମା'ଙ୍କ ଦ୍ୱାରା ଅନେକ ଭାବରେ ପ୍ରଭାବିତ ହୋଇଥିଲେ ଏବଂ ଉଭୟଙ୍କ ଭିତରେ ମାତା ପୁତ୍ରଙ୍କଠାରୁ ଅଧିକ କିଛି ଆତ୍ମୀୟତାର ପରିପ୍ରକାଶ ଘଟିଥିଲା।

ଡି.ଏଚ୍. ଲରେନ୍ସଙ୍କର ସେହି ସମୟର ବହୁ ମହାନ ବ୍ୟକ୍ତିଙ୍କ ସହିତ ସମ୍ପର୍କ ଥିଲା- ଚିନ୍ତାନାୟକ ଆଲଡସ୍ ହକ୍ସଲି, ଔପନ୍ୟାସିକ ଇ.ଏମ୍. ଫୋର୍ଷ୍ଟର ଏବଂ ଦାର୍ଶନିକ ବର୍ଟ୍ରାଣ୍ଡ ରସେଲ୍ ପ୍ରମୁଖ। ରସେଲଙ୍କ ସହିତ ଲରେନ୍ସଙ୍କର ଝଗଡା ହୋଇଥିବା ମଧ୍ୟ ଶୁଣାଯାଏ।

ପ୍ରଥମ ବିଶ୍ୱଯୁଦ୍ଧ ବେଳେ ଲରେନ୍ସ ଏବଂ ତାଙ୍କ ପତ୍ନୀଙ୍କୁ ପାସ୍‌ପୋର୍ଟ ମିଳିବା କଷ୍ଟ ହୋଇଥିଲା ଏବଂ କର୍ତ୍ତୃପକ୍ଷଙ୍କଠାରୁ ତାଙ୍କୁ ରୀତିମତ ହଇରାଣ ହରକତ ହେବାକୁ ପଡିଥିଲା। ଏପରିକି ଜର୍ମାନୀ ପାଇଁ ଉଭୟ ଲରେନ୍ସ ଓ ତାଙ୍କ ପତ୍ନୀ ଗୁଇନ୍ଦାଗିରି କରୁଛନ୍ତି

ବୋଲି ଅଭିଯୋଗ ମଧ୍ୟ ହୋଇଥିଲା । ତେଣୁ ସେମାନଙ୍କୁ ୧୯୧୭ ମସିହାରେ କର୍ଣ୍ଣୱାଲ୍ ଛାଡିବାକୁ ହୋଇଥିଲା ।

୧୯୧୯ରେ ଲରେନ୍ସ ଇଟାଲୀ ପଳାଇ ଯାଇଥିଲେ ଏବଂ ତା' ପରବର୍ତ୍ତୀ ବର୍ଷ ତାଙ୍କର ଉପନ୍ୟାସ 'ଦ ଏକ୍‌ଜାଇଲ' ପ୍ରକାଶ ପାଇଥିଲା । ଇଟାଲୀର ଗାର୍ଗାନୋଠାରେ ରହିବା ବେଳଠାରୁ ସେ ଆର୍ଥିକ ଅନାଟନ ଭିତର ଦେଇ ଗତି କରୁଥିଲେ । ଏପରିକି ଖବରକାଗଜଟିଏ କିଣିବା ପାଇଁ ମଧ୍ୟ ତାଙ୍କ ପାଖରେ ଅର୍ଥ ନଥିଲା ।

■

(ଶନିବାର, ୧୭ ମାର୍ଚ୍ଚ, ୨୦୦୭)

ଲରି ବେକର

ଲରେନ୍ସ ୱିଲଫ୍ରେଡ୍ ବେକର ସରଳରେ ଲରି ବେକର। ଗତ ଉତ୍କଳ ଦିବସ ଦିନ ତାଙ୍କର ନିଧନରେ ସ୍ଥାପତ୍ୟ ଜଗତ ବିଂଶ ଶତାବ୍ଦୀର ଜଣେ ବିରାଟ ସ୍ଥପତିଙ୍କୁ ହରାଇଲା ବୋଲି ବୁଝିବାକୁ ହେବ। ଲରି ବେକରଙ୍କୁ କିନ୍ତୁ ଖୁବ୍ କମ୍ ଲୋକ ଜାଣନ୍ତି। ଯେଉଁମାନେ ଆର୍କିଟେକ୍‌ଚର ପଢ଼ିଥିବେ ସେମାନେ ତ ବେକରଙ୍କୁ ନିଶ୍ଚିତରେ ଶୁଣିଥିବେ। ସେ ହେଉଛନ୍ତି 'କମ୍ ଦାମ୍‌ର ଘର'ର ଜଣେ ପ୍ରବକ୍ତା, ପ୍ରୟୋଗକର୍ତ୍ତା ଓ ସଫଳ ମଣିଷ। କେବଳ ଲୋ-କଷ୍ଟ ହାଉସିଂ ନୁହେଁ ବେକର ଏଭଳି ଜଣେ ସ୍ଥପତି ଥିଲେ ଯିଏ ଘର ବା ହାଉସିଂର ସଂଜ୍ଞାକୁ ହିଁ ବଦଳାଇ ଦେଇପାରିଥିଲେ। ବିଂଶ ଶତାବ୍ଦୀର ନଭଶ୍ଚୁମ୍ବୀ ଅଟ୍ଟାଳିକା ଓ ସେରକମ କୌଣସି ସ୍ଥାପତ୍ୟ ସହିତ ତାଙ୍କର କିଛି ଦେଣନେଣ ନଥିଲା। ସେ କହୁଥିଲେ: ଘର କରିବ ତ ସ୍ଥାନୀୟ ମାଟି, ପାଣି, ପରିପାର୍ଶ୍ୱ ଓ ସଂସ୍କୃତିକୁ ନେଇ କର, ବାହାରୁ ନକ୍‌ସା ଓ ମାଲ ମସଲା ଆଦୌ ଆଣନା।

ଲରି ବେକର କେବଳ ଯେ ଜଣେ ଥିଓରିଟିସିଆନ ନଥିଲେ ସେ ଏହା କରି ଦେଖାଇଥିଲେ ଯେ ଅତି କମ୍ ଦାମରେ ତିଆରି ଘର ମଧ୍ୟ ବହୁମୂଲ୍ୟ ଘର ତୁଳନାରେ ବା ତା'ଠାରୁ ଅଧିକ ସନ୍ତୋଷ-ଆଣିଦେବ। ମୂଲ୍ୟବୋଧ ସହିତ ଯୋଡି ହୋଇ ରହୁଥିଲା ତାଙ୍କର ଗୃହ ଯୋଜନା। ବେକରଙ୍କ ସ୍ଥାପତ୍ୟରେ ଥିଲା ଆଧୁନିକତା ଓ ପାରମ୍ପରିକତାର ଅଭିନବ ସମ୍ମିଶ୍ରଣ। ତାଙ୍କ ପ୍ଲାନ୍‌ରେ ଯେଉଁସବୁ ଘର ତିଆରି ହେଉଥିଲା ସେ ଗୁଡିକରେ ଆପଣ ପାଇବେ ସମସାମୟିକତା, କାରଣ ଏଥିରେ ଦରକାର ହୁଏ ନ୍ୟୁନତମ ବିଦ୍ୟୁତ୍ ଶକ୍ତି (ଘର ତିଆରି ବେଳେ ଓ ତିଆରି ସରିବା ପରେ ମଧ୍ୟ)। ତେବେ ଏହା କିପରି ସମ୍ଭବ ହେଉଥିଲା ? ବେକର ଜୋର ଦେଉଥିଲେ ଘର ଭିତରକୁ ଯେତେ ଅଧିକ ସମ୍ଭବ ସୂର୍ଯ୍ୟାଲୋକ ଓ ତଟକା ପବନ ଆସୁ।

ତାଙ୍କ ନକ୍‌ସାରେ ପାରମ୍ପରିକତା ଏଇଥିପାଇଁ ରହୁଥିଲା ଯେ ଘର ତିଆରି ପାଇଁ

ସ୍ଥାନୀୟ ଉପାଦାନ ଯଥା ମାଟି, ପଥର, ଗଛପତ୍ର, ଝାଟିମାଟି, ନଡିଆ ବାହୁଙ୍ଗା ଆଦିର ବ୍ୟବହାରକୁ ସେ ପ୍ରୋତ୍ସାହିତ କରୁଥିଲେ। ବେକରଙ୍କ ସ୍ଥାପତ୍ୟର ଆଉ ଏକ ବିଶେଷତ୍ୱ ଥିଲା ଯେ ସେ ଯୁଗଯୁଗର ଘର ତିଆରି ଜ୍ଞାନ ଉପରେ ଗୁରୁତ୍ୱ ଦେଉଥିଲେ। ଏପରିକି ଘରଗୁଡିକରେ ପ୍ରାକ୍ ତିଆରି ଜାଲି ବ୍ୟବହାର ସହିତ ନୂଆ ଗୃହ ବିଜ୍ଞାନକୁ ସେ ଦକ୍ଷତାର ସହ ପ୍ରୟୋଗ କରୁଥିଲେ। ଏଥିରେ କୌଣସି ଅସଂଗତି ଆଖିରେ ପଡୁନଥିଲା। ସମଗ୍ର ଘରେ ଚତୁର୍ଦ୍ଦିଗରୁ ପବନର ପ୍ରବେଶ ଉପରେ ବେକର ଜୋର୍ ଦେଉଥିଲେ।

ଲୋ-କଷ୍ଟ ହାଉସିଂ ବା କମ୍ ଦାମରେ ଚମତ୍କାର ଘର ତିଆରି କରିବା ଦିଗରେ ଥିବା ତାଙ୍କ ଦୁର୍ବଳତା ଏକରକମର କିମ୍ବଦନ୍ତୀ ପାଲଟି ଯାଇଥିଲା। ଗୃହ ନିର୍ମାଣରେ ସେ କାଠ, ସିମେଣ୍ଟ, ବାଲି, ଗୋଡି ଆଦି ଅତ୍ୟଧିକ ବ୍ୟୟବହୁଳ ଉପକରଣର ବ୍ୟବହାରକୁ ସେ ଆଦୌ ପ୍ରୋତ୍ସାହିତ କରୁନଥିଲେ। ଏସବୁ ସତ୍ତ୍ୱେ ଘରର ନାନ୍ଦନିକ ମୂଲ୍ୟ ଯେ ହ୍ରାସ ପାଉଥିଲା ତାହା ବି ନୁହେଁ।

ବେକର ଥିଲେ ଜଣେ ବ୍ରିଟିଶ୍ ଜନ୍ମିତ ଭାରତୀୟ। ୧୯୮୯ରେ ସେ ଭାରତୀୟ ନାଗରିକତ୍ୱ ପାଇଥିଲେ। ବେକର୍ଙ୍କର ସବୁଠାରୁ ବଡ଼ ପରିଚୟ ଥିଲା ଜଣେ ଗାନ୍ଧିବାଦୀ ସ୍ଥପତି ଭାବେ। ତାଙ୍କର ଜୀବନଚର୍ଯ୍ୟା, ଚିନ୍ତାଧାରା ସରଳ ଥିଲା ଓ ତାଙ୍କ କୃତିତ୍ୱରେ ଗାନ୍ଧିବାଦୀ ଦର୍ଶନ ଓ ପ୍ରଭାବ ସ୍ପଷ୍ଟ ବାରିହୋଇ ଯାଉଥିଲା। ବୋଧହୁଏ ଏହି କାରଣରୁ ବେକର୍ଙ୍କ ସ୍ଥାପତ୍ୟ ସମସ୍ତଙ୍କୁ ଆକୃଷ୍ଟ କରୁଥିଲା-କି ଧନୀ କି ନିଃସ୍ୱ। କେରଳରେ ସମଗ୍ର ଜୀବନ ବିତାଇଥିବା ବେକର୍ଙ୍କର କମ୍ ଦାମିକିଆ ଘର ଗୋଟିଏ ସମୟରେ ବିଶ୍ୱ ତମାମ୍ ଆଲୋଚନାର ବିଷୟବସ୍ତୁ ହୋଇ ପଡିଥିଲା।

ଲରି ବେକର୍ଙ୍କ ପାଖକୁ ପୁରସ୍କାର, ସମ୍ମାନ ଓ ପ୍ରଶସ୍ତିର ଅସରନ୍ତି ସୁଅ ଛୁଟୁଥିଲା। ତେବେ ଆର୍କିଟେକ୍ଚରରେ ନୋବେଲ ପୁରସ୍କାର କୁହାଯାଉଥିବା ଫିଟ୍ଜର୍ ପୁରସ୍କାରଟି ତାଙ୍କୁ ମିଳିନଥିଲା। ଗତବର୍ଷ ଅବଶ୍ୟ ଏହି ପୁରସ୍କାର ପାଇଁ ତାଙ୍କୁ ମନୋନୀତ କରାଯାଇଥିଲା। ହୋଇପାରେ ମୃତ୍ୟୋତ୍ତର ଏହି ପୁରସ୍କାର ସେ ପାଇ ପାରନ୍ତି !

ଲରି ବେକର୍ଙ୍କ ସ୍ଥାପତ୍ୟର ଗୋଟିଏ ଦୁର୍ବଳ ଦିଗ ହେଉଛି ଯେ କେରଳ ବ୍ୟତୀତ ଅନ୍ୟତ୍ର ଏହି ତତ୍ତ୍ୱଟି ଲୋକପ୍ରିୟ ହୋଇପାରି ନାହିଁ। ହୋଇପାରେ ଆଜିକାଲି ନବ୍ୟଧନୀକ ଶ୍ରେଣୀର ବ୍ୟକ୍ତିଙ୍କ ପାଇଁ ବେକର୍ଙ୍କ ସ୍ଥାପତ୍ୟର ପ୍ରାସଙ୍ଗିକତା ନାହିଁ। କାରଣ ସେ ଯେଉଁ ନକ୍ସା ଓ ଗୃହ ନିର୍ମାଣ କଥା କହୁଥିଲେ ତାହା ଥିଲା ମୂଳତଃ ଗରିବ ଲୋକଙ୍କ ପାଇଁ।

ଆଶ୍ଚର୍ଯ୍ୟର ବିଷୟ ଏହି ଯେ, ଏଭଳି ଜଣେ ସ୍ଥପତି ଯାହାଙ୍କ ଗୃହ ନିର୍ମାଣ କୌଶଳ ପୂରାପୂରି ଲୋକାଭିମୁଖୀ ଥିଲା ତାହାକୁ କୌଣସି ସରକାର କାମରେ

ଲଗାଇପାରିନଥିଲେ । ସରକାରଙ୍କ ବ୍ୟାପକ ଗୃହ ନିର୍ମାଣ ଯୋଜନା ଯଥା ଇନ୍ଦିରା ଆବାସ ପାଇଁ ତାଙ୍କର ନକ୍ସାକୁ ଗ୍ରହଣ କରିବା ପାଇଁ କେଉଁଠି ବି ଉଦ୍ୟମ ହୋଇନଥିଲା । କମ୍ ମୂଲ୍ୟ ତଥା ପରିବେଶକୁ ସୁହାଇଲା ଭଳି ଗୃହ ନିର୍ମାଣ ଢାଞ୍ଚାକୁ ଯେ ବିଭିନ୍ନ ସରକାରୀ ଯୋଜନାରେ ଲୋକପ୍ରିୟ କରାଯାଇପାରିବ ଏକଥା କାହା ଚିନ୍ତାକୁ ଆସିନଥିଲା ।

ଆଜିକାଲି ଗରିବମାନଙ୍କ ପାଇଁ ଉଦ୍ଦିଷ୍ଟ ଗୃହରେ ମଧ୍ୟ ସିମେଣ୍ଟ ଓ ଲୁହାଛଡ଼ର ବ୍ୟବହାର କିଛି କମ୍ ନୁହେଁ । ତେବେ ଯେଉଁମାନେ ପକ୍କା ଘର କରିପାରନ୍ତି ନାହିଁ ସେମାନଙ୍କ ପାଇଁ ଗୃହର ମୂଲ୍ୟ ଏକ ପ୍ରତିବନ୍ଧକ ହୋଇଥିବା କାରଣରୁ ବେକରଙ୍କ ତତ୍ତ୍ୱକୁ ସହଜରେ ଗ୍ରହଣ କରାଯାଇପାରନ୍ତା ।

ମାଟିରେ ଚମତ୍କାର ଘର ତିଆରିର ଯେଉଁ ପ୍ରସ୍ତାବନା ବେକର୍ କରିଥିଲେ ତାହାକୁ କମ୍ ପଇସାବାଲା ଗ୍ରହଣ କରୁଥିଲେ ଏବଂ ଯେଉଁମାନେ ଅଧିକ ଅର୍ଥ ଖର୍ଚ୍ଚ କରିପାରିବେ ନାହିଁ ସେମାନେ ହିଁ ତାଙ୍କର ନକ୍ସାକୁ ନେଉଥିଲେ । ବେକର୍‌ଙ୍କ ଲୋ-କଷ୍ଟ ଟେକ୍‌ନୋଲୋଜିର ସମ୍ପ୍ରସାରଣ ଅନ୍ୟ ପ୍ରଦେଶକୁ ହୋଇନପାରିବାର ଗୋଟିଏ କାରଣ ଏହା ବି ହୋଇପାରେ ଯେ ଡେକ୍କାନ୍ ମାଳଭୂମିର ଉତ୍ତରକୁ ଥିବା ଭୂଭାଗ ଭୂକମ୍ପ ପ୍ରବଣ ହୋଇଥିବାରୁ ତାଙ୍କ ଘର ତିଆରି ଢାଞ୍ଚାକୁ ଗ୍ରହଣ କରିବା ସମ୍ଭବ ନଥିଲା ।

୧୯୯୧ରେ ଉତ୍ତର କାଶୀରେ ଯେଉଁ ଭୂମିକମ୍ପ ହୋଇଥିଲା ସେଥିରେ ଦେଖାଯାଇଥିଲା ଯେ ପଥରକୁ ମାଟିରେ ଯୋଡି ଯେଉଁ ଘର ତିଆରି ହୋଇଥିଲା ସେ ଗୁଡିକ ଭାଙ୍ଗି ଯାଇଥିଲା । ବୋଧହୁଏ ଏହି କାରଣରୁ ବେକର୍‌ଙ୍କ ମାଟି ତିଆରି ଘରକୁ ଗ୍ରହଣ କରିବା ପାଇଁ ସ୍ଥପତିମାନେ ଆଗେଇ ଆସିନଥିଲେ । ଏହାବି ହୋଇପାରେ ଯେ ପ୍ରଚୁର ଅର୍ଥ ରୋଜଗାର କରୁଥିବା ମଣିଷଟି ବେକର୍‌ଙ୍କ ମାଟିଝାଟି ଘର ତତ୍ତ୍ୱକୁ ନିଜ ଷ୍ଟାଟସ୍‌ର ପ୍ରତୀକ ସହିତ ସମାନ ହେବା ଭଳି ଦେଖିପାରୁନଥିଲେ ।

ସେ ଯାହା ବି ହେଉ, ବେକର ଗୃହ ନିର୍ମାଣ କ୍ଷେତ୍ରରେ ଯେଉଁ ପରିକଳ୍ପନା, ନକ୍ସା ଓ ସଫଳତା ଛାଡିଯାଇଛନ୍ତି ତାହାର ସଂରକ୍ଷଣ ହେବା ଦରକାର । ଅନ୍ୟ ଅର୍ଥରେ ଦେଶର ଲକ୍ଷ ଲକ୍ଷ ଲୋକ ଯେଉଁମାନଙ୍କର ଘର ନାହିଁ ସେମାନେ ବେକର୍‌ଙ୍କ ତତ୍ତ୍ୱକୁ ଗ୍ରହଣ କରିପାରନ୍ତି ।

ଭାରତର ସମସାମୟିକ ଗୃହ ନିର୍ମାଣ ସ୍ଥାପତ୍ୟକୁ ବେକର୍‌ଙ୍କ ଅବଦାନ ଥିଲା ଅନବଦ୍ୟ । ସେ ଥିଲେ ଜଣେ ସଚ୍ଚା-ସ୍ଥପତି ବା ଡାଉନ୍ ଟୁ ଆର୍ଥ ଆର୍କିଟେକ୍ଟ ।

■

(ଶନିବାର, ୭ ଅପ୍ରେଲ, ୨୦୦୭)

ଆଇଏଏସ୍ ମ୍ୟାନେଜର

ସିଭିଲ୍ ସର୍ଭେଣ୍ଟଙ୍କ ବିଷୟରେ ଏଇ କାଗଜରେ ଅନେକ ଥର ଚର୍ଚ୍ଚା ହୋଇଛି। ଯେତେବେଳେ 'ବାବୁ' ମାନଙ୍କ ସମ୍ପର୍କରେ ଆବଶ୍ୟକ ପଡିଛି ସେକଥା ଲେଖା ହୋଇଛି। ବାବୁ ବ୍ୟାସିଂ ବା ଆଇଏଏସ୍ ଅଫିସର୍‌ମାନଙ୍କୁ ଅଯଥା ସମାଲୋଚନା କରିବା ପାଇଁ ନୁହେଁ ଯୁକ୍ତିନିଷ୍ଠ ଆଲୋଚନା ସହିତ ବ୍ୟୁରୋକ୍ରାସିର ଗୁଣ/ଅଗୁଣ ସମ୍ପର୍କରେ ଆଲୋକପାତ କରିବା ପାଇଁ।

ଭାରତୀୟ ପ୍ରଶାସନିକ ଓ ଅନ୍ୟାନ୍ୟ ସେବାର ଅଫିସର୍‌ମାନଙ୍କୁ ସିଭିଲ୍ ସର୍ଭେଣ୍ଟ କୁହାଯାଏ। ସେଥିପାଇଁ ଏମାନଙ୍କୁ ଚୟନ କରିବା ପାଇଁ ଯେଉଁ ସର୍ବଭାରତୀୟ ପରୀକ୍ଷା ହୁଏ ତାହାକୁ ସିଭିଲ୍ ସର୍ଭିସ୍ କୁହାଯାଏ। ସମୟ ଥିଲା ଦେଶର ସିଭିଲ୍ ସର୍ଭେଣ୍ଟ୍‌ମାନଙ୍କର ପ୍ରଶାସନରେ ପ୍ରଚଣ୍ଡ ଆଧିପତ୍ୟ ରହିଥିଲା। ସେମାନେ ଜଣେ ଜଣେ ଉଚ୍ଚକୋଟୀର ବୁଦ୍ଧିଜୀବୀ ଏବଂ ପ୍ରଶାସକ ଥିଲେ। ଭାରତର ପ୍ରଥମ ସ୍ୱରାଷ୍ଟ୍ର ମନ୍ତ୍ରୀ ସର୍ଦ୍ଦାର ବଲ୍ଲଭ ଭାଇ ପଟେଲ୍ କହୁଥିଲେ ସିଭିଲ୍ ସର୍ଭେଣ୍ଟମାନେ ଦେଶର 'ଲୁହା ଫ୍ରେମ୍'। ସ୍ୱାଧୀନତା ପ୍ରାପ୍ତିର ପାଖାପାଖି ୪୦ ବର୍ଷ ପର୍ଯ୍ୟନ୍ତ ଆଇଏଏସ୍ ଅଫିସର୍‌ମାନେ ବ୍ରିଟିଶ୍‌ମାନଙ୍କଠାରୁ ଉତ୍ତରାଧିକାରୀ ସୂତ୍ରରେ ପାଇଥିବା ଅମଲାତନ୍ତ୍ରକୁ, ଅମଲାତାନ୍ତ୍ରିକ ଢାଞ୍ଚାକୁ ଓ ଅମଲାତନ୍ତ୍ରର ଆତ୍ମାକୁ ଅକ୍ଷରେ ଅକ୍ଷରେ ପାଳନ କରୁଥିଲେ। ବ୍ରିଟିଶ୍‌ର୍ ମାନଙ୍କର ଉତ୍ତରାଧିକାରୀ ହେବାକୁ ଯାଇ ଦେଶର ପ୍ରଶାସନକୁ ସେମାନେ ଏଭଳି କିମିଆଁ କରି ରଖିଥିଲେ ଯେ ସେମାନଙ୍କ କଲମ ନ ଚାଲିଲେ କୌଣସି କଥା ସମ୍ଭବ ନଥିଲା। ସେମାନେ ଯାହା କରୁଥିଲେ ତାହା ହିଁ ହେଉଥିଲା। କାରଣ ରାଜନୈତିକ ନେତୃତ୍ୱ ସବୁବେଳ ସେମାନଙ୍କ ଉପରେ ନିର୍ଭରଶୀଳ ହୋଇ ଆସିଥିଲା। ଦେଶରେ ଗଦା ଗଦା ଆଇନ୍ ବୁଢ଼ୀଆଣି ଜାଲରେ ଛନ୍ଦି ହୋଇ ରହିବା ଭଳି ରହିଥିଲା। ଇନ୍ସପେକ୍ଟର-ଲାଇସେନ୍ସ ରାଜ୍ ଓ ନାଲିଫିତାର କାରବାର ଏତେ

ଜୋର୍‌ଦାର୍ ଥିଲା ଯେ ସେଇ ଗଣ୍ଠିକୁ ଫିଟାଇବା ଅତି କଷ୍ଟକର ବ୍ୟାପାର ଥିଲା।

ଆସିଲେ ପି.ଭି.ନରସିଂହ ରାଓ। ୧୯୯୦ରେ ଯେତେବେଳେ ଭାରତ ଅର୍ଥନୈତିକ ଉଦାରୀକରଣର ଯୁଗରେ ପ୍ରବେଶ କଲା ତା'ପରଠାରୁ ପ୍ରଶାସନରେ ଆଇଏଏସ୍‌ମାନଙ୍କର ପ୍ରଭାବ କ୍ରମଶଃ ହ୍ରାସ ପାଇବାକୁ ଲାଗିଲା ଅଥବା ସେମାନଙ୍କର ଭୂମିକା ଭିନ୍ନ ରୂପ ନେଲା। ଆଇନ୍ କାନୁନ୍ ପ୍ରଣୟନଠାରୁ ଆରମ୍ଭ କରି ପ୍ରଶାସନିକ ମନୋବୃତ୍ତି ପର୍ଯ୍ୟନ୍ତ ସବୁକିଛି ବଦଳିବାକୁ ଆରମ୍ଭ କଲା। ୧୮୯୦ରୁ ୧୯୯୦ ଶହେ ବର୍ଷର ବ୍ରିଟିଶ୍ ପ୍ରଭାବିତ ପ୍ରଶାସନିକ ଢାଞ୍ଚାରେ ବ୍ୟାପକ ପରିବର୍ତ୍ତନ ଆସିଲା। ୧୯୯୦-୨୦୦୫ ଏହି ୧୫ ବର୍ଷ ଭିତରେ ଉଦାରୀକରଣ ସାଙ୍ଗକୁ ଜଗତୀକରଣ ଓ ଘରୋଇକରଣ ମଧ୍ୟ ଚାଲିଲା ଯାହା ଫଳରେ କି ଅମଲାତନ୍ତ୍ରରେ ଗାଠନିକ ପରିବର୍ତ୍ତନର ସୂତ୍ରପାତ ହେଲା। ଏହି ସମୟ ଭିତରେ ପ୍ରଶାସନିକ ଢାଞ୍ଚାର ଯେ ଉଲ୍ଲେଖନୀୟ ରୂପାନ୍ତର ହୋଇଛି ତାହା ନିଶ୍ଚିତରେ କୁହାଯାଇପାରିବ। ଅନ୍ତତଃ ସେଇ ଦିଗରେ କାମଟି ଆରମ୍ଭ ହୋଇଛି ବୋଲି ବୁଝିବାକୁ ହବ। ଶହେ ବର୍ଷର ପୁରୁଣା ଶାସନ ଢାଞ୍ଚା ବଦଳିବାକୁ ଅତି କମ୍‌ରେ ୨୫ ବର୍ଷ ସମୟ ତ ଦରକାର!

ଆସିଲେ ମନମୋହନ ସିଂହ-ଅଣ-ରାଜନୈତିକ ପ୍ରଧାନମନ୍ତ୍ରୀ। ନିଜେ ଜଣେ ଅର୍ଥନୀତିବିତ୍ ଓ ପ୍ରଶାସକ ଥିଲେ ଅତୀତରେ। ଦେଶରେ ଉଦାରୀକରଣର ମୁଖ୍ୟ ସ୍ଥପତି ହୋଇଥିବା କାରଣରୁ ସେ ଚାହିଁଲେ ପ୍ରଶାସନିକ କଳରେ ଆମୂଳଚୂଳ ପରିବର୍ତ୍ତନ କରିବା ପାଇଁ। ବିଗତ ୨ ବର୍ଷ ଭିତରେ ଏ ଦିଗରେ କିଛି ଠୋସ୍ ପଦକ୍ଷେପ ସେ ନେଇଛନ୍ତି ମଧ୍ୟ। ସେ ହିଁ ପ୍ରଥମ ଥର ପାଇଁ କହିଲେ ଯେ ଆଇଏଏସ୍ ଅଫିସରମାନେ ମ୍ୟାନେଜର ମ୍ୟାଣ୍ଡାରିନ୍ (ପ୍ରଭାବଶାଳୀ କର୍ମଚାରୀ) ନୁହଁନ୍ତି। ପ୍ରଧାନମନ୍ତ୍ରୀ ମନମୋହନ ସିଂହଙ୍କ କହିବା କଥା ହେଉଛି ଯେ ଜନସାଧାରଣଙ୍କୁ ଉତ୍ତମ ସେବା ଯୋଗାଇବା ସିଭିଲ ସର୍ଭେଣ୍ଟମାନଙ୍କର ଲକ୍ଷ୍ୟ ହେବା ଦରକାର ଓ ଏଥିପାଇଁ ସେମାନେ ନିଜକୁ ସେଭଳି ତିଆରି କରିବା ଦରକାର। ଏପରିକି ସେ ପ୍ରଶ୍ନ କରିଛନ୍ତି ସିଭିଲ୍ ସର୍ଭେଣ୍ଟମାନଙ୍କୁ ଚୟନ କରିବା ପାଇଁ ଯେଉଁ ପରୀକ୍ଷା ପଦ୍ଧତି ଅବଲମ୍ବନ କରାଯାଉଛି ତାହା ଠିକ୍ କି ଓ ଏହାଦ୍ୱାରା ଠିକ୍ ଲୋକ ସିଭିଲ୍ ସର୍ଭିସ୍ ଭିତରକୁ ଆସିପାରୁଛନ୍ତି କି?

ପ୍ରଧାନମନ୍ତ୍ରୀ ମନମୋହନ ସିଂହ ଦେଶର ଉଦାରୀକରଣକୁ ପ୍ରଶଂସା କରିବା ବେଳେ ଏକଥା ମଧ୍ୟ କହିଛନ୍ତି ଯେ ବଜାର ଅର୍ଥନୀତି କୋଟି କୋଟି ସାଧାରଣ ଲୋକଙ୍କ ପାଇଁ କୌଣସି ମାନେ ରଖେନା। ଯେଉଁ ଲୋକମାନଙ୍କର ସମ୍ପତ୍ତି ବୋଲି କିଛି ନାହିଁ ଓ ଯେଉଁମାନେ ଖରାବେଳର ଭୋଜନ ପରେ ରାତିରେ କ'ଣ ଖାଇବେ ସେକଥା ଚିନ୍ତା କରନ୍ତି ତଥା ଯେଉଁମାନଙ୍କର ବଜାର ଅର୍ଥନୀତିରେ ଖେଳିବା ପାଇଁ

ବଳ ନାହିଁ କି ବିଦ୍ୟା ନାହିଁ, ସେମାନଙ୍କ ପାଇଁ ସିଭିଲ୍ ସର୍ଭେଣ୍ଟମାନଙ୍କର ମନୋବୃତ୍ତି କ'ଣ ଓ କିଭଳି ହେବା ଦରକାର?

ଦେଖିବାକୁ ଗଲେ, ବିଶ୍ୱ ତମାମ ଶାସନରେ ଯେଉଁ ଜନାଭିମୁଖୀ ଚିନ୍ତାଧାରାଟି ପ୍ରକଟିତ ହେଉଛି, ଆଜି ହେଉ କି କାଲି ଭାରତର ପ୍ରଶାସକମାନଙ୍କୁ ଏହି ପରିବର୍ତ୍ତନ ବା ପାରାଡାଇମ୍ ସିଫ୍ଟକୁ ଗ୍ରହଣ କରିବାକୁ ହିଁ ହେବ। ପ୍ରଶାସକମାନେ କେବଳ ଶାସନ କରିବେ ନାହିଁ, ମ୍ୟାନେଜର ମଧ୍ୟ ହେବେ କାରଣ ଶାସନ ଓ ସୁପରିଚାଳନା ଗୋଟିଏ ମୁଦ୍ରାର ଦୁଇଟି ପାର୍ଶ୍ୱ। ପ୍ରଶାସନିକ ଦକ୍ଷତା କଥା ଯେତେବେଳେ ଉଠେ, ସରକାରଙ୍କ ବିଭିନ୍ନ କାର୍ଯ୍ୟକ୍ରମ କେତେ ସଫଳ ଭାବେ ୭୦ କୋଟି ଲୋକଙ୍କ ପାଖରେ ପହଞ୍ଚୁଛି ତାହା ବି ଦେଖିବା କଥା। ପ୍ରଶାସନିକ ଭାଷାରେ ଯାହାକୁ କୁହାଯାଏ ଡେଲିଭରି ସିଷ୍ଟମ। ଏହା ଏକ ନିଛକ ସତ କଥା ଯେ ସଚିବଙ୍କଠାରୁ ଆରମ୍ଭ କରି ବିଡ଼ିଓଙ୍କ ପର୍ଯ୍ୟନ୍ତ ଓ ମଝିରେ ଯେତେସବୁ ସ୍ତର ରହିଛି ସେହି ସବୁ ସ୍ତରରେ ଭୌତିକ ଓ ମାନସିକ ପରିବର୍ତ୍ତନ ଆବଶ୍ୟକ। ଖାଲି ଏଆଇଏଏସ୍ ଅଫିସରମାନେ ବଦଳିବା ଯଥେଷ୍ଟ ନୁହେଁ, ତା ସହିତ ସେମାନଙ୍କର ଚେଲାଚାମଣ୍ଡାମାନେ ମଧ୍ୟ ବଦଳିବା ଦରକାର। କାରଣ ଅସଲ କାମଟି କରନ୍ତି ଏହି ତଳିଆ ପ୍ରଶାସନିକ କର୍ମଚାରୀ।

ପ୍ରଧାନମନ୍ତ୍ରୀଙ୍କ କହିବା ଅନୁସାରେ, ସିଭିଲ୍ ସର୍ଭେଣ୍ଟମାନଙ୍କୁ ଯଦି ଆମେ ମ୍ୟାନେଜର କରି ବସାଇବା ବେଳେ ସେମାନଙ୍କର ଦରମା ଭତ୍ତା ଆଦି କଥା ମଧ୍ୟ ବୁଝିବା ଦରକାର। ନିକଟରେ ଯୁକ୍ତ୨ କଳା ପରୀକ୍ଷାରେ ଉତ୍ତୀର୍ଣ୍ଣ ହୋଇଥିବା ଅଧିକାଂଶ ଛାତ୍ରଛାତ୍ରୀଙ୍କୁ ଯେତେବେଳେ ପଚରାଗଲା ସେମାନେ ଭବିଷ୍ୟତରେ କ'ଣ ହେବାକୁ ଚାହିଁବେ, ଅନେକ କହିଥିଲେ ଆଇଏଏସ୍ ଅଫିସର୍ ହେବୁ। ଆଇଏଏସ୍ ଅଫିସର୍ ହେବା ଓଡିଶାରେ ଏକ ନିଛକ ମଧ୍ୟବିତ୍ତ ପରିବାରର ମନୋବୃତ୍ତି। ତିରିଶ ବର୍ଷ ତଳେ ଯେଉଁମାନେ ଟିକିଏ ଭଲ ନମ୍ବର ରଖି କଲେଜ/ବିଶ୍ୱବିଦ୍ୟାଳୟରୁ ବାହାରୁଥିଲେ ସେମାନଙ୍କର ଏକମାତ୍ର ଲକ୍ଷ୍ୟ ଥିଲା ଆଇଏଏସ୍ ହେବେ। ଆଜି ମଧ୍ୟ ଏହି ଚାକିରୀ ପ୍ରତି ସେଇ ଦୁର୍ବଳତା ଅତୁଟ ରହିଛି ଯଦିଓ ଦରମା-ଭତ୍ତା ଆଦି କ୍ଷେତ୍ରରେ ସିଭିଲ୍ ସର୍ଭିସ୍ ହେଉଛି ସବୁଠାରୁ ଅନାକର୍ଷଣୀୟ ଚାକିରୀ। ଆଇଏଏସ୍/ଆଇପିଏସ୍‌ରେ ଯୋଗଦେଇଥିବା ଅଫିସରଙ୍କ ପ୍ରଥମ ମାସର ଦରମା ଯଦି ୧୫ରୁ ୧୬ ହଜାର ଟଙ୍କାରେ ସୀମିତ, ସେ କେଉଁ ମନୋବୃତ୍ତି ଓ କି ପ୍ରକାର ଉଦ୍ଦେଶ୍ୟ ନେଇ ଏହି ଚାକିରିରେ ପଶିବାକୁ ଚାହୁଁଛନ୍ତି ତାହା ଅନୁମାନ ସାପେକ୍ଷ। ତେବେ ଯଦି ଦରମା/ଭତ୍ତା କଥାକୁ ଆଖି ବୁଜିଦିଆଯାଏ, ସିଭିଲ୍ ସର୍ଭିସ୍ ସହିତ ଯୋଡି ହୋଇ ରହିଥିବା ପ୍ରଭାବ ଓ ପତିଆରାକୁ ଲକ୍ଷ୍ୟ କଲେ କିଏ ଅବା

ଏହି ଚାକିରି ପ୍ରତି ଆକର୍ଷିତ ନହେବ ?

ପ୍ରଧାନମନ୍ତ୍ରୀ ମନମୋହନ ସିଂହଙ୍କ କହିବା କଥା ଯେ ଭବିଷ୍ୟତରେ ସରକାର ଓ ପ୍ରଶାସନକୁ ନୂଆ ନୂଆ ଭୂମିକାରେ ଅବତୀର୍ଣ୍ଣ ହେବାକୁ ପଡିବ ଓ ନୂଆ ନୂଆ ଦାୟିତ୍ୱ ନେବାକୁ ପଡିବ। ଏଣୁ ସିଭିଲ୍ ସର୍ଭେଣ୍ଟମାନଙ୍କୁ ଏହି ନୂଆ ଭୂମିକା ଓ ଦାୟିତ୍ୱ ସହିତ ନିଜକୁ ଏ କାମ କରିବାକୁ ପଡିବ। ଆଉ ଏଥିପାଇଁ ଦରକାର ଶାସନରେ ସ୍ୱଚ୍ଛତା ବା ଟ୍ରାନ୍ସପରେନ୍ସି।

ନିକଟରେ ଟ୍ରାନ୍ସପରେନ୍ସି ଇଣ୍ଟରନ୍ୟାସନାଲ୍ ଭୁବନେଶ୍ୱରରେ ସ୍ୱଚ୍ଛତା ଉପରେ ଏକ ଆଲୋଚନାଚକ୍ର ଆୟୋଜିତ କରିଥିଲା। ସେହି ଆଲୋଚନାଚକ୍ରରେ ପରିବେଷିତ ଅନେକ ତଥ୍ୟ ଭିତରୁ ଗୋଟିଏ ତଥ୍ୟ ଥିଲା ଯେ ଭାରତରେ ଦୁର୍ନୀତି ଏବେ ବି ପ୍ରଚଣ୍ଡ। କରପସନ୍ ପର୍ସେପ୍ସନ୍ ଇଣ୍ଡେକ୍ସ ବା ଦୁର୍ନୀତି ସୂଚକାଙ୍କରେ ଭାରତର ସ୍ଥାନ ୧୧୫ ପାଖାପାଖି (ଯେଉଁ ଦେଶର ର୍ୟାଙ୍କିଙ୍ଗ୍ ଯେତେ ତଳକୁ ସେଇ ଦେଶ ସେତେ ଅଧିକ ଦୁର୍ନୀତିଗ୍ରସ୍ତ।)

ବର୍ତ୍ତମାନର ଆଧୁନିକ ସରକାରମାନେ ଅଧିକରୁ ଅଧିକ ଜନସାଧାରଣ ଓ ଜନସଙ୍ଗଠନମାନଙ୍କ ସହିତ ମିଶି କାମ କରିବା ଦରକାର ଓ ବେଶିରୁ ବେଶି ଖୋଲା ମନ ନେଇ କାମ କରିବା ଆବଶ୍ୟକ। ଏଥିପାଇଁ ସିଭିଲ୍ ସର୍ଭେଣ୍ଟମାନଙ୍କୁ ପ୍ରସ୍ତୁତ କରିବା ସହିତ ଉନ୍ମୁକ୍ତ ପରିବେଶ ଓ ସାଧୁତା/ ସଚ୍ଚୋଟତାର ଉଚ୍ଚତମ ସ୍ତରରେ ରହି ସେମାନଙ୍କୁ ନିଜର ଦାୟିତ୍ୱ ସମ୍ପନ୍ନ କରିବାକୁ ହେବ। ଜନସାଧାରଣ ଏବେ ସିଭିଲ୍ ସର୍ଭେଣ୍ଟମାନଙ୍କୁ ଅଧିକ ଦକ୍ଷ ଓ ଅଧିକ ଉତ୍ତରଦାୟୀ ହେବା ଚାହାଁନ୍ତି। ସରକାର ଓ ଅମଲାତନ୍ତ୍ର ଆଜିର ଦିନରେ ସେବା ପ୍ରଦାନକାରୀର ଭୂମିକା ଗ୍ରହଣ କରିବା ଦରକାର, ଆମେ ଖାଲି ଶାସନ କରିବୁ ସେକଥା ଚଳିବ ନାହିଁ।

■

(ଶନିବାର ୧୭ ଜୁନ୍, ୨୦୦୬)

ସଂଘ ଯାଞ୍ଚ ଏଜେନ୍ସି

ଦେଶରେ ଲଗାତର ଚାଲିଥିବା ଆତଙ୍କବାଦୀ ଘଟଣା ପରିପ୍ରେକ୍ଷୀରେ ଏକ ସଂଘୀୟ ଯାଞ୍ଚ ଏଜେନ୍ସି ଗଠନ କରିବା କଥା ବହୁ ଦିନରୁ ଆଲୋଚନା ହୋଇ ଆସିଛି। ଅନ୍ତତଃ, ପ୍ରଧାନମନ୍ତ୍ରୀ ଡଃ ମନମୋହନ ସିଂହ ଏହିଭଳି ଏକ ସଂସ୍ଥା ଗଠନ ସପକ୍ଷରେ ଅଛନ୍ତି। କିନ୍ତୁ ଏହିଭଳି ଏକ ସଂସ୍ଥା ଗଠନ କରିବା ଏତେ ସହଜ ନୁହେଁ, ବିଶେଷ କରି ଭାରତ ଭଳି ଏକ ସଂଘୀୟ ରାଷ୍ଟ୍ରରେ ଯେଉଁଠି ରାଜ୍ୟମାନେ ବି ସମାନ ଭାବେ ବଳଶାଳୀ। ସବୁଠାରୁ ଅଧିକ କଠିନ କାମ ହେଉଛି ଏ ସମ୍ପର୍କରେ ସମସ୍ତ ରାଜନୀତିକ ଦଳ ଭିତରେ ଏକମତ ପ୍ରତିଷ୍ଠା କରିବା।

ଭାରତରେ ଆମେରିକା ଭଳି ଏକ ସଙ୍ଘୀୟ ଯାଞ୍ଚ ଏଜେନ୍ସି ଯଦି ଗଠନ ହୁଏ ଏହାକୁ ପ୍ରଥମେ ବିରୋଧ କରିବେ ବିଭିନ୍ନ ରାଜ୍ୟ। କାରଣ ଆଇନଶୃଙ୍ଖଳା ସମ୍ବନ୍ଧିତ ଅଧିକାରକୁ ସେମାନେ କଦାପି ହାତଛଡା କରିବାକୁ ଚାହିଁବେ ନାହିଁ। ଏହି କାରଣରୁ ହିଁ ଫେଡ଼େରାଲ ଏଜେନ୍ସି କଥା ଉଠିଲାବେଳେ ରାଜ୍ୟମାନେ ଆଗ୍ରହ ପ୍ରକାଶ କରୁ ନାହାନ୍ତି କିମ୍ବା ସିଧାସଳଖ ପ୍ରତ୍ୟାଖ୍ୟାନ କରୁଛନ୍ତି। କେଉଁ କାରଣରୁ ରାଜ୍ୟମାନେ ଏହିଭଳି ଏଜେନ୍ସି ଗଠନ ପାଇଁ ମନା କରନ୍ତି ତାହା ବୁଝିବା କଷ୍ଟ। ଭାରତ ଅଧିକରୁ ଅଧିକ ଆତଙ୍କବାଦୀ ଶକ୍ତିମାନଙ୍କ ନଜରରେ ରହିଥିବାରୁ ଏବଂ ଆତଙ୍କବାଦୀ ଆକ୍ରମଣ ଏବେ ହାଇଟେକ୍ ହୋଇଥିବା ଦୃଷ୍ଟିରୁ ଏକ ସଙ୍ଘୀୟ ସଂସ୍ଥା ନିତାନ୍ତ ଦରକାର। ଭୌଗୋଳିକ ଭାବେ ଦେଖିଲେ ଭାରତ ଚାରିପଟେ ଚାରୋଟି ଅସଫଳ ଦେଶ ଘେରି ରହିଛନ୍ତି- ପାକିସ୍ତାନ, ବଙ୍ଗଳାଦେଶ, ଶ୍ରୀଲଙ୍କା ଓ ନେପାଳ।

ଆତଙ୍କବାଦ, ମାଦକ ପଦାର୍ଥର ଚୋରା କାରବାର ତଥା ଅନ୍ୟାନ୍ୟ ସଙ୍ଗଠିତ ଅପରାଧକୁ ରୋକିବାର ଏକ ସହଜ ଉପାୟ ହେଉଛି କେନ୍ଦ୍ର ସରକାରଙ୍କ ଦ୍ୱାରା ଏକ ଯାଞ୍ଚ ସଂସ୍ଥାର ଗଠନ, ଯେଉଁ ସଂସ୍ଥା କି ସମସ୍ତଙ୍କ ସହିତ ସମନ୍ୱୟ ରକ୍ଷା କରି

ଆତଙ୍କବାଦକୁ ବିଲୋପ କରିବା ପାଇଁ ଉଦ୍ୟମ କରିପାରିବେ। ତେବେ ଏହିକ୍ଷଣି ପରିସ୍ଥିତି ଯାହା ଆତଙ୍କବାଦ ସହିତ ଯେଉଁ ଘଟଣା ଯୋଡି ହେଉଛି ତାହାର ତଦନ୍ତକୁ କେନ୍ଦ୍ର ସହିତ ମିଳିତ ଭାବରେ ଆଗେଇ ନେବା ପାଇଁ ବି ରାଜ୍ୟମାନେ ଅରାଜି। ଏହାର ସିଧାସଳଖ ଅର୍ଥ ହେଉଛି ଯେ ଆତଙ୍କବାଦୀ ଘଟଣାରେ ରାଜ୍ୟ ପୋଲିସ କୌଣସି ପ୍ରକାରେ ନିଜର ବିଫଳତାକୁ ପରିପ୍ରକାଶ କରିବା ପାଇଁ ଚାହୁଁ ନାହାନ୍ତି।

ଆତଙ୍କବାଦକୁ ସମ୍ମୁଖୀନ କରିବା ତ ପରର କଥା ଦେଶରେ ପୋଲିସ ସଂସ୍କାରର ଯେଉଁସବୁ ମୌଳିକ ବିଷୟ ରହିଛି ତାହାକୁ ମଧ୍ୟ ଆଗେଇ ନେବା ପାଇଁ ରାଜ୍ୟ ସରକାରମାନେ ପ୍ରସ୍ତୁତ ନୁହଁନ୍ତି। ଦେଶରେ ପୋଲିସ ବ୍ୟବସ୍ଥାର ଆମୂଳଚୂଳ ପରିବର୍ତ୍ତନ ଦରକାର ଏ ସମ୍ପର୍କରେ କାହାର ଦ୍ୱିମତ ଥାଇ ନପାରେ। ଏପରିକି ସୁପ୍ରିମକୋର୍ଟ ମଧ୍ୟ ଏନେଇ ସ୍ପଷ୍ଟ ମାର୍ଗ ନିର୍ଦ୍ଦେଶ କରିଛନ୍ତି। କିନ୍ତୁ ଫଳ ଦେଖିବା ବେଳକୁ ଶୂନ। ଯେତେବେଳେ ପୋଲିସ ସଂସ୍କାରକୁ ନେଇ ଏହିଭଳି ମନୋଭାବ, ଆତଙ୍କବାଦକୁ ମୁକାବିଲା କରିବା ପାଇଁ ଯେଉଁ ପଦକ୍ଷେପ ତଥା ସହମତି ଦରକାର ତାହା କୁଆଡୁ ଆସିବ ?

ସଙ୍ଘୀୟ ଯାଞ୍ଚ ଏଜେନ୍ସି ଗଠନ କ୍ଷେତ୍ରରେ ଦ୍ୱିତୀୟ ଅସୁବିଧା ହେଉଛି ଖୋଦ୍ କେନ୍ଦ୍ରୀୟ ସଂସ୍ଥା ମାନଙ୍କର ଦୁର୍ବଳତା। କେନ୍ଦ୍ର ସରକାର ସଙ୍ଘୀୟ ଯାଞ୍ଚ ଏଜେନ୍ସିର ଆବଶ୍ୟକତାକୁ ଅନୁଭବ କରୁଥିଲେ ହେଁ ରାଜ୍ୟମାନଙ୍କ ଉପରେ କୌଣସି ଚାପ ପକାଇ ପାରୁନାହାନ୍ତି। ଅବଶ୍ୟ ବିଗତ କିଛିଦିନ ଧରି ଏ ସମ୍ପର୍କରେ ଆଉ କିଛି ଶୁଣା ଯାଉ ନାହିଁ, ଯଦିଓ ଗୋଟିଏ ପରେ ଗୋଟିଏ ଆତଙ୍କବାଦ ଘଟଣା ଘଟି ଚାଲିଛି।

ସତ କଥାଟି ହେଉଛି ଯେ ଆମେରିକା ଭଳି ଏକ ସଂଘୀୟ ତଦନ୍ତ ସଂସ୍ଥା ଗଠନ ପଛରେ ଯେଉଁ ସ୍ପଷ୍ଟ ଚିନ୍ତାଧାରା ଦରକାର ତାହା ଆମର ନାହିଁ। ଏକ ସଙ୍ଘୀୟ ସଂସ୍ଥା ଗଠନ କରିବା ଅତ୍ୟନ୍ତ ଗୁରୁତ୍ୱପୂର୍ଣ୍ଣ ନିଷ୍ପତ୍ତି। ଏହି କାରଣରୁ ଯେତେବେଳେ ଇଚ୍ଛା ଏହି ପ୍ରସଙ୍ଗଟି ଉଠାଇ ପରବର୍ତ୍ତୀ ମୁହୂର୍ତ୍ତରେ ତାହାକୁ ପାଶୋରି ଯିବା ଠିକ୍ ନୁହେଁ। ଦୁର୍ଭାଗ୍ୟବଶତଃ, ତାହାହିଁ ହୋଇ ଆସିଛି। ସବୁଠାରୁ ଆଶ୍ଚର୍ଯ୍ୟର ବିଷୟ ହେଉଛି ଯେ ଯେତେବେଳେ କୌଣସି ଆତଙ୍କବାଦୀ ଆକ୍ରମଣ ହେଉଛି ସେତେବେଳେ ରାଷ୍ଟ୍ରଶକ୍ତି ଏବଂ ଅସ୍ମିତା କଥା ଉଠୁଛି କିନ୍ତୁ ଏହାର ନିରାକରଣ କଥା ଉଠିଲାବେଳେ ସମସ୍ତେ ପଛାଉଥିବା ଦେଖାଯାଉଛି।

ଭବିଷ୍ୟତରେ ଯେବେ ବି କେନ୍ଦ୍ରୀୟ ଯାଞ୍ଚ ଏଜେନ୍ସିଟିଏ ଗଠନ ପ୍ରସଙ୍ଗ ଉଠିବ, ପ୍ରଥମ କଥା ହେବ ସମସ୍ତ ରାଜନୈତିକ ଦଳର ସହମତି ଲାଭ କରିବା। ରାଜନୈତିକ ଦଳମାନେ ମଧ୍ୟ ନିଜ ନିଜର ରାଜନୈତିକ ପାର୍ଥକ୍ୟ ଭୁଲି ଏ ଦିଗରେ କେନ୍ଦ୍ରକୁ ସାହାଯ୍ୟ କରିବା ଦରକାର।

ଆତଙ୍କବାଦ ଆଜି କେବଳ ଏକ ବିଶ୍ୱବ୍ୟାପୀ ସମସ୍ୟା ହୋଇଛି ତାହା ନୁହେଁ ଆତଙ୍କବାଦୀମାନେ କୌଣସି ଭୌଗୋଳିକ ସୀମାକୁ ସମ୍ମାନ ଦିଅନ୍ତି ନାହିଁ। ତାଛଡା ସେମାନେ କୌଣସି ନିର୍ଦ୍ଦିଷ୍ଟ ଦେଶର ପ୍ରତିନିଧିତ୍ୱ କରନ୍ତି ତାହା ବି ନୁହେଁ।

ଗୋଟିଏ କଥା ମନେ ରଖିବାକୁ ହେବ ଯେ ଆତଙ୍କବାଦର ମୁକାବିଲା ସାଧାରଣ ପୋଲିସ ବ୍ୟବସ୍ଥା ଦ୍ୱାରା କଦାପି ସମ୍ଭବ ନୁହେଁ। ଯେହେତୁ ଆତଙ୍କବାଦୀମାନେ ଏକ ନିର୍ଦ୍ଦିଷ୍ଟ ଧାର୍ମିକ ଆଦର୍ଶ ଏବଂ ଅଙ୍ଗୀକାର ସହିତ କାମ କରନ୍ତି ଏବଂ ସେମାନଙ୍କ ପାଖରେ ପ୍ରଚୁର ଅର୍ଥ ଥାଏ, ଏଣୁ ଆତଙ୍କବାଦକୁ ସାମ୍ନା କରିବାକୁ ହେଲେ ସେହିଭଳି ପ୍ରସ୍ତୁତି ମଧ୍ୟ ଦରକାର।

ଆତଙ୍କବାଦ ବିରୁଦ୍ଧରେ ଲଢ଼େଇକୁ ସଙ୍ଘୀୟ ବ୍ୟବସ୍ଥା ଓ ଅଧିକାର କ୍ଷୁର୍ଣ୍ଣ ହେବା ଭଳି ଚିନ୍ତା ଓ ଧାରଣାରେ ବନ୍ଦୀ କରି ରଖିବା ଉଚିତ୍ ନୁହେଁ। ଏକଥା ସତ ଯେ ଏବେ ଯେଉଁ ସଙ୍ଘୀୟ ସଂସ୍ଥା ଯଥା ସିବିଆଇ ଓ ଆଇବି ରହିଛନ୍ତି ସେମାନଙ୍କୁ ମଧ୍ୟ ଅନେକ ସମୟରେ ରାଜ୍ୟ ପୋଲିସର ଅନୁମତି ନେଇ ହିଁ ସବୁକଥା କରିବାକୁ ପଡିଥାଏ। ଯେଉଁ ସମୟରେ ଆନ୍ତର୍ଜାତିକ ଅପରାଧ ସୀମିତ ଥିଲା ସେହି ସମୟରେ ହୁଏତ କେନ୍ଦ୍ରୀୟ ସଂସ୍ଥା ଓ ରାଜ୍ୟ ସଂସ୍ଥା ଏହିଭଳି ବିଭାଗୀକରଣ ଠିକ୍ ଥିଲା। କିନ୍ତୁ ଏବେ ଯେହେତୁ ଆନ୍ତର୍ଜାତିକ ଆତଙ୍କବାଦ ସ୍ଥାନୀୟ ରୂପ ଧାରଣ କରିଛି ତାହାର ସମାଧାନ ମଧ୍ୟ ସେହିଭଳି ପରିପୂରକ ହେବା ଉଚିତ୍।

ଏହି ପରିପ୍ରେକ୍ଷୀରେ ବର୍ତ୍ତମାନର ସିବିଆଇର ଭୂମିକାକୁ ଆଲୋଚନା କରାଯାଇପାରେ। ଯଦିଓ ସିବିଆଇ ଏକ କେନ୍ଦ୍ରୀୟ ଯାଞ୍ଚ ସଂସ୍ଥା କିନ୍ତୁ କୌଣସି ଘଟଣାର ତଦନ୍ତ ରାଜ୍ୟ ସରକାର ମାନଙ୍କର ଅନୁରୋଧ ଉପରେ ନିର୍ଭର କରିଥାଏ। ତାଛଡା ନିଜେ ତଥ୍ୟ ସଂଗ୍ରହ କରି ଅପରାଧର ମୂଳକୁ ଯିବା କ୍ଷମତା ସିବିଆଇର ନାହିଁ। ଏଣୁ ସିବିଆଇର ଯାବତୀୟ ତଦନ୍ତ ଓ କାର୍ଯ୍ୟକଳାପ ଏତେ ଫଳବତୀ ହେବାର ସମ୍ଭାବନା ନାହିଁ। ଉଦାହରଣ ସ୍ୱରୂପ ଆରୁଷୀ ହତ୍ୟା ମାମଲା। ଏକ ସଙ୍ଘୀୟ ଯାଞ୍ଚ ସଂସ୍ଥା ଗଠନ ନିତାନ୍ତ ଦରକାର। ସିବିଆଇକୁ ଏହି ଦାୟିତ୍ୱ ଦିଆଯିବ କି ଏକ ସ୍ୱତନ୍ତ୍ର ସଂସ୍ଥା ଗଠନ କରାଯିବ ସେ ସମ୍ପର୍କରେ ବ୍ୟାପକ ବିତର୍କ ଜରୁରୀ।

ଅସଲକଥାଟି ହେଉଛି ଯେ ପୋଲିସର ଅକ୍ଷମତା ଏବଂ ଅପରିଣାମଦର୍ଶିତା ହିଁ ଆତଙ୍କବାଦୀମାନଙ୍କୁ ଶକ୍ତିଶାଳୀ କରିଥାଏ। ଆଇନକାନୁନ ଏହି କ୍ଷେତ୍ରରେ ବିଶେଷ କାମ କରିନଥାଏ। ପୋଟା ହେଉ କି ଅନ୍ୟ ଯେ କୌଣସି ଆଇନ ହେଉ ଅପରାଧର ତଦନ୍ତ, ତୁରନ୍ତ ଦଣ୍ଡ ବ୍ୟବସ୍ଥା ଉପରେ ହିଁ ଆତଙ୍କବାଦ ସମସ୍ୟାର ସମାଧାନ ନିର୍ଭର କରେ। ଅନ୍ୟ ଅର୍ଥରେ, ଦକ୍ଷ ପୋଲିସ ହିଁ ଆତଙ୍କବାଦୀମାନଙ୍କୁ କାବୁ କରିପାରିବ।

■

(ଶନିବାର ସେପ୍ଟେମ୍ବର ୨୦, ୨୦୦୮)

ରାଜନୀତି ଓ ଆତଙ୍କବାଦ

ଏବେ ଆସାମର ପାଳି। ଆତଙ୍କବାଦୀ କାର୍ଯ୍ୟକଳାପର ସତେ ଯେପରି ଶେଷ ନାହିଁ। ଭାରତରେ ଆତଙ୍କବାଦ କେବେ ଓ ସତରେ ବନ୍ଦ ହେବ କି ଏଭଳି ଏକ ପ୍ରଶ୍ନ ପଚରାଯିବା ଅପ୍ରାସଙ୍ଗିକ ନଲାଗି ପାରେ। କିନ୍ତୁ ଏହାର ଉତ୍ତର ଖୋଜି ପାଇବା ନିଶ୍ଚିତରେ କଷ୍ଟକର କାରଣ ଆତଙ୍କବାଦ ସହିତ ରାଜନୀତି ଓତପ୍ରୋତ ଭାବେ ଜଡ଼ିତ ହୋଇ ରହିଛି।

ନିକଟରେ ଦିଲ୍ଲୀରେ ହୋଇଥିବା ବିସ୍ଫୋରଣ ପରେ ୟୁପିଏର ଅଂଶୀଦାର ଦଳର ମୁଖ୍ୟମାନେ ଅଧ୍ୟକ୍ଷା ସୋନିଆ ଗାନ୍ଧୀଙ୍କୁ ସାକ୍ଷାତ କରିବା ପାଇଁ ଯାଇଥିଲେ। ସେମାନଙ୍କର ଦାବି ଥିଲା ଯେ ବାରମ୍ବାର ଆତଙ୍କବାଦୀ ବିସ୍ଫୋରଣ ଘଟୁଥିବା ସତ୍ତ୍ୱେ ଗୃହ ବିଭାଗ ଏ ଦିଗରେ କିଛି କରିପାରୁନଥିବାରୁ ଗୃହମନ୍ତ୍ରୀ ଶିବରାଜ ପାଟିଲଙ୍କୁ ହଟାଯାଉ। ବୈଠକ ପରେ ଲାଲୁ ପ୍ରସାଦ ଯାଦବ ଯେତେବେଳେ ବାହାରକୁ ଆସିଲେ ତାଙ୍କର ମୁହଁ କୁଆଡ଼େ ଲାଲ ପଡିଯାଇଥିଲା। କାରଣ ପାଟିଲଙ୍କ ବିରୁଦ୍ଧରେ ସେ ଯେଉଁ ସ୍ୱର ଉତ୍ତୋଳନ କରିଥିଲେ ତାହା ସୋନିଆ ଗାନ୍ଧୀଙ୍କର ପସନ୍ଦରେ ଯାଇନଥିଲା। ସୋନିଆ ଗାନ୍ଧୀ କୁଆଡ଼େ ଅଳ୍ପ ବିନମ୍ରତା ଏବଂ ଅଧିକ ଦୃଢ଼ତାର ସହିତ ଲାଲୁଙ୍କୁ ପଚାରିଥିଲେ, 'ଆପଣ ତ ଦିନେ ସିମି (ଷ୍ଟୁଡେଣ୍ଟସ ଇସ୍‌ଲାମିକ ମୁଭମେଣ୍ଟ ଅଫ୍ ଇଣ୍ଡିଆ)କୁ ସମର୍ଥନ କୁଥିଲେ, ଏବେ କାହିଁକି ବିରୋଧ କରୁଛନ୍ତି' ? ଗୋଟିଏ ପଟେ ସିମି ଭଳି ଆତଙ୍କବାଦୀ ସଙ୍ଗଠନକୁ ସମର୍ଥନ କରିବା ବେଳେ ଅପରପଟେ ଗୃହମନ୍ତ୍ରୀଙ୍କ ମୁଣ୍ଡ ଗଡୁ ଏହା ଚାହିଁବା ଠିକ୍ ନୁହେଁ ବୋଲି ସୋନିଆ ଆରଜେଡ଼ି ମୁଖ୍ୟଙ୍କୁ ରୋକ୍‌ଠୋକ୍ କହିଥିବା ପ୍ରକାଶ। ଏଥିରେ ଲାଲୁ ପ୍ରସାଦ କେବଳ ଯେ ଆଚମ୍ବିତ ହୋଇ ଯାଇଥିଲେ ତାହା ନୁହେଁ ତାଙ୍କ ପାଖରେ କୌଣସି ଉତ୍ତର ବି ନଥିଲା। ସୋନିଆ ଗାନ୍ଧୀ ଲାଲୁଙ୍କୁ ଆହୁରି ମଧ୍ୟ କହିଥିଲେ ଯେ ସେ ଆତଙ୍କବାଦର ରାଜନୀତିକରଣ ନକରନ୍ତୁ।

ଲାଲୁ- ସୋନିଆଙ୍କ ଏହି ମୁହାଁମୁହିଁ ଅସଲ ପ୍ରସଙ୍ଗର ସମାଧାନ ପାଇଁ ଅବଶ୍ୟ ବାଟ ଫିଟାଇଲା ନାହିଁ। କିନ୍ତୁ ଏଥିରେ ଆତଙ୍କବାଦ ସମ୍ପର୍କିତ ଦୁଇଟି ମୁଖ୍ୟକଥା ସାମ୍ନାକୁ ଆସିଲା- ପ୍ରଥମ, ଦେଶରୁ ଆତଙ୍କବାଦକୁ ଦୂର କରିବା ପାଇଁ ରାଜନୀତିକ ଇଚ୍ଛାଶକ୍ତିର ଅଭାବ ଏବଂ ଦ୍ୱିତୀୟ ଗୋଇନ୍ଦା ବିଫଳତା।

ଅତୀତରେ ସିମିକୁ କେବଳ ଯେ ଲାଲୁ ଯାଦବ ସମର୍ଥନ କରୁଥିଲେ ତାହା ନୁହେଁ ୟୁପିଏର ଅନ୍ୟତମ ଅଂଶୀଦାର ଦଳର ନେତା ରାମବିଲାସ ପାଶୱାନ ମଧ୍ୟ ସିମି ପ୍ରତି ଅନୁକୂଳ ମତପୋଷଣ କରୁଥିଲେ। ଏପରକି ସମାଜବାଦୀ ପାର୍ଟିର ମୁଖ୍ୟ ମୁଲାୟମସିଂହ ଯାଦବ ମଧ୍ୟ ସିମି ସହିତ ଭାବ ବିନିମୟ କରୁଥିଲେ। ବିଗତ ଦୁଇବର୍ଷ ଧରି ଇଣ୍ଡିଆନ ମୁଜାହିଦ୍ଦିନ୍ ହିଁ ଯଦି ଦେଶରେ ଆତଙ୍କବାଦୀ କାର୍ଯ୍ୟକଳାପର ମୁଖ୍ୟ ନାୟକ ହୋଇ ଆସିଛି, ଇଣ୍ଡିଆନ ମୁଜାହିଦ୍ଦିନକୁ ବଳ ଦେଉଛନ୍ତି ସିମିର କ୍ୟାଡ଼ରମାନେ।

ସନ୍ତ୍ରାସବାଦ କଥା ଯେତେବେଳେ ଉଠୁଛି ବଙ୍ଗଳାଦେଶରୁ ଆସିଥିବା ଶରଣାର୍ଥୀ ମାନଙ୍କ କଥା ମଧ୍ୟ ଉଠିବା ସ୍ୱାଭାବିକ। ତେବେ ରାମବିଳାଶ ପାଶ୍ୱାନଙ୍କ ଭଳି ନେତା ଏହି ବିଦେଶୀ ମାନଙ୍କୁ ଭାରତୀୟ ନାଗରିକତ୍ୱ ଦେବା ସପକ୍ଷରେ ଅଛନ୍ତି ଏକଥା ଶୁଣିଲେ ଆମକୁ ଆଶ୍ଚର୍ଯ୍ୟ ଲାଗିବ ନାହିଁ କାରଣ ତାହା ହିଁ ହେଉଛି ରାଜନୀତିର ଧାରା।

ଆଗକୁ ଆସୁଥିବା ନର୍ବାଚନକୁ ଆଖି ଆଗରେ ରଖି ପାଶ୍ୱାନଙ୍କର ଲୋକଜନଶକ୍ତି ପାର୍ଟି ଏପରିକି ଏକ ପ୍ରସ୍ତାବ ମଧ୍ୟ ଗ୍ରହଣ କରିଛି ଯେ, ଯେଉଁ ବଙ୍ଗଳାଦେଶୀମାନେ ଭାରତରେ ରହୁଛନ୍ତି ସେମାନଙ୍କୁ ନାଗରିକତ୍ୱ ଦିଆଯାଉ ଏବଂ ଭବିଷ୍ୟତରେ ଯେଭଳି ଆଉ ଅଧିକ ବିଦେଶୀ ନଆସନ୍ତି ତା'ରି ଉପରେ ନଜର ରଖାଯାଉ।

ପାଶ୍ୱାନଙ୍କ ଯୁକ୍ତି ହେଉଛି ଯେ ଯେଉଁ ବଙ୍ଗଳାବେଶୀମାନେ ଭାରତକୁ ନିଜର ଘର କରିସାରିଲେଣି, ସେମାନଙ୍କୁ ନାଗରିକର ସୁବିଧା ଦିଆଯାଉ ଏବଂ ଖୋଲା ହୃଦୟରେ ସେମାନଙ୍କୁ ସ୍ୱାଗତ କରାଯାଉ। ଆହୁରି ମଧ୍ୟ ହରକତ-ଇଲ-ଜିହାନ-ଅଲ ଇସ୍‌ଲାମୀ (ହୁଜି) ଏବଂ ଲସ୍‌କର-ଏ-ତୋଏବା ଭଳି ସଙ୍ଗଠନ ଇଣ୍ଡିଆ ମୁଜାହଦ୍ଦିନ୍‌କୁ ଆର୍ଥିକ ସାହାଯ୍ୟ ବ୍ୟତୀତ ଅନ୍ୟ ସାହାଯ୍ୟ ମଧ୍ୟ ଯୋଗାଉଛନ୍ତି। ଏଥିରୁ ଗୋଟିଏ କଥା ସ୍ପଷ୍ଟ ହେବ ଯେ ଦେଶରେ ରାଜନୀତିକ ଦଳମାନଙ୍କ ପାଇଁ ରାଜନୀତି ହିଁ ଆଗ, ଆଉ ସବୁ ପଛ- ଏପରିକି ଜାତୀୟ ସୁରକ୍ଷା ମଧ୍ୟ।

ଦୁଇମାସ ତଳେ ଗୃହ ମନ୍ତ୍ରାଳୟ ସହିତ ସମ୍ପୃକ୍ତ ପାର୍ଲାମେଣ୍ଟାରୀ ଷ୍ଟାଣ୍ଡିଙ୍ଗ କମିଟି ତାର ରିପୋର୍ଟରେ କହିଥିଲା ଯେ ବେଆଇନ ଭାବେ ରହୁଥିବା ବଙ୍ଗଳାଦେଶୀମାନେ ଦେଶର ଆଭ୍ୟନ୍ତରୀଣ ନିରାପତ୍ତା ପାଇଁ ଏକ ବଡ଼ ବିପଦ। ଗୋଟିଏ ହିସାବ କହୁଛି ଯେ ଭାରତରେ ବଙ୍ଗଳାଦେଶୀଙ୍କ ସଂଖ୍ୟା ପ୍ରାୟ ଅଢ଼େଇ କୋଟି।

ବିଜେପି ସାଂସଦ ସୁଷମା ସ୍ୱରାଜଙ୍କ ଅଧ୍ୟକ୍ଷତାରେ ଗଠିତ ଏହି ପାର୍ଲାମେଣ୍ଟାରୀ କମିଟି ଆହୁରି ମଧ୍ୟ ତା ରିପୋର୍ଟରେ ଉଲ୍ଲେଖ କରିଥିଲା ଯେ ଭାରତ ବଙ୍ଗଳାଦେଶ ସୀମାନ୍ତରେ ବିପୁଳ ସଂଖ୍ୟକ ନକଲି ନୋଟ କାରବାର ଚଳାଇଛି। ଖାଲି ସେତିକି ନୁହେଁ ବଙ୍ଗଳାଦେଶୀ ମାନେ ପଡିକାର୍ଡ, ଡ୍ରାଇଭିଂ ଲାଇସେନ୍ସ, ଭୋଟର ପରିଚୟ ପତ୍ର ଓ ଏପରିକି ପ୍ୟାନ୍‌କାର୍ଡ ପର୍ଯ୍ୟନ୍ତ ହାସଲ କରପାରୁଛନ୍ତି ବୋଲି ଏହି ରିପୋର୍ଟରେ ଉଲ୍ଲେଖ ଥିଲା। ଅଧିକନ୍ତୁ ରିପୋର୍ଟରେ କୁହାଯାଇଥିଲା ଯେ ଭାରତରେ ରହୁଥିବା ବଙ୍ଗଳାଦେଶୀମାନଙ୍କୁ କିଛି ଆତଙ୍କବାଦୀ ସଂଗଠନ ନିଯୁକ୍ତି ଦେଉଛନ୍ତି ଓ ସେମାନଙ୍କୁ ଆତଙ୍କବାଦୀ କାର୍ଯ୍ୟାକଳାପରେ ଲଗାଯାଉଛି।

ଯଦିଓ ଗୃହ ମନ୍ତ୍ରାଳୟ ବାରମ୍ବାର କହୁଛି ଯେ ବେଆଇନ୍ ଭାବେ ଦେଶକୁ ପଶି ଆସୁଥିବା ବିଦେଶୀମାନଙ୍କୁ ରୋକିବା ପାଇଁ ବ୍ୟାପକ ପଦକ୍ଷେପ ଗ୍ରହଣ କରାଯାଉଛି, ତଥାପି ଏ ଗୁଡିକ ବିଶେଷ କାର୍ଯ୍ୟ ଦେଇନାହିଁ। ସୀମା ବାହାରୁ ଆସୁଥିବା ଲୋକଙ୍କୁ ଅଟକାଇବା କାମ ହେଉଛି ସୀମା ସୁରକ୍ଷା ବାହିନୀ ବା ବିଏସ୍‌ଏଫର। ଏହି ସଂସ୍ଥାର ନିଜ ସ୍ୱୀକୃତି ଅନୁସାରେ ଏବେ ବି ଭାରତକୁ ବେଆଇନ ଭାବେ ବଙ୍ଗଳାଦେଶୀମାନେ ଆସୁଛନ୍ତି। ୧୯୭୨ରୁ ୨୦୦୫ ଭିତରେ ବୈଧ କାଗଜପତ୍ର ଥିବା ବଙ୍ଗଳାଦେଶୀଙ୍କ ସଂଖ୍ୟା ମାତ୍ର ୧୨ ଲକ୍ଷ ହୋଇଥିବା ବେଳେ ବାସ୍ତବାରେ ତାଠାରୁ ଢେର ଅଧିକ ବିଦେଶୀ ଭାରତରେ ରହିଛନ୍ତି। ଏହିସବୁ ଲୋକଙ୍କୁ ଭୋଟ ବ୍ୟାଙ୍କ ହିସାବରେ ବ୍ୟବହାର କରିବା ପାଇଁ ସବୁ ରାଜନୀତିକ ଦଳ ତତ୍ପର, ପାଶୱାନଙ୍କ ସମେତ।

ସେହିଭଳି ଆଉ ଏକ ପ୍ରସଙ୍ଗ ହେଉଛି ମହମ୍ମଦ ଅଫ୍‌ଜଲ ଗୁରୁ ପ୍ରଶ୍ନ ଯାହାକୁ ବିଜେପି ବାରମ୍ବାର ଉଠାଉଛି। ସତକଥାଟି ହେଉଛି ପାର୍ଲାମେଣ୍ଟ ଉପରେ ଆକ୍ରମଣ ଅଭିଯୋଗରେ ଫାଶୀ ଦଣ୍ଡ ପାଇଥିବା ଅଫ୍‌ଜଲଙ୍କ ସମ୍ପର୍କରେ କଂଗ୍ରେସ କୌଣସି ନିଷ୍ପତ୍ତି ନେବାକୁ ଚାହୁଁନାହିଁ। କାରଣ ଭୟ ରହିଛି ଏହା କଲେ ହୁଏତ କଂଗ୍ରେସକୁ ମୁସଲିମ୍ ଭୋଟ ହରାଇବାକୁ ପଡିପାରେ।

ଏହିଭଳି ଦେଖିବାକୁ ଗଲେ ଆତଙ୍କବାଦ ପ୍ରସଙ୍ଗରେ ଦେଶର ରାଜନୈତିକ ଦଳମାନେ ନିଜ ନିଜର ହିସାବ ନିକାଶ ପାଇଁ ଖାତାରେ ଟିକିଏ ବି ଜାଗା ଛାଡୁନାହାନ୍ତି। ଆତଙ୍କବାଦ ଉପରେ କଂଗ୍ରେସ ହାଲ୍‌କା ମନୋଭାବ ଗ୍ରହଣ କରୁଛି ବୋଲି ହେଉଥିବା ଅଭିଯୋଗ ଘଟଣାର ଗୋଟିଏ ଦିଗ। ଅନ୍ୟ ଦିଗଟି ହେଉଛି ଆତଙ୍କବାଦ ବିରୁଦ୍ଧରେ ନୂଆ ଆଇନ ଆଣିବା ପାଇଁ କେନ୍ଦ୍ର ଚାହୁଁଛି, କିନ୍ତୁ 'ପୋଟା' (ବିଜେପିର ଆତଙ୍କବାଦ ବିରୋଧ ଆଇନ) ଭଳି ହୋଇନଥିବ। ଜାତୀୟ ସୁରକ୍ଷା ଆଇନ ଏବଂ ବେଆଇନ କାର୍ଯ୍ୟକଳାପ ବିରୋଧ ଆଇନରେ କିଛି ସଂଶୋଧନ ସହିତ ୟୁପିଏ ସରକାର ଯେଉଁ

ଆଇନଟିଏ ଆଣିବାକୁ ଯାଉଛି ତାହା କ୍ୟାବିନେଟର ମଞ୍ଜୁରୀ ଅପେକ୍ଷାରେ। ଶୁଣାଯାଉଛି ଆତଙ୍କବାଦ ବିରୁଦ୍ଧରେ ଏକ କଡା ଆଇନ ଆଣିବା ପାଇଁ ପ୍ରଧାନମନ୍ତ୍ରୀ କାର୍ଯ୍ୟାଳୟ ସ୍ପଷ୍ଟ କରିଦେଇଥିଲା ଏବଂ ପ୍ରଧାନମନ୍ତ୍ରୀ ନିଜେ ଏହାକୁ ସ୍ୱୀକୃତି ଦେଇଥିଲେ।

ଲଗାତର ଦେଶରେ ଆତଙ୍କବାଦୀ ଘଟଣା ଘଟୁଥିବା ବେଳେ କେନ୍ଦ୍ର ସରକାର ଏ ଦିଗରେ କିଛି କରିପାରୁ ନଥିବା ଯଦି ଗୋଟିଏ ବାସ୍ତବତା, ଅନ୍ୟ ବାସ୍ତବତାଟି ହେଉଛି ଯେ ରାଜନୈତିକ ଦଳମାନେ ଯେଝା କାର୍ଯ୍ୟକ୍ରମରେ ବ୍ୟସ୍ତ।

ଆତଙ୍କବାଦର ସ୍ୱରୂପ ଓ ଢାଞ୍ଚା ବଦଳି ଥିବାବେଳେ ଏବଂ ଆତଙ୍କବାଦୀମାନେ ବିଭିନ୍ନ ପ୍ରକାର କୌଶଳ ଅବଲମ୍ବନ କରୁଥିବାବେଳେ ସରକାରଙ୍କ ମୁକାବିଲା ପଦ୍ଧତିଟି କିନ୍ତୁ ସେହିଭଳି ପୁରୁଣାକାଳିଆ ହୋଇ ରହିଛି।

'ଦ ଆର୍ଟ ଅଫ୍ ୱାର' ହେଉଛି ଏକ ପୁରାତନ ଚୀନ ଗ୍ରନ୍ଥ ଯେଉଁଥିରେ ରଚୟିତା ସୁନ୍ ଜୁ କିଭଳି ଶତ୍ରୁମାନଙ୍କୁ ମୁକାବିଲା କରିହେବ ସେ ସମ୍ପର୍କରେ ଉଲ୍ଲେଖ କରିଛନ୍ତି। ଏଥିରେ ସମସ୍ତ ଯୋଦ୍ଧାଙ୍କୁ ପରାମର୍ଶ ଦିଆଯାଇଛି ଯେ ପ୍ରଥମେ 'ଶତ୍ରୁକୁ ଭଲଭାବେ ଜାଣ।' ଭାରତରେ କିନ୍ତୁ ଠିକ୍ ଓଲଟା କଥାଟି ହୋଇ ଚାଲିଛି। ଶତ୍ରୁମାନେ ଭଲ ଭାବେ ଜାଣିଛନ୍ତି ଯେ ଏଠି କିଛି ପରିବର୍ତ୍ତନ ହେବ ନାହିଁ ଏବଂ ବିସ୍ଫୋରଣ ତଥା ଅନ୍ୟାନ୍ୟ ହିଂସାତ୍ମକ କାର୍ଯ୍ୟକଳାପରେ ଯେଉଁ ସାଧାରଣ ଜନତା ପ୍ରାଣ ହରାଉଛନ୍ତି ସେଥିରେ ସରକାର ଓ ରାଜନୈତିକ ଦଳମାନଙ୍କୁ କିଛି ଫରକ ପଡିବ ନାହିଁ।

ଆମେ ଶତ୍ରୁମାନଙ୍କୁ ଜାଣିବା ପାଇଁ ପୁରାପୁରି ବିଫଳ ହୋଇଛୁ, ସେମାନଙ୍କୁ ସାମ୍ନା କରିବା ତ ଦୂରର କଥା।

■

(ଶନିବାର ଅକ୍ଟୋବର ୧, ୨୦୦୮)

ଜେହାଦୀଙ୍କ ସହ କାରବାର

ଜୁଲାଇ ଶେଷ ସପ୍ତାହରେ ଅହମ୍ମଦାବାଦରେ ଯେଉଁ ସିରିଏଲ୍ ବୋମା ବିସ୍ଫୋରଣ ଘଟିଲା ଏବଂ ପରେ ପରେ ସୁରଟ୍‌ରେ ଯେଉଁଭଳି ଦୁଇ ଡଜନ୍ ପାଖାପାଖି ଅଫୁଟା ବୋମା ଜବତ ହେଲା ତାହା ସମଗ୍ର ଦେଶର ଲୋକଙ୍କୁ ତ ବ୍ୟଥିତ କରିଥିଲା। ବେଶୀ ବ୍ୟଥିତ ଓ ବିବ୍ରତ ହୋଇଥିଲୁ ଆମେ। ଯେହେତୁ ଗୁଜୁରାଟ୍‌ର ଅଧିକାଂଶ ସହରରେ ଓ ବିଶେଷ କରି ସୁରଟ୍‌ରେ ଲକ୍ଷ ଲକ୍ଷ ଓଡ଼ିଆ ଶ୍ରମିକ କାମ କରନ୍ତି ସେହି କାରଣରୁ ସେମାନଙ୍କର ସୁରକ୍ଷା ନେଇ ଅନେକ ପ୍ରଶ୍ନ ଉଠିଥିଲା। ଭାଗ୍ୟର କଥା ଯେ ସୁରଟ୍‌ରେ ଆତଙ୍କବାଦୀମାନଙ୍କର କୌଶଳ କାମ ଦେଇନଥିଲା। ଯଦି ଦେଇଥାନ୍ତା ବେଶ୍ କିଛି ଗଞ୍ଜାମ ଜିଲ୍ଲାର ଶ୍ରମିକ ଓ କର୍ମଚାରୀଙ୍କର ଏହା ବିପର୍ଯ୍ୟୟର କାରଣ ହୋଇଥାନ୍ତା। ଆତଙ୍କବାଦୀ ବିସ୍ଫୋରଣକୁ ଗୁଜୁରାଟୀ-ଓଡ଼ିଆ- ବଙ୍ଗାଳୀ ଦୃଷ୍ଟିରେ ଦେଖିବା ହୁଏତ ଠିକ୍ ନୁହେଁ କାରଣ ଏ ସମସ୍ତେ ଭାରତୀୟ ଏବଂ ଭାରତରେ ହିଁ ବିଶୃଙ୍ଖଳା ସୃଷ୍ଟି କରିବା ପାଇଁ ଜେହାଦୀମାନେ ଅନବରତ କାମରେ ଲାଗିଛନ୍ତି।

ଅହମ୍ମଦାବାଦ ପୂର୍ବରୁ ବାଙ୍ଗାଲୋର, ତା'ପୂର୍ବରୁ ଜୟପୁର ଓ ତା'ପୂର୍ବରୁ ଅନେକ ସ୍ଥାନରେ ଯୋଜନାବଦ୍ଧ ଭାବରେ ହୋଇଥିବା ଆତଙ୍କବାଦୀ ଆକ୍ରମଣକୁ ଐତିହାସିକ ଦୃଷ୍ଟିକୋଣରୁ ଦେଖିଲେ ପ୍ରଶ୍ନଟି ସ୍ପଷ୍ଟ ହୋଇଯିବ- ଜେହାଦୀମାନଙ୍କର ଲକ୍ଷ୍ୟ କ'ଣ ଓ ସେମାନଙ୍କୁ କିଭଳି ମୁକାବିଲା କରିହେବ? ଯାବତୀୟ ସିରିଏଲ୍ ବୋମା ବିସ୍ଫୋରଣ ପଛରେ ପାକିସ୍ତାନର ସରକାରୀ ଗୁଇନ୍ଦା ସଂସ୍ଥା ବା ଆଇଏସ୍‌ଆଇର ଭୂମିକା ରହି ଆସିଛି ଏକଥା କେହି ଅସ୍ୱୀକାର କରିବେ ନାହିଁ। ପାକିସ୍ତାନର ପହିଲି ଖେଳ ଅବଶ୍ୟ କାଶ୍ମୀର ଉପତ୍ୟକାରେ ସୀମିତ ଥିଲା। ପରବର୍ତ୍ତୀ ସମୟରେ ଆଇଏସ୍‌ଆଇର ଲୋଭ ଅଧିକ ବଢ଼ିବାରୁ ଲାଗିଲା ଏବଂ ସେମାନେ ସମଗ୍ର ଦେଶରେ ଜେହାଦ୍‌ର ବୀଜବପନ କରିବାକୁ ଚାହୁଁଛନ୍ତି ଏହା ସ୍ପଷ୍ଟ। ଏହି ପରିସ୍ଥିତିରେ ଥଣ୍ଡା ମସ୍ତିଷ୍କରେ ଆତଙ୍କବାଦକୁ

ମୁକାବିଲା କରାଯିବା ଦରକାର, ଗରମ ହୋଇ ନୁହେଁ। ଆତଙ୍କବାଦୀ ବିସ୍ଫୋରଣ ପରେ ପରେ ନିରୀହ ମୁସ୍‌ଲିମ୍‌ଙ୍କ ପ୍ରତି ଅଙ୍ଗୁଳି ନିର୍ଦ୍ଦେଶ କରିବା ଅସମ୍ଭବ ନୁହେଁ। କିନ୍ତୁ ସରକାରମାନଙ୍କ କ୍ଷେତ୍ରରେ ବି ଯଦି ଏହିଭଳି ଧାରଣା ନେଇ କାମ କରାଯାଏ ତେବେ କୌଶଳଟି ତ୍ରୁଟିପୂର୍ଣ୍ଣ ହେବା ସୁନିଶ୍ଚିତ।

ପ୍ରଥମେ ଏହିକଥା ଚିନ୍ତା ଏବଂ ସ୍ୱୀକାର କରିବାକୁ ହେବ ଯେ ବର୍ତ୍ତମାନ ଦେଶରେ ଘରୋଇ ଜେହାଦୀମାନେ ପୂରାପୂରି କାମରେ ଲାଗିଛନ୍ତି। ଆଗରୁ ଏହି ଶକ୍ତିମାନେ ପାକିସ୍ତାନର ଆତଙ୍କବାଦୀମାନଙ୍କୁ ସବୁ ପ୍ରକାର ସାହାଯ୍ୟ ଯୋଗାଇ ଆସୁଥିଲେ। ଏବେ କିନ୍ତୁ ସେମାନେ ନିଜ ହାତରେ ଖେଳ ଖେଳିବା ଆରମ୍ଭ କରିଛନ୍ତି। ଯେଉଁ ଆଭ୍ୟନ୍ତରୀଣ ଜେହାଦୀମାନେ ସକ୍ରିୟ ହୋଇ ଉଠିଛନ୍ତି ସେମାନଙ୍କ ମନରେ କେମିତିକା ଏକ ଧାରଣା ସୃଷ୍ଟି ହୋଇଛି ଯେ ଦେଶରେ ମୁସଲ୍‌ମାନ୍‌ଙ୍କ ଉପରେ ଅତ୍ୟାଚାର କରାଯାଉଛି, ଏବଂ ଏହାର ଜବାବ ଦେବାକୁ ହେବ।

ବିଗତ କେତୋଟି ବିସ୍ଫୋରଣ ମୁଖ୍ୟତଃ ବିଜେପି ଶାସିତ ରାଜ୍ୟମାନଙ୍କରେ ହିଁ ଘଟିଛି ଏବଂ ଏଥିରୁ ହୁଏତ ଏହା ଜଳଜଳ ଦେଖାଯାଉଛି ଯେ ଜେହାଦୀମାନଙ୍କର ଏକ ନିର୍ଦ୍ଦିଷ୍ଟ କାର୍ଯ୍ୟସୂଚୀ ରହିଛି। ଏହି କାର୍ଯ୍ୟସୂଚୀ ଅନୁଯାୟୀ ସେମାନେ ଯେଉଁଠି ଯେତେବେଳେ ଚାହୁଁଛନ୍ତି ବିସ୍ଫୋରଣ ଘଟାଇ ପାରୁଛନ୍ତି। ବାଙ୍ଗାଲୋର ଓ ଅହମ୍ମଦାବାଦରେ ଯେଉଁ କମ୍ ଶକ୍ତିଶାଳୀ ବୋମା ବ୍ୟବହାର କରାଯାଇଥିଲା ତା'ର କାରଣ କ'ଣ ଖୋଜି ବାହାର କରାଯିବା ଦରକାର। କିନ୍ତୁ ଅଧିକ ଶକ୍ତିଶାଳୀ ହେଉ କି କମ୍ ଶକ୍ତିଶାଳୀ ହେଉ ବୋମା ବିସ୍ଫୋରଣ ଚାଲିବା ସୁନିଶ୍ଚିତ ଏହା ଜେହାଦୀମାନେ ଭାବିଥାନ୍ତି।

ଏହି ପରିସ୍ଥିତିରେ କ'ଣ କରାଯାଇପାରେ ?

ଆତଙ୍କବାଦକୁ ମୁକାବିଲା କରିବାକୁ ହେଲେ ବିଭିନ୍ନ ସ୍ତରରେ ପଦକ୍ଷେପ ନେବାକୁ ହେବ। ପ୍ରଥମ ପଦକ୍ଷେପ ହେବ ଅପରାଧୀମାନଙ୍କୁ ଧରିବା ଏବଂ ସେମାନଙ୍କ ବିରୁଦ୍ଧରେ ଅବିଳମ୍ବେ ନ୍ୟାୟିକ କାର୍ଯ୍ୟାନୁଷ୍ଠାନ ଆରମ୍ଭ କରିବା। ଦ୍ୱିତୀୟ ପଦକ୍ଷେପ ହେଉଛି ପୋଲିସ୍ ବିଭାଗର ଗୁଇନ୍ଦା ଦକ୍ଷତାକୁ ବଢ଼ାଇବା। ଜେହାଦୀ ନେଟ୍‌ୱାର୍କ ଭିତରକୁ ପଶି ସେମାନଙ୍କର ଯୋଗାଯୋଗକୁ ଜାମ୍ କରିପାରିଲେ ଯାଇ ବୋମା ବିସ୍ଫୋରଣକୁ ଅନେକ ମାତ୍ରାରେ ଏଡାଇ ହେବ। ଅହମ୍ମଦାବାଦରେ ବିସ୍ଫୋରଣ ପୂର୍ବରୁ ଆଗୁଆ ଚେତାବନୀ ଯଦିଓ ମିଳିଥିଲା ଏହା କେତେ ଦୂର ନିର୍ଭରଯୋଗ୍ୟ ସୂଚନା ଥିଲା ତାହା ପୋଲିସ କର୍ତ୍ତୃପକ୍ଷ ଆକଳନ କରିପାରିନଥିଲେ। ତେବେ ଆଗୁଆ ସତର୍କ ଯେ ସବୁବେଳେ କାମ ଦିଏ ତାହା କୁହାଯାଇପାରେନା। ଏପରିକି ବୋମା ବିସ୍ଫୋରଣକୁ ମୁକାବିଲା

କରିବାରେ ଧୂରନ୍ଧର ଇସ୍ରାଏଲ୍ ମାନେ ମଧ୍ୟ ଏହିଭଳି ପ୍ରାକ୍‌ସୂଚନା ଉପରେ ସନ୍ଦେହ ପ୍ରକଟ କରିନ୍ତି। ତା'ଛଡା ଆତଙ୍କବାଦୀମାନେ ଛୋଟ ଛୋଟ ଗୋଷ୍ଠୀରେ ବିଭାଜିତ ହେବା ସହିତ ଦେଶୀ କୌଶଳ ଓ ଦେଶୀ ବାରୁଦରେ ତିଆରି ବୋମାକୁ ମଧ୍ୟ ବିସ୍ଫୋରଣ କରାଇପାରନ୍ତି, ଯାହାକି ଅହମ୍ମଦାବାଦ ଓ ବାଙ୍ଗାଲୋର୍‌ରେ ହୋଇଥିଲା। ଆତଙ୍କବାଦର ମୂଳ କେନ୍ଦ୍ର ପାକିସ୍ତାନ ଉପରେ ମଧ୍ୟ ଆମକୁ ଦୃଷ୍ଟି ଦେବାକୁ ହେବ। ଏବେ ବି ଭାରତ ପ୍ରତି ପାକିସ୍ତାନର ଶତ୍ରୁତା ମନୋଭାବ ରହିଛି। ଯଦିଓ ଭାରତ ପାଖରେ କ୍ଷମତା ରହିଛି ତଥାପି ଯେଉଁଭଳି ଚାହିଁବ ସେଭଳି ପାଲଟା ଆକ୍ରମଣ ପାକିସ୍ତାନ ଉପରେ କରାଯାଇପାରିବ ନାହିଁ। କେବଳ ଆତଙ୍କବାଦୀମାନଙ୍କୁ ଉସ୍‌କାଇବା କଥା ନୁହେଁ, ବିଭିନ୍ନ ସମୟରେ ଭାରତ ବିରୁଦ୍ଧରେ ପାକିସ୍ତାନ ପକ୍ଷରୁ ବିଶୃଙ୍ଖଳା ସୃଷ୍ଟି ଏକ ସର୍ବକାଳୀନ ବାସ୍ତବତା।

ଆନ୍ତର୍ଜାତିକ ସ୍ତରରେ ଦେଖାଯାଇଛି ଯେ ଯଦି ପଡୋଶୀ ରାଷ୍ଟ୍ରଟି ଦୁର୍ବଳ ତା'ଉପରେ ଆକ୍ରମଣ କଲେ ଏହା ବିଶେଷ କିଛି ଫଳ ଦେବ ନାହିଁ। ପାକିସ୍ତାନକୁ ସମ୍ମୁଖୀନ କରିବାକୁ ହେଲେ ଏକାଧିକ କୌଶଳ ଗ୍ରହଣ କରିବାକୁ ପଡିବ-ଦ୍ୱିପାକ୍ଷିକ କୂଟନୀତି ଓ ଆନ୍ତର୍ଜାତିକ ଚାପ। ଅତୀତ ଅଭିଜ୍ଞତା କହୁଛି ଯେ ପାକିସ୍ତାନ ସହିତ କାରବାର କଲାବେଳେ କୌଣସି ପ୍ରକାର କୌଶଳ କାମ ଦେବ ନାହିଁ। ଏଣୁ ବର୍ତ୍ତମାନ ସମୟର ଆବଶ୍ୟକତା ହେଉଛି ପାକିସ୍ତାନକୁ ସ୍ପଷ୍ଟ ଜଣାଇ ଦେବା ଯେ ଭାରତ ପ୍ରତି ତା'ର ଶତ୍ରୁତା ପାଇଁ ଇସ୍‌ଲାମାବାଦକୁ ନିଶ୍ଚିତ ଭାବରେ ମୂଲ୍ୟ ଦେବାକୁ ହେବ। ଆତଙ୍କବାଦ ମୁକାବିଲା କ୍ଷେତ୍ରରେ ଆଉ ଏକ ପଦକ୍ଷେପ ହେବ ଦେଶର ମୁସ୍‌ଲିମ୍ ନେତାମାନଙ୍କୁ ଏ ଦିଗରେ ଆଗେଇ ଆସିବା ପାଇଁ ଅନୁରୋଧ କରିବା। କିଛି ମାସ ତଳେ ଦେଓବନ୍ଦଠାରେ ଦର୍-ଉଲ୍-ଉଲୁମ୍ ପକ୍ଷରୁ ଘୋଷଣା କରାଗଲା ଯେ ନିରୀହ ଲୋକମାନଙ୍କ ଉପରେ ଆତଙ୍କବାଦୀ ଆକ୍ରମଣ ଅଣ-ଇସ୍‌ଲାମ୍। ଏଣୁ ବିଭିନ୍ନ ସ୍ଥାନରେ ହେଉଥିବା ଆତଙ୍କବାଦୀ ବିସ୍ଫୋରଣ ସମ୍ବନ୍ଧରେ ନିଜ ଗୋଷ୍ଠୀର ଲୋକଙ୍କୁ ବୁଝାଇଲେ ହୁଏତ ଏହା କିଛି କାମ ଦେଇପାରେ।

ଜେହାଦୀମାନଙ୍କ କାର୍ଯ୍ୟକଳାପ ରୋକିବାକୁ ହେଲେ ଯେଉଁ ନୂଆ ନୂଆ ଲୋକଙ୍କୁ ନିଯୁକ୍ତି ଦିଆଯାଉଛି ତାହାକୁ ବି ରୋକିବାକୁ ହେବ। ବିଭିନ୍ନ ରାଜ୍ୟରେ ଏହିଭଳି ପରିସ୍ଥିତି ସୃଷ୍ଟି କରିବାକୁ ପଡିବ ଯେପରିକି ସିମି (ଷ୍ଟୁଡେଣ୍ଟସ୍ ଇସ୍‌ଲାମିକ୍ ମୁଭ୍‌ମେଣ୍ଟ ଅଫ୍ ଇଣ୍ଡିଆ) ଭଳି ବିପଜ୍ଜନକ ସଙ୍ଗଠନର କାର୍ଯ୍ୟକଳାପ ଉପରେ ମଧ୍ୟ କଟକଣା ଲଗାଇବାକୁ ହେବ। ଏସବୁ କରିବାକୁ ହେଲେ ପ୍ରଥମେ ଦେଶର ମୁସ୍‌ଲିମ୍‌ମାନଙ୍କର ହୃଦୟକୁ ଜିଣିବାକୁ ହେବ।

ଅତୀତରେ ଯେଉଁଭଳି ଗୋଟିଏ ଆକ୍ରମଣ ଜବାବ୍‌ରେ ମୁସ୍‌ଲିମ୍‌ମାନଙ୍କ ଉପରେ ଏକାଧିକ ଆକ୍ରମଣ କରାଯିବାର ଦୃଷ୍ଟାନ୍ତ ରହିଛି ସେହିଭଳି ଘଟଣାର ପୁନରାବୃତ୍ତି ନଘଟିବା ଦରକାର। ସ୍ଥୁଳ ଭାବରେ ଦେଶର ତେର କୋଟି ମୁସଲିମ୍‌ମାନଙ୍କର ସାମାଜିକ-ଅର୍ଥନୈତିକ ଅବସ୍ଥାର ପରିବର୍ତ୍ତନ ଘଟିଲେ ଯାଇ ସେମାନେ ଦେଶର ମୁଖ୍ୟସ୍ରୋତରେ ସାମିଲ୍ ହୋଇ ପାରିବେ। ସବୁଠାରୁ ବଡ଼ କଥା ହେଉଛି ମୁସଲିମ୍‌ମାନଙ୍କ ଭିତରେ ଯେଉଁ ଯୁବଗୋଷ୍ଠୀର ସଦସ୍ୟ ଅଛନ୍ତି ସେମାନଙ୍କୁ ଆଧୁନିକ ଓ ବୃତ୍ତିଗତ ଶିକ୍ଷା ଦିଆଯିବାର ଆବଶ୍ୟକତା ରହିଛି। ସଂକ୍ଷେପରେ କହିବାକୁ ଗଲେ, ଯେଉଁମାନେ ଭାରତରେ ରହି ଏଠାକାର ଲୋକଙ୍କ ବିରୁଦ୍ଧରେ ଜେହାଦ୍ ଘୋଷଣା କରିବାର ସାହସ କରିଆସିଛନ୍ତି ସେମାନେ ନିଜେ ବୁଝିବା ଦରକାର ଯେ ଏହିଭଳି ଆତ୍ମଘାତୀ କାର୍ଯ୍ୟକଳାପ ଯୋଗୁ ସେମାନେ ମୁସ୍‌ଲିମ୍ ଗୋଷ୍ଠୀରୁ ବାଦ୍ ପଡିଯାଇଛନ୍ତି।

■

(ରବିବାର ଅଗଷ୍ଟ ୩, ୨୦୦୮)

ଭବିଷ୍ୟତ ଭଲ

ଶୀର୍ଷକଟି ପ୍ରକୃତରେ ଏକ ପ୍ରଶ୍ନର ଉତ୍ତର । ପ୍ରଶ୍ନଟି ହେଉଛି ଖବରକାଗଜର ଭବିଷ୍ୟତ କ'ଣ ?

ଅନ୍ତତଃ ଭାରତରେ ଖବରକାଗଜର ଭବିଷ୍ୟତ କିଛି ଖରାପ ନୁହେଁ । ନିକଟ ଅତୀତରେ ହୋଇଥିବା ସର୍ବେକ୍ଷଣରୁ ଏହା ଜଣାପଡିଛି । ଖବରକାଗଜ ନାମକ ସାମଗ୍ରୀଟିର ଆସନ୍ନ ମୃତ୍ୟୁ ସମ୍ବନ୍ଧରେ ଯେଉଁମାନେ ଭବିଷ୍ୟତବାଣୀ କରି ଆସୁଥିଲେ ସେମାନଙ୍କର ସେହି କଥାକୁ କଳ୍ପନା ଭିତରେ ହିଁ ସୀମିତ ରଖାଯିବା ଦରକାର ।

ବିଶ୍ୱ ତମାମ ଯଦି ଦେଖାଯାଏ ସମ୍ବାଦପତ୍ର ଏକ ବଡ଼ ଚ୍ୟାଲେଞ୍ଜର ସମ୍ମୁଖୀନ ହେଉଛି । ଉନ୍ନତ ଦେଶମାନଙ୍କରେ କେବଳ ଯେ ଖବରକାଗଜ ସର୍କୁଲେସନ୍ ହ୍ରାସ ପାଇଚାଲିଛି ତା' ନୁହେଁ ଯୁବ ଗୋଷ୍ଠୀ (୨୨ରୁ ୩୫ ବର୍ଷ) ବସ୍ତୁତଃ ଖବରକାଗଜ ପଢ଼ିବା ବନ୍ଦ କରିଦେଇଛନ୍ତି । ବନ୍ଦ କରିବା ପଛରେ କାରଣ ଅନ୍ୟ କିଛି ନୁହେଁ । ଖବର ପ୍ରସାରଣ ମାଧ୍ୟମରେ ଦ୍ରୁତ ପରିବର୍ତ୍ତନ ଏହାର ମୁଖ୍ୟ କାରଣ ।

ନ୍ୟୁଜ୍ ଚ୍ୟାନେଲ୍, ପଡ୍‌କାଷ୍ଟ, ଇଣ୍ଟରନେଟ୍ ଆଦି ବୈଦ୍ୟୁତିକ ମାଧ୍ୟମ ଯେଉଁଭଳି ଲୋକପ୍ରିୟ ହେବାରେ ଲାଗିଛି ପାରମ୍ପରିକ ଖବରକାଗଜଟିଏ ଧରି ବସି ପଡିବା ଆଜି ଆଉ ଆବଶ୍ୟକତାରେ ଯାଉ ନାହିଁ । କେବଳ ଯେଉଁମାନଙ୍କ ସମୟ ବଳୁଛି ସେମାନେ ହିଁ ହୁଏତ ଖବରକାଗଜ ପଢୁଛନ୍ତି । ଏଥିଯୋଗୁଁ ଆମେରିକା, ଇଂଲଣ୍ଡ ଇତ୍ୟାଦି ଦେଶରେ ଶହ ଶହ ବର୍ଷର ପୁରୁଣା ଏବଂ ନାମଜାଦା କାଗଜ ଏବେ ବଞ୍ଚିବାର ରାହା ଖୋଜୁଛନ୍ତି ।

ଭାରତରେ କିନ୍ତୁ ଏପରି ଅବସ୍ଥା ପହଞ୍ଚି ନାହିଁ ତାହା ହିଁ ସମସ୍ତଙ୍କ ପାଇଁ ଭଲ ଖବର- ପ୍ରକାଶକ ମାନଙ୍କଠାରୁ ପାଠକଙ୍କ ପର୍ଯ୍ୟନ୍ତ । ଏଠି ପାଠକଙ୍କର ଖବରକାଗଜ ପ୍ରୀତି ହ୍ରାସ ପାଇ ନାହିଁ ବରଂ ଏହା ବଢ଼ିଛି । ୱାର୍ଲଡ଼ ପ୍ରେସ୍ ଆସୋସିଏସନ୍‌ର ସମ୍ବାଦପତ୍ର ସର୍ଭେ ଯାହା କହୁଛି ଭାରତରେ ଖବରକାଗଜର ପ୍ରସାରଣ ଓ ସଂଖ୍ୟା ଦ୍ରୁତ ଗତିରେ ବଢ଼ିବାରେ ଲାଗିଛି ।

ଭାରତରେ ଦୈନିକ ଖବରକାଗଜ ପ୍ରସାରଣ ବିଗତ ୪ ବର୍ଷ ଭିତରେ ପ୍ରାୟ ୩୩ ପ୍ରତିଶତ ବୃଦ୍ଧି ପାଇଥିବା ନିଶ୍ଚିତରେ ଆନନ୍ଦର ବିଷୟ। ଅବଶ୍ୟ ଏହି ବୃଦ୍ଧି ଅନ୍ୟାନ୍ୟ ଦେଶ ତୁଳନାରେ କମ୍। ଆଗରୁ ଯାହା କୁହାଯାଉଥିଲା ଯେ ଖବରକାଗଜର ପ୍ରସାରଣ ସଂଖ୍ୟା କମୁଛି, ତାହା କେବଳ ଅସତ୍ୟ ନୁହେଁ, ବରଂ ବହୁ ନୂଆ ନୂଆ ଖବରକାଗଜ ଆତ୍ମପ୍ରକାଶ କରୁଛନ୍ତି। ନୂଆ ନୂଆ ସଂସ୍କରଣ ଆରମ୍ଭ ହେଉଛି ଓ ପ୍ରସାରଣ ବିଭାଗମାନେ ବର୍ଦ୍ଧିତ ପ୍ରସାରଣ ସଂଖ୍ୟାକୁ ନେଇ ଖୁସି ମଧ୍ୟ ହେଉଛନ୍ତି।

ଭାରତରେ ଦୈନିକ ଖବରକାଗଜର ସଂଖ୍ୟା ଏବେ ୧୮୦୦ରୁ ଅଧିକ। ୨୦୦୧ରେ ଏହି ସଂଖ୍ୟା ଥିଲା ୧୫୦୦। ଖବରକାଗଜ ଗଣମାଧ୍ୟମ ପକ୍ଷରୁ ଯେଉଁ ଆହ୍ୱାନ ଆସୁଛି ତାକୁ ମୁକାବିଲା କରିବାରେ ମଧ୍ୟ ସକ୍ଷମ ହୋଇପାରିଛି। ୨୦୦୫ ମସିହାରେ ଭାରତରେ ଦୈନନ୍ଦିନ ୮ କୋଟି ଖବରକାଗଜ ବିକ୍ରି ହେଉଥିଲା। ନୂଆ ନୂଆ ଖବରକାଗଜର ଆତ୍ମପ୍ରକାଶ ଓ ପ୍ରସାରଣ ସଂଖ୍ୟାରେ ବୃଦ୍ଧି ସାଙ୍ଗକୁ ବିଜ୍ଞାପନ ମଧ୍ୟ ସେହିଭଳି ଉପରମୁହାଁ ହୋଇଛି। ବହୁ ସଂସ୍ଥା ପକ୍ଷରୁ କରାଯାଉଥିବା ସର୍ଭେ ଏହାକୁ ପ୍ରମାଣିତ କରୁଛି।

ଭିନ୍ନ ଭାବେ କହିବାକୁ ଗଲେ, ଅନ୍ୟ ଉନ୍ନତଶୀଳ ଦେଶମାନଙ୍କ ଅପେକ୍ଷା ଭାରତରେ ଖବରକାଗଜ ଶିଳ୍ପର ଅତୀତ, ବର୍ତ୍ତମାନ ଓ ଭବିଷ୍ୟତର ସ୍ଥିତିକୁ ଗୋଟିଏ ଶବ୍ଦରେ କହିଲେ ହେବ 'ସମୃଦ୍ଧ'। ଆମେରିକା କିମ୍ବା ୟୁରୋପ ଅପେକ୍ଷା ଭାରତରେ ଯଦି ଖବରକାଗଜ ଗୁଡିକ ଭଲ ପ୍ରଦର୍ଶନ କରୁଛନ୍ତି ତା'ର କାରଣ ଖୋଜିବା କଷ୍ଟ ନୁହେଁ।

ପ୍ରଥମତଃ, ଭାରତର ଜନସଂଖ୍ୟା ଯାହାକି ଏବେ ୧୦୫ କୋଟିରୁ ଅଧିକ। କିନ୍ତୁ ଜନସଂଖ୍ୟାକୁ ଚାହିଁ ଯେତିକି ଖବରକାଗଜ ପଢ଼ାଯିବା କଥା ତାହା ପଢ଼ାଯାଉନାହିଁ। ଆମ ଦେଶରେ ଜନସଂଖ୍ୟା ତୁଳନାରେ ଖବରକାଗଜ ପାଠକଙ୍କ ସଂଖ୍ୟା ନିହାତି ନଗଣ୍ୟ। ଏହାର କାରଣ ଜନସଂଖ୍ୟା ବୃଦ୍ଧି ଓ ସାକ୍ଷରତା ହାର ଭିତରେ ଥିବା ତାରତମ୍ୟ। ୧୦୫ କୋଟି ଜନସଂଖ୍ୟା ପାଇଁ ଯଦି ୧୦ କୋଟି ଖବରକାଗଜ ଦୈନିକ ପ୍ରକାଶ ପାଉଛି ତେବେ ଅନୁପାତଟି କ'ଣ ତାହା ସହଜେ ଅନୁମେୟ। ସୁତରାଂ, ଦେଶରେ ସାକ୍ଷରତା ଓ ଶିକ୍ଷିତଙ୍କ ସ୍ତର ଯେତିକି ବଢୁଛି ଖବରକାଗଜ ସଂଖ୍ୟା ମଧ୍ୟ ସେତିକି ବଢ଼ିବା ସ୍ୱାଭାବିକ। ଯଦି ବଢୁଛି ଭଲ କଥା, ଯଦି ନ ବଢୁଛି ନିଶ୍ଚିତରେ କେଉଁଠି ନା କେଉଁଠି ଅସୁବିଧା ରହିଛି।

ଭାରତରେ ଖବର ପଠନର ମାଧ୍ୟମ ରୂପେ ଖବରକାଗଜ ଅନ୍ତତଃ ଆହୁରି ୩୦ ବର୍ଷ ରାଜ୍ କରି ଚାଲିବ ଏକଥା କହିବାରେ କୁଣ୍ଠାବୋଧ ନାହିଁ। ବିଶ୍ୱ ସାରା ଖବରକାଗଜର ସିଧାସଳଖ ପ୍ରତିଦ୍ୱନ୍ଦ୍ୱୀ ହେଉଛି ଇଣ୍ଟରନେଟ୍। ଯେହେତୁ ଭାରତର

ଇଣ୍ଟରନେଟ୍ ଏବେ ଶୈଶବ ଅବସ୍ଥାରେ ରହିଛି, ଏଣୁ ଆହୁରି ୨୫/ ୩୦ ବର୍ଷ ଖବରକାଗଜମାନେ ସେମାନଙ୍କର ଆଧିପତ୍ୟ ବିସ୍ତାର କରିଚାଲିବା ନିଶ୍ଚିତ।

ଭାରତର ଅର୍ଥନୀତି ଯେଉଁଭଳି ବାର୍ଷିକ ୯-୧୦ ପ୍ରତିଶତ ହାରରେ ବୃଦ୍ଧି ପାଉଛି ଏବଂ ଜନସାଧାରଣଙ୍କର ଅର୍ଥନୈତିକ ସ୍ଥିତି ଯେଭଳି ବଦଳୁଛି ତଥା ଉପଭୋକ୍ତା ସାମଗ୍ରୀର ଚାହିଦା ଯେପରି ଊର୍ଦ୍ଧ୍ୱମୁହାଁ ହୋଇଛି, ଖବରକାଗଜର ଚାହିଦା ମଧ୍ୟ ଅନୁରୂପ ଭାବେ ବଢ଼ିବା ସ୍ୱାଭାବିକ। ଅଧିକନ୍ତୁ, ଖବରକାଗଜ ପ୍ରସାରଣ ସାଙ୍ଗକୁ ବିଜ୍ଞାପନ ମଧ୍ୟ ବଢ଼ି ଚାଲିବ। ଗୋଟିଏ ହିସାବ କହୁଛି ଯେ ଦେଶର ମୋଟ ବିଜ୍ଞାପନର ଏକ ବଡ଼ ଅଂଶ ଖବରକାଗଜମାନେ ପାଇଥାନ୍ତି।

ବିଶ୍ୱର ଖବରକାଗଜ ଶିଳ୍ପରେ ଭାରତ ଏବେ ସବୁଠାରୁ କ୍ଷୀପ୍ର ଗତିରେ ଆଗକୁ ବଢୁଥିବା ଦେଶ। ଅନ୍ୟ ଅର୍ଥରେ, ଆଗାମୀ ଦିନରେ ଖବରକାଗଜ ଶିଳ୍ପରେ ଭାରତ ଏକ ନମ୍ବର ଦେଶ ଭାବେ ସମାନାକୁ ଆସିବ।

ତେବେ ଓଡ଼ିଶାରେ କ'ଣ ହେଉଛି ତାହା ବି ଏକ ବଡ଼ ପ୍ରଶ୍ନ। ଓଡ଼ିଶାରେ ଅନ୍ୟାନ୍ୟ ଶିଳ୍ପର ଦୁର୍ଗତି ଭଳି ଖବରକାଗଜ ଶିଳ୍ପ ମଧ୍ୟ ଦୁର୍ଗତି ଦେଇ ଚାଲିଛି ଏହା କହିବାରେ କୁଣ୍ଠା ନାହିଁ। ରାଜ୍ୟରେ ଖବରକାଗଜର ସଂଖ୍ୟା, ସେ ଗୁଡିକର ପ୍ରସାରଣ ଓ ବିଜ୍ଞାପନ ରାଜସ୍ୱ ଏସବୁକୁ ଯେ କୌଣସି ବ୍ୟକ୍ତି ମାନସାଙ୍କ ଭଳି ଚୁଟ୍‌କିରେ ହିସାବ ନିକାଶ କରିଦେଇ ପାରିବ।

୪ କୋଟି ଜନସଂଖ୍ୟା ବିଶିଷ୍ଟ ରାଜ୍ୟରେ ସବୁଯାକ ଦୈନିକ ଖବରକାଗଜକୁ ମିଶାଇଲେ ପାଞ୍ଚ ଲକ୍ଷ ଟପିବା କଷ୍ଟ। ଏଣୁ ଏଠାକାର ଖବରକାଗଜ ଶିଳ୍ପ ସମ୍ବନ୍ଧରେ ବିଶେଷ ବୌଦ୍ଧିକ କସରତ କରିବାର ଆବଶ୍ୟକତା ନାହିଁ। କେବଳ ଖବରକାଗଜ ନୁହେଁ ଓଡ଼ିଶାରେ ଅନ୍ୟ ଗଣମାଧ୍ୟମର ମଧ୍ୟ ଏକା ରକମର ସ୍ଥିତି। ଏଠି ଗଣମାଧ୍ୟମ ପାଇଁ ନା ଅଛି ଆହ୍ୱାନ ନା ପ୍ରତିଦ୍ୱନ୍ଦ୍ୱିତା। ସଫଳତାର ମାପକାଠି ନାହିଁ କି ପରୀକ୍ଷା ନୀରିକ୍ଷା ନାହିଁ। ସମୟ ସହିତ ତାଳ ମିଳାଇ ଚାଲିବାର ଆକାଂକ୍ଷା ନାହିଁ କି ଦୃଷ୍ଟିଭଙ୍ଗୀରେ ପରିବର୍ତ୍ତନ ନାହିଁ।

ଓଡ଼ିଶାର ଖବରକାଗଜ ଶିଳ୍ପରେ ଗତାନୁଗତିକତା ହିଁ ଏକ ଧର୍ମ ବୋଲି ବିଚାର କରାଯାଏ। ବିଶ୍ୱତମାମ୍ ଖବରକାଗଜର ଆଙ୍ଗିକ ଓ ଆତ୍ମିକ ପରିବର୍ତ୍ତନ ହେଉଥିବା ବେଳେ ଓଡ଼ିଶା ଏଥିରେ ଢେର ପଛୁଆ। ଏପରିକି ପଡୋଶୀ ରାଜ୍ୟମାନଙ୍କର ଖବରକାଗଜମାନେ ଯେଉଁଭଳି ଉତ୍ତମ ଆର୍ଥିକ ସ୍ଥିତିରେ ଅଛନ୍ତି ତାହା ଚିନ୍ତା କଲାବେଳେ ଓଡ଼ିଶାର ଏକ ଅସହାୟ ସ୍ଥିତି ଆଖିରେ ପଡେ।

■

(ଶନିବାର ଫେବୃଆରୀ ୧୦, ୨୦୦୭)

ସିଡ଼୍‌ନୀ ଶେଲ୍‌ଡ଼ନ୍

ସିଡ଼୍‌ନୀ ଶେଲ୍‌ଡନ୍‌ଙ୍କୁ ଅବା କିଏ ନ ଜାଣେ ? ଜଣେ ହାରାହାରି ଇଂରାଜୀ ପଢ଼ିଥିବା ବ୍ୟକ୍ତି ଯେ ନିଶ୍ଚିତରେ ସିଡ଼୍‌ନୀ ଶେଲଡ଼ନ୍‌ଙ୍କୁ ପଢ଼ିଥିବେ ଏହା କହିବାରେ କୁଣ୍ଠାବୋଧ ନାହିଁ। ଶେଲ୍‌ଡ଼ନ୍ ହେଉଛନ୍ତି ବିଶ୍ୱର ଜଣେ ବହୁବିଖ୍ୟାତ ଔପନ୍ୟାସିକ। ନିକଟରେ କାଲିଫର୍ଣ୍ଣିଆରେ ମୃତ୍ୟୁବରଣ କଲାବେଳକୁ ତାଙ୍କୁ ପାଖାପାଖି ନବେ ବର୍ଷ ହୋଇଥିଲା। ଶେଲ୍‌ଡ଼ନ୍ ଜଣେ ସିନେମାର କାହାଣୀ ଲେଖକ ଭାବେ ମଧ୍ୟ ପରିଚିତ।

ତାଙ୍କୁ ଓସ୍କାର ପୁରସ୍କାର ମଧ୍ୟ ମିଳିଥିଲା।

ଶେଲ୍‌ଡ଼ନ୍ ଅନ୍ତତଃ ବିଗତ ୫୦ ବର୍ଷ ଧରି ଉପନ୍ୟାସ ଲେଖି ଆସିଛନ୍ତି ଏବଂ ଆମେରିକାର ଏକ 'ଆଇକନ୍' ହେବା ଭିତରେ ବିଶ୍ୱତମାମ୍ ଲୋକେ ତାଙ୍କର ଉପନ୍ୟାସକୁ ପଢ଼ିଛନ୍ତି। ଆନ୍ତର୍ଜାତିକ ଜୀବନ ପ୍ରବାହ ଓ ଯୌନ ସ୍ୱାଧୀନତାକୁ ନେଇ ସେ ଲେଖିଥିବା ଉପନ୍ୟାସଗୁଡିକ ଆଜି ବି ବେଷ୍ଟସେଲର୍ ତାଲିକାରେ। ତାଙ୍କର ଦୁଇଟି ମୁଖ୍ୟ ଉପନ୍ୟାସ ହେଉଛି 'ଦ ଅଦର ସାଇଡ୍ ଅଫ୍ ମିଡ୍‌ନାଇଟ୍' ଏବଂ 'ବ୍ଲଡ୍ ଲାଇନ୍'। ଶେଲ୍‌ଡ଼ନ୍‌ଙ୍କ ଉପନ୍ୟାସର ଚରିତ୍ର, ବିଶେଷ କରି ନାରୀ ଚରିତ୍ରମାନେ, ଦୁର୍ବଳ ନୁହଁନ୍ତି। ସେମାନେ ଜଣେ ଜଣେ ସାହସୀ ଓ ଦୃଢ଼ମନା ମହିଳା।

ଏକ ହିସାବରୁ ଜଣାପଡେ ଯେ ଶେଲ୍‌ଡ଼ନ୍ ଜୀବନ କାଳ ଭିତରେ ଅନ୍ତତଃ ୧୮ଟି ଓଜନଦାର୍ ଉପନ୍ୟାସ ଲେଖିଛନ୍ତି ଏବଂ ଅଦ୍ୟାବଧି ଏସବୁର ୩ କୋଟି କପି ବିକ୍ରି ହୋଇ ସାରିଛି। ଦଶନ୍ଧି ଦଶନ୍ଧି ଧରି ତାଙ୍କର ନଭେଲ୍‌ଗୁଡିକ ମୁଖ୍ୟତଃ ପେପର ବ୍ୟାକ୍ ସଂସ୍କରଣରେ ବିକ୍ରି ହୋଇ ଆସିଛି। ଆପଣ କଟକ କି ଭୁବନେଶ୍ୱରର ରାସ୍ତାକଡ଼ ବହି ଦୋକାନୀଙ୍କୁ ପଚାରନ୍ତୁ ସେ ବି ଜାଣିଥିବେ ଶେଲଲଡ଼ନ୍‌ଙ୍କୁ (ଅନ୍ତତଃ ନାଁରେ) ଏବଂ କହିବେ ଶେଲ୍‌ଡ଼ନ୍‌ଙ୍କ ଅମୁକ ବହିଟି ଆସିଛି (ଅବଶ୍ୟ ପାଇରେଟେଡ୍ କପି)। ଶେଲ୍‌ଡ଼ନ୍‌ଙ୍କ ଉପନ୍ୟାସ ଗୁଡିକ ଅନ୍ୟ ଭାଷାରେ ମଧ୍ୟ ଅନୁବାଦିତ ହୋଇଛି। ୧୮୦ଟି

ଦେଶରେ ୫୧ ଭାଷାରେ ଅନୁବାଦିତ ଶେଲ୍‌ଡ଼ନ୍‌ଙ୍କୁ ଗିନିଜ୍ ବୁକ୍ ଅଫ୍ ୱାର୍ଲଡ଼୍ ରେକର୍ଡ଼୍‌ସ ତା'ର ସ୍ୱୀକୃତିରେ ଆଭୂଷିତ କରି କହିଥିଲା 'ଦ ୱାର୍ଲଡ଼୍‌ସ ମୋଷ୍ଟ ଟ୍ରାନ୍‌ସଲେଟେଡ଼୍ ଅଥର୍'।

ପଚାଶ ବର୍ଷ ପର୍ଯ୍ୟନ୍ତ ଶେଲ୍‌ଡ଼ନ୍ ଚିକାଗୋ ସହରରେ ରହୁଥିଲେ ଏବଂ ହଲିଉଡ୍ ଚଳଚ୍ଚିତ୍ର ତଥା ଟିଭି କାର୍ଯ୍ୟକ୍ରମର କାହାଣୀ ଲେଖକ ଭାବରେ ପ୍ରଥମେ ପରିଚିତ ହୋଇଥିଲେ। ଅର୍ଦ୍ଧଶତାବ୍ଦୀର ଜୀବନ ପରେ ସେ କେବଳ ଫିକ୍‌ସନ୍ ହିଁ ଲେଖି ଚାଲିଲେ। ବ୍ରୋଡ୍‌ୱେ ଥିଏଟରରେ ମଧ୍ୟ ତାଙ୍କର ଲିଖିତ ନାଟକଗୁଡିକ ମଞ୍ଚସ୍ଥ ହୋଇଛି।

ବ୍ୟାବସାୟିକ ଉପନ୍ୟାସ ଲେଖିବାରେ ସିଦ୍ଧହସ୍ତ ସିଡ଼୍‌ନୀ ଶେଲ୍‌ଡ଼ନ୍‌ଙ୍କର ପୁସ୍ତକ ଗୁଡିକ ବିଶ୍ୱତମାମ ବିମାନ ବନ୍ଦରରେ, ଶୋଇବା ଖଟ ଉପରେ ଓ ଔଷଧ ଦୋକାନମାନଙ୍କରେ ମିଳୁଥିଲା। ସେ ଥିଲେ ଜଣେ ପ୍ରଚୁର ରୋଜଗାର କରୁଥିବା ଲେଖକ। ଭେରାଇଟି ପତ୍ରିକା ହିସାବ କରି ଦେଖିଥିଲା ଯେ ଉପନ୍ୟାସ/ସ୍କ୍ରିନ୍‌ପ୍ଲେ ଆଦି ଲେଖି ଶେଲ୍‌ଡ଼ନ୍ ଅନ୍ତତଃ ୩ ବିଲିୟନ୍ ଡଲାର୍ ରୋଜଗାର କରିଥିଲେ।

'ଏ ଷ୍ଟ୍ରେଞ୍ଜର ଇନ୍ ଦ ମିରର', 'ମାଷ୍ଟର୍ ଅଫ୍ ଦ ଗେମ୍', 'ଇଫ ଟୁମାରୋ କମ୍‌ସ' ଏବଂ 'ଆର୍ ୟୁ ଆଫ୍ରେଡ୍ ଅଫ୍ ଦ ଡାର୍କ' ଆଦି ତାଙ୍କର ଅନ୍ୟ କିଛି ଉପନ୍ୟାସ ଯେଉଁ ଗୁଡିକ ଅତି ଲୋକପ୍ରିୟ ହୋଇ ପାରିଥିଲା।

ଶେଲ୍‌ଡନ୍ ବାଲ୍ୟ ଜୀବନ ବିଷୟରେ ଅନେକେ କିଛି ଜାଣିନଥିଲେ ଯଦିଓ ତାଙ୍କ ସାହିତ୍ୟିକ ଜୀବନ ସମସ୍ତଙ୍କୁ ସ୍ତମ୍ଭୀଭୂତ କରିଥିଲା। ଦାରିଦ୍ର୍ୟର କଷାଘାତ ଭିତରେ ବଢ଼ିଥିବା ଶେଲ୍‌ଡ଼ନ୍ ସଫଳତାର ସ୍ୱାଦ ଚାଖିଥିଲେ ହଲିଉଡ୍‌ରୁ। ହଲିଉଡ୍ ଓ ଆମେରିକୀୟ ଟେଲିଭିଜନ୍‌ରେ ସେ ଅନେକ ସଫଳ କାହାଣୀଭିତ୍ତିକ ଧାରାବାହିକ ସୃଷ୍ଟି କରିଛନ୍ତି। ୨୦୦୫ରେ ତାଙ୍କର ଜୀବନକୁ ନେଇ ଲିଖିତ ଉପନ୍ୟାସ 'ଦ ଅଦର ସାଇଡ୍ ଅଫ୍ ମିଡ଼୍‌ନାଇଟ୍'ରୁ ଅନେକ କଥା ଜାଣିବାକୁ ମିଳିଥିଲା। ଶେଲ୍‌ଡ଼ନ୍‌ଙ୍କୁ ଜଣେ ଚମତ୍କାର କଥାକାର ବି କୁହାଯାଏ। ତାଙ୍କର ଉପନ୍ୟାସଗୁଡିକ ଗବେଷଣାରେ ସମୃଦ୍ଧ ହେବା ବ୍ୟତୀତ ନଭେଲ୍ ଭିତରେ କ୍ଷୀପ୍ର ଗତିରେ ଚରିତ୍ରମାନେ ଯିବା ଆସିବା କରିଥାନ୍ତି ଏବଂ ଏଗୁଡିକର ପୃଷ୍ଠଭୂମି ମଧ୍ୟ ସେହିଭଳି ଚମତ୍କାର।

କୌତୂହଳର ବିଷୟ ଯେ, ଶେଲ୍‌ଡ଼ନ୍ ତାଙ୍କର ଉପନ୍ୟାସଗୁଡିକୁ ନିଜେ ଲେଖୁନଥିଲେ। ସେ ଡାକୁଥିଲେ ଓ ତାଙ୍କ ସେକ୍ରେଟାରୀ ଏ ଗୁଡିକୁ ଟିପୁଥିଲେ ଯାହାକି ଆଜିର କମ୍ପ୍ୟୁଟର ଯୁଗରେ ଏକ ଅଶୁଣା କଥା। ପାରମ୍ପରିକ ଓ ମୌଖିକ କାହାଣୀ ଭଳି ଶେଲ୍‌ଡ଼ନ୍‌ଙ୍କ ଉପନ୍ୟାସଗୁଡିକ ଫର୍ମୁଲାଭିତ୍ତିକ ହେଉଥିଲା। ଷ୍ଟକ୍ ଚରିତ୍ର ଏବଂ ତଥାକଥିତ ମସଲା ଦେଇ ସେ ତାଙ୍କର ଉପନ୍ୟାସ ଗୁଡିକୁ ରଚନା କରିଥିଲେ।

ଶେଲ୍‌ଡ଼ନ୍‌ଙ୍କ ଉପନ୍ୟାସର ଚରିତ୍ର ଚିତ୍ରଣରେ ଆପଣ ଏଥିରୁ ନିଶ୍ଚିତ ଗୋଟିଏ ଦୁଇଟି ପାଇବେ- ଅନିନ୍ଦ୍ୟ ସୁନ୍ଦରୀ ମହିଳା, ଆୟତାକାର ହନୁହାଡ଼ମୁହାଁ ନାୟକ; ଗୌରବ, ଭାଗ୍ୟ ଓ ଦ୍ୱନ୍ଦ୍ୱ;ପେଣ୍ଟ୍ ହାଉସ୍, ଭିଲ୍ଲା ଏବଂ ଜେଟ୍ ବିମାନରେ ଯିବା ଆସିବା;ପ୍ଲୁଟୋନିୟମ, ହୀରା, ଧର୍ଷଣ, ମୁଖଯୌନକ୍ରିୟା, ହତ୍ୟା ଓ ଆତ୍ମହତ୍ୟା; ଅଜବ ଦୁର୍ଘଟଣା ଓ ଚରିତ୍ରମାନଙ୍କର ଅଦ୍ଭୁତ ସ୍ୱଭାବ; ସୁସଜ୍ଜିତ ଆଲମିରା ଭିତରୁ ଗଣ୍ଡାଗଣ୍ଡା ହାଡ଼ ବାହାରିବା; ଆନ୍ତର୍ଜାତିକ ମାଫିଆ, କମ୍ୟୁନିଷ୍ଟ; ବିଶ୍ୱଭ୍ରମଣ କରୁଥିବା ରାଷ୍ଟ୍ରଦୂତ ସୁପର ମଡ଼େଲ୍ ଓ କୁତ୍ସିତ ଶ୍ୱାନ; ଜବରଦସ୍ତ ବିବାହ ଏବଂ ସ୍ମରଣଶକ୍ତି ବିହୀନ ବ୍ୟକ୍ତି; ଉଲଗ୍ନ କିମ୍ବା ଉଲଗ୍ନ ହେବାର ଅଭିଳାଷ, ପ୍ରତିଶୋଧ ନେବା ଇତ୍ୟାଦି।

ଶେଲ୍‌ଡ଼ନ୍‌ଙ୍କ ଉପନ୍ୟାସଗୁଡିକୁ ମୁଖ୍ୟତଃ 'ପଲ୍‌ପ ଲିଟରେଚର ଉପନ୍ୟାସ' କୁହାଯାଏ ଏବଂ ସାହିତ୍ୟ ସମାଲୋଚକମାନେ ଏଗୁଡିକୁ ଗୁରୁତ୍ୱର ସହିତ ବିଚାର କରନ୍ତିନାହିଁ। ଶେଲ୍‌ଡ଼ନ୍ ଜନ୍ମ ହୋଇଥିଲେ ୧୯୧୭ ମସିହାରେ ଚିକାଗୋରେ। ତାଙ୍କ ବାପା ଥିଲେ ଜଣେ ସେଲ୍‌ସମ୍ୟାନ୍। ଶେଲ୍‌ଡ଼ନ୍ ବଢ଼ିଥିଲେ ପୁସ୍ତକ ଗଦା ଭିତରେ ଯଦିଓ ତାଙ୍କ ଘର ଓ ପରିବାର ସହିତ ପୁସ୍ତକର କୌଣସି ସମ୍ପର୍କ ନଥିଲା (ତାଙ୍କ ବାପା ମାତ୍ର ତୃତୀୟ ଶ୍ରେଣୀ ପର୍ଯ୍ୟନ୍ତ ପଢ଼ିଥିଲେ)। ଶେଲ୍‌ଡ଼ନ୍ ନର୍ଥୱେଷ୍ଟ ୟୁନିଭରସିଟିରେ ବୃତ୍ତି ପାଇ ଅଧ୍ୟୟନ କରିଥିଲେ ସତ, କିନ୍ତୁ ମାନସିକ ବିଷାଦ ଯୋଗୁଁ ସେ ଡିଗ୍ରୀ ଲାଭ କରିପାରିନଥିଲେ।

କାରଖାନାରେ କାମ କରିବାଠାରୁ ଆରମ୍ଭ କରି ଜୋତା ଦୋକାନରେ ସେଲ୍‌ସ ବୟ, କ୍ଳୋକ୍‌ରୁମ୍ ଆଟେଣ୍ଡାଣ୍ଟଠାରୁ ରେଡିଓ ଆନାଉନ୍‌ସର ଏବଂ ଗୀତ ଲେଖିବାଠାରୁ ଆରମ୍ଭ କରି ନାନା ରମକର କାର୍ଯ୍ୟ କରିବା ଭିତରେ ଶେଲ୍‌ଡ଼ନ୍ ନିଜର କ୍ୟାରିୟରକୁ ସମ୍ପୂର୍ଣ୍ଣ ନଷ୍ଟ କରିସାରିଥିଲେ। କ୍ୟାରିୟର ନଷ୍ଟ ହେବାର ଅନ୍ୟ ଏକ କାରଣ ଥିଲା ତାଙ୍କର ମୁଡ୍- କେତେବେଳେ ଭଲ ତ କେତେବେଳେ ଖରାପ। ଶେଲ୍‌ଡ଼ନ୍‌ଙ୍କ ବୈବାହିକ ଜୀବନ ବି ଏତେଟା ସଫଳ ନଥିଲା। ପ୍ରଥମ ପତ୍ନୀ କାର୍ଟରାଇଟ୍‌ଙ୍କ ମୃତ୍ୟୁ ପରେ ସେ ବିବାହ କରିଥିଲେ ଆଲେକ୍‌ଜାଣ୍ଡା କଷ୍ଟୋଫ୍‌ଙ୍କୁ। ତାଙ୍କର ଦ୍ୱିତୀୟ ପତ୍ନୀ, ଝିଅ-ନାତିନାତୁଣୀ ଏବେ ଜୀବିତ ଅଛନ୍ତି।

ଶେଲ୍‌ଡ଼ନ୍ ତାଙ୍କ ଉପନ୍ୟାସରେ ଅତି ଗାରିମାମୟ ସ୍ଥାନକୁ ବାଛୁଥିଲେ ଓ ତା'ରି ଉପରେ ଗବେଷଣା ମଧ୍ୟ କରୁଥିଲେ। କଳା, କୀର୍ତ୍ତି ଓ ପାରମ୍ପରିକ ସୌନ୍ଦର୍ଯ୍ୟ ସାମଗ୍ରୀକୁ ନେଇ ଯଦିଓ ସେ ଉପନ୍ୟାସ ଲେଖୁଥିଲେ କିନ୍ତୁ ତାଙ୍କ ବାସ୍ତବ ଜୀବନ ସହିତ ଏ ସବୁର କୌଣସି ସମ୍ପର୍କ ନଥିଲା।

(ଶନିବାର ଫେବୃଆରୀ ୩, ୨୦୦୭)

ଦଳିତ ଓ ଅତ୍ୟାଚାରିତ

କେରଡାଗଡ଼ର ୩ ହଜାର ପାଖା ପାଖି ଦଳିତ ହିନ୍ଦୁଧର୍ମ ଛାଡ଼ି ବୌଦ୍ଧଧର୍ମରେ ଦୀକ୍ଷିତ ହେବେ ବୋଲି କେତେକ ଦଳିତ ସଙ୍ଗଠନ ଯଥା ଓଡ଼ିଶା ମୁକ୍ତି ମୋର୍ଚ୍ଚା ଓ ଆମ୍ବେଦକର ଲୋହିଆ ବିଚାର ମଞ୍ଚ ଧମକ ଦେବା ପରେ ଏହା ଅନ୍ୟ କାହାକୁ ବ୍ୟସ୍ତ କରୁ କି ନକରୁ ବିଶ୍ୱ ହିନ୍ଦୁ ପରିଷଦର କର୍ମକର୍ତ୍ତାମାନେ କିନ୍ତୁ ଏଥିରେ ବ୍ୟସ୍ତ ହୋଇ ପଡିଛନ୍ତି। ହେବା ସ୍ୱାଭାବିକ ମଧ୍ୟ। କାରଣ ଏଥିରେ ଭୋଟ ରାଜନୀତିଟି ଜଡିତ।

କେନ୍ଦ୍ରାପଡ଼ାର ଜଣେ ବିଶ୍ୱ ହିନ୍ଦୁ ପରିଷଦ କର୍ମକର୍ତ୍ତା କହିଥିଲେ ଯେ କେରଡାଗଡ଼ ଜଗନ୍ନାଥ ମନ୍ଦିରରେ ପ୍ରବେଶ କରିବା ପାଇଁ ଦଳିତମାନଙ୍କର ପୂର୍ଣ୍ଣ ଅଧିକାର ଅଛି ଏବଂ ଯେଉଁମାନେ ଏହାକୁ ବିରୋଧ କରୁଛନ୍ତି ସେମାନଙ୍କ ବିରୁଦ୍ଧରେ ସରକାର କାର୍ଯ୍ୟାନୁଷ୍ଠାନ କରିବା ଦରକାର। ଅପରପକ୍ଷେ ଧର୍ମ ପରିବର୍ତ୍ତନ ଅପେକ୍ଷାରେ ବସିଥିବା ଲୋକଙ୍କୁ ସେଭଳି ନକରିବାକୁ ସେ ଅନୁରୋଧ କରିଛନ୍ତି। କେରଡାଗଡ଼ ବିବାଦ ଭିତରକୁ ଭିଏଚ୍‌ପିର ପ୍ରବେଶ ଆଗମୀ ଦିନରେ ଆଉ କିଛି ବିତର୍କ ସୃଷ୍ଟି କରିବା ସ୍ପଷ୍ଟ ଦେଖାଯାଉଛି।

କେରଡ଼ାଗଡ଼ ଓଡ଼ିଶାରେ ଦଳିତ ନିର୍ଯ୍ୟାତନାର ଏକ ନୂଆ ପ୍ରତିରୂପ, ତଟକା ଉଦାହରଣ। ଖାଲି ଏତିକି ତଫାତ୍ ଯେ ଏଠାକାର ଦଳିତମାନେ ଧାର୍ମିକ ଅଧିକାରକୁ ସାବ୍ୟସ୍ତ କରିବା ପାଇଁ ଅହୋରାତ୍ର ଲାଗି ପଡିଛନ୍ତି, ଅନ୍ୟ ଅଧିକାରକୁ ନୁହେଁ। ସାମାଜିକ, ଅର୍ଥନୈତିକ, ଶୈକ୍ଷିକ ଅଧିକାର କ'ଣ ସେମାନଙ୍କର ନାହିଁ ନା ସେମାନେ ଏସବୁ କ୍ଷେତ୍ରରେ ଭଲରେ ଅଛନ୍ତି ?

ପ୍ରସଙ୍ଗତଃ, ଓଡ଼ିଶାରେ ଦଳିତମାନଙ୍କୁ ନେଇ ଯେତେ ପରିମାଣରେ ଆଲୋଚନା ହେବା କଥା ତାହା ହୋଇ ନାହିଁ। ଅନୁସୂଚିତ ଜାତି ଓ ଜନଜାତିଙ୍କୁ ଯଦି ଦଳିତ ବୋଲି ଆମେ ସ୍ଥୁଳ ଭାବେ ଧରିବା ଏମାନେ ଜନସଂଖ୍ୟାର ପ୍ରାୟ ଅଧାଅଧି। ତେବେ ଏଠି

ଦଳିତଙ୍କ ଲଢ଼େଇ ମନ୍ଦିରରେ ହିଁ ସୀମିତ ରହିଛି। କେହି ଦଳିତଙ୍କ ଉପରେ ହେଉଥିବା ନିର୍ଯ୍ୟାତନା କଥା କହୁନାହାନ୍ତି ଓ ଅନ୍ୟ ରକମର ଅତ୍ୟାଚାର କଥା ମଧ୍ୟ ଉଠାଉନାହାନ୍ତି।। ଅବଶ୍ୟ ଅନ୍ୟ ରାଜ୍ୟ ତୁଳନାରେ ଦଳିତମାନଙ୍କ ପ୍ରତି ଓଡ଼ିଶାରେ ଅତ୍ୟାଚାର କମ୍। ବିହାର, ମହାରାଷ୍ଟ୍ର ଭଳି ସେମାନେ ଏତେ ନିର୍ଯ୍ୟାତନାର ଶିକାର ହେଉନାହାନ୍ତି, ଏକଥା ନିଶ୍ଚିତ। ଆମର ସାମାଜିକ ଗତିବିଧି ଓ ଚାଲିଚଳଣିରେ ହରିଜନ/ଆଦିବାସୀଙ୍କୁ ଆମେ ସହଯାତ୍ରୀ ବୋଲି ଭାବୁ, କେରଡ଼ାଗଡ଼ ଭଳି ଘଟଣା ଯାହା ବେଳେବେଳେ ଘଟେ।

ଦେଶରେ ଦଳିତମାନଙ୍କ ଅବସ୍ଥା କ'ଣ ସେଇ ଖବରଟି ନିରନ୍ତର ଖବରକାଗଜମାନଙ୍କରେ ଆସୁଛି। ଏବେ କିନ୍ତୁ ଦଳିତ ଅତ୍ୟାଚାରକୁ ନେଇ ଯେଉଁ ଅନୁମାନଟିଏ ହୋଇଛି ତାହା ସମସ୍ତଙ୍କ ଆଖି ଖୋଲିଦେବା ଭଳି ଖବର। ଦଳିତମାନଙ୍କ ଉପରେ ଅତ୍ୟାଚାରକୁ ପ୍ରଧାନମନ୍ତ୍ରୀ ଡ. ମନମୋହନ ସିଂହ ବର୍ଣ୍ଣନା କରିଛନ୍ତି 'ଏକ ଜାତୀୟ ଅପମାନ'। ନିକଟରେ ଅନୁଷ୍ଠିତ ମୁଖ୍ୟମନ୍ତ୍ରୀ ସମ୍ମିଳନୀରେ ସେ ଏଭଳି ଏକ କଡା ଶବ୍ଦଟି ପ୍ରୟୋଗ କରିଥିଲେ। ଦୁର୍ଭାଗ୍ୟର ବିଷୟ ଯେ, ଦେଶରେ ଏକ ନିର୍ଦ୍ଦିଷ୍ଟ ଜାତି/ବର୍ଗ ଉପରେ ନିର୍ଯ୍ୟାତନା ଯେ କେବଳ ବଢି ଚାଲିଛି ତା' ନୁହେଁ, ନିର୍ଯ୍ୟାତନାର ପ୍ରତିକାର କ୍ଷେତ୍ରରେ ଯେଉଁସବୁ ଆଇନ୍‌କାନୁନ୍ ଅଛି ସେସବୁ ଅନ୍ଧ ଓ ପ୍ରଣେତାମାନେ ନିରନ୍ତର ବାଡି ହଜାଇ ଚାଲିଛନ୍ତି।

ଆମର ଏସ୍‌ସି/ଏସ୍‌ଟି ନିର୍ଯ୍ୟାତନା ନିରୋଧ ଆଇନ୍ ଅଛି। ଏହି ଆଇନ୍ ବଳରେ ଯେତେସବୁ ମାମଲା ପଞ୍ଜିକୃତ ହୋଇଛି ତା'ର ଦଣ୍ଡବିଧାନ ହାର ଅତି ନଗଣ୍ୟ-ଶହେରେ ମାତ୍ର ୧୬। ବକେୟା ମାମଲା ଶତକଡା ୮୪। ଦଳିତ ନିର୍ଯ୍ୟାତନାରୁ ଲୋକଙ୍କୁ ନିବୃତ କରିବା ପାଇଁ ଆଇନ୍‌ରେ କଡ଼ାକଡ଼ି ବ୍ୟବସ୍ଥା ଥିଲେ ହେଁ ତାହା କିଛି ଫଳ ଦେଉନାହିଁ।

ପାଖାପାଖି ୮୫ ପ୍ରତିଶତ ଦଳିତ ନିର୍ଯ୍ୟାତନାକାରୀ ଦଣ୍ଡ ପାଉନଥିବାର ମୁଖ୍ୟ କାରଣ ପୋଲିସ୍ କାର୍ଯ୍ୟାନୁଷ୍ଠାନ ଅତିଶୟ ଢିଲା। ନ୍ୟାସନାଲ୍ ଲ' ସ୍କୁଲର ଏକ ଅଧ୍ୟୟନ ଅନୁସାରେ କେବଳ ଯେ ଅପରାଧୀମାନଙ୍କୁ ଧରାଯାଉ ନାହିଁ ତା' ନୁହେଁ ତଦନ୍ତ ସ୍ତରରେ ହିଁ ଅଭିଯୁକ୍ତଙ୍କୁ ଛାଡିଦେବା ପାଇଁ ପରିସ୍ଥିତି ସୃଷ୍ଟି କରାଯାଉଛି। କର୍ଣ୍ଣାଟକ, ଆନ୍ଧ୍ର ପ୍ରଦେଶ ଓ ତାମିଲନାଡୁରେ ପ୍ରାୟ ୬ ଶହ ମାମଲା ଭିତରୁ ୫ ଶହରୁ ଅଧିକ ମାମଲାକୁ ତଦନ୍ତ ସ୍ତରରେ ହିଁ ଖାରଜ କରିଦିଆ ଯାଇଥିବା ଓ ଅବଶିଷ୍ଟ ଅଭିଯୋଗ ଏବେ ବି ବିଚାରଧୀନ ଥିବା ଏହି ରିପୋର୍ଟରୁ ପ୍ରକାଶ।

ନ୍ୟାସନାଲ ଲ' କଲେଜର ଅନୁଧ୍ୟାନ କହୁଛି ଯେ ଭାରତୀୟ ପିଙ୍ଗଲ କୋର୍ଡ଼ ଅନୁଯାୟୀ ଯେଉଁସବୁ କେଶ୍ ରେଜିଷ୍ଟ୍ରି ହୁଏ ତା' ତୁଳନାରେ ଦଳିତ ନିର୍ଯ୍ୟାତନା ଆଇନ୍ ଅନୁସାରେ ହେଉଥିବା ମାମଲାକୁ ଶୀଘ୍ର ତୁଟାଇ ଦିଆଯାଇଥାଏ। ଆହୁରି ମଧ୍ୟ

ପୋଲିସ୍ ଦଳିତ ନିର୍ଯ୍ୟାତନା ସମ୍ପର୍କରେ ରୁଜୁ ହୋଇଥିବା ମାମଲାକୁ ସବୁବେଳେ ଅଭିଯୁକ୍ତଙ୍କ ସପକ୍ଷରେ ହିଁ ସମାଧାନ କରିଥାନ୍ତି। ଠିକ୍ ସେହିଭଳି ଦଳିତଙ୍କଠାରୁ ଏଫଆଇଆର୍‌କୁ ଗ୍ରହଣ କରିବା ପାଇଁ ଥାନାଗୁଡିକ ହାରାହାରି ୬ ଦିନ ସମୟ ନିଅନ୍ତି ଏବଂ ଚାର୍ଜସିଟ୍ ଦାଖଲ କରିବାକୁ ପୋଲିସ୍ ନିଏ ୨୬୦ ଦିନ। ସିଆର୍‌ପିସି (ଫୌଜଦାରୀ ଆଇନ୍) ଅନୁଯାୟୀ ଚାର୍ଜସିଟ୍ ସର୍ବାଧିକ ୯୦ ଦିନ ଭିତରେ ଦାଖଲ ହେବା କଥା।

ଦଳିତ ଅଧ୍ୟୁଷିତ ଉପରୋକ୍ତ ରାଜ୍ୟମାନଙ୍କରେ ଏଥିପାଇଁ ସ୍ୱତନ୍ତ୍ର କୋର୍ଟମାନ ସ୍ଥାପିତ ହୋଇଛି। ତା'ଛଡା କିଛି ଜିଲ୍ଲା ସେସନ୍ସ କୋର୍ଟକୁ ଦଳିତମାନଙ୍କର ବିଚାର ପାଇଁ ଚିହ୍ନଟ ମଧ୍ୟ କରାଯାଇଛି। ଯଦିଓ ଏହି ସ୍ୱତନ୍ତ୍ର କୋର୍ଟ ବ୍ୟବସ୍ଥା ହେବା ପରଠାରୁ ଦଳିତ ନିର୍ଯ୍ୟାତନା ମାମଲା ଗୁଡିକର ତୁରନ୍ତ ବିଚାର ହେଉଛି, କିନ୍ତୁ ଏହା ସେଭଳି କିଛି ଆଖି ଦୃଶିଆ ପ୍ରଭାବ ପକାଇ ନାହିଁ। ଏହିସବୁ ସ୍ୱତନ୍ତ୍ର କୋର୍ଟରେ ବିଚାର ହୋଇ ମଧ୍ୟ ଦଳିତ ନିର୍ଯ୍ୟାତନାକାରୀମାନଙ୍କୁ ୨୫ରୁ ଶହେ ଦିନ ଲାଗୁଛି ଜେଲ୍ ପଠାଇବା ପାଇଁ।

ନ୍ୟାସନାଲ୍ ଲ' କଲେଜର ଅନୁଧ୍ୟାନରେ କେତୋଟି କଥା ପ୍ରାଞ୍ଜଳ ଭାବେ ସାମ୍ନାକୁ ଆସିଛି ଏବଂ ଊଣା ଅଧିକେ ଓଡ଼ିଶାରେ ମଧ୍ୟ ଏଭଳି ଘଟୁଥିବ। ପ୍ରଥମ, ଦଳିତମାନଙ୍କ ଉପରେ ନିର୍ଯ୍ୟାତନା ସମ୍ପର୍କିତ ମାମଲାର ବିଚାର କ୍ଷେତ୍ରରେ ବିଭିନ୍ନ ସ୍ତରରେ ଅଯଥା ବିଳମ୍ବ। ଏହି ବିଳମ୍ବକୁ ଯେତେ କମା ଯାଇପାରିବ ଅଭିଯୁକ୍ତମାନେ ସେତେ ଶୀଘ୍ର ଦଣ୍ଡ ପାଇବେ ଓ ଜାତି ନିର୍ଯ୍ୟାତନାକାରୀମାନେ ଏଥିରେ ସତର୍କ ରହିବେ। ତା'ଛଡା ଯେଉଁ ଉଦ୍ଦେଶ୍ୟରେ ଦଳିତ ନିର୍ଯ୍ୟାତନା ଆଇନ୍ ପ୍ରଣୟନ ହୋଇଥିଲା ସେଇ ଉଦ୍ଦେଶ୍ୟଟି ଅପୂରଣୀୟ ହୋଇ ରହିଛି।

ଦଳିତଙ୍କ ଉପରେ କି ରକମର ନିର୍ଯ୍ୟାତନା ହୁଏ ତା'ର ଏକ ବିବରଣୀ ମଧ୍ୟ ହାତପାଆନ୍ତାରେ। ଏକ, ଦଳିତମାନଙ୍କୁ ଅପମାନିତ ଓ ଘୃଣ୍ୟ ଚକ୍ଷୁରେ ଦେଖିବା ଭଳି ନିର୍ଯ୍ୟାତନା। ଦୁଇ, ହରିଜନ ଆଦିବାସୀ ମହିଳାମାନଙ୍କ ଉପରେ ଯୌନ ନିର୍ଯ୍ୟାତନା। ଉଚ୍ଚ ବର୍ଗ/ଜାତିର ଲୋକମାନେ ନିଜର ସାମାଜିକ ଆଧିପତ୍ୟକୁ ପ୍ରମାଣିତ କରିବା ପାଇଁ ଦଳିତ ମହିଳାଙ୍କୁ ଧର୍ଷଣ କରିଥାନ୍ତି କିମ୍ବା ଉଲଗ୍ନ କରି ବିଚ୍ ରାସ୍ତାରେ ଚଲାଇଥାନ୍ତି।

ପ୍ରଧାନମନ୍ତ୍ରୀ ସିଂହ ଦଳିତ ନିର୍ଯ୍ୟାତନାକୁ କହିଲେ, ଏକ 'ଜାତୀୟ କଳଙ୍କ'। କିନ୍ତୁ ଏହା ତା'ଠାରୁ ଅଧିକ। 'ମାନବିକ କଳଙ୍କ' କହିଲେ ବୋଧହୁଏ କଥାଟି ଅଧିକ ଠିକ୍ ହେବ।

■

(ଶନିବାର ଡିସେମ୍ବର ୨୩, ୨୦୦୬)

ଆଇଏଏସ୍-ଆଇପିଏସ୍ ବଦଳି

ଦୁଇ ଦିନ ତଳେ ସରକାର ଆଇଏଏସ୍ ଓ ଆଇପିଏସ୍ ମହଲରେ ଏକ ବଡ଼ ଧରଣର ବଦଳି କରିଛନ୍ତି। କିଛି ପ୍ରମୁଖ ଶାସନ ସଚିବଙ୍କ ସମେତ ଉଚ୍ଚ ପୋଲିସ୍ ପଦବୀରେ ମଧ୍ୟ ବଦଳି ହୋଇଛି। ରାଜ୍ୟର ପୋଲିସ୍ ମହାନିର୍ଦ୍ଦେଶକ ପଦରେ ଜଣେ ନୂଆ ବ୍ୟକ୍ତି ଅଧିଷ୍ଠିତ ହୋଇଛନ୍ତି। ଘରୋଇ ବିଭାଗର ପ୍ରମୁଖ ସଚିବ ବଦଳିଛନ୍ତି। ଅର୍ଥ ବିଭାଗ ଜଣେ ନୂଆ ପ୍ରମୁଖ ସଚିବ ପାଇଛି। ଅନ୍ୟାନ୍ୟ କିଛି ଗୁରୁତ୍ୱପୂର୍ଣ୍ଣ ବିଭାଗରେ ମଧ୍ୟ ସର୍ବୋଚ୍ଚ ପ୍ରଶାସକମାନଙ୍କୁ ଏପଟ ସେପଟ କରାଯାଇଛି। ସରକାର ଦ୍ୱିତୀୟ ଥର କ୍ଷମତାକୁ ଆସିବା ପରେ ଆଇଏଏସ/ଆଇପିଏସ୍ ବଦଳି ଆନୁମାନିକ ଆଠ ଦଶ ଥର ହୋଇଛି। ହାରାହାରି ହିସାବରେ ଦେଖିଲେ ବର୍ଷକୁ ୫/୬ଥର ସର୍ବଭାରତୀୟ ସେବାର ଅଧିକାରୀମାନେ ଏ ବିଭାଗରୁ ସେ ବିଭାଗକୁ ଓ ସେ ବିଭାଗରୁ ଏ ବିଭାଗକୁ ଠେଲା ହେଉଛନ୍ତି।

ଭାରତର ଶାସନ ବ୍ୟବସ୍ଥାରେ ଆଇଏଏସ୍ / ଆଇପିଏସ୍ ବଦଳିକୁ ନେଇ ଯେଉଁ ପରିମାଣରେ ଉତ୍କଣ୍ଠା ଥାଏ, ମନ୍ତ୍ରିମଣ୍ଡଳ ଅଦଳବଦଳ ସହିତ ଲାଗି ରହିଥିବା ଉତ୍କଣ୍ଠାଠାରୁ ଏହା କୌଣସି ଗୁଣରେ କମ୍ ନୁହେଁ। ତଫାତ୍‌ଟି କେବଳ ଏତିକି ଯେ ଅଧିକାରୀ ବଦଳି ଦପ୍ତରରେ ସୀମିତ ଥାଏ, ମନ୍ତ୍ରୀ ବଦଳିରେ ସାଧାରଣ ଲୋକଟିର ମଧ୍ୟ ଆଗ୍ରହ ଥାଏ।

ମନମୋହନ ସିଂହ ପ୍ରଧାନମନ୍ତ୍ରୀ ହେବା ପରେ ଗୋଟିଏ କଥା ଉପରେ ବରାବର ଗୁରୁତ୍ୱ ଦେଇ ଆସିଛନ୍ତି ଯେ ପ୍ରଶାସନିକ ଅଧିକାରୀମାନଙ୍କ ଅଦଳବଦଳ କ୍ଷେତ୍ରରେ କିଛି ନୀତି ନିୟମ ରହିବା ଦରକାର। ପ୍ରଶାସନିକ ସଂସ୍କାର ପାଇଁ ସେ ନେଇଥିବା କେତେକ ପଦକ୍ଷେପ ଭିତରୁ ବଦଳି ନୀତି ଗୋଟିଏ।

କିଛି ମାସ ତଳେ କେନ୍ଦ୍ର କ୍ୟାବିନେଟ୍ ଗୋଟିଏ ନିଷ୍ପତ୍ତି ନେଇଥିଲେ ଯେ

କେନ୍ଦ୍ର ଗୃହ ସଚିବ, ପ୍ରତିରକ୍ଷା ସଚିବ, ଇଣ୍ଟେଲିଜେନ୍ସ ବ୍ୟୁରୋ ତଥା ର'ନିର୍ଦ୍ଦେଶକ ପଦବୀରେ ଯେଉଁମାନଙ୍କୁ ଅବସ୍ଥାପିତ କରାଯିବ ସେମାନଙ୍କ ଅବଧି ଅନ୍ୟୂନ ଦୁଇ ବର୍ଷ ହେବ। ଅର୍ଥାତ୍ ଦୁଇ ବର୍ଷ ପୂର୍ବରୁ ତାଙ୍କୁ ସେଠାରୁ ହଟାଯାଇପାରିବ ନାହିଁ। କେନ୍ଦ୍ରରେ ଏଭଳି ନିର୍ଦ୍ଦିଷ୍ଟ ଅବଧିବିଶିଷ୍ଟ ସଚିବଙ୍କ ସଂଖ୍ୟା ଏବେ ୭। କ୍ୟାବିନେଟ୍ ସେକ୍ରେଟାରୀ, ସିବିଆଇ ଓ ଏନ୍‌ଫୋର୍ସମେଣ୍ଟ ଡିରେକ୍ଟରେଟ୍‌ର ନିର୍ଦ୍ଦେଶକମାନେ ଆଗରୁ ଦୁଇ ବର୍ଷିଆ ଅବଧି ଭିତରକୁ ଆସି ସାରିଛନ୍ତି।

କେନ୍ଦ୍ରରେ ହେଉ କି ରାଜ୍ୟରେ ହେଉ, ସଚିବାଳୟରେ ହେଉ କି ଜିଲ୍ଲା ସ୍ତରରେ ହେଉ ଏକ ନିର୍ଦ୍ଦିଷ୍ଟ ଅବଧି ପର୍ଯ୍ୟନ୍ତ ପ୍ରଶାସକମାନଙ୍କୁ ରଖିବା ପଛରେ ଦୁଇଟି ଯୁକ୍ତି ରହିଛି। ପ୍ରଥମ ଯୁକ୍ତିଟି ହେଉଛି ଯେ, ଏହା ସଂପୃକ୍ତ ପ୍ରଶାସକଙ୍କୁ ନିରପେକ୍ଷ ଓ ନିଷ୍ପତ୍ତି ନେବାରେ ସାହାଯ୍ୟ କରିଥାଏ କାରଣ ସେଇ ସମୟ ଭିତରେ ବଦଳିର ଭୟ ନଥାଏ। ଦ୍ୱିତୀୟ ଯୁକ୍ତିଟି ହେଉଛି, ଏହା ସେମାନଙ୍କୁ ନିଜ ବିଭାଗ ବା ଜିଲ୍ଲା ବିଷୟରେ ମୋଟାମୋଟି ଧାରଣା କରିବାକୁ ସୁଯୋଗ ଦେଇଥାଏ। ତା ଛଡ଼ା ସମସ୍ୟାର ସମାଧାନ ବାହାର କରିବା ସେମାନଙ୍କ ପାଇଁ ସହଜସାଧ ହୋଇଥାଏ। ଏହି ଦୁଇଟି କାରଣରୁ ସଚିବ, ଜିଲ୍ଲାପାଳ ଓ ଆରକ୍ଷୀ ଅଧୀକ୍ଷକମାନଙ୍କୁ ଦୁଇ ବର୍ଷ ପୂର୍ବରୁ ସ୍ଥାନାନ୍ତରିତ କରାଯିବା ଅନୁଚିତ।

ଗତ ସେପ୍ଟେମ୍ବର ପହିଲାରେ କେନ୍ଦ୍ର ସରକାରଙ୍କ ଦ୍ୱାରା ଦିଲ୍ଲୀରେ ଆୟୋଜିତ ଏସ୍‌ପି ସମ୍ମିଳନୀରେ ମନମୋହନ ସିଂହ ପୋଲିସ୍ ଅଧିକାରୀଙ୍କ ପାଇଁ ଏକ ନିର୍ଦ୍ଦିଷ୍ଟ ଅବଧି ବା ଫିକ୍ସଡ଼ ଟେନ୍ୟୁର୍ ଉପରେ ଗୁରୁତ୍ୱ ଦେଇଥିଲେ। ଏଥି ସହିତ ସେ ସ୍ୱୀକାର କରିଥିଲେ ଯେ ଏ ବିଷୟରେ ମୁଖ୍ୟମନ୍ତ୍ରୀମାନଙ୍କୁ ବୁଝାଇ ସେମାନଙ୍କଠାରୁ ସହମତି ଆଣିବା ସମ୍ଭବ ହୋଇନାହିଁ।

ଆଇଏଏସ୍-ଆଇପିଏସ୍ ବଦଳି ସମ୍ପର୍କରେ ଏକ ନୀତି ପ୍ରଣୟନ କରିବା ପାଇଁ ମୁଖ୍ୟମନ୍ତ୍ରୀମାନଙ୍କୁ ବୁଝାଇବା ବାସ୍ତବରେ କାଠିକର ପାଠ। କାରଣ ରାଜ୍ୟମାନେ ଭାବନ୍ତି ଏହା ସେମାନଙ୍କ ନିଜସ୍ୱ ଅଧିକାରର ଅନ୍ତର୍ଭୁକ୍ତ। ପରବର୍ତ୍ତୀ ସମୟରେ ଦିଲ୍ଲୀରେ ଅନୁଷ୍ଠିତ ଜିଲ୍ଲାପାଳ ସମ୍ମିଳନୀରେ ମନମୋହନ ସିଂହ ଦେଶର ରାଜନୈତିକ ବ୍ୟବସ୍ଥା ପ୍ରତି ବୀତସ୍ପୃହ ଭାବ ପ୍ରଦର୍ଶନ କରିଥିବା ବେଳେ କହିଥିଲେ ଯେ ଅନେକ ସମୟରେ ରାଜନୀତି ସ୍ୱାର୍ଥ ସାଧନ ଓ ଆତ୍ମପ୍ରସାରର ଅସ୍ତ୍ର ହୋଇଥାଏ, ସାମାଜିକ ପରିବର୍ତ୍ତନର ଆୟୁଧ ହୋଇନଥାଏ।

ଦୁର୍ଭାଗ୍ୟବଶତଃ, ଏବେ ଏହା ହିଁ ହେଉଛି ଏବଂ ରାଜନେତାମାନେ ନିଜ ସ୍ୱାର୍ଥ ରକ୍ଷା ଓ ହାସଲ ପାଇଁ ବଦଳି, ନିଯୁକ୍ତିକୁ ଏକ ବଡ଼ ଅସ୍ତ୍ର କରି ଆସିଛନ୍ତି। ସଚିବାଳୟ

ସ୍ତରରେ ଏହାର କୁପ୍ରଭାବ ପଡୁକି ନା ଜିଲ୍ଲା ସ୍ତରରେ କିନ୍ତୁ ଏହି ପ୍ରଭାବ ସ୍ପଷ୍ଟ। ଆଇଏଏସ୍ ଓ ଆଇପିଏସ୍‌ଙ୍କ ଚାକିରିରେ କିଭଳି ହାଣ୍ଡିକଳା ପଡେ ନାହିଁ ତା'ର ବହୁ ଉଦାହରଣ ରହିଛି। ଏ ବିଷୟରେ ଅନେକ ଅନୁଧ୍ୟାନ ମଧ୍ୟ ହୋଇଛି।

ପ୍ରଶାସକମାନଙ୍କ ବଦଳି ପଛରେ ରାଜନୈତିକ ଦୁର୍ନୀତି ଏକ ବଡ଼ କାରଣ। ତେବେ ପୁରସ୍କାର ଅପେକ୍ଷା ଦଣ୍ଡ ଦେବା ପାଇଁ ଅନେକ ସମୟରେ ବଦଳିର ଆଶ୍ରୟ ନିଆଯାଏ। ଜିଲ୍ଲା ପ୍ରଶାସନକୁ ନିଜ ଇଚ୍ଛାରେ ପରିଚାଳିତ କରିବା ପାଇଁ ବଦଳିକୁ ରାଜନୈତିକ ଅସ୍ତ୍ର ଭାବେ ବ୍ୟବହାର କରାଯିବା ଏକ ଜଣାଶୁଣା କଥା। ୧୯୭୯ରେ ଜାତୀୟ ପୋଲିସ୍ କମିଶନ୍ ମଧ୍ୟ କହିଥିଲେ ଯେ ବଦଳି ଓ ନିଲମ୍ବନ ଜରିଆରେ ରାଜନେତାମାନେ ପୋଲିସ୍ ଅଫିସରମାନଙ୍କୁ ହାମୁଡ଼େଇବା ପାଇଁ ଚେଷ୍ଟା କରିଥାନ୍ତି। ସୁତରାଂ, ଏକ ତ୍ରୁଟିହୀନ ବଦଳି ନୀତି ରହିବା ଦରକାର। ତା' ନହେଲେ ପ୍ରଶାସକମାନଙ୍କର ନୈତିକ ମନୋବଳ ଭାଙ୍ଗିଯିବା ସୁନିଶ୍ଚିତ।

କେବଳ ମନୋବଳ ନୁହେଁ ସମଗ୍ର ପ୍ରଶାସନିକ ବ୍ୟବସ୍ଥାର ଦକ୍ଷତା ଏବଂ ଦୃଷ୍ଟିଭଂଗୀକୁ ମଧ୍ୟ ବହୁଳ ନଷ୍ଟ କରିଥାଏ ବଦଳି। ପ୍ରଥମତଃ, ଜିଲ୍ଲାର ପ୍ରଶାସନିକ ମୁଖ୍ୟମାନଙ୍କର ବାରମ୍ବାର ବଦଳି ଯୋଗୁଁ ସରକାରଙ୍କ ନୀତି ଓ କାର୍ଯ୍ୟକ୍ରମର କାର୍ଯ୍ୟାନ୍ୱୟରେ ବିଳମ୍ବ ହୋଇଥାଏ ଏବଂ ତାହା ଆଶାନୁରୂପ ହୁଏନା। ସାଧାରଣତଃ ଜିଲ୍ଲାପାଳ ଓ ଏସ୍‌ପିମାନଙ୍କୁ ଜିଲ୍ଲାର ସମସ୍ୟା ସହିତ ପରିଚିତ ହେବାକୁ ସମୟ ଲାଗିଥାଏ। ତା'ଛଡା ବିଭିନ୍ନ ଗୋଷ୍ଠୀର ନେତାଙ୍କ ସହିତ ଭାବର ଆଦାନ ପ୍ରଦାନ ପୂର୍ବକ ସରକାରୀ ନୀତି ଗୁଡ଼ିକୁ କାର୍ଯ୍ୟକ୍ଷମ କରିବା ପାଇଁ ଯଥେଷ୍ଟ ସମୟ ଦରକାର ହୋଇଥାଏ।

ଦ୍ୱିତୀୟତଃ, ବାରମ୍ବାର ବଦଳି ଫଳରେ ପ୍ରଶାସକମାନଙ୍କୁ କାର୍ଯ୍ୟକ୍ରମର ଅସଫଳତା ବା ସରକାରୀ ନୀତିର ବିଫଳତା ପାଇଁ ଦାୟୀ କରାଯାଇ ପାରିବ ନାହିଁ। ଅନ୍ୟ ଅର୍ଥରେ, ଏହା ସର୍ବସାଧାରଣଙ୍କର ଅର୍ଥ ଓ ସମୟର ଅପଚୟ ଘଟାଇଥାଏ। ଆହୁରି ମଧ୍ୟ, ପ୍ରତି ୬ ମାସରେ ବଦଳାଯାଉଥିବା ଅଧିକାରୀମାନଙ୍କୁ ଦିଆଯାଇଥିବା ବଦଳି ଆଦି ଭତ୍ତା ଖର୍ଚ୍ଚ ସରକାରୀ ଅପବ୍ୟୟର ନମୂନା। ସବୁଠାରୁ ଗୁରୁତ୍ୱପୂର୍ଣ୍ଣ ହେଉଛି, ପ୍ରତ୍ୟେକ ରାଜ୍ୟରେ ଏଭଳି କିଛି ଦୁର୍ଗମ ଅଞ୍ଚଳ ବା ଜିଲ୍ଲା ଥାଏ ଯେଉଁଠି ନ୍ୟୂନତମ ସୁବିଧା ମଧ୍ୟ ନଥାଏ ଏବଂ କିଛି ଅଞ୍ଚଳରେ ଅନ୍ୟ ରକମର ପ୍ରତିବନ୍ଧକ ଓ ବିପଦ ଥାଏ। ସାଧାରଣତଃ ଏହିସବୁ ପଦବୀରେ ଅବସ୍ଥାପିତ ହେବାକୁ ଅଧିକାରୀମାନେ ଚାହାଁନ୍ତି ନାହିଁ। ଏହିଭଳି ଜିଲ୍ଲା ବା ଅଞ୍ଚଳକୁ ବଦଳି ହୋଇଥିବା ଅଫିସରମାନେ ଯାବତୀୟ ପ୍ରକାର ଚାପ ପ୍ରୟୋଗ ଦ୍ୱାରା ତାହାକୁ ବାତିଲ କରିବାର ଉଦ୍ୟମ କରନ୍ତି। ସୁତରାଂ କିଛି ନିର୍ଦ୍ଦିଷ୍ଟ ଜିଲ୍ଲାରେ ଭଲ ଅଫିସରଙ୍କୁ ପୋଷ୍ଟିଂ କରାଯିବା ଦରକାର। ଅଧିକନ୍ତୁ ସେମାନଙ୍କୁ ଅନ୍ତତଃ

ପକ୍ଷେ ୨/୩ ବର୍ଷ ସେଠାରେ ରଖାଯିବା ଦରକାର। ଏକ ସ୍ୱଚ୍ଛ ଓ ନିଷ୍ପକ୍ଷ ବଦଳି ନୀତିର ଆବଶ୍ୟକତା ଏହି ଦୃଷ୍ଟିରୁ ଜରୁରୀ।

ସଚିବ ବଦଳି ମଧ୍ୟ ଏହିଭଳି ଏକ ସ୍ୱଚ୍ଛ ନୀତି ଉପରେ ଆଧାରିତ ହେବା ଦରକାର। ପ୍ରଶାସକମାନଙ୍କ ବଦଳି ରାଜନେତାଙ୍କ ଉପରେ ନିର୍ଭର ନକରି ନିୟମଭିତ୍ତିକ ହେବା ଦରକାର।

(ଶନିବାର ସେପ୍ଟେମ୍ବର ୨, ୨୦୦୬)

କାତ୍ରିନା ମୁଣ୍ଡାଙ୍କ କାହାଣୀ

ସୂଚନା ଅଧିକାରକୁ ନେଇ ଦେଶରେ ବହୁ ତୁମ୍ଫିତୋଫାନ ହେବା ପରେ ତୋଫାନ ପରବର୍ତ୍ତୀ ନିସ୍ତବ୍ଧତା ଭଳି ଏବେ ସୂଚନା ଅଧିକାର ବିଷୟରେ କମ୍ ଆଲୋଚନା ହେଉଛି। ତା'ଠାରୁ କମ୍ କାର୍ଯ୍ୟକାରୀ ହେଉଛି। ପ୍ରାୟ ଏକ ବର୍ଷରୁ ଅଧିକ ସମୟ ଧରି ଓଡ଼ିଶାଠାରୁ ରାଜସ୍ଥାନ ଓ ଦିଲ୍ଲୀଠାରୁ ମହାରାଷ୍ଟ୍ର ପର୍ଯ୍ୟନ୍ତ ଏହି ଅଧିକାର ନେଇ ବ୍ୟାପକ ବିତର୍କ ଚାଲିଲା। ଫଳସ୍ୱରୂପ ଏକ ନିର୍ଦ୍ଦିଷ୍ଟ ଦିନ ସୁଦ୍ଧା କେନ୍ଦ୍ରରେ ଓ ପ୍ରତିଟି ରାଜ୍ୟରେ ସୂଚନା କମିଶନରମାନଙ୍କୁ ନିଯୁକ୍ତି ଦିଆଗଲା। ସ୍ୱାଧୀନତାପର ଭାରତରେ ଏହାକୁ ଏକ ପ୍ରଗତିକାମୀ ଏବଂ ଗଣତାନ୍ତ୍ରିକ ଅଧିକାର ବୋଲି କୁହାଯିବା ସହିତ ଏହି ଯୁକ୍ତି ମଧ୍ୟ କରାଗଲା ଯେ ଏହି ଆଇନ୍ ଫଳରେ ଶାସନରେ ସ୍ୱଚ୍ଛତା ଆସିପାରିବ ଏବଂ ଦୁର୍ନୀତି ଅନେକ ମାତ୍ରାରେ ମୂଳୋତ୍ପାଟନ ହୋଇପାରିବ। ସୂଚନା ଅଧିକାର ଆଇନ୍ ଅନୁସାରେ ଏବେ ଯିଏ ଯେତେବେଳେ ଚାହିଁବ ସରକାରୀ କାର୍ଯ୍ୟ ସମ୍ବନ୍ଧରେ ସୂଚନା ପାଇପାରିବ ବୋଲି ବ୍ୟବସ୍ଥା ମଧ୍ୟ ହେଲା।

ଆମ ଦେଶରେ ଆଇନ୍‌ଗୁଡିକ ଯେତେ ସୁନ୍ଦର ଭାବେ ତିଆରି ହୋଇଥାନ୍ତି ଏବଂ ଏ ଗୁଡିକର ଉଦ୍ଦେଶ୍ୟ ଯେଭଳି ଅତି ଉତ୍ତମ ଲାଗେ, ସେ ଗୁଡିକୁ କାର୍ଯ୍ୟକାରୀ କରିବା ସମୟରେ ନାନା ପ୍ରତିବନ୍ଧକ ଦେଖାଦିଏ। ସୂଚନା ଅଧିକାର ସେହିଭଳି ଶହ ଶହ ଲୋକାଭିମୁଖୀ ଆଇନ୍ ଭିତରୁ ଗୋଟିଏ ଯାହାର ମୁଖ୍ୟ ଥିଲା ନାଗରିକମାନଙ୍କୁ ସରକାରଙ୍କ ନିକଟତର କରାଇବା। ସୂଚନା ଅଧିକାର ଉଦ୍ଦେଶ୍ୟ ଆଇନ୍ କିନ୍ତୁ ଏକ ଜୋର ଜବରଦସ୍ତ ଆଇନ୍ ଥିଲା ଏବଂ ଅମଲାତନ୍ତ୍ର କଦାପି ଏହିଭଳି ଏକ ଆଇନ୍ ନାଗରିକଙ୍କ ହାତକୁ ଯାଉ ସେକଥା ସେମାନେ ଚାହୁଁନଥିଲେ। ଏହିଭଳି ଏକ ଆଇନ୍‌ର ଆବଶ୍ୟକତା ଯେ ନାହିଁ ସେ କଥା କହିବାର ଅବକାଶ ଏଠି ନାହିଁ। କିନ୍ତୁ ଆଇନ୍ କାନୁନ୍ ତିଆରି ହେଲେ ଯେ ସବୁ ଠିକ୍‌ଠାକ୍ ହୋଇଯିବ ଏହା ଭାବିବା ନିରର୍ଥକ।

ସୂଚନା ଅଧିକାର ଆଇନ୍ ପ୍ରଣୟନ ହେବାର ଢେର୍ ପୂର୍ବରୁ କିଭଳି ସବୁ ରକମର ସାହସ ସଞ୍ଚୟ କରି ରାଉରକେଲାର ଜଣେ ଆଦିବାସୀ ମହିଳା ସରକାରୀ ଅଫିସରମାନଙ୍କୁ ହରଡ଼ଘଣାରେ ପକାଇଥିଲେ ତାହାର ଏକ ଚମତ୍କାର କାହାଣୀଟି ଏବେ ବି ଗୁଞ୍ଜରିତ ହେଉଛି। କାହାଣୀଟି କିଛି ଏହି ଭଳି।

କାତ୍ରିନା ମୁଣ୍ଡା ସୁନ୍ଦରଗଡ଼ ଜିଲ୍ଲା ବେସ୍ରା ବ୍ଲକ୍‌ର ଝାରବେଡ଼ା ଗାଁର ଜନୈକା ଅଧିବାସୀ। ଏକ ଗରିବ ଆଦିବାସୀ ପରିବାରରେ ତାଙ୍କର ଜନ୍ମ। ବିଗତ ପଞ୍ଚାୟତ ନିର୍ବାଚନରେ ସେ ଗାଁର ୱାର୍ଡ଼ମେମ୍ବର ହିସାବରେ ନିର୍ବାଚିତ ହୁଅନ୍ତି। କାତ୍ରିନାଙ୍କ ପରିବାରର କାହାଣୀ ରାଜ୍ୟର ଲକ୍ଷ ଲକ୍ଷ ଆଦିବାସୀ ପରିବାରର କାହାଣୀ ଭଳି। କାତ୍ରିନାଙ୍କ ପରିବାରର ଯେତିକି ଚାଷଜମି ରହିଛି ଏବଂ ସେଥିରୁ ଯେତିକି ଉତ୍ପାଦନ ହୁଏ ତାହା ବର୍ଷକ ଚଳିବା ପାଇଁ ଯଥେଷ୍ଟ ହୁଏନା। ବର୍ଷା ୪ ମାସ ନିଜ କ୍ଷେତବାଡିରେ କାମ ସରିବା ପରେ କାତ୍ରିନାଙ୍କ ପରିବାର ଭଳି ହଜାର ହଜାର ପରିବାର କାମ ଧନ୍ଦା ଅନ୍ବେଷଣରେ ବାହାରି ପଡନ୍ତି। କିଛି ଅନ୍ୟ ରାଜ୍ୟକୁ ଯାଆନ୍ତି ଆଉ କିଛି ରାଜ୍ୟ ଭିତରେ ବଡ ବଡ ସହରକୁ ଚାଲି ଯାଆନ୍ତି ଜୀବିକା ଉପାର୍ଜନ ପାଇଁ। କାତ୍ରିନାଙ୍କ ପରିବାର କିନ୍ତୁ ସ୍ଥାନାନ୍ତର ହୋଇ ନଥିଲେ। କାରଣ ସରକାର ଯଦି ବିଭିନ୍ନ ଯୋଜନା ମାଧ୍ୟମରେ ଅର୍ଥ ବ୍ୟୟ କରୁଛନ୍ତି ତାହାର ସୁଯୋଗ ନନେଇ ଇଟା ପକାଇବାକୁ ସେମାନେ ହାଇଦ୍ରାବାଦ କାହିଁକି ଯିବେ? ସୌଭାଗ୍ୟବଶତଃ କାତ୍ରିନାଙ୍କ ଗାଁରେ ପୋଖରୀଟିଏ ଖୋଳିବା ପାଇଁ ସରକାରୀ ବିଭାଗ ଲୋକେ ନିଷ୍ପତ୍ତି ନିଅନ୍ତି। 'ଖାଦ୍ୟ ପାଇଁ କାମ' କାର୍ଯ୍ୟକ୍ରମ ଜରିଆରେ ଝାରବେଡ଼ା ଗ୍ରାମର ଶ୍ରମିକମାନେ ଆଗେଇ ଆସନ୍ତି ଏହି ପୋଖରୀ ଖୋଳିବା ପାଇଁ। ଯାହାହେଲେ ବି ଏହା ନିଜ ଗାଁର ପୋଖରୀ!

କିନ୍ତୁ ମାତ୍ର ତିନି ଦିନ କାମ ଚାଲିବା ପରେ ହଠାତ୍ ଦେଖାଯାଏ ଯେ ପୋଖରୀ ଖୋଳା କାମଟି ବନ୍ଦ କରିବା ପାଇଁ ଉପରୁ ନିର୍ଦ୍ଦେଶ ଆସିଛି। ଅକସ୍ମାତ୍ କାମ ବନ୍ଦ ହେବା ପରେ ବିଚଳିତ କାତ୍ରିନା ସୁନ୍ଦରଗଡ଼ର ଜିଲ୍ଲାପାଳଙ୍କୁ ଭେଟିବା ପରେ ତାଙ୍କୁ କୁହାଗଲା ବେସ୍ରା ବିଡିଓଙ୍କୁ ଦେଖା କରିବା ପାଇଁ। ନିଜର ହାଜିରା ଖାତା ଦେଖିବା ପାଇଁ କାତ୍ରିନା ଚାହିଁବାରୁ ତାଙ୍କୁ କୁହାଗଲା ୨ ଟଙ୍କା ଫି' ପଇଠ କରିବାକୁ।

କାତ୍ରିନା ସ୍ଥାନୀୟ ବିଡିଓଙ୍କୁ ଭେଟିବା ପରେ ମଣ୍ଡଳ ଉନ୍ନୟନ ଅଧିକାରୀ ଏଥିରେ କୌଣସି ତତ୍ପରତା ପ୍ରକାଶ କରିବା ତ ଦୂରର କଥା ସେ କାତ୍ରିନାଙ୍କ ଆବେଦନ ପ୍ରତି ଦୃଷ୍ଟିପାତ ମଧ୍ୟ କରନ୍ତି ନାହିଁ। ଓଲଟି କାତ୍ରିନାଙ୍କୁ ପଚାରନ୍ତି, ମଷ୍ଟର ରୋଲ୍ (ହାଜିରା ଖାତା) କ'ଣ ସିଝେଇକି ଖାଇବ? ଏହିଭଳି ପ୍ରଶ୍ନରେ ଆଦୌ ବ୍ୟଥିତ ବା ବ୍ୟସ୍ତ ନ ହୋଇ କାତ୍ରିନା ମୁଣ୍ଡା କଥାଟିକୁ ଆହୁରି ଆଗକୁ ନେବା ପାଇଁ ନିଷ୍ପତ୍ତି ନିଅନ୍ତି। ସେ ଓ

ତାଙ୍କ ସହଯୋଗୀମାନେ ସରକାରୀ କଳର ପ୍ରତ୍ୟେକ ଲୋକଙ୍କୁ ଭେଟନ୍ତି, କିନ୍ତୁ ଏହାଦ୍ୱାରା କିଛି ବି ଫାଇଦା ହୁଏନାହିଁ। ନିରୂପାୟ ହୋଇ ବିସ୍ରା ଓ ଆଖପାଖ ଗାଁର ଲୋକମାନେ ସୁପ୍ରିମକୋର୍ଟଙ୍କୁ ଚିଠି ଲେଖନ୍ତି।

ଏହି ଚିଠି ପାଇବା ପରେ ସୁପ୍ରିମ୍‌କୋର୍ଟ ଓଡ଼ିଶା ସରକାରଙ୍କୁ ନିର୍ଦ୍ଦେଶ ଦେଇ ଘଟଣାର ତଦନ୍ତ ପାଇଁ ନିର୍ଦ୍ଦେଶ ଦିଅନ୍ତି। ସରକାରଙ୍କ ପକ୍ଷରୁ ବିଧିବଦ୍ଧ ତଦନ୍ତ ହେବା ପରେ ଉପରୋକ୍ତ ବିଡିଓଙ୍କୁ ଚାକିରୀରୁ ନିଲମ୍ବନ କରାଯାଏ ଏବଂ ଝାରବେଡାରେ ପୂର୍ବଭଳି କାର୍ଯ୍ୟ ଆରମ୍ଭ ହୁଏ।

କାତ୍ରିନାଙ୍କ କାହାଣୀରୁ ଯେଉଁ କେତୋଟି ବିଷୟ ସାମ୍ନାକୁ ଆସିଛି ତାହା ହେଉଛି:

-ସାହସ ଥିଲେ ଜଣେ ଗାଁ ୱାର୍ଡ଼ମେମ୍ବର ମଧ୍ୟ ସରକାରୀ କଳକୁ ଉଠବସ୍ କରିଦେଇ ପାରେ।

- ଗୋଟିଏ ଦୁର୍ନୀତିଗ୍ରସ୍ତ ପଦ୍ଧତି ବିରୁଦ୍ଧରେ ଜଣେ ଅର୍ଦ୍ଧଶିକ୍ଷିତ ମହିଳା ମଧ୍ୟ ସ୍ୱର ଉତ୍ତୋଳନ କରିପାରେ ।

-ଯାହା କାତ୍ରିନା ଭଳି ଜଣେ ସାଧାରଣ ମହିଳା କରିପାରନ୍ତି ତାହା ଜଣେ ଅତ୍ୟୁଚ୍ଚ ଶିକ୍ଷିତ ମହିଳାଙ୍କ ପକ୍ଷରେ କରିବା ହୁଏତ କଷ୍ଟ ନୁହେଁ।

କାତ୍ରିନା ମୁଣ୍ଡାଙ୍କ ଏହି ସାହସିକତାକୁ ପୁରସ୍କୃତ କରିବା ପାଇଁ ରାଉରକେଲାର ବୁଦ୍ଧିଜୀବୀ ମଞ୍ଚ ଯେଉଁ ସଭାଟିଏ ଆୟୋଜନ କରିଥିଲା ସେଠି ମଧ୍ୟ କାତ୍ରିନା ଠିଆ ହୋଇ ନିର୍ଭୟରେ ଯାହାସବୁ ଘଟିଗଲା ସେ କଥା କହିଚାଲିଥିଲେ। କାତ୍ରିନା ମୁଣ୍ଡାଙ୍କ କହିବାନୁଯାୟୀ, 'ଆମେ ଏବେ ଅଧିକ ସଚେତନ ଥିବାରୁ ଦୁର୍ନୀତି ହ୍ରାସ ପାଇଛି। ଆମେ ଏବେ ଜାଣି ପାରିଛୁ ବ୍ଲକ୍‌ରେ କ'ଣ ସବୁ ଚାଲିଛି ଏବଂ ସରକାର କେଉଁ କାମ ପାଇଁ କେତେ ଟଙ୍କା ମଞ୍ଜୁର କରିଛନ୍ତି'।

କାତ୍ରିନା ମୁଣ୍ଡାଙ୍କ କାହାଣୀ ଏଇ କଥାକୁ ପ୍ରମାଣିତ କରୁଛି ଯେ ଆମ ସାମାଜିକ ଜୀବନରେ ଦୁର୍ନୀତି ହେଉଛି ଖୁବ୍ ଏକ ବଡ଼ ସମସ୍ୟା ଏବଂ ସାଧାରଣ ଖଟିଖିଆଟିଏ ଉପରେ ମଧ୍ୟ ଏହାର ପ୍ରଭାବ କିଛି କମ୍ ନୁହେଁ। ଦୁର୍ନୀତି ସର୍ବସାଧାରଣ ଓ ସରକାରଙ୍କ ଭିତରେ ଦୂରତା ସୃଷ୍ଟି କରୁଛି। ବିଶେଷ କରି ରାଜ୍ୟର ଆଦିବାସୀ ଅଧ୍ୟୁଷିତ ଅଞ୍ଚଳମାନଙ୍କରେ ସରକାରୀ ବାବୁମାନେ ଦୁର୍ନୀତିର କୌଣସି ସୀମା ସରହଦ୍ ମାନୁ ନାହାଁନ୍ତି। ଆହୁରି ମଧ୍ୟ ଅମଲାତନ୍ତ୍ର ନିଜକୁ ସୁରକ୍ଷିତ କରିବା ପାଇଁ ଯେକୌଣସି ସ୍ତରକୁ ଯାଇପାରେ। ଅବଶ୍ୟ କେବଳ ସରକାରୀ କଳକୁ ବା ସରକାରୀ ଅଫିସର୍‌ମାନଙ୍କୁ ଦୁର୍ନୀତି ପାଇଁ ଦୋଷ ଦିଆଯାଇପାରେନା, ଲୋକ ପ୍ରତିନିଧିମାନେ ମଧ୍ୟ ଏଥିପାଇଁ ସମାନ ପରିମାଣରେ ଦାୟୀ।

କାହାଣୀର ମୂଳରୁ ଫେରିଗଲେ, ରାଜ୍ୟର ପ୍ରତ୍ୟେକ ବ୍ଲକ୍‌ରେ ଜଣେ ଜଣେ କାତ୍ରିନା ବାହାରିଲେ ହୁଏତ ଅନେକ ରକମର ଦୁର୍ନୀତିର ପ୍ରଘଟ ହୋଇପାରନ୍ତା। ସରକାରୀ ବ୍ୟବସ୍ଥାକୁ ସଜାଡ଼ିବାକୁ ହେଲେ ବଡ଼ ବଡ଼ ଆଲୋଚନାଚକ୍ରର ଆବଶ୍ୟକତା ନାହିଁ। ରାଜନୈତିକ-ଅମଲାତାନ୍ତ୍ରିକ ଦୁର୍ନୀତିକୁ ରୋକିବାକୁ ହେଲେ ମୂଳତଃ ଜନସାଧାରଣଙ୍କ ଭିତରେ ମାନସିକ ପରିବର୍ତ୍ତନ ଆବଶ୍ୟକ। ସେମାନେ ଚାହିଁଲେ ହିଁ ପରିସ୍ଥିତି ଓ ପ୍ରକ୍ରିୟାକୁ ବଦଳାଇ ଦେଇପାରିବେ।

(ଶନିବାର ସେପ୍ଟେମ୍ବର ୧୬, ୨୦୦୬)

ଶ':ଶତାର୍ଦ୍ଧ ସ୍ମରଣ

ଫ୍ୟାସନ୍ ହେଉଛି ଏକ ପ୍ରରୋଚିତ ମହାମାରୀ।-**ଜର୍ଜ ବର୍ଣ୍ଣାଡ୍ ଶ'**

୨୦୦୬ ବର୍ଷଟି ହେଉଛି ବିଖ୍ୟାତ ଇଂରାଜୀ ନାଟ୍ୟକାର ଜର୍ଜ ବର୍ଣ୍ଣାଡ୍ ଶ'ଙ୍କ ଦେଢ଼ଶହତମ ଜନ୍ମବାର୍ଷିକୀ। ୧୮୫୬ରେ ଡବ୍ଲିନ୍‌ଠାରେ ଏକ ମଧ୍ୟବିତ୍ତ ପରିବାରରେ ଜନ୍ମ ନେଇଥିବା ଶ' ଏକ ବିସ୍ମୟ। ତାଙ୍କ କୈଶୋର ଥିଲା ଏକ ବିଡ଼ମ୍ବିତ ଅଧ୍ୟାୟ। ବାପା ଥିଲେ ଜଣେ ଅସଫଳ ବ୍ୟବସାୟୀ ଓ ମଦ୍ୟପ। ଯଦିଓ ତାଙ୍କ ମା' ଥିଲେ ଜଣେ ପେଷାଦାର ଗାୟିକା ପରେ କିନ୍ତୁ ସେ ତାଙ୍କର ଗୁରୁଙ୍କ ସହିତ ଲଣ୍ଡନ ପଳାଇଥିଲେ। ଶ' ବାପାଙ୍କ ପାଖରେ ରହି ପଢାଶୁଣା କରିବା ପରେ ୧୬ ବର୍ଷ ବୟସରେ କୌଣସି ଏକ ରିଅଲ୍ ଇଷ୍ଟେଟ୍ କମ୍ପାନୀରେ ଜଣେ କିରାଣୀ ଭାବରେ ନିଜର ରୋଜଗାର ଜୀବନ ଆରମ୍ଭ କରିଥିଲେ। ଶ' ତାଙ୍କର ସ୍କୁଲକୁ ଯେମିତି ଘୃଣା କରୁଥିଲେ ଏହି ରୋଜଗାର ମଧ୍ୟ ତାଙ୍କର ଘୋର ନାପସନ୍ଦ ଥିଲା।

ବର୍ଣ୍ଣାଡ୍ ଶ' ଥିଲେ ମୂଳତଃ ଜଣେ ସମାଜବାଦୀ ଓ ପ୍ରଚଳିତ ଇଂରେଜ ସମାଜ ତଥା ଭାବଧାରାର ଜଣେ ପ୍ରଚଣ୍ଡ ସମାଲୋଚକ। ତାଙ୍କ ମା'ଙ୍କୁ ଖୋଜିବା ଉଦ୍ଦେଶ୍ୟରେ ଶ' ଯେତେବେଳେ ଲଣ୍ଡନ ଆସିଲେ ସେତେବେଳକୁ ତାଙ୍କ ବୟସ ହୋଇଥିଲା କୋଡିଏ ବର୍ଷ। ସେଠି ହିଁ ସେ କାର୍ଲ ମାର୍କ୍ସଙ୍କୁ ଜାଣିଲେ ଓ ତାଙ୍କ ଥିଓରୀକୁ ପଢ଼ିବା ଆରମ୍ଭ କରିଥିଲେ। ଏହି ଅଧ୍ୟୟନ ହିଁ ତାଙ୍କୁ ସାମ୍ୟବାଦ ଆଡକୁ ଆକର୍ଷିତ କରିଥିଲା। ବର୍ଣ୍ଣାଡ୍ ଶ' ତାଙ୍କର ଲେଖା ଆରମ୍ଭ କରିଥିଲେ ଗଦ୍ୟରେ। ପାଞ୍ଚଟି ଉପନ୍ୟାସର ରଚୟିତା ଥିଲେ ସେ। ବିଭିନ୍ନ ସ୍ଥାନରେ, ଗ୍ରନ୍ଥାଗାରରେ ଓ ବ୍ରିଟିଶ୍ ମ୍ୟୁଜିୟମ୍‌ରେ ସେ ଅନେକ ସମୟ ବିତାଉଥିଲେ କେବଳ ପଢ଼ିବା ପାଇଁ। ପ୍ରଗତିଶୀଳ ରାଜନୀତି ସହିତ ଜଡିତ ହେବା ପରେ ସେ ଏହାର ଜଣେ ବକ୍ତା ପାଲଟି ଯାଇଥିଲେ। କଥା କହିବା ବେଳେ

ଖନେଇବା ଭଳି ଅକ୍ଷମତା ସତ୍ତ୍ୱେ ଶ' ଜଣେ ଅଗ୍ନିବର୍ଷୀ ବକ୍ତା ପାଲଟିବା ଘଟଣାରୁ ତାଙ୍କର ସଂକଳ୍ପର ପରିଚୟ ମିଳେ। ଶ'ଙ୍କ ସାହିତ୍ୟ କୃତିରେ ତାଙ୍କର ଭାଷଣର ଶୈଳୀ ବି ପ୍ରତିଫଳିତ ହୋଇଥାଏ।

ଶ'ଙ୍କ ଜୀବନର ଆଉ ଏକ ପର୍ଯ୍ୟାୟ ଆରମ୍ଭ ହେଲା ଯେତେବେଳ ସେ ସିଡ଼ନୀ ଓ ବିଏଟ୍ରିସ୍ ୱେବ୍‌ଙ୍କ ସହିତ ଫାବିୟାନ୍ ସମାଜ ଗଠନ କଲେ। ବ୍ରିଟେନ୍‌କୁ ଏକ ସମାଜବାଦୀ ରାଷ୍ଟ୍ରରେ ପରିଣତ କରିବା ଉଦ୍ଦେଶ୍ୟରେ ଫାବିୟାନ୍ ସୋସାଇଟି ଗଠନ ହୋଇଥିଲା। ବିପ୍ଳବ ଅପେକ୍ଷା ପ୍ରଗତିଶୀଳ ନୀତି ଜରିଆରେ ଓ ଜନସାଧାରଣଙ୍କ ମତ ଓ ଚିନ୍ତାର ପରିବର୍ତ୍ତନ ଦ୍ୱାରା ବ୍ରିଟେନ୍‌କୁ ଏକ ସମାଜବାଦୀ ରାଷ୍ଟ୍ରରେ ପରିଣତ କରିବାର ପରିକଳ୍ପନା କରାଯାଇଥିଲା ଯଦିଓ ଏଥିରେ ଫାବିୟାନ୍‌ମାନଙ୍କୁ ବିଶେଷ ସଫଳତା ମିଳିନଥିଲା। ଉଲ୍ଲେଖଯୋଗ୍ୟ ବିଷୟ ହେଉଛି, ପାବିୟାନ୍ ସମାଜ ହିଁ ଲଣ୍ଡନ ସ୍କୁଲ ଅଫ୍ ଇକନମିକ୍ସ ଭଳି ପ୍ରଖ୍ୟାତ ଅନୁଷ୍ଠାନ ଏବଂ ବ୍ରିଟେନ୍‌ର ଶ୍ରମିକ ଦଳର ପୃଷ୍ଠଭୂମି ସାଜିଥିଲା। ସଙ୍ଗୀତଜ୍ଞ ରିଚାର୍ଡ଼ ୱାଗନର୍ ଓ ନରୱେର ନାଟ୍ୟକାର ହେନରିକ୍ ଇବସେନ୍‌ଙ୍କ ତତ୍ତ୍ୱକୁ ନେଇ ଶ' ନିୟମିତ ଭାବେ ପ୍ରାଚୀରପତ୍ର ଲେଖିବା ଭିତରେ ସେ କଳାର ଜଣେ ସ୍ତାବକ ପାଲଟିଯାଇଥିଲେ। ପ୍ରଥମେ ଜଣେ କଳା ସମାଲୋଚକ, ପରେ ଜଣେ ସଙ୍ଗୀତ ସମୀକ୍ଷକ ଓ ଶେଷରେ ମଞ୍ଚ ସମାଲୋଚକ। ଏଭଳି କଳାର ପ୍ରତ୍ୟେକ ବିଭାଗରେ ତାଙ୍କର ଦକ୍ଷତା ଥିଲା। ଲଣ୍ଡନର 'ସାଟରଡ଼େ ରିଭ୍ୟୁ'ରେ ତାଙ୍କର ସମୀକ୍ଷାମାନ ନିୟମିତ ଭାବେ ପ୍ରକାଶ ପାଉଥିଲା ଓ 'ଜିବିଏସ୍' ଥିଲା ତାଙ୍କ ସଂକ୍ଷିପ୍ତ ନାମ।

ଶ' ପ୍ରାୟ ତିରିଶ ଖଣ୍ଡ ନାଟକ ଲେଖିଛନ୍ତି। 'ମିସ୍‌ଆଲାଏନ୍ସ' ହେଉଛି ତାଙ୍କର ଗୋଟିଏ ପ୍ରସିଦ୍ଧ ନାଟକ ଯେଉଁଥିରେ ସେ ପିତାମାତା ସନ୍ତାନଙ୍କ ଭିତରେ ସୃଷ୍ଟି ହୋଇଥିବା ସମସ୍ୟାକୁ ଉପସ୍ଥାପନ କରିଥିଲେ। ଯେଉଁ ପିଲାମାନେ ବାପାମା'ଙ୍କଠାରୁ ଅଲଗା ରହନ୍ତି ଏବଂ ସେମାନେ ବାପା ମା'ଙ୍କଠାରୁ କୌଣସି ପ୍ରକାର ସ୍ନେହଶ୍ରଦ୍ଧା ନ ପାଇ ବଢ଼ନ୍ତି ସେହି ସନ୍ତାନମାନଙ୍କଠାରୁ ଆଜ୍ଞାଧୀନତା ଓ ସ୍ନେହ ଆଶା କରିବା ବୃଥା ଏକଥା ଶ' ତାଙ୍କର ଉପରୋକ୍ତ ନାଟକରେ କହିଛନ୍ତି। ୧୮୯୧ ବେଳକୁ 'ଦ ଇଣ୍ଡିପେଣ୍ଡେଣ୍ଟ ଥିଏଟର'ରେ ତାଙ୍କର ପ୍ରଥମ ନାଟକ 'ୱିଡୋୟେର୍ସ ହାଉସ୍' ମଞ୍ଚସ୍ଥ ହୋଇଥିଲା। ଏହାର ପରବର୍ତ୍ତୀ ବାର ବର୍ଷ ଧରି ସେ ପ୍ରାୟ ଏକ ଡଜନ ନାଟକ ଲେଖିଥିଲେ। ଶ'ଙ୍କ ନାଟକମାନଙ୍କ ମଧ୍ୟରେ ବହୁଚର୍ଚ୍ଚିତ ନାଟକ ହେଉଛି 'ମ୍ୟାନ୍ ଆଣ୍ଡ ସୁପରମ୍ୟାନ୍', ପିଗ୍‌ମେଲିଆନ. ସେଣ୍ଟ୍‌ଜୋଆନ୍, ଏ ଡକ୍ଟର୍ସ ଡିଲେମା ଓ କ୍ୟାଣ୍ଡିଡା ପ୍ରଭୃତି। ଶ'ଙ୍କ ନାଟକରେ ସାଧାରଣତଃ ଚରିତ୍ର ଚିତ୍ରଣ ନଥାଏ। ତୀକ୍ଷ୍ଣ ବିଦ୍ରୂପ ସମ୍ବଳିତ ଓ ବୁଦ୍ଧିଯୁକ୍ତ

ତର୍କ ଯୋଗୁଁ ହିଁ ଶ'ଙ୍କ ନାଟକଗୁଡିକୁ ଉପଭୋଗ କରିହୁଏ। ତାଙ୍କ ନାଟକରେ ସମସାମୟିକ ସମସ୍ୟାର ବେଶ୍ ପ୍ରତିଫଳିନ ଘଟୁଥିଲା। ବ୍ରିଟିଶ୍ ଓ ଆମେରିକୀୟ ସମାଜରେ ଭରିରହିଥିବା କୁସଂସ୍କାର, ଅନ୍ଧତା ଓ ଛଦ୍ମତାକୁ ସେ ତୁମୂଳ ସମାଲୋଚନା କରୁଥିଲେ। ନାଟକରେ ଏହି ସମାଲୋଚନାକୁ ଉପଭୋଗ କରିବା ପାଇଁ ହିଁ ରାତିରାତି ଦର୍ଶକମାନେ ପ୍ରେକ୍ଷାଳୟରେ ତାଙ୍କ ନାଟକଗୁଡିକୁ ଦେଖୁଥିଲେ। ଇଂରାଜୀ ନାଟକରେ ବୌଦ୍ଧିକତାର ଅନୁପ୍ରବେଶ ଶ'ଙ୍କଠାରୁ ହିଁ ହୋଇଥିଲା ବୋଲି କୁହାଯାଏ। ଅବଶ୍ୟ ତାଙ୍କ ନାଟକମାନଙ୍କରେ ଭାବପ୍ରବଣତା ବି ଭରି ରହୁଥିଲା।

୧୯୧୪ରେ ପ୍ରଥମ ବିଶ୍ୱଯୁଦ୍ଧ ଆରମ୍ଭ ହେବା ପରେ ଶ'ଙ୍କ ଜୀବନରେ ପରିବର୍ତ୍ତନ ଆସିଲା। ବିଶ୍ୱଯୁଦ୍ଧ ପୁଞ୍ଜିବାଦୀ ବ୍ୟବସ୍ଥାର ମରଣ ଘଣ୍ଟି ବଜାଇବ ବୋଲି ଶ' କହିଥିଲେ। ଦେଶପ୍ରେମ ନାମରେ ଯୁଦ୍ଧରେ ନିରୀହ ଯୁବକଙ୍କ ଜୀବନହାନି ଶ'ଙ୍କୁ ମାନସିକ ଭାବେ ଆଘାତ ଦେଇଥିଲା। ଖବରକାଗଜମାନଙ୍କରେ ସେ ଏ ସବୁର କଟୁ ସମାଲୋଚନା କରି ଲେଖା ଲେଖିବାରୁ ବ୍ରିଟେନ୍‌ରେ ତାଙ୍କୁ ଏକରକମ ଅସ୍ପୃଶ୍ୟ କରାଯାଇଥିଲା ଓ ତାଙ୍କ ବିରୁଦ୍ଧରେ ରାଷ୍ଟ୍ରଦ୍ରୋହ ଅଭିଯୋଗ ଲାଗିଥିଲା। ତତ୍କାଳୀନ ବ୍ରିଟିଶ୍ ସମାଜ ଓ ରାଜନୀତି ଉପରେ ତାଙ୍କର ଏକ ଚମତ୍କାର ନାଟକ ହେଉଛି 'ହ୍ୱେୁ ହାଉସ୍'। ଏହି ସାମଗ୍ରିକ କୃତୀ ପାଇଁ ୧୯୨୫ରେ ଶ' ସାହିତ୍ୟରେ ନୋବେଲ୍ ପୁରସ୍କାର ପାଇଥିଲେ। ଶ'ଙ୍କ ମହାନୁଭବତାର ଏକ ଦୃଷ୍ଟାନ୍ତ ହେଉଛି ନୋବେଲ୍ ପୁରସ୍କାର ଲବ୍ଧ ଅର୍ଥକୁ ସେ ଜଣେ ଅନାଲୋଚିତ ସୁଇଡିସ୍ ନାଟ୍ୟକାର ଅଗଷ୍ଟ ଷ୍ଟ୍ରିଣ୍ଡ୍‌ବର୍ଗଙ୍କ ପାଇଁ ଉତ୍ସର୍ଗ କରିଦେଇଥିଲେ। ତାଙ୍କର ଅନ୍ୟ ଏକ ଚମତ୍କାର ନିଷ୍ପତ୍ତି ଥିଲା ଇଂରାଜୀ ଭାଷାକୁ ଧ୍ୱନିମୂଳକ ଭାବେ ସମୃଦ୍ଧ କରାଇବା। ଏଥିପାଇଁ ସେ ତାଙ୍କର ଅଧିକାଂଶ ସମ୍ପତ୍ତି ଦାନ କରିଦେଇଥିଲେ। ୧୯୫୦ରେ ବର୍ଣ୍ଣାଡ୍ ଶ' ନିଜ ବଗିଚାର ଏକ ଗଛର ଶାଖା ପ୍ରଶାଖାକୁ ହାଣିବା ବେଳେ ପଡିଯାଇଥିଲେ ଓ ଏହା ହିଁ ତାଙ୍କ ଜୀବନର ଅନ୍ତିମ ଯାତ୍ରା ଆଡକୁ ବାଟ ଫିଟାଇଥିଲା। ୯୪ ବର୍ଷରେ ଶ'ଙ୍କ ମୃତ୍ୟୁରେ ଇଂରାଜୀ ନାଟକ କ୍ଷେତ୍ରରେ ଏକ ମହାଦ୍ରୁମ ଟଳି ପଡିଥିଲା। ଶ' ଥିଲେ ଜଣେ ନିରାମିଶାଷୀ ଓ ଧୂମପାନ ଥିଲା ତାଙ୍କର ଆଚାରବିରୋଧୀ। ଏକ କର୍ମମୟ ଜୀବନ ଓ ବହୁମୁଖୀ ପ୍ରତିଭା ଥିଲା ଶ'ଙ୍କର। ସେ ଥିଲେ ମହାତ୍ମା ଗାନ୍ଧିଙ୍କ ଜଣେ ପ୍ରଶଂସକ ଓ ତାଙ୍କ ଉପରେ ଏକ ଚଳଚ୍ଚିତ୍ର ନିର୍ମାଣ ପାଇଁ ସେ ଆଗ୍ରହ ପ୍ରକାଶ କରିଥିଲେ।

ଜୀବନର ଶେଷ ବେଳକୁ ଶ'ତାଙ୍କ ଦାଢ଼ି ଓ ଅସୁନ୍ଦର ମୁଖମଣ୍ଡଳ ଦ୍ୱାରା ସମଗ୍ର ବିଶ୍ୱରେ ପରିଚିତ ହୋଇଥିଲେ। ଶ'ଙ୍କୁ ନେଇ ଏକ ଚମତ୍କାର ଆଖ୍ୟାନ ରହିଛି। ଲଣ୍ଡନ ରାଜରାସ୍ତାରେ ବୁଲୁଥିବା ସମୟରେ ତାଙ୍କର ଲୋକପ୍ରିୟତାରେ ମୁଗ୍ଧ ହୋଇ

ଜଣେ ସୁନ୍ଦରୀ ମହିଳା ତାଙ୍କୁ ବିବାହ କରିବାକୁ ଇଚ୍ଛା ପ୍ରକାଶ କରି କହିଲେ, 'ବିବାହ ପରେ ଆମଠାରୁ ଯେଉଁ ସନ୍ତାନଟି ଜନ୍ମ ହେବ ସେ ଆପଣଙ୍କ ଭଳି ବୁଦ୍ଧିମାନ ଓ ମୋ' ଭଳି ସୁନ୍ଦର ହୋଇପାରିବ।' ଏହାର ଜବାବରେ ଶ' କହିଥିଲେ, 'ଯଦି ଏହାର ଠିକ୍ ଓଲଟା ହୁଏ, ତେବେ କ'ଣ ହେବ?'

■

(ଶନିବାର ଫେବୃଆରୀ ୧୮, ୨୦୦୬)

ମହାଜନୋ ଯେନ ଗତଃ ସ ପନ୍ଥା !

କବିବର ରାଧାନାଥ ରାୟଙ୍କ ଭାଷାରେ:

'ବଡ଼ କ୍ରୁର କାଳ ବଡ଼ ଅବିଶ୍ୱାସୀ
ହାବୋଡ଼ି ଯିବ ସେ ଆଚମ୍ବିତେ ଆସି।'

ଅନ୍ୟତ୍ର ସେ ଲେଖିଥିଲେ:

'କେହି ରହି ନାହିଁ ରହିବ ନାହିଁଟି
ଭବରଙ୍ଗ ଭୂମି ତଳେ
ସର୍ବେ ନିଜ ନିଜ ଅଭିନୟ ସାରି
ବାହୁଡ଼ିବେ କାଳବଳେ।'

ମୃତ୍ୟୁ ଯେତେବେଳେ ହଠାତ୍ ସଙ୍ଘଟିତ ହୋଇଯାଏ ମୃତ୍ୟୁବରଣ କରିଥିବା ବ୍ୟକ୍ତିଟି ସମ୍ପର୍କରେ ଚର୍ଚ୍ଚାର ବିଶେଷ ଅବକାଶ ନଥାଏ। କିନ୍ତୁ ଯେତେବେଳେ ମୃତ୍ୟୁକୁ କାତର ନୟନରେ ଅପେକ୍ଷା କରାଯାଏ ସେତେବେଳେ ମଣିଷର ବହୁ ଶୁଣା ଅଶୁଣା କଥା ପଦାକୁ ଆସେ। ପ୍ରମୋଦ ମହାଜନଙ୍କ କ୍ଷେତ୍ରରେ ସେୟା ହିଁ ହୋଇଥିଲା। ତାଙ୍କ ସମ୍ପର୍କରେ ଖବରକାଗଜ ଓ ଟେଲିଭିଜନ୍ ଚ୍ୟାନେଲମାନେ ଯେଉଁସବୁ ବିବରଣୀ ପ୍ରଦାନ କଲେ ତାହା ନୂଆ ମିଡିଆର ଗୁଣ କି ଅବଗୁଣ ତାହର ବିବେଚନା ଅଲଗା। ପ୍ରମୋଦଙ୍କ ମୃତ୍ୟୁ ଅପ୍ରତ୍ୟାଶିତ ଥିଲା ସତ, ହେଲେ ଚିକିତ୍ସା ପାଇଁ ହସପିଟାଲ୍‌ରେ ଭର୍ତ୍ତି ହେବା ଅବସ୍ଥାରୁ ହିଁ ସମସ୍ତେ ଜାଣିଥିଲେ ଯେ ସେ ମୃତ୍ୟୁପଥର ଯାତ୍ରୀ। କେବେ ସେ ମହାଯାତ୍ରାଟି ଆରମ୍ଭ ହେବ ତାହା କହିବା ଅବଶ୍ୟ କାହା ପକ୍ଷେ ସମ୍ଭବ ନଥିଲା।

ନିକଟ ଅତୀତର ସ୍ମୃତିରେ ଦେଶର ଅନ୍ୟ କୌଣସି ରାଜନେତାଙ୍କ ମୃତ୍ୟୁକୁ ନେଇ ଏତେ ଗହଳି, ଏତେ ଆଲୋଚନା, ଏତେ ଲେଖା, ଏତେ ସାଉଣ୍ଡ ବାଇଟ୍ ଆସିନଥିଲା। ମିଡିଆର ବିସ୍ଫୋରଣ ବେଳେବେଳେ ସାମାନ୍ୟ ଘଟଣାକୁ ଅସାମାନ୍ୟ ଓ

ଗୁରୁତ୍ୱପୂର୍ଣ୍ଣ ଘଟଣାକୁ ଅତିଗୁରୁତ୍ୱପୂର୍ଣ୍ଣ ଘଟଣାରେ ପରିଣତ କରିଦେଇଥାଏ। ତେବେ ମନେହୁଏ ଓଡ଼ିଶାର ଜନନେତା ବିଜୁ ପଟ୍ଟନାୟକଙ୍କ ମୃତ୍ୟୁବେଳେ ଯେଉଁ ଗଣସମ୍ପୃକ୍ତି ଦେଖା ଦେଇଥିଲା, ପ୍ରମୋଦ ମହାଜନଙ୍କ କ୍ଷେତ୍ରରେ ମଧ୍ୟ ସେୟା ହୋଇଥିଲା। ଏଥିରୁ କ'ଣ ଆମେ ବୁଝିବା ? ରାଜନେତାମାନଙ୍କ ଲୋକପ୍ରିୟତା ଜଣା ପଡେ ତାଙ୍କ ମୃତ୍ୟୁରେ। ଯେମିତିକି ଅତିବଡ଼ି ଜଗନ୍ନାଥ ଦାସ ଲେଖିଥିଲେ, 'ପ୍ରାଣୀର ଭଲମନ୍ଦ ବାଣୀ / ମରଣ କାଳେ ତାହା ଜାଣି।'

ବିଜୁ ପଟ୍ଟନାୟକଙ୍କ ସହିତ ପ୍ରମୋଦ ମହାଜନଙ୍କୁ ତୁଳନା କରିବାକୁ କେହି କେହି ନାପସନ୍ଦ କରିପାରନ୍ତି। କିନ୍ତୁ ସେମାନଙ୍କ ଭିତରେ ନିଶ୍ଚିତରେ କିଛିଟା ସାମଞ୍ଜସ୍ୟ ଥିଲା- ଆଗକୁ ମାଡିଯିବା (ଡାସିଂ), ଆଡମ୍ବରପୂର୍ଣ୍ଣ ଜୀବନ (ଫ୍ଲାମ୍‌ବୟାଣ୍ଟ) ଓ ବେଖାତିର ଭାବ। ନେତା ହେବା ଓ ସାହସୀ ନେତା ହେବା ଭିତରେ ଆକାଶ ପାତାଳ ପ୍ରଭେଦ ଥାଏ। ସମସ୍ତେ ନେତା ହୋଇପାରନ୍ତି କିନ୍ତୁ ସାହସିକତା ଯେ ସମସ୍ତଙ୍କଠାରେ ଦେଖିବାକୁ ମିଳିବ ସେଭଳି କୌଣସି ଗ୍ୟାରେଣ୍ଟି ନାହିଁ। ବିଜୁ ପଟ୍ଟନାୟକଙ୍କ ସାହସିକତା ଓ ପ୍ରମୋଦ ମହାଜନଙ୍କ ସାହସିକତା ଅବଶ୍ୟ ଭିନ୍ନ ଭିନ୍ନ ପ୍ରକାରର, ଯେହେତୁ ସେମାନଙ୍କ ସମୟ ମଧ୍ୟ ଥିଲା ଭିନ୍ନ। କିନ୍ତୁ ଉଭୟେ ସବୁବେଳେ ଅମଡ଼ା ବାଟରେ ହିଁ ଯିବାକୁ ଚାହିଁଥିଲେ। ବିଜୁ ପଟ୍ଟନାୟକ ଯେମିତି ବହୁଦଳିଆ ମେଣ୍ଟକୁ ନେଇ ସେ ସମୟରେ 'କିଙ୍ଗ ମେକର', ଥିଲେ ପ୍ରମୋଦ ମହାଜନ ମଧ୍ୟ ତତ୍କାଳୀନ ରାଜନୀତିରେ ଜଣେ 'କିଙ୍ଗ୍ ମେକର' ଥିଲେ। ୧୯୯୭ରେ ଓଡ଼ିଶାରେ ବିଜେପି-ବିଜେଡ଼ି ମେଣ୍ଟର ମୁଖ୍ୟ ସ୍ଥପତି ଥିଲେ ପ୍ରମୋଦ ମହାଜନ। ମେଣ୍ଟ ଭିତରେ ମଝିରେ ମଝିରେ ହାକୁଟି ଉଠୁଥିଲେ ହେଁ, ପ୍ରମୋଦ ଯେଉଁ ମେଣ୍ଟର ମୂଳଦୁଆ ପକାଇଥିଲେ ତାହା ମୋଟାମୋଟି ଠିକ୍। ମହାଜନ ଦେଖିଥିଲେ ଯେ ନବୀନ ପଟ୍ଟନାୟକଙ୍କ ଉପରେ ଭରସା କରିହେବ। ନବୀନ ପଟ୍ଟନାୟକ ମଧ୍ୟ ବିଜେପିର କେନ୍ଦ୍ରୀୟ ନେତାଙ୍କୁ ଯାହା କହୁଥିଲେ ତାହା ହେଉଥିଲା। ମହାଜନ ଆଉ ନାହାନ୍ତି ସତ, ହେଲେ ସେ ଯେଉଁ ଗଣ୍ଠିଟି ପକାଇ ଯାଇଛନ୍ତି ସେଇଟି ଫିଟିବ କି ନ ଫିଟିବ ତାହା କହିବା ବର୍ତ୍ତମାନ ସମ୍ଭବ ନୁହେଁ।

ବିଜୁ ପଟ୍ଟନାୟକ ଓ ପ୍ରମୋଦ ମହାଜନ ଉଭୟେ ଥିଲେ ସପନବିଳାସୀ ଓ ସେମାନଙ୍କର ଥିଲା ଆଗକୁ ଦେଖିପାରିବାର କ୍ଷମତା ଯାହାକୁ କୁହାଯାଏ 'ତୃତୀୟ ନୟନ'। ଯଦି ରାଜଧାନୀର ୪ ନମ୍ବର ମାର୍କେଟରେ ମାଛ ବେପାରୀଟିଏ ଆଜି ମୋବାଇଲ୍‌ଟିଏ ଧରି ପାରୁଛି ତାହା ପଛରେ ଥିଲା ମହାଜନଙ୍କ ସ୍ୱପ୍ନ। ଭାରତର ପ୍ରଥମ ଆଇଟି ମନ୍ତ୍ରୀ ହେବା ଭିତରେ ମହାଜନ ଭାରତକୁ ଏକ ଆଇଟି ସୁପରପାୱାର କରିପାରିଥିଲେ। ପ୍ରମୋଦ ମହାଜନଙ୍କୁ କେହି କେହି କହନ୍ତି 'ଜେନେରେସନ୍

ନେକ୍ସଟ'ର ନେତା ବା ପରବର୍ତ୍ତୀ ପୀଢ଼ିର ନେତା। କାହିଁକି ଅବା କହିବେନି ? ତାଙ୍କ ସମୟର ଅନ୍ୟ କେଉଁ ରାଜନେତାଙ୍କୁ ଆପଣ ଦେଖିଛନ୍ତି ଯିଏକି ପାଖରେ ଏକ ସମୟରେ ୩ଟି ମୋବାଇଲ୍ ଫୋନ୍ ରଖିଥିଲେ ଓ ଲାପଟପ୍ ବିନା ସେ କିଛି ବି କରିପାରୁନଥିଲେ।

ମହାଜନ ଓ ବିଜୁ ପଟ୍ଟନାୟକଙ୍କ ଭିତରେ ଆଉ କିଛି ସାଧାରଣ କଥା ଦେଖିବାକୁ ମିଳେ। ଉଭୟେ ଥିଲେ ରାଜନୈତିକ କୌଶଳରେ ଧୁରନ୍ଧର- ଯାହାକୁ କୁହାଯାଏ 'ମାଷ୍ଟର ଷ୍ଟ୍ରାଟେଜିଷ୍ଟ'। ରାଜନୀତିରେ ସବୁବେଳେ ଉତ୍ଥାନ ନଥାଏ କି ପତନ ବି ନଥାଏ। ତେଣୁ ୨୦୦୪ରେ ଯେତେବେଳେ ଏନ୍‌ଡ଼ିଏ ସରକାର କ୍ଷମତାଚ୍ୟୁତ ହେଲା ସମସ୍ତେ ପ୍ରମୋଦଙ୍କୁ ହିଁ ଦୋଷ ଦେଲେ ଓ କହିଲେ 'ଇଣ୍ଡିଆ ସାଇନିଂ' ପ୍ରଚାରଟି ଦଳ ପାଇଁ କାଳ ହେଲା। ପ୍ରମୋଦ ମହାଜନ ଏହି ଦୋଷକୁ ମୁଣ୍ଡପାତି ସହି ନେଇଥିବା ଦେଖାଯାଇଥିଲା।

ପ୍ରମୋଦ ମହାଜନଙ୍କ ରାଜନୈତିକ ଉତ୍ଥାନ ଏକ ଅବିଶ୍ୱସନୀୟ ଉତ୍ଥାନ। ଜଣେ ଛୋଟକାଟିଆ ଆରଏସଏସ ପ୍ରଚାରକରୁ ଏତେ ବଡ଼ ନେତା ଓ ଏତେ ବଡ଼ ଆକର୍ଷଣ ପାଲଟିବା କିଛି କମ୍ କଥା ନୁହେଁ। ବିଜେପି ପାଇଁ ସେ ଶୟନେ ସପନେ ଜାଗରଣେ ଚିନ୍ତା କରୁଥିଲେ ଯଦିଓ ତାଙ୍କର ଅତି କୁହାଳିଆ ଗୁଣ ବେଳେବେଳେ ତାଙ୍କୁ ଅପ୍ରସ୍ତୁତ ଅବସ୍ଥାରେ ପକାଉଥିଲା।

ମହାଜନଙ୍କ ଭାଗ୍ୟର ବିଡ଼ମ୍ବନା ଏହି ଯେ ସେ ନିଜ ଭାଇ ହାତରେ ପ୍ରାଣ ଦେଲେ। ତେବେ ମହାଜନଙ୍କ ମୃତ୍ୟୁ କେତୋଟି ଶିକ୍ଷା ମଧ୍ୟ ଦିଏ। ପ୍ରତିପତ୍ତିଶାଳୀ ଓ କ୍ଷମତାଶାଳୀ ହେବା ଭିତରେ ମଣିଷ ଅହଂକାରୀ ପାଲଟିଯାଏ ଓ ସେ ଧରାକୁ ସରା ମନେ କରେ ବୋଲି ଯାହା କୁହାଯାଏ ତାହା ମହାଜନଙ୍କ କ୍ଷେତ୍ରରେ ବି ପ୍ରଯୋଗ କରିହେବ। ପ୍ରମୋଦଙ୍କ ସାନ ଭାଇ ଓ ହତ୍ୟାକାରୀ ପ୍ରବୀଣ ମହାଜନ ଯେତେବେଳେ ପୋଲିସ୍ ଆଗରେ କହିଲା, 'ଏତେ ବଡ଼ ଭାଇ' ହେଲେ ମୋତେ କ'ଣ ମିଳିଛି ? ଏହା ଏକ ସମ୍ପର୍କର ପ୍ରଶ୍ନ ଓ ଏହିଭଳି ବୁନିୟାଦୀ ପ୍ରଶ୍ନର ଉତ୍ତର ଖୋଜିବା କଷ୍ଟ। କିନ୍ତୁ ବିଦ୍ରୂପ ଓ ଉପହାସ ଜର୍ଜରିତ ଭାଇର ପ୍ରତିଶୋଧ କ'ଣ ଆମ ସମୟର ବନ୍ଧୁକ ସଂସ୍କୃତିକୁ ପ୍ରଦର୍ଶିତ କରୁନାହିଁ ? ବନ୍ଧୁକ ଓ ରାଜନୀତି ଯଦି ଗୋଟିଏ ମୁଦ୍ରାର ଦୁଇଟି ପାର୍ଶ୍ୱ ଏଥିରେ ଆଶ୍ଚର୍ଯ୍ୟ ହେବାର କିଛି ନାହିଁ। ଅତି ସାମନ୍ୟ ଘଟଣା ଓ ଆବେଗପ୍ରବଣ ଆଚରଣ କିଭଳି ବହୁ ମୂଲ୍ୟବାନ ଜୀବନ ନେଇଥାଏ ପ୍ରମୋଦ ମହାଜନ ତା'ର ସଦ୍ୟତମ ଉଦାହରଣ। କ୍ଷମତା, ପ୍ରତିପତ୍ତି, ଅର୍ଥ ଯାହା ବର୍ତ୍ତମାନ ସମୟରେ ସଫଳତା ଓ ମଣିଷର ମାପକାଠି, ସେସବୁ ପ୍ରମୋଦ ମହାଜନ ପାଇଥିଲେ ଓ ସେଥିପାଇଁ ବୋଧହୁଏ ସେ ଏତେ ବଡ଼ ବ୍ୟକ୍ତିଟିଏ ହୋଇପାରିଥିଲେ। କବି ବୈକୁଣ୍ଠନାଥ ପଟ୍ଟନାୟକଙ୍କ ଭାଷାରେ:

'ନିଷ୍ଠୁର ପ୍ରକୃତି ଶୁଣେ ନାହିଁ କା'ର କଥା
ବୃଥା ତୋର କାଳ୍ପନିକ ଦେବତା ମମତା
ବିଫଳ ଅଦମ୍ୟ ଆଶା ଅଟଳ ବିଶ୍ୱାସ
ସବୁରି ପଶ୍ଚାତେ ଦେଖ ମୃତ୍ୟୁ ଉପହାର ।'

ଜୀବନ ଭଳି ମୃତ୍ୟୁକୁ ଗ୍ରହଣ କରିପାରିବାର ଶକ୍ତି ବି ପ୍ରତିଟି ମଣିଷଠାରେ ରହିବା ଦରକାର ।

■

(ଶନିବାର ମଇ ୬, ୨୦୦୬)

ଏକ ଆନ୍ଦୋଳନର କାହାଣୀ

(ଲୋକେ ଭାବନ୍ତି ମୁଁ ନର୍ମଦା କୂଳରେ ମୋ ଜୀବନର ମୂଲ୍ୟବାନ ସମୟ ଗୁଡିକୁ ନଷ୍ଟ କରୁଛି ।)-ବାବା ଆମ୍‌ତେ

ନର୍ମଦା ବଚାଓ ଆନ୍ଦୋଳନକୁ ଏବେ ୨୦ ବର୍ଷ। ୧୯୮୬ ରେ ସର୍ଦ୍ଦାର ସରୋବର ପ୍ରକଳ୍ପ ବିରୁଦ୍ଧରେ ଆରମ୍ଭ ହୋଇଥିବା ଆନ୍ଦୋଳନ ସ୍ୱାଧୀନୋତ୍ତର ଭାରତର ଏକ ସୁଦୀର୍ଘ ଆନ୍ଦୋଳନ। ବହୁ ଉତ୍‌ଥାନ ପତନ ଦେଇ ଗତି କରିଥିବା ଏହି ଆନ୍ଦୋଳନ କିନ୍ତୁ ଏବେ ଏକ ଅସମାପ୍ତ କାହାଣୀ। କୋଡିଏ ବର୍ଷ ପରେ ଯେତେବେଳେ ଏହି ଆନ୍ଦୋଳନର ହିସାବ ନିକାଶ କରାଯାଉଛି ଏହାର ଏକ ବଡ଼ ପ୍ରଶ୍ନ ହେଉଛି ଥଇଥାନ ଓ ପୁନର୍ବସତି। ସର୍ଦ୍ଦାର ସରୋବର ପ୍ରକଳ୍ପ ବିରୁଦ୍ଧରେ ପ୍ରଥମ ସ୍ୱର ଉତ୍ତୋଳନ ହେଲା ୧୯୮୬ ଫେବୃଆରୀରେ। ନର୍ମଦା ଧରନଗ୍ରସ୍ତ ସମିତି ନାମକ ଏକ ସଙ୍ଗଠନରୁ ଆରମ୍ଭ ହୋଇଥିଲା ଏହି ଆନ୍ଦୋଳନର କାହାଣୀ। ୧୯୮୫ରେ ଉଭୟ ମହାରାଷ୍ଟ୍ର ଓ ଗୁଜରାଟର ପ୍ରକଳ୍ପ ପ୍ରଭାବିତ ଲୋକ ଏକାଠି ହୋଇଥିଲେ ପ୍ରକଳ୍ପ ଦ୍ୱାରା କ୍ଷତିଗ୍ରସ୍ତଙ୍କ ପାଇଁ ଅଧିକ କ୍ଷତିପୂରଣ ପାଇଁ। ଏହା 'ନର୍ମଦା ବଚାଓ' ଆନ୍ଦୋଳନ ନାମରେ ନାମିତ ହେଲା। ମଧ୍ୟପ୍ରଦେଶ, ଗୁଜରାଟ ଓ ମହାରାଷ୍ଟ୍ର ଦେଇ ଯେହେତୁ ନର୍ମଦା ନଦୀ ପ୍ରବାହିତ ଏବଂ ସର୍ଦ୍ଦାର ସରୋବର ପ୍ରକଳ୍ପ ଦ୍ୱାରା ଯେହେତୁ ଏହି ତିନୋଟି ରାଜ୍ୟର ଲୋକେ କ୍ଷତିଗ୍ରସ୍ତ ହେବାର ଆଶଙ୍କା ଥିଲା ସମସ୍ତେ ମିଶି ଆନ୍ଦୋଳନର ଛତାତଳେ ଏକାଠି ହେଲେ। ମେଧା ପାଟକର ସେମାନଙ୍କର ନେତୃତ୍ୱ ନେଲେ। ପରବର୍ତ୍ତୀ ସମୟରେ ଅରୁନ୍ଧତୀ ରାୟ ପ୍ରମୁଖ ଏହି ଆନ୍ଦୋଳନରେ ସାମିଲ ହେଲେ।

'ନର୍ମଦା ବଚାଓ' ଆନ୍ଦୋଳନର କାହାଣୀ ଏକ ପରାଜିତ ଆନ୍ଦୋଳନର କାହାଣୀ ମଧ୍ୟ। ଲୋକମାନଙ୍କ ବିରୋଧ ସତ୍ତ୍ୱେ ମଧ୍ୟ ପ୍ରଦେଶର ଇନ୍ଦିରା ସାଗର ପ୍ରକଳ୍ପ ଓ ଗୁଜରାଟର ସର୍ଦ୍ଦାର ସରୋବର ପ୍ରକଳ୍ପ ପ୍ରାୟ ସରିଆସିଲାଣି।

ନର୍ମଦା ବଚାଓ ଆନ୍ଦୋଳନର ବହୁ ଦିଗ ରହିଛି । ଏଥି ମଧ୍ୟରୁ ବିସ୍ଥାପନ ଗୋଟିଏ । ପ୍ରଥମେ ଯେତେବେଳେ ଆନ୍ଦୋଳନ ଆରମ୍ଭ ହେଲା ଖୁବ୍ କମ୍ ଲୋକ ଏହାକୁ ସମର୍ଥନ କରୁଥିବା ଦେଖାଯାଉଥିଲା । ପ୍ରକଳ୍ପ ପାଇଁ କିଛି ଲୋକଙ୍କୁ ଅନ୍ୟତ୍ର ଥଇଥାନ କରାଯାଇଥିଲା ମଧ୍ୟ । କିନ୍ତୁ ସେମାନଙ୍କର ଦୁର୍ଦ୍ଦଶା ହ୍ରାସ ପାଇବା ପରିବର୍ତ୍ତେ ବୃଦ୍ଧି ପାଇବାକୁ ଲାଗିଲା । ଆଜି ଯେତେବେଳେ ଥଇଥାନ କଥା ସେମାନେ କହୁଛନ୍ତି ଏକ କ୍ରୋଧମିଶା ପଶ୍ଚାତାପ ସେମାନଙ୍କଠାରେ ଦେଖିବାକୁ ମିଳୁଛି -କାହିଁକି ଆମେ ଭିଟାମାଟି ଛାଡିଲୁ ? ୧୯୮୮ରେ ଯେତେବେଳେ ଆନ୍ଦୋଳନକାରୀମାନେ ଦେଖିଲେ ଯେ ଥଇଥାନ ପାଇଁ ଦିଆଯାଇଥିବା ପ୍ରତିଶ୍ରୁତିକୁ ସରକାର କଦାପି ପୂରଣ କରିପାରିବେ ନାହିଁ: ଏଣୁ ସେମାନେ ଅହିଂସା ଉପାୟରେ ଆନ୍ଦୋଳନ ଆରମ୍ଭ କଲେ । କ୍ଷତିଗ୍ରସ୍ତ ହେବାକୁ ଥିବା ଗାଁର ଅଧିବାସୀମାନେ ଏକଜୁଟ ହୋଇ ରାସ୍ତାରୋକଠାରୁ ଯାବତୀୟ ପ୍ରକାର ପ୍ରତିରୋଧ ଚଳାଇ ରଖିଲେ । ଏପରିକି ମେଧା ପାଟକରଙ୍କ ନେତୃତ୍ୱରେ ସମ୍ଭାବ୍ୟ ବିସ୍ଥାପିତଙ୍କ ଦ୍ୱାରା ଅନଶନ ଧର୍ମଘଟ ମଧ୍ୟ କରାଗଲା । ଡିସେମ୍ବର ୧୯୯୦ ଜାନୁଆରୀ ୧୯ ତାରିଖରେ ଆନ୍ଦୋଳନକାରୀମାନେ ମଧ୍ୟପ୍ରଦେଶ ଗୁଜରାଟ ସୀମାରେ ଏକ ଐତିହାସିକ ପଦଯାତ୍ରାର ମଧ୍ୟ ଆୟୋଜନ କଲେ । ଆନ୍ଦୋଳନର ତୀବ୍ରତାକୁ ଦେଖି ସର୍ଦ୍ଦାର ସରୋବର ପ୍ରକଳ୍ପ ପାଇଁ ଅର୍ଥ ଦେଉଥିବା ବିଶ୍ୱ ବ୍ୟାଙ୍କ ବ୍ରାଡ୍‌ଫୋର୍ଡ ମୋର୍ସଙ୍କ ଅଧ୍ୟକ୍ଷତାରେ ଏକ ନିରପେକ୍ଷ କମିଶନ୍ ବସାଇଲା ଯାହାର ଉଦ୍ଦେଶ୍ୟ ଥିଲା ସମଗ୍ର ପ୍ରକଳ୍ପର ପୁନଃସମୀକ୍ଷା ।

୧୯୯୨ରେ ମୋର୍ସ କମିଟି ପ୍ରକଳ୍ପରେ ଥିବା ବିଭିନ୍ନ ତ୍ରୁଟି ଓ ଦୁର୍ବଳତାକୁ ଦର୍ଶାଇବା ସହିତ ସୁପାରିଶ୍ କଲା ଯେ ବିଶ୍ୱ ବ୍ୟାଙ୍କ ଏହି ଜଳଭଣ୍ଡାର ପ୍ରକଳ୍ପରୁ ଓହରିଆସୁ । ୧୯୯୩ରେ ବିଶ୍ୱ ବ୍ୟାଙ୍କ ତାହା ହିଁ କଲା । ଗୁଜରାଟ ସରକାର କିନ୍ତୁ ଏହାକୁ ଏକ ସମ୍ମାନର ପ୍ରଶ୍ନ ବୋଲି ଧରିନେଲେ ଓ ସର୍ଦ୍ଦାର ସରୋବର ପ୍ରକଳ୍ପ ପାଇଁ ଅନ୍ୟ ସୂତ୍ରରୁ ଅର୍ଥ ଆଣିବା ସକାଶେ ନିଷ୍ପତ୍ତି ନେଲେ । ଏହି ନିଷ୍ପତ୍ତିରେ ଆନ୍ଦୋଳନକାରୀମାନେ ବିରୋଧକୁ ଅଧିକ ଜୋରଦାର କଲେ ଓ 'ଜଳ ଆତ୍ମାହୁତି' ଦେବାର ଧମକ ଦେଲେ । ଏହା ଦେଖି କେନ୍ଦ୍ର ସରକାର ସର୍ଦ୍ଦାର ପ୍ରକଳ୍ପର ପୁନଃସମୀକ୍ଷା ପାଇଁ ଏକ ୫ଜଣିଆ କମିଟି ଗଠନ କଲେ । ମୋର୍ସ ରିପୋର୍ଟ ଯାହା କହିଥିଲା ଏହି କମିଟି ମଧ୍ୟ ପ୍ରାୟ ସେ କଥା ହିଁ କହିଥିଲା । କିନ୍ତୁ ଗୁଜରାଟ ସରକାର ଏ ସବୁକୁ ଖାତିର ନକରି ପ୍ରକଳ୍ପର ଉଚ୍ଚତାକୁ ୧୨୧ ମିଟରକୁ ବୃଦ୍ଧି କରିବା ପାଇଁ ଏବେ ନିଷ୍ପତ୍ତି ନେଇଛନ୍ତି (ଜଳ ଭଣ୍ଡାରର ଉଚ୍ଚତା ଯେତିକି ଅଧିକ ହେବ ବିସ୍ଥାପନର ପରିମାଣ ସେତେ ଅଧିକ ହେବ) ।

ଏହି ଆନ୍ଦୋଳନର ଗୋଟିଏ ବଡ଼ କଥା ହେଉଛି ଲୋକଙ୍କ ଥଇଥାନ। ଡ୍ୟାମ୍‌ର ଉଚ୍ଚତା ବୃଦ୍ଧି କରିବା ପୂର୍ବରୁ କ୍ଷତିଗ୍ରସ୍ତ ଲୋକଙ୍କୁ ଥଇଥାନ କରାଯିବା ଦରକାର ବୋଲି ସୁପ୍ରିମ୍‌କୋର୍ଟ ଦୁଇ ଦୁଇଟି ରାୟ ଦେଇଛନ୍ତି।

'ନର୍ମଦା ବଚାଓ' ଆନ୍ଦୋଳନ ବିଶ୍ୱତମାମ ଦୃଷ୍ଟି ଆକର୍ଷଣ କରିବା ସହିତ ଏହାକୁ ଦେଶ ବିଦେଶରୁ ବିପୁଳ ସମର୍ଥନ ମିଳିଥିଲା ଓ ଏହି ସ୍ୱତଃସ୍ଫୂର୍ତ୍ତ ସମର୍ଥନ ଯୋଗୁଁ ଆନ୍ଦୋଳନଟି ୨୦ ବର୍ଷ ଧରି ଚାଲିପାରିଲା। ମେଧା ପାଟକର ପ୍ରମୁଖ ବିଭିନ୍ନ ସମୟରେ ପୋଲିସ୍‌ର ଅତ୍ୟାଚାରକୁ ସାମ୍ନା କରିଛନ୍ତି ଓ ବିରୋଧୀଙ୍କ ପକ୍ଷରୁ ସେମାନଙ୍କୁ ନାନା କଥା ଶୁଣିବାକୁ ମିଳିଛି। ଦୃଷ୍ଟାନ୍ତ ସ୍ୱରୂପ, ସିଆଇଏ ଏହି ଆନ୍ଦୋଳନକୁ ଅର୍ଥ ଦେଉଛି ବୋଲି ମଧ୍ୟ ଗୁଜରାଟ ସରକାର ଅଭିଯୋଗ କରିଥିଲେ। ଅଧିକନ୍ତୁ, ପ୍ରଥମାବସ୍ଥାରେ ଆନ୍ଦୋଳନରେ ଯେଉଁମାନେ ଉଲ୍ଲେଖନୀୟ ଭୂମିକା ଗ୍ରହଣ କରିଥିଲେ ସେମାନେ ପରେ ଓହରି ଆସିଲେ ଯାହାଙ୍କ ସ୍ଥାନ ଆଜି ପର୍ଯ୍ୟନ୍ତ ପୂରଣ ହୋଇ ପାରିନାହିଁ। ଆନ୍ଦୋଳନକାରୀମାନେ ବଡ଼ ବଡ଼ ବନ୍ଧର ଆବଶ୍ୟକତା ସମ୍ବନ୍ଧୀୟ ପ୍ରଶ୍ନ ଆଉ ପଚାରୁ ନାହାନ୍ତି। ସେମାନଙ୍କର ପ୍ରଥମ ଚିନ୍ତା ହେଉଛି ଥଇଥାନ। ଆନ୍ଦୋଳନକାରୀଙ୍କ ମତରେ ୩୦/ ବର୍ଷ ଧରି ଚାଲିଥିବା ଆନ୍ଦୋଳନରେ ଏଭଳି ପନ୍ଥ ପରିବର୍ତ୍ତନ ଆବଶ୍ୟକତା ରହିଛି ଯଦିଓ ପାଟକର ଏବେ ବି ବଡ଼ ବଡ଼ ସାଗର ପ୍ରକଳ୍ପକୁ ବିରୋଧ କରନ୍ତି।

ସାଧାରଣତଃ ଆନ୍ଦୋଳନକାରୀଙ୍କ ବିରୋଧକୁ କୌଣସି ସରକାର କେବେ ଭ୍ରୂକ୍ଷେପ କରନ୍ତି ନାହିଁ। ବଡ଼ ବଡ଼ ବିଦ୍ୟୁତ୍ ଓ ଜଳ ପ୍ରକଳ୍ପ ଯୋଗୁଁ ପରିବେଶ ଓ ସମାଜର କ୍ଷତି ହେଉଥିବାର ପ୍ରଚୁର ଉଦାହରଣ ସତ୍ତ୍ୱେ ସରକାରମାନେ ନିଜ ଉଦ୍ୟମରୁ ଓହରି ନାହାନ୍ତି। ଏବେ ସମଗ୍ର ଦେଶରେ ଏହିଭଳି ଶହ ଶହ ବଡ଼ ବଡ଼ ପ୍ରକଳ୍ପ କାର୍ଯ୍ୟକାରୀ ହେଉଛି ଯାହା ଉପରେ ଜନବିରୋଧର କୌଣସି ପ୍ରଭାବ ପଡୁନାହିଁ। 'ୱାର୍ଲଡ୍ କମିଶନ୍ ଅନ୍ ଡ୍ୟାମସ୍'ର ବିରୋଧ ସତ୍ତ୍ୱେ ବିରାଟ ଜଳଭଣ୍ଡାରମାନ ତିଆରି ଚାଲିଛି। ସରକାର ଜଳ ଭଣ୍ଡାର ପ୍ରକଳ୍ପକୁ ସମର୍ଥନ କରିବା ପଛରେ ଜଳସେଚନ ଓ ବିଦ୍ୟୁତ୍ ଶକ୍ତିର ଉତ୍ପାଦନକୁ ସମ୍ମୁଖରେ ଥୋଇ ଆସିଛନ୍ତି। କିନ୍ତୁ ଏକଥା ମଧ୍ୟ ସତ ଯେ ହଜାର ହଜାର ବିସ୍ଥାପିତଙ୍କ ଦୁର୍ଦ୍ଦଶା ପ୍ରତି ଧ୍ୟାନ ଦିଆଯାଇ ନାହିଁ। ଭିତ୍ତିଭୂମିର ବିକାଶ ହେଲେ ଦେଶର ବିକାଶ ହେବ ତାହା ଠିକ୍, କିନ୍ତୁ ବିସ୍ଥାପିତମାନେ ଯେଉଁ ଅବସ୍ଥା ଭୋଗି ଆସିଛନ୍ତି ସେଥିପାଇଁ ମଧ୍ୟ ଧ୍ୟାନ ଦିଆଯିବା ଦରକାର।

ଜଗତୀକରଣ ପ୍ରଭାବରେ ଏସୀୟ ଓ ଆଫ୍ରିକୀୟ ଦେଶମାନଙ୍କୁ ଯେତେବେଳେ ବିଦେଶରୁ ପ୍ରଚୁର ଅର୍ଥ ଆସୁଛି, ଏହିଭଳି ପ୍ରକଳ୍ପମାନ ନିର୍ମାଣ ହେବା ସୁନିଶ୍ଚିତ ଓ ଆମେ କଦାପି ଏହି ଆନ୍ତର୍ଜାତିକ ଚାପଠାରୁ ଦୂରେଇ ରହିପାରି ନାହିଁ। କିନ୍ତୁ ପ୍ରକଳ୍ପ

ପ୍ରଭାବିତ ଲୋକଙ୍କ ଉଚିତ ଥଇଥାନ ଓ କ୍ଷତିପୂରଣ ମଧ୍ୟ ସରକାରମାନଙ୍କ ଧ୍ୟେୟ ହେବା ଦରକାର।

'ନର୍ମଦା ବଚାଓ' ଆନ୍ଦୋଳନର କହାଣୀରୁ ଏହି କେତୋଟି ନିଷ୍କର୍ଷ ବାହାର କରାଯାଇପାରେ।

◆ ବଡ଼ ବଡ଼ ପ୍ରକଳ୍ପର ବାସ୍ତବତାକୁ ଏଡ଼ାଇ ଦିଆଯାଇପାରିବ ନାହିଁ କାରଣ ଏଥିରେ ସରକାରଙ୍କର ଲାଭ ଥାଏ।

◆ ଆନ୍ଦୋଳନ କୌଣସି ନା କୌଣସି ସମୟରେ ଦିଗ ପରିବର୍ତ୍ତନ କରିବାକୁ ବାଧ୍ୟ।

◆ ବିସ୍ଥାପିତଙ୍କ ଆନ୍ଦୋଳନରେ ରାଜନୈତିକ ଦଳମାନଙ୍କର କୌଣସି ଭୂମିକା ନଥାଏ। ପ୍ରତ୍ୟେକ ଆନ୍ଦୋଳନ ପାଇଁ ଜଣେ ଜଣେ ମେଧା ପାଟକରଙ୍କର ଆବଶ୍ୟକତା ଥାଏ।

◆ ସରକାରୀ ବିକାଶ ତଥାପି ଏକ ବିତର୍କିତ ପ୍ରଶ୍ନ।

(ଶନିବାର ଜାନୁଆରୀ ୧୪, ୨୦୦୬)

ମିତ୍ତଲଙ୍କ ପୃଥିବୀ

ମୁଁ ଯେତେବେଳେ ଭାରତ ଛାଡିଥିଲି, ସେତେବେଳେ ପରିସ୍ଥିତି ଅଲଗା ଥିଲା। ଏବେ ଭାରତ ଏକ ଉଜ୍ଜ୍ୱଳ ରାଷ୍ଟ୍ର। ଭାରତର ସରକାର ଶିଳ୍ପଦ୍ୟୋଗୀମାନଙ୍କୁ ଦରିଆପାରି ହୋଇ ଆସିବା ପାଇଁ ଉତ୍ସାହିତ କରୁଛନ୍ତି। ଖୁସି ଲାଗୁଛି ଏହି ମିଶ୍ରଣ (ଆର୍ସେଲର ସହିତ ମିତ୍ତଲ ଗୋଷ୍ଠୀର)କୁ ସରକାର ସମର୍ଥନ କରିଥିଲେ ଏବଂ ସରକାରଙ୍କ ଠାରେ ମୁଁ କୃତଜ୍ଞ। ପ୍ରତ୍ୟେକ ଭାରତୀୟ ଶିଳ୍ପପତି ମୋଭଳି ସମାନ ସୁବିଧା ପାଇପାରିବେ। ଭାରତର ଶିଳ୍ପପତିମାନେ ବିଶ୍ୱକୁ ଅକ୍ତିଆର କରିପାରିବେ, ସେମାନେ ଭାରତରେ ବାସ କରନ୍ତୁ କି ନା। ପୃଥିବୀଟା ଏବେ ଛୋଟ ହୋଇ ଯାଇଛି।

-ଲକ୍ଷ୍ମୀ ମିତ୍ତଲ (ଖବର କାଗଜ ସାକ୍ଷାତ୍‌କାର)

ପୃଥିବୀଟା ମିତ୍ତଲଙ୍କ ପାଇଁ ନିଶ୍ଚିତ ଏକ ସଙ୍କୁଚିତ ଭୌଗୋଳିକ ସତ୍ତା। ସାମ୍ରାଜ୍ୟ ବିଜୟ କେଉଁକାଳେ ସିନା ଥିଲା ଏକପାଖିଆ, ଏବେ ଏହାର ଓଲଟା ଗତି ଚାଲିଛି। ଭାରତର କମ୍ପ୍ୟୁଟର ବିଜ୍ଞାନୀ, ବ୍ୟବସାୟୀ, ଶିଳ୍ପପତି, ବୁଦ୍ଧିଜୀବି, ବୃତ୍ତିଧାରୀ ସମସ୍ତେ ସମଗ୍ର ବିଶ୍ୱରେ ସେମାନଙ୍କର କାୟା ବିସ୍ତାର କରି ଚାଲିଛନ୍ତି। ଭାରତରେ ଜନ୍ମିତ ଲୋକ ଅଥଚ ଯେଉଁମାନେ ବିଦେଶରେ ରହୁଛନ୍ତି (ଇଂରେଜୀରେ କୁହାଯାଇଛି ଇଣ୍ଡିଆନ୍ ଡାଏସପୋରା) କେବଳ ଯେ ନିଜର ପ୍ରଭାବ ଓ ପରାକାଷ୍ଠାକୁ ପ୍ରମାଣିତ କରଛନ୍ତି ତାହା ନୁହେଁ, ମିତ୍ତଲଙ୍କ ଭଳି କିଛି ବ୍ୟକ୍ତିଙ୍କର ସାମ୍ରାଜ୍ୟ ବିସ୍ତାରର ଢାଞ୍ଚା ହିଁ ନିଆରା।

ବିଶ୍ୱ ବିଜୟ ଏଣିକି ଆଉ କଷ୍ଟକର ନୁହେଁ ଏବଂ ଭାରତୀୟମାନେ ଯେ କୌଣସି ଦେଶକୁ ଯାଇ ନିଜକୁ ପ୍ରତିଷ୍ଠା କରିପାରିବେ ବୋଲି ମିତ୍ତଲଙ୍କ ମତ। ଆର୍ସେଲର୍ ଷ୍ଟୀଲକୁ କିଣିନେବା ପରେ ଲକ୍ଷ୍ମୀ ମିତ୍ତଲ ବର୍ତ୍ତମାନ ବିଶ୍ୱର 'ଇସ୍ପାତ୍ ସମ୍ରାଟ'। ଆର୍ସେଲର ଭଳି

ଏକ ୟୁରୋପୀୟ କମ୍ପାନୀକୁ ଜଣେ ଭାରତୀୟ ନିଜ ଅକ୍ତିଆରକୁ ଆଣିବା ଯଦି କେହି ସହଜ କଥା ଭାବୁଥାନ୍ତି ତାହା ଅଜ୍ଞାନର ପରିଚୟ ଦେବ।

ଶିଳ୍ପପତି ହେବା ଗୋଟିଏ କଥା ଏବଂ ବିଧିବଦ୍ଧ ଭାବରେ ଗୋଟିଏ ପରେ ଗୋଟିଏ କମ୍ପାନୀକୁ ଚୁଟ୍‌କିରେ ନିଜ ସାମ୍ରାଜ୍ୟରେ ଅନ୍ତର୍ଭୁକ୍ତ କରିବା ଅନ୍ୟ କଥା। ଏଥି ସକାଶେ ପ୍ରଚୁର ବୁଦ୍ଧି ଦରକାର। ଖାଲି ବୁଦ୍ଧି ନୁହେଁ ଜଣକୁ ବିଚକ୍ଷଣ ମଧ୍ୟ ହେବାକୁ ପଡିବ। ଲକ୍ଷ୍ମୀ ମିତ୍ତଲ ଓଡ଼ିଶାରେ ଶିଳ୍ପ ବସାନ୍ତୁ କି ନା ତାହା ଭିନ୍ନ କଥା କିନ୍ତୁ ଇଏ ହେଉଛନ୍ତି ଜଣେ ବ୍ୟକ୍ତି ଯଏକି କୌଣସି ସୁଯୋଗକୁ ହାତଛଡା କରିବାକୁ ଚାହୁଁ ନାହାଁନ୍ତି। ବ୍ୟବସାୟୀ ମାତ୍ରେ ବ୍ୟବସାୟିକ ଢାଞ୍ଚାରେ କଥା କହିବାକୁ ହବ, ଚିନ୍ତା କରିବାକୁ ହେବ ଓ କଳ୍ପନାଗୁଡିକୁ ସେହିଭଳି ସାକାର କରିବାକୁ ହବ। ମିତ୍ତଲ ସେହି କଥା ହିଁ କରି ଆସିଛନ୍ତି। କୋଡିଏ ବର୍ଷ ତଳେ ଜଣେ ୩୦ ବର୍ଷୀୟ ଭାରତୀୟ ଯୁବକ ବ୍ରିଟିଶ୍ ମାଟିରେ ନିଜ ବ୍ୟବସାୟୀ ଜୀବନ ଆରମ୍ଭ କରି ଏବେ ବିଶ୍ୱରେ ଇସ୍ପାତ ସମ୍ରାଟ ହେବା ପଛରେ ବ୍ୟବସାୟିକ ମନୋବୃତ୍ତି ହିଁ ରହିଥିବ। ସଫଳତା ପାଇବାକୁ ହେଲେ ଅନ୍ୟ କୌଣସି ସର୍ଟକଟ୍ ରାସ୍ତା ନାହିଁ।

ଆର୍ସେଲର ଓ ମିତ୍ତଲ ପଟୀଲର ମିଶ୍ରଣ ପରେ ଲକ୍ଷ୍ମୀ ନାରାୟଣ ମିତ୍ତଲ ଏବେ ହେନରି ଫୋର୍ଡ, ଡେଭିଡ୍ ରକଫେଲର ଓ ବିଲ୍ ଗେଟ୍‌ସଙ୍କ ସମକକ୍ଷ ହୋଇଛନ୍ତି ଯେଉଁମାନେ କି ନିଜ ନିଜ କ୍ଷେତ୍ରରେ ଜଣେ ଜଣେ ଅଗ୍ରଣୀ ପୁରୁଷ। ଲକ୍ଷ୍ମୀ ମିତ୍ତଲଙ୍କ ସଫଳ କାହାଣୀର ଆଉ ଏକ ପୃଷ୍ଠା ହେଉଛି ଯେ ସେ ବିଶ୍ୱର ଅନିୟନ୍ତ୍ରିତ ଇସ୍ପାତ ଶିଳ୍ପକୁ ସଙ୍ଗଠିତ କରିବା ସହିତ ଏହାକୁ ନୂଆ ରାସ୍ତା ଦେଖାଇବାକୁ ଯାଉଛନ୍ତି।

ଲକ୍ଷ୍ମୀ ମିତ୍ତଲ ଓ ଧୀରୁଭାଇ ଅମ୍ବାନିଙ୍କ ଭିତରେ ଅନେକ ସାମଞ୍ଜସ୍ୟ ରହିଛି। ଭାରତର ପେଟ୍ରୋକେମିକାଲ୍ କ୍ଷେତ୍ର ପାଇଁ ଧୀରୁଭାଇ ଅମ୍ବାନିଙ୍କ ଯେଉଁ ଅବଦାନ ରହିଛି, ବିଶ୍ୱ ସ୍ତରରେ ଇସ୍ପାତ କ୍ଷେତ୍ର ପାଇଁ ମିତ୍ତଲଙ୍କ ଅବଦାନ ମଧ୍ୟ ଏକା ରକମର। ଦୁଇଜଣଙ୍କ ଭିତରେ ଅନ୍ୟ ଏକ ସାଧାରଣ ସୂତ୍ର ଆଖିରେ ପଡେ। ନିଜ ବ୍ୟବସାୟରେ ଥିବା ଛୋଟ ଛୋଟ କମ୍ପାନୀଗୁଡିକୁ ଅଧିଗ୍ରହଣ କରିବା ପାଇଁ ଧୀରୁଭାଇ ଭାରତରେ ଯାହା କରୁଥିଲେ ମିତ୍ତଲ ବିଦେଶରେ ତାହା କରୁଛନ୍ତି। ଉତ୍ତର ଆମେରିକା ଓ ୟୁରୋପ ମହାଦେଶର ଛୋଟ ଛୋଟ ଦେଶରେ ମିତ୍ତଲଙ୍କର ସର୍ବବ୍ୟାପୀ ପ୍ରଭାବ ରହିଛି।

ଜୁନ୍ ୨୫, ୨୦୦୬ରେ ଆର୍ସେଲର ଓ ମିତ୍ତଲ ଷ୍ଟୀଲର ମିଶ୍ରଣ ପରେ ଲକ୍ଷ୍ମୀ ମିତ୍ତଲ ହେଲେ ବାର୍ଷିକ ୧୦ କୋଟି ଟନ୍ ଇସ୍ପାତ ଉତ୍ପାଦନ କରୁଥିବା ଏକାଧିକ କମ୍ପାନୀର ମାଲିକ। ଆର୍ସେଲର ଷ୍ଟୀଲ୍‌କୁ କିଣିବା ସକାଶେ ମିତ୍ତଲ ନଗଦ ଓ ଶେୟାର ଆକାରରେ ପ୍ରାୟ ୩୪ ବିଲିୟନ ଡଲାର (୧, ୫୩, ୦୦୦କୋଟି ଟଙ୍କା)

ଦେଇଛନ୍ତି। ଆର୍ସେଲରକୁ କିଣିବା ପାଇଁ ମିତ୍ତଲ ଯେଉଁ ଅପମାନ, ଥଟ୍ଟା ଓ ବ୍ୟଙ୍ଗର ଶିକାର ହୋଇଛନ୍ତି ତାହା ବି କିଛି କମ୍ ନୁହେଁ। ଏହି କମ୍ପାନୀର ମୁଖ୍ୟ କାର୍ଯ୍ୟନିର୍ବାହୀ ଗାଏ ଡୋଲି (ଯିଏକି ଗୋରା କଳା ବିଭେଦକୁ ସମର୍ଥନ କରନ୍ତି) କୁଆଡ଼େ କହିଥିଲେ ମିତ୍ତଲ ଜଣେ 'ଭାରତୀୟ' ଓ ତାଙ୍କ କମ୍ପାନୀ ଗୋଟିଏ 'ଚୀପ୍ କଲୋନ' (ଅର୍ଥ: ଆର୍ସେଲର ଷ୍ଟୀଲ ହେଉଛି ଖାଣ୍ଟି ଅତର, ମିତ୍ତଲ ଷ୍ଟୀଲ ହେଉଛି ମିଶା ଅତର)। ଖାଲି ସେତିକି ନୁହେଁ ଆର୍ସେଲରକୁ କିଣିବା ପାଇଁ ମିତ୍ତଲ ଯେଉଁ ଅର୍ଥ ଯୋଗାଡ଼ କରିଛନ୍ତି ତାହା ହେଉଛି 'ମଙ୍କୀମନି' (ଅର୍ଥ: ଭାରତୀୟମାନେ କଞ୍ଜୁସି କରି ଯେଉଁ ଅର୍ଥ ଉପାର୍ଜନ କରନ୍ତି)। ସେହିଭଳି ଫରାସୀ ଅର୍ଥ ମନ୍ତ୍ରୀ କୁଆଡ଼େ କହିଥିଲେ ଯେ ମିତ୍ତଲଙ୍କର 'ଗ୍ରାମାର ପ୍ରୋବ୍ଲେମ୍' (ଅର୍ଥ: ତାଙ୍କଠାରେ ବ୍ୟବସାୟିକ ବ୍ୟାକରଣର ଅଭାବ) ରହିଛି।

ଲକ୍ଷ୍ମୀ ମିତ୍ତଲ ଆର୍ସେଲର ଷ୍ଟୀଲ୍‌କୁ ହାସଲ କରିବା ପାଇଁ ଅଧିକ ଦାମ ମଧ୍ୟ ଦେଇଛନ୍ତି। ଗାଏ ଡୋଲି ଯେତେବେଳେ କହିଲେ ଯେ, ଆର୍ସେଲରର ବଜାର ଦାମ୍ ଅଧିକ, ମିତ୍ତଲ ଆହୁରି ୭% ଅଧିକ ଧନ ଦେଇ କମ୍ପାନୀକୁ କିଣିଲେ। ଖାଲି ସେତିକି ନୁହେଁ ଜିଦ୍‌ଖୋର ମିତ୍ତଲଙ୍କୁ ଆର୍ସେଲର ଷ୍ଟୀଲ୍‌କୁ ପାଇବା ପାଇଁ ଏବେ ବହୁତ କିଛି ତ୍ୟାଗ ମଧ୍ୟ କରିବାକୁ ପଡିବ। ପ୍ରଥମତଃ, ମିଶ୍ରଣ ପରେ କମ୍ପାନୀର ମୁଖ୍ୟ କାର୍ଯ୍ୟାଳୟ ଲକଜମବର୍ଗରେ ରହିବ (ମିତ୍ତଲ ଷ୍ଟୀଲର ମୁଖ୍ୟ କାର୍ଯ୍ୟାଳୟ ନେଦରଲାଣ୍ଡରେ)। ଅଧିକନ୍ତୁ, ନୂଆ କମ୍ପାନୀରେ ମିତ୍ତଲ ପରିବାର ଅଂଶଧନ କମିବ। କମ୍ପାନୀର ବୋର୍ଡ଼ରେ ଆର୍ସେଲର ଅଧିକ ନିର୍ଦ୍ଦେଶକ ରହିବେ ଓ କମ୍ପାନୀର ନାମକରଣରେ ମଧ୍ୟ ଆର୍ସେଲର ନାଁଟି ପ୍ରଥମେ ରହିବ। ଏହିସବୁ କ୍ଷତି ଅବଶ୍ୟ ତାତ୍ତ୍ୱିକ। କାରଣ ଦୁଇବର୍ଷ ପରେ ଦେଖାଯିବ ଯେ ଏହି କମ୍ପାନୀର ଡ୍ରାଇଭର ସିଟ୍‌ରେ ଲକ୍ଷ୍ମୀ ମିତ୍ତଲ ହିଁ ବସିଥିବେ ଏବଂ ସେ ଯେଉଁ ଆଡକୁ ନେବେ ବିଶ୍ୱର ଇସ୍ପାତ ଗାଡି ସେଇଆଡକୁ ଚାଲିବ।

ଲକ୍ଷ୍ମୀ ମିତ୍ତଲଙ୍କ ରାଜସ୍ଥାନରେ ଜନ୍ମ। କୋଲକାତାରେ ପଢ଼ାପଢ଼ି। ଲଣ୍ଡନରେ ବ୍ୟବସାୟ ଆରମ୍ଭ ଆଉ ଏବେ ବିଶ୍ୱ ବିଜୟୀ। ମିତ୍ତଲ ଯାହା ହାସଲ କରିଛନ୍ତି ତାଙ୍କ ଆଗରୁ ଅନ୍ୟମାନେ ଉଦ୍ୟମ କରି ମଧ୍ୟ ଅକୃତକାର୍ଯ୍ୟ ହୋଇଛନ୍ତି। ମିତ୍ତଲଙ୍କ ଏହି ଦୁର୍ଗମ ଜୟଯାତ୍ରାରେ ଅନ୍ୟ କିଛି ହେଉ କି ନ ହେଉ ପାଶ୍ଚାତ୍ୟର ଜେନୋଫୋବିୟା (ବିଦେଶୀ ଲୋକଙ୍କ ପ୍ରତି ଘୃଣା ବା ଭୟ) ନିଶ୍ଚିତ ଭାବରେ 'ଗୋଲ୍' ଖାଇବ।

ସମୟ ଥିଲା ପାଶ୍ଚାତ୍ୟ ଦେଶମାନେ ନିଜ ପାଇଁ ଗୋଟିଏ ରକମର ଆଇନ ଓ

ତୃତୀୟ ବିଶ୍ୱର ଦେଶମାନଙ୍କ ପାଇଁ ଆଉ ଗୋଟିଏ ପ୍ରକାର ଆଇନ କରୁଥିଲେ । ମିତ୍ତଲଙ୍କ ଆବିର୍ଭାବ ଯୋଗୁଁ ଏହି 'ଡବଲ ଷ୍ଟାଣ୍ଡାର୍ଡ' ଏଣିକି ପଲଟି ମାରିବା ସୁନିଶ୍ଚିତ । ବିଶ୍ୱ ବ୍ୟବସାୟକୁ ମିତ୍ତଲଙ୍କ ଭଳି ଭାରତୀୟ ବ୍ୟବସାୟୀ ନିଜ ଅକ୍ତିଆରକୁ ଆଣିବା ଏକ ଐତିହାସିକ ଘଟଣା । ବିଗତ ୧୦୦ ବର୍ଷ ଧରି ଯାହା ହୋଇ ନଥିଲା ମିତ୍ତଲ ତାହା କରି ଦେଖେଇ ପାରିଛନ୍ତି ।ଏହା 'ଭାରତ ପର୍ବ'ର ପ୍ରାରମ୍ଭିକ ସୂଚନା ଦେଉନାହିଁ କି ?

(ଶନିବାର ଜୁଲାଇ ୮, ୨୦୦୬)

କୋରିଆ: ଇତିହାସ ଓ ଭୂଗୋଳ

ଓଡ଼ିଶା ସହିତ ଦକ୍ଷିଣ କୋରିଆର ନୂତନ ସମ୍ପର୍କ ପରିପ୍ରେକ୍ଷୀରେ ସେହି ଦେଶର ଭୂଗୋଳ, ଅର୍ଥନୀତି ଓ ରାଜନୈତିକ ଅବସ୍ଥାର ଏକ ଚିତ୍ର ଅଙ୍କାଯିବା ବେଳେ କୋରିଆର ଇତିହାସ ପ୍ରତି ପ୍ରଥମେ ଦୃଷ୍ଟି ଦିଆଯିବା ଦରକାର।

କୋରିଆ ରାଜ୍ୟ ପ୍ରତିଷ୍ଠା ସହିତ ଅନେକ ମିଥ୍ ବା ଅତିକଥା ଜଡିତ। ରାଜା ଡାଙ୍ଗୁନ୍ (ଖ୍ରୀ.ପୂ. ୨୩୩)ଙ୍କ ଦ୍ୱାରା ପ୍ରତିଷ୍ଠିତ କୋରିଆ ରାଜବଂଶ ଆତ୍ମନିର୍ଭରଶୀଳତା ଓ ଏକାତ୍ମତାର ପରିଚୟ ବହନ କରେ। ଆଜି ମଧ୍ୟ ଏହି ଦୁଇଟି ମହତ୍ ଗୁଣ ପାଇଁ ଦକ୍ଷିଣ କୋରିଆର ଲୋକେ ଗର୍ବ କରନ୍ତି। ପାଖାପାଖି ଦୁଇ ହଜାର ବର୍ଷର ଲିଖିତ ଇତିହାସର ପର୍ଯ୍ୟାଲୋଚନା କଲେ କୋରିଆ ବହୁ ଆକ୍ରମଣର ସମ୍ମୁଖୀନ ହୋଇ ଆସିଛି ଏବଂ କୋରିଆର ଲୋକେ ଏହି ସବୁ ସାମ୍ରାଜ୍ୟ ପ୍ରସାରଣର ଆକ୍ରମଣକୁ ସଫଳତାର ସହ ସମ୍ମୁଖୀନ ହୋଇଛନ୍ତି। ଚୀନ୍- ସଂଲଗ୍ନ କୋରିଆ ସବୁବେଳେ ନିଜକୁ ଏକ ସଂରକ୍ଷିତ ସାମ୍ରାଜ୍ୟ ରୂପେ ବିବେଚନା କରିଆସିଛି। କୋରିଆର ଚୌସନ୍ ରାଜବଂଶ (୧୩୯୨-୧୯୧୦) ଏକ ସଂରକ୍ଷିତ ରାଜନୈତିକ ପ୍ରତିରୂପକୁ ସାମ୍ନାରେ ଥୋଇ ଆସିଛି ଏବଂ ଏଥି ସକାଶେ ବୈଦେଶିକ ପ୍ରଭାବ ଓ ସାମ୍ରାଜ୍ୟ ବିସ୍ତାରର ଅପଚେଷ୍ଟା ବିଶେଷ ଭାବରେ ଏଠି କାମ ଦେଇନାହିଁ।

ଊନବିଂଶ ଶତାବ୍ଦୀର ଶେଷ ଆଡ଼କୁ ଚୀନ୍‌ର ରାଜନୈତିକ ଶକ୍ତି ହ୍ରାସ ପାଇବା ସହିତ କୋରିଆରେ ପାଶ୍ଚାତ୍ୟ ଶକ୍ତିମାନେ ପ୍ରବେଶ କରିବା ଆରମ୍ଭ କଲେ- ବିଶେଷ କରି ଜାପାନ। କୋରିଆର ସଂସ୍କୃତି, ଭାଷା ଓ ସାହିତ୍ୟ ଉପରେ ଜାପାନର ଲୋଲୁପଦୃଷ୍ଟି ପଡିଲା ଏବଂ କୋରିଆକୁ ଏକ କରଦ ରାଜ୍ୟରେ ପରିଣତ କରିବାର ଜାପାନୀୟ ଅପଚେଷ୍ଟାକୁ ଆଜି ମଧ୍ୟ କୋରିଆର ଲୋକେ ଭୁଲିପାରିନାହାନ୍ତି।

କୋରିଆକୁ କୁହାଯାଏ 'ନିଭୃତ ସାମ୍ରାଜ୍ୟ' (ହରମିଟ୍ କିଙ୍ଗଡମ୍)। କିନ୍ତୁ ଏବେ

କୋରିଆର ଲୋକେ ଜାପାନର ଚଳଚିତ୍ର, ସଂସ୍କୃତି ଓ ଚାଲିଚଳଣକୁ ଅଧିକରୁ ଅଧିକ ଗ୍ରହଣ କରୁଛନ୍ତି। ୧୯୪୫ରେ ମିତ୍ରଶକ୍ତି ଆଗରେ ଜାପାନର ସମର୍ପଣ ଓ ଦ୍ୱିତୀୟ ମହାସମର ଶେଷରେ କୋରିଆ ଆହୁରି ଜଟିଳତା ଭିତରେ ପଶିଯାଇଥିଲା। ଏହାକୁ ନେଇ ବିଦେଶୀ ଶକ୍ତିଙ୍କ ଭିତରେ ଅଧିକ ଶତ୍ରୁତା ସୃଷ୍ଟି ହୋଇଥିଲା। ଫଳତଃ କୋରିଆର ଉତ୍ତରାଂଶ ସୋଭିଏତ୍ ରୁଷ୍ ପାଖକୁ ଗଲା ଓ ଦକ୍ଷିଣାଂଶ ଗଲା ଆମେରିକା ପାଖକୁ।

୧୯୪୮ମେ' ମାସରେ କାଳ୍ପନିକ ୩୮ ଡିଗ୍ରୀ ଅକ୍ଷାଂଶଠାରେ କୋରିଆ ଦୁଇ ଭାଗ ହେବା କଥା ଆମେ ଭୂଗୋଳରୁ ଜାଣୁ। କିନ୍ତୁ ଏହି ବିଭାଜନ ପରେ ଉଭୟ କୋରିଆ ଭିତରେ ବରାବର ଗୃହ ବିବାଦ ମଧ୍ୟ ଲାଗି ରହିଥିଲା। ଦକ୍ଷିଣ କୋରିଆକୁ ଜାତିସଂଘ ଓ ଆମେରିକା ପ୍ରତ୍ୟକ୍ଷ ସମର୍ଥନ ଓ ସାହାଯ୍ୟ ଦେବାବେଳେ ଉତ୍ତର କୋରିଆକୁ କେହି ଗୁରୁତ୍ୱ ଦେଉନଥିଲେ। କିନ୍ତୁ ଚୀନ୍‌ରୁ ବହୁ ସ୍ୱେଚ୍ଛାସେବୀ ଉତ୍ତର କୋରିଆ ଆସି ଆମେରିକା ବିରୁଦ୍ଧରେ ଲଢ଼ିଥିଲେ। ଏମାନଙ୍କୁ ସାହାଯ୍ୟ କରୁଥିଲା ଋଷ୍। ଦକ୍ଷିଣ କୋରିଆ ଓ ଉତ୍ତର କୋରିଆ ଭିତରେ ଢେର ଦିନ ଯୁଦ୍ଧ ଚାଲିଲା ଓ ହଜାର ହଜାର ଆମେରିକୀୟ ସୈନ୍ୟ ନିହତ ହେଲେ। ଶେଷରେ ଭାରତର ଯୁଦ୍ଧ ବିରତି ପ୍ରସ୍ତାବ କ୍ରମେ ପୋଲାଣ୍ଡ, ଚେକୋସ୍ଲୋଭାକିଆ, ସୁଇଜରଲାଣ୍ଡକୁ ନେଇ ଏକ ନିରପେକ୍ଷ କମିଶନ୍ ଗଠିତ ହେଲା। ଏବେ ବି ଉତ୍ତର ଓ ଦକ୍ଷିଣ କୋରିଆ ଅଲଗା ଅଲଗା ହୋଇ ରହିଛନ୍ତି, ଯଦିଓ ନିକଟତର ହେବା ପାଇଁ ବିଭିନ୍ନ ମହଲରେ ଅନେକ ରକମର ଉଦ୍ୟମ ହୋଇଛି। ବିଭାଜନ ପରେ ଉତ୍ତର କୋରିଆରେ ରହିଯାଇଛି ଶିଳ୍ପାଞ୍ଚଳ ଓ ଦକ୍ଷିଣ କୋରିଆରେ ଶସ୍ୟ ଭଣ୍ଡାର। ବିଭାଜନ ରେଖା ୩୮ ଡ଼ିଗ୍ରୀ ଅକ୍ଷାଂଶ କେବଳ ରାଜନୈତିକ ବିଭାଜନର ସୂଚନା ଦିଏ।

ଦକ୍ଷିଣ କୋରିଆ (କାଗଜପତ୍ରରେ କୁହାଯାଏ କୋରିଆ ସାଧାରଣତନ୍ତ୍ର)ର କ୍ଷେତ୍ରଫଳ ଓଡ଼ିଶାର ମୋଟ କ୍ଷେତ୍ରଫଳଠାରୁ ପ୍ରାୟ ୬୦ ହଜାର ବର୍ଗ କିମି କମ୍। ଆମେରିକାର ଇଣ୍ଡିଆନା ରାଜ୍ୟ ସହିତ ଏହା ସମାନ। ୫ କୋଟି ଲୋକ ବିଶିଷ୍ଟ ଦକ୍ଷିଣ କୋରିଆ ଏବଂ ଓଡ଼ିଶାର ସାମାଜିକ ସୂଚକାଙ୍କରେ ଆକାଶ ପାତାଳ ପ୍ରଭେଦ। ଯଥା: ସାକ୍ଷରତା ୬୩%କୁ ୯୮%, ଶିଶୁ ମୃତ୍ୟୁହାର ୧୦୦୦/୮କୁ ୮୦, କୃଷି ନିର୍ଭରଶୀଳତା ୧୨%କୁ ୭୨%, ମୁଣ୍ଡପିଛା ଆୟ ୧୪ ହଜାର ଡଲାରକୁ ଆମର ୨ ଶହ ଡଲାର।

ଦକ୍ଷିଣ କୋରିଆର ଅର୍ଥନୈତିକ ସମୃଦ୍ଧି ବିଶ୍ୱରେ ଅନ୍ୟତ୍ର ବିରଳ। ତିରିଷ ବର୍ଷ ତଳେ ମୁଣ୍ଡପିଛା ଆୟ ଏଠି ୧ ହଜାର ଡଲାର୍ ଥିଲା ବେଳେ ୨୦୦୪ରେ ଏହା ୧୪ ହଜାର ଡଲାରରେ ପହଞ୍ଚିଛି। ବିଶ୍ୱ ବାଣିଜ୍ୟରେ ଦକ୍ଷିଣ କୋରିଆର ସ୍ଥାନ ୧୧ଶ।

ଆମେ ଭାରତରେ ୧୯୯୧ରେ ଆର୍ଥିକ ସଂସ୍କାର ଆରମ୍ଭ କଲୁ କିନ୍ତୁ ସେଠାରେ ଏହା ଆରମ୍ଭ ହୋଇଥିଲା ୧୯୬୦ରେ। ରପ୍ତାନୀ ତଥା ଶ୍ରମଭିତ୍ତିକ ଶିଳ୍ପ ପ୍ରତିଷ୍ଠା ଉପରେ ଦକ୍ଷିଣ କୋରିଆ ଜୋର୍ ଦେଇ ଆସିଛି। ଦକ୍ଷିଣ କୋରିଆର ଦ୍ରୁତ ଅର୍ଥନୈତିକ ପରିବର୍ତ୍ତନ ପଛରେ ଗୋଟିଏ ବଡ଼ କାରଣ ହେଉଛି ଋଣ ଲଗାଣ ଜନିତ ଶିଳ୍ପ ଅଭିବୃଦ୍ଧି। ମୁଦ୍ରାରେ ସଂସ୍କାର ଆଣିବା ସହିତ ଆର୍ଥିକ ଅନୁଷ୍ଠାନର ସଂସ୍କାର ଏବଂ ଅର୍ଥନୈତିକ ଯୋଜନା ଏହିଭଳି ବହୁ ପଦକ୍ଷେପ ଯୋଗୁଁ ଦକ୍ଷିଣ କୋରୀୟମାନେ ଆଜି ସମୃଦ୍ଧିର ପାହାଡ଼ ଉପରେ ବସିଛନ୍ତି।

୧୯୭୦ ଦଶକରେ କୋରିଆ ଆମଭଳି ବଡ଼ ବଡ଼ ଶିଳ୍ପ ପ୍ରତିଷ୍ଠା ଉପରେ ଧ୍ୟାନ ଦେଇଥିଲା। ଏଥି ସହିତ ଉପଭୋକ୍ତା ସାମଗ୍ରୀର ନିର୍ମାଣ ଉପରେ ମଧ୍ୟ ଜୋର୍ ଦିଆଯାଉଥିଲା। ୧୯୯୦ ପର୍ଯ୍ୟନ୍ତ ମାନୁଫ୍ୟାକ୍ଚରିଂରେ ଦକ୍ଷିଣ କୋରିଆ ଅନ୍ୟମାନଙ୍କୁ ପଛରେ ପକାଇ ଚାଲିଥିଲା। ବିଗତ କିଛି ବର୍ଷ ଧରି ଅବଶ୍ୟ କୋରିଆ ଯୋଜନାବଦ୍ଧ ଅର୍ଥନୀତିକୁ ଛାଡି ଆମଭଳି ବଜାର ଅର୍ଥନୀତିକୁ ଆପଣେଇଛି। ୧୯୯୬-୯୮ରେ ଏସୀୟ ଅର୍ଥନୀତିରେ ଯେଉଁ ବିପର୍ଯ୍ୟୟ ଦେଖାଦେଇଥିଲା ଦକ୍ଷିଣ କୋରିଆ ସେହି ଅର୍ଥନୈତିକ ସଙ୍କଟରୁ ବାହାରି ଆସିବାରେ ଏକମାତ୍ର ଦେଶ ଥିଲା କାରଣ ବ୍ୟାପକ ଆର୍ଥିକ ସଂସ୍କାର ଜରିଆରେ ସିଓଲ ତା'ର ଅର୍ଥନୀତିକୁ ସଜାଡିବାକୁ ଚାହିଁଥିଲା।

ଅବଶ୍ୟ ୨୦୦୪ ପରଠାରୁ ଦକ୍ଷିଣ କୋରିଆର ଅର୍ଥନୈତିକ ଅଭିବୃଦ୍ଧି ଶିଥିଳ ହୋଇ ପଡିଛି। ଅର୍ଥନୀତିଜ୍ଞମାନେ କହୁଛନ୍ତି ଯେ ଦକ୍ଷିଣ କୋରିଆର ଅର୍ଥନୈତିକ ସମୃଦ୍ଧି ହ୍ରାସ ପାଇବାକୁ ବାଧ୍ୟ କାରଣ ଆର୍ଥିକ ସଂସ୍କାର କୁଫଳ ଏବେ ତା'ର ମୁହଁ ଦେଖାଇବା ଆରମ୍ଭ କଲାଣି। ଦକ୍ଷିଣ କୋରିଆର ଆଉ ଏକ ସମସ୍ୟା ହେଉଛି ଏହାର ବର୍ଦ୍ଧିତ ଜନସଂଖ୍ୟା। ତା'ଛଡା ଏଠି ଶ୍ରମ ଆଇନ୍ ମଧ୍ୟ କଡାକଡ଼ି କରାଯାଇଛି। ଆର୍ଥିକ ସଂସ୍କାର ପରେ ଏବେ ଦେଖାଗଲାଣି ଯେ ଦକ୍ଷିଣ କୋରିଆର ଆର୍ଥିକ ପ୍ରତିଷ୍ଠାନଗୁଡ଼ିକୁ ଅଧାପନ୍ତରିଆ ଭାବରେ କାର୍ଯ୍ୟ କରୁଛନ୍ତି। ଏବେ ଅର୍ଥନୀତିର ଉଦାରୀକରଣ ନା ଆଗକୁ ଯାଇପାରୁଛି ନା ପଛକୁ। ଦକ୍ଷିଣ କୋରିଆର ନୀତି ପ୍ରଣୟନକାରୀମାନଙ୍କ ପାଇଁ ସବୁଠାରୁ ବଡ଼ ଚିନ୍ତାର ବିଷୟ ହେଉଛି ବଡ଼ ବଡ଼ କମ୍ପାନୀମାନେ ସେମାନଙ୍କର ପୁଞ୍ଜିକୁ ଚୀନ୍‌କୁ ନେଇ ପଳାଇଛନ୍ତି।

ଆନ୍ତର୍ଜାତିକ ସମୁଦାୟ ଭିତରେ ଦକ୍ଷିଣ କୋରିଆ ସହିତ ଯୁକ୍ତରାଷ୍ଟ୍ର ଆମେରିକାର ସମ୍ପର୍କ ଅତି ନିବିଡ଼। ଆମେରିକା ତା'ର ବହିର୍ବାଣିଜ୍ୟରେ ଦକ୍ଷିଣ କୋରିଆକୁ ଶୀର୍ଷ ସ୍ଥାନ ଦେଇ ଆସିଛି। କେବଳ ଅର୍ଥନୀତି ନୁହେଁ, ପ୍ରତିରକ୍ଷା ଏବଂ ସୈନ୍ୟ ମୁତୟନ କ୍ଷେତ୍ରରେ ମଧ୍ୟ ଦକ୍ଷିଣ କୋରିଆ ଆମେରିକାର ବଚସ୍କର ହୋଇ ଆସିଛି। ଆମେରିକାର

ବ୍ୟବସାୟ ପାଇଁ ଦକ୍ଷିଣ କୋରିଆ ଏକ ଗୁରୁତ୍ୱପୂର୍ଣ୍ଣ ରାଷ୍ଟ୍ର ଏକଥା କହିବା ବେଳେ ଦକ୍ଷିଣ କୋରିଆ ମାମଲାରେ ଅଧିକରୁ ଅଧିକ ଆମେରିକୀୟ ହସ୍ତକ୍ଷେପ ଏକ ନିଛକ ବାସ୍ତବତା। ଏପରିକି ଆମେ ଯେଉଁ ପୋସ୍କୋ କଥା କହୁଛୁ ଏହି କମ୍ପାନୀର ଅଧିକାଂଶ ଅଂଶୀଦାର ହେଉଛନ୍ତି ଆମେରିକୀୟ କମ୍ପାନୀ।

ଦକ୍ଷିଣ କୋରିଆର ଇତିହାସ ଏକ ଆଚମ୍ବିତ ଇତିହାସ। ସଂଘର୍ଷ, ନିଷ୍ଠା ଓ ସ୍ୱାଭିମାନର ପ୍ରତୀକ ଦକ୍ଷିଣ କୋରିଆ।

(ଶନିବାର ଏପ୍ରିଲ ୨୨, ୨୦୦୬)

ସ୍ୱର୍ଗରେ ଇନ୍ଦ୍ର, ମର୍ତ୍ତ୍ୟରେ ନରେନ୍ଦ୍ର

(୨୦୦୬ ହେଉଛି କେନ୍ଦ୍ରାପଡାର ଜଣେ ବିଶିଷ୍ଟ ସାଂସ୍କୃତିକ ଓ ଆଧ୍ୟାତ୍ମିକ ବ୍ୟକ୍ତିତ୍ୱ ରାଧାଶ୍ୟାମ ନରେନ୍ଦ୍ରଙ୍କ ଜନ୍ମ ଦ୍ୱିଶତ ବର୍ଷ । ନରେନ୍ଦ୍ରଙ୍କ ଜୀବନରୁ ତତ୍କାଳୀନ ଉତ୍କଳ ସମ୍ବନ୍ଧରେ ଅନେକ କଥା ଜଣାପଡେ। ନରେନ୍ଦ୍ରଙ୍କ ସମ୍ପର୍କରେ ଏହି ଦ୍ୱିଶତବାର୍ଷିକୀ ସଂସ୍କରଣକୁ ଜ୍ଞାନକୋଷରୁ ନିଆଯାଇଛି।)

ରାଧାଶ୍ୟାମ ନରେନ୍ଦ୍ର ଉତ୍କଳର ପ୍ରଖ୍ୟାତ ଦାନଶୀଳ ଜମିଦାର ଓ ପୁଣ୍ୟବନ୍ତ ବ୍ୟକ୍ତି ଥିଲେ। ଧନସମ୍ପଦ, ପ୍ରତିପତ୍ତି ଓ ମହାନୁଭବତା ଯୋଗୁଁ ତାଙ୍କ ଜୀବନ କାଳରେ ଓଡ଼ିଶାରେ ଏକ ପ୍ରବାଦ ରଚିତ ହୋଇଯାଇଥିଲା- ସ୍ୱର୍ଗରେ ଇନ୍ଦ୍ର, ମର୍ତ୍ତ୍ୟରେ ନରେନ୍ଦ୍ର। ସେ କେନ୍ଦ୍ରାପଡାର ବିଖ୍ୟାତ ଜମିଦାର ବଂଶରେ ଜନ୍ମିଥିଲେ। ତାଙ୍କ ବଂଶର ଆଦିପୁରୁଷ କୁରୂପ ଜେନା ଯାଜପୁର ସବଡ଼ିଭିଜନରେ ଥିବା ପାଣିକୋଇଲି ଗ୍ରାମରୁ ଆସି ନିଜର ଅଧ୍ୟବସାୟ ବଳରେ ଗଜପତି ରାଜା ଦ୍ୱିତୀୟ ରାମଚନ୍ଦ୍ର ଦେବଙ୍କ ଅନୁଗ୍ରହରେ ଜମିଦାର ହୋଇ କେନ୍ଦ୍ରାପଡାରେ ଅବସ୍ଥାପିତ ହୋଇ ପାରିଥିଲେ। ପିତା ଗୋବିନ୍ଦଙ୍କ ସ୍ମୃତି ରକ୍ଷା କରିବା ନିମନ୍ତେ ତାଙ୍କ ପୁତ୍ର ସଦାଶିବ ଜେନା ଏହି ବଂଶର ଇଷ୍ଟଦେବତା ଅଧୁନା ପ୍ରସିଦ୍ଧ କେନ୍ଦ୍ରାପଡାର ଗୋବିନ୍ଦ ଜୀଉଙ୍କୁ ପ୍ରତିଷ୍ଠିତ କରିଥିଲେ। ସଦାଶିବ ଜେନାଙ୍କ ପୁତ୍ର ହିଁ ରାଧାଶ୍ୟାମ ଜେନା। ସେ ହିଁ ଗଜପତି ରାଜା ମୁକୁନ୍ଦ ଦେବଙ୍କ ଦରବାରରୁ ସମ୍ମାନିତ 'ନରେନ୍ଦ୍ର' ଉପାଧି ଲାଭ କରି ରାଧାଶ୍ୟାମ ନରେନ୍ଦ୍ର ହୋଇଥିଲେ। ତାଙ୍କ ତଳ ଭଉଣୀ ବିମଳା ଜେନା ଉତ୍କଳର ବିଖ୍ୟାତ କବି ଅଭିମନ୍ୟୁ ସାମନ୍ତସିଂହାରଙ୍କର ସହଧର୍ମିଣୀ ଥିଲେ। ରାଧାଶ୍ୟାମ ୧୮୦୭ରେ ଜନ୍ମ ଗ୍ରହଣ କରିଥିଲେ। ରାଧାଶ୍ୟାମ, ବିମଳା ଏବଂ ଗୌରୀଶ୍ୟାମ ଏହି ତିନୋଟି ସନ୍ତାନକୁ ତାଙ୍କର ପିତା ପଣ୍ଡିତ ରଖାଇ ଶିକ୍ଷାଦାନ କରିଥିଲେ।

ସେତେବେଳେ ରେଳ ମୋଟର ନଥିଲା। ପୁରୀ ରଥଯାତ୍ରାକୁ ସହସ୍ର ସହସ୍ର ଯାତ୍ରୀ, ସାଧୁ, ସନ୍ଥ ଚାଲି ଚାଲି ବାଟରେ ଗୋଟିଏ ଗୋଟିଏ ଚଟିରେ ବିଶ୍ରାମ କରି କରି ଆସୁଥିଲେ। ରାଧାଶ୍ୟାମଙ୍କ ଉଦାରତା ଓ ଦାନଶୀଳତା ଯୋଗୁଁ ନରେନ୍ଦ୍ରଙ୍କ ରାଧାଗୋବିନ୍ଦ ମନ୍ଦିର ଗୋଟିଏ ବିରାଟ ଚଟିରେ ପରିଣତ ହୋଇଥିଲା। ଯାହାର ଯେପରି ପ୍ରୟୋଜନ ସେପରି ଖାଦ୍ୟପେୟ ଆଦି ଆତିଥ୍ୟ ଓ ଯତ୍ନ ସମ୍ମାନ ସହ ଯୋଗାଇ ଦିଆଯାଉଥିଲା। ସହସ୍ର ସହସ୍ର ସାଧୁ ନରେନ୍ଦ୍ରଙ୍କ ରାଧାଗୋବିନ୍ଦ ମନ୍ଦିର ମଧ୍ୟରେ ଚତୁର୍ମାସ୍ୟାବ୍ରତ ପାଳନ ପାଇଁ ଉପସ୍ଥିତ ହେଉଥିଲେ। ହାତୀ, ଓଟ, ଘୋଡା ଆଦି ଘେନି ଚାରି ଆଖଡ଼ାର ସାଧୁମାନେ ନିଜ ନିଜ ପନ୍ଥାରେ ସ୍ୱତନ୍ତ୍ର ରହି ଧର୍ମ ଆଚରଣ କରନ୍ତି।

ଆଷାଢ଼ ମାସର ଶୁକ୍ଳ ଏକାଦଶୀ ସୁଦ୍ଧା ଏହି ବ୍ରତ ପତ୍ରିପାଳିତ ହୁଏ। ବିଭିନ୍ନ ଦଳରେ ୫୦ରୁ ୧୧୦ ଯାଏଁ ସାଧୁ ଥାଆନ୍ତି। ସେମାନେ ହୋମ କରିବେ ଠାକୁର ପୂଜା କରିବେ, ବିଭିନ୍ନ ବ୍ରତ ଉପବାସ ତିଥିରେ ସେମାନଙ୍କ ପାଇଁ ନାନା ଶୀତଳ ମଣୋହି, ଅନ୍ନ ବ୍ୟଞ୍ଜନ, ତସ୍ମୈ, ମାଲପୁଆ ଆଦି ଉତ୍କୃଷ୍ଟ ଖାଦ୍ୟ ପ୍ରସ୍ତୁତ ହେବ। ସମସ୍ତ ବ୍ୟୟ ନରେନ୍ଦ୍ରଙ୍କ ଘର ବହନ କରିବ। ଏପରିକି ଗୋବର୍ଦ୍ଧନ ଉତ୍ସବ ଦିନ ପର୍ବତପ୍ରମାଣ ଅନ୍ନ, ବ୍ୟଞ୍ଜନ, ପୁର କାକରା, ସରପୁଳି, ଲଡୁ, ଖଜା, ପିଠା ଆଦି କରାଯାଇ ହଜାର ହଜାର ଲୋକଙ୍କୁ ଭୋଜନ ଦିଆଯିବ।

ଏହିସବୁ ଘେନି ରାଧାଶ୍ୟାମ ନରେନ୍ଦ୍ରଙ୍କ ପରି ଦାତା ସେ କାଳେ ବାସ୍ତବିକ ଦେଖାନଥିଲେ। ଦରିଦ୍ର, ବିଧବା, ଅନାଥ, କୁଷ୍ଠରୋଗୀ, ଅଭାବଗ୍ରସ୍ତ, ଦୁର୍ଦ୍ଦଶାଗ୍ରସ୍ତ, କର୍ମହୀନ ଯିଏ ତାଙ୍କ ନିକଟରେ ପହଞ୍ଚିଛି, ସେ ନିଶ୍ଚୟ ତା'ର ଦୁଃଖ ନିବାରଣ କରିପାରିଛନ୍ତି। ତାଙ୍କୁ ଦୟାସାଗର କହିଲେ ଅତ୍ୟୁକ୍ତି ହେବ ନାହିଁ। କେବଳ ଧନ ଦାନ କରିବା ଯୋଗୁଁ ନୁହେଁ, ପ୍ରତିପତ୍ତି ଏବଂ ବିଚକ୍ଷଣ ବୁଦ୍ଧି ଯୋଗୁଁ ମଧ୍ୟ ସେ ତତ୍କାଳୀନ ଜନସମାଜରେ ଯେପରି ଶ୍ରେଷ୍ଠତ୍ୱ ଲଭିଥିଲେ ସେହିପରି ମଧ୍ୟ ଇଂରେଜ ସରକାରଙ୍କ ଦ୍ୱାରା ସମ୍ମାନିତ ହୋଇଥିଲେ।

ତାଙ୍କରି ଜୀବିତାବସ୍ଥାରେ ନଅଙ୍କ ଦୁର୍ଭିକ୍ଷ ପଡିଥିଲା। ନରେନ୍ଦ୍ର ଏହାର କିଛି କାଳ ପୂର୍ବରୁ ପୁଣ୍ୟଭୂମି ବୃନ୍ଦାବନକୁ ଯାତ୍ରା କରି ସେଠାରେ ରହିଥିଲେ। କରାଳ ଦୁର୍ଭିକ୍ଷ ବିଷୟ ଚିଠିରୁ ଶୁଣି ଦୁଃଖିତ ହେଲେ। କିନ୍ତୁ ବୃନ୍ଦାବନର ମୋହକରୀ ମାୟା ଭକ୍ତକୁ ଛାଡ଼ିଦେଲା ନାହିଁ। କଥିତ ଅଛି ଯେ ସେ ନିଜର ଏକମାତ୍ର ପୁତ୍ର ଜଗନ୍ନାଥ ଭ୍ରମରବର ଏବଂ ପୁତୁରା ରାମଗୋବିନ୍ଦଙ୍କୁ ଦୁଇଟି ଚିଠି ଲେଖିଥିଲେ। ଦୁଇ ଚିଠିରେ ଏହି ମର୍ମରେ ଏକା କଥା ଥିଲା–

'ବାବା, ବଡ଼ ଦୁଃଖ ସମୟ ବର୍ତ୍ତମାନ ଦେଶ ପାଇଁ ଆସିଛି। ତୁମ୍ଭେ ଏପରି ସୁବିଧା ଆଉ ପାଇବ ନାହିଁ। ତେଣୁ ଏ ସମୟରେ ଯାହା ଶସ୍ତା ଦେଖିବ ତାହା ଖରିଦ କରିବ।'

ଚିଠି ପାଇ ତାଙ୍କ ପୁତୁରା ଶସ୍ତାରେ ସୁନା ମିଳୁଥିବାରୁ ଧାନ ଚାଉଳ ବଦଳରେ ପ୍ରାୟ ଲକ୍ଷେ ଟଙ୍କାର ସୁନା ଖରିଦ୍ କରିନେଲେ। ଧାନ ଦଶ ଗୌଣୀ ଦେଲେ ହାରଟିଏ କି ମୁଦିଟିଏ। କିଏ ଏ ସୁବିଧା ଛାଡିବ ?

କିନ୍ତୁ ତାଙ୍କ ପୁଅ ଚିଠିର ମର୍ମ ଏପରି ବୁଝିଲେ ଯେ ଘୋର ଦୁର୍ଭିକ୍ଷ ସମୟରେ ଦୀନ ଓ ଅଭିଜାତ ନିର୍ବିଶେଷରେ ଭୋଜନ ଦାନ କରି ଅତି ଶସ୍ତାରେ ମହାର୍ଘ୍ୟ ପୁଣ୍ୟ ସଞ୍ଚୟ କରିହେବ। ତେଣୁ ସେ ପ୍ରଚୁର ସମ୍ପତ୍ତି ଦାନରେ ହିଁ ଉଜାଡି କରିଦେଲେ।

ନରେନ୍ଦ୍ର ତୀର୍ଥରୁ ଫେରି ପୁଅର ଏହି କାର୍ଯ୍ୟରେ ଏତେ ଆନନ୍ଦିତ ହୋଇଗଲେ ଯେ ତାକୁ କୁଣ୍ଢାଇ ଧରି କହିଥିଲେ, 'ତୁ ହିଁ ମୋର ପ୍ରକୃତ ପୁତ୍ର। ମୋର ବିଚାର ତୋ'ଠାରେ ସମ୍ପୂର୍ଣ୍ଣ ପ୍ରତିଫଳିତ ହୋଇଛି। ତୋ ଯୋଗୁଁ ମୁଁ ଧନ୍ୟ ହେଲି।'

ପୁତୁରାକୁ କହିଥିଲେ, 'ତୁମେ ଯାହା ଶସ୍ତାରେ କିଣିଛ, ତାହା ତୁମକୁ କାଳ କାଳ ହିନସ୍ତା କରିବ।'

ଏହିପରି ଦାନ ପୁଣ୍ୟରେ ଚିରଦିନ ବ୍ରତୀ ରହି ନରେନ୍ଦ୍ର ୧୮୭୭ ନଭେମ୍ବର ୧୭ତାରିଖରେ ଇହଲୀଳା ସମ୍ବରଣ କରିଥିଲେ। ତାଙ୍କ ମୃତ୍ୟୁ ଖବର ସମଗ୍ର ଉତ୍କଳକୁ ବ୍ୟଥିତ ଏବଂ ଶୋକାତୁର କରିଦେଇଥିଲା। ତାଙ୍କର ଏକମାତ୍ର କନ୍ୟା ସୁଲକ୍ଷଣା ତତ୍କାଳୀନ ରୋଡ଼ଙ୍ଗର ବକ୍‌ସିଙ୍କୁ ବିବାହ କରିଥିଲେ।

କେତେ ପୁରୁଷ ଯାଏଁ ତାଙ୍କରି ପନ୍ଥା ଧରି ତାଙ୍କର ବଂଶଧରମାନେ ତାଙ୍କ ପ୍ରବର୍ତ୍ତିତ ପୁଣ୍ୟପ୍ରଥାକୁ ରକ୍ଷା କରିଥିଲେ। କିନ୍ତୁ ପରେ ଋଣଗ୍ରସ୍ତ ହୋଇ ଏହି ପ୍ରାଚୀନ ଅଭିଜାତ ବଂଶ ବର୍ତ୍ତମାନ ଛିନ୍ନଭିନ୍ନ ହୋଇଯାଇଛି।

ନରେନ୍ଦ୍ରଙ୍କ ବଂଶରେ ବର୍ତ୍ତମାନ ଜୀବିତ ଥିବା ବହୁ ପ୍ରଖ୍ୟାତ ବ୍ୟକ୍ତିଙ୍କ ମଧ୍ୟରେ ବାଣୀକଣ୍ଠ ନିମାଇଁ ଚରଣ ହରିଚନ୍ଦନ ଏବଂ ସ୍ୱର୍ଗତ ସଙ୍ଗୀତଜ୍ଞ ଗୋକୁଳ ଚନ୍ଦ୍ର ଶ୍ରୀଚନ୍ଦନ ଓଡ଼ିଶାରେ ସୁପରିଚିତ। ଓଡିଶାର ସୁପରିଚିତ ସାଙ୍ଗୀତିକ ଓ ରଙ୍ଗମଞ୍ଚ-ସଂସ୍କାରକ ଗୋବିନ୍ଦ ଚନ୍ଦ୍ର ସୁରଦେଓ ଏହି ବଂଶର ଜାମାତା ଥିଲେ।

(ଶନିବାର ଜାନୁଆରୀ ୨୦, ୨୦୦୭)

କ୍ଷମା ରାଜନୀତି

ନିକଟରେ ବ୍ରିଟିଶ୍ ପ୍ରଧାନମନ୍ତ୍ରୀ ଡେଭିଡ୍ କାମେରୁନ୍ ଭାରତ ଗସ୍ତରେ ଆସିଥିଲେ। ଉଭୟ ଦେଶ ଭିତରେ ସମ୍ପର୍କକୁ ଅଧିକ ଦୃଢ଼ୀଭୂତ କରିବା ପାଇଁ। କାମେରୁନ୍‌ଙ୍କ ଗସ୍ତର ମୁଖ୍ୟ ଉଦ୍ଦେଶ୍ୟ ଥିଲା ଜାଲିଓ୍ୱାନାଓ୍ୱାଲାବାଗରେ ଘଟିଥିବା ବ୍ରିଟିଶ୍ ଗଣହତ୍ୟା ପାଇଁ କ୍ଷମା ମାଗିବା।

ପଞ୍ଜାବର ଜାଲିଆନାଓ୍ୱାଲାବାଗରେ ସ୍ୱାଧୀନତା ପୂର୍ବରୁ ବା ନିର୍ଦ୍ଦିଷ୍ଟ ଭାବେ ୧୯୧୯ରେ ହୋଇଥିବା ନର ସଂହାର ପାଇଁ କାମେରୁନ୍ ଦୁଃଖ ପ୍ରକାଶ କରିଥିଲେ, କିନ୍ତୁ ଏଥିପାଇଁ କ୍ଷମା ମାଗିନଥିଲେ। ଜାଲିଆନାଓ୍ୱାଲାବାଗଠାରେ ଥିବା ଶୋକ ପୁସ୍ତିକାରେ କାମେରୁନ୍ ଲେଖିଥିବା ପ୍ରକାଶ ଯେ, 'ଏହା ବ୍ରିଟିଶ୍ ଇତିହାସର ସବୁଠାରୁ ଲଜ୍ଜାଜନକ ଘଟଣା ଥିଲା ଯାହାକୁ ଓ୍ୱିନର୍ଷ୍ଟନ ଚର୍ଚ୍ଚିଲ କହୁଥିଲେ ନୃଶଂସ ଓ ଭୟଙ୍କର।'

ଉଲ୍ଲେଖଯୋଗ୍ୟ ଯେ, ଜାଲିଆନାଓ୍ୱାଲାବାଗ ଘଟଣାକୁ ନେଇ ବ୍ରିଟିଶ୍ କେବେ ବି କ୍ଷମା ମାଗିନାହିଁ। ପୂର୍ବରୁ ଯେତେବେଳେ ପ୍ରିନ୍ସ ଫିଲିପ ଭାରତ ଗସ୍ତରେ ଆସିଥିଲେ ସେ କହିଥିବା ଶୁଣାଇଥିଲା ଯେ ଘଟଣାକୁ ଅତିରଞ୍ଜିତ କରାଯାଇଛି। ବ୍ରିଟିଶ୍ ରାଣୀ ଏଲିଜାବେଥ ଜାଲିଆନାଓ୍ୱାଲାବାଗ ଘଟଣାକୁ ଏକ 'କଷ୍ଟକର ଅଧ୍ୟାୟ' ବୋଲି ଅଭିହିତ କରିବା ସହିତ ସ୍ପଷ୍ଟ କରିଦେଇଥିଲେ ଯେ ଇତିହାସକୁ ଆଉ ଥରେ ଲେଖାଯାଇପାରିବ ନାହିଁ।

ଶାସନରେ ଥିବା ଜଣେ ବ୍ରିଟିଶ୍ ପ୍ରଧାନମନ୍ତ୍ରୀ ଅତୀତରେ ବ୍ରିଟିଶ୍ ପ୍ରଶାସକମାନଙ୍କ ଦ୍ୱାରା ହୋଇଥିବା କ୍ରୁରତା ପାଇଁ ଦୁଃଖ ପ୍ରକାଶ କରିବା ନିହାତି ଦରକାର କି? ହୁଏତ ଏହା କିଛି ଲୋକଙ୍କୁ ଭଲ ଲାଗିଥାନ୍ତା ଯଦି କାମେରୁନ୍ ସିଧାସଳଖ ଜାଲିଆନାଓ୍ୱାଲାବାଗ ହତ୍ୟାକାଣ୍ଡ ପାଇଁ କ୍ଷମା ମାଗିଥାନ୍ତେ। କାମେରୁନଙ୍କ କ୍ଷମା ଯାଚଞ୍ଚା ଦ୍ୱାରା କ'ଣ ଲାଭ ହୋଇଥାନ୍ତା ତାହା ଅବଶ୍ୟ ବୁଝିବା କଷ୍ଟ। କିନ୍ତୁ ଯଦି ବିଶ୍ୱ ଇତିହାସକୁ ଦେଖାଯାଏ ଅତୀତର ଘଟଣାବଳୀ ପାଇଁ କ୍ଷମା ମାଗିବା ଏକ ବିରଳ ଘଟଣା।

ଯେଉଁ ଦେଶ ଆମକୁ ଦିନେ ଶାସନ କରୁଥିଲା ସେହି ଦେଶର ପ୍ରଧାନମନ୍ତ୍ରୀ ଏଠାକୁ ଆସି ଆମର ଏକ ପ୍ରତୀକ ଆଗରେ ମୁଣ୍ଡ ନୁଆଁଇବା ଓ କ୍ଷମା ପ୍ରାର୍ଥନା କରିବା ଦ୍ୱାରା ଆମର ଅହଂ ସିଦ୍ଧି ହୋଇପାରେ। କିନ୍ତୁ ପଚାରିବାକୁ ହେଉଛି ଏତେ ବର୍ଷ ପରେ ସେହି ଘଟଣାକୁ ଆମେ କାହିଁକି ମନେ ପକାଇବା ? ବର୍ତ୍ତମାନ ଯଦି ସମ୍ପର୍କ ଭଲ ଅଛି, ଅତୀତର ଗଣ୍ଠି ଫିଟାଇ ସେ ଗୁଡିକ କାହିଁକି ପୁଣି ଘଣ୍ଟା ଚକଟା କରିବା ?

କଥାଟାକୁ ଅନ୍ୟ ବାଟେ ପଚରାଯାଉ। ଯଦି ଆମର କେହି ଜଣେ ବନ୍ଧୁଙ୍କ ପୂର୍ବଜ ଆମର କୌଣସି ପୂର୍ବଜଙ୍କୁ ହଇରାଣ କରିଥାନ୍ତି, ତେବେ କ'ଣ ଆମେ ସେହି ବନ୍ଧୁଙ୍କୁ ପୂର୍ବପୁରୁଷର ଭୁଲ ମାଗିବା ପାଇଁ କହିବା ? ଅତୀତର ଶତ୍ରୁତାକୁ ଭୁଲି କ'ଣ ଆମେ ଏବେ ବନ୍ଧୁ ହୋଇ ରହିପାରିବା ନାହିଁ ?

କାମେରୁନ୍ ସେହି ପୀଢ଼ିର ରାଜନେତା ଯିଏ କେବଳ ଇତିହାସ ପୁସ୍ତକରୁ ହିଁ ଉପନିବେଶବାଦୀ ବ୍ରିଟେନ୍ ସମ୍ପର୍କରେ ଧାରଣା କରିଥିବେ। ଜାଲିଆନାୱାଲାବାଗ ନର ସଂହାର ବେଳେ ନା କାମେରୁନ୍ ଜନ୍ମ ହୋଇଥିଲେ ନା ସେ କାହାକୁ ଆଖିରେ ଦେଖିଥିଲେ। ଅନ୍ୟ ଅର୍ଥରେ ତାଙ୍କ ପାଇଁ ଏହା ଥିଲା ଏକ ଘଟଣା ମାତ୍ର। ଯେହେତୁ ବ୍ରିଟିଶ୍ ଭଳି ବଡ଼ ବ୍ୟବସାୟୀ ଦେଶର ପ୍ରଧାନମନ୍ତ୍ରୀ ଏଠାକୁ ଆସିଥିଲେ ତାଙ୍କର ଉଦ୍ଦେଶ୍ୟ ନିଶ୍ଚିତ ଭାବରେ ବ୍ୟବସାୟ ହିଁ ଥିବ। ଜଣେ ବ୍ୟବସାୟୀ ହିସାବରେ କାମେରୁନ୍ ଭାରତ ସହିତ ଅର୍ଥନୈତିକ ସମ୍ପର୍କ ଦୃଢ଼ କରିବାକୁ ଚାହୁଁଛନ୍ତି। ସେହି କାରଣରୁ ଭାରତକୁ ଖୁସି କରିବାକୁ ଯାଇ ଜାଲିଆନାୱାଲାବାଗ ପାଇଁ ଦୁଃଖ ପ୍ରକାଶ କରିବା ଏକ କୂଟନୀତି ବି ହୋଇପାରେ।

ଦୁନିଆରେ ଇତିହାସର ଘଟଣା ପାଇଁ ଯଦି କେହି କାହାକୁ କ୍ଷମା ମାଗିଛନ୍ତି ତା ପଛରେ ନିଶ୍ଚିତ ଭାବରେ କୌଣସି ନା କୌଣସି ରଣନୀତି ରହି ଆସିଛି। ୱିକିଲିକ୍ସ କିଛି ଦିନ ତଳେ ପର୍ଦ୍ଦାଫାସ କରିଥିଲେ ଯେ ୨୦୦୯ରେ ଆମେରିକାର ରାଷ୍ଟ୍ରପତିଙ୍କ ଦ୍ୱାରା ହିରୋସୀମା ଓ ନାଗାସାକି ଉପରେ ପକାଯାଇଥିବା ବୋମା ଘଟଣାରେ ଜାପାନର ଲୋକଙ୍କଠାରୁ କ୍ଷମା ମାଗିବା ପାଇଁ ରାଜି ହୋଇଯାଇଥିଲେ। କିନ୍ତୁ ଆଶ୍ଚର୍ଯ୍ୟଜନକ ଭାବେ ଜାପାନ ହିଁ ଓବାମାଙ୍କୁ ପ୍ରବର୍ତ୍ତାଇଥିଲା ଏଭଳି ନକରିବା ପାଇଁ। ଅବଶ୍ୟ ଏହି ସୂଚନାରେ କେତେ ସତ୍ୟତା ଅଛି ତାହା କହିବା କଷ୍ଟ। ତେବେ, ଓବାମାଙ୍କ କ୍ଷମା ଯାଚଞ୍ଚା ପଛରେ ଏକ ବିରାଟ ମାନବୀୟ କରୁଣା ଅଥବା ପ୍ରାୟଶ୍ଚିତ ମନୋଭାବ ଯେ ରାଜୁତି କରୁଥିଲା ତାହା ନୁହେଁ। ବରଂ ଆମେରିକାର ବ୍ୟବସାୟିକ ସ୍ୱାର୍ଥ ହିଁ ଓବାମାଙ୍କର ଏହି ଇଚ୍ଛା ପଛରେ ଏକ ବଡ଼ କାରଣ ଥିଲା।

ଦ୍ୱିତୀୟ ବିଶ୍ୱଯୁଦ୍ଧ ବେଳେ ଜାପାନର ସୈନିକମାନଙ୍କ ଦ୍ୱାରା କୋରିଆ, ଚୀନ

ଓ ଫିଲିପାଇନ୍‌ର ମହିଳାଙ୍କୁ ଯୌନ ନିର୍ଯ୍ୟାତନା ଦିଆଯାଇଥିଲା । ଏହି ଯୌନ ଶୋଷଣ ଯୋଗୁଁ ୧୯୯୩ରେ ଜାପାନ ସେହି ଦେଶମାନଙ୍କୁ କ୍ଷମା ମାଗିଥିଲା । ଜାପାନ ଯଦି କ୍ଷମା ପ୍ରାର୍ଥନା କରିଥିଲା ତା ପଛରେ ମଧ୍ୟ ବ୍ୟବସାୟିକ ମନୋବୃତ୍ତି ହିଁ ଥିଲା । ଆନ୍ତର୍ଜାତିକ ସମୀକରଣକୁ ଦୃଷ୍ଟିରେ ରଖି ଜାପାନ ଏହିଭଳି କରିଥିଲା କହିଲେ ଅତ୍ୟୁକ୍ତି ହେବ ନାହିଁ । କିନ୍ତୁ ସେହି ଜାପାନ ମଞ୍ଚୁରିଆରେ ହୋଇଥିବା ଯୌନ ନିର୍ଯ୍ୟାତନା ପାଇଁ ଚୀନ ଠାରୁ କ୍ଷମା ଚାହିଁନଥିଲା । କାରଣ ଜାପାନ ଭଲ ଭାବେ ଜାଣିଛି ଯେ ପରିବର୍ତ୍ତିତ ପରିସ୍ଥିତିରେ ଚୀନ ନେତାଙ୍କଠାରୁ କ୍ଷମା ମାଗି କିଛି ଲାଭ ନାହିଁ ।

ମନେପକାଇ ଦିଆଯାଇପାରେ ଯେ, ୧୯୩୭ରେ ଜାପାନର ସୈନିକମାନେ ମଞ୍ଚୁରିଆରେ ହଜାର ହଜାର ଚୀନ ଲୋକଙ୍କୁ ହତ୍ୟା କରିଥିଲେ ଓ ଅନେକ ମହିଳାଙ୍କ ସହିତ ବଳାତ୍କାର କରାଯାଇଥିଲା । ସେହିଭଳି ଜର୍ମାନୀ ବି ଇହୁଦୀମାନଙ୍କ ଉପରେ ହୋଇଥିବା ଅତ୍ୟାଚାର ପାଇଁ କେବେ ବି କ୍ଷମା ମାଗିନାହିଁ । ଏହିଭଳି ଦେଖିବାକୁ ଗଲେ ଇତିହାସରୁ ଆମେ ମୁହଁ ଫେରାଇ ନେଇପାରିବା ନାହିଁ ସତ, କିନ୍ତୁ ଅତୀତକୁ ନେଇ କାହିଁକି ମୁଲଚାଲ କରିବା ?

ବ୍ୟକ୍ତିଗତ ସ୍ତରରେ ହେଉକି ଦେଶ ଦେଶ ଭିତରେ ହେଉ ଯଦି ଜଣେ ଆଉ ଜଣକୁ କ୍ଷମା ମାଗିବା ପାଇଁ ବାଧ୍ୟ କରେ ତେବେ ତାହା ଏକରକମ ପ୍ରତିହିଂସା ପରାୟଣତା ନୁହେଁ କି ?

■

(ରବିବାର ଫେବୃଆରୀ ୨୪, ୨୦୧୩)

୭୦+

ଉତ୍କଳମଣି ପଣ୍ଡିତ ଗୋପବନ୍ଧୁ ଲେଖିଥିଲେ:

ଜଗତ ସରସେ ଭାରତ କମଳ
ତା ମଧ୍ୟେ କେଶର ପୁଣ୍ୟ ନୀଳାଚଳ
ଥିଲେ ଯହିଁ ତହିଁ ଭାରତ ବକ୍ଷରେ
ମଣିବି ମୁଁ ଅଛି ଆପଣା କକ୍ଷରେ
ମୋ ନେତ୍ରେ ଭାରତ ଶିଳା ଶାଳଗ୍ରାମ
ପ୍ରତିଷ୍ଠାନ ମୋର ପ୍ରିୟ ପୁରୀଧାମ
ସକଳ ସଲିଳ ପଞ୍ଚତୀର୍ଥ ଜଳ
ପ୍ରତି ଧର୍ମାଳୟ ମୋର ନୀଳାଚଳ।

ସ୍ୱତନ୍ତ୍ର ଉତ୍କଳ ପ୍ରଦେଶ ଗଠନର ଆଜି ସତୁରୀ ବର୍ଷ ପୂରଣ ହେଲା। ଅଛିଣ୍ଡା ଅଙ୍କ ଅପେକ୍ଷା ଛିଣ୍ଡା ଅଙ୍କରେ ଯେତେବେଳେ କୌଣସି ପୂର୍ତ୍ତି ଉତ୍ସବ ପଡ଼େ ତାହାକୁ ଟିକିଏ ଜାକଜମକରେ ପାଳନ କରାଯାଏ। ଏବର୍ଷ ବି ତାହା ହେଉଥିବା ଆଶା କରାଯାଏ। ସ୍ୱତନ୍ତ୍ର ଓଡ଼ିଶା ପ୍ରଦେଶ ଗଠନ ସନ୍ଦର୍ଭରେ ୨୦୦୬ ମସିହା ଅଧିକ ତାତ୍ପର୍ଯ୍ୟପୂର୍ଣ୍ଣ। ଏହି ସତୁରୀ ବର୍ଷର ଇତିହାସକୁ ପର୍ଯ୍ୟାଲୋଚନା କଲେ ଏକ ମିଶ୍ରିତ ମନୋଭାବ ସାମ୍ନାକୁ ଆସିବ: ଇତିହାସ ଅବିସ୍ମରଣୀୟ, ଅଥଚ ଉପଲବ୍ଧି ଅଣଉଲ୍ଲେଖନୀୟ।

ଓଡ଼ିଶାରୁ ଖଣ୍ଡ ଖଣ୍ଡ ହୋଇଯାଇଥିବା ଅଞ୍ଚଳକୁ ଏକତ୍ର କରିବାର ପୃଷ୍ଠଭୂମିରେ ବ୍ରିଟିଶ୍ ଇଷ୍ଟ ଇଣ୍ଡିଆ କମ୍ପାନୀ କଦାପି ଚାହୁଁନଥିଲା ଓଡ଼ିଆ ଭାଷା ଭାଷୀ ଅଞ୍ଚଳ ଏକାଠି ରହୁ। ଯଦି ୫୦ ବର୍ଷରୁ ଅଧିକ ସମୟ ଧରି ଯୋଜନାବଦ୍ଧ ଭାବେ ଓ ଅତି ସନ୍ତର୍ପଣରେ ବ୍ରିଟିଶ୍ ଓଡ଼ିଆଭାଷୀ ଇଲାକାକୁ ଅକ୍ତିଆର କରିଥିଲେ, ନିଜ ହସ୍ତରେ ପୁଣି ସେଗୁଡିକୁ

କିପରି ଅନ୍ତର କରିଦେଇଥାନ୍ତେ ? ଓଲଟି ତତ୍କାଳିନ ଓଡ଼ିଶା ଡିଭିଜନ୍‌ର ବାହାରେ ଥିବା ଅଞ୍ଚଳର ପୁନର୍ଗଠନ ଯେତେବେଳେ କରାଗଲା ଓଡ଼ିଆମାନଙ୍କୁ ୫ଟି ଏଜେନ୍ସିର ଶାସନାଧୀନ ହେବାକୁ ପଡିଥିଲା- ପଶ୍ଚିମବଙ୍ଗ ଓ ଓଡ଼ିଶା ଡିଭିଜନ୍, ଛୋଟନାଗପୁର, କେନ୍ଦ୍ରାଞ୍ଚଳ, ମାନ୍ଦ୍ରାଜ ଓ ଗଡ଼ଜାତ ମାହାଲ। ଏହା ୧୯୩୬ ପୂର୍ବର କଥା।

୧୯୩୬ ଏପ୍ରେଲ ପହିଲାରେ ଓଡ଼ିଆ ଭାଷାଭାଷୀ ଅଞ୍ଚଳକୁ ନେଇ ଗଠିତ ଉତ୍କଳ ପ୍ରଦେଶ ଭାରତର ସଙ୍ଘୀୟ ଇତିହାସର ଏକ ଅବିସ୍ମରଣୀୟ ଘଟଣା। ସତ କହିବାକୁ ଗଲେ, ଭାରତ ସ୍ୱାଧୀନତା ପାଇବା ପରେ ଭାଷାଭିତ୍ତିକ ରାଜ୍ୟ ଦାବି ଯେତେବେଳେ ପ୍ରବଳ ହେଲା ତାରି ପଛରେ ସ୍ୱତନ୍ତ୍ର ଉତ୍କଳ ପ୍ରଦେଶ ଗଠନ ହିଁ ଏକ ବଡ଼ ପ୍ରୋତ୍ସାହନ ଥିଲା। ଆନ୍ଧ୍ର, ତାମିଲନାଡୁ ଓ ମହାରାଷ୍ଟ୍ର ଭଳି ରାଜ୍ୟମାନେ ଭାଷାଭିତ୍ତିରେ ମୂଳ ରାଜ୍ୟରୁ ଅଲଗା ହେବାକୁ ଚାହିଁଲେ।

ପ୍ରାୟ ୫୦ ବର୍ଷ ଧରି ଭାଷା ଭିତ୍ତିକ ରାଜ୍ୟ ଦାବି ପାଇଁ ଯେଉଁ ଲଢ଼େଇ ବ୍ରିଟିଶ୍‌ମାନଙ୍କ ସହିତ ଚାଲିଥିଲା ସେଇ ଲଢ଼େଇ କିଛି ଛୋଟ ନଥିଲା। ଉତ୍କଳ ପ୍ରଦେଶ ଗଠନ ବା ଓଡ଼ିଆ ଆନ୍ଦୋଳନର ଗଜା ବାହାରିଥିଲା ଊନବିଂଶ ଶତାବ୍ଦୀରେ ଶେଷ ଭାଗରେ। ଫଳ ଦେଲା ଅପ୍ରେଲ ୧୯୩୬ରେ।

ବେଳେବେଳେ ମନରେ ଆସେ ଭାଷା ଭିତ୍ତିକ ଗଠନ ପାଇଁ ଓଡ଼ିଶାର ନେତାମାନେ ଟିକିଏ ଆଗତୁରା ଡେଇଁ ପଡିଲେ କି ? ଅବଶ୍ୟ ଭାରତୀୟ ଉପମହାଦେଶର ଏକ ବଡ଼ ଭାଷା ଗୋଷ୍ଠୀ ହିସାବରେ ଓଡ଼ିଆମାନେ ସବୁଠାରୁ ବେଶି କଷ୍ଟ ପାଇଥିଲେ ବ୍ରିଟିଶ୍‌ମାନଙ୍କଠାରୁ। ୧୮୦୩ରେ ବ୍ରିଟିଶ୍‌ର ଓଡ଼ିଶା ଅଧିକାର ପରଠାରୁ ଅତଡ଼ା ଖସିବା ଭଳି ଓଡ଼ିଶାରୁ ଖଣ୍ଡିଏ ଖଣ୍ଡିଏ ଅଞ୍ଚଳ ଯେଉଁଭଳି ବିହାର ଓ ବଙ୍ଗଳାକୁ ଚାଲିଯାଇଥିଲା ସେଇ ଅଙ୍ଗଚ୍ଛେଦନ ଥିଲା ବେଶି ଯନ୍ତ୍ରଣାଦାୟକ। ଏଣୁ ଓଡ଼ିଶାର ନେତାମାନେ ବ୍ରିଟିଶ୍ ପ୍ରଶାସକମାନଙ୍କ ନିଦ ହଜେଇଦେବା ଅତ୍ୟନ୍ତ ସ୍ୱାଭାବିକ।

ଏକ ସ୍ୱତନ୍ତ୍ର ଓଡ଼ିଶା ପ୍ରଦେଶ ଗଠନ ପରିପ୍ରେକ୍ଷୀରେ ୧୮୦୩ରୁ ୧୯୩୬ ଏହି ୧୩୦ ବର୍ଷର ସୁଦୀର୍ଘ ଇତିହାସ ଭିତରକୁ ଯିବାର ଆବଶ୍ୟକତା ନାହିଁ। କାରଣ ଜଣେ ହାରାହାରି ଇତିହାସ ସଚେତନ ଓଡ଼ିଆ ଏହି ଇତିହାସଟିକୁ ନିତାନ୍ତ ପଢ଼ିଥିବେ। ସ୍ୱତନ୍ତ୍ର ଉତ୍କଳ ପ୍ରଦେଶ ଗଠନ ବୋଧହୁଏ ଭାରତ ଇତିହାସରେ ଥିଲା ଏକ ସ୍ୱର୍ଣ୍ଣାକ୍ଷରରେ ଲିପିବଦ୍ଧଯୋଗ୍ୟ ଘଟଣା କାରଣ ଭାଷା ଓ ଜାତିକୁ ଭିତ୍ତି କରି ଏକ ରାଜ୍ୟ ପ୍ରତିଷ୍ଠା ଆଉ କେଉଁଠି ସମ୍ଭବ ନଥିଲା। ଏହାକୁ ଆମେ କ'ଣ କହିବା ? ଓଡ଼ିଆଙ୍କ ଏକଜିଦିଆପଣ ? ନମନୀୟ ହୋଇଥିଲେ ସତରେ କ'ଣ ବିଚ୍ଛିନ୍ନ ଓଡ଼ିଆ ଅଞ୍ଚଳ କେବେବି ଏକାଠି ହୋଇପାରିଥାନ୍ତା ?

ତଥାପି କିଛି ଓଡ଼ିଆ ଭାଷୀ ଅଞ୍ଚଳ ଓଡ଼ିଆ ବାହାରେ ରହି ହିଁ ଗଲା। ଯଦିଓ ଏହା ସ୍ୱାଧୀନତା ପରର କଥା। ୧୯୪୮ରେ ସବୁଦିନ ପାଇଁ ଷଢ଼େଇକଳା ଓ ଖରସୁଆଁ ଓଡ଼ିଶା ବାହାରେ ରହିବା ସ୍ୱାଧୀନୋତ୍ତର ଓଡ଼ିଶାର ଏକ ଯନ୍ତ୍ରଣାଦାୟକ କାହାଣୀ। ଏହି ଦୁଇଟି ଓଡ଼ିଆ ଅଧ୍ୟୁଷିତ ଅଞ୍ଚଳକୁ ଓଡ଼ିଶା ଭିତରେ ରଖିବାର କେତେ ଯେ ଉଦ୍ୟମ ହୋଇଛି ତା'ର ହିସାବ ନାହିଁ। ଷଢ଼େଇକଳା ଓ ଖରସୁଆଁକୁ ଏବେ ବି ଓଡ଼ିଶାକୁ ଫେରାଇ ଆଣିବାର ଏକ କ୍ଷୀଣ ଆଲୋକ ଦେଖିବାକୁ ମିଳେ (ଯଦିଓ ଏହା କେବଳ ଭାଷଣ-ସର୍ବସ୍ୱ)। ୧୯୪୯ରେ ଷଢ଼େଇକଳା ଓ ଖରସୁଆଁ ସ୍ଥାୟୀ ଭାବେ ବିହାରରେ ରହିବା ପରେ ତା' ପରବର୍ତ୍ତୀ ୧୦ ବର୍ଷ ଧରି ଗୋଟିଏ ଚମତ୍କାର କଥା ଘଟିଥିଲା। ତତ୍କାଳୀନ ଓଡ଼ିଶାର ନେତାମାନେ ଏହି ପ୍ରସଙ୍ଗରେ ଜଣେ ଆଉ ଜଣକୁ ପଛରେ ପକାଇବାର ଉଦ୍ୟମ କରିଥିଲେ ଯାହାକୁ କୁହାଯାଏ 'ୱାନ୍ ଅପ୍‌ମ୍ୟାନ୍‌ସିପ୍।' ତେବେ ଓଡ଼ିଶାର ନେତାମାନଙ୍କର ଆଗକୁ ଦଖିନପାରିବା ଗୁଣର ଆହୁରି ବହୁ ଉଦାହରଣ ଖୋଜିଲେ ମିଳିବ।

ଭାଷାଭିତ୍ତିକ ରାଜ୍ୟ ଗଠନ ପଛରେ ଗୋଟିଏ ବଡ଼ ଯୁକ୍ତି ଥିଲା ଯେ ପ୍ରକୃତ ଗଣତନ୍ତ୍ର ତେବେ ସମ୍ଭବ ଯେବେ ରାଜ୍ୟରେ ଶାସନ ଓ ଆଇନ୍ ପ୍ରଣୟନ ମାତୃଭାଷାର ହେବ। ଏହାର ଆହୁରି ଏକ ଅର୍ଥ ଥିଲା ଯେ ରାଜ୍ୟରେ ଜନସାଧାରଣ ଉଚ୍ଚଶିକ୍ଷା, ବୈଷୟିକ ଶିକ୍ଷା ଓ ଆଇନ୍‌ଗତ ଶିକ୍ଷା ମଧ୍ୟ ମାତୃଭାଷାରେ ହିଁ ଲାଭ କରିବେ। ଏବେ କିନ୍ତୁ ଏହି ଲକ୍ଷ୍ୟ ସୁଦୂରପରାହତ। ବିଗତ ୫୦ ବର୍ଷ ଭିତରେ ମାତୃଭାଷାରେ ଶିକ୍ଷାଲାଭ ଓ ପ୍ରଶାସନିକ କାର୍ଯ୍ୟ ପ୍ରଚଳନ କେତେବେଳେ ସ୍ଲୋଗାନବାଜିରେ ପରିଣତ ହୋଇଛି ତ କେତେବେଳେ ଅତ୍ୟଧିକ ଉଦାସୀନତା।

ସ୍ୱତନ୍ତ୍ର ଉତ୍କଳ ପ୍ରଦେଶ ଗଠନ ପରଠାରୁ ଏହି ୭୦ ବର୍ଷ ଭିତରେ ଓଡ଼ିଆ ଆନ୍ଦୋଳନର ମୂଳ ଉଦ୍ଦେଶ୍ୟଟି କେତେଦୂର ଚରିତାର୍ଥ ହୋଇଛି ତାହାର ହିସାବ ନିକାଶ ହେବା ଆବଶ୍ୟକ। ବ୍ୟକ୍ତି ହିସାବରେ ବୈକୁଣ୍ଠନାଥ ଦେଙ୍କଠାରୁ ଆରମ୍ଭ କରି ବିଚିତ୍ରାନନ୍ଦ ଦାସ, ଉତ୍କଳ ଗୌରବ ମଧୁସୂଦନ, ବିଶ୍ୱନାଥ କର, ନନ୍ଦକିଶୋର ବଳ, ଗୋପାଳଚନ୍ଦ୍ର ପ୍ରହରାଜ ଓ କୃଷ୍ଣଚନ୍ଦ୍ର ଗଜପତିଙ୍କ ପର୍ଯ୍ୟନ୍ତ ଏବଂ ଅନୁଷ୍ଠାନ ଭିତ୍ତିରେ ଉତ୍କଳ ସମ୍ମିଳନୀ, ସିଂହଭୁମ୍‌ର ଉଦିତ କ୍ଲବ, ଗଞ୍ଜାମର ଉତ୍କଳ ହିତୈଷିଣୀ ସମାଜ ଏଭଳି ବହୁ ଅନୁଷ୍ଠାନ ନିରବଚ୍ଛିନ୍ନ ଭାବରେ ଓ ସ୍ୱତନ୍ତ୍ର ଉତ୍କଳୀୟ ପ୍ରଦେଶ ଗଠନରେ ଯେଉଁ ଭୂମିକା ନେଇଥିଲେ ତାହାକୁ ମନେ ପକାଇବା ବେଳେ ସେଇ ଜନନେତାମାନଙ୍କ ଉତ୍ତରାଧିକାରୀମାନେ କ'ଣ କରିଛନ୍ତି ତାହା ଦେଖାଯିବା ଦରକାର।

୭୦ ବର୍ଷର ଇତିହାସକୁ କେବଳ ଭାଷା ଆନ୍ଦୋଳନ କିମ୍ବା ବିଚ୍ଛିନ୍ନାଞ୍ଚଳ

ମିଶ୍ରଣରେ ସିମୀତ ନରଖି ଓଡ଼ିଶାର ସମାଜିକ, ଶୈକ୍ଷିକ, ଅର୍ଥନୈତିକ, ସାଂସ୍କୃତିକ ଓ ପ୍ରଶାସନିକ ଉପଲବ୍ଧିର ମୂଲ୍ୟାୟନ ଯଦି କରାଯାଏ ତେବେ ଏକ ନିରୁତ୍ସାହଜନକ ଚିତ୍ର ଆମ ଆଖିରେ ପଡେ। ଏହି ସମୟ ଭିତରେ ଭାଷାଭିତ୍ତିରେ ଗଠିତ ଅନ୍ୟ ରାଜ୍ୟମାନେ ଢ଼େର୍ ପ୍ରଗତି କରିଥିବା ବେଳେ ଆମର ପ୍ରଗତି ଏକ ଅଣଉଲ୍ଲେଖଯୋଗ୍ୟ ଇତିହାସ ହୋଇ ରହିଯାଇଛି। ଏହି ସମୟ ଭିତରେ ନା ଆମେ ଓଡ଼ିଆ ଆଇଡେଣ୍ଟିଟିଏ ଯୋଗାଡ କରିପାରିଛୁ ନା ଓଡ଼ିଆ ପ୍ରତିରୂପଟିଏ।

ଏବେ ବି ଲୋକେ ପଚାରୁଛନ୍ତି ଓଡ଼ିଶାଟା କ'ଣ ବେଙ୍ଗଲରେ ?

■

(ଶନିବାର ଅପ୍ରେଲ ୧, ୨୦୦୬)

ଲେନିନ୍ ଓ 'ନିସାନ' ପ୍ରସଙ୍ଗ

'ନିସାନ' ନାମକ ଭୁବନେଶ୍ୱରରୁ ପ୍ରକାଶ ପାଉଥିବା ଏକ ପତ୍ରିକାର ସମ୍ପାଦକ ଲେନିନ୍ କୁମାରଙ୍କୁ ଗିରଫ କରିବା ନେଇ ରାଜ୍ୟରେ ଏକ ନୂଆ ବିବାଦ ସୃଷ୍ଟି ହୋଇଛି । ଗତ ୯ ତାରିଖରେ ତାଙ୍କୁ ଭୁବନେଶ୍ୱର ପୋଲିସ ପକ୍ଷରୁ ଗିରଫ କରାଯାଇଥିଲା ଏବଂ ସେ ବର୍ତ୍ତମାନ ଜେଲରେ ଅଛନ୍ତି । ଲେନିନ୍‌ଙ୍କ ବିରୁଦ୍ଧରେ ଅଭିଯୋଗ ହେଉଛି ଯେ ତାଙ୍କ ସମ୍ପାଦିତ ପତ୍ରିକାରେ କନ୍ଧମାଳ ସମ୍ପର୍କରେ ଏଭଳି କିଛି ଉତ୍ତେଜକ କଥା ଲେଖା ହୋଇଛି ଯାହାକି କନ୍ଧମାଳ ଜିଲ୍ଲାରେ ସାମ୍ପ୍ରଦାୟିକ ସଦ୍‌ଭାବକୁ କ୍ଷତି ପହଞ୍ଚାଇବ । ପତ୍ରିକାର ସମ୍ପାଦକଙ୍କ ସମେତ ଯେଉଁ ପ୍ରେସରେ ଏହି ପତ୍ରିକାଟି ଛପା ହେଉଥିଲା ସେହି ପ୍ରେସର ଦୁଇଜଣ କର୍ମଚାରୀଙ୍କୁ ମଧ୍ୟ ପୋଲିସ ଗିରଫ କରିଛି । ଗିରଫ ପୂର୍ବରୁ କମିଶନରେଟ୍ ପୋଲିସ ପ୍ରେସ୍ ଉପରେ ଚଢ଼ାଉ କରି ଏକ ପୁସ୍ତକ ଜବତ କରିଥିଲେ । କନ୍ଧମାଳକୁ ନେଇ ଏହି ପୁସ୍ତକର ଶୀର୍ଷକ ହେଉଛି 'ଧର୍ମ ନାଁରେ କନ୍ଧମାଳରେ ରକ୍ତର ନଦୀ' ।

ପୋଲିସର କହିବା କଥା ହେଉଛି ଏହି ପୁସ୍ତକର ୩୮-୪୧ ପୃଷ୍ଠାରେ ଯେଉଁସବୁ କଥା ଲେଖାଯାଇଛି ତାହା ଅତ୍ୟନ୍ତ ଆକ୍ଷେପମୂଳକ ଓ ଆପତ୍ତିଜନକ । ଏହି ଆପତ୍ତିଜନକ ଅଂଶତକ ହେଉଛି ଆରଏସ୍ଏସ୍ ପକ୍ଷରୁ ତାର ସଦସ୍ୟମାନଙ୍କୁ ଲେଖାଯାଇଥିବା ଚିଠିର କିୟଦଂଶ ।

ଲେନିନ୍ କୁମାରଙ୍କୁ ଭାରତୀୟ ପିଙ୍ଗଳ କୋର୍ଡର ୧୫୩-ଏ ଏବଂ ୨୯୫-ଏ ଧାରାରେ ଗିରଫ କରାଯାଇଛି । ତାଙ୍କୁ ଗିରଫ କରାଯିବା ପରେ ଏହି ଘଟଣାର ପ୍ରତିବାଦ ଜୋରସୋର ହୋଇଛି । ବିନା ଅପରାଧରେ ଗିରଫ ହୋଇଥିବା ସମ୍ପାଦକଙ୍କୁ ତୁରନ୍ତ ଖଲାସ କରିବା, କୋର୍ଟରେ ହାଜର କରାଇବା ବେଳେ ତାଙ୍କ ପାଟିରେ ହାତ ଦେଇ ଚୁପ୍ କରାଉଥିବା ରିଜର୍ଭ ଇନ୍‌ସପେକ୍ଟରଙ୍କୁ ଚାକିରୀରୁ ସସ୍‌ପେଣ୍ଡ କରିବା ଏବଂ

ଲେଖକ ଓ ସାମ୍ବାଦିକଙ୍କ ଉପରେ ଚାପ ପକାଇ ସେମାନଙ୍କର ବାକ୍ ସ୍ୱାଧୀନତାର ଶ୍ୱାସରୁଦ୍ଧ କରୁଥିବା ପୋଲିସ କମିଶନରଙ୍କ ବିରୁଦ୍ଧରେ କାର୍ଯ୍ୟାନୁଷ୍ଠାନ ଦାବିରେ ରାଜଧାନୀରେ ଗୁରୁବାର ଦିନ ବହୁ ଲେଖକ, ସାମ୍ବାଦିକ, ଓକିଲ ଏବଂ ସ୍ୱେଚ୍ଛାସେବୀ ଏକ ପ୍ରତିବାଦ ସଭା ଆୟୋଜନ କରିଥିଲେ। ସେମାନେ ରାଜ୍ୟପାଳଙ୍କୁ ଏ ସମ୍ପର୍କରେ ଏକ ସ୍ମାରକପତ୍ର ମଧ୍ୟ ଦେଇଥିଲେ।

ଏଥି ପୂର୍ବରୁ ପିପୁଲ ୟୁନିୟନ୍ ଫର ସିଭିଲ୍ ଲିବର୍ଟି ବା ପିୟୁସିଏଲ୍ ପକ୍ଷରୁ ଏହି ଗିରଫ ଘଟଣାର ନିନ୍ଦା କରାଯାଇଥିଲା। ପିୟୁସିଏଲ ପକ୍ଷରୁ ଯେଉଁ ଦୁଇ ତିନୋଟି କଥା ପଚରା ଯାଇଛି ତାର ସାରମର୍ମ ହେଉଛି ଯେ ଲେନିନ୍ କୁମାରଙ୍କ ପତ୍ନୀ କିମ୍ବା ଅନ୍ୟ ସଂପର୍କୀୟଙ୍କୁ ନଜଣାଇ ପୋଲିସ ତାଙ୍କୁ ଉଠାଇ ନେଇଥିଲେ। ତା'ଛଡା ପୋଲିସ ଯାହାକୁ 'ଆପତ୍ତିଜନକ ଓ ଉତ୍ତେଜନାମୂଳକ' ଲେଖା ବୋଲି କହୁଛି ସେସବୁ ପୂର୍ବରୁ ବିଭିନ୍ନ ପତ୍ର ପତ୍ରିକାରେ ପ୍ରକାଶ ପାଇ ସାରିଛି ବୋଲି ପିୟୁସିଏଲର ଯୁକ୍ତି। ଆହୁରି ମଧ୍ୟ କୋର୍ଟକୁ ନେବାବେଳେ ଲେନିନ୍ କୁମାରଙ୍କ ମୁହଁକୁ ଯେଉଁଭଳି ବନ୍ଦ କରାଯାଉଥିଲା ତାହା ପୋଲିସ୍‌ର ଉଦ୍ଧତପଣିଆ ଛଡା ଆଉ କିଛି ନୁହେଁ।

ପିୟୁସିଏଲ୍ ବ୍ୟତୀତ ଯେଉଁ ଲେଖକ, ସାମ୍ବାଦିକ ଓ ଆଇନଜୀବୀ ତାଙ୍କର ଗିରଫଦାରୀକୁ ପ୍ରଶ୍ନ କରିଛନ୍ତି ସେମାନଙ୍କ କହିବା କଥା ଯେ ନକ୍ସଲ କାର୍ଯ୍ୟକଳାପ ସହିତ ଲେନିନ୍ କୁମାରଙ୍କର ସମ୍ପୃକ୍ତି ଥିବା ନେଇ ପୋଲିସ ପାଖରେ କୌଣସି ପ୍ରମାଣ ନାହିଁ।ଦେଶରେ ସମସ୍ତଙ୍କର ସ୍ୱାଧୀନ ମତବ୍ୟକ୍ତ କରିବାର ଅଧିକାର ରହିଛି ଏବଂ ଲେନିନ୍‌ଙ୍କ ଗିରଫଦାରୀରୁ କମିଶନରେଟ୍ ବ୍ୟବସ୍ଥା ଯୁବ କବି ଓ ଲେଖକମାନଙ୍କ ମତବ୍ୟକ୍ତ କରିବାର ଅଧିକାର ଉପରେ କଟକଣା ଲାଗୁ କରୁଛି ଇତ୍ୟାଦି। ଲେନିନ୍ କୁମାର ଓ ନିସାନ୍ ପତ୍ରିକାକୁ ନେଇ ହୋଇଥିବା ଅଭିଯୋଗ ଓ ପ୍ରତି ଅଭିଯୋଗର ଏହା ହେଉଛି ମୋଟା ମୋଟି କଥା।

ପ୍ରସଙ୍ଗତଃ, ରାଜଧାନୀରେ ଗତ ସପ୍ତାହରେ ବିଭିନ୍ନ ସ୍ଥାନରୁ ମାଓବାଦୀ ସଙ୍ଗଠନର ପ୍ରଚାର ପତ୍ର ଓ ପୋଷ୍ଟର ମିଳିବା ପରେ କମିଶନରେଟ୍ ପୋଲିସ ଏହିଭଳି ଏକ ଛାନ୍‌ଭିନ୍ ଆରମ୍ଭ କରିଥିଲା। ସେହି ଖୋଳତାଡର ଲେନିନ୍ କୁମାର ଗିରଫ ହେବା ଅଂଶବିଶେଷ । କମିଶନରେଟ୍ ପୋଲିସର କହିବା କଥା ଯେ ଲେନିନ୍ ମାଓବାଦୀ ଛାମୁଆ ସଙ୍ଗଠନର ଜଣେ ସଦସ୍ୟ ଏବଂ ମାଓବାଦୀ ସାହିତ୍ୟକୁ ରାଜ୍ୟର ବିଭିନ୍ନ ଅଞ୍ଚଳରେ ପ୍ରସାରିତ କରାଇବାର ଉଦ୍ୟମ ସେ କରି ଆସିଥିଲେ। ଏଥିରେ ନିସାନ୍ ପତ୍ରିକାର ମଧ୍ୟ ଭୂମିକା ରହିଛି। ଲେନିନ୍ କୁମାରଙ୍କର ଜାମିନ୍ ଆବେଦନର ବିଚାର ଆସନ୍ତା ୧୭ ତାରିଖରେ ହେବ।

ଲେନିନ୍ ଓ ନିସାନ୍ ପତ୍ରିକା ପ୍ରସଙ୍ଗରେ କେତୋଟି ମୌଳିକ ବିଷୟ ସାମ୍ନାକୁ ଆସିଛି। ଭାରତୀୟ ସମ୍ବିଧାନର ଧାରା୧୯, ୨୦, ୨୧ ଓ ୨୨ ରେ ସ୍ୱାଧୀନତାର ଅଧିକାର ଦିଆଯାଇଛି। ବିଶେଷ କରି ଧାରା-୧୯ରେ ବାକ୍‌ସ୍ୱାଧୀନତାର ଅଧିକାରଟି ଲିପିବଦ୍ଧ। ଦେଶର ନାଗରିକଙ୍କୁ କଥା କହିବା, ମତ ଓ ଚିନ୍ତା ପ୍ରକାଶ କରିବାର ଅଧିକାର ଦିଆଯାଇଥିଲେ ହେଁ ଏଥିରେ ଏକଥା ମଧ୍ୟ କୁହାଯାଇଛି ଯେ ସାଧାରଣ ଆଇନଶୃଙ୍ଖଳା, ରାଷ୍ଟ୍ରର ନିରାପତ୍ତା, ନୈତିକତା ଓ ଶିଷ୍ଟତା ଏସବୁକୁ ଆଖି ଆଗରେ ରଖି ସ୍ୱାଧୀନତା ଉପରେ କଟକଣା ଲାଗୁ କରାଯାଇ ପାରିବ।

ଲେନିନ୍ କୁମାରଙ୍କ ଗିରଫ ପଛରେ ଭୁବନେଶ୍ୱର ପୋଲିସର ବିବେଚନା କଣ ଥିଲା ତାହା କହିବା କଷ୍ଟ। ଉପରକୁ ଦେଖିବାକୁ ଗଲେ ପୋଲିସ ତାର କ୍ଷମତାର ବ୍ୟବହାର କରିଛି ସତ କିନ୍ତୁ ଏହା ଏକ ନି-ଜର୍କ (ଆଣ୍ଠୁ ତଳର ଶିରା ଆଘାତ ପାଇଲେ ଗୋଡ଼ ଡେଇଁ ଉଠିବା ଭଳି) ବା ବିନା ଚିନ୍ତାରେ ପ୍ରତିକ୍ରିୟା ସଦୃଶ ଲାଗେ।

୨୦୦୭ ଜୁଲାଇ ୫ ତାରିଖରେ ସୁପ୍ରିମକୋର୍ଟ ଏକ ରାୟ ଦେଇ କହିଥିଲେ ଯେ ସମ୍ବିଧାନ ପ୍ରଦତ୍ତ ବାକ୍ ସ୍ୱାଧୀନତାର ଅଧିକାର ସତ୍ତ୍ୱେ ଯଦି କୌଣସି ପତ୍ର ପତ୍ରିକା କିମ୍ବା ପୁସ୍ତକ ସାଧାରଣ ଆଇନ ପରିସ୍ଥିତିକୁ ବିପଦରେ ପକାଏ, ତେବେ ସରକାର ସେହି ପତ୍ରପତ୍ରିକା କିମ୍ବା ପୁସ୍ତକକୁ ନିଷିଦ୍ଧ ଘୋଷଣା କରିପାରିବେ। ଜଷ୍ଟିସ୍ ବିପି ସିଂହ ଓ ଏଚ୍‌ଏସ୍ ବେଦୀ ତାଙ୍କ ରାୟରେ କହିଥିଲେ ଯେ କୌଣସି ଖବରକାଗଜ ପୁସ୍ତକ କିମ୍ବା ଦଲିଲକୁ ଜବତ କରିବା କିମ୍ବା ବେଆଇନ ଘୋଷଣା କରିବା ନିଶ୍ଚିତ ଭାବରେ ନାଗରିକର ଅଧିକାର ଉପରେ ହସ୍ତକ୍ଷେପ। କିନ୍ତୁ ଯଦି ସର୍ବସାଧାରଣ ସ୍ୱାର୍ଥର ରକ୍ଷା କରିବା ଭଳି କଥା ଉଠେ ତେବେ ଏହିଭଳି ନିଷିଦ୍ଧ ଘୋଷଣା ସବୁବେଳେ ବ୍ୟକ୍ତିଗତ ସ୍ୱାର୍ଥର ଉର୍ଦ୍ଧ୍ୱରେ ହିଁ ରହିବ। କର୍ଣ୍ଣାଟକରେ ଦ୍ୱାଦଶ ଶତାବ୍ଦୀର ଜଣେ ସନ୍ଥ ବାସବେଶ୍ୱରଙ୍କ ସଂପର୍କରେ ଲିଖିତ ଉପନ୍ୟାସ 'ଧର୍ମକିରଣ'କୁ କର୍ଣ୍ଣାଟକ ସରକାର ସିଆରପିସିର ଧାରା ୯୫ ଅନୁଯାୟୀ ୧୯୯୫ରେ ନିଷିଦ୍ଧ ଘୋଷଣା କରିଥିଲେ। ବିଭିନ୍ନ ଶ୍ରେଣୀ ଓ ସମ୍ପ୍ରଦାୟ ଭିତରେ ଏହା ଘୃଣା ଭାବ ସୃଷ୍ଟି କରିବ ବୋଲି କର୍ଣ୍ଣାଟକ ସରକାରଙ୍କ ପକ୍ଷରୁ ଯୁକ୍ତି କରାଯାଇଥିଲା। ସୁପ୍ରିମକୋର୍ଟର ବିଚାରପତି ଦ୍ୱୟ ତାଙ୍କର ରାୟରେ ଏକଥା ମଧ୍ୟ କହିଥିଲେ ଯେ ଭାରତ ଭଳି ଏକ ବହୁବିଧ ଭାଷା, ସଂସ୍କୃତି ଓ ଧର୍ମର ଦେଶରେ ଅନ୍ୟମାନଙ୍କ ବିରୁଦ୍ଧରେ ଲେଖିବା ଓ ସମାଲୋଚନା କରିବା କଦାପି ଗ୍ରହଣୀୟ ନୁହେଁ। ବିଶେଷ କରି ସଂଖ୍ୟାଲଘୁ ସମ୍ପ୍ରଦାୟଙ୍କ ପ୍ରତି ଅନୁକମ୍ପାମୂଳକ ଆଚରଣ ପ୍ରଦର୍ଶନ କରାଯିବା ଉଚିତ୍ ବୋଲି ବିଚାରପତିମାନେ କହିଥିଲେ। ଜନସଂଖ୍ୟାର ଏକ ବଡ ଗୋଷ୍ଠୀ ଦୁର୍ବଳ ଶ୍ରେଣୀର ଲୋକଙ୍କ ପ୍ରତି ଅଧିକ ସମଭାବାପୂର୍ଣ୍ଣ ହେବା ଓ ଉଚିତ ବିଚାର ପ୍ରଦର୍ଶନ ସପକ୍ଷରେ ବିଚାରପତି ମାନେ କହିଥିଲେ।

ଲେନିନ୍ କୁମାରଙ୍କ କ୍ଷେତ୍ରରେ ଏହି ଯୁକ୍ତିଟି କେତେଦୂର ପ୍ରଯୁଜ୍ୟ ତାହା ବିଚାର କରିବାର କଥା। କିନ୍ତୁ ଗିରଫ କରି ନେବାବେଳେ ତାଙ୍କ ମୁହଁକୁ ଜବରଦସ୍ତ ବନ୍ଦ କରିବାର ଦୃଶ୍ୟ ଯିଏ ବି ଟେଲିଭିଜନ ପର୍ଦ୍ଦାରେ ଦେଖିଛନ୍ତି ସେ ନିଶ୍ଚିତରେ ପୋଲିସର ଏହି କାର୍ଯ୍ୟକଳାପକୁ ନାପସନ୍ଦ କରିବେ। କମିଶନରେଟ୍ ପୋଲିସ ଆଇନ୍ କାନୁନ୍‌ର ମୌଳିକ ଏବଂ ଦୃଶ୍ୟମାନ ଦିଗ ଗୁଡିକ ପ୍ରତି ଅଧିକ ସଚେତନ ହେବା ଦରକାର। ବିବାଦୀୟ ପୁସ୍ତକରେ କନ୍ଧମାଳ ସମ୍ପର୍କରେ ଯାହା ଲେଖା ଯାଇଛି ତାହା ଅପେକ୍ଷା ପୋଲିସ ଅଧିକାରୀଙ୍କ ମୁହଁ ବନ୍ଦ ଉଦ୍ୟମ ଢ଼େର ଦିନ ପର୍ଯ୍ୟନ୍ତ ଦର୍ଶକ ଓ ପ୍ରତିବାଦକାରୀଙ୍କ ସ୍ମୃତିରେ ରହିବ।

ଲେନିନ୍ କୁମାର ଗିରଫ ଘଟଣାକୁ ନେଇ ପୋଲିସର ଭୂମିକା, ନାଗରିକର ଅଧିକାର ଏବଂ ବ୍ୟକ୍ତି ସ୍ୱାଧୀନତା ଏସବୁ ବ୍ୟାପକ ବିତର୍କର ଅପେକ୍ଷା ରଖେ।

■

(ଶନିବାର, ୧୩ ଡିସେମ୍ବର ୨୦୦୮)

ଭାରତ ଭାବନା

ଭାରତ ଆଜି ତାର ୬୧ ତମ ସ୍ୱାଧୀନତା ଦିବସ ପାଳନ କରୁଛି । ଏଇଟି ଏଭଳି ଏକ ଅବସର ଯେତେବେଳେ ଆମେ ସମୀକ୍ଷା କରିଥାଉ ଆମର ସମୃଦ୍ଧିକୁ, ଆମର ପ୍ରଗତିକୁ ଏବେ ଆମର ତମାମ୍ ସଫଳତାକୁ । ତେବେ ଅଗଷ୍ଟ ପନ୍ଦର ଅବସରରେ ଯାବତୀୟ ବିଫଳତା ଏବଂ ଅଭାବବୋଧକୁ ନେଇ ମଧ୍ୟ ଆତ୍ମନିରୀକ୍ଷା କରାଯିବା କଥା ।

ଭାରତୀୟ ଗଣତନ୍ତ୍ର ବିଶ୍ୱରେ ସବୁଠାରୁ ସ୍ପନ୍ଦିତ ଗଣତନ୍ତ୍ର ଏବଂ ଏହା ହିଁ ଭାରତକୁ ସମଗ୍ର ବିଶ୍ୱରେ ଏକ ଅଦ୍ୱିତୀୟ ସ୍ଥାନ ଦେଇ ଆସିଛି । ବିଗତ କିଛିଦିନ ଧରି ଅହମ୍ମଦାବାଦଠାରୁ ନୈନାଦେବୀ ଓ ଜାମ୍ମୁ-କାଶ୍ମୀରଠାରୁ ମାଙ୍ଗାଲୋର ପର୍ଯ୍ୟନ୍ତ ଯେଉଁସବୁ ଅଘଟଣ ଘଟିଯାଇଛି ତାହା ସତ୍ତ୍ୱେ ଭାରତର ଲୋକେ ନିଜ ଭିତରେ ଯେଉଁ ଆତ୍ମୀୟତା, ସ୍ଥିତିସ୍ଥାପକତା ଏବଂ ଆଗକୁ ବଢ଼ିବାର ଶକ୍ତି ପ୍ରଦର୍ଶନ କରି ଆସିଛନ୍ତି ତାହା ଅତୁଳନୀୟ । ଯାବତୀୟ ବିଶୃଙ୍ଖଳା ସତ୍ତ୍ୱେ ଶହେ ଦଶକୋଟି ଜନସଂଖ୍ୟା ବିଶିଷ୍ଟ ଏହି ବିଶାଳ ଦେଶ ସମଗ୍ର ଦୁନିଆରେ ନିଜ ପାଇଁ ଯେଉଁ ସ୍ଥାନ ସୃଷ୍ଟି କରିପାରିଛି ତାହା ଅନେକଙ୍କୁ ଆଚମ୍ବିତ କରିଛି ।

ବିଭିନ୍ନ ପ୍ରତିବନ୍ଧକ ସତ୍ତ୍ୱେ ଭାରତର ଅର୍ଥନୈତିକ ଅଭିବୃଦ୍ଧି ଲଗାତର ଊର୍ଦ୍ଧ୍ୱମୁଖୀ ହୋଇଚାଲିଛି ଏଥିରେ ଦ୍ୱିମତ ଥାଇନପାରେ । କେନ୍ଦ୍ରରେ ହେଉ କି ରାଜ୍ୟରେ, ଯେଉଁ ଦଳର ସରକାର କ୍ଷମତାରେ ଥାଆନ୍ତୁ ନା କାହିଁକି ରାଜନୈତିକ ବିଭେଦ ଅର୍ଥନୈତିକ ପ୍ରଗତିକୁ ରୋକି ନାହିଁ ଏବଂ ଏହାହିଁ ସବୁଠାରୁ ବଡ଼ ଆଶ୍ୱାସନାର ବିଷୟ । ନିକଟରେ ପାର୍ଲାମେଣ୍ଟରେ କେନ୍ଦ୍ର ସରକାରଙ୍କ ବିରୁଦ୍ଧରେ ଯେଉଁ ବିଶ୍ୱାସ ପ୍ରସ୍ତାବ ଆସିଲା ତାହା ଦେଶର ରାଜନୈତିକ ଦୃଶ୍ୟପଟ୍ଟକୁ ଯଦିଓ ବଦଳାଇଛି, ତଥାପି ଅର୍ଥନୀତିରେ ଯେଉଁ ଉଦାରୀକରଣ ପ୍ରକ୍ରିୟା ଚାଲିଆସିଛି ତାହା ଆଗାମୀ ଦିନରେ ଅଧିକ ତ୍ୱରାନ୍ୱିତ ହେବ ଏଥିରେ ସନ୍ଦେହ ନାହିଁ । ଏହାର କାରଣ ଅର୍ଥନୀତିକ ଅଭିବୃଦ୍ଧିର ଶକ୍ତିଗୁଡ଼ିକ ନିରନ୍ତର

କାର୍ଯ୍ୟରେ ଲାଗିଛନ୍ତି ଏବଂ ମୁକ୍ତ ବଜାର ଅର୍ଥନୀତି ଚାରିଆଡ଼େ ତାର କାୟା ବିସ୍ତାର କରିବା ଆରମ୍ଭ କରିଛି । ଆଜି ଭାରତର ପ୍ରତ୍ୟେକ ବର୍ଗ ଓ ଗୋଷ୍ଠୀ-ସେ ଦଳିତ ହୁଅନ୍ତୁ କି ମୁସ୍‌ଲିମ୍ ହୁଅନ୍ତୁ କି ବ୍ରାହ୍ମଣ-ହୁଅନ୍ତୁ ସମସ୍ତେ ବୁଝିଛନ୍ତି ଯେ ପରିଶ୍ରମ, ଉଦ୍ୟମ ଏବଂ ଉଦ୍ୟୋଗପ୍ରବଣତା ହିଁ ସାମାଜିକ-ଅର୍ଥନୈତିକ ପ୍ରଗତିର ଚାବିକାଠି ।

ଭାରତରେ ବିଦେଶୀ ପୁଞ୍ଜି ନିବେଶର ଯେଉଁ ପ୍ରକ୍ରିୟା ୧୫ ବର୍ଷ ତଳେ ଆରମ୍ଭ ହୋଇଥିଲା ତାହା ଆଜି ବି ଅବିରାମ ଗତିରେ ଚାଲିଛି ଏବଂ ବିଶ୍ୱର ଅଧିକାଂଶ ଦେଶ ଭାରତରେ ପୁଞ୍ଜିନିବେଶ ପାଇଁ ଆଗ୍ରହ ପ୍ରକାଶ କରୁଛନ୍ତି । ଭାରତୀୟ ଅର୍ଥନୀତିର ଗତିଶୀଳତା, ପୁଞ୍ଜିନିବେଶ କ୍ଷେତ୍ରରେ ନିରାପତ୍ତା, ଏଠାକାର ବ୍ୟବସାୟୀକ ଦକ୍ଷତା ଏବଂ ଭାରତର ଆଇନ ବ୍ୟବସ୍ଥା ବ୍ୟବସାୟ କରିବା ପାଇଁ ସମସ୍ତଙ୍କୁ ଆକର୍ଷିତ କରୁଛି ।

ଏହି ପୁଞ୍ଜି ବିନିଯୋଗ ଏବେ ଗୋଟିକିଆ ରାସ୍ତା ହୋଇରହିନାହିଁ । ଭାରତର ବଡ଼ ବଡ଼ କମ୍ପାନୀ ସମଗ୍ର ବିଶ୍ୱରେ ନିଜର ପ୍ରଭାବ ବିସ୍ତାର କରିପାରିଛନ୍ତି । ଦେଶର ନାମଜାଦା କମ୍ପାନୀମାନେ ଯେଭଳି ବିଦେଶୀ କମ୍ପାନୀମାନଙ୍କୁ କିଣିବାରେ ଲାଗିଛନ୍ତି ତାହା ବିଶ୍ୱରେ ଭାରତର ବ୍ୟବସାୟୀକ ଦକ୍ଷତାକୁ ପୁନଃପ୍ରମାଣିତ କରିଛି । ଅଟୋମୋବାଇଲଠାରୁ ଆରମ୍ଭ କରି ବାୟୋଟେକ୍ନୋଲୋଜି, ରସାୟନ ଏବଂ ଔଷଧ ପ୍ରସ୍ତୁତି ତଥା ଯୋଗାଯୋଗ କ୍ଷେତ୍ରରେ ଭାରତରେ ଯେଉଁ ସମ୍ଭାବନା ରହିଛି ତାହା ସମସ୍ତଙ୍କ ପାଇଁ ଉତ୍ସାହର କାରଣ ହୋଇଛି । ବିଶ୍ୱର ବଡ଼ ବଡ଼ କର୍ପୋରେଟ୍ ହାଉସ୍‌ରେ ଭାରତର ବିଜ୍ଞ ଯୁବକମାନେ ଯେଉଁ ଭଳି ନିଜର ପଦଚିହ୍ନ ଛାଡି ଯାଉଛନ୍ତି ତାହା ବିରଳ । ଆଜି ଦେଖାଯାଉଛି ଯେ, ଭାରତ ବୈଶ୍ୱିକ ଅର୍ଥନୀତିର ଏକ ଅଂଶ ବିଶେଷ ହେବା ସହିତ ବହୁ ରାଷ୍ଟ୍ରୀୟ କମ୍ପାନୀ ତଥା ଅଗ୍ରଣୀ ଶିକ୍ଷାନୁଷ୍ଠାନ ଏବଂ ବିଜ୍ଞାନ ସଂସ୍ଥାରେ ଆମ ଯୁବପିଢ଼ି ଆସ୍ଥାନ ଜମାଇ ପାରିଛନ୍ତି ।

ତେବେ ଏକଥା କହିବା ଭୁଲ ହେବ ନାହିଁ ଯେ ସମୃଦ୍ଧି ଓ ପ୍ରଗତିର ଏହି ଇଲାକାରେ ଦାରିଦ୍ର୍ୟ, ବୁଭୁକ୍ଷା ଏବଂ ଯନ୍ତ୍ରଣା ବି ଭରି ରହିଛି । ଯେ କୌଣସ ଦେଶର ଅର୍ଥନୈତିକ ବିକାଶ ସହିତ ଦାରିଦ୍ର୍ୟ ଦୂରୀକରଣ ଯୋଡି ହୋଇ ରହିଥାଏ । ଭାରତ ଭଳି ଦେଶରେ ଏହି ସଂଯୋଗ ଅପେକ୍ଷାକୃତ ଅଧିକ । ଜନସଂଖ୍ୟାର ଅଧିକାଂଶ ଲୋକେ ଆଜି ମଧ୍ୟ ଅର୍ଥନୈତିକ ସୁବିଧା ଓ ସୁଯୋଗଠାରୁ ବହୁ ଦୂରରେ ରହିଛନ୍ତି । ବିଶେଷ କରି ଗ୍ରାମାଞ୍ଚଳରେ ଜୀବିକା ଲୋକେ ତଥାକଥିତ ପ୍ରଗତି ଓ ସମୃଦ୍ଧିର ଭାଗିଦାରୀ ହୋଇ ପାରିନାହାନ୍ତି । ଶହଶହ ବର୍ଷ ଧରି ଭାରତର ଗ୍ରାମାଞ୍ଚଳ ପ୍ରାକୃତିକ ବିପର୍ଯ୍ୟୟ ହାତରେ ବନ୍ଦୀ ହୋଇ ରହି ଆସିଛି । ଯେଉଁ ବୈଷୟିକ ଜ୍ଞାନ ଓ ପ୍ରଗତି କଥା କୁହାଯାଉଛି ତାହା ଏପର୍ଯ୍ୟନ୍ତ ଗ୍ରାମାଞ୍ଚଳରେ ପହଞ୍ଚି ନାହିଁ । ଗାଁ ଗହଳିରେ ରହୁଥିବା କୋଟି କୋଟି

ଲୋକଙ୍କ ପାଇଁ କୃଷି ହିଁ ଏକମାତ୍ର ଭରସା । ଏ ଦିଗରେ ବୈଷୟିକ ଜ୍ଞାନର ଗୁରୁତ୍ୱପୂର୍ଣ୍ଣ ଭୂମିକା ରହିଛି। ଗାଁ ଗହଳରେ କୃଷି ବ୍ୟତୀତ କୃଷିଭିତ୍ତିକ ଶିଳ୍ପର ଅନୁପ୍ରବେଶ ଜରୁରୀ ହୋଇ ପଡିଛି। ଶିକ୍ଷା ଠାରୁ ସ୍ୱାସ୍ଥ୍ୟ, ବିଦ୍ୟୁତ୍ ଠାରୁ ରାସ୍ତାଘାଟ, ଯୋଗାଯୋଗ ଠାରୁ ବ୍ୟବସାୟ ଏସବୁ କ୍ଷେତ୍ରରେ ସହରରେ ଯେଭଳି ଭିତ୍ତିଭୂମି ନିର୍ମାଣ କରାଯାଉଛି ସେହିଭଳି ଭିତ୍ତିଭୂମି ଗ୍ରାମାଞ୍ଚଳରେ ବି ହେବା ଦରକାର।

ଭାରତ ପାଇଁ ଆଜି ଆବଶ୍ୟକ ହେଉଛି ଏକ ସୁସ୍ଥ ସାମାଜିକ ବ୍ୟବସ୍ଥା। ଆଜି ଦେଶରେ ଦୁର୍ନୀତି ଯେଭଳି ସମାଜର ପ୍ରତିଟି ସ୍ତରକୁ ଚେର ଭଳି ମାଡି ଯାଇଛି ତାହାର ଉତ୍ପାଟନ ନହେଲେ ସାମାଜିକ ପ୍ରଗତି ଆଶା କରିବା ବୃଥା। ଦୁର୍ନୀତି ମୂଳରେ ରହିଛି କ୍ଷମତା ଏବଂ କ୍ଷମତାର ଅପବ୍ୟବହାର। ଗଣତନ୍ତ୍ର ଓ କ୍ଷମତା- ରାଜନୀତି ପରସ୍ପର ଯୋଡି ହୋଇ ରହିଛନ୍ତି। ବିଶ୍ୱର ଅନେକ ଦେଶ ଉଚ୍ଚସ୍ତରରେ ହେଉଥିବା ଦୁର୍ନୀତିକୁ ହଟାଇବା ପାଇଁ ବିଭିନ୍ନ ପ୍ରକାର ଉପାୟ ବାହାର କରିଛନ୍ତି। ଦୁର୍ନୀତିକୁ ସମାଜରୁ ହଟାଇବା ପାଇଁ ଆଧୁନିକ ଗଣମାଧ୍ୟମର ଏକ ଗୁରୁତ୍ୱପୂର୍ଣ୍ଣ ଦାୟିତ୍ୱ ରହିଛି-ବିଶେଷ କରି ଟେଲିଭିଜନ ଓ ଇଣ୍ଟରନେଟ୍‌ରେ। ରାଜନୈତିକ ଏବଂ ଅର୍ଥନୈତିକ ଭ୍ରଷ୍ଟାଚାରକୁ ଶେଷ କରିବାକୁ ହେଲେ ବ୍ୟାପକ ଘରୋଇକରଣ ସପକ୍ଷରେ ଅନେକ ମତ ଦିଅନ୍ତି। ଘରୋଇକରଣ ହେଲେ ରାଜନେତା ଏବଂ ଅମଲାତନ୍ତ୍ର ହାତରେ ଥିବା କ୍ଷମତା ଆପଣାଛାଏଁ ଚାଲିଯିବ। ସୁତରାଂ, ଆଜିର ଆବଶ୍ୟକତା ହେଉଛି ଦୁର୍ନୀତି ଓ ଦାରିଦ୍ର୍ୟ ବିରୁଦ୍ଧରେ ଲଗାତର ସଂଗ୍ରାମ।

ସ୍ୱାଧୀନତା ଦିବସକୁ ମନେ ପକାଇବାର ବାସ୍ତବ ପଦକ୍ଷେପ ହେଉଛି ବ୍ୟକ୍ତି ବିଶେଷ, ଗୋଷ୍ଠୀ, ସଂସ୍ଥା ଓ ଅନୁଷ୍ଠାନ ସମସ୍ତେ ମିଶି ଅନ୍ଧକାର, ବିଷାଦ ଓ ନୈରାଶ୍ୟଜନକ ଅବସ୍ଥାକୁ ଦୂର କରିବା। ତେବେ ଯାଇ ସ୍ୱାଧୀନତା ଦିବସ ନିସ୍ତେଜ ଓ ମଳିନର ଦିବସ ନହୋଇ ଆଲୋକ ଏବଂ ଆନନ୍ଦର ଦିବସ ହେବ। ଏକ ଭିନ୍ନ ପୃଷ୍ଠଭୂମିରେ ଆଗାମୀ ଯୁଗର ଦ୍ରଷ୍ଟା ଓ ସ୍ରଷ୍ଟା ମାନଙ୍କୁ କବି ରାଧାମୋହନ ଗଡ଼ନାୟକଙ୍କର ବୈପ୍ଳବିକ ଆହ୍ୱାନ ଥିଲା:

"ଭେଦର ପାଚେରୀ ଭାଙ୍ଗିବୁ ଆମେ
ନ ମାନିବୁ ଜାତି ଧର୍ମ,
ଜୀବନେ ଜୀବନେ ଖେଳାଇ ଦେବୁରେ
ମଣିଷ ଜାତିର ମର୍ମ।
ଆମେ ଜଗତର ସେବା କରିବୁ
ଆମେ ବ୍ୟଥିତର ବ୍ୟଥା ହରିବୁ

ପ୍ରାଣେ ପ୍ରାଣେ ଆମେ ପଙ୍କଜ ସମ
ଫୁଟାଇବୁ ସୌଭାତ୍ର
ଉଦୟ-ପଥର ଯାତ୍ରୀ ଆମେରେ !
ଉଦୟ-ପଥର ଯାତ୍ରୀ

ରାତି ପାହିଲେ ସକାଳ

ପୁରୁଣା ବର୍ଷକୁ ଅଲ୍‌ବିଦା କହିବା ପାଇଁ ଏବଂ ନୂଆ ବର୍ଷକୁ ସ୍ୱାଗତ କରିବା ପାଇଁ ସମସ୍ତେ ପ୍ରସ୍ତୁତ ହୋଇ ସାରିଛେ। ଏହା ସତକଥା ଯେ ଆମେ ନୂଆ ବର୍ଷକୁ ଏକ ଉତ୍ସବ ଭଳି ପାଳନ କରୁଥାଇଁ ଏବଂ ଏଥିପାଇଁ ଏହି ଦିନ ସକାଳୁ ସକାଳୁ ଆମେ ସମସ୍ତେ ନୂଆ ନୂଆ ସଙ୍କଳ୍ପ ବି ନେଇଥାଉ। ଏଇ ସବୁ ସଙ୍କଳ୍ପ ଭିତରେ ଥାଏ ଅନ୍ୟକୁ ଈର୍ଷା ନକରିବା, ଅନ୍ୟର ଉପକାର କରିବା, ଧର୍ମ, ଭକ୍ତି ଆଦି ଯାବତୀୟ ସଦ୍‌ଗୁଣକୁ ନିଜ ଭିତରେ ସମାବେଶିତ କରିବା। ବାସ୍ତବରେ ଯଦି ଆମେ ନିଜ ଭିତରେ ପରିବର୍ତ୍ତନ ଆଣିବାକୁ ଚାହୁଁଛେ ତେବେ ଏଥିପାଇଁ ନୂଆ ତାରିଖ କିମ୍ବା ନୂଆ ବର୍ଷ କିମ୍ବା ନୂଆ ଦିନର କୌଣସି ଆବଶ୍ୟକତା ହିଁ ନାହିଁ।

ଆମେ ସମସ୍ତେ ଏକଥା ଊଣା ଅଧିକେ ଜାଣୁ ଯେ ଉତ୍ତମ ବିଚାର ଆମମାନଙ୍କ ମସ୍ତିଷ୍କରେ ବେଳେବେଳେ ଆସିପାରେ। ଆଜି ପର୍ଯ୍ୟନ୍ତ ଯେତେସବୁ କ୍ରାନ୍ତି ବା ଆନ୍ଦୋଳନ ସଙ୍ଘଟିତ ହୋଇଛି ସେହିସବୁ ସଙ୍ଘଟନା ପଛରେ ତାତ୍‌କାଳିକତା ହିଁ ବଡ଼ କଥା। ଅର୍ଥାତ୍ ଯାହା ମନକୁ ଆସେ ତାକୁ କାର୍ଯ୍ୟରେ ଲଗାଇଲେ ହିଁ ସିଦ୍ଧି ପ୍ରାପ୍ତ ହୁଏ। ଆହୁରି ମଧ୍ୟ, ଯେଉଁ ମଣିଷଟି ଭଲ ଗୁଣର ଅଧିକାରୀ ହେବା ପାଇଁ ଏକ ନିଶ୍ଚିତ ସମୟର ଅପେକ୍ଷା କରେ ତା'ପାଇଁ ସେହି ଭଲ ବା ନିର୍ଦ୍ଦିଷ୍ଟ ମୁହୂର୍ତ୍ତଟି କେବେ ବି ଆସେନା। ସେ ଏବର୍ଷରୁ ସେ ବର୍ଷ, ସେ ବର୍ଷରୁ ଆସନ୍ତା ବର୍ଷ ଏଇଭଳି ଡିଆଁ ମାରି ଚାଲିଥାଏ। କିନ୍ତୁ ସେ ଭଲ ଗୁଣର ଅଧିକାରୀ ହୋଇପାରେନା। ଏଭଳି ମଣିଷମାନଙ୍କର ଉନ୍ନତି ନିଶ୍ଚିତ ହୋଇଥାଏ କିନ୍ତୁ ଆତ୍ମିକ ବିକାଶ ସମ୍ଭବ ହୋଇନଥାଏ। ଅନ୍ୟ ଅର୍ଥରେ, ଆଲୁଅ ପଡେ କିନ୍ତୁ କେବେ ଭୋର୍ ହୁଏନି।

ବିଚାର କରିବାର କଥା ଯେ, ମଣିଷକୁ ଜାଗ୍ରତ ହେବା ପାଇଁ କୌଣସି ତାରିଖ, ବୟସ, ନିୟମ, ସଂକଳ୍ପର ଆବଶ୍ୟକତା ନଥାଏ। ମଣିଷ କେଉଁ ପ୍ରକାରେ ଜାଗ୍ରତ

ହୁଏ ତାହା ବଡ଼ କଥା ନୁହେଁ, କଡ଼ କଥା ହେଉଛି କେବେ ଜାଗ୍ରତ ହେଉଛି। ଲୋକମାନେ ଜାଗ୍ରତ ହେବା ପାଇଁ ରକମ୍ ରକମ୍‌ର ନିୟମ ଓ ସଙ୍କଳ୍ପ କରିଥାନ୍ତି ଓ ଅନେକ ପ୍ରକାରର ବାହାନା ବି ଖୋଜିଥାନ୍ତି। ସେମାନେ ବିଶେଷ ଦିନ ଏବଂ ଖାସ୍ ମଉକା ସନ୍ଧାନରେ ଥାଆନ୍ତି। ସେହିସବୁ ଦିନ ଓ ମଉକା ଭିତରେ ନୂଆ ବର୍ଷ ଅନ୍ୟତମ।

ଲୋକମାନେ ନୂଆ ବର୍ଷରେ କିଛି ଦୃଢ଼ ସଙ୍କଳ୍ପ ନେଇଥାନ୍ତି- ଯେମିତି କି ଗତବର୍ଷ ଏହି କାମଟି କରିପାରି ନଥିଲି ଏଣୁ ଏବର୍ଷ ତାହା କରିବି କିମ୍ବା ଅମୂକ ଅଭ୍ୟାସଟିକୁ ଏବର୍ଷ ନିଶ୍ଚିତରେ ଛାଡିବି ଇତ୍ୟାଦି। ଏଥିରେ ଆଦୌ ଦ୍ୱିମତ ନାହିଁ ଯେ ଆମେ ଯେତେବେଳେ ସଙ୍କଳ୍ପ କରୁ ତାହାରି ସହାୟତାରେ ଅଭ୍ୟାସକୁ, ଆଚରଣକୁ କିମ୍ବା ନିଜକୁ ନିୟମିତ କରିଥାଉ। କିନ୍ତୁ ଏହାବି ସତ୍ୟ ଯେ ଆମେ କଦାପି ସେସବୁରୁ ମୁକ୍ତ ହୋଇ ପାରୁନା। ବାସ୍ତବରେ ନିଜ ନିଜର ଆତ୍ମଶକ୍ତିକୁ ପାଇବାକୁ ହେଲେ ଅନ୍ତର ଭିତର ଶକ୍ତି ଜାଗ୍ରତ ହେବା ଦରକାର ।

କୁହାଯାଏ ଯେତେଦିନ ପର୍ଯ୍ୟନ୍ତ ଆମ ଭିତରେ ଥିବା ସମସ୍ୟାର ମୂଳକୁ ଆମେ ନଯାଇଛେ ସେତେ ଦିନ ପର୍ଯ୍ୟନ୍ତ ତାହାର ନିଦାନ କରିବା ସମ୍ଭବ ନୁହେଁ। ପ୍ରକୃତରେ ଯଦି ଜୀବନରେ ନୂଆ ବର୍ଷ ସହିତ ନୂଆ ସକାଳରେ ପଦାର୍ପଣ କରିବା ପାଇଁ ଆମେ ଚାହୁଁ, ତେବେ ଆମକୁ ସେହିସବୁ ସମସ୍ୟାର ଚେର ପର୍ଯ୍ୟନ୍ତ ଯିବାକୁ ହେବ ଏବଂ ତେବେ ଯାଇ ସେହି ସମସ୍ୟାର ନିରାକରଣ ସମ୍ଭବ ହେବ। ଯଦି ଆମେ ଧ୍ୟାନର ସହିତ ଲକ୍ଷ୍ୟ କରିବା, ଆମେ ଦେଖିବା ଯେ ଆମମାନଙ୍କର ଜୀବନ ଛୋଟ ଛୋଟ ଏବଂ ମହତ୍ତ୍ୱହୀନ କଥାରେ ଘାଣ୍ଟି ହୋଇ ରହିଥାଏ। ବାସ୍ତବ କଥା ହେଉଛି ଏହି ଛୋଟ ଛୋଟ କାରଣରୁ ହିଁ ବଡ଼ ବଡ଼ ସମସ୍ୟା ଜନ୍ମ ନେଇଥାନ୍ତି ।

ଉଦାହରଣ ସ୍ୱରୂପ ଅଫିସରେ ଓ ନିଜ ସମ୍ପର୍କ ଭିତରେ ମାନସିକ ସ୍ଥିତି ଓ ଆର୍ଥିକ ସ୍ଥିତିର ସମସ୍ୟା କଥା ଆମେ ଯେତେବେଳେ ଆଲୋଚନା କରୁ ସେହି ଆଲୋଚନାରେ ବେଳେ କେବଳ ଜୀବନଚର୍ଯ୍ୟା ନୁହେଁ ଜୀବନଯାତ୍ରା ମଧ୍ୟ ପ୍ରଭାବିତ ହୋଇଥାଏ। ଆମ ଭିତରେ ଦୁଃଖର ସବୁଠାରୁ ବଡ଼ କାରଣ ଅନ୍ୟ କେହି ନୁହଁନ୍ତି ଆମେ ନିଜେ। ଅଭ୍ୟାସଗତ ଭାବରେ ଆମ ସମସ୍ତଙ୍କର ଦୃଷ୍ଟି ସବୁବେଳେ ଅନ୍ୟର ଚର୍ଚ୍ଚାରେ ବା ଅନ୍ୟର ଫିକର କରିବା ପାଇଁ ହିଁ ଉଦ୍ଦିଷ୍ଟ ଥାଏ। ନିଜର ଚିନ୍ତା ପାଇଁ ଆମେ ଏତେ ବ୍ୟସ୍ତ ନଥାଉ। ଅନ୍ୟ ବ୍ୟକ୍ତିଟି କ'ଣ କରୁଛି ବା କ'ଣ କରିପାରିବ ତା'ର ଖବର ଆମ ପାଖରେ ଥାଏ। କିନ୍ତୁ ଆମେ କ'ଣ କରୁଛେ କିମ୍ବା କ'ଣ କରିପାରିବା ଏହାର ସମ୍ୟକ୍ ଜ୍ଞାନ ଆମର ନଥାଏ। ଏହି କାରଣରୁ ଆମର ସମସ୍ତ ଧ୍ୟାନ, ସମସ୍ତ ଶକ୍ତି ଇତର ମଣିଷ ଉପରେ କେନ୍ଦ୍ରୀଭୂତ

ହୋଇ ରହିଥାଏ। ନଜରଟି ଯେତେବେଳେ ପର ଉପରେ କେନ୍ଦ୍ରୀତ ହୋଇଥାଏ ସେତେବେଳେ ଆତ୍ମଦର୍ଶନ କଷ୍ଟକର ହୋଇ ପଡିଥାଏ।

ଗୋଟିଏ କଟୁ ସତ୍ୟ ହେଉଛି ଯେ ଆମେ ନିଜକୁ କୌଣସି ରକମର କଷ୍ଟ ଦେବାକୁ ଚାହୁଁନାହୁଁ ବା ପରିଶ୍ରମ କରିବାକୁ ଇଚ୍ଛା କରୁନା। ଅଥଚ ଅନ୍ୟମାନଙ୍କୁ ପରିବର୍ତ୍ତନ କରିବା ପାଇଁ ଚାହୁଁ। ଚେତନା ଯେତେବେଳେ ବାହାର ଅପେକ୍ଷା ନିଜ ଭିତରେ ଜାଗ୍ରତ ହେବ ତେବେ ଯାଇ ନିଜ ଭିତରେ ପରିବର୍ତ୍ତନ ଆସିପାରିବ। ଏଥିପାଇଁ ପ୍ରଥମେ ନିଜର ପରିବର୍ତ୍ତନ କଥା ଆମେ ଚିନ୍ତା କରିବା। ନୂଆ ଦିନ ଓ ନୂଆ ବର୍ଷର ପ୍ରଥମ ସକାଳଟି ଆମ ସମସ୍ତଙ୍କୁ ସ୍ୱାଗତ କରିବା ପାଇଁ ଛିଡା ହୋଇଛି। ଆମ ସମସ୍ତଙ୍କୁ ସେହି ନୂତନ ସୂର୍ଯ୍ୟର ପରିପ୍ରକାଶ ଅର୍ଥାତ୍ ଜୀବନର ବାସ୍ତବିକତାକୁ ସ୍ୱୀକାର କରିବାକୁ ହିଁ ହେବ।

(ଶନିବାର, ୧ ଜାନୁଆରୀ ୨୦୦୮)

ଅଷ୍ଟମ ଶ୍ରେଣୀ ପାସ୍

ନିକଟରେ କେନ୍ଦ୍ର ସରକାର ପାର୍ଲାମେଣ୍ଟରେ ଏକ ବିଲ୍ ଆଣିଛନ୍ତି । ବିଲ୍‌ଟିର ଉଦ୍ଦେଶ୍ୟ ହେଉଛି ସମଗ୍ର ଦେଶରେ ପ୍ରଥମ ଶ୍ରେଣୀରୁ ଅଷ୍ଟମ ଶ୍ରେଣୀ ମଧ୍ୟରେ ଆଉ କୌଣସି ଶିକ୍ଷାର୍ଥୀ ଫେଲ୍ ହେବେ ନାହିଁ । ବିଦ୍ୟାଳୟ କର୍ତ୍ତୃପକ୍ଷ ଚାହିଁଲେ ବି ପାଠ ପଢ଼ାରେ ଦୁର୍ବଳ ଶିକ୍ଷାର୍ଥୀଙ୍କୁ ଫେଲ୍ କରିପାରିବେନି କିମ୍ବା ସ୍କୁଲରୁ ତଡ଼ି ଦେଇ ପାରିବେନି । ପାର୍ଲାମେଣ୍ଟରେ ଏହି ବିଲ୍‌ଟି ଗୃହୀତ ହେବା ପରେ ମାଗଣା ଓ ବାଧ୍ୟତାମୂଳକ ଶିକ୍ଷା ଲାଗି ଶିଶୁଙ୍କ ଅଧିକାର ସମ୍ବନ୍ଧିତ ଏହି ସୁବିଧାଟି ଶିକ୍ଷାର୍ଥୀଙ୍କୁ ସହଜରେ ମିଳିପାରିବ । ଏହିଭଳି ଏକ ଆଇନ ପଛରେ ଯୁକ୍ତି ହେଉଛି ଯେ ବାର୍ଷିକ ପରୀକ୍ଷା ପଦ୍ଧତି ଏକ ପୁରୁଣା କାଳିଆ ବ୍ୟବସ୍ଥା ଏବଂ ଆମକୁ କିଛି ନୂଆ କରିବାକୁ ହେବ । ଶିକ୍ଷାବିତ୍‌ଙ୍କ ମତରେ ବିଶ୍ୱବ୍ୟାପୀ ନିମ୍ନ ଶ୍ରେଣୀରେ ଶିକ୍ଷାର୍ଥୀମାନଙ୍କୁ ଫେଲ୍ କରାଯାଏ ନାହିଁ । ତେଣୁ ଭାରତରେ ମଧ୍ୟ ଏହାକୁ ଲାଗୁ କରାଯିବା ଦରକାର ।

ନିଃସନ୍ଦେହରେ, ଏହା ଏକ ପ୍ରଗତିଶୀଳ ପଦକ୍ଷେପ ଏବଂ ଭଲ କଥାଟି ହେଉଛି ଯେ ଉଭୟ ସରକାରୀ ଏବଂ ବେସରକାରୀ ସ୍କୁଲ ପାଇଁ ଏହି ବ୍ୟବସ୍ଥାଟି ପ୍ରଯୁଜ୍ୟ ହେବ । ଯେଉଁ କମିଟି ଏହି ବିଲ୍‌କୁ ତିଆରି କରିଥିଲା ସେହି କମିଟିର କହିବା କଥା ହେଉଛି ଯେ ଶିକ୍ଷାର୍ଥୀମାନଙ୍କର ପଢ଼ାପଢ଼ି ଏବଂ ପାସ୍ ଫେଲ୍ ଦାୟିତ୍ୱ ଏଣିକି ସ୍କୁଲମାନଙ୍କର ।

ବିଶ୍ୱର ଅଧିକାଂଶ ବିକଶିତ ଦେଶରେ ଏକ ନିର୍ଦ୍ଦିଷ୍ଟ ଶ୍ରେଣୀ ପର୍ଯ୍ୟନ୍ତ ସ୍କୁଲ ପିଲାମାନଙ୍କୁ କୌଣସି ପର୍ଯ୍ୟାୟରେ ଅଟକା ଯାଏ ନାହିଁ । ଯଦି କୌଣସି ପିଲା ପାଠପଢ଼ାରେ ପଛୁଆ ବା ଦୁର୍ବଳ ଜଣାପଡେ ତାକୁ ସ୍ୱତନ୍ତ୍ର କୋଚିଂ ଦିଆଯାଏ ଯାହା ଫଳରେ କି ସେ ସ୍କୁଲ ଶିକ୍ଷା ଶେଷ କରିବା ପାଇଁ ସମର୍ଥ ହେବ । ଅନ୍ୟ ଅର୍ଥରେ, ଏହାଦ୍ୱାରା ସ୍କୁଲରେ ଫେଲ୍ ହେବା ଭଳି ଲଜ୍ଜାରୁ ଛାତ୍ରଛାତ୍ରୀଙ୍କୁ ମୁକ୍ତି ଦେବା ପାଇଁ

ଉଦ୍ୟମ କରାଯାଏ। ଭାରତରେ କିନ୍ତୁ ସ୍କୁଲମାନଙ୍କରେ ଦୁର୍ବଳ ଏବଂ ମନ୍ଥର ଗତିରେ ଶିକ୍ଷା ଲାଭ କରୁଥିବା ପିଲାମାନଙ୍କ ପ୍ରତି କୌଣସି ସୁବିଚାର କରାଯାଏ ନାହିଁ ଏବଂ ଅଭିଭାବକମାନେ ବାଧ୍ୟ ହୋଇ ସ୍କୁଲ ସରିଲା ପରେ ନିଜ ନିଜ ପିଲାଙ୍କୁ ଅନ୍ୟତ୍ର କୋଚିଂ ଦେବା ପାଇଁ ନେଇଥାନ୍ତି। ଏହି କୋଚିଂର କିନ୍ତୁ କିଛି ଅର୍ଥ ନଥାଏ କାରଣ ପିଲାଟି ସ୍କୁଲରେ ଯେତେବେଳେ ମୌଳିକ ବିଷୟଟି ଶିଖି ନଥାଏ ତାକୁ ଅଧିକା କୋଚିଂ ଦେଲେ କଣ ଫାଇଦା ହେବ?

ଏହି ଦୃଷ୍ଟିରୁ ପାର୍ଲାମେଣ୍ଟାରୀ କମିଟି ସୁପାରିଶ କରିଛି ଯେ ସ୍କୁଲମାନେ ଏଣିକି ଅଷ୍ଟମ ଶ୍ରେଣୀ ପର୍ଯ୍ୟନ୍ତ ଆଉ ପରୀକ୍ଷା କରିବେ ନାହିଁ। ତା' ବଦଳରେ ନିରନ୍ତର ମୂଲ୍ୟାୟନ କରାଯିବ। ବର୍ତ୍ତମାନ ଯାହା ପ୍ରଚଳିତ ଅଛି ଆମ ଦେଶର ଅଧିକାଂଶ ସ୍କୁଲ ବାର୍ଷିକ ପରୀକ୍ଷା ଉପରେ ଜୋର ଦେଇଥାନ୍ତି। କାରଣ ପିଲାଙ୍କ ଶିକ୍ଷାଗତ ସାଫଲ୍ୟର ମୂଲ୍ୟାୟନ ପାଇଁ ଏହା ହେଉଛି ସବୁଠାରୁ ସହଜ ଉପାୟ। ଅବଶ୍ୟ ପିଲାଙ୍କ ସଂଖ୍ୟା ଦୃଷ୍ଟିରୁ ସ୍କୁଲଗୁଡିକୁ ଏଭଳି ପରୀକ୍ଷା ବ୍ୟବସ୍ଥା କରିବାକୁ ପଡିଥାଏ। କିନ୍ତୁ ଯାହା ଦେଖା ଦେଇ ଆସିଛି, ପରୀକ୍ଷା ପିଲାମାନଙ୍କର କୌଣସି ଉପକାରରେ ଆସେ ନାହିଁ। ଖାଲି ପାସ୍ ଫେଲ୍ ତାଲିକାରେ ସେମାନଙ୍କର ନାଁ ଗଢ଼େ।

ଏହା ଏକ ଜଣାଶୁଣା କଥା ଯେ ବାର୍ଷିକ ପରୀକ୍ଷା ଉପରେ ଜୋର ଦେବା ଦ୍ୱାରା ପିଲାର ଜ୍ଞାନ ଆହରଣ ପ୍ରକ୍ରିୟାଟି ବାଧାପ୍ରାପ୍ତ ହୋଇଥାଏ। ବିଶେଷ କରି ଉଚ୍ଚ ମାଧ୍ୟମିକ ଶ୍ରେଣୀ ଯାଏଁ ଏହା ଶିକ୍ଷାର୍ଥୀମାନଙ୍କ ପାଇଁ ଅଧିକ ସମସ୍ୟା ସୃଷ୍ଟି କରିଥାଏ। ଏକଥା ମଧ୍ୟ ଆମେ ଜାଣୁ ଯେ ସ୍କୁଲ ମାନଙ୍କରେ ବିଭିନ୍ନ ବିଷୟକୁ ବୁଝିବା ଅପେକ୍ଷା ସବୁ କିଛି ଘୋଷିବା ଉପରେ ଗୁରୁତ୍ୱ ଦିଆଯାଇଥାଏ। ଗୁଣାତ୍ମକ ଶିକ୍ଷା ପାଇଁ ଏହା ଆଦୌ ଅନୁକୂଳ ନୁହେଁ। ଯେଉଁମାନେ ଘୋଷାଘୋଷି କରି ପାଠ ପଢିଥାନ୍ତି ସେହି ଶିକ୍ଷା ପରବର୍ତ୍ତୀ ସମୟରେ କୌଣସି କାମରେ ଲାଗିନଥାଏ।

ପରନ୍ତୁ, ନିରନ୍ତର ମୂଲ୍ୟାୟନ ବା କଣ୍ଟିନ୍ୟୁୟସ ଇଭାଲ୍ୟୁଏସନ କରାଗଲେ ପିଲାମାନେ ଅଧିକ ଜ୍ଞାନ ଆହରଣ କରିବା ପାଇଁ ତତ୍ପର ହେବେ ଏବଂ ଯାହା ସ୍କୁଲରେ ପଢ଼ା ଯାଉଛି ତାହାର ପ୍ରୟୋଗାତ୍ମକ ଦିଗ ଉପରେ ଜୋର ଦିଆଯାଇପାରିବ। କେବଳ ପାଠ୍ୟ ପୁସ୍ତକ ପ୍ରୟୋଗାତ୍ମକ ନୁହେଁ ବିଭିନ୍ନ ପ୍ରକାର ପ୍ରୋଜେକ୍ଟ ଏବଂ ଅନ୍ୟାନ୍ୟ କାର୍ଯ୍ୟକ୍ରମ ଜରିଆରେ ପିଲାମାନଙ୍କର ମେଧା ଶକ୍ତିକୁ ବୃଦ୍ଧି କରାଯାଇ ପାରିବ। ସାଧାରଣତଃ, ସ୍କୁଲ ଛାତ୍ରଛାତ୍ରୀ ମାନଙ୍କର ଭିନ୍ନ ଭିନ୍ନ ଆବଶ୍ୟକତା ଥାଏ ଏବଂ ସେମାନଙ୍କର ଦକ୍ଷତା ମଧ୍ୟ ଭିନ୍ନ ଭିନ୍ନ ସ୍ତରର। ବର୍ତ୍ତମାନର ଶିକ୍ଷା ପଦ୍ଧତି କିନ୍ତୁ ଏହି ଭିନ୍ନତାକୁ ବିଚାରକୁ ନିଏ ନାହିଁ।

ପ୍ରସଙ୍ଗତଃ, ଭାରତର ଶିକ୍ଷା ପଦ୍ଧତିକୁ ବିଶ୍ୱ ଶ୍ରେଣୀୟ କରିବା ପାଇଁ ଯେଉଁ ଉଦ୍ୟମ ଚାଲିଛି ତାହା ସମ୍ଭବ ହୋଇପାରିବ ଯଦି ଦେଶର କୋଟି କୋଟି ପିଲାଙ୍କୁ ଉଚ୍ଚଶିକ୍ଷା ପାଇଁ ସୁଯୋଗ ସୃଷ୍ଟି କରାଯାଇ ପାରିବ। କିନ୍ତୁ ଉଚ୍ଚଶିକ୍ଷାକୁ ଠିକଣା ବାଟରେ ପକାଇବାକୁ ହେଲେ ପ୍ରଥମେ ପ୍ରାଥମିକ ଶିକ୍ଷାକୁ ସଜାଡ଼ିବାକୁ ହେବ। ଯେଉଁଠି ପ୍ରାରମ୍ଭିକ ଶିକ୍ଷା ଦୁର୍ବଳ ସେହି ଦୁର୍ବଳ ଭିତ୍ତିଭୂମି ଉପରେ କୌଣସି ଉଚ୍ଚଶିକ୍ଷା ଠିଆ ହୋଇପାରିବ ନାହିଁ।

ସତ କହିବାକୁ ଗଲେ, ଭାରତର ଶିକ୍ଷା ପଦ୍ଧତିକୁ ଆମୁଳଚୂଳ ପରିବର୍ତ୍ତନ କରିବା ଦରକାର। ବହୁ ଦିନରୁ ଏଭଳି ଏକ ପରିବର୍ତ୍ତନର ଆବଶ୍ୟକ ହେଉଥିଲେ ମଧ୍ୟ ଏବେ ପର୍ଯ୍ୟନ୍ତ ତାହା ସମ୍ଭବ ନଥିଲା। ଅନ୍ତତଃ ପାର୍ଲାମେଣ୍ଟରେ ଯେଉଁ ବିଲ୍‌ଟି ବିଚାର ଅପେକ୍ଷାରେ ଅଛି ତାହା ଶିକ୍ଷା କ୍ଷେତ୍ରରେ କିଛି ମୌଳିକ ପରିବର୍ତ୍ତନ ଆଣିବା ଆଶା କରାଯାଏ। ତେବେ ଅଷ୍ଟମ ଶ୍ରେଣୀ ପର୍ଯ୍ୟନ୍ତ ପରୀକ୍ଷା ଉଠାଇ ଦେବା ପ୍ରସଙ୍ଗରେ ଅନେକ ଗୁଡିଏ ଅସୁବିଧା ମଧ୍ୟ ରହିଛି। ନିରନ୍ତର ମୂଲ୍ୟାୟନ ପ୍ରକ୍ରିୟାକୁ ଯଦି ସବୁ ସ୍କୁଲରେ ଲାଗୁ କରାଯାଏ ସେଥିପାଇଁ ଆବଶ୍ୟକୀୟ ଭିତ୍ତିଭୂମି ଦରକାର। ତାହା ନହେଲେ ଏହା ଅଧିକ କ୍ଷତି କରିବ। ପରିସ୍ଥିତି ଏଭଳି ହୋଇପାରେ ଯେ ପିଲାଙ୍କର ନା ବାର୍ଷିକ ପରୀକ୍ଷା ହେଉଥିବ ନା ନିରନ୍ତର ମୂଲ୍ୟାୟନ ଚାଲିଥିବ।

ପ୍ରସ୍ତାବିତ ବିଲ୍‌ର ଜଣେ ସମର୍ଥକଙ୍କ ଅନୁଯାୟୀ ଶିକ୍ଷାଗତ ଦକ୍ଷତା ଏବଂ ସଫଳତାର ଦାୟିତ୍ୱ ପିଲା ଉପରେ ନଛାଡ଼ି ସ୍କୁଲ ଉପରେ ରହିବା ଦରକାର। ଗୋଟିଏ ଦୃଷ୍ଟିରୁ ଏହା ଠିକ୍ ଲାଗି ପାରେ। କିନ୍ତୁ ଆମ ଦେଶର ଶିକ୍ଷା କ୍ଷେତ୍ରରେ ଯେଉଁ ଅସୁବିଧା ଲାଗି ରହିଛି ସେଥିରେ ବିକଶିତ ଦେଶମାନଙ୍କର ପଦ୍ଧତି/ପ୍ରକ୍ରିୟାକୁ ଲାଗୁ କରିବା ହନୁକରଣ ଭଳି ହେବନାହିଁ ତ ? ପାଶ୍ଚାତ୍ୟର ସ୍କୁଲ ଭଳି ଆମ ସ୍କୁଲ ଗୁଡିକୁ ପରିବର୍ତ୍ତିତ କରିବାକୁ ହେଲେ ଶିକ୍ଷକମାନଙ୍କୁ ପ୍ରଥମେ ଶିକ୍ଷାର ସାମଗ୍ରିକ ଦିଗ ପ୍ରତି ଦୃଷ୍ଟି ଦେବାକୁ ହେବ। ପିଲାମାନଙ୍କୁ କୁଶଳୀ କରିବା ସେମାନଙ୍କୁ ଉପଯୁକ୍ତ ପାଠ୍ୟକ୍ରମ ଯୋଗାଇବା ଏବଂ ସେମାନଙ୍କର ଶିକ୍ଷାଗତ ବିକାଶକୁ ମଧ୍ୟାନ୍ତରରେ ମୂଲ୍ୟାୟନ କରିବା ଏସବୁ ଏକ ବିରାଟ ବଡ଼ ଦାୟିତ୍ୱ। ପ୍ରଶ୍ନ ହୁଏ ଦେଶର ଶିକ୍ଷକ ସମାଜ ଏହି ଦାୟିତ୍ୱକୁ ନିଷ୍ଠାର ସହିତ ତୁଲାଇ ପାରିବେ କି ?

ସବୁଠାରୁ ବଡ଼ କଥା ହେଉଛି, ପରୀକ୍ଷା ପଦ୍ଧତିର ପରିବର୍ତ୍ତନ ହେବା ପୂର୍ବରୁ ପାଠ୍ୟକ୍ରମ ବଦଳିବା ଦରକାର। ଏହିକ୍ଷଣି ଯାହା ଦେଖା ଯାଉଛି ସ୍କୁଲମାନଙ୍କରେ ଜ୍ଞାନ ବିତରଣ ଏବଂ ଶିକ୍ଷାର ଧାରା ଅତ୍ୟନ୍ତ ତ୍ରୁଟିପୂର୍ଣ୍ଣ। ତା'ଛଡା ପିଲାମାନଙ୍କର ସୃଜନାତ୍ମକ ଶକ୍ତିକୁ ପ୍ରସ୍ଫୁଟିତ କରାଇବା ଏବଂ ଯୁକ୍ତି ଓ ତର୍କକୁ ଆଗେଇ ନେବା ପାଇଁ ସ୍କୁଲ ପାଠ୍ୟକ୍ରମରେ କୌଣସି ସୁଯୋଗ ନାହିଁ। ଅନ୍ତତଃ, ନୂଆ ମୂଲ୍ୟାୟନ ବ୍ୟବସ୍ଥା ଦ୍ୱାରା ଏସବୁକୁ ଦେଖିହେବ।

ଭାରତର ଶିକ୍ଷା କ୍ଷେତ୍ରରେ ଯେଉଁସବୁ ମୌଳିକ ଅବଗୁଣ ରହିଛି ତାହାକୁ ସଜାଡିବାକୁ ହେଲେ ସର୍ବପ୍ରଥମେ ଶିକ୍ଷକମାନଙ୍କର ମନୋବୃତ୍ତି ଓ ମାନସିକତାକୁ ପରିବର୍ତ୍ତନ କରିବା ଦରକାର କାରଣ ସେମାନେ ହିଁ ହେଉଛନ୍ତି ଯେ କୌଣସି ପରିବର୍ତ୍ତନର ସୂତ୍ରଧର। ଶିକ୍ଷକ ନ ଚାହିଁଲେ କୌଣସି ବ୍ୟବସ୍ଥା ସଫଳ ହୋଇ ପାରିବ ନାହିଁ -ତାହା ବାର୍ଷିକ ପରୀକ୍ଷା ହେଉ କି ନିରନ୍ତର ମୂଲ୍ୟାୟନ ହେଉ।

■

(ଶନିବାର, ୨୭ ଡିସେମ୍ବର ୨୦୦୮)

ଗୋଲମାଲ ରିଟର୍ଣ୍ଣସ୍

ଆମେରିକାର ଜଣେ ଜଣାଶୁଣା ଖବର କାଗଜ ସମ୍ପାଦକ ଏଚଏଲ୍ ମେନକେନ୍ କହିଥିଲେ, 'ଆଦର୍ଶବାଦୀ କହିଲେ ଆମେ ତାଙ୍କୁ ବୁଝିବା ଯିଏ ବନ୍ଧାକୋବି ଅପେକ୍ଷା ଗୋଲାପ ଫୁଲର ବାସ୍ନା ଭଲ ଏହା ଅନୁଭବ କରି ଧରିନିଅନ୍ତି ଯେ ଗୋଲାପ ଫୁଲରେ ମଧ୍ୟ ଭଲ ତରକାରୀ ହୋଇପାରିବ।'

ରାଜ୍ୟର ଜଣେ ବରିଷ୍ଠ କମ୍ୟୁନିଷ୍ଟ ନେତା ଏବଂ ସିପିଆଇର ଜାତୀୟ ପରିଷଦର ସଦସ୍ୟ ନିତ୍ୟାନନ୍ଦ ପ୍ରଧାନଙ୍କ ନିକଟରେ ଦଳୀୟ ପ୍ରାଥମିକ ପଦରୁ ଇସ୍ତଫା ସେଭଳି କିଛି ରାଜନୈତିକ ସୁନାମୀ ସୃଷ୍ଟି କରିନଥିଲେ ହେଁ ଯେଉଁଭଳି ଓ ଯେଉଁ କାରଣରୁ ସେ ସିପିଆଇରୁ ଇସ୍ତଫା ଦେଇଛନ୍ତି ତାହା ଅନେକ ଅସମାଧିତ ପ୍ରଶ୍ନକୁ ଉଠାଇଛି। ସିପିଆଇର ଜାତୀୟ ସାଧାରଣ ସମ୍ପାଦକ ଏବି ବର୍ଦ୍ଧନଙ୍କ ପାଖକୁ ପଠାଇଥିବା ଇସ୍ତଫା ପତ୍ରରେ ସେ ଯେଉଁସବୁ କାରଣ ଉଲ୍ଲେଖ କରିଛନ୍ତି ତାହା କେତେଦୂର ସିପିଆଇ ତୁଙ୍ଗ ନେତୃତ୍ୱର ଗ୍ରହଣୀୟ ହେବ ତାହା ଦେଖିବା କଥା। କିନ୍ତୁ ଶ୍ରୀ ପ୍ରଧାନ ଯେଉଁସବୁ ପ୍ରଶ୍ନ ଉଠାଇଛନ୍ତି ତାର ମର୍ମ ହେଉଛି ଯେ ରାଜ୍ୟରେ ସିପିଆଇର ରାଜନୈତିକ ଏବଂ ସାଙ୍ଗଠନିକ ଶକ୍ତି ଦୁର୍ବଳ ହୋଇପଡିଛି ଯାହାକି ଲୋକଙ୍କୁ ହତୋତ୍ସାହିତ କରିଛି ଏବଂ ଦଳର ନେତାମାନେ ସର୍ବସାଧାରଣଙ୍କ ସନ୍ଦେହରୁ ଉପରକୁ ଉଠିପାରୁନାହାନ୍ତି। ଏଭଳି ପରିସ୍ଥିତିରେ ଦଳ ଭିତରେ ରହି ସାଧାରଣ ଜନତାଙ୍କ କାର୍ଯ୍ୟ କରିବା ତାଙ୍କ ପକ୍ଷରେ ସମ୍ଭବ ନୁହେଁ ଏବଂ ଗରିବ ଲୋକଙ୍କ ପାଇଁ ସେ ଯେଉଁ କାର୍ଯ୍ୟ କରିବା ପାଇଁ ଚାହୁଁଛନ୍ତି ତାହା କଦାପି ସଫଳ ହୋଇପାରିବ ନାହିଁ। ଶ୍ରୀ ପ୍ରଧାନଙ୍କ ଏହି ବକ୍ତବ୍ୟରେ ଅବଶ୍ୟ ନୂତନତା ଅପେକ୍ଷା ଗତାନୁଗତିକତା ଭରି ରହିଛି। ଆପଣ, ମୁଁ, କିମ୍ବା ଅନ୍ୟ କେହି ହୋଇଥିଲେ ବି ଇସ୍ତଫା ପତ୍ରରେ ଏହି କଥା ହିଁ ଲେଖିଥାନ୍ତେ।

ଅପରପକ୍ଷରେ ରାଜ୍ୟ ସିପିଆଇ ସମ୍ପାଦକ ଦିବାକର ନାୟକଙ୍କ ଅଭିଯୋଗ

ହେଉଛି ଯେ ନିତ୍ୟାନନ୍ଦ ପ୍ରଧାନ ଦଳବିରୋଧୀ କାର୍ଯ୍ୟରେ ଲିପ୍ତ ଥିଲେ ଏବଂ ପାର୍ଟି ଲାଇନ ବାହାରକୁ ନଯିବା ପାଇଁ ତାଙ୍କୁ ବହୁବାର ତାଗିଦ୍ କରିଦିଆଯାଇଥିଲା । ଏହି ଚେତାବନୀ ସତ୍ତ୍ୱେ ଦଳର କ୍ଷତି ପହଞ୍ଚାଇବା ପାଇଁ ସେ କାମ କରି ଚାଲିଥିଲେ । ଆହୁରିମଧ୍ୟ, ଦୀର୍ଘ ସମୟ ପର୍ଯ୍ୟନ୍ତ ଶ୍ରୀ ପ୍ରଧାନ ଦଳର ଗୁରୁତ୍ୱପୂର୍ଣ୍ଣ କାର୍ଯ୍ୟକଳାପଠାରୁ ନିଜକୁ ଅଲଗା ରଖିଥିଲେ । ଏହି ଅଭିଯୋଗ ଓ ପ୍ରତି ଅଭିଯୋଗରେ କାହା ପଲ୍ଲା ଭାରି ତାହା ଅବଶ୍ୟ ନିର୍ବାଚନ ଫଳାଫଳରୁ ହିଁ ଜଣାପଡିବ ।

ତେବେ ପ୍ରଧାନଙ୍କ ଇସ୍ତଫା ଯୋଗୁ ଗଞ୍ଜାମ ଜିଲ୍ଲା ରାଜନୀତିରେ ଏକ ବଡ଼ ଧରଣର ପରିବର୍ତ୍ତନ ହେବାର ଆଶଙ୍କା ଅମୂଳକ ନୁହେଁ । ଏହି ଇସ୍ତଫା ଯୋଗୁ ବାମପନ୍ଥୀଙ୍କର ତ ନିଶ୍ଚିତ ଭାବରେ କ୍ଷତି ହେବ । କିନ୍ତୁ ଏଥିରେ ଲାଭ ପାଇବ ବିଜେଡ଼ି ।

ଅବଶ୍ୟ ସେ ସିପିଆଇରୁ ଆସି ବିଜେଡ଼ିରେ ଥଇଥାନ ହେବେ ଏହି କଳ୍ପନା ଜଳ୍ପନା ଢେର ଆଗରୁ କରାଯାଇଥିଲା ଏବଂ ହୁଏତ ଏହି କାରଣରୁ ସେ ଦଳର କାର୍ଯ୍ୟକ୍ରମରେ ଅଂଶଗ୍ରହଣ କରୁନଥିଲେ । ତେଣେ ଶ୍ରୀ ପ୍ରଧାନଙ୍କୁ ହାତେଇବା ପାଇଁ ବିଜେଡ଼ିର ତୁଙ୍ଗ ନେତୃତ୍ୱ ମଧ୍ୟ କାମରେ ଲାଗିପଡିଥିଲେ । ଏହାର କାରଣ ସିପିଆଇର ପ୍ରାକ୍ତନ ସମ୍ପାଦକ ଏବଂ ପୂର୍ବତନ ବିଧାୟକ ନିତ୍ୟାନନ୍ଦ ପ୍ରଧାନଙ୍କ ପ୍ରଭାବ ଶେରଗଡ ବ୍ଲକରେ ଖୁବ୍ ଭଲ । ସୀମା ପୁନଃନିର୍ଦ୍ଧାରଣ ଅନୁସାରେ ମୁଖ୍ୟମନ୍ତ୍ରୀଙ୍କ ହିଞ୍ଜିଳିକାଟୁ ନିର୍ବାଚନ ମଣ୍ଡଳୀ ଅଧିନରେ ଶେରଗଡ଼ ଆସୁଥିବାରୁ ସେମାନଙ୍କୁ ନିକଟବର୍ତ୍ତୀ କରାଇବା ପାଇଁ ବିଜେଡ଼ି ଉଦ୍ୟମ ସ୍ପଷ୍ଟ ଜଣା ପଡୁଛି । ଏହି ଉଦ୍ୟମ ଅବଶ୍ୟ ଢେର ଆଗରୁ ଆରମ୍ଭ ହୋଇଥିଲା ଯେତେବେଳେ କି ଶ୍ରୀ ପ୍ରଧାନଙ୍କର ଝିଆରି ରେଣୁବାଳାଙ୍କୁ ବିଜେଡ଼ି ଟିକଟରେ ରାଜ୍ୟସଭାକୁ ପଠାଯାଇଥିଲା । ନିକଟ ଅତୀତରେ ତାଙ୍କ ଝିଅ ଇତିଶ୍ରୀ ଯିଏ କି ଜିଲ୍ଲା ପରିଷଦର ସଦସ୍ୟ ଥିଲେ, ସେ ମଧ୍ୟ ତାଙ୍କର କେତେଜଣ ସମର୍ଥକଙ୍କ ସହିତ ବିଜେଡ଼ିରେ ଯୋଗ ଦେଇଥିଲେ ।

ନିର୍ବାଚନ ଆସିଲେ ଏହିଭଳି ଗୋଟିଏ ଦଳକୁ ଛାଡ଼ି ଅନ୍ୟ ଦଳରେ ଯୋଗଦାନ କିଛି ନୂଆ କଥା ନୁହେଁ । ଗୋଟିଏ ସମୟରେ ତ ଏହି ଦଳତ୍ୟାଗ ଘଟଣା ଭାରତର ରାଜନୀତିକୁ ଏଭଳି କଳୁଷିତ କରିଥିଲା ଯେ ଦଳତ୍ୟାଗୀମାନଙ୍କୁ 'ଆୟାରାମ ଗୟାରାମ' ବୋଲି କୁହା ଯାଉଥିଲା । ଦଳ ବଦଳ ଆଇନ ହେବାପରେ ଅବଶ୍ୟ ବେଲଗାମ୍ ଦଳତ୍ୟାଗ ଏବେ ଆଉ ହେଉ ନାହିଁ । କିନ୍ତୁ ସମୟ, ସୁବିଧା, ସୁଯୋଗ ଏବଂ ସ୍ୱାର୍ଥକୁ ଦେଖି ଗୋଟିଏ ଦଳରୁ ଆଉ ଗୋଟିଏ ଦଳକୁ ଡିଆଁ ମାରିବା ଏବେବି ଚାଲିଛି-ବାମରୁ ଦକ୍ଷିଣକୁ ଓ ଡାହାଣରୁ ଉତ୍ତରକୁ ।

ରାଜନୀତି ଯେହେତୁ ଅସମ୍ଭବକୁ ସମ୍ଭବ କରିବାର ଏକ ବୃତ୍ତି, ହୁଏତ ରାଇଟିସ୍ଟ

ଦଳମାନଙ୍କ ଭିତରେ ଏହିଭଳି ଚଳପ୍ରଚଳ ସମ୍ଭବ ଲାଗିପାରେ। କିନ୍ତୁ ଜଣେ ଜୀବନତମାମ ଲେଫ୍‌ଟିସ୍ଟରୁ ରାଇଟିସ୍ଟ ହେବା ଏକ ବଡ଼ ଧରଣର ଆଦର୍ଶଗତ ଲମ୍ଫ ପ୍ରଦାନ। ତେବେ ରାଜନୈତିକ ଫାଇଦାର ଯୁଗରେ ଆଦର୍ଶକୁ କିଏ ପଚାରେ ?

ଶ୍ରୀ ପ୍ରଧାନଙ୍କ କହିବା କଥା ଯେ ତାଙ୍କର ସିପିଆଇରୁ ଇସ୍ତଫା ସହିତ ବିଜେଡ଼ିରେ ଯୋଗଦାନର କୌଣସି ସମ୍ପର୍କ ନାହିଁ। କିନ୍ତୁ ରାଜନୀତିକ ସୂଚନା ଅନୁସାରେ ସେ ଆସନ୍ତା ଲୋକସଭା ନିର୍ବାଚନରେ ଆସ୍କାରୁ ବିଜେଡ଼ି ଦଳରୁ ଲଢ଼ି ପାରନ୍ତି ଏବଂ, ସ୍ଥାନୀୟ ରାଜନୀତିରେ ତାଙ୍କର ପ୍ରଭାବ ଦୃଷ୍ଟିରୁ ବିଜେଡ଼ି ମଧ୍ୟ ତାଙ୍କୁ ଟିକଟ ଦେବାରେ କୁଣ୍ଠାବୋଧ କରିବ ନାହିଁ।

ଗତ ଜୁଲାଇ ମାସରେ ପାର୍ଲାମେଣ୍ଟରେ ହୋଇଥିବା ଆସ୍ଥା ଭୋଟରେ ଆସ୍କା ନିର୍ବାଚନ ମଣ୍ଡଳୀରୁ ଲୋକସଭାକୁ ନିର୍ବାଚିତ ହୋଇଥିବା ହରିହର ସ୍ୱାଇଁ ନବୀନ ପଟ୍ଟନାୟକଙ୍କ ନେତୃତ୍ୱକୁ ବିରୋଧ କରି ବିଜେଡ଼ିର ହୁଇପ୍ ବିରୁଦ୍ଧରେ ଯାଇଥିଲେ। କଂଗ୍ରେସରେ ତାଙ୍କର ଯୋଗଦାନ ପରବର୍ତ୍ତୀ ଅବସ୍ଥାରେ ନିଜ ବିଧାନସଭା ନିର୍ବାଚନ ମଣ୍ଡଳୀରେ ଆସୁଥିବା ଆସ୍କା ପାଇଁ ଜଣେ ପ୍ରଭାବଶାଳୀ ପ୍ରାର୍ଥି ଚିହ୍ନଟ କରିବା ପାଇଁ ବିଜେଡ଼ି ସୁପ୍ରିମୋ ନିଶ୍ଚିତ ଭାବରେ ଉଦ୍ୟମ କରିଥିଲେ ଏବଂ ଶ୍ରୀ ପ୍ରଧାନଙ୍କୁ ଏକ 'ଗୁଡ୍ କ୍ୟାଚ' ବୋଲି ସେ ଧରିନେବା ସ୍ୱାଭାବିକ।

ଆଗକୁ ବିଧାନସଭା ଏବଂ ଲୋକସଭା ନିର୍ବାଚନ ଥିବାରୁ ସିପିଆଇ ରାଜନୀତିର ପେଣ୍ଠ କୁହାଯାଉଥିବା ଗଞ୍ଜାମ ଜିଲ୍ଲାରେ ନିତ୍ୟାନନ୍ଦ ପ୍ରଧାନଙ୍କ ଇସ୍ତଫା ନିଶ୍ଚିତ ଭାବରେ ବାମପନ୍ଥୀମାନଙ୍କ ପାଇଁ ଅସୁବିଧା ସୃଷ୍ଟି କରିପାରେ। କିନ୍ତୁ ସବୁଠାରୁ ବଡ଼ କଥା ହେଉଛି ନିତ୍ୟାନନ୍ଦ ପ୍ରଧାନ ଉଠାଇଥିବା ମୌଳିକ ପ୍ରଶ୍ନ।

ରାଜ୍ୟ ରାଜନୀତିରେ ବାମପନ୍ଥୀମାନଙ୍କ ସେଭଳି କିଛି ପ୍ରଭାବ ନଥିଲେ ମଧ୍ୟ ବିଭିନ୍ନ ପ୍ରସଙ୍ଗକୁ ନେଇ ଜନଆନ୍ଦୋଳନ ଠିଆ କରିବା ସହିତ ମେଗା ପ୍ରକଳ୍ପକୁ ଆଗକୁ ଯିବା ପାଇଁ ନଦେବାରେ ବାମପନ୍ଥୀ ନେତୃତ୍ୱର ଭୂମିକାକୁ ଯଦି ଦେଖାଯାଏ ତେବେ ଶ୍ରୀ ପ୍ରଧାନ ଯାହା ପଚାରିଛନ୍ତି ତାହାର ଉତ୍ତର ମିଳିବା ନିତାନ୍ତ ଦରକାର। ଜନସାଧାରଣଙ୍କ ସନ୍ଦେହର ଊର୍ଦ୍ଧ୍ୱରେ ସିପିଆଇ ନେତାମାନେ ରହିପାରି ନାହାନ୍ତି-ଏହାର ଅର୍ଥ କଣ ?

ଯେଉଁ ରାଜନୀତିକ ଆଦର୍ଶ କଥା ଲେଖା ଆରମ୍ଭରେ କୁହାଯାଇଥିଲା ତାହାକୁ ଦୋହରାଇବାକୁ ପଡୁଛି- ଗୋଲାପ ଫୁଲ ଓ ବନ୍ଧାକୋବି ଭିତରେ ଫରକ କଣ ?

■

(ଶନିବାର, ୨୨ ନଭେମ୍ବର ୨୦୦୮)

ଦାୟୀ କିଏ ?

ଦାୟୀ କିଏ ଏହି ପ୍ରଶ୍ନଟି ଆଜି ଓଡ଼ିଶାର ପ୍ରତିଟି ବ୍ୟକ୍ତିବିଶେଷଙ୍କୁ ବୁଦ୍ଧିଜୀବୀଙ୍କୁ, ରାଜନେତାଙ୍କୁ ଓ ରାଜ୍ୟ ପାଇଁ ଯେଉଁମାନେ କିଛି ଅନ୍ତତଃ ଚିନ୍ତା କରୁଛନ୍ତି ସେମାନଙ୍କୁ ଘାରିଛି। ଖାଲି କଳିଙ୍ଗନଗର ନୁହେଁ, ପ୍ରତିଟି କାର୍ଯ୍ୟ, ନିଷ୍ପତ୍ତି, ଘଟଣା ଓ ସମସ୍ୟା ପାଇଁ 'କିଏ ଦାୟୀ' ଏକଥା ଅଧିକରୁ ଅଧିକ ପଚରା ଯାଉଛି। ରାଜନେତା ପଚାରୁଛନ୍ତି ଏଥିପାଇଁ କିଏ ଦାୟୀ, ଅମଲାତନ୍ତ୍ର ପଚାରୁଛି ଦାୟୀ କିଏ ଓ ଜନସାଧାରଣ ମଧ୍ୟ ପରସ୍ପରକୁ ପ୍ରଶ୍ନ କରୁଛନ୍ତି କିଏ ଏଥିପାଇଁ ଦାୟୀ? ଯଦି ଏହି 'ଦାୟୀ କିଏ' ପ୍ରଶ୍ନଟିକୁ ଆଉ ଟିକିଏ ବିସ୍ତାରିତ କରାଯାଏ ତାହା ହେବ 'ଦୋଷାରୋପ'। ଓଡ଼ିଶାରେ ସମସ୍ତେ ସମସ୍ତଙ୍କୁ ଦୋଷ ଦେବାରେ ବ୍ୟସ୍ତ। ରାଜନେତାଙ୍କୁ ବୁଦ୍ଧିଜୀବୀ ଦୋଷ ଦେଉଛନ୍ତି, ସରକାରୀ କର୍ମଚାରୀଙ୍କୁ ଜନସାଧାରଣ ଦୋଷ ଦେଉଛନ୍ତି, ଅମଲାତନ୍ତ୍ରକୁ ରାଜନୀତି ଦୋଷ ଦେଉଛି। 'ଦାୟୀ କିଏ' ବୋଲି ପ୍ରଶ୍ନ କରିବା ଓ 'ତୁତୁ ମୁଁ ମୁଁ' କହିବା ଏକ ଉତ୍ତରଦାୟିତ୍ୱହୀନ ଏବଂ ଆଗକୁ ଦେଖିପାରୁନଥିବା ସମାଜ ତଥା ସଭ୍ୟତାର ଗୁଣ ଓ ଲକ୍ଷଣ।

କଳିଙ୍ଗନଗର ଘଟଣା କଥା ପୁଣି ଥରେ ଦେଖାଯାଉ। ଏବେ ଏକ ତଟକା ଅଭିଯୋଗଭ ଆସିଛି ଯେ ସରକାର ବ୍ରୋକର ସାଜି କମ୍ ଦାମ୍‌ରେ ଆଦିବାସୀଙ୍କଠାରୁ ଜମି କିଣୁଛନ୍ତି ଓ ଶିଳ୍ପୋଦ୍ୟୋଗୀମାନଙ୍କୁ ଅଧିକ ଦାମ୍‌ରେ ବିକ୍ରି କରୁଛନ୍ତି। ଏକ ଜନମଙ୍ଗଳ ରାଷ୍ଟ୍ରରେ ଏହା ସମ୍ଭବ ନୁହେଁ ବୋଲି ପିସିସି ମୁଖ୍ୟ ଜୟଦେବ ଜେନାଙ୍କ ମତ। ନିଶ୍ଚିତରେ ସରକାରଙ୍କ ଉପରେ ଏହା ଏକ ରାଜନୈତିକ ଦୋଷାରୋପ। ବାସ୍ତବ କଥାଟି ହେଉଛି, ତାଙ୍କ ଦଳ ସରକାର ବି ଏୟା ହିଁ କରିଥାନ୍ତେ। ସରକାର ନାମକ ସଂସ୍ଥାଟି ଏକ ବ୍ୟବସ୍ଥା। ଏଥିରେ ଜଣେ ଚାହିଁଲେ କିଛି କରପାରିବ ନାହିଁ। କଳିଙ୍ଗନଗରର ଟାଙ୍ଗରା ଜମିକୁ ସରକାର ୧୯୯୧

ପରଠାରୁ ଅଧିଗ୍ରହଣ କରିଆସିଛନ୍ତି। ଜମି ଅଧିଗ୍ରହଣ କଦାପି ଗୋଟିଏ ରାତିରେ ଶେଷ ହୋଇଯାଏନା। ଏହା ପ୍ରଚଳିତ ଆଇନ୍‌କାନୁନ୍ ଅନୁଯାୟୀ କରାଯାଏ।

କଳିଙ୍ଗନଗରରେ ଶିଳ୍ପ କ୍ଷେତ୍ର ସୃଷ୍ଟି କରିବାର ନିଷ୍ପତ୍ତି ସେତେବେଳର ସରକାରଙ୍କର। ଯେଉଁ ସରକାର ଯେତେବେଳେ ଯାହା ଚିନ୍ତା କରନ୍ତି ଓ ତାହାକୁ କାର୍ଯ୍ୟକାରୀ କରନ୍ତି ଏହା ପଛରେ ଏକ ଦୃଷ୍ଟିକୋଣ ଥାଏ, ଏକ ଭିଜନ୍ ଥାଏ। ଜାନକୀବଲ୍ଲଭ ପଟ୍ଟନାୟକ ସରକାରରେ ଥିବାବେଳେ 'ହଜାରେ ଦିନରେ ହଜାରେ ଶିଳ୍ପ' ମଧ୍ୟ ଥିଲା ଏକ ଦୃଷ୍ଟିକୋଣର ଅଂଶବିଶେଷ। ଏହି ସ୍ଲୋଗାନ ରାଜ୍ୟକୁ ଶିଳ୍ପ ସମୃଦ୍ଧ କରିବାର ଏକ ଦୃଷ୍ଟିଭଙ୍ଗୀର ଅଂଶ। ତାଙ୍କ ପରେ ଯେତେସବୁ ସରକାର କ୍ଷମତାକୁ ଆସିଛନ୍ତି ସେମାନେ ମଧ୍ୟ ଶିଳ୍ପାୟନ ଉପରେ ଗୁରୁତ୍ୱ ଦେଇ ଆସିଛନ୍ତି। କଳିଙ୍ଗନଗରରେ ଶିଳ୍ପ ପ୍ରତିଷ୍ଠା ଯଦି ଏକ ଦୃଷ୍ଟିଭଙ୍ଗୀ, ତେବେ ଜମି ଅଧିଗ୍ରହଣ, ପାରିପାର୍ଶ୍ୱିକ ଉନ୍ନୟନ ଏସବୁ ଏକ ଏକ ସ୍ୱାଭାବିକ ପ୍ରକ୍ରିୟା।

କଳିଙ୍ଗନଗର ଜମି କିଣା ପ୍ରସଙ୍ଗରେ ଇଡ୍‌କଲ୍ ମୁଖ୍ୟ ଏବେ ତାଙ୍କର ଯୁକ୍ତି ଉପସ୍ଥାପନ କରିଛନ୍ତି। ମୋଟ ୧୩ ହଜାର ଏକର ଜମି ଭିତରୁ ପ୍ରାୟ ସାତ ହଜାର ଏକର ଜମି ହେଉଛି ଘରୋଇ ଜମି। ଏଥିପାଇଁ ୩୫ କୋଟି ଟଂକା କ୍ଷତିପୂରଣ ଦିଆଯାଇଛି। ଅଧିକାଂଶ ଘରୋଇ ଜମିକୁ ଜମି ମାଲିକଙ୍କ ସ୍ୱଇଚ୍ଛାରେ ଅକ୍ତିଆର କରାଯାଇଛି। ତେର ହଜାର ଏକର ଜମିରୁ ପ୍ରାୟ ତିନି ହଜାର ଏକର କୌଣସି ଶିଳ୍ପ ଗୋଷ୍ଠୀକୁ ଦିଆଯାଇନାହିଁ କାରଣ ସେହି ଅଞ୍ଚଳରେ ସବୁଜ ବଳୟ, ପୁନର୍ବସତି କଲୋନି ଓ ଯାତାୟାତ ପାଇଁ ରାସ୍ତା ଆଦି ପାଇଁ ଏହି ଜମି ବ୍ୟବହୃତ ହେବ। ଅର୍ଥାତ୍ ବିକିବା ପାଇଁ ଉଡ଼କୋ ପାଖରେ ମାତ୍ର ୯୮୫୬ ଏକର ଜମି ରହିଲା। ଇଡ୍‌କୋର ମୁଖ୍ୟ ଜଣେ ଦାୟିତ୍ୱସମ୍ପନ୍ନ ଅଫିସର୍ ହୋଇଥିବେ। ଏଣୁ କଦାପି ସେ ମିଥ୍ୟା ତଥ୍ୟ ଉପସ୍ଥାପନ କରିନଥିବେ। କଂଗ୍ରେସ ନେତା ଜୟଦେବ ଜେନା ଓ ଆଇଏଏସ୍ ଅଫିସର୍ ଏଲ.ଏନ୍.ଗୁପ୍ତାଙ୍କ ଭିତରେ ତଫାତ୍ ହେଉଛି ଯେ ଜଣେ ରାଜନେତା ଓ ଆଉ ଜଣେ ପ୍ରଶାସକ। ରାଜନେତାଙ୍କ କାମ ହେଲା ରାଜନୀତି କରିବା ପ୍ରଶାସକଙ୍କ କାମ ହେଲା ଶାସନ ଚଳାଇବା। ଆପଣ କାହାକୁ ବିଶ୍ୱାସକୁ ନେବେ ସେହି ଅଧିକାର କେବଳ ଆପଣଙ୍କର।

କଳିଙ୍ଗନଗରରେ ଯେଉଁ ଘଟଣାଟି ଘଟିଲା ତା' ପାଇଁ ଦାୟୀ କିଏ ଏହା ମଧ୍ୟ ଏକ ବିତର୍କିତ ପ୍ରଶ୍ନ। ଉତ୍ତରଦାୟିତ୍ୱ ଯେତେବେଳେ ଦୋଷାରୋପରେ ପରିଣତ ହୁଏ ସେଠି ଯୁକ୍ତି ହାର ମାନେ। କଳିଙ୍ଗନଗର ଘଟଣାରେ ପୋଲିସ୍‌ର ଅତ୍ୟଧିକ ଉତ୍ସୁକତା ପାଇଁ ଦାୟୀ କିଏ ଏହା ମଧ୍ୟ ପଚରାଯିବା ସ୍ୱାଭାବିକ। ପୋଲିସ୍

ଯେତେବେଳେ ଜନତାଙ୍କ ପ୍ରତି ସମ୍ବେଦନଶୀଳ ନହୋଇ ପ୍ରଶାସନର କଠୋର ନିର୍ଦ୍ଦେଶକୁ ମାନିଚାଲେ କଳିଙ୍ଗନଗର ଭଳି ଘଟଣା ଘଟିବା ସୁନିଶ୍ଚିତ। ଏଥିପାଇଁ ଦାୟୀ କିଏ ? ବନ୍ଧୁକଧାରୀ ପୋଲିସ୍‌ର ଅପରିଣାମଦର୍ଶୀ ଆଚରଣ ନା ବ୍ୟବସ୍ଥା ? ସମବେତ ଜନତା ଓ ପୋଲିସ୍ ଯେତେବେଳେ ଯେଉଁଠି ଏକାଠି ହୋଇଛନ୍ତି ସେଇ ସମୟରେ ସାମାନ୍ୟ ଠେଲାଠେଲିରୁ ଗୁଳିକାଣ୍ଡ ପର୍ଯ୍ୟନ୍ତ କଥା ଯାଇଛି। ଏହିଭଳି ଘଟଣାରେ ପ୍ରଶାସନ ନେତାଙ୍କୁ ଦାୟୀ କରିବା ଓ ରାଜନେତାମାନେ ପ୍ରଶାସନକୁ ଦାୟୀ କରିବା ଦେଖାଯାଏ। ତେବେ ପରସ୍ପରକୁ ଦାୟୀ କରିବା ଭିତରେ ଅସଲ କଥାଟି ଲୁଚିଯାଏ।

■

(ଶନିବାର, ୨୧ ଜାନୁଆରୀ ୨୦୦୫)

ଲକ୍ଷ୍ମୀ ନାରାୟଣ ପଟ୍ଟନାୟକ, ଏମ୍‌ବିଇ

ଓଡ଼ିଶାରେ ଏଭଳି କେତେ ମହାନ୍ ବ୍ୟକ୍ତି ଜନ୍ମ ନେଇଛନ୍ତି ଯେଉଁମାନଙ୍କ ବିଷୟରେ ବିଶେଷ କିଛି ଚର୍ଚ୍ଚା ହୁଏନା। ପ୍ରତିଭା ପୂଜା ପ୍ରତି ଆମର ନିରାସକ୍ତ ଭାବ ହେଉ କି ଇତିହାସ ଚେତନା କ୍ଷେତ୍ରରେ ଆମର ବିରାଗ ହେଉ, ଅତୀତ କଥା ନ ଜାଣିଲେ ଯେହେତୁ ଭବିଷ୍ୟତକୁ ଗଢ଼ିବାର ଅବକାଶ ନଥାଏ ସେହି କାରଣରୁ ମଝିରେ ମଝିରେ ତ୍ୟାଗୀ ମଣିଷଙ୍କ କଥା ଆଲୋଚନାକୁ ଆସିବା ଦରକାର। ଯେଉଁ ମହାନ୍ ବ୍ୟକ୍ତିଙ୍କ କଥା ଏଠି କୁହାଯାଉଛି ସେ ହେଲେ ଲକ୍ଷ୍ମୀ ନାରାୟଣ ପଟ୍ଟନାୟକ। ଏଭଳି ଜଣେ ନିରାସକ୍ତ ଓ ଉଦ୍‌ଯୋଗଶୀଳ ପୁରୁଷ ମିଳିବା କଷ୍ଟ। ମଧୁସୂଦନ ଦାସଙ୍କ ପରେ ସେ ଥିଲେ ଜଣେ ଅଗ୍ରଦୂତ- ଅନେକ ଦୃଷ୍ଟିରୁ।

ରସୁଲକୋଣ୍ଡା (ଆଧୁନିକ ଭଞ୍ଜନଗର) ପାଖ ନୂଆଗାଁରେ ତାଙ୍କ ଜନ୍ମ ୧୮୭୫ ମସିହାରେ। ଲକ୍ଷ୍ମୀନାରାୟଣ ପଟ୍ଟନାୟକ ଗାଁ ସ୍କୁଲରେ ପାଠ ପଢ଼ିବା ପରେ ୧୮୯୬ରେ ମାନ୍ଦ୍ରାଜ ଖ୍ରୀଷ୍ଟିଆନ୍ କଲେଜରୁ ବିଏ ଡିଗ୍ରୀ ଲାଭ କରିଥିଲେ। ସେତେବେଳର ଖୁବ୍ କ୍ୱଚିତ୍ ଉଚ୍ଚଶିକ୍ଷା ପ୍ରାପ୍ତ ଯୁବକଙ୍କ ଭିତରୁ ସେ ଥିଲେ ଜଣେ। ଉଚ୍ଚଶିକ୍ଷା ଲାଭ ପରେ ଲକ୍ଷ୍ମୀ ନାରାୟଣ ଉଦ୍ୟମ କରିଥିଲେ ବିଲାତ ଯାଇ ଆଇସିଏସ୍ ପାଇବା ପାଇଁ। ସେତେବେଳେ କିନ୍ତୁ ଆଇସିଏସ୍ ପାଇବା ନିଶ୍ଚିତରେ ଏକ କଠୋର ସାଧନା ଥିଲା। ନିଜର ଉଦ୍ୟମ ସତ୍ତ୍ୱେ ସେ ଏଥିରେ ସଫଳ ହୋଇନଥିଲେ । ଶୁଣାଯାଏ ଲକ୍ଷ୍ମୀ ନାରାୟଣ ଜଣେ ତେଲୁଗୁ ଯୁବକଙ୍କ ଚକ୍ରାନ୍ତର ଶିକାର ହୋଇ ଏହି ସୁଯୋଗରୁ ବଞ୍ଚିତ ହୋଇଥିଲେ, ଆଉ ତାଙ୍କ ଅଭିଳାଷ ଅଭିଳାଷରେ ହିଁ ରହିଗଲା। ଚକ୍ରାନ୍ତଟି ଥିଲା କିଛି ଏହିଭଳି: ଲକ୍ଷ୍ମୀ ନାରାୟଣଙ୍କ କୋଷ୍ଠିର ଜନ୍ମ ତାରିଖ ଓ ପରିଚୟପତ୍ରରେ ଥିବା ଜନ୍ମ ତାରିଖରେ ଗୋଟିଏ ବର୍ଷର ଅନ୍ତର ଥିବା କଥା ଦର୍ଶାଇ ଉକ୍ତ ତେଲୁଗୁ ଯୁବକ ଉଚ୍ଚକର୍ତ୍ତୃପକ୍ଷଙ୍କ ଆଗରେ ଅଭିଯୋଗ ଆଣିଥିଲେ। କିନ୍ତୁ ପାର୍ଥକ୍ୟ ଥିଲା ମାତ୍ର ଗୋଟିଏ ଦିନ, ଗୋଟିଏ

ବର୍ଷ ନୁହେଁ। ଏଥିପାଇଁ କିନ୍ତୁ ଲକ୍ଷ୍ମୀ ନାରାୟଣଙ୍କୁ ମିଳିଥିବା ଆଡମିଟ୍ କାର୍ଡଟି ନାକଚ ହୋଇଯାଇଥିଲା। ଆଇସିଏସ୍ ପରୀକ୍ଷାରେ ବସିବା ତ ପର କଥା ଏହି ତ୍ରୁଟି ଯୋଗୁଁ ଲକ୍ଷ୍ମୀ ନାରାୟଣଙ୍କୁ ଜେଲଦଣ୍ଡ ଭୋଗିବାକୁ ପଡିଥିଲା।

ଏହି ଘଟଣାଟି ଲକ୍ଷ୍ମୀ ନାରାୟଣଙ୍କୁ ଅତି ବ୍ୟଥିତ କରିଥିଲା। ସେ ସେତେବେଳେ ଦେଖିଥିଲେ ଯେ ତେଲୁଗୁ ଅଧୁଷିତ ଗଞ୍ଜାମରେ ତାଙ୍କର ଭବିଷ୍ୟତ ଜୀବନ ଅସୁରକ୍ଷିତ ଓ ସେଠି ରହିଲେ ସେ ଆଗକୁ ବଢ଼ିପାରିବେ ନାହିଁ। ଏଣୁ ଗଞ୍ଜାମ ଛାଡି ସେ ବରଗଡ଼ ପଳାଇଆସିଥିଲେ। ଆଜି ବି ଯେତେବେଳେ ଦକ୍ଷିଣ ଓଡ଼ିଶାରେ ତେଲୁଗୁମାନଙ୍କ ପ୍ରଭାବ କଥା ବିଚାରକୁ ନିଆଯାଏ ଲକ୍ଷ୍ମୀ ନାରାୟଣ ପଟ୍ଟନାୟକଙ୍କ ସେହି ତିକ୍ତ ଅନୁଭୂତିଟି ଅଣଓଡ଼ିଆ ଆଧିପତ୍ୟକୁ ପ୍ରମାଣ କରିଥାଏ।

ଲକ୍ଷ୍ମୀ ନାରାୟଣ ପରବର୍ତ୍ତୀ ସମୟରେ ବରଗଡରେ ତାଙ୍କ ଜୀବନ ଆରମ୍ଭ କରିଥିଲେ ଜଣେ କିରାଣୀ ଭାବେ। ଏହି ପଦରେ ଅବଶ୍ୟ ସେ କମ ସମୟ ପାଇଁ ରହିଥିଲେ।୧୯୦୪ ମସିହାରେ ସେ ତତ୍କାଳୀନ ବଙ୍ଗ ସରକାରଙ୍କ ଅଧୀନରେ ମୁନ୍‌ସିଫ୍ ଚାକିରିଟିଏ କଲେ। ନିଷ୍ଠାବାନ ଅଫିସରଟିଏ କ'ଣ ଆଉ ଉଚ୍ଚ କର୍ତ୍ତୃପକ୍ଷଙ୍କ ଦୃଷ୍ଟିରେ ପଡିନଥାନ୍ତା ? କାର୍ଯ୍ୟଦକ୍ଷତା ଯୋଗୁଁ ସେ ସବ୍‌ଜଜ୍ ପଦକୁ ଉନ୍ନୀତ ହେଲେ। ୧୯୩୦ରେ ଲକ୍ଷ୍ମୀ ନାରାୟଣ ସରକାରୀ ଚାକିରୀରୁ ଅବ୍ୟାହତି ନେଇଥିଲେ। ସବ୍ ଜଜ୍ ହେବାରେ ସେ ଥିଲେ ଦ୍ୱିତୀୟ ଓଡ଼ିଆ (ପ୍ରଥମ ହେଉଛନ୍ତି ଗଗନ ବିହାରୀ ଚୌଧୁରୀ)। କର୍ମଦକ୍ଷତା ଓ ନିଷ୍ଠା ଯୋଗୁଁ ଲକ୍ଷ୍ମୀ ନାରାୟଣଙ୍କୁ ବ୍ରିଟିଶ୍ ସରକାର ଏମ୍.ବି.ଇ. ପଦରେ ଅଭିଷିକ୍ତ କରିଥିଲେ। ଲକ୍ଷ୍ମୀ ନାରାୟଣ ତାଙ୍କ ଚାକିରି କାଳ ଭିତରେ ଯେଉଁଠିକି ଯାଇଥିଲେ ସୁନାମ ଅର୍ଜନ କରିଥିଲେ। ଯାଜପୁର ବାର୍ ଲାଇବ୍ରେରୀ, ପୁରୀର କୁଷ୍ଠାଶ୍ରମ, ଜଗନ୍ନାଥ କ୍ଲବ୍ ଓ ରାମଚଣ୍ଡୀ ସାହିରେ ବାଳିକା ବିଦ୍ୟାଳୟ ସ୍ଥାପନା ଇତ୍ୟାଦି ଅନେକ କୀର୍ତ୍ତି ସହିତ ସେ ଢେର ପ୍ରଶଂସା ମଧ୍ୟ ପାଇଥିଲେ।

ତେବେ ଲକ୍ଷ୍ମୀ ନାରାୟଣଙ୍କ ଅସଲ ପରିଚୟ ହେଉଛି ତାଙ୍କର ଜାତୀୟ ଚେତନା ବା ଓଡ଼ିଆ ଅନୁରାଗ। ସେ ଯେଉଁ ଜାତିରେ ଜନ୍ମ ହୋଇଥିଲେ ସେହି ଜାତିର ଉତ୍‌ଥାନ ପାଇଁ ଯାହା କରିଯାଇଛନ୍ତି ତାହା ଅନୁକରଣୀୟ। ଯେଉଁ ଅର୍ଥରେ ଆମେ ଜଣକୁ ସାହିତ୍ୟିକ କହୁ ଲକ୍ଷ୍ମୀ ନାରାୟଣ ତାହା ନଥିଲେ । କିନ୍ତୁ ଅନୁନ୍ନତ ମାତୃଭାଷାକୁ ଓ ସାହିତ୍ୟକୁ ପଡୋଶୀ ଭାଷା ଓ ସାହିତ୍ୟର ସମକକ୍ଷ କରାଇବା ପାଇଁ ସେ ବେଶ୍ କିଛି ଉଦ୍ୟମ କରିଥିଲେ। ଏହି ଉଦ୍ୟମର ଗୋଟିଏ ଉଦାହରଣ ଓଡ଼ିଆ ସାହିତ୍ୟ ପ୍ରଚାର ସଙ୍ଘର ଗଠନ। ଏହି ସଙ୍ଘ ପକ୍ଷରୁ ୪୦/୫୦ଟି ଉତ୍କୃଷ୍ଟ ପୁସ୍ତକ ପ୍ରକାଶ କରାଯାଇଥିଲା। ଓଡ଼ିଆ ଭାଷାରେ ଏକ ଏନସାଇକ୍ଲୋପେଡିଆ ପ୍ରକାଶ କରିବା ପାଇଁ ମଧ୍ୟ ସେ ଉଦ୍ୟମ

କରିଥିଲେ। ଏହି ଉଦ୍ୟମଟି ରେଭେନ୍ସା କଲେଜରେ ହୋଇଥିଲା। ଲକ୍ଷ୍ମୀ ନାରାୟଣ ନିଜେ ସାହିତ୍ୟିକ ନ ଥିଲେ, ହେଲେ ଜଣେ ମୁନସିଫ୍ ହୋଇ ମଧ୍ୟ ସାହିତ୍ୟର ପ୍ରଚାର ପାଇଁ ଉଦ୍ୟମ କରିଥିଲେ । ପରେ ଅବଶ୍ୟ ସେ ଗଠନ କରିଥିବା ସଙ୍ଘଟିର ମୃତ୍ୟୁ ଘଟିଥିଲା ଲକ୍ଷ୍ମୀ ନାରାୟଣଙ୍କ ମୃତ୍ୟୁ ସହିତ।

ଲକ୍ଷ୍ମୀ ନାରାୟଣ ଥିଲେ ଜଣେ ଉଦାରମନା ବ୍ୟକ୍ତି ଓ ସଂସ୍କାରକ। ସେ ବିଶ୍ୱନାଥ କରଙ୍କ ସଂସ୍ପର୍ଶରେ ଆସି ବ୍ରାହ୍ମଧର୍ମ ଗ୍ରହଣ କରିଥିଲେ ଓ ଜଣେ ବଙ୍ଗୀୟ ମହିଳାଙ୍କୁ ବିବାହ କରିଥିଲେ। କୁହାଯାଏ ବ୍ରାହ୍ମଧର୍ମ ଗ୍ରହଣ ତଥା ଓଡ଼ିଶା ବାହାରେ ବିବାହ ଯୋଗୁଁ ସେ ସମୟର ପରିବାରରେ ଓଡ଼ିଆ ଜୀବନ ଓ ସଂସ୍କୃତିର ବିଲୋପ ଘଟିବା ଆରମ୍ଭ ହୋଇଥିଲା। କିନ୍ତୁ ଲକ୍ଷ୍ମୀ ନାରାୟଣ ତାହା କରାଇ ଦେଇ ନଥିଲେ। ଏଥିପାଇଁ ତାଙ୍କୁ ଓଡ଼ିଆ ସ୍ୱାଭିମାନର ଜଣେ ମୂର୍ତ୍ତିମନ୍ତ ପ୍ରତୀକ କୁହାଯାଏ। ଲକ୍ଷ୍ମୀ ନାରାୟଣ ପଟ୍ଟନାୟକ ଥିଲେ ଜଣେ ଆଦର୍ଶ ପିତା। ସେ ତାଙ୍କ ସନ୍ତାନସନ୍ତତିମାନଙ୍କୁ ସବୁକିଛି ଯୋଗାଇ ଦେଇଥିଲେ ସତ ହେଲେ ସେମାନଙ୍କ ଠାରେ ପ୍ରଚୁର ଶୃଙ୍ଖଳାଜ୍ଞାନ ମଧ୍ୟ ଭର୍ତ୍ତି କରିଥିଲେ।

ଲକ୍ଷ୍ମୀ ନାରାୟଣ ପଟ୍ଟନାୟକଙ୍କର ଶିଳ୍ପ ଚେତନା ଥିଲା ଅଦ୍ୱିତୀୟ। ସେହି ସମୟରେ ସେ ଓଡ଼ିଶାରେ ଶିଳ୍ପ ପ୍ରତିଷ୍ଠା ପାଇଁ ଉଦ୍ୟମ କରିଥିଲେ। ଓଡ଼ିଶା ବ୍ୟାଙ୍କ ଓ ଓଡ଼ିଶା କେମିକାଲ୍ସ ପ୍ରତିଷ୍ଠା କରିବା ଥିଲା ତାଙ୍କର ପ୍ରଗତିଶୀଳ ଚିନ୍ତାଧାରାର ଏକ ଏକ ଉଦାହରଣ। କଥିତ ଅଛି ଓଡ଼ିଶାର ଲୋକଙ୍କୁ ଶିଳ୍ପ ମନୋଭାବସମ୍ପନ୍ନ କରିବା ସକାଶେ ବେଙ୍ଗଲ କେମିକାଲ୍ସର ପ୍ରତିଷ୍ଠାତା ସ୍ୱର୍ଗତ ପ୍ରଫୁଲ୍ଲ ଚନ୍ଦ୍ର ରାୟଙ୍କ ନିକଟକୁ ସେ ଏକ ଅନୁରୋଧ ପତ୍ର ଲେଖିଥିଲେ । କିନ୍ତୁ ପି.ସି. ରାୟ କୁଆଡ଼େ ଅପମାନ ଭରା ଚିଠିଟିଏ ଲେଖି କହିଥିଲେ 'ଓଡ଼ିଆମାନଙ୍କ ମୁଣ୍ଡରେ ଏସବୁ ପଶିବ ନାହିଁ।' ଏହି ଅପମାନର ଜବାବ ଦେବାକୁ ଯାଇ ଲକ୍ଷ୍ମୀ ନାରାୟଣ ଏକା ଉଦ୍ୟମରେ ଓଡ଼ିଶା କେମିକାଲ୍ସ ପ୍ରତିଷ୍ଠା କଲେ ଠିକ୍ ବେଙ୍ଗଲ କେମିକାଲ୍ସ ଢାଞ୍ଚାରେ। ଏହି କମ୍ପାନୀ ପ୍ରତିଷ୍ଠା ପାଇଁ ଓଡ଼ିଶାର ଲୋକଙ୍କଠାରୁ ଖୁବ୍ କମ୍ ଅର୍ଥ ମିଳିଥିଲା। ଏଣୁ ସେ ନିଜର ସଞ୍ଚିତ ଧନ, ସ୍ଥାବର ଅସ୍ଥାବର ସମ୍ପତ୍ତିକୁ ବିକି ୫୦ ହଜାର ଟଙ୍କା ପୁଞ୍ଜିରେ ଓଡ଼ିଶା କେମିକାଲ୍ସ ସ୍ଥାପନା କଲେ। ସେତେବେଳେ ଲକ୍ଷ୍ମୀ ନାରାୟଣ ପଟ୍ଟନାୟକଙ୍କୁ ବୟସ ହୋଇଯାଇଥିଲା ୬୦। ତାଙ୍କର ୩ ଜଣ ଯାକ ପୁଅ ଛାତ୍ର ଓ ନାବାଳକ ଥିଲେ ଆଉ ଝିଅ ଥିଲେ ଅବିବାହିତା।

ଲକ୍ଷ୍ମୀ ନାରାୟଣ ପଟ୍ଟନାୟକ ଯେଉଁଭଳି ଗୁରୁତ୍ୱପୂର୍ଣ୍ଣ ପଦବୀରେ ଥିଲେ ଚାହିଁଥିଲେ ନିଜ ସନ୍ତାନ ସନ୍ତତିଙ୍କ ପାଇଁ ପ୍ରଚୁର ଅର୍ଥ ଓ ସମ୍ପତ୍ତି ରଖି ପାରିଥାନ୍ତେ। କିନ୍ତୁ ତାଙ୍କର

ମାନସିକତା ଥିଲା ଅଲଗା । ମାତ୍ର ୪୦୦ ଟଙ୍କା ପେନ୍‌ସନ୍ ପାଉଥିବା ଲକ୍ଷ୍ମୀ ନାରାୟଣ ନିଜର ଯାବତୀୟ ରୋଜଗାରକୁ ଓଡ଼ିଆ ସ୍ୱାଭିମାନ ପାଇଁ ବ୍ୟୟ କରିଥିଲେ । ଲକ୍ଷ୍ମୀ ନାରାୟଣ ଉତ୍କଳ ଗୌରବ ମଧୁସୂଦନଙ୍କ ଭଳି ଥିଲେ ସ୍ୱପ୍ନବିଳାସୀ । ଉତ୍କଳ ଟ୍ୟାନେରୀ ଭଳି ଓଡ଼ିଶା କେମିକାଲ୍‌ସ ବନ୍ଦ ହେବା ସହିତ ଲକ୍ଷ୍ମୀ ନାରାୟଣଙ୍କ ଶେଷ ଜୀବନ ଆର୍ଥିକ ସଙ୍କଟ ଦେଇ ଗତି କରିଥିଲା । ଆଦର୍ଶବାଦୀ ପିତା, କର୍ତ୍ତବ୍ୟପରାୟଣ ଅଫିସର, ତ୍ୟାଗୀ ଓ ସ୍ୱାଭିମାନୀ ଓଡ଼ିଆ ଲକ୍ଷ୍ମୀ ନାରାୟଣ ନିଜ ଜାତି ପାଇଁ ଯାହା କରିଯାଇଛନ୍ତି ତାହା ବିରଳ ।

ଲକ୍ଷ୍ମୀ ନାରାୟଣ ଅନ୍ୟ କେହି ନୁହଁନ୍ତି, ବିଜୁ ପଟ୍ଟନାୟକଙ୍କ ବାପା ।

■

(ଶନିବାର, ୨୫ ମାର୍ଚ୍ଚ ୨୦୦୫)

ଦଶରୁ ପାଞ୍ଚ ଚାକିରୀ

ଓଡ଼ିଶା ଖଣିଜ ସମ୍ପଦରେ ଭର୍ତ୍ତି ହୋଇଥିଲେ ହେଁ ଦାରିଦ୍ର୍ୟ ଓ ବେକାରୀରେ ଏହା ସଢୁଛି- ଏହି କଥାଟି କହିବା ଏକ ପୁନରାବୃତ୍ତି ଭଳି ଲାଗିଲେ ହେଁ ରାଜ୍ୟରେ ବେରୋଜଗାର ଅବସ୍ଥା ଖୁବ୍ ଗୁରୁତର ଏଥିରେ ଦ୍ୱିମତ ନାହିଁ। ରାଜ୍ୟରେ ଶ୍ରମଶକ୍ତି କ୍ରମାଗତ ବଢ଼ି ଚାଲିଥିବାବେଳେ ତଦନୁରୂପ ସୁବିଧା ସୃଷ୍ଟି ହେଉନାହିଁ। ନିଯୁକ୍ତିରେ ଏକ ପ୍ରକୃଷ୍ଟ କ୍ଷେତ୍ର ସଂଗଠିତ କ୍ଷେତ୍ରରେ ନିଯୁକ୍ତି ସୁବିଧା କମିଛି କିମ୍ବା ସ୍ଥିତ ଅବସ୍ଥାକୁ ଆସିଯାଇଛି। କେନ୍ଦ୍ର ଓ ରାଜ୍ୟ ସରକାରଙ୍କ ଦ୍ୱାରା ଅନେକ ନିଯୁକ୍ତି, ରୋଜଗାର କାର୍ଯ୍ୟକ୍ରମ ଗ୍ରହଣ କରାଯାଉଥିଲେ ହେଁ ଦଶମ ପଞ୍ଚବାର୍ଷିକ ଯୋଜନା ଶେଷ ସୁଦ୍ଧା ଶିକ୍ଷିତ ବେକାରଙ୍କ ସଂଖ୍ୟା ୧୦ ଲକ୍ଷରୁ ଊର୍ଦ୍ଧ୍ୱ। ଯେକୌଣସି ସରକାରଙ୍କୁ ଏହା ବିବ୍ରତ କରିବା ସ୍ୱାଭାବିକ।

୨୦୦୧ ଜନଗଣନା କହୁଛି ଯେ ରାଜ୍ୟର ମୋଟ ଜନସଂଖ୍ୟା ତୁଳନାରେ ଶ୍ରମିକଙ୍କ ସଂଖ୍ୟା ପ୍ରାୟ ୪୦% ବୃଦ୍ଧି ପାଇଛି। ଅଧିକ ପରିସଂଖ୍ୟାନ ଭିତରକୁ ନଯାଇ ଆପାତତଃ ଆଖିରେ ଯାହା ପଡୁଛି ସେଥିରୁ ଯେ କେହି ଅନୁଭବ କରିବେ ଯେ ରାଜ୍ୟରେ କର୍ମ ନିଯୁକ୍ତି ଓ ସରକାରୀ କାର୍ଯ୍ୟକ୍ରମ ଭିତରେ ତାଳମେଳ ରହୁନାହିଁ। ଓଡ଼ିଶାରେ କୃଷି ତଥା ଆନୁସଙ୍ଗିକ କ୍ଷେତ୍ରରୁ ଶ୍ରମିକମାନେ ପ୍ରବଳ ମାତ୍ରାରେ ଆସି ଅନ୍ୟ କ୍ଷେତ୍ରରେ ଭିଡ ଜମାଉଥିବାରୁ ଏହି ଅସନ୍ତୁଳନ ଦିନକୁ ଦିନ ବଢ଼ିଚାଲିଛି।

ରାଜ୍ୟରେ ଚାଷ, ଜଙ୍ଗଲ, ମତ୍ସ୍ୟ ଉତ୍ପାଦନ, କୁକୁଡା ପାଳନ, ଖଣି ଓ ପଥର, ମ୍ୟାନୁଫାକଚରିଂ ଓ ପ୍ରୋସେସିଂ, ନିର୍ମାଣ, ବାଣିଜ୍ୟ ବ୍ୟବସାୟ, ପରିବହନ ଯୋଗାଯୋଗ ଓ ମଣ୍ଡି (ବଜାର) ଏସବୁ ହେଉଛି ନିଯୁକ୍ତିର ମୁଖ୍ୟ ମାଧ୍ୟମ। ଏହି ଅର୍ଥନୈତିକ ବର୍ଗୀକରଣ ଅନୁସାରେ କେଉଁ କ୍ଷେତ୍ରରେ କେତେ ନିଯୁକ୍ତିର ସମ୍ଭାବନା ରହିଛି ଓ କେତେ ପ୍ରତିଶତ ଲୋକ ଅଦ୍ୟାବଧି ରୋଜଗାରରେ ଲିପ୍ତ ଅଛନ୍ତି ତାର ଏକ

ସର୍ବଶେଷ ହିସାବ ମିଳିବା କଷ୍ଟ। କିନ୍ତୁ ପ୍ରତିଟି କ୍ଷେତ୍ରରେ ଏକ ଚିନ୍ତାଜନକ ପରିସ୍ଥିତି ଆଖିରେ ପଡେ।

ଗୋଟିଏ ସମୟରେ ଚାକିରି/ ନିଯୁକ୍ତି କ୍ଷେତ୍ରରେ ଏମ୍ପ୍ଲୟମେଣ୍ଟ ଏକ୍ସଚେଞ୍ଜ ଗୁଡିକର ଗୁରୁତ୍ୱପୂର୍ଣ୍ଣ ଭୂମିକା ଥିଲା ଏବଂ ଏହି ଅଫିସମାନଙ୍କରେ ଚାକିରି ପାଇଁ ନାମ ପଞ୍ଜିକୃତ ହେବା ଜରୁରୀ ଥିଲା। ରାଜ୍ୟରେ ଏବେବି ଥିବା ୮୦ଟି ପ୍ରାୟ ଏମ୍ପ୍ଲୟମେଣ୍ଟ ଏକ୍ସଚେଞ୍ଜରେ ଶିକ୍ଷିତ ବେକାରମାନେ ନାମ ଲେଖାଉଛନ୍ତି। ପୂର୍ବରୁ ନାମ ରେଜିଷ୍ଟ୍ରି ପଛରେ ଉଦ୍ଦେଶ୍ୟ ଥିଲା ଯେ ବିଭିନ୍ନ ରାଷ୍ଟ୍ରାୟତ୍ତ ଉଦ୍ୟୋଗରେ ଯେଉଁସବୁ ଚାକିରି ବାହାରିବ ସେହିସବୁ ନିଯୁକ୍ତି ଏମ୍ପ୍ଲୟମେଣ୍ଟ ଏକ୍ସଚେଞ୍ଜ ଜରିଆରେ ହିଁ ହେବ। ତେବେ, ଆର୍ଥିକ ସଂସ୍କାର ପରେ ସରକାରୀ ଚାକିରିର ପରିଣାମ କମିଯିବା ସହିତ ଡାଉନସାଇଜିଂ ଯୋଗୁଁ ବିପୁଳ ପରିମାଣରେ ଚାକିରି ହ୍ରାସ ପାଇଛି। କିନ୍ତୁ ଗୋଟିଏ ହିସାବ କହୁଛି ଯେ ୨୦୦୫ ବର୍ଷରେ ପ୍ରାୟ ୪ ଲକ୍ଷ ଯୁବକ ଯୁବତୀ ତଥାପି ଏମ୍ପ୍ଲୟମେଣ୍ଟ ଏକ୍ସଚେଞ୍ଜରେ ନାମ ଲେଖାଇଲେ। ନିଯୁକ୍ତି ପତ୍ରଟିଏ ପାଇଁ ଥିବା ଶିକ୍ଷିତ ଯୁବକ ଯୁବତୀ ଆତୁରତାକୁ ଏଥିରୁ ବୁଝିହେବ।

ରାଷ୍ଟ୍ରାୟତ୍ତ ଉଦ୍ୟୋଗ ବା ସରକାରୀ କ୍ଷେତ୍ରରେ ହ୍ରାସ ପାଉଥିବା ନିଯୁକ୍ତିକୁ ଭରଣା କରିବା ପାଇଁ ଘରୋଇ କ୍ଷେତ୍ର ଆଗେଇ ଆସିବ ବୋଲି ଯେଉଁ ଆଶା ରଖାଯାଉଥିଲା ତାହା ବି ଅନେକାଂଶରେ ଫଳବତୀ ହୋଇ ପାରିନାହିଁ। ନିଯୁକ୍ତି କ୍ଷେତ୍ରରେ ରାଜ୍ୟରେ ଥିବା ସଙ୍ଗଠିତ ଘରୋଇ ସଂସ୍ଥା ମାନଙ୍କର ଅବଦାନ ଅତି ବେଶୀରେ ୧୨%। ଗୋଟିଏ ପଟେ ଘରୋଇକରଣ ନିର୍ବିକାର ଭାବେ ଚାଲିଥିବାବେଳେ ଏହିସବୁ ଘରୋଇ କମ୍ପାନୀ ରାଜ୍ୟର ବେରୋଜଗାରୀମାନଙ୍କୁ ରୋଜଗାର ଯୋଗାଇ ଦେବାରେ କେତେ ସକ୍ଷମ ଓ କାହିଁକି ଆଶାନୁରୂପ ଚାକିରି ନାହିଁ ତାହାର କୌଣସି ଆକଳନ ଏପର୍ଯ୍ୟନ୍ତ କରାଯାଇ ନାହିଁ।

ନିଯୁକ୍ତି/ଚାକିରି କ୍ଷେତ୍ରରେ ବିଗତ କିଛିବର୍ଷ ଧରି ଏକ ନୂଆ କଥା ସାମ୍ନାକୁ ଆସିଛି- ମହିଳା ମାନଙ୍କ ପ୍ରବେଶ। ଭାରତରେ ଓଡ଼ିଶା ବୋଧହୁଏ ଏକ ଅଗ୍ରଣୀ ରାଜ୍ୟ ଯେଉଁଠି ମହିଳାମାନଙ୍କୁ ନିଯୁକ୍ତି ଦେବା ପଛରେ ସର୍ବାଧିକ ଧ୍ୟାନ ଦିଆଯାଇ ଆସିଛି। ସରକାରୀ ବିଭାଗ ଓ ସରକାରୀ ସଂସ୍ଥା ମାନଙ୍କରେ ୩୦% ସଂରକ୍ଷଣ ଯୋଗୁଁ ଅଧିକରୁ ଅଧିକ ମହିଳା ନିଯୁକ୍ତି ପାଉଛନ୍ତି। ଏହା ଏକ ସକାରାତ୍ମକ ଲକ୍ଷ୍ୟ ଏବଂ ପ୍ରଗତିଶୀଳ ପଦକ୍ଷେପ। କାରଣ ଯେତେ ଅଧିକରୁ ଅଧିକ ମହିଳା କର୍ମକ୍ଷେତ୍ରକୁ ଆସିବେ ପରିବାର ଗୁଡିକ ସେତେ ସ୍ୱାବଲମ୍ବୀ ହେବେ (ଆର୍ଥିକ ଦୃଷ୍ଟିକୋଣରୁ)। କିନ୍ତୁ ମହିଳାମାନଙ୍କ ପାଇଁ ଚାକିରି/ ନିଯୁକ୍ତି କଥା ଉଠିବା ବେଳେ ସରକାରଙ୍କ ଯୋଜନା/କାର୍ଯ୍ୟକ୍ରମ

ଏକରକମ ଦିଗହରା। ଯେନତେନ ପ୍ରକାରେଣ ମାସିକ ଦୁଇ ହଜାର ଟଙ୍କା ଚାକିରି ପାଇ ଶିକ୍ଷିତ ମହିଳାମାନେ ଖୁସ୍। ଏହାଛଡା ସେମାନଙ୍କ ପାଖରେ ଆଉ କିଛି ଉପାୟ ନାହିଁ। ସରକାରୀ କ୍ଷେତ୍ରରେ ନିଯୁକ୍ତିର ସଂକୋଚନ ଯୋଗୁଁ ରାଜ୍ୟ ସରକାର ଆତ୍ମନିଯୁକ୍ତି ଉପରେ ଜୋର ଦେଉଛନ୍ତି। ତେବେ 'ଆତ୍ମନିଯୁକ୍ତି' ଏକ ଅତିଶୋୟକ୍ତି ଏବଂ ବହୁଳ ଅପବ୍ୟବହୃତ ଶବ୍ଦ। ଆତ୍ମନିଯୁକ୍ତି ଜରିଆରେ ରୋଜଗାର ପାଇଁ ମାନସିକତାରେ ପରିବର୍ତ୍ତନ ଦରକାର। ସେହିଭଳି ନିଜ ଗୋଡ଼ରେ ଠିଆ ହେବା ପାଇଁ କ'ଣ ସବୁ ସୁଯୋଗ ରହିଛି ତାହାର ବ୍ୟାପକ ପ୍ରଚାର/ପ୍ରସାର ହେବା ଦରକାର।

ରାଜ୍ୟ ସରକାରଙ୍କ ଏକ ଉଚ୍ଚସ୍ତରୀୟ ସଂସ୍ଥା ରହିଛି ଓଡ଼ିଶା ରାଜ୍ୟ ନିଯୁକ୍ତି ମିଶନ। ପ୍ରତିବର୍ଷ ଦେଢ଼ଲକ୍ଷ ଯୁବକ/ଯୁବତୀଙ୍କ ପାଇଁ ନିଯୁକ୍ତି ଭିତ୍ତିକ ତାଲିମ ଦେବା ପାଇଁ ଏହି ସଂସ୍ଥା ସ୍ଥିର କରିଛି। ଓଡ଼ିଶାର ଯୁବ ସମାଜର ସ୍ୱପ୍ନକୁ ସାକାର କରିବାକୁ ରାଜ୍ୟ ସରକାର ନାନା ପ୍ରକାର ଯୋଜନା ତିଆରି କରୁଛନ୍ତି ସତ ହେଲେ ଏହା ଖୁବ୍ କମ୍ ଲୋକଙ୍କ ପାଖରେ ପହଞ୍ଚୁଛି। ନିକଟରେ ହିଁ ସରକାର ନିଷ୍ପତ୍ତି ନେଇଛନ୍ତି ରାଜ୍ୟରେ ୩୧୪ଟି ଯାକ ବ୍ଲକରେ ଅନ୍ତତଃ ଗୋଟିଏ ଶିଳ୍ପ ତାଲିମ କେନ୍ଦ୍ର ବା ଆଇଟିଆଇ ପ୍ରତିଷ୍ଠା କରାଯିବ। ପ୍ରତିବର୍ଷ ୨୫ ହଜାର ଯୁବକ ଯୁବତୀଙ୍କୁ ତାଲିମ ଦିଆଯିବା ସହିତ ଆଗାମୀ ଦିନରେ ରାଜ୍ୟର ଔଦ୍ୟୋଗିକ ପ୍ରଗତି ପାଇଁ ମାନବିକ ସମ୍ବଳକୁ ମଜବୁତ କରାଯିବା ସକାଶେ ସରକାର ସ୍ଥିର କରିଛନ୍ତି। ବେଶ୍ ଭଲକଥା। କିନ୍ତୁ ଆଇଟିଆଇ କଥା ଉଠିଲା ବେଳେ ଏଠାରୁ ବାହାରିବାକୁ ଥିବା କୁଶଳୀ ଯୁବକମାନଙ୍କ ସାମ୍ନାରେ ନିଯୁକ୍ତିର ଏକ ସ୍ପଷ୍ଟ ଚିତ୍ର ରହିବା ଦରକାର।

ଆତ୍ମନିଯୁକ୍ତି ପାଇଁ ଏବଂ ରାଜ୍ୟର ଶିଳ୍ପୀକରଣକୁ ଦୃଷ୍ଟିରେ ରଖି ସରକାରଙ୍କ ପକ୍ଷରୁ ସୂଚନା କିଓସ୍କ, ବିପିଓ କମ୍ପ୍ଲେକ୍ସ, ସହର ବଜାର ଓ ଔଷଧୀୟ ବୃକ୍ଷ ଆଦି ପାଇଁ ବିଭିନ୍ନ ଯୋଜନା କରାଯାଇଛି ସତ ହେଲେ ଏସବୁକୁ ଗ୍ରହଣ କରିବା ପାଇଁ ଯୁବକ ଯୁବତୀମାନଙ୍କ ଅନାଗ୍ରହ ହିଁ ବାସ୍ତବରେ ଚିନ୍ତାର କାରଣ ବିଷୟ। ମୋଟାମୋଟି ଭାବେ, ଓଡ଼ିଶାରେ ଯେହେତୁ ରୋଜଗାର କହିଲେ ୧୦ଟାରୁ ୫ଟା ସରକାରୀ ଚାକିରୀକୁ ହିଁ ବୁଝାଏ, ସେହି ଦୃଷ୍ଟିରୁ ଆତ୍ମନିଯୁକ୍ତିକୁ ପ୍ରୋତ୍ସାହିତ କରିବାକୁ ହେଲେ କିଛି ସଫଳ ମଡ଼େଲ ପ୍ରତିଷ୍ଠା କରାଯିବା ଦରକାର। ତେବେ ଯାଇ ହୁଏତ ଯୁବକ ଯୁବତୀମାନେ ଏଥିପ୍ରତି ଆକୃଷ୍ଟ ହେବେ।

■

(ଶନିବାର, ୩୦ ଡିସେମ୍ବର ୨୦୦୫)

ପାକିସ୍ତାନ ନାମକ ଅଡୁଆ ଗଣ୍ଠି

ପାକିସ୍ତାନ ଓ ଆମେରିକା ଭିତରେ ସମ୍ପର୍କ ଏବେ ଏକ ନୂଆ ମୋଡ଼ ନେଇଛି। ଯଦି ବିଗତ କିଛି ଦିନର ଘଟଣାକୁ ବିଶ୍ଳେଷଣ କରାଯାଏ ତେବେ ରାଷ୍ଟ୍ରପତି ବୁଶ୍ ପାକିସ୍ତାନ ଉପରେ କବ୍‌ଜା କରିବା ଆରମ୍ଭ କରିଛନ୍ତି ବୋଲି ବୁଝିବାକୁ ହେବ। ନିଜେ ରାଷ୍ଟ୍ରପତି ବୁଶ୍ ପାକିସ୍ତାନ ଭିତରେ କେତୋଟି ନିର୍ଦ୍ଦିଷ୍ଟ ଅଞ୍ଚଳ ଉପରେ ଚଢ଼ାଉ କରିବା ପାଇଁ ଅନୁମତି ଦେଇଥିବା ପ୍ରକାଶ। ଏହାର ଜବାବ ଦେବାକୁ ଯାଇ ପାକିସ୍ତାନର ସେନାଧ୍ୟକ୍ଷ ପରଭେଜ୍ କିଆନି କହିଛନ୍ତି ଯେ ଆମେରିକାର ଏହି ଧମକ ଚମକ କାମ ଦେବ ନାହିଁ।

ଏହି ଘଟଣାରେ ଗୋଟିଏ ଦୁଇଟି କଥା ସାମ୍ନାକୁ ଆସୁଛି। ପ୍ରଥମ, ରାଷ୍ଟ୍ରପତି ବୁଶ୍ ଆତଙ୍କବାଦ ବିରୁଦ୍ଧରେ ଯେଉଁ ଯୁଦ୍ଧ ଘୋଷଣା କରିଥିଲେ ସେହି ଯୁଦ୍ଧର କେନ୍ଦ୍ରବିନ୍ଦୁ ଆଉ ଇରାକରେ ନାହିଁ, ଏହା ପୁଣି ଫେରି ଆସିଛି ଆଫଗାନିସ୍ଥାନ-ପାକିସ୍ତାନ ସୀମାନ୍ତକୁ। ଦ୍ୱିତୀୟ, ବୁଶ୍ ତାଙ୍କ ସାଥୀ ପାକିସ୍ତାନକୁ ଚେତାବନୀ ଦେଇଛନ୍ତି ଯେ ଆତଙ୍କବାଦୀ ଶକ୍ତି ଗୁଡିକୁ ସମର୍ଥନ ଦେବା କିମ୍ବା ସେମାନଙ୍କ ପ୍ରତି କୌଣସି କାର୍ଯ୍ୟାନୁଷ୍ଠାନ ନକରିବା ଏକା କଥା ଏବଂ ଏଥିପାଇଁ ପାକିସ୍ତାନକୁ ଜବାବ ଦେବାକୁ ହେବ।

ୱାସିଂଟନର ଜାତୀୟ ପ୍ରତିରକ୍ଷା ବିଶ୍ୱବିଦ୍ୟାଳୟରେ ବୁଶ୍ ଆତଙ୍କବାଦ ଏବଂ ପାକିସ୍ତାନ ସମ୍ପର୍କରେ କହିବା ବେଳେ ପାକିସ୍ତାନକୁ ଏକ ଆତଙ୍କବାଦୀ ରାଷ୍ଟ୍ର ରୂପେ ଅବଶ୍ୟ ବର୍ଣ୍ଣନା କରି ନାହାନ୍ତି। ଆଫଗାନିସ୍ଥାନରେ ଗଣତନ୍ତ୍ରକୁ ଲାଇନଚ୍ୟୁତ କରିବା ପାଇଁ ଆତଙ୍କବାଦୀମାନେ ଯେଉଁଳି ପାକିସ୍ତାନକୁ ବ୍ୟବହାର କରୁଛନ୍ତି ସେଥିରେ ସେ କ୍ଷୁବ୍ଧ ହେବା ସ୍ୱାଭାବିକ। ଆମେରିକା ପ୍ରଶାସନରେ ଏକ ଧାରଣା ସୃଷ୍ଟି ହେବାରେ ଲାଗିଛି ଯେ ଆତଙ୍କବାଦ ବିରୁଦ୍ଧରେ କାର୍ଯ୍ୟାନୁଷ୍ଠାନ କରିବା କ୍ଷେତ୍ରରେ ପାକିସ୍ତାନ କେବଳ ବିଫଳ ହୋଇଛି ତାହା ନୁହେଁ, ବରଂ ଆତଙ୍କବାଦୀକୁ ଉତ୍ସାହିତ କରି ଆସିଛି।

ଗତ ଜୁଲାଇ ମାସ ନ୍ୟୁୟର୍କ ଟାଇମ୍ସ ଏକ ରିପୋର୍ଟରେ ପ୍ରକାଶ କରିଥିଲା ଯେ ବୁଶ୍ ପାକିସ୍ତାନର ଅଗୋଚରରେ ଏଭଳି ଏକ ଚଢ଼ାଉ ପାଇଁ ଅନୁମତି ଦେଇଥିଲେ। ଏହି ଚଢ଼ାଉରେ କେନ୍ଦ୍ର ହେଉଛନ୍ତି ପାକିସ୍ତାନରେ ମୁଣ୍ଡଟେକି ଥିବା ଅସଂଖ୍ୟ ଆତଙ୍କବାଦୀ ସଙ୍ଗଠନ। ଗତ ସପ୍ତାହରେ ପାକିସ୍ତାନ ଆଫଗାନିସ୍ଥାନ ସୀମାରେ ଏକ ଗ୍ରାମରେ ଆମେରିକାର ନୌସେନା ତାର ଚଢ଼ାଉ କରିଥିଲେ ବୋଲି ରିପୋର୍ଟ ପ୍ରକାଶ ପାଇଛି।

ବୁଶ୍ ପ୍ରଶାସନର ଏହି ତଟକା ନିଷ୍ପତ୍ତିରୁ ଗୋଟିଏ କଥା ବୁଝାଯିବ ଯେ ତାଲିବାନ ଓ ଅଲ୍ କାଏଦା ଉପରେ ୱାସିଂଟନର ମତିଗତି ବଦଳିବା ଆରମ୍ଭ କରିଛି। ଆମେରିକା ବିଳମ୍ବରେ ହେଲେ ମଧ୍ୟ ଉପଲବ୍ଧି କରିବା ଆରମ୍ଭ କରିଛି ଯେ ପାକିସ୍ତାନ ମାଟିରୁ ଆତଙ୍କବାଦକୁ ହଟାଇବା ପାଇଁ ଯେଉଁ ପ୍ରତିଶ୍ରୁତି ଦିଆଯାଇଥିଲା ସେହି ପ୍ରତିଶ୍ରୁତି ପାଳନ କରିବାରେ ପାକିସ୍ତାନ ବିଫଳ ହୋଇଛି। ପାକିସ୍ତାନକୁ ପ୍ରଚୁର ପରିମାଣରେ ଆର୍ଥିକ ସାହାଯ୍ୟ ଦିଆଯିବା ସତ୍ତ୍ୱେ ପାକିସ୍ତାନରୁ ଆତଙ୍କବାଦୀ ଶକ୍ତି ଗୁଡ଼ିକ ହଟି ନଥିବା କଥା ବିଗତ କିଛି ଦିନ ଧରି ଆନ୍ତର୍ଜାତିକ ସ୍ତରରେ ଆଲୋଚନା ଚାଲିଛି। ଏଥିରେ ଆମେରିକାର ଅଧିକାରୀମାନେ ମଧ୍ୟ ଏକମତ। କୌତୂହଳର ବିଷୟ ଏହି ଯେ ଆନ୍ତର୍ଜାତିକ ସମୁଦାୟ ପାକିସ୍ତାନକୁ ପୂରାପୂରି ବିଶ୍ୱାସକୁ ନନେବା ପାଇଁ ଚେତାବନୀ ସତ୍ତ୍ୱେ ରାଷ୍ଟ୍ରପତି ବୁଶ୍ ଏଥିପ୍ରତି କର୍ଣ୍ଣପାତ କରିନଥିଲେ। ବରଂ ପଦଚ୍ୟୁତ ରାଷ୍ଟ୍ରପତି ପରଭେଜ୍ ମୁଶାରଫଙ୍କ ଉପରେ ସମସ୍ତ ବିଶ୍ୱାସକୁ ଅଜାଡ଼ି ପକାଇଥିଲେ। ଏବେ ଯାହା ଜଣାପଡୁଛି ଆତଙ୍କବାଦକୁ ଶେଷ କରିବା ପାଇଁ ଆମେରିକା ପାକିସ୍ତାନକୁ ଯେଉଁଭଳି ହାତବାରିସି କରିଥିଲା ତାହା କାମ ଦେଇ ନାହିଁ।

ଆହୁରି କୌତୂହଳର ବିଷୟ ଯେ ମୁଶାରଫଙ୍କ ସମୟରେ ହିଁ ତାଲିବାନିମାନେ ପାକିସ୍ତାନର ଆଭ୍ୟନ୍ତରୀଣ ଅଞ୍ଚଳରେ ନିଜର ଆସ୍ଥାନ ଜମାଇବା ଆରମ୍ଭ କରିଥିଲେ, ବିଶେଷ କରି ଆଫଗାନିସ୍ଥାନ ସୀମାନ୍ତକୁ ଲାଗିଥିବା ଅଞ୍ଚଳରେ। ଏହିସବୁ ଅଭୟାରଣ୍ୟରେ ରହି ଆତଙ୍କବାଦୀମାନେ ଆମେରିକା ଏବଂ ନାଟୋରୋ ସୈନ୍ୟଙ୍କ ଉପରେ ଆକ୍ରମଣ କରିଥିଲେ। ଅଧିକନ୍ତୁ, ଯୁଦ୍ଧ- କ୍ଷତବିକ୍ଷତ ଆଫଗାନିସ୍ଥାନରେ ସ୍ଥାୟିତ୍ୱ ଆସୁ ଏକଥା ଆତଙ୍କବାଦୀମାନେ ଚାହୁଁନଥିଲେ।

ତେଣେ ଆଫଗାନିସ୍ଥାନରୁ ନଜର ହଟାଇ ଆମେରିକା ଯେତେବେଳେ ଇରାକ୍‌ରେ ତାର ସମସ୍ତ ଶକ୍ତିକୁ କେନ୍ଦ୍ରିଭୂତ କରିବାକୁ ଆରମ୍ଭ କଲା ସେହି ସମୟଠାରୁ ହିଁ ରାଷ୍ଟ୍ରପତି ବୁଶ୍‌ଙ୍କର ଯୁଦ୍ଧଖୋର ନୀତି ଓଲଟା ଫଳ ଦେଲା। ଏବେ ଏହାର ସାମଗ୍ରୀକ ପରିଣାମ ହେଉଛି ଯେ ବିଶ୍ୱର ନିରାପତ୍ତା ପାଇଁ ଦୁଇଟି ଦେଶକୁ ଦାୟୀ କରାଯାଇଛି ଏବଂ ସେହି ଦୁଇଟି ଦେଶ ହେଉଛନ୍ତି- ଆଫଗାନିସ୍ଥାନ ଓ ପାକିସ୍ତାନ।

ବିଳମ୍ବରେ ହେଲେ ମଧ୍ୟ ରାଷ୍ଟ୍ରପତି ବୁଶ୍ ଗତ ସପ୍ତାହରେ ଘୋଷଣା କରିଥିଲେ ଯେ ଆସନ୍ତା ବର୍ଷ ପ୍ରାରମ୍ଭରୁ ଇରାକ୍‌ରୁ ଆମେରିକୀୟ ସୈନ୍ୟଙ୍କୁ ହଟାଯାଇ ଆଫଗାନିସ୍ଥାନରେ ନିୟୋଜିତ କରାଯିବ। ବୁଶ୍ ପ୍ରଶାସନର ଏହି ନିଷ୍ପତ୍ତିକୁ ପାକିସ୍ତାନର ନବନିର୍ବାଚିତ ସରକାର କେତେ ଦୂର ସମ୍ମାନ ଦେବେ ତାହା ସନ୍ଦେହଜନକ। ପାକିସ୍ତାନ-ଆଫଗାନିସ୍ଥାନରୁ ଆତଙ୍କବାଦୀ ମାନଙ୍କୁ ଖାଲି କରିବା ପାଇଁ ଆମେରିକାକୁ ପାକିସ୍ତାନ ସରକାର କେତେ ମାତ୍ରାରେ ସାହାଯ୍ୟ କରିବେ ତାହା ଦେଖିବାର କଥା। ଆମେରିକାରେ ଥିବା ପାକିସ୍ତାନର ରାଷ୍ଟ୍ରଦୂତ ଚେତାବନୀ ଦେଇସାରିଛନ୍ତି ଯେ ପାକିସ୍ତାନ ଉପରେ ଯଦି କୌଣସି ପ୍ରକାର ଆକ୍ରମଣ ହୁଏ ଏହା ଓଲଟା ଫଳ ଦେବ ଏବଂ ଅଧିକରୁ ଅଧିକ ପାକିସ୍ତାନ ଲୋକେ ତାଲିବାନିମାନଙ୍କ କବଳକୁ ଚାଲିଯିବେ।

ଏହି ଘଟଣାରେ ସବୁବେଳେ ସନ୍ଦେହରେ ରହି ଆସିଥିବା ଆଇଏସ୍‌ଆଇ ସଂସ୍ଥାର ଭୂମିକାକୁ ଦେଖାଯିବା ଦରକାର। ଆତଙ୍କବାଦକୁ ମୂଳପୋଛ କରିବା ପାଇଁ ନା ପାକିସ୍ତାନର ସେନା ନା ଆଇଏସ୍‌ଆଇ କେହି ବି ଚାହିଁବେ। କାରଣ ସେମାନଙ୍କର କୌଶଳ ହେଉଛି ଯେ ଭାରତ ଓ ଆଫଗାନିସ୍ଥାନ ସୀମାନ୍ତରେ ଆତଙ୍କବାଦକୁ ବଞ୍ଚାଇ ରଖିପାରିଲେ ହିଁ ସେମାନେ ସେମାନଙ୍କର ଉପସ୍ଥିତିକୁ ଜାହିର କରିପାରିବେ। ଏବେ ଆସ୍ତେ ଆସ୍ତେ ଜଣା ପଡିଲାଣି ଯେ (ଏବଂ ଆମେରିକାର ଗୋଇନ୍ଦା ସଂସ୍ଥା ସିଆଇଏ ମଧ୍ୟ ଏହାକୁ ସ୍ୱୀକାର କରୁଛି) କାବୁଲ୍‌ରେ ଭାରତୀୟ ଦୂତାବାସ ସାମ୍ନାରେ ଯେଉଁ ବୋମା ବିସ୍ଫୋରଣ ହୋଇଥିଲା ତାହା ସମ୍ପୂର୍ଣ୍ଣ ଭାବେ ଆଇଏସ୍‌ଆଇର କାମ ଥିଲା।

ପାକିସ୍ତାନର ଯେଉଁ ଗଣତାନ୍ତ୍ରିକ ସରକାର ପ୍ରତିଷ୍ଠା ହୋଇଛି ସେହି ସରକାର ପାଇଁ ବର୍ତ୍ତମାନ ଏହା ଚିନ୍ତାର ବିଷୟ ହୋଇଛି ଯେ ନୂଆ ପରିସ୍ଥିତିରେ କିଭଳି ଆମେରିକାକୁ ଖୁସି କରି ରଖିହେବ ଏବଂ ପାକିସ୍ତାନ ଜନସାଧାରଣଙ୍କୁ ମଧ୍ୟ। ପାକିସ୍ତାନରେ ବର୍ତ୍ତମାନ ଯାହା ଚାଲିଛି ତାହା ଦିନକୁ ଦିନ ଜଟିଳ ହେବାରେ ଲାଗିଛି ଏବଂ ଆମେରିକା ଏହି ଅଡୁଆ ଗଣ୍ଠିକୁ କିଭଳି ଫିଟାଉଛି ତାହା ଅପେକ୍ଷା କରି ଦେଖିବାର କଥା।

■

(ଶନିବାର, ୨୦ ଡିସେମ୍ବର ୨୦୦୮)

ଦୁଷ୍ଟ ଲୋକଙ୍କ ଜରାନିବାସ

କେହି ଜଣେ ବିଜ୍ଞ ମଣିଷ କହିଥିଲେ ରାଜନୀତି ହେଉଛି ଦୁଷ୍ଟ ଲୋକଙ୍କର ଜରାନିବାସ। ଭାରତରେ ରାଜନେତାମାନେ ସେମାନଙ୍କର ବିଦେଶୀ ପ୍ରତିପକ୍ଷଙ୍କ ତୁଳନାରେ ଯେ ଅତ୍ୟନ୍ତ ଅନାଦୃତ ଏକଥା କହିବା ଆବଶ୍ୟକତା ନାହିଁ। ରାଜନୀତି ଏବଂ ରାଜନେତା ଯଦି ଯଥାକ୍ରମେ ଘୃଣ୍ୟ ବୃତ୍ତି ଓ ଜୀବ ହୋଇ ଆସିଛନ୍ତି ସେଥିପାଇଁ ସେମାନେ ନିଜେ ହିଁ ଦାୟୀ।

ଏଇ ସପ୍ତାହରେ ବହୁଜନ ସମାଜପାର୍ଟିର ଅଧ୍ୟକ୍ଷା ତଥା ଉତ୍ତରପ୍ରଦେଶର ମୁଖ୍ୟମନ୍ତ୍ରୀ ମାୟାବତୀ ତଥା କଂଗ୍ରେସ ଅଧ୍ୟକ୍ଷା ତଥା ୟୁପିଏର ଚେୟାରପରସନ୍ ସୋନିଆ ଗାନ୍ଧୀଙ୍କ ଭିତରେ କଥା କଟାକଟି ଠାରୁ ଆରମ୍ଭ କରି ପରସ୍ପରକୁ ଦୋଷାରୋପ ପର୍ଯ୍ୟନ୍ତ ଯେଉଁ ଅଭିନୟ ଦେଖିବାକୁ ମିଳିଥିଲା ତାହା ଦେଶର ରାଜନୀତିକୁ ଆଉ ଟିକିଏ ଅନାଦୃତ କରିଛି ବୋଲି ଧରା ଦେବାକୁ ହେବ। ସୋନିଆ ଏବଂ ମାୟାବତୀଙ୍କ ଭିତରେ ଗୋଟିଏ ସମୟରେ ଭଲ ସଂପର୍କ ଥିଲା ଏବଂ କେନ୍ଦ୍ରରେ ୟୁପିଏ ସରକାରକୁ ମାୟାବତୀ ସମର୍ଥନ ମଧ୍ୟ ଦେଉଥିଲେ। ଯାହା କୁହାଯାଏ ପ୍ରେମ ଓ ରାଜନୀତିରେ ସବୁ ସମ୍ଭବ, ମାୟାବତୀ ଏବେ ସୋନିଆଙ୍କର ପରମ ଶତ୍ରୁ।

ସୋନିଆଙ୍କର ନିର୍ବାଚନ ମଣ୍ଡଳୀ ରାଏବରେଲି ଠାରେ ଏକ ରେଳ କୋଚ୍ କାରଖାନାକୁ ନେଇ ଉଭୟ ହସ୍ତୀନୀଙ୍କ ଭିତରେ ଯେଉଁ ଟକ୍କରବାଜି ସାମ୍ନାକୁ ଆସିଲା ସେଥିରେ ରାଜନୀତି ଅପେକ୍ଷା ସ୍ତ୍ରୀ-ସୁଲଭ ଗୁଣ ଅଧିକ ରହିଛି ବୋଲି କହିଲେ ଅତ୍ୟୁକ୍ତି ହେବ ନାହିଁ। ରେଳ କୋଚ୍ କାରଖାନା ପାଇଁ ଯେଉଁ ଜମି ରାଜ୍ୟ ସରକାର ଦେଇଛନ୍ତି ତାହାକୁ ରଦ୍ଦ କରାଗଲେ ଏହା ବିରୁଦ୍ଧରେ ଆନ୍ଦୋଳନ କରିବେ ଓ ଏପରିକି ଜେଲ ଯିବାକୁ ମଧ୍ୟ ପ୍ରସ୍ତୁତ ଅଛନ୍ତି ବୋଲି ସୋନିଆ ଗାନ୍ଧୀ ଘୋଷଣା କରିଥିଲେ। ସେ ଆଉ ଦି'ପାଦ ପଛକୁ ଯାଇ କହିଥିଲେ ଯେ ରାଏବରେଲି ଥିଲା

ତାଙ୍କ ସ୍ୱାମୀ ଫିରୋଜ ଗାନ୍ଧୀ ଓ ଶାଶୂ ଇନ୍ଦିରା ଗାନ୍ଧୀଙ୍କ ପାଇଁ କର୍ମଭୂମି ଏବଂ ଏବେ ତାଙ୍କ ପାଇଁ ତଥା ରାହୁଲଙ୍କ ପାଇଁ ହେଉଛି ଘର। ଏଣୁ ମାୟାବତୀ ଯେଉଁ ଧମକ୍ ଦେଇଛନ୍ତି ଯେ ତାଙ୍କୁ ରାଏବରେଲିରେ ପୂରାଇ ଦିଆଯିବ ନାହିଁ ତାହା କିଭଳି ସମ୍ଭବ। ଭଲ କଥା ହୋଇଛି ଯେ ପ୍ରସ୍ତାବିତ ରେଳ କୋଚ୍ କାରଖାନା ପାଇଁ ଉଦ୍ଦିଷ୍ଟ ଜମି ଉପରେ ଆଲ୍ଲାହାବାଦ ହାଇକୋର୍ଟ ରହିତାଦେଶ ଲଗାଇ ଦେଇଛନ୍ତି କିନ୍ତୁ ରାଜନୀତିଟି ଯେଉଁଠି ଓ ଯେମିତି ଥିବାକଥା ସେଭଳି ରହିଛି।

କେହି କେହି ଏହି ଘଟଣାକୁ ସିଙ୍ଗୁରରେ ତୃଣମୂଳ କଂଗ୍ରେସ ନେତ୍ରୀ ମମତା ବାନାର୍ଜୀ ଯେଉଁ ଖେଳ ଖେଳିଲେ ତାହା ସହିତ ତୁଳନା କରୁଛନ୍ତି। କିନ୍ତୁ ତଫାତ୍‌ଟି ହେଉଛି ଯେ ବୁଦ୍ଧଦେବ ଭଟ୍ଟାଚାର୍ଯ୍ୟ ଓ ମମତା ବାନାର୍ଜୀଙ୍କ ତୁଳନାରେ ମାୟାବତୀ ଓ ସୋନିଆଙ୍କ ପଲା ଟିକିଏ ଅଧିକ ଭାରି। ଲକ୍ଷେ ଟଙ୍କିଆ କାର ପ୍ରକଳ୍ପଟି ବନ୍ଦ କରିବା କାରଣରୁ ରତନ ଟାଟା ମମତା ବାନାର୍ଜୀଙ୍କୁ ନାଁ ଦେଇଥିଲେ ବ୍ୟାଡ୍ 'ଏମ୍'। ମାୟାବତୀଙ୍କ ନାମ ମଧ୍ୟ 'ମ' ରୁ ଆରମ୍ଭ ହେଉଥିବାରୁ ତାଙ୍କ ନାମ ସହିତ କୌଣସି ବିଶେଷଣକୁ ଯୋଡାଯିବ କି ନା ତାହା ଭିନ୍ନ କଥା। ତେବେ ଦେଶରେ ରାଜନୀତିକ ଟଣାଓଟରା ଓ ଜିଦିବାଦି ଯେଉଁ ସ୍ତରକୁ ଆସିଛି ସେଥିରେ ସାଧାରଣ ଲୋକ ବିଶେଷ କିଛି ଆଶା କରିବା ଉଚିତ୍ ନୁହେଁ। ଯଦି କରନ୍ତି କେବଳ ନୈରାଶ୍ୟ ହିଁ ସାର ହେବ।

ସିଙ୍ଗୁରରେ ଯେଉଁଭଳି ଚାଷୀଙ୍କ ପକ୍ଷନେଇ ମମତା ବାନାର୍ଜୀ କାର ପ୍ରକଳ୍ପକୁ କରାଇ ଦେଲେ ନାହିଁ ସେହିଭଳି ମାୟାବତୀ ମଧ୍ୟ ଚାଷ ଜମି ଯିବା ବାହାନାରେ ସୋନିଆ ଗାନ୍ଧୀଙ୍କ ନିର୍ବାଚନ ମଣ୍ଡଳୀରେ ରେଳ କୋଚ୍ କାରଖାନା କରାଇ ନଦେବା ପାଇଁ ଚାହିଁଥିଲେ। ଅବଶ୍ୟ ଏହି କାରଖାନା ପାଇଁ ଯେଉଁ ଜମି ଦିଆଯାଇଛି ତାହା କେନ୍ଦ୍ର ସରକାରଙ୍କ ଜମି। ତେବେ ଏହି ଜମି ଚାଷୀ ମାନଙ୍କ ନାମରେ ପଟ୍ଟା ହେବ ବୋଲି ରାଏବରେଲିର କୃଷକମାନେ ଯେଉଁ ଆଶା ରଖିଥିଲେ ତାହା ଧୂଳିସାତ ହେବାରୁ ଭବିଷ୍ୟତରେ ସେମାନେ ଗୁଜୁରାଟରେ ହେବାକୁ ଥିବା ନାନୋ ପ୍ରକଳ୍ପ ଭଳି ମଧ୍ୟ ଆନ୍ଦୋଳନ ନକରିବେ ସେଭଳି କିଛି କଥା ନାହିଁ।

ଏହିଭଳି ରାଜନୀତିକ ଜଟିଳତା ପଛରେ ବାସ୍ତବତା ଯାହା ଥାଉ ନା କାହିଁକି ରାଜନୀତିକ ଦଳମାନେ ଏହିଭଳି ବିବାଦୀୟ ପ୍ରସଙ୍ଗକୁ ନିଜ ନିଜ ଭିତରେ ସମାଧାନ ନକରି ରାସ୍ତାକୁ ଓହ୍ଲାଇ ଆସୁଥିବା ରାଜନୀତି ପାଇଁ ଆଉ ଗୋଟିଏ ଗୋଟିଏ ବିଲକ୍ଷଣ। ଗୋଳିଆ ରାଜନୀତିକୁ ଅଧିକ ଗୋଳିଆ କରିବା ଯେହେତୁ ଆମ ଦେଶର ରାଜନେତାମାନଙ୍କର ବଦଭ୍ୟାସ, ମାୟାବତୀ ମଧ୍ୟ ଚାହୁଁଛନ୍ତି ଉତ୍ତରପ୍ରଦେଶ

ରାଜନୀତିକୁ ଅଧିକ କର୍ଦ୍ଦମାକ୍ତ କରିବା ଯାହା ଫଳରେ କି ଆସନ୍ତା ନିର୍ବାଚନରେ ସେ ଏହାର ପୂରା ଫାଇଦା ଉଠାଇ ପାରିବେ।

ସିଙ୍ଗୁରରେ ଯେଭଳି ତୃଣମୂଳ କଂଗ୍ରେସ ମାର୍କ୍ସବାଦୀ କମ୍ୟୁନିଷ୍ଟ ପାର୍ଟି ଭିତରେ ଥିବା ଶତ୍ରୁତା ଯୋଗୁଁ ହିଁ ଟାଟାଙ୍କ ନାନୋ ପ୍ରକଳ୍ପ ହଟିଲା, ରାଏବରେଲିରେ ମଧ୍ୟ ବହୁଜନ ସମାଜପାର୍ଟି ଓ କଂଗ୍ରେସର ଶତ୍ରୁତା ହିଁ ରେଳ କୋଚ୍ କାରଖାନା ପାଇଁ ପ୍ରତିବନ୍ଧକ ସୃଷ୍ଟି କରିଛି। ଏହା ପଛରେ ଥିବା ରାଜନୀତିକ କାରଣଟିକୁ ଅଣଦେଖା କରିହେବ ନାହିଁ। କେନ୍ଦ୍ରରେ କଂଗ୍ରେସ ଓ ସୋନିଆ ଗାନ୍ଧୀ ସମାଜବାଦୀ ପାର୍ଟିର ନିକଟବର୍ତ୍ତୀ ହେବା ପରେ ମାୟାବତୀ ସୋନିଆ ଗାନ୍ଧୀଙ୍କୁ ଶିକ୍ଷା ଦେବା ପାଇଁ ଏହି କାରଖାନା ପାଇଁ ଦିଆଯାଇଥିବା ଜମିକୁ ରଦ୍ଦ କରିଥିଲେ। ଅନ୍ୟ ଅର୍ଥରେ ରାଜନୀତି କିଭଳି ବିଭିନ୍ନ ପ୍ରକଳ୍ପ ପାଇଁ ମୁଖ୍ୟ ଯୋଗ୍ୟତା ହେଉଛି ତାହା ଏହିସବୁ ଘଟଣାରୁ ସ୍ପଷ୍ଟ।

ସୋନିଆ ଓ ମାୟାବତୀଙ୍କ ଭିତରେ ଦେଖାଦେଇଥିବା ବିବାଦର ଅନ୍ୟ ଏକ ଦିଗ ହେଉଛି ରବିବାର ଦିନ ଉତ୍ତର ପ୍ରଦେଶରେ ହେବାକୁ ଥିବା ଏକ ର୍‍ୟାଲି। ଏହି ର୍‍ୟାଲି ଅନୁଷ୍ଠିତ ହେଲେ ଅଘଟଣ ଘଟିବାର ସମ୍ଭାବନା ରହିଛି ବୋଲି ସୋନିଆ ଗାନ୍ଧୀଙ୍କୁ ଏଥିପାଇଁ ଅନୁମତି ଦିଆଯିବ ନାହିଁ ବୋଲି ଉତ୍ତରପ୍ରଦେଶ ସରକାରଙ୍କ ଯୁକ୍ତି। ସୋନିଆ ଗାନ୍ଧୀଙ୍କୁ ର୍‍ୟାଲି ପାଇଁ ଅନୁମତି ନମିଳିଲେ ମାୟାବତୀଙ୍କୁ ବି ଅନ୍ୟ ରାଜ୍ୟକୁ ଯିବାକୁ ଦିଆଯିବ ନାହିଁ ବୋଲି କଂଗ୍ରେସର ଚେତାବନୀକୁ ଯଦି ମୋଟାମୋଟି ଦେଖାଯାଏ, ଏହି କଥାଟି ସ୍ପଷ୍ଟ ଭାବରେ ସାମ୍ନାକୁ ଆସିବ ଯେ ଦେଶର ରାଜନୀତିକ ଦଳମାନେ ନିଜ ନିଜର ଫାଇଦା ହାସଲ କରିବା ପାଇଁ ଯାହାବି କରିବାକୁ ପ୍ରସ୍ତୁତ।

ସତ କହିବାକୁ ଗଲେ, ଦେଶରେ ଯେଉଁମାନେ ରାଜନୀତିର ମଙ୍ଗ ଧରିଛନ୍ତି ସେମାନେ ଅତି ତଳକୁ ଓହ୍ଲାଇବା ଅନୁଚିତ। ପାର୍ଲାମେଣ୍ଟାରୀ ଗଣତନ୍ତ୍ରରେ ର୍‍ୟାଲି, ଶୋଭାଯାତ୍ରା ଓ ସାଧାରଣ ସଭା ଏସବୁ ଗୋଟିଏ ଗୋଟିଏ ଆବଶ୍ୟକ ଉପାଦାନ ଏବଂ ଏହାକୁ ରାଜନୀତିକ ଶତ୍ରୁତା ଦ୍ୱାରା ଅର୍ଥହୀନ କରିଦିଆଯିବା ଅନୁଚିତ। ରାଜନେତାମାନେ ଯେଉଁ ଦଳର ହୁଅନ୍ତୁ ନା କାହିଁକି ପରସ୍ପରକୁ ସମ୍ମାନ ଦେବା, ଗଣତାନ୍ତ୍ରିକ ଭାବଧାରାକୁ ସାଥୀରେ ନେଇ ଚାଲିବା ଏବଂ ରାଜନୀତିକ ପ୍ରତିଯୋଗୀତାର ସମ୍ମୁଖୀନ ହେବା ଏସବୁ ଶିକ୍ଷା କରିବା ଦରକାର।

ଯେହେତୁ ଦେଶରେ ସାଧାରଣ ନିର୍ବାଚନ ଆଉ ମାତ୍ର କେଇ ମାସ ଭିତରେ ଅନୁଷ୍ଠିତ ହେବ, ଆଗାମୀ ଦିନରେ ରାଜନୀତି ଆହୁରି ଅଧିକ ଉଷ୍ମ ହେବାରେ ସ୍ପଷ୍ଟ

ଦେଖାଯାଉଛି । କିନ୍ତୁ ଏହି ରାଜନୀତିକ କାର୍ଯ୍ୟକଳାପ ନିମ୍ନ ସ୍ତରକୁ ଆସିବା ଅନୁଚିତ । ଯେତେବେଳେ ଦେଶରେ ନିର୍ବାଚନ ପ୍ରଚାର ଜୋର ଧରିବ ରାଜନୀତିକ ଦଳମାନଙ୍କ ଭିତରେ କଥା କଟାକଟି, ଦୋଷାରୋପ, କାଦୁଅ ଫୋପଡା ଫୋପଡି ଅଧିକ ଜୋରଦାର ହେବ । ଯେହେତୁ ନିର୍ବାଚନ ଭୋଟରମାନଙ୍କ ପାଇଁ ୫ବର୍ଷରେ ଥରେ ଏକ ଭଲ ସୁଯୋଗ ଆଣିଥାଏ ସେହି ଦୃଷ୍ଟିରୁ ସେମାନେ ଚାହିଁଲେ ରାଜନୀତିକୁ ସଜାଡି ପାରିବେ । ବ୍ୟବସ୍ଥାଟି 'ଯଥା ରାଜନୀତି ତଥା ଜନତା' ନହୋଇ 'ଯଥା ଜନତା ତଥା ରାଜନୀତି' ହେଲେ କେମିତି ହୁଅନ୍ତା ?

(ଶନିବାର, ୧୧ ଅକ୍ଟୋବର ୨୦୦୮)

କାଠଗଡ଼ାରେ ରାଜନେତା

ବର୍ତ୍ତମାନ ସମୟଟି ରାଜନେତାମାନଙ୍କର କାଠଗଡ଼ାରେ ଠିଆ ହେବାର ସମୟ। ଅତୀତରେ ରାଜନୀତି ଏଭଳି କଷଟି ପଥର ଉପରକୁ ହୁଏତ କେବେ ଆସିନଥିଲା। ବିଭିନ୍ନ ଅଭିଯୋଗରେ ଅଭିଯୁକ୍ତ ହୋଇ କେତେ ଜଣ ନେତା ଏବେ ଜେଲ୍‌ରେ ଅଛନ୍ତି ତା'ର ଏକ ଗଣତି କରିବା ଅସମ୍ଭବ ମନେ ହେଲେ ହେଁ ପାରିପାର୍ଶ୍ୱିକ ପରିସ୍ଥିତି ଏବଂ ଘଟଣାକ୍ରମକୁ ଲକ୍ଷ୍ୟ କଲେ ଗୋଟିଏ କଥା ସ୍ପଷ୍ଟ ହେବ ଯେ ଦୁର୍ନୀତି ଓ ରାଜନୀତି ଭିତରେ ଯେଉଁ ସମ୍ପର୍କଟି ରହିଆସିଥିଲା ତାହା ଭାଙ୍ଗିବାକୁ ବାଧ୍ୟ। ନ୍ୟାୟପାଳିକାର ହସ୍ତକ୍ଷେପ ଏ ଦୃଷ୍ଟିରୁ ଅତ୍ୟନ୍ତ ଗୁରୁତ୍ୱପୂର୍ଣ୍ଣ ମନେ ହୁଏ।

ବିଗତ କିଛି ଦିନଧରି ଯେଉଁ ସଂଖ୍ୟାରେ ରାଜନେତାଙ୍କ ଆଲମିରା ଭିତରୁ କଙ୍କାଳ ବାହାରୁଛନ୍ତି ତାହା ଏକଥାକୁ ଆଉ ଥରେ ପ୍ରମାଣିତ କରୁଛି ଯେ ଅପରାଧୀ ଓ ରାଜନେତା ସମ୍ପର୍କ ବଳବତ୍ତର ରହିଛି ଏବଂ କେହି କାହାକୁ ଛାଡିବାକୁ ପ୍ରସ୍ତୁତ ନୁହଁନ୍ତି। ଶିବୁ ସୋରେନ୍, ନବଜୋତ ସିଂହ ସିଦ୍ଧୁ, ଲାଲୁ ପ୍ରସାଦ ଯାଦବ, ରାବ୍ରୀ ଦେବୀ, ଜୟଲଳିତା, ପ୍ରକାଶ ସିଂ ବାଦଲ ଏବଂ ଏମାନଙ୍କ ଭଳି ଆହୁରି ଅନେକ ରାଜନେତା ସାଂପ୍ରତିକ ରାଜନୀତିର ଏକ ଏକ ଆଇକନ୍ ନା ପିତୁଳା।

କୁହାଯାଏ ଜନତା ଯେଉଁଭଳି ନେତା ମଧ୍ୟ ସେହିଭଳି। ତେବେ ଦୁର୍ନୀତିଗ୍ରସ୍ତ ରାଜନେତାମାନଙ୍କୁ ଦୁଆର ଦେଖାଇବା ପାଇଁ ଦେଶର ଜନସାଧାରଣ ଚାହାଁନ୍ତି ନାହିଁ କିମ୍ବା ଏହା ସେମାନଙ୍କର କ୍ଷମତାର ବାହାରେ ସେ କଥା ନୁହେଁ।

ବର୍ତ୍ତମାନ କେନ୍ଦ୍ର ମନ୍ତ୍ରିମଣ୍ଡଳରେ ୧୩ ଜଣ ମନ୍ତ୍ରୀ ଓ ଲୋକସଭାର ୯୩ଜଣ ସାଂସଦଙ୍କ ବିରୁଦ୍ଧରେ ଫୌଜଦାରୀ ମାମଲା ଥିବାର ଏକ ଚାଞ୍ଚଲ୍ୟକର ଖବର ପ୍ରକାଶ ପାଇଛି। ଏ ସମସ୍ତ ମନ୍ତ୍ରୀ ଓ ସାଂସଦଙ୍କ ବିରୁଦ୍ଧରେ ହତ୍ୟା, ଧର୍ଷଣଠାରୁ ଆରମ୍ଭ କରି ଲୁଟ୍ ଓ ଆତ୍ମହତ୍ୟା ପର୍ଯ୍ୟନ୍ତ ନାନା ଅଭିଯୋଗ ଫର୍ଦ୍ଦ ରହିଛି।

ମଙ୍ଗଳବାର ଦିନ ଝାଡଖଣ୍ଡ ମୁକ୍ତି ମୋର୍ଚ୍ଚାର ନେତା ତଥା ପ୍ରାକ୍ତନ କୋଇଲା ମନ୍ତ୍ରୀ ଶିବୁ ସୋରେନ୍‌ଙ୍କୁ ଏକ ହତ୍ୟା ମାମଲାରେ ଆଜୀବନ କାରାଦଣ୍ଡରେ ଦଣ୍ଡିତ ହେବାର ଠିକ୍ ଗୋଟିଏ ଦିନ ପରେ କ୍ରିକେଟରୁ ରାଜନେତା ଓ ଟିଭି ସେଲିବ୍ରିଟି ବନିଥିବା ନବଜୋତ ସିଂ ସିଦ୍ଧୁଙ୍କୁ ୩ ବର୍ଷ କାରାଦଣ୍ଡ ଘୋଷଣା ଭାରତର ଲୋକଙ୍କୁ ଆଉ ଆଚମ୍ଭିତ କରୁନାହିଁ। କାରଣ ରାଜନେତାମାନେ ଅପରାଧୀ ହେବା ନୂଆ କଥା ନୁହେଁ କି ଆମେ ପ୍ରଥମ ଥର ପାଇଁ ଶୁଣୁଛୁ ଏକଥା ବି ନୁହେଁ।

ଗଣତାନ୍ତ୍ରିକ ସଂସ୍କାର ସଂଘ (ଆସୋସିଏସନ୍ ଅଫ୍ ଡେମୋକ୍ରାଟିକ୍ ରିଫର୍ମସଏଡିଆର୍) ନାମକ ଏକ ବେସରକାରୀ ସଙ୍ଗଠନ ନିର୍ବାଚନ ପୂର୍ବରୁ ଏମ୍‌ପିପ୍ରାର୍ଥୀମାନେ ଦାଖଲ କରିଥିବା ଆଫିଡେଭିଟ୍‌କୁ ଭିତ୍ତି କରି ଏକ ତାଲିକା ତିଆରି କରିଛି ଯେଉଁଥିରୁ ଜଣାପଡେ ଯେ ରାଜନୀତିରେ ଅପରାଧୀମାନେ ଜମେଇକି ରହିଛନ୍ତି। ଏଡିଆର୍ ଯେଉଁ ତାଲିକା ପ୍ରସ୍ତୁତ କରିଛି ସେଥିରେ ଅରୁଣ ଗାୱ୍‌ଲି, ପପୁ ଯାଦବ ଓ ସାଧୁ ଯାଦବ ଭଳି ହିଷ୍ଟ୍ରିସିଟର୍ ମଧ୍ୟ ଅଛନ୍ତି। ଏହିଭଳି କୁଖ୍ୟାତ ଅପରାଧୀମାନେ ସଂସଦର ସଭ୍ୟ ହୋଇ ରହିଥିବା ମଧ୍ୟ ଆଉ ଏକ ଆଚମ୍ଭିତ ଘଟଣା। ଅବଶ୍ୟ କେହି ଜଣେ କହିଥିଲେ ଯେ ରାଜନୀତି ଓ ପ୍ରେମରେ ସବୁ ସମ୍ଭବ।

ବେଙ୍ଗାଲୁରର ଆଉ ଏକ ସଂସ୍ଥା ପବ୍ଲିକ୍ ଏଫାୟାର୍ସ ସେଣ୍ଟରର ଅନୁଧ୍ୟାନ ଅନୁସାରେ ପ୍ରାୟ ସବୁ ରାଜନୈତିକ ଦଳର ଏମ୍‌ପି ଅପରାଧରେ ଜଡିତ ଅଛନ୍ତି। ଏହି ସଂସ୍ଥା ଦ୍ୱାରା କରାଯାଇଥିବା ଅନୁଧ୍ୟାନ କହୁଛି ଯେ ବର୍ତ୍ତମାନ ପାର୍ଲାମେଣ୍ଟ ସଦସ୍ୟ ଥିବା ପ୍ରତି ୧୨ ଜଣଙ୍କ ଭିତରୁ ଜଣେ ନିଶ୍ଚିତରେ ଅପରାଧୀ ବାହାରିବେ ଏବଂ ଯଦି ସେମାନଙ୍କ ଅପରାଧର ଠିକ୍ ଠିକ୍ ବିଚାର ହୁଏ ତେବେ ନିହାତି କମ୍‌ରେ ସେମାନଙ୍କୁ ବର୍ଷେ ଜେଲ୍ ଦଣ୍ଡ ହେବା ସୁନିଶ୍ଚିତ। ଆହୁରି ମଧ୍ୟ ୨ ଜଣକ ଭିତରୁ ଜଣେ ଏମ୍‌ପିଙ୍କ ଅପରାଧ ରେକର୍ଡ଼ର ଯଦି ଖୋଳତାଡ଼ ହୁଏ ତେବେ ଜଣକୁ ଅତି କମ୍‌ରେ ୫ ବର୍ଷ ପର୍ଯ୍ୟନ୍ତ ଜେଲ୍‌ରେ ରହିବାକୁ ପଡିପାରେ। ଏହି ଅପରାଧୀ ଏମ୍‌ପିଙ୍କ ତାଲିକା ଭିତରେ ସର୍ବାଧିକ ଅଛନ୍ତି ବିହାର, ଉତ୍ତର ପ୍ରଦେଶ, ଝାଡଖଣ୍ଡ ଓ ମଧ୍ୟପ୍ରଦେଶରୁ- ତଥାକଥିତ ହିନ୍ଦୀ ଭାଷାଭାଷୀ ଅଞ୍ଚଳ ଓ ଲୋକସଭାକୁ ସର୍ବାଧିକ ସାଂସଦ ପଠାଉଥିବା ରାଜ୍ୟ।

ସାଧାରଣତଃ, ଏମଏଲ୍ଏ କିମ୍ବା ଏମ୍‌ପି ହେବା ପରେ ରାଜନେତାମାନେ ବିଧାନସଭା/ ପାର୍ଲାମେଣ୍ଟର ଛାଇରେ ରହି ଯେଉଁ ନିରାପତ୍ତା ଦାବି କରୁଥିଲେ ଓ ପାଉଥିଲେ ତାହା ଆଉ ସମ୍ଭବ ନୁହେଁ କାରଣ ତିନି ଦିନ ତଳେ ସୁପ୍ରିମ୍‌କୋର୍ଟର ଏକ ଖଣ୍ଡପୀଠ ରାୟ ଦେଇ କହିଛି ଯେ ନିର୍ବାଚିତ ଲୋକ ପ୍ରତିନିଧିମାନଙ୍କୁ ଗିରଫ

କରିବାରେ କିଛି ଅସୁବିଧା ନାହିଁ ଏବଂ ଏଥିପାଇଁ ବିଧାନସଭା / ସଂସଦର ଆଗୁଆ ଅନୁମତି ଅନାବଶ୍ୟକ।

ଅବଶ୍ୟ ଏହା କେବଳ ଦୁର୍ନୀତି ମାମଲାରେ ହିଁ ଲାଗୁ ହେବ। ଦେଖିବାକୁ ଗଲେ, ଦୁର୍ନୀତି ହିଁ ବର୍ତ୍ତମାନର ରାଜନୀତିରେ ମୁଖ୍ୟ ଖଳନାୟକ। ଜଷ୍ଟିସ୍ ଅରଜିତ୍ ପଶାୟତ ଏବଂ ଜଷ୍ଟିସ୍ ଏସ.ଏଚ. କାପାଡିଆ ତାଙ୍କ ରାୟରେ ସ୍ପଷ୍ଟ ଉଲ୍ଲେଖ କରିଛନ୍ତି ଯେ ଦୁର୍ନୀତି ନିବାରଣ ଆଇନ୍ (ପ୍ରିଭେନ୍‌ସନ୍ ଅଫ୍ କରପସନ୍ ଆକ୍ଟ) ଫୌଜଦାରୀ ଆଇନ୍ (ସିଆର୍‌ପିସି)ର ବିଭିନ୍ନ ଧାରା ଅନୁଯାୟୀ ଯଦି କୌଣସି ପବ୍ଲିକ୍ ସର୍ଭେଣ୍ଟଙ୍କ ବିରୁଦ୍ଧରେ ଅଭିଯୋଗ ପ୍ରମାଣିତ ହୁଏ ଏବଂ ସମ୍ପୃକ୍ତ ତଦନ୍ତକାରୀ ସଂସ୍ଥା ଯଦି ଚାହେଁ ତେବେ ତାଙ୍କୁ ସିଧାସଳଖ ଗିରଫ କରାଯାଇପାରିବ। ବିଚାରପତିମାନଙ୍କ ମତରେ ଦୁର୍ନୀତି କେବଳ ସରକାରୀ କାର୍ଯ୍ୟର ଅନ୍ତର୍ଭୁକ୍ତ ନୁହେଁ। ଅନ୍ୟ ଅର୍ଥରେ କିରାଣୀଟିଏ କିମ୍ବା ବିଡିଓ ଜଣେ ଲାଞ୍ଚ ନେବା ଯୋଗୁଁ ଦଣ୍ଡିତ ହେବା ଭଳି ଏମ୍‌ଏଲଏ ଏମାନେ ମଧ୍ୟ ଏହି ଦଣ୍ଡିତ ହୋଇପାରିବେ।

କ୍ରମାଗତ ଭାବେ ୩ ଦିନ ଧରି ହାଇକୋର୍ଟ ଓ ସୁପ୍ରିମ୍‌କୋର୍ଟରୁ ରାଜନେତାଙ୍କ ବିରୁଦ୍ଧରେ ଆସିଥିବା ରାୟରୁ କ'ଣ ଶିକ୍ଷା ମିଳୁଛି ? ଏକେତ କ୍ଷମତାରେ ଥିବା ରାଜନେତାମାନଙ୍କ ଭିତରେ ନିଶ୍ଚିତରେ ଭୟ ଓ ଆଶଙ୍କା ଜାଗ୍ରତ ହୋଇଛି (କାରଣ ଏହିସବୁ ରାୟ ବିରୁଦ୍ଧରେ ଉପର କୋର୍ଟରେ ଅପିଲ୍ ହେଲେ ମଧ୍ୟ ତଳ କୋର୍ଟର ରାୟ କାଏମ୍ ରହିବାର ସମ୍ଭାବନା ଅଧିକ)। ଦ୍ୱିତୀୟରେ, ଏମ୍‌ପି /ଏମଏଲ୍‌ମାନେ କ୍ଷମତାରେ ଥିବାରୁ ଯେଉଁ ସାମ୍ବିଧାନିକ ସୁରକ୍ଷା ପାଉଥିଲେ ତାହା ସେମାନଙ୍କୁ ଆଉ ମିଳିବ ନାହିଁ। ଅର୍ଥାତ୍ ଆଇନ୍ ଦୃଷ୍ଟିରେ ନେତା ଓ ଜନତା ସଭିଏଁ ସମାନ। ତୃତୀୟତଃ, ଏହା ସ୍ପଷ୍ଟ ହୋଇଛି ଯେ କ୍ଷମତା ନାମକ ବସ୍ତୁଟି କେତେ କ୍ଷଣସ୍ଥାୟୀ ଓ ନମନୀୟ। ଚତୁର୍ଥରେ, ଆଗରୁ ଯାହା ଧାରଣା ଥିଲା ଯେ ଆଇନ୍‌ର ଲମ୍ବା ହାତ କଦାପି ରାଜନେତା-ଅପରାଧୀମାନଙ୍କ ପାଖରେ ପହଞ୍ଚିପାରିବ ନାହିଁ ସେଇ ଧାରଣାଟି ଏବେ ଆପାତତଃ ଦୂର ହୋଇଛି। ପଞ୍ଚମ ଓ ଶେଷ, ଯିଏ ଯେତେ ବଡ଼ ପଦବୀରେ ଥାଉନା କାହିଁକି ଯଦି ଅପରାଧ କରିଛନ୍ତି ତେବେ ଦଣ୍ଡ ସୁନିଶ୍ଚିତ।

ଆଗରୁ ମଧ୍ୟ ସୁପ୍ରିମ୍‌କୋର୍ଟର ଏକ ପାଞ୍ଚଜଣିଆ ଖଣ୍ଡପୀଠ ଏକ ରାୟ ଦେଇଥିଲେ ଯେ ଦେଶରେ ଗଣତନ୍ତ୍ରଟି ଭାସିଯିବ ଯଦି କ୍ଷମତାରେ ଥିବା ଲୋକେ ଆଇନ୍‌କୁ ଭାଂଗିବେ ଓ କହିବେ ଯେ ଆମେ ଏମଏଲ/ଏମ୍‌ପି, ଏଣୁ କେହି ଆମର କିଛି କରିପାରିବେ ନାହିଁ।

ସୁପ୍ରିମ୍‌କୋର୍ଟର ବୁଧବାର ରାୟର ଆଉ ଏକ ଦିଗ ମଧ୍ୟ ରହିଛି। ମାନ୍ୟବର

ବିଚାରପତିମାନେ ଏହା ସ୍ପଷ୍ଟ ଶବ୍ଦରେ କହିଛନ୍ତି ଯେ ରାଜନୈତିକ ଦୁର୍ନୀତିକୁ ଏଣିକି କୌଣସି ପ୍ରକାରେ ବରଦାସ୍ତ କରାଯିବ ନାହିଁ। ଏହି ରାଜନେତାମାନେ ଦୁର୍ନୀତି କରି ଖସି ପଳାଇଯିବା ପାଇଁ ଯେତେସବୁ ବାଟ ଖୋଲା ରଖିଥିଲେ ତାହା ଏଣିକି ବନ୍ଦ ହୋଇଯିବ। ତେବେ ଯଦି ବିଚାରପତିମାନେ ଏହିଭଳି କଡ଼ା ଶବ୍ଦରେ ରାଜନେତାଙ୍କ ବିରୁଦ୍ଧରେ ରାୟ ଦେଇଛନ୍ତି ତାହା ସାଧାରଣ ଜନତା ଓ ସେମାନଙ୍କ ମନୋଭାବ ତଥା ମାନସିକତାର ପ୍ରତିଫଳନ ମାତ୍ର।

ଏବେ ସମୟ ଆସିଛି ରାଜନେତାମାନେ ଏହିସବୁ ରାୟକୁ ତନ୍ନ ତନ୍ନ କରି ପଢ଼ିବା ଦରକାର ଓ ପଢ଼ି ତାହାକୁ କାମରେ ଲଗାଇବା ଦରକାର। ରାଜନେତାମାନଙ୍କର ଆଗର ସେହି ଖତେଇହେବା ଓ ଆଖି ମାରିବା ଏବେ ଆଉ ଲଚିବ ନାହିଁ। ଦୁର୍ନୀତିରୁ ଖସିଯିବା ଆଗ ଅପେକ୍ଷା ଏବେ ଅଧିକ କଷ୍ଟକର ହୋଇପଡିଛି ବୋଲି ବୁଝିବାକୁ ହେବ।

(ଶନିବାର, ୧୯ ଡିସେମ୍ବର ୨୦୦୫)

ଭାରତୀୟ ଗଣତନ୍ତ୍ରର ଧମନୀ

ଭାରତର ଗଣତନ୍ତ୍ରକୁ ୬୦ ବର୍ଷ ପୂରଣ ହୋଇଛି । ଏକ ସାଧାରଣତନ୍ତ୍ର ଭାବେ ଭାରତ ଏହି ସମୟ ଭିତରେ ଯେତିକି ଓ ଯାହା ହାସଲ କରିଛି ଏବଂ ଯେଉଁ ସଫଳତା ପାଇଛି ତାହା ଏକ ବିରଳ ଘଟଣା । ପଡୋଶୀ ଦେଶମାନଙ୍କର ଅସ୍ଥିରତା ଲାଗିରହିଥିବା ବେଳେ ଏକ ସ୍ଥିର ଗଣତାନ୍ତ୍ରିକ ବ୍ୟବସ୍ଥା ପାଇଁ ଭାରତ ଆଜି ସମଗ୍ର ବିଶ୍ୱରେ ମୁଣ୍ଡଟେକି ଚାଲିପାରୁଛି । କେହି କେହି ଭାରତକୁ ଏକ ଆଶ୍ଚର୍ଯ୍ୟର ଦେଶ ବୋଲି ଅଭିହିତ କରିଥାନ୍ତି ଏବଂ ଏହା ଅନେକାଂଶରେ ସତ ମଧ୍ୟ । ସତ ଏଥିପାଇଁ ଯେ ଆଜି ଭାରତ କେବଳ ଏକ ସର୍ବବୃହତ ଗଣତାନ୍ତ୍ରିକ ରାଷ୍ଟ୍ର ନୁହେଁ ବରଂ ଅର୍ଥନୀତିକ କ୍ଷେତ୍ରରେ ମଧ୍ୟ ନିଜର ପ୍ରତିଷ୍ଠାକୁ ଜାହିର କରିପାରିଛି । ଦେଶର ସ୍ୱାଧୀନତା ସଂଗ୍ରାମରେ ଅଗ୍ରଣୀ ଭୂମିକା ଗ୍ରହଣ କରିଥିବା ଭାରତୀୟ ଜାତୀୟ କଂଗ୍ରେସ ୧୯୩୦ ଜାନୁଆରୀ ପହିଲାରେ ଲାହୋର ଅଧିବେଶନରେ ପୂର୍ଣ୍ଣ ସ୍ୱରାଜ୍ୟର ଯେଉଁ ସଂକଳ୍ପ କରିଥିଲା ତାହାର ଅନୁବର୍ତ୍ତୀ ପ୍ରତିବର୍ଷ ଜାନୁଆରୀ ୨୬ ତାରିଖକୁ ଗଣତନ୍ତ୍ର ଦିବସ ରୂପେ ପାଳନ କରିବା ପାଇଁ ମହାତ୍ମା ଗାନ୍ଧୀ ଆହ୍ୱାନ ଦେଇଥିଲେ ଏବଂ ଘଟଣାକ୍ରମରେ ଏହି ତାରିଖଟି ହିଁ ଗଣତନ୍ତ୍ର ଦିବସ ରୂପେ ଗୃହୀତ ହେଲା ।

ଅଗଷ୍ଟ ୧୫, ୧୯୪୭ରେ ଭାରତ ସ୍ୱାଧୀନ ହେବା ପର୍ଯ୍ୟନ୍ତ ଦେଶର ପ୍ରଥମ ପ୍ରଧାନମନ୍ତ୍ରୀ ଜବାହାରଲାଲ ନେହେରୁଙ୍କ ପ୍ରସ୍ତୁତ ଏକ ଚିଠା ପ୍ରସ୍ତାବ ସମସ୍ତଙ୍କ ପାଇଁ ପଥ ପ୍ରଦର୍ଶକ ହୋଇଥିଲା । ଏହି ପ୍ରସ୍ତାବରେ ଉଲ୍ଲେଖ ଥିଲା ଯେ ଭାରତର ଲୋକଙ୍କ ପାଇଁ ସ୍ୱାଧୀନତା ହେଉଛି ଏକ ଅବିଚ୍ଛେଦ୍ୟ ଅଧିକାର ଏବଂ ଏହି ଲକ୍ଷ୍ୟକୁ ପୂରଣ କରିବା ସକାଶେ ଭାରତ ବ୍ରିଟିଶ୍ ସହିତ ତାର ସମସ୍ତ ସମ୍ପର୍କକୁ ଛିନ୍ନ କରିବା ଦରକାର । ସେହି ପ୍ରସ୍ତାବରେ ଏକଥା ମଧ୍ୟ କୁହାଯାଇଥିଲା ଯେ ବ୍ରିଟିଶ୍ ସହିତ ରହିବା ଅର୍ଥ ମାନବିକତା ଏବଂ ଦେବତ୍ୱ ପ୍ରତି ଅପରାଧ ଏବଂ ଯେଉଁ ଶାସକଙ୍କ

ଯୋଗୁ ଭାରତ ବିପର୍ଯ୍ୟସ୍ତ ଭୋଗିଛି ସେହି ଦେଶ ଆଗରେ ନତମସ୍ତକ ହୋଇ ରହିବା ଆଉ ସମ୍ଭବ ନୁହେଁ।

ଏହି ସଂକଳ୍ପର ଏକ ପ୍ରତିଫଳନ ଘଟିଥିଲା ସ୍ୱାଧୀନତାର ଅବ୍ୟବହିତ ପୂର୍ବରୁ ଯେତେବେଳେ ପଣ୍ଡିତ ନେହେରୁ ତାଙ୍କର ମଧ୍ୟ ରାତ୍ରୀର ଉଦ୍‌ବୋଧନରେ କହିଥିଲେ, 'ବହୁବର୍ଷ ପୂର୍ବେ ଆମେ ନିୟତି ସହ ସଂଯୋଗର ଏକ ମୁହୂର୍ତ୍ତ ଠିକଣା କରିଥିଲୁ। ଏବେ ସମୟ ଆସିଛି, ଆମେ ଆମର ସଂକଳ୍ପ ପାଳନ କରିବା। ସଂକଳ୍ପର ପରିପୂର୍ଣ୍ଣ ପାଳନ ନହେଲେ ବି ଯଥାର୍ଥ ଭାବରେ ପାଳନ କରିବା। ମଧ୍ୟ ରାତ୍ରୀରେ ଯେତେବେଳେ ବିଶ୍ୱବାସୀ ସୁପ୍ତ, ଭାରତ ଜାଗି ଉଠିବ ମୁକ୍ତିର ନୂତନ ସୂର୍ଯ୍ୟୋଲୋକରେ। ଇତିହାସରେ କ୍ୱଚିତ୍ ଏପରି ମୁହୂର୍ତ୍ତ ଆସେ, ଯେତେବେଳେ ଆମେ ପାଦ କାଢ଼ି ବାହାରି ଆସୁ ପୁରାତନରୁ ନୂତନକୁ, ଯେତେବେଳେ ଗୋଟିଏ ଯୁଗର ଅବସାନ ଘଟେ ଏବଂ ଯେତେବେଳେ ବହୁକାଳ ନିଷ୍ପେଷିତ ଏକ ଜାତିର ଆତ୍ମାର ଭାଷା ସ୍ଫୁରିତ ହୁଏ। ଏହି ପବିତ୍ର ମୁହୂର୍ତ୍ତ ହେଉଛି ପ୍ରକୃଷ୍ଟ ସମୟ ଯେତେବେଳେ ଆମେମାନେ ଭାରତର ତଥା ମାନବ ଜାତିର କଲ୍ୟାଣ ପାଇଁ ନିଜକୁ ଉତ୍ସର୍ଗ କରିବାକୁ ଶପଥ ନେବା।'

୧୯୫୦ରେ ଯେତେବେଳେ ସ୍ଥିର ହେଲା ଯେ ଭାରତ ପାଇଁ ଏକ ନୂଆ ସମ୍ବିଧାନ ପ୍ରଚଳନ ହେବ ଏବଂ ଜାନୁଆରୀ ୨୬ ତାରିଖରୁ ଦେଶ ଏକ ସାଧାରଣତନ୍ତ୍ରରେ ପରିଣତ ହେବ, ସେହି କଥାକୁ ଲକ୍ଷ୍ୟ କରି ବିଶ୍ୱର ଜଣେ ସମ୍ବିଧାନ ବିଶେଷଜ୍ଞ ଗ୍ରାନଭିଲ୍ ଅଷ୍ଟିନ୍ କହିଥିଲେ ଯେ ଦେଶର ଏହା ଏକ ନୂଆ 'ଧର୍ମଶାସ୍ତ୍ର'। ଅଷ୍ଟିନ୍ ପୁଣି କହିଥିଲେ ଯେ, ଯେତେବେହଲେ ଭାରତର ସମ୍ବିଧାନ ପ୍ରଚଳନ ହେଲା ତାହା ୧୭୮୭ରେ ଫିଲାଡ଼େଲ୍‌ଫିଆ ଠାରେ ଗଣତନ୍ତ୍ର ଶାସନର ଯେଉଁ ମୂଳଦୁଆ ପଡିଥିଲା ତାହାର ଏକ ପ୍ରତିଫଳନ ମାତ୍ର। ଠିକ୍ ସେହିଭଳି ଆଉ ଜଣେ ବିଶେଷଜ୍ଞ ଆନ୍ଥୋନି ଇଡ଼େନ୍ ମଧ୍ୟ କହିଥିଲେ ଯେ, ଭାରତର ନୂଆ ରାଜନୀତିକ ବ୍ୟବସ୍ଥା କଦାପି ବ୍ରିଟିଶ୍‌ର ଅନ୍ଧାନୁକରଣ ନୁହେଁ ଏବଂ ଆମେ ସ୍ୱପ୍ନରେ ସୁଦ୍ଧା ଭାବିନଥିଲୁ ଯେ ଏହା ଏତେ ପ୍ରଶସ୍ତ ଏବଂ ବ୍ୟାପକ ହେବ। ତାଙ୍କ ମତ ଥିଲା ଯେ ଭାରତର ଗଣତାନ୍ତ୍ରିକ ବ୍ୟବସ୍ଥା ଯଦି ସଫଳ ହୁଏ ତାହା ଏସିଆର ଅନ୍ୟ ଦେଶ ଗୁଡିକ ଉପରେ ପ୍ରଭାବ ପକାଇବ ଯାହା ଦ୍ୱାରା କି ସମସ୍ତଙ୍କର ମଙ୍ଗଳ ହେବ।

ଷାଠିଏ ବର୍ଷ ତଳେ ଭାରତ ଏକ ଗଣତନ୍ତ୍ର ରାଷ୍ଟ୍ରରେ ପରିଣତ ହେବା ପଛରେ ଅବଶ୍ୟ କିଛି ସୌଭାଗ୍ୟଶାଳୀ ନେତାଙ୍କ ଅବଦାନକୁ ସ୍ୱୀକାର କରାଯିବା ଉଚିତ୍। ବିଶେଷକରି ପଣ୍ଡିତ ନେହେରୁ ଯିଏ ଗଣତନ୍ତ୍ର ଓ ଧର୍ମନିରପେକ୍ଷତା ଉପରେ ଅଗାଧ

ବିଶ୍ୱାସ ରଖିଥିଲେ। ସେହିଭଳି ଗରିମାମୟ ଅବଦାନ ଥିଲା ମହାତ୍ମା ଗାନ୍ଧୀଙ୍କର। ଉଭୟ ନେହେରୁ ଓ ଗାନ୍ଧୀଙ୍କ ଠାରୁ ଉତ୍ତରାଧିକାର ସୂତ୍ରରେ ସ୍ୱାଧୀନତା, ଗଣତନ୍ତ୍ର ଓ ରାଜନୈତିକ ମୂଲ୍ୟବୋଧ ଭାରତ ପାଇଥିଲା ଯାହାକି ପଡୋଶୀ ଅନ୍ୟ କୌଣସି ଦେଶ ପକ୍ଷରେ ସମ୍ଭବ ନଥିଲା।

ପ୍ରସଙ୍ଗତଃ, ଭାରତ ଉପମହାଦେଶରେ ହୁଏତ ଅନ୍ୟ କେଉଁଠି ଦେଖିବାକୁ ମିଳିବ ନାହିଁ ଯାହା ଭାରତର ଅସ୍ଥି-ମଜ୍ଜା-ଗ୍ରତ ହୋଇ ଆସିଛି: ନିର୍ବାଚନ ଓ ଗଣତନ୍ତ୍ର। ଭାରତୀୟ ଗଣତନ୍ତ୍ରର ଧମନୀ ହେଉଛି ବିଧାନସଭା ଏବଂ ସଂସଦୀୟ ନିର୍ବାଚନ ଯାହା ପ୍ରତି ପାଞ୍ଚବର୍ଷରେ ଥରେ ନିୟମିତ ଭାବେ ଅନୁଷ୍ଠିତ ହୋଇଥାଏ। ବିଗତ ଷାଠିଏ ବର୍ଷ ଧରି ଭାରତର ରାଜନୀତିକ ସୌଧଟି ବେଳକୁ ବେଳ ସୁଦୃଢ଼ ହୋଇ ଆସିଛି। ଇତି ମଧ୍ୟରେ ଦେଶରେ ୧୫ଟି ସାଧାରଣ ନିର୍ବାଚନ ଅନୁଷ୍ଠିତ ହୋଇଛି ଏବଂ ଦଳୀୟ ସରକାରଙ୍କ ଭିତରେ କ୍ଷମତାର ହସ୍ତାନ୍ତର ମଧ୍ୟ ସହଜସାଧ୍ୟ ହୋଇ ଆସିଛି। ଦେଶର ସେନା ରାଜନୀତିର ହସ୍ତକ୍ଷେପ ବାହାରେ ରହିବା ବ୍ୟତୀତ ନ୍ୟାୟପାଳିକା ତାର ସ୍ୱାଧୀନତାକୁ ବଜାୟ ରଖିପାରିଛି। ନାଗରିକ ମାନଙ୍କ ଅଧିକାର କେବଳ ସୁରକ୍ଷିତ ହୋଇ ପାରିଛି ତାହା ନୁହେଁ ଏହାର ପରିସର ମଧ୍ୟ ବ୍ୟାପକ ହୋଇଛି। ଅବଶ୍ୟ ମଝିରେ ମଝିରେ କିଛି ରାଜନୀତିକ ସଙ୍କଟ ମଧ୍ୟ ଦେଖା ଦେଇଛି କିନ୍ତୁ ତାହା ଦେଶର ସମ୍ବିଧାନକୁ କୌଣସି ପ୍ରକାରେ ବିପର୍ଯ୍ୟସ୍ତ କରିନାହିଁ।

ଗୋଟିଏ ସମୟରେ କମ୍ୟୁନିଷ୍ଟ ଏବଂ ଉତ୍ତରପୂର୍ବ ରାଜ୍ୟର ଲୋକ ତଥା କାଶ୍ମିରୀ ଦେଶଦ୍ରୋହୀମାନେ ଜୋରଦେଇ କହୁଥିଲେ ଯେ ବନ୍ଧୁକ ବିନା ଭାରତରେ ପରିବର୍ତ୍ତନ ସମ୍ଭବ ନୁହେଁ। ଯଦିଓ ଭାରତର ପ୍ରଥମ ମହିଳା ପ୍ରଧାନମନ୍ତ୍ରୀ ଇନ୍ଦିରା ଗାନ୍ଧୀ ଏହି ବନ୍ଧୁକର ଶିକାର ହୋଇଥିଲେ ତଥାପି ଗଣତନ୍ତ୍ର ବିଲୋପ ଆଡକୁ ଗତି କରିନଥିଲା।

ଛଅ ଦଶନ୍ଧି ଧରି ଏକ ସାଧାରଣତନ୍ତ୍ର ରାଷ୍ଟ୍ର ଭାବରେ ଭାରତ ନିଜ ପାଇଁ ଯେଉଁ ସ୍ଥାନ ସୃଷ୍ଟି କରିପାରିଛି ସେଥିରେ ଅବଶ୍ୟ ଅନେକ ବିଫଳତା ଓ ତ୍ରୁଟିବିଚ୍ୟୁତି ମଧ୍ୟ ରହିଛି। ଲୋକେ ନିଜକୁ ନିଜେ ଶାସନ କରିବା ପରେ ମଧ୍ୟ ଦାରିଦ୍ର୍ୟ ଏବେ ଦେଶପାଇଁ ଏକ ବଡ଼ ସମସ୍ୟା ହୋଇଛି। ୧୯୯୧ରେ ଅର୍ଥନୀତିର ଉଦାରୀକରଣ ହେବା ପରେ ଅବଶ୍ୟ ଦେଶର ଅର୍ଥନୀତିକ ପ୍ରଗତି ନିରନ୍ତର ବଢ଼ିଛି ଏବଂ ଆଶାକରାଯାଏ ଆଉ ଗୋଟିଏ କି ଦୁଇଟି ଦଶନ୍ଧି ଭିତରେ ଦେଶରୁ ଦାରିଦ୍ର୍ୟର ମୂଳୋତ୍ପାଟନ ଘଟିବ। କେବଳ ଦାରିଦ୍ର୍ୟ ଓ ଦୁର୍ନୀତିକୁ ଛାଡିଦେଲେ ଭାରତର ମଥାରେ ଆଉ କୌଣସି କଳଙ୍କ ଲାଗି ନାହିଁ। ବରଂ ବିଗତ ଦୁଇଦଶନ୍ଧି ଧରି ଭାରତର ଲୋକେ ଯେଉଁ ସଫଳତା ପାଇଛନ୍ତି ସେଥିପାଇଁ ସେମାନେ ଗର୍ବ କରିପାରିବେ।

ଦେଶ ସ୍ୱାଧୀନ ହେବା ବେଳେ ଯାହାକୁ ଅସମ୍ଭବ ବୋଲି ବିବେଚନା କରାଯାଉଥିଲା ତାହା କେବଳ ସମ୍ଭବ ହୋଇଛି ତାହା ନୁହେଁ, ଦେଶର ନାଗରିକମାନେ ନିଜର ଦକ୍ଷତା ଓ କ୍ଷମତାଠାରୁ ଖୁବ୍ ଅଧିକ କାର୍ଯ୍ୟ କରି ଦେଖାଇଛନ୍ତି। ଭାରତର ରାଜନୈତିକ, ଅର୍ଥନୈତିକ, ସାଂସ୍କୃତିକ ଓ ସାମାଜିକ ପରାକ୍ରମର ଜ୍ୱଳନ୍ତ ଦୃଷ୍ଟାନ୍ତ ହେଉଛି ପ୍ରତିବର୍ଷ ଜାନୁଆରୀ ୨୬ ତାରିଖରେ ହେଉଥିବା ପ୍ୟାରେଡ୍। କେବଳ ରାଜଧାନୀ ନୂଆଦିଲ୍ଲୀ ନୁହେଁ ବିଭିନ୍ନ ରାଜ୍ୟର ରାଜଧାନୀରେ ଅନୁଷ୍ଠିତ ହେଉଥିବା ଜନରାଜ୍ୟ ଦିବସର ଚିତ୍ରକୁ ଯିଏ ନିରିଖେଇ ଦେଖିଛି ତାର ନିଶ୍ଚୟ ଭାବାନ୍ତର ସୃଷ୍ଟି ହେବ।

ସ୍ୱାଧୀନତା ପରେ ଭାରତ ଚାରୋଟି ଚ୍ୟାଲେଞ୍ଜର ସମ୍ମୁଖୀନ ହୋଇଥିଲା। ପ୍ରଥମ, ଆହ୍ୱାନ ଥିଲା ଭାରତ ଏକ କେନ୍ଦ୍ରୀୟ ବ୍ୟବସ୍ଥା ହୋଇ ରହିବ ନା ସଙ୍ଘୀୟ ବ୍ୟବସ୍ଥା। ଦ୍ୱିତୀୟ, ସଂଖ୍ୟାଲଘୁ ବର୍ଗଙ୍କ ପ୍ରତି କିଭଳି ବ୍ୟବହାର କରାଯିବ। ତୃତୀୟ, ହିନ୍ଦୁମାନଙ୍କ ଭିତରେ ଯେଉଁ ଅର୍ନ୍ତଦ୍ୱନ୍ଦ୍ୱ ରହିଛି ତାହାକୁ କିଭଳି ଦୂର କରାଯାଇ ପାରିବ ଏବଂ ଚତୁର୍ଥ, ଗଣତନ୍ତ୍ର ସହିତ ସାମୂହିକ ଦାରିଦ୍ର୍ୟ ଓ ନିରପେକ୍ଷତାକୁ କିଭଳି ସାଥୀରେ ନିଆଯାଇ ପାରିବ। ଏହି ଷାଠିଏ ବର୍ଷ ଭିତରେ ଏ ସମସ୍ତ ପ୍ରଶ୍ନ ଓ ସମସ୍ୟାର ସମାଧାନ ଖୋଜା ଯାଇପାରିଛି ଏବଂ ଏହି ଅନୁସନ୍ଧାନରେ ଦେଶର ମଧ୍ୟବିତ୍ତ ଶ୍ରେଣୀର ଯୋଗଦାନ ହିଁ ଉଲ୍ଲେଖନୀୟ ହୋଇ ଆସିଛି।

ହଜାରେ ବର୍ଷ ତଳେ ପର୍ସିଆର ଅସାଧାରଣ ଜ୍ଞାନୀ ଆଲ୍‌ବରୁଣୀ ମାମୁଦ୍ ଗଜନୀଙ୍କ ସହିତ ଆସି ଭାରତୀୟ ମାନଙ୍କ ସାମାଜିକ ରାଜନୀତି ସମ୍ପର୍କରେ ବହୁ ତଥ୍ୟ ସଙ୍କଳନ କରି 'ଭାରତ' ବୋଲି ଖଣ୍ଡିଏ ବହି ଲେଖିଥିଲେ। ସେଥିରେ ସେ କହିଥିଲେ ଯେ ହିନ୍ଦୁମାନେ ମନେ କରନ୍ତି ଯେ ତାଙ୍କ ରାଜାଙ୍କ ଭଳି ରାଜା ଅନ୍ୟତ୍ର ମିଳିବେ ନାହିଁ, ତାଙ୍କ ଧର୍ମ ଭଳି ଧର୍ମ ଆଉ କେଉଁଠି ନଥାଏ ଏବଂ ତାଙ୍କ ବିଜ୍ଞାନ ଅନ୍ୟ ବିଜ୍ଞାନଠାରୁ ଭିନ୍ନ। ଯଦି ଏହିସବୁ ବୈଶିଷ୍ଟ୍ୟ ଇତିହାସର କରାଳ ଗତି ଭିତରେ ମଧ୍ୟ ବଞ୍ଚି ଆସିଛି ସେଥିରେ ଅନେକ ଯଥାର୍ଥତା ରହିଛି।

■

(ଶନିବାର, ୩୦ ଜାନୁଆରୀ ୨୦୧୦)

ପରିଣୀତା ଦେଖିବା ପରେ

ପରିଣୀତା -ବଙ୍ଗଳା ଉପନ୍ୟାସର ଜନକ ଶରତଚନ୍ଦ୍ର ଚାଟାର୍ଜୀଙ୍କ ଏକ ଚର୍ଚ୍ଚିତ ଉପନ୍ୟାସ। ରଚନା ୧୯୧୪ ମସିହା। ଶରତ ଚନ୍ଦ୍ରଙ୍କ ଉପନ୍ୟାସ ଗୁଡିକ ଏବେ ଗୋଟିଏ ପରେ ଗୋଟିଏ ରୂପେଲି ପରଦା ଉପରେ ଫୁଟି ଉଠୁଛି। ପ୍ରଥମେ ଦେବଦାସ (୨୦୦୨) ଓ ଏବେ ପରିଣୀତା। ପୂର୍ବରୁ ଅବଶ୍ୟ ଦେବବାସକୁ ନେଇ ଭାରତୀୟ ଚଳଚ୍ଚିତ୍ରରେ ଏକାଧିକ ଉଦ୍ୟମ କରାଯାଇଛି। କିନ୍ତୁ ପୁରୁଣା ଦେବଦାସ ଓ ନୂଆ ଦେବଦାସ ମଧ୍ୟରେ ଅନେକ ତଫାତ୍। ପରିଣୀତାକୁ ନେଇ କିନ୍ତୁ ଆଗରୁ ଚଳଚ୍ଚିତ୍ର ତିଆରି ହୋଇନଥିଲା। ଏବେ ଏହା ହୋଇଛି। ଗତବର୍ଷ ବଲିଉଡ଼ରେ ଏହା ଥିଲା ଏକ ବହୁଚର୍ଚ୍ଚିତ ଚଳଚ୍ଚିତ୍ର। ଦେବଦାସରେ ସଞ୍ଜୟ ଲୀଳା ଭନ୍‌ସାଲୀ କରିସ୍ମା ଦେଖାଇଥିଲେ। ପରିଣୀତାରେ ପ୍ରଦୀପ ସର୍କାର। ବିଧୁ ବିନୋଦ ଚୋପ୍ରା। (୧୯୪୨-ଏ ଲଭ୍ ଷ୍ଟୋରୀ) ପରିଣୀତାର ନିର୍ମାଣ କରିଛନ୍ତି।

ପରିଣୀତା ଖ୍ୟାତି କିନ୍ତୁ ଓଡ଼ିଶାର ସିନେମା ହଲ୍‌ମାନଙ୍କରେ ଦେଖିବାକୁ ମିଳିନଥିଲା। ଏହାକୁ ଯେଉଁମାନେ ନିକଟରେ ଟେଲିଭିଜନ୍ ପରଦାରେ ଦେଖିଥିବେ ସେମାନଙ୍କର ଏକ ଚମତ୍କାର ଦର୍ଶନୀୟ ଅନୁଭୂତି ହୋଇଥିବ।

ବଙ୍ଗଳା ସାହିତ୍ୟରେ ଶରତ ଚନ୍ଦ୍ର ଚାଟାର୍ଜୀ (ଚଟ୍ଟୋପାଧ୍ୟାୟ)ଙ୍କୁ ଏକ ଆଶ୍ଚର୍ଯ୍ୟ କୁହାଯାଏ। ୧୯୩୦ ବେଳକୁ ଶରତ ଚନ୍ଦ୍ର ଅପ୍ରତ୍ୟାଶିତ ଭାବେ ବଙ୍ଗଳା ସାହିତ୍ୟରେ ଖ୍ୟାତି ଅର୍ଜନ କରିବା ଆରମ୍ଭ କରିଥିଲେ। ଜଣେ ସଫଳ ଔପନ୍ୟାସିକ ଓ କୁଶଳୀ ସାହିତ୍ୟିକ ରୂପେ ତାଙ୍କର ପ୍ରତିଷ୍ଠା ବଢ଼ି ବଢ଼ି ଚାଲିଥିଲା। ବଞ୍ଚିଥିବା ସମୟରେ ତାଙ୍କର ଖ୍ୟାତି ବଙ୍ଗଳା ବାହାରେ ମଧ୍ୟ ବ୍ୟାପିଥିଲା। ବଙ୍ଗଳା ସାହିତ୍ୟରେ ଶରତ ଚନ୍ଦ୍ର ଓ ରବୀନ୍ଦ୍ର ନାଥ ଠାକୁରଙ୍କୁ ଦୁଇଟି ବଡ଼ ହସ୍ତୀ କୁହାଯିବା ବେଳେ ଶରତ ଚନ୍ଦ୍ରଙ୍କ ଆଉ ଏ ପରିଚୟ ମଧ୍ୟ ଥିଲା। ସାହିତ୍ୟ ରଚନାରେ ତାଙ୍କର ଥିଲା ପ୍ରଚଣ୍ଡ ଶକ୍ତି ଓ ସାହାସ। ବଙ୍ଗଳା ସମାଜ,

ପରିବାର ଓ ସାମାଜିକ ସଂସ୍କାରକୁ ରକ୍ଷଣଶୀଳତାର ଆବରଣରୁ ବାହାର କରିଆଣି ତତ୍କାଳୀନ ସମସ୍ୟା ସହିତ ପାଠକଙ୍କୁ ପରିଚିତ କରାଇପାରିଥିଲେ। ଅନ୍ୟ ଔପନ୍ୟାସିକମାନେ ସାମାଜିକ ପ୍ରଶ୍ନଗୁଡ଼ିକୁ ଏଡାଇ ଯାଇଥିବା ବେଳେ ଶରତ ଚନ୍ଦ୍ର କିନ୍ତୁ ସେ ଗୁଡ଼ିକୁ ତନ୍ନ ତନ୍ନ ଭାବରେ ବିଶ୍ଳେଷଣ କରୁଥିଲେ। ପରିଣୀତା ସେଇ ସମୟର ଏକ କାହାଣୀ।

ଶରତ ଚନ୍ଦ୍ରଙ୍କ ଉପନ୍ୟାସ ପରିଣୀତା ଏକ ପ୍ରେମ କାହାଣୀ ଉପରେ ଆଧାରିତ। ପରିଣୀତା ଏକ ତ୍ରିକୋଣୀୟ ପ୍ରେମ କାହାଣୀ। ଲଳିତା ଜଣେ ୧୪ ବର୍ଷୀୟା ବାପାମା' ଛେଉଣ୍ଡ ଝିଅ। ଜଣେ ପଡୋଶୀ ଓ ପିଲାବେଳର ସାଙ୍ଗ ଶେଖର ବଡ଼ ହେବା ପରେ ତା' ଗଳାରେ ସେ ମାଳାଟିଏ ପକାଇଦିଏ। କିନ୍ତୁ ପରେ ହିଁ ସେ ଜାଣିପାରେ କ'ଣ ଏହି ବରଣ ମାଳାର ତାତ୍ପର୍ଯ୍ୟ। ଶେଖର ଲଳିତାକୁ ଗ୍ରହଣ କରେ କିନ୍ତୁ ବହୁ ଉତ୍‌ଥାନ ପତନ, ହଁ ନା ଓ ଭୁଲ୍ ବୁଝାମଣା ପରେ ଯାଇ। ଏହା ହିଁ ଶରତ ଚନ୍ଦ୍ରଙ୍କ ମୂଳ ଉପନ୍ୟାସର କାହାଣୀ।

ଚଳଚ୍ଚିତ୍ର ନିର୍ମାତାମାନେ ଯେତେବେଳେ 'ପିରିୟଡ୍' ଫିଲ୍ମ ନିର୍ମାଣ କରନ୍ତି ମୂଳ କାହାଣୀକୁ ଅକ୍ଷତ ରଖି ଚରିତ୍ରର ଚିତ୍ରଣ ପୃଷ୍ଠଭୂମି ଓ ଉପସଂହାରକୁ କିଞ୍ଚିତ ଏପଟସେପଟ କରିବାର ଅଧିକାର ସେମାନଙ୍କର ଥାଏ। ପରିଣୀତାରେ ମଧ୍ୟ ସେ କଥା ହିଁ ହୋଇଛି। ଶରତ ଚନ୍ଦ୍ରଙ୍କ ପରିଣୀତା ଉପନ୍ୟାସ ଲେଖିଥିଲେ ବିଂଶ ଶତାବ୍ଦୀର ପ୍ରାରମ୍ଭରେ। ଚିତ୍ରଟିରେ ସମୟକୁ ଆଗେଇ ନିଆଯାଇ ୧୯୬୨କୁ ପୃଷ୍ଠଭୂମି କରାଯାଇଛି। ବର୍ତ୍ତମାନ ସମୟକୁ ଦେଖିଲେ ପରିଣୀତାକୁ ଏକ ସମ୍ପୂର୍ଣ୍ଣ ଚଳଚ୍ଚିତ୍ର କୁହାଯାଇପାରେ। କାରଣ ଏଥିରେ ସମସାମୟିକ ସମାଜ ଓ ଚିତ୍ର ନିର୍ମାଣର ଆଧୁନିକ କୌଶଳ ଭିତରେ ସାମଞ୍ଜସ୍ୟ ରଖାଯାଇ ପାରିଛି।

ଶରତ ଚନ୍ଦ୍ରଙ୍କ ମୂଳ ଉପନ୍ୟାସର ପ୍ଲଟ୍‌ଟି ଚଳଚ୍ଚିତ୍ରରେ ମଧ୍ୟ ତିନୋଟି ଜଟିଳ ଚରିତ୍ରକୁ ନେଇ ଘୂରି ବୁଲିଛି। ଶେଖର (ସୈଫ୍‌ଅଲ୍ଲି ଖାଁ) ଜଣେ ପ୍ରଚଣ୍ଡ ପ୍ରେମିକ କିନ୍ତୁ ସେ ବାପାଙ୍କର ସବୁକଥାରେ ହଁ ମାରେ। ବଦ୍‌ରାଗୀ, ଅତ୍ୟନ୍ତ ଭୋଗବିଳାସ ଭିତରେ ବଢ଼ି ଆସିଥିବା ଶେଖର ସବୁ ଜିନିଷକୁ ନିଜର କରିବାକୁ ଚାହେଁ। ଯେତେବେଳେ ତା'ର ଇପ୍‌ସିତ ବସ୍ତୁ ତାକୁ ନମିଳେ ସେ ହିତାହିତ ଜ୍ଞାନଶୂନ୍ୟ ହୋଇଯାଏ। ଘଟଣାକ୍ରମରେ ସେ ତା' ପିଲାବେଳର ସାଙ୍ଗ ଓ ପଡୋଶୀ ଲଳିତାକୁ ଭଲ ପାଏ। ଲଳିତା ଜଣେ ମା'ବାପା ଛେଉଣ୍ଡ ଝିଅ ହେବା ସତ୍ତ୍ୱେ ଆତ୍ମାଭିମାନ ଏବଂ ଅହଂକାରର ତୀକ୍ଷ୍ଣ ଧାର ଉପରେ ତାକୁ ଚାଲିବାକୁ ଭଲ ଲାଗେ। ଲଳିତା ନିଜକୁ ଅର୍ପଣ କରିବାକୁ ଚାହେଁ, କିନ୍ତୁ ପାରମ୍ପରିକ ଅର୍ଥରେ ସ୍ୱାମୀ-ସ୍ତ୍ରୀ ସମ୍ପର୍କ ଭିତରେ ଦାସୀ ଭଳି ନୁହେଁ। ପରିଣୀତା ଚାହେଁ ତା' ସ୍ୱାମୀ ତାକୁ ଦାବି ଜଣାଇ ନେଉ। ପତ୍ନୀ ହେବାର ଅଧିକାର ସେ ନିଜେ କୌଣସି ପରିସ୍ଥିତିରେ ସାବ୍ୟସ୍ତ କରିବ ନାହିଁ। ଇତି ମଧ୍ୟରେ ଆଉ ଜଣେ

ହୃଦୟବାନ ଯୁବକ ଗିରୀଶ ଇଣ୍ଡନରୁ ଆସେ। ସେ ଅବିବାହିତ ଏବଂ ସେ ମଧ୍ୟ ଲଳିତାକୁ ଭଲ ପାଇ ବସେ। ଶେଖରଠାରୁ ଗିରୀଶ ପୁରା ଭିନ୍ନ- ଆଚରଣରେ ଓ ସ୍ୱଭାବରେ। ତିନୋଟି ଜୀବନକୁ ନେଇ ଚଳଚିତ୍ରର କାହାଣୀ ବିଭିନ୍ନ ମୋଡ଼ ନେଇଛି। ଚଳଚ୍ଚିତ୍ରକୁ ଭଲ ଭାବେ ବିଶ୍ଳେଷଣ କରାଯାଇପାରିବ ଯଦି ମୂଳ ଉପନ୍ୟାସକୁ ତନ୍ନ ତନ୍ନ କରି ପଢ଼ାଯାଏ। ଶରତ ଚନ୍ଦ୍ରଙ୍କ ଏହି ନଭେଲ୍‌ରେ ମେଲୋଡ୍ରାମା ଭରି ରହିଥିବା କୁହାଯାଏ। ଓଡ଼ିଆ ପାଠକ ଏହି ଉପନ୍ୟାସ ପଢ଼ିବାକୁ ଚାହିଁଲେ ସେମାନଙ୍କୁ ପେଙ୍ଗୁଇନ୍ ଦ୍ୱାରା ସଦ୍ୟ ପ୍ରକାଶିତ ଇଂରାଜୀ ଅନୁବାଦ ଉପରେ ହିଁ ନିର୍ଭର କରିବାକୁ ହେବ।

ଯୁଗ ପରିବର୍ତ୍ତନ ସହିତ ଚଳଚ୍ଚିତ୍ରର ଧାରା ଓ ଉପନ୍ୟାସ ପଠନର ପ୍ରାସଙ୍ଗିକତା ବଦଳୁଥିବା ବେଳେ ପାଖାପାଖି ଅଶୀ ବର୍ଷ ତଳେ ଲେଖା ହୋଇଥିବା ଏକ ଉପନ୍ୟାସ ଚଳଚ୍ଚିତ୍ରର ଜଟିଳ ପ୍ଲଟ୍‌କୁ କିଏ ବା ପଢ଼ିବ ବା ଦେଖିବ ? କିନ୍ତୁ ପରିଣୀତା। (ଉଭୟ ଉପନ୍ୟାସ ଓ ଚଳଚିତ୍ର) ଫର୍ମୁଲା ଉପରେ ପର୍ଯ୍ୟବସିତ। କୁହାଯାଏ, ଭାରତୀୟ ଭାଷାରେ ପ୍ରଥମ ରୋମାଣ୍ଟିକ ଉପନ୍ୟାସ ହେଉଛି ପରିଣୀତା । ପୁଅଝିଅଙ୍କ ମିଳନରେ ସେତେବେଳେ ଯେଉଁ କଟକଣା ଓ ସଂଯମତା ଥିଲା ତାହାକୁ ସାମ୍ପ୍ରତିକତାର ସ୍ପର୍ଶ ଦେବାରେ ପରିଣୀତା ଚଳଚ୍ଚିତ୍ରର ନିର୍ଦ୍ଦେଶକ ଅମାପ ପରିଶ୍ରମ କରିଛନ୍ତି। ଏଣୁ ଚିତ୍ର ଦେଖିବା ବେଳେ ଜଣାପଡେ ନାହିଁ ଆପଣ ଉପନ୍ୟାସ ପଢୁଛନ୍ତି କି ଚଳଚ୍ଚିତ୍ର ଦେଖୁଛନ୍ତି !

ଶରତ ଚନ୍ଦ୍ରଙ୍କ ଉପନ୍ୟାସର ଲୋକପ୍ରିୟତା ଗୋଟିଏ ସମୟରେ ବଙ୍ଗଳା ଡେଇଁ ଦେଶର ଅନ୍ୟାନ୍ୟ ଅଞ୍ଚଳକୁ ସ୍ପର୍ଶ କରିଥିଲା। ଇଂରାଜୀ ବ୍ୟତୀତ ଅନ୍ୟ ଯେଉଁ ଭାରତୀୟ ଭାଷାରେ ଶରତ ଚନ୍ଦ୍ର ଚାଟାର୍ଜୀଙ୍କ ଉପନ୍ୟାସଗୁଡିକ ଅନୁଦିତ ହୋଇଛି ପାଠକଙ୍କ ଉପରେ ସେହିସବୁ ଉପନ୍ୟାସର ପ୍ରଭାବ ପ୍ରଚଣ୍ଡ ଭାବରେ ପଡିଛି- ତାହା ଦେବଦାସ, ହେଉ କି ପରିଣୀତା ହେଉ। ଉଲ୍ଲେଖଯୋଗ୍ୟ ଯେ ଶରତ ଚନ୍ଦ୍ରଙ୍କ କୃତି ଗୁଡିକ ସର୍ବାଧିକ ସଂଖ୍ୟକ ଭାଷାରେ ଅନୁଦିତ ହୋଇଛି।

ଶରତ ଚନ୍ଦ୍ରଙ୍କ ଉପନ୍ୟାସର ଲୋକପ୍ରିୟତା ପଛରେ କାରଣ କ'ଣ ? ତାଙ୍କ ଉପନ୍ୟାସମାନଙ୍କରେ ରକ୍ଷଣଶୀଳତା ଦ୍ୱାରା ବନ୍ଧା ହୋଇଥିବା ଚରିତ୍ରମାନେ ଯେଉଁ ଦ୍ୱନ୍ଦ୍ୱର ସମ୍ମୁଖୀନ ହୁଅନ୍ତି ତାହା ହିଁ ମୁଖ୍ୟ କଥା। ଗୋଟିଏ ପଟେ ସମାଜ ପରିବାର ଓ ଯାବତୀୟ ସଂସ୍କାର ଏବଂ ଅପର ପଟେ ଏହି ରକ୍ଷଣଶୀଳତାରୁ ବାହାରି ଆସି ସମାଜର ଆଧୁନିକ ବାତାବରଣ ଭିତରେ ଅବଗାହନ କରିବାର ଇଚ୍ଛା !

■

(ଶନିବାର, ୪ ମାର୍ଚ୍ଚ ୨୦୦୫)

ପଞ୍ଚାୟତ କେବଳ ଅଳଙ୍କାରିକ ଶବ୍ଦ ?

ଓଡ଼ିଶାରେ ୨୦୦୭ ପଞ୍ଚାୟତ ମହାସମର ଶେଷ ହେବା ପରେ ଏହି ତିନିସ୍ତରୀୟ ବ୍ୟବସ୍ଥାକୁ ନେଇ ଅନେକ ପ୍ରଶ୍ନ ଏବେ ବି ମନରେ ଉଙ୍କିମାରୁଛି । ପଞ୍ଚାୟତିରାଜ ସଂସ୍ଥା ଗୁଡିକର ସଶକ୍ତିକରଣ, ସେ ଗୁଡିକୁ ସ୍ୱଚ୍ଛ ଓ ଉତ୍ତରଦାୟୀ କରିବା ତଥା ସଂସ୍ଥା ଗୁଡିକୁ ଆତ୍ମନିର୍ଭରଶୀଳ କରିବା ଏବେ ବି ଏକ ଆଳଙ୍କାରିକ ଶବ୍ଦ ହୋଇ ରହିଛି । ୧୯୯୦ ପରଠାରୁ ତିନିଥାକିଆ ପଞ୍ଚାୟତିରାଜ ବ୍ୟବସ୍ଥାକୁ ପୁନରୁଜ୍ଜୀବିତ କରିବା ପାଇଁ ପଦକ୍ଷେପ ନିଆଯାଇଛି ସତ, ହେଲେ ଗାଁ ଓ ପଞ୍ଚାୟତ ସ୍ତରରେ ତୃଣମୂଳ ଗଣତନ୍ତ୍ରକୁ ଅର୍ଥପୂର୍ଣ୍ଣ କରିବା ସକାଶେ ସରକାରଙ୍କ ପାଇଁ ଆହୁରି ଅନେକ ବାଟ ଯିବାର ଅଛି ।

ତୃଣମୂଳ ଶାସନ ବା ଲୋକଙ୍କ ହାତରେ ଶାସନ ଡୋରି ଆଜି ଗଣତନ୍ତ୍ରର ସଫଳତା ପାଇଁ ଆବଶ୍ୟକତା ହୋଇଥିଲେ ହେଁ କଥା ଓ କାର୍ଯ୍ୟ ଭିତରେ ବେଶ୍ ଫାଙ୍କ ରହିଛି ଏହା ଅନୁଭବର ବିଷୟ ।

ସ୍ୱର୍ଗତ ମୁଖ୍ୟମନ୍ତ୍ରୀ ବିଜୁ ପଟ୍ଟନାୟକଙ୍କୁ ଧନ୍ୟବାଦ ଦେବା କଥା ଯେ ୧୯୯୦-୯୫ ଭିତରେ ସେ ପଞ୍ଚାୟତକୁ ସରକାରୀ ଏଜେଣ୍ଡା ବା କାର୍ଯ୍ୟସୂଚୀରେ ସବା ଉପରେ ରଖିଥିଲେ । ତାଙ୍କରି ସରକାର ସମୟରେ ହିଁ ଓଡିଶାରେ ୩ଟି ଗୁରୁତ୍ୱପୂର୍ଣ୍ଣ ଆଇନ୍ ପ୍ରଣୟନ କରାଯାଇଥିଲା । ଗ୍ରାମପଞ୍ଚାୟତ, ପଞ୍ଚାୟତ ସମିତି ଓ ଜିଲ୍ଲା ପରିଷଦର ନୂଆ ଆଇନ୍ ଅନୁଯାୟୀ ଲୋକମାନଙ୍କୁ ଉତ୍ତମ ଶାସନ ଯୋଗାଇବା ସହ ଜନସହଯୋଗ ଜରିଆରେ ସଠିକ୍ ନିଷ୍ପତ୍ତି ନେବାର ଅବକାଶ ସୃଷ୍ଟି କରାଯାଇଥିଲା ।

ଓଡ଼ିଶା ଭାରତର ସର୍ବପ୍ରଥମ ରାଜ୍ୟ ଯେଉଁଠି ୧୯୯୨ ପଞ୍ଚାୟତ ନିର୍ବାଚନରେ ମହିଳାମାନଙ୍କ ପାଇଁ ୩୩ ପ୍ରତିଶତ ସ୍ଥାନ ସଂରକ୍ଷଣ ରଖାଯାଇଥିଲା । ଯେତେବେଳେ କେନ୍ଦ୍ର ସରକାର ମହିଳାଙ୍କୁ ସ୍ଥାନ ସଂରକ୍ଷଣ ସମ୍ପର୍କରେ କେବଳ ଆଲୋଚନା କରୁଥିଲା ଓଡ଼ିଶାରେ ସେତେବେଳକୁ ଏହା ଓଡ଼ିଶାରେ ଲାଗୁ ହୋଇସାରିଥିଲା ।

ଉପଯୁକ୍ତ ୩ଟି ଆଇନ୍‌ର ପ୍ରଭାବ ଫଳରେ ଅନୁସୂଚୀତ ଜାତି ଓ ଅନୁସୂଚୀତ ଜନଜାତି ମଧ୍ୟ ସଂରକ୍ଷଣର ପରିଧି ଭିତରକୁ ଆସିଥିଲେ। ଜନସଂଖ୍ୟା ଭିତ୍ତିରେ ହରିଜନ ଆଦିବାସୀଙ୍କ ପାଇଁ ପଞ୍ଚାୟତରେ ସ୍ଥାନ ସଂରକ୍ଷଣ ବ୍ୟତୀତ ଆବର୍ତ୍ତନ ଭିତ୍ତିରେ ମହିଳାମାନଙ୍କ ପାଇଁ ଏକ ତୃତୀୟାଂଶ ସ୍ଥାନ ସଂରକ୍ଷଣ ଆଦି ଅନେକ ପଦକ୍ଷେପ ନେବା ଭିତରେ ମନେ ହେଉଥିଲା ଯେ ଷାଠିଏ ଦଶକର ପଞ୍ଚାୟତରାଜ ବ୍ୟବସ୍ଥା ବାସ୍ତବରେ ପୁଣି ଥରେ ତା'ର ମର୍ଯ୍ୟାଦା ଓ ଗୌରବ ଫେରିପାଇବ।

୧୯୯୨ର ୭୩ତମ ସମ୍ବିଧାନ ସଂଶୋଧନ ଆଇନ୍ ବଳରେ ସରକାର ୧୯୯୪ରେ ପଞ୍ଚାୟତ, ସମିତି ଓ ପରିଷଦ ଆଇନ୍‌ରେ ଆବଶ୍ୟକୀୟ ସଂଶୋଧନ ଆଣିଥିଲେ। ସ୍ୱୟଂଶାସନକୁ ସୁଦୃଢ଼ କରିବା ପାଇଁ ଏହି ତିନିଟି ଆଇନ୍‌ରେ ପଞ୍ଚାୟତିରାଜ ସଂସ୍ଥାମାନଙ୍କୁ ବ୍ୟାପକ କ୍ଷମତା ପ୍ରଦାନ କରିଥିଲେ ବିଜୁ ସରକାର।

ପଞ୍ଚାୟତ ଆଇନ୍‌ର ସଂଶୋଧନ ପରେ ଗ୍ରାମସଭା ହିଁ ବର୍ତ୍ତମାନ ସବୁଠାରୁ ଶକ୍ତିଶାଳୀ ଗଣତାନ୍ତ୍ରିକ ଅନୁଷ୍ଠାନ। ଗାଁର ବିଭିନ୍ନ କାର୍ଯ୍ୟକ୍ରମ ଓ ଯୋଜନାକୁ ମଞ୍ଜୁର ଦେବାଠାରୁ ଆରମ୍ଭ କରି ସାମାଜିକ ଓ ଅର୍ଥନୈତିକ ବିକାଶ ପାଇଁ ଉଦ୍ଦିଷ୍ଟ ପ୍ରକଳ୍ପଗୁଡ଼ିକୁ ଅନୁମୋଦନ ଦେବା ପର୍ଯ୍ୟନ୍ତ ବହୁ କ୍ଷମତା ଗ୍ରାମସଭା ହାତରେ। ଆଇନ୍‌ଗତ ବ୍ୟବସ୍ଥା ଅନୁସାରେ ଗ୍ରାମ ପଞ୍ଚାୟତ ସମସ୍ତ ଯୋଜନା ଓ କାର୍ଯ୍ୟକ୍ରମ ରୂପାୟନ କରିପାରିବ କେବଳ ଗ୍ରାମସଭାର ସ୍ୱୀକୃତି ପାଇବା ପରେ।

ଖାଲି ସେତିକି ନୁହେଁ, ଦାରିଦ୍ର୍ୟ ଦୂରୀକରଣ ଓ ସେହିଭଳି ଅନେକ କାର୍ଯ୍ୟକ୍ରମରେ ହିତାଧିକାରୀଙ୍କୁ ଚିହ୍ନଟ କରିବା ମଧ୍ୟ ଗ୍ରାମସଭାର କାମ। ଟିକସ ବସାଇବାଠାରୁ ଆରମ୍ଭ କରି ବିଭିନ୍ନ କରର ପରିମାଣ ଧାର୍ଯ୍ୟ କରିବା ତଥା ସମୟାନ୍ତରରେ ଏହାକୁ ବୃଦ୍ଧି କରିବା ମଧ୍ୟ ଗ୍ରାମସଭାର କାର୍ଯ୍ୟ। ଗ୍ରାମ ପଞ୍ଚାୟତ ଦ୍ୱାରା ନିର୍ଦ୍ଦିଷ୍ଟ କାର୍ଯ୍ୟଟି ସମ୍ପନ୍ନ ହୋଇଥିବା ସମ୍ବନ୍ଧୀୟ ପ୍ରମାଣପତ୍ର ଦେବା ମଧ୍ୟ ଗ୍ରାମସଭାର ଦାୟିତ୍ୱ।

ଠିକ୍ ସେହିଭଳି ପଞ୍ଚାୟତିରାଜ ଅନୁଷ୍ଠାନଗୁଡ଼ିକୁ ଅଧିକ ଦୃଢ଼ ଓ ବିତ୍ତଶାଳୀ କରିବା ପାଇଁ ରାଜ୍ୟ ସ୍ତରରେ ଅନେକ ବିଭାଗ/ଅଫିସ୍ ମଧ୍ୟ ଖୋଲିଛି- ରାଜ୍ୟ ନିର୍ବାଚନ କମିଶନ, ପୃଥକ୍ ଅର୍ଥ କମିଶନ, ଜିଲ୍ଲା ଯୋଜନା କମିଟି ଇତ୍ୟାଦି। ଶେଷୋକ୍ତ କମିଟି ଉଭୟ ଗ୍ରାମାଞ୍ଚଳ ଓ ସହରାଞ୍ଚଳରେ ଯୋଜନାକୁ କାର୍ଯ୍ୟକାରୀ କରିପାରିବ। ଗ୍ରାମସଭାର ଅନ୍ୟ ଦାୟିତ୍ୱ ମଧ୍ୟରେ ରହିଛି ଉନ୍ନୟନ ପାଇଁ ଆସୁଥିବା ଅର୍ଥର ସାମାଜିକ ସମୀକ୍ଷା କରାଇବା।

ସେହିଭଳି ଅନ୍ୟ ଏକ ପ୍ରଗତିଶୀଳ ପଦକ୍ଷେପ ସ୍ୱରୂପ ଆଦିବାସୀମାନଙ୍କୁ

ପଞ୍ଚାୟତିରାଜ ବ୍ୟବସ୍ଥା ଭିତରକୁ ଆଣିବା ନିମନ୍ତେ ପେସା (ଗ୍ରାମ ପଞ୍ଚାୟତ ସମ୍ପ୍ରସାରଣ ଆଇନ୍) ପ୍ରଣୟନ କରାଯାଇଛି। ଏହା ଦ୍ୱାରା ୭୩ତମ ସଂଶୋଧନ ବାହାରେ ଥିବା ଆଦିବାସୀମାନଙ୍କ ପାଇଁ ସ୍ୱତନ୍ତ୍ର ବ୍ୟବସ୍ଥା ମଧ୍ୟ ହୋଇଛି। ପେସାର ଉଦ୍ଦେଶ୍ୟ ଆଦିବାସୀ ଗୋଷ୍ଠୀଙ୍କ ହାତରେ ପ୍ରଭୂତ କ୍ଷମତା ଦେବା ଏବଂ ପ୍ରାକୃତିକ ସମ୍ବଳର ସଂରକ୍ଷଣ ଓ ପରିଚାଳନା କ୍ଷେତ୍ରରେ ସେମାନଙ୍କର ପାରମ୍ପରିକ ଅଧିକାରକୁ ବଜାୟ ରଖିବା।

ଓଡ଼ିଶାର ଏହି ତିନୋଟି ପଞ୍ଚାୟତ ସମ୍ବନ୍ଧୀୟ ଆଇନ୍‌ରେ ଏତେ ବ୍ୟବସ୍ଥା ଥିବା ସତ୍ତ୍ୱେ ତଳସ୍ତରରେ ଏହା କେତେଦୂର କାର୍ଯ୍ୟକାରୀ ହେଉଛି ତାହା ସଂଶୟ ଓ ପ୍ରଶ୍ନବାଚୀ ସୃଷ୍ଟି କରେ।

ପଞ୍ଚାୟତିରାଜ ବ୍ୟବସ୍ଥାକୁ ସୁଦୃଢ଼ କରିବା ସକାଶେ ଆବଶ୍ୟକୀୟ ପଦକ୍ଷେପ ନିଆଯାଇଥିଲେ ହେଁ ଅନେକ କିଛି କେବଳ କାଗଜପତ୍ରରେ ହିଁ ରହିଛି। ଯଦିଓ ପଞ୍ଚାୟତିରାଜ ଅନୁଷ୍ଠାନ ଗୁଡିକ ରାଜନୈତିକ ଓ ସାମାଜିକ ଭାବେ ନିଜର ପତିଆରା ସୃଷ୍ଟି କରି ଚାଲିଛନ୍ତି, ଆର୍ଥିକ କ୍ଷେତ୍ରରେ ଏଭଳି ସୌଭାଗ୍ୟ ହୋଇ ନାହିଁ। ଅନ୍ୟ ଅର୍ଥରେ ପଞ୍ଚାୟତକୁ ଦିଆଯାଇଥିବା ଅଧିକାଂଶ ଆର୍ଥିକ କ୍ଷମତା କେନ୍ଦ୍ର ଓ ରାଜ୍ୟ ସରକାରଙ୍କ ହାତରେ କେନ୍ଦ୍ରୀଭୂତ ହୋଇ ରହିଛି।

ଏହା ଏକ ଜଣାଶୁଣା କଥା ଯେ ରାଜ୍ୟରେ ପଞ୍ଚାୟତ ଗୁଡିକର ଆର୍ଥିକ ଭିତ୍ତି ଅତି ଦୁର୍ବଳ। କାରଣ ସେମାନେ ସ୍ୱାବଲମ୍ବୀ ନୁହଁନ୍ତି ଏବଂ ସେମାନଙ୍କଠାରେ ଆଭ୍ୟନ୍ତରୀଣ ସମ୍ବଳ ସଂଗ୍ରହ କରିବା ପାଇଁ ଅବକାଶର ଅଭାବ ରହିଛି। ଅପରପକ୍ଷରେ ଗ୍ରାମସଭା/ପଲ୍ଲିସଭାରେ ଯେଉଁ ଯୋଜନା/କାର୍ଯ୍ୟକ୍ରମକୁ ମଞ୍ଜୁରି ଦିଆଯାଏ ତାହାକୁ ଉପର ସ୍ତରରେ ବଦଳାଇ ଦିଆଯାଏ କିମ୍ବା ସେ ଗୁଡିକର ରୂପାୟନରେ ବିଳମ୍ବ କରାଯାଏ। ଫଳତଃ ତୃଣମୂଳ ଯୋଜନା ଏବେ ପର୍ଯ୍ୟନ୍ତ ଲୋକପ୍ରିୟ ହୋଇପାରି ନାହିଁ। ଗ୍ରାମସଭା ସ୍ତରରେ ଲୋକେ ଜାଣନ୍ତି ନାହିଁ ଯୋଜନା କ'ଣ, ରୂପାୟନ କାହାକୁ କହନ୍ତି ?

ବିଡ଼ମ୍ବନାର ବିଷୟ ଏହି ଯେ ଗ୍ରାମସଭା/ ପଲ୍ଲୀସଭାରେ ଜନସାଧାରଣଙ୍କ ଭାଗିଦାରୀ ଅତ୍ୟନ୍ତ ନଗଣ୍ୟ। ପଛୁଆ ଅଞ୍ଚଳରେ ତ ଏହାର ଚିହ୍ନ ବର୍ଣ୍ଣ ହିଁ ନାହିଁ। ସୁତରାଂ, ପଞ୍ଚାୟତିରାଜ ବ୍ୟବସ୍ଥାରେ ଉନ୍ନୟନ ମୂଳକ କାର୍ଯ୍ୟରେ ଲୋକଙ୍କୁ ଜଡିତ କରିବାର ଯେଉଁ ଉଦ୍ଦେଶ୍ୟ ଓ ଲକ୍ଷ୍ୟ ରହି ଆସିଛି ତାହା ଅନେକତଃ ବିଫଳ ହୋଇଛି।

ଅନୁସୂଚିତ ଅଞ୍ଚଳରେ ପଞ୍ଚାୟତିରାଜ ଅନୁଷ୍ଠାନମାନଙ୍କୁ ଏଭଳି ପ୍ରଭୁତ କ୍ଷମତା ଦିଆଯାଇଛି ଯେ ସେମାନେ ମଦ ବନ୍ଦ କରିପାରିବେ, ଲଘୁବନଜାତ ଦ୍ରବ୍ୟର

ମାଲିକାନାକୁ ସାବ୍ୟସ୍ତ କରିପାରିବେ, ଜମି ହସ୍ତାନ୍ତରକୁ ରୋକିପାରିବେ ଓ ମହାଜନି କାରବାରକୁ ବନ୍ଦ କରିପାରିବେ...ଇତ୍ୟାଦି ଇତ୍ୟାଦି।

କିନ୍ତୁ ଏସବୁ କରିବାକୁ ହେଲେ ଅନ୍ୟ ଯେଉଁସବୁ ଆନୁଷଙ୍ଗିକ ଆଇନ୍‌ର ସଂଶୋଧନ ହେବା କଥା ତାହା ଏପର୍ଯ୍ୟନ୍ତ ହୋଇପାରି ନାହିଁ। ଆଦିବାସୀ ଅଞ୍ଚଳ ପାଇଁ ଉଦ୍ଦିଷ୍ଟ ପଞ୍ଚାୟତ ଆଇନ୍‌ରେ ଏବେ ବି ଅନେକ ଅସ୍ପଷ୍ଟତା ଭରି ରହିଛି। ଭୁରିଆ କମିଟିର ସୁପାରିଶ ଅନୁଯାୟୀ ତିଆରି ହୋଇଥିବା କେନ୍ଦ୍ର ଆଇନ୍ ଓ ରାଜ୍ୟ ଆଇନ୍ ଭିତରେ ସମନ୍ୱୟ ନ ଥିବାରୁ ଆଇନ୍ ଗୁଡିକ ପରସ୍ପର ବିରୋଧରେ ଯାଉଥିବା ଅନୁଭବ ହେଉଛି।

କୁହାଯାଏ, ଭଲ ଆଇନ୍‌ର ମହତ୍ତ୍ୱ ଥାଏ ତା'ର ରୂପାୟନରେ। ପଞ୍ଚାୟତିରାଜ ଆଇନ୍‌ର ଅନ୍ତର୍ନିହିତ ଶକ୍ତିଟି ଯେ ବାହ୍ୟ ପ୍ରଭାବରେ ଦୁର୍ବଳ ହୋଇ ପଡିଛି ଏହା ଅନସ୍ୱୀକାର୍ଯ୍ୟ। ପଞ୍ଚାୟତିରାଜ ବ୍ୟବସ୍ଥାରେ ଆଜି ରାଜନୀତି ହିଁ ସବୁକିଛି ଓ ରାଜନୀତି ସହିତ ଦୁର୍ନୀତି।

■

(ଶନିବାର, ୨୪ ଫେବୃଆରୀ ୨୦୦୭)

ତେଲୁଗୁ ରାଜ୍ୟରେ ଓଡ଼ିଆ ଭାଷା

ଓଡ଼ିଶାର ଲୋକେ କେଉଁ ଭାଷାରେ ପାଠ ପଢ଼ିବେ ଏହି ବିବାଦର ଏକ ସୁଦୀର୍ଘ ଇତିହାସ ରହିଛି। ସ୍ୱାଧୀନତା ପୂର୍ବରୁ ଅବସ୍ଥା ଏଭଳି ଥିଲା ଯେ ଓଡ଼ିଆ ଭାଷାକୁ କେହି ସ୍ୱୀକୃତି ଦେବାକୁ ପ୍ରସ୍ତୁତ ନଥିଲେ, ଏହାର ବିକାଶ କଥା ଚିନ୍ତା କରିବା ତ ଦୂରର କଥା। ଏପରିକି ଓଡ଼ିଆକୁ ସ୍ୱତନ୍ତ୍ର ଭାଷାର ମାନ୍ୟତା ନଦେବା ସକାଶେ ବଙ୍ଗାଳୀ ବାବୁମାନଙ୍କ ଚକ୍ରାନ୍ତ ଏକ ଜଣାଶୁଣା କଥା। ବିଗତ ଦେଢ଼ ଶହ ବର୍ଷ ଭିତରେ ଓଡ଼ିଆ ଭାଷାର ଗତି ଯେ ଏତେ ମସୃଣ ହୋଇଛି ତାହା ନୁହେଁ, ଏବେ ବି ଏଇ ଭାଷା ଖୋଜୁଛି ଏକ ଅବଲମ୍ବନ। ୨୦୦୬ ମସିହାରେ ବି ଓଡ଼ିଶାରେ ଓଡ଼ିଆ ଭାଷାର ଅନାଦର ଓ ବିଚ୍ଛିନ୍ନାଞ୍ଚଳରେ ଏହାର ଅବଲୁପ୍ତି ବିଷୟରେ ଚିନ୍ତା ପ୍ରକଟ କରାଯାଉଛି। ଉନବିଂଶ ଶତାବ୍ଦୀର ଷଷ୍ଠ ଦଶକରୁ ଆରମ୍ଭ ହୋଇଥିବା ସମସ୍ୟାର ଚେର ଉଣା ଅଧିକେ ଏବେଯାଏଁ ଲମ୍ବିଛି ଏହା ହିଁ ଆଶ୍ଚର୍ଯ୍ୟର ବିଷୟ। ମାତୃଭାଷାକୁ ନେଇ ଏଭଳି ଉଦାସୀନତା ଅନ୍ୟ କୌଣସି ପ୍ରାନ୍ତରେ ଦେଖାଯାଏନା।

ଓଡ଼ିଶା ପ୍ରଦେଶରେ ଓଡ଼ିଆ ବଦଳରେ ହିନ୍ଦୁସ୍ତାନୀର ପ୍ରୟୋଗ ଓ ଅଧ୍ୟୟନକୁ ବ୍ରିଟିଶ୍ ଅଫିସରମାନେ ନିଷ୍ଠାର ସହିତ ଉତ୍ସାହିତ କରୁଥିବା କଥା ଏଠି ଉଲ୍ଲେଖ କରିବାର କାରଣ ହେଲା, ଭାଷା ପ୍ରତି ଆମର କେବେ ବି ଦରଦ ପ୍ରକଟିତ ହୋଇନାହିଁ। ଯାହା ଆମେ କରିଛୁ ତାହା କେବଳ ଉପର ଠାଉରିଆ।

ଉନବିଂଶ ଶତାବ୍ଦୀର ଶେଷ ତିନି ଦଶକ ବେଳକୁ ଯେତେବେଳେ ଓଡ଼ିଆ ଭାଷାର ମହତ୍ତ୍ୱକୁ ଲୋକେ ଉପଲବ୍ଧି କରିବା ଆରମ୍ଭ କଲେ ସେ ସମୟକୁ ଓଡ଼ିଆରେ ପାଠ୍ୟପୁସ୍ତକ ନଥିଲା କି ସମନ୍ୱିତ ଭାବେ କୌଣସି ଉଦ୍ୟମ ବି ହେଉନଥିଲା।

ତା'ଛଡ଼ା ବ୍ରିଟିଶ୍ ସରକାରଙ୍କର ମଧ୍ୟ ଏହି ସମସ୍ୟା ପ୍ରତି ଦରଦ ନଥିଲା। ୧୮୬୦ ବେଳକୁ ଓଡ଼ିଶାର ଇଂରାଜୀ ସ୍କୁଲମାନଙ୍କରେ ବଙ୍ଗଳା ଶିକ୍ଷକମାନେ ହିଁ ନିଜର ଆଧିପତ୍ୟ ବିସ୍ତାର କରିଥିଲେ। ଏପରିକି ସ୍କୁଲର ଅଧିକାଂଶ ଛାତ୍ରଛାତ୍ରୀ

ଥିଲେ ବଙ୍ଗଳା ଅଫିସରଙ୍କ ସନ୍ତାନ ସନ୍ତତି। ଏଣୁ ଓଡ଼ିଆ ଭାଷାର ବିକାଶ ନିର୍ଦ୍ଦୟ ଭାବେ ଅବହେଳିତ ହୋଇଥିଲା। ବଙ୍ଗାଳୀମାନେ ଓଡ଼ିଆ ଭାଷାକୁ ଉପରକୁ ଉଠାଇବା ପାଇଁ କାହିଁକି ଅବା ଚେଷ୍ଟା କରିଥାନ୍ତେ? ଏହି ସମୟରେ ରାଜେନ୍ଦ୍ର ଲାଲ ମିତ୍ର ଯେଉଁ ବିବାଦଟି ଉଠାଇଥିଲେ ତାହା ତ ସର୍ବଜନବିଦିତ।

୧୮୬୮ ଡିସେମ୍ବର ୯ ତାରିଖରେ କଲିକତା ହାଇକୋର୍ଟର ଜନୈକ ଓକିଲ କଟକ ଡିବେଟିଂ କ୍ଲବ୍‌ରେ ଦେଶାତ୍ମକବୋଧ ଉପରେ କହିବାକୁ ଯାଇ ଉଲ୍ଲେଖ କରିଥିଲେ ଯେ ଓଡ଼ିଆମାନଙ୍କ ଦେଶାତ୍ମବୋଧ 'ଜାଲ୍‌'। ସେ କହିବାକୁ ଚାହୁଁଥିଲେ ଯେ ଓଡ଼ିଆ ଭାଷା ପ୍ରତି ଅହେତୁକ ଦୁର୍ବଳତା ହିଁ ପ୍ରଦେଶରେ ଶିକ୍ଷାର ପ୍ରସାର ଦିଗରେ ଏକ ପ୍ରତିବନ୍ଧକ ସାଜିଛି। ସେ ଯୁକ୍ତି ସ୍ଥାପନ ପୂର୍ବକ କହିଥିଲେ ଯେ ଓଡ଼ିଆ ବଙ୍ଗଳାରୁ ଆସିଛି। ଯେହେତୁ ଉପକୂଳ ଅଞ୍ଚଳର ମାତ୍ର ୨୦ଲକ୍ଷ ଲୋକ ଓଡ଼ିଆ କହୁଛନ୍ତି ଏଣୁ ଏହା ଏକ ପୂର୍ଣ୍ଣାଙ୍ଗ ଭାଷାର ପରିଚୟ କଦାପି ପାଇପାରିବ ନାହିଁ। ଏହି ମନ୍ତବ୍ୟଟି ସେତେବେଳେ ନାହିଁନଥିବା ବିବାଦ ସୃଷ୍ଟି କରିଥିଲା। ସେ ଯାହା ହେଉ, ସେଣ୍ଟ୍ରାଲ୍ ପ୍ରୋଭିନ୍ସ ଅଧିନରେ ଥିବା ୧୭ ଲକ୍ଷ ଲୋକ ହିଁ ସେତେବେଳେ ଓଡ଼ିଆ କହୁଥିଲେ। ଉଣା ଅଧିକେ ଆଜି ବି ଓଡ଼ିଆ ଭାଷାର ପ୍ରକୃତ ଚେହେରା ଉପକୂଳ ଅଞ୍ଚଳରେ ହିଁ ଦେଖିବାକୁ ମିଳିବ। ବଙ୍ଗଳା ପ୍ରେସିଡେନ୍ସି ଅଧିନରେ ଥିବା ଅଞ୍ଚଳରେ ଓଡ଼ିଆ ଭାଷାର ଉନ୍ନତି ପାଇଁ ବଙ୍ଗଳା ସରକାର ଯଦି କିଛି କରିନଥିଲେ ବିଚ୍ଛିନ୍ନାଞ୍ଚଳରେ ଓଡ଼ିଆ ଭାଷାର ସୁରକ୍ଷା ପାଇଁ ଆମେ କ'ଣ କରୁଛୁ ଆଜି ସେଇଟି ଏକ ପ୍ରଶ୍ନ।

ଉପାନ୍ତରେ ଓଡ଼ିଆ ଭାଷାର ସୁରକ୍ଷା ପାଇଁ ବିଭିନ୍ନ ସମୟରେ ବିଭିନ୍ନ ସଙ୍ଗଠନ ପକ୍ଷରୁ ଅନେକ କଥା କୁହାଯାଇଛି। କିନ୍ତୁ ତାହା କାର୍ଯ୍ୟରେ ପ୍ରତିଫଳିତ ହେଉନାହିଁ। ଝାଡ଼ଖଣ୍ଡଠାରୁ ବିଶାଖାପାଟଣା ଦେଇ ଶ୍ରୀକାକୁଲମ୍ ପର୍ଯ୍ୟନ୍ତ ଯେଉଁ ଓଡ଼ିଆମାନେ ମୂଳମାଟିରୁ ଅଲଗା ହୋଇ ରହିଯାଇଛନ୍ତି ସେମାନେ ବର୍ତ୍ତମାନ ଚେରବିହୀନ।

ଉପାନ୍ତରେ ଗଜପତି ଜିଲ୍ଲାକୁ ଲାଗି ରହିଥିବା ଶ୍ରୀକାକୁଲମ୍ ଜିଲ୍ଲାରେ ଥିବା ଓଡ଼ିଆ ଛାତ୍ରଛାତ୍ରୀମାନଙ୍କ ଅସୁବିଧାର କଳନା ବି କରିବା କଷ୍ଟକର। ଏହିସବୁ ସ୍କୁଲରେ ଯେଉଁମାନେ ଓଡ଼ିଆ ମାଧମରେ ପଢୁଛନ୍ତି ସେମାନଙ୍କ ପାଇ ସମସ୍ୟା ହେଉଛି ଶିକ୍ଷକ ଓ ପୁସ୍ତକ। ଏକେ ତ ଯଥେଷ୍ଟ ଓଡ଼ିଆ ଶିକ୍ଷକ ମିଳୁନାହାନ୍ତି। ତା'ଛଡା ବିଭିନ୍ନ ବିଷୟରେ ଓଡ଼ିଆ ପାଠ୍ୟପୁସ୍ତକ ମଧ୍ୟ ମିଳୁନାହିଁ। ଏହି କାରଣରୁ ପିତାମାତା ଅଭିଭାବକମାନେ ନିଜ ନିଜ ପିଲାଙ୍କୁ ତେଲୁଗୁ ମାଧମରେ ପଢ଼ାଇବାକୁ ବାଧ ହେଉଛନ୍ତି। ଆନ୍ଧ୍ରରେ ଥିବା ଓଡ଼ିଆ ସ୍କୁଲରେ ଛାତ୍ରଛାତ୍ରୀଙ୍କ କ୍ରମାଗତ ସଂଖ୍ୟା ହ୍ରାସ ଏହାର ପ୍ରମାଣ।

ଗୋଟିଏ ହିସାବରୁ ଜଣାପଡେ ଯେ ୧୯୮୮-୮୯ରେ ଶ୍ରୀକାକୁଲମ୍ ଜିଲ୍ଲାରେ

ପ୍ରାୟ ୧୮ ହଜାର ପିଲା ଓଡ଼ିଆ ମାଧ୍ୟମରେ ପାଠ ପଢୁଥିଲେ। କିନ୍ତୁ ଏବେ ଏହା ୧୪ ହଜାରକୁ ଖସି ଆସିଛି। ଆନ୍ଧ୍ର ପ୍ରଦେଶ ଓଡ଼ିଆ ଶିକ୍ଷକ ସଂଘର ଉପସଭାପତି ଅନନ୍ତ କୁମାର ମହାପାତ୍ର ଏହି ତଥ୍ୟ ଯୋଗାଇଛନ୍ତି। ଜିଲ୍ଲାରେ ୯୦ଟି ଏକଭାଷୀ ଓଡ଼ିଆ ସ୍କୁଲ ଏବଂ ୧୦୦ଟି ଦ୍ୱିଭାଷୀ ଓଡ଼ିଆ-ତେଲୁଗୁ ସ୍କୁଲ ଅଛି। ଶ୍ରୀକାକୁଲମ୍ ଜିଲ୍ଲାର ସ୍କୁଲମାନଙ୍କରେ ଯେତେ ଓଡ଼ିଆ ପିଲା ପଢୁଛନ୍ତି ସେମାନଙ୍କ ଭିତରୁ ୪୮ ପ୍ରତିଶତ ହେଉଛନ୍ତି ଛାତ୍ରୀ। କିନ୍ତୁ ସେମାନଙ୍କ ପାଇଁ ବାଳିକା ବିଦ୍ୟାଳୟଟିଏ ସ୍ୱପ୍ନ। ଓଡ଼ିଆ ଭାଷା ଶିକ୍ଷା ଓ ଅସ୍ମିତା ଏବେ ସେଠି ଏତେ ବଡ଼ ସଂକଟର ସମ୍ମୁଖୀନ ହୋଇଛି ଯେ ଲୋକେ ଜାଣିଶୁଣି ନିଜର ଓଡ଼ିଆ ନାଁକୁ ତେଲୁଗୁରେ ପରିବର୍ତ୍ତିତ କରୁଛନ୍ତି। ଉଦାହରଣ: ରାମଚନ୍ଦ୍ର ଦାସ ଏବେ ବୋଲାଉଛନ୍ତି ଡି. ରାମଚନ୍ଦ୍ର। କାରଣ ? ନାଁରେ ଓ ପରିଚୟରେ ତେଲୁଗୁ ସ୍ପର୍ଶ ରହିଲେ ସେମାନେ ଆନ୍ଧ୍ର ସରକାରଙ୍କଠାରୁ ନାନା ପ୍ରକାର ସ୍ୱୀକୃତି ଓ ସୁବିଧା ପାଇବେ। ମିଛରେ ଓଡ଼ିଆ ବୋଲାଇ ଲାଭ କ'ଣ ?

ଆହୁରି ଆଶ୍ଚର୍ଯ୍ୟର କଥା ଯେ ଓଡ଼ିଆ ଶିକ୍ଷକ ନଥିବାରୁ ଓଡ଼ିଆ ଛାତ୍ରଛାତ୍ରୀ ତେଲୁଗୁ ଭାଷାରେ ପାଠକୁ ବୁଝିବା ପାଇଁ ଚେଷ୍ଟା କରିଥାନ୍ତି ଓ ପରୀକ୍ଷା ଖାତାରେ ଓଡ଼ିଆରେ ଲେଖିଥାନ୍ତି। ଏହା ଏକ ବିଚିତ୍ର ବ୍ୟବସ୍ଥା। ଏକବିଂଶ ଶତାବ୍ଦୀରେ ଏଭଳି ଏକ କଥା କଳନା ବି କରାଯାଇନପାରେ। ସମସ୍ୟା କିନ୍ତୁ ସେତିକିରେ ସରିନାହିଁ।

ଆନ୍ଧ୍ର ସରକାରଙ୍କ ସିଲାବସ୍ ଅନୁସାରେ ପାଠ୍ୟ ପୁସ୍ତକ ଯଦିଓ ଓଡ଼ିଆରେ ଛପା ହେଉଛି ତାହା ପିଲାମାନଙ୍କ ପାଖରେ ଆବଶ୍ୟକ ବେଳେ ପହଞ୍ଚୁନାହିଁ। ଓଡ଼ିଆ ଭାଷା ସାହିତ୍ୟ ବହି ନ ମିଳିଲା ନାହିଁ। କିନ୍ତୁ ବିଜ୍ଞାନ ସାମାଜିକ ପାଠ ଭଳି ବିଷୟରେ ବହି ଛପା ହୋଇପାରୁନଥିବାରୁ ପିଲା ପଢ଼ିବାକୁ ପାଉନାହାନ୍ତି।

୧୯୯୬ରେ ଆନ୍ଧ୍ର ଓ ଓଡ଼ିଶା ସରକାରଙ୍କ ଭିତରେ ଏକ ଦ୍ୱିପାକ୍ଷିକ ଚୁକ୍ତି ହୋଇଥିଲା ଯେ ଆନ୍ଧ୍ରରେ ରହୁଥିବା ଓଡ଼ିଆ ପିଲାଙ୍କୁ ଓଡ଼ିଶା ସରକାର ପାଠ୍ୟପୁସ୍ତକ ଯୋଗାଇ ଦେବେ। ଆନ୍ଧ୍ରରେ ଜୁନ୍ ମାସରେ ହିଁ ପାଠ୍ୟ ବର୍ଷ ଆରମ୍ଭ ହୋଇଥାଏ। କିନ୍ତୁ ବହି ପହଞ୍ଚେ ନାହିଁ। ଯଦି ବି ପହଞ୍ଚେ ଅକ୍ଟୋବର ମାସରେ। ମାତୃଭୂମି ଓ ମାତୃଭାଷା ଉଭୟେ ବନ୍ଦନୀୟ। ମାତୃଭାଷାର ଉନ୍ନତି ପାଇଁ କାର୍ଯ୍ୟ କରିବା ପ୍ରତିଟି ବ୍ୟକ୍ତିର ପରମ କର୍ତ୍ତବ୍ୟ ବୋଲି ମଧୁସୂଦନ ରାଓ କହିଥିଲେ ଏହି ପଂକ୍ତିରେ:

'ମାତୃଭୂମି ମାତୃଭାଷା ଉଭୟେ ଜନନୀ
ସେହି ତାଙ୍କୁ ଭକ୍ତି ଭରେ ଦିବସ ରଜନୀ।'

ବିଚ୍ଛିନ୍ନାଞ୍ଚଳ ଓଡ଼ିଆଙ୍କ ଭାଗ୍ୟରେ କେବେ ଆସିବ ସେ ଦିବସ ରଜନୀ ?

■

(ଶନିବାର, ୨୩ ଡିସେମ୍ବର ୨୦୦୫)

ବସନ୍ତ ଭାବନା

Spring is nature's way of saying 'Let us Party'! - **Robin Williams**

ବସନ୍ତ !

ପୁଷ୍ପ, ପ୍ରେମ, ପ୍ରଣୟ, ରୂପ ଓ କାମନାର ଉଦ୍ଦୀପନାମୟ ଚିତ୍ର ସମ୍ଭାର। ବସନ୍ତ ଋତୁକୁ କୁହାଯାଏ 'ଋତୁରାଜ ବସନ୍ତ'। ଏହା ସୌନ୍ଦର୍ଯ୍ୟ ଦେବତା କାମଦେବଙ୍କର ଋତୁ। ଋତୁଚକ୍ର ଭିତରେ ବସନ୍ତ ଋତୁ ଜଣେ ନିର୍ବିବାଦୀୟ ସମ୍ରାଟ। ଫାଲଗୁନ-ଚୈତ୍ର ମାସ ବସନ୍ତ ଋତୁର ସମୟ। ବସନ୍ତ ମୂଳତଃ ଫୁଲର ଋତୁ। କୁହାଯାଏ, କେବଳ ଓଡ଼ିଶାରେ ବସନ୍ତ ଋତୁରେ ତିରିଶ ପ୍ରକାର ଫୁଲ ଫୁଟେ। ବସନ୍ତଠାରୁ ପୁଷ୍ପ ଚେତନାକୁ ପୃଥକ କରିଦିଅନ୍ତୁ, ଦେଖିବେ ପୁଷ୍ପ ପୁଷ୍ପ ନୁହେଁ କି ବସନ୍ତ ବସନ୍ତ ନୁହେଁ।

ବସନ୍ତର ରଙ୍ଗ କଣ ? ଫିକା ହଳଦିଆ ? ବସନ୍ତର ଶବ୍ଦାକାଶ କିନ୍ତୁ ଅତି ବ୍ୟାପ୍ତ। 'ରାଗ ବସନ୍ତ' ହେଉଛି ଭାରତୀୟ ଶାସ୍ତ୍ରୀୟ ସଙ୍ଗୀତର ଏକ ପ୍ରମୁଖ ରାଗ। ବସନ୍ତ ଯଦି ଋତୁରାଜ, କୋଇଲିର ଆଧିପତ୍ୟ କିଛି କମ ନୁହେଁ। କୋଇଲିର ଅନ୍ୟ ନାମ ବସନ୍ତ ଘୋଷ (ବସନ୍ତ ଘୋଷୀ – ଲିଙ୍ଗ ଭେଦରେ)।

ଗଛ-ବୃକ୍ଷ-ଲତାରେ ମଧ୍ୟ ବସନ୍ତର ପରିବ୍ୟାପ୍ତ ଚେହେରା ଆଖିରେ ପଡ଼େ। ମାଧବୀ ଲତାର ଅନ୍ୟ ନାମ ବସନ୍ତ ଦୂତ। ବସନ୍ତ ପଞ୍ଚମୀରୁ ହିଁ ବସନ୍ତର କ୍ରମଶଃ ଆଗମନ ହୁଏ। ଓଡ଼ିଶାର ଏକ ଅନନ୍ୟ ପରମ୍ପରା ହେଉଛି 'ବସନ୍ତରା।' ପଣା ସଂକ୍ରାନ୍ତି ଠାରୁ ଏକ ମାସ ପର୍ଯ୍ୟନ୍ତ ତୁଳସୀ ଗଛ ଓ ଦେବ ମୂର୍ତ୍ତି ଉପରେ ମାଟି ନିର୍ମିତ ହାଣ୍ଡିରୁ କ୍ଷୀଣ ଧାରରେ ଯେଉଁ ଜଳସେଚନ କରାଯାଏ ତାହାକୁ କୁହାଯାଏ ବସନ୍ତରା।

ବସନ୍ତର ସମୟ ଉତ୍ସବର ସମୟ। ଶ୍ରୀକୃଷ୍ଣଙ୍କ ରାସ ଉତ୍ସବକୁ କୁହାଯାଏ ବସନ୍ତ

ରାସ। ଶରତ ଋତୁରେ ମଧ୍ୟ ରାସ ହୁଏ – ଶରତ ରାସ। 'ବସନ୍ତ ସଖା' ପୁଣି କିଏ ? କନ୍ଦର୍ପ। ଓଡ଼ିଶାରେ ବସନ୍ତ ଉତ୍ସବକୁ ତିନି ଭାଗରେ ବିଭକ୍ତ କରାଯାଏ : ମଦନପୂଜା, ଦୋଳଯାତ୍ରା ଓ ହୋଲି।

ଭାରତୀୟ ସାହିତ୍ୟରେ ବସନ୍ତକୁ ନେଇ କେତେ ଯେ କାବ୍ୟ କବିତା ରଚିତ ହୋଇଛି ତାର ହିସାବ ଖୋଜି ପାଇବା କଷ୍ଟ। ସଂସ୍କୃତ ସାହିତ୍ୟରେ ବସନ୍ତ ଋତୁକୁ ନେଇ ମହାକବି କାଳିଦାସଙ୍କ ଠାରୁ ଆରମ୍ଭ କରି ଜୟଦେବ ଓ ଭାରବୀଙ୍କ ପର୍ଯ୍ୟନ୍ତ କବିମାନେ ଯାହା ସୃଷ୍ଟି କରିଯାଇଛନ୍ତି ତାହା ଅନନ୍ୟ ସାଧାରଣ।

ବସନ୍ତ ଋତୁରେ ହିଁ ସଚରାଚର ପ୍ରାଣୀ ଜଗତରେ ଦେଖାଦିଏ ନବ ଉନ୍ମାଦନା। ଯେହେତୁ ବସନ୍ତର ରୂପରଙ୍ଗ ନିଆରା, ସେଥିପାଇଁ ବସନ୍ତକୁ ନେଇ କାବ୍ୟ କବିତାରେ ଏକ ପ୍ରକାର 'ବିନ୍ଦାସ' ଭାବ ଲକ୍ଷ୍ୟ କରାଯାଏ। ଅନ୍ୟ ଋତୁ ଅପେକ୍ଷା ବସନ୍ତରେ ସ୍ୱଭାବୋକ୍ତିର ଉଚ୍ଛଳ ତରଙ୍ଗ ଅଧିକ ଦେଖିବାକୁ ମିଳେ।

ଓଡ଼ିଆ କାବ୍ୟ କବିତାରେ ବସନ୍ତର ବର୍ଣ୍ଣନା କିଛି କମ ନୁହେଁ। ବସନ୍ତକୁ ନେଇ ଓଡ଼ିଆ କବିତାରେ ଯୁଗଭେଦ ଅନୁସାରେ ବହୁ କବିତା ଲେଖା ହୋଇଛି:

ବସନ୍ତ ସମୟ ଅତି ରସମୟ
ରଭସ ପ୍ରବେଶ ଆସି ଯେ
ବିଦ୍ରୁମ ଛବି ସଦ୍ଭ୍ରମ ଲତା ଭାବି
ପଲ୍ଲବେ ବିକଶି ଦିଶି ଯେ
ବିକଶି-ବିଳାସି କୁସୁମ ମାନ (ଉପେନ୍ଦ୍ରଭଞ୍ଜ)

ବସନ୍ତ ବିଜୟ ବାରତା ପ୍ରସରିଲା ଭୁବନେ
ପଦବ ଆନୀତ ପତର ପରଭୃତ ପଠନେ (ଗଙ୍ଗାଧର ମେହେର)

ବସନ୍ତ ଆସେ ଯେ ଠେଲି
ଧକ୍କା ଖାଇ କୁକୁଡ଼ା ଦିହେ
ଭାଙ୍ଗି ବହୁ ମହୁର ସୋରାଇ
ମାଟିରେ ଗଡ଼ାଇ ଅବା
ଫୁଲବଣ ସଂଜେ (ସଚ୍ଚି ରାଉତରାୟ)

ଗୀତିକବିତା, ଚଳଚ୍ଚିତ୍ର ଓ ରାଜନୀତିରେ ମଧ୍ୟ ବସନ୍ତର ବହୁ ପ୍ରୟୋଗ ରହିଛି ଯେମିତିକି ଅକ୍ଷୟ ମହାନ୍ତିଙ୍କ 'ହେ ଫଗୁଣ ତୁମେ ଗଲା ପରେ ଅନେକ ଯାତନା ଏଠି।'ଏକଦା ଓଡ଼ିଶା ରାଜନୀତିର ହର୍ତ୍ତା କର୍ତ୍ତା ଦୈବବିଧାତା କୁହାଯାଉଥିବା ଉପମୁଖ୍ୟମନ୍ତ୍ରୀ ବସନ୍ତ ବିଶ୍ୱାଳଙ୍କୁ ଜାନକୀ ବଲ୍ଲଭ ପଟ୍ଟନାୟକ ସମ୍ବୋଧନ କରି କହୁଥିଲେ 'ଋତୁରାଜ ବସନ୍ତ' ।ବସନ୍ତ ସହିତ ନବ ଯୌବନର ସମ୍ପର୍କ ଅତି ନିବିଡ଼। ବସନ୍ତ ଓ ଭାଲେନଟାଇନ ଡେ'ର ସମୟ ବି ପାଖାପାଖି।

ଆଜି ଅବଶ୍ୟ ଋତୁଚକ୍ରର ସେହି ବୈଶିଷ୍ଟ୍ୟ ନାହିଁ କି ବସନ୍ତର ସେହି ଆକର୍ଷଣ ବି ନାହିଁ। ନାହିଁ ମଧ୍ୟ ବସନ୍ତ ଲକ୍ଷ୍ମୀର ନୈସର୍ଗିକ ଶୋଭା। ଅଛି କେବଳ ରସହୀନ ଜୀବନ, ଛଳନାମୟ ପ୍ରକୃତି।

ସବୁକିଛି ଆଜି ନିରୁଦ୍ଦିଷ୍ଟ, ଦୁଷ୍ପ୍ରାପ୍ୟ !

(ଶନିବାର,୧୮ ମାର୍ଚ୍ଚ ୨୦୦୮)

BLACK EAGLE BOOKS

www.blackeaglebooks.org
info@blackeaglebooks.org

Black Eagle Books, an independent publisher, was founded as a nonprofit organization in April, 2019. It is our mission to connect and engage the Indian diaspora and the world at large with the best of works of world literature published on a collaborative platform, with special emphasis on foregrounding Contemporary Classics and New Writing.